普通高等教育电子科学与技术特色专业系列教材

光电技术

（第二版）

江文杰　主编

施建华　谢文科　马浩统　曾学文　编著

科学出版社

北京

内 容 简 介

本书介绍光电技术的理论及应用基础、常用光电器件的原理、应用技术和光电信号的变换与处理技术。主要内容包括光辐射源及光电探测的理论基础，光子探测器、热探测器、图像传感器等光电器件的结构原理及应用技术，光学信号的调制与解调技术，直接探测和相干探测技术，光电检测电路与信号处理技术，典型光电系统的分析与设计。

本书可作为高等院校光电信息工程、光信息科学与技术、测试技术与仪器、电子科学与技术、电气工程及其自动化、通信工程、应用物理学等专业本科生及研究生教材，也可作为高等院校其他相关专业师生和工程技术人员的参考书。

图书在版编目(CIP)数据

光电技术/江文杰主编；施建华等编著．—2版．—北京：科学出版社，2014.1

普通高等教育电子科学与技术特色专业系列教材

ISBN 978-7-03-039602-0

Ⅰ.①光…　Ⅱ.①江…　②施…　Ⅲ.①光电技术-高等学校-教材

Ⅳ.①TN2

中国版本图书馆CIP数据核字(2014)第011021号

责任编辑：潘斯斯 / 责任校对：郭瑞芝

责任印制：赵　博 / 封面设计：迷底书装

科学出版社出版

北京东黄城根北街16号

邮政编码：100717

http://www.sciencep.com

固安县铭成印刷有限公司印刷

科学出版社发行　各地新华书店经销

*

2009年1月第　一　版　开本：787×1092　1/16

2014年1月第　二　版　印张：20 1/2

2025年1月第十八次印刷　字数：538 000

定价：69.00元

（如有印装质量问题，我社负责调换）

序

光电技术属于新兴交叉学科领域，它涉及光电子学、激光技术、应用光学、电子技术和计算机技术等众多学科，具有很强的工程实践应用背景，在光电检测、光通信、光电测量与控制、光电信息处理和光存储等领域均发挥着极其重要的作用。以光电技术为支撑的光电子产业是当今竞争最为激烈、发展最快的信息技术产业。

《光电技术(第二版)》一书由国防科学技术大学江文杰老师主编，施建华、谢文科、马浩统、曾学文等老师共同编著，紧紧围绕光电技术核心基础知识应用的内在联系，按照“理论基础→光电器件→光电信号处理→光电系统”知识结构层次逐级推进的思路，科学构建光电技术的知识结构，内容丰富，体系翔实，系统完整。该书从光辐射探测的理论基础出发，着重分析光电导、光伏、光电子发射等典型光电探测器，重点强化光信号的调制、探测以及光电信号的变换与处理技术，并对典型光电系统进行分析和设计，使读者打下坚实、牢固的理论基础，培养分析与解决光电工程问题的能力。该书传承拓新，注重理论与工程实践结合，紧密关注光电科技学术前沿，引入国内外最新研究成果，使知识结构体系具备科学性、先进性和系统性。

《光电技术(第二版)》一书突出“原理→器件→关键技术→典型应用→系统集成”的主线，较好地解决了传统“光电技术”课程结构体系松散、多个知识点之间缺少有机联系等不足的问题，有机融合光电技术理论基础与工程实践应用，体现了鲜明的理、工相结合的特色。该书博采众长，论述严谨，是一部具有科学性、系统性、实用性、高水平的教科书。自 2009 年第一版出版以来，深受光电类专业师生的欢迎，已被国防科学技术大学、北京交通大学、华南师范大学等 34 所国内高校选为本科或研究生专业教材或参考书，足见其良好的声誉和广泛的影响。

随着光电技术的飞速发展，国内开设光电类课程的高校必将越来越多。我很荣幸应邀为《光电技术(第二版)》一书作序，并诚挚地向读者推荐这本书，期望该书的再版发行能为国内光电类课程教学质量的提高发挥更大的促进作用。

周立伟

中国工程院院士

北京理工大学光电学院教授

2013 年 11 月于北京

第二版前言

随着近代科学技术的发展，电磁波谱从本质上把光学(或光子学)和电学(或电子学) 这两个原来各自独立的学科紧密地联系在一起。光电技术就是将传统的光学技术与电学紧密结合在一起的一门新技术，是获取光学信息或者借助光来提取其他信息的重要手段。同时，光电技术也是研发光、机、电、算一体化高新技术产品的基础。随着光电技术的飞速发展，光电技术的教学和研究工作也逐渐被国内外高校和科研机构所重视，已被越来越多的高等院校列入教学计划，成为许多与光电类相关专业本科或研究生的必修课程。

本书第一版自 2009 年出版以来，先后印刷 6 次，发行 10000 余册，期间被国防科学技术大学、北京交通大学、华南师范大学等 34 所高校光学工程、仪器科学与技术等专业选为本科或研究生专业教材或参考书，曾被“教育部光电信息科学与工程类专业教学指导委员会”选定为推荐用教材。多年的教学实践表明，本书具有结构体系完整、主线突出；内容准确、深入浅出；知识体系严谨、应用性强等特点。书中多处选编了作者的科研和教学研究成果。

全书共 11 章。第 1 章介绍光辐射源理论基础知识；第 2 章介绍光电探测器的理论基础知识；第 3～6 章分别介绍光电导探测器、光伏探测器、光电子发射探测器和热探测器等器件的结构原理及应用技术；第 7 章介绍变像管、像增强器、CCD 及 CMOS 图像传感器等光电成像器件；第 8 章介绍光学信号的调制和解调技术；第 9 章介绍直接探测和相干探测技术；第 10 章介绍光电检测电路与信号处理技术；第 11 章介绍典型光电系统的分析与设计。附录为部分习题与思考题答案及提示。

在保留本书第一版编著特色的基础上，此次改版遵循以下几个原则进行：①知识体系结构清晰、逻辑性好，例如，相互独立的光辐射理论、探测器理论分别在第 1 章和第 2 章介绍，对第 6 章中热探测器的共性进行了归类和完善；②物理图像清晰、概念准确，例如，对“基尔霍夫定律”、“半导体激光器粒子数反转”条件、“色温”、光伏探测器的“暗电流”相位测距仪中的“光尺”等概念进行了必要的推导和修订，重写了“热释电效应”、“相敏检波器”等内容；③与学科前沿结合、与工程实践结合，例如，第 7 章删除了原来的“真空摄像器件”，增补了“固体成像器件”和“特种成像器件”等内容，第 8 章更新了调制器件的带宽等参数，增补了“锁相环解调”等内容，第 9 章删除了“二维相干检测”，并在第 11 章增补了“斐索型移相干涉仪及其应用系统”；④专业词汇和物理符号规范、统一，例如，按照国标 GB3102.6—1993，将“光能”改为“光量”，“光出度”改为“光出射度”等。其中，第二版前言、绪论、第 1 和第 6 章由谢文科编写、修订，第 2、8、9 章由江文杰修订，第 3、4、5、7 章由施建华修订，第 10、11 章由马浩统修订，杨凡负责全书专业词汇和符号的规范。全书由江文杰统稿。

在本书编写之前，作者设计了《光电技术》教材用户意见调查表，广泛收集校内外教材使用老师和学生对《光电技术》教材改版的意见和建议，正是有了他们的支持和期待，本书的改版才有了方向和动力。在本书的编写过程中，得到了国防科学技术大学光电科学与工程学院秦石乔教授、杨丽佳教授、杨华勇教授、胡浩军副教授、伏思华副教授的指导与帮助。感谢中国科学院上海技术物理研究所龚惠兴院士与本书作者进行的有益探讨及建议。感谢国防科学技术大学揭文斌、陈薏竹、姚金妹等同学在教材试用过程中提出的有价值修改建议。同时，在本书的编写过程中参考了大量国内外优秀经典教材和科技文献，在此向被引文献的作者表示衷心的感谢。最后，特别感谢我国著名的电子光学与光电子成像技术专家周立伟院士在百忙之中拨冗为本书作序！

光电技术是多学科相互渗透、相互交叉的新技术学科，光电技术发展突飞猛进。由于编者研究领域和知识水平的局限，书中难免会有一些缺点和疏漏，恳请读者不吝指正。

编　者

2013 年 11 月于国防科学技术大学

第一版前言

光电技术是一门以光电子学为基础，综合利用光学技术、微电子学技术、精密机械及计算机技术解决各种工程应用课题的技术学科。它将电子学中的许多基本概念与技术（如调制与解调、放大与振荡、倍频、和频与差频等）移植到光频段，解决光电信息系统中的工程技术问题。这一先进技术使人类能更有效地扩展自身的视觉能力，使视觉的长波延伸到亚毫米波，短波延伸至紫外、X 射线、γ 射线，乃至高能粒子，并可以在飞秒级记录超快现象（如核反应、航空器发射）的变化过程。光电技术在现代科技、经济、军事、文化、医学等领域发挥着极其重要的作用，以此为支撑的光电子产业是当今世界争相发展的支柱产业，是竞争激烈、发展最快的信息技术产业的主力军。

作者总结了多年讲授光电技术类课程的教学经验，并参阅了大量国内外优秀教材和科技文献，为适应光电类人才培养的需求而编写本教材。本书作者已在光电工程、光信息科学与技术等本科专业课程教学中经历了三次教学实践，并在征求专家、教授和学生等多方面意见的基础上先后对本书内容进行了四次较大的修改和完善。本书为“教育部光电信息科学与工程类专业教学指导分委员会推荐用教材”。在编写过程中，特别注意做到以下几点：

1. 综合分析国内外知名大学光电技术类课程的知识体系，根据光电信息科学与工程专业课程结构特点和要求，将本书内容限定在光学系统和电子系统的联结点，即包括理论基础、光辐射源和光电探测器、光电信号变换与处理和典型应用系统的分析与设计等四大部分，力求突出主线内容。

2. 在阐明基本原理的同时，还突出了应用技术，使学生能够把握光电技术的总体框架，有兴趣、有信心地投入到创新活动实践中。

3. 根据培养计划和教学体会，特别注意了与其他基础课程（如光学、模拟与数字电路技术、激光原理与技术等）内容的衔接，力求讲授内容深入浅出、应用性强和可读性好。

4. 以小体字的排版形式，对知识衔接点和光电技术的最新发展应用实例等内容进行介绍，这些内容可根据课时要求有选择地讲授，也可作为阅读材料，以扩展学生的视野。

5. 优化了每章的习题与思考题，突出基本概念、基本应用，并注意拓展学生的知识面和综合应用能力的培养。

全书共 11 章。第 1 章介绍光辐射探测的理论基础知识；第 2 章介绍常用光辐射源；第 3～6章分别介绍光电导探测器、光伏探测器、光电子发射探测器和热探测器等器件的结构原理及应用技术；第 7 章介绍变像管、像增强器、摄像管、CCD 及 CMOS 图像传感器等光电成像器件；第 8 章介绍光学信号的调制和解调技术；第 9 章介绍直接探测和相干探测技术；第 10 章介绍光电检测电路及信号处理技术；第 11 章介绍典型光电系统的分析与设计。其中，绪论、第 1～5、10 章由江文杰编写，第 6、7 章及第 11 章第 1、2、3 节由曾学文编写，第 8、9 章由施建华编写，第 11 章第 4 节和第 5 节分别由王省书和邱志强编写。全书由江文杰统稿。

本书既适应多学时（50 学时）教学，也可适应少学时（36 学时）教学；少学时教学时，可根据课程设置的要求，选讲第 2 章、第 7 章、第 10 章及第 11 章等章节的部分内容，甚至直接跳过这些章节进行教学，不会影响其他章节内容的学习。此外，各章加 * 号的内容也可根据需要选讲，小体字内容可作为阅读内容。本书配有教学光盘，其中包括多媒体教学课件、习题与思考题的参考解答和科技文献等教学资料，可供教师教学参考。

在本书的编写过程中，得到了学院各级领导的悉心指导与大力支持以及有关院校的专家、教授和前辈们的指导和帮助。2005年春，国防科技大学光电科学与工程学院设立“光电技术”教学岗位，提出了明确的课程教材建设目标与要求，并全程指导和督查教材建设。清华大学孙培懋教授应邀亲临学校与教材编写组主要人员进行了深入而详细的探讨，就教材编写的指导思想、知识结构体系、内容安排及专业术语等多方面提出了宝贵的指导性建议；学院秦石乔教授指导制订了教材大纲，陆启生教授审查了全书知识结构体系并就重点章节提出了指导性修改方案，张广发教授、罗晖教授、谭吉春教授、冯莹教授、袁晓东教授、王省书教授、杨华勇副教授、梁永辉副教授和中南大学张学庄教授等参与了教材评审工作并提出了宝贵的修改建议；林亚风副教授就激光器部分提出了有益的建议；张强、陈梅雄和李丹等同学帮助校稿、查阅资料及搜集教材使用信息，做了大量的工作。教育部高等学校光电信息科学与工程专业教学指导分委员会郁道银教授、金伟其教授、刘向东教授和杨坤涛教授评审了教材的第四次修改稿，并站在光电信息科学与工程专业建设的前沿，提出了完善教材的指导性意见。编者谨向所有对本书编写工作提供帮助的同志表示衷心感谢。

在编写过程中，参考了大量的国内外优秀教材和科技文献，并根据本书体系的需要选编了其中的一些典型内容，在每一章后均给出了主要参考文献。编者在此向文献作者表示衷心的感谢。

光电技术不仅内容涉及多种学科领域，而且是活跃的发展学科。由于编者水平有限，加上时间紧迫，错误或不当之处，欢迎专家学者、教师、学生和工程技术人员提出宝贵意见，以便今后不断改进。

编　者

2008年9月

目 录

序
第二版前言
第一版前言
绪论 …… 1
0.1 光电系统和光电技术 …… 1
0.2 光电技术研究及发展 …… 4
0.3 本书编写思路和内容安排 …… 6
参考文献 …… 8

第一部分 光 辐 射 源

第1章 光辐射源 …… 10
1.1 辐射度学与光度学的基础知识 …… 10
1.1.1 光的基本概念 …… 10
1.1.2 辐射度量 …… 11
1.1.3 光度量 …… 14
1.1.4 辐射度学和光度学中的两个基本定律 …… 16
1.2 半导体的基础知识 …… 17
1.2.1 能带理论 …… 18
1.2.2 热平衡状态下的载流子 …… 20
1.2.3 半导体对光的吸收 …… 22
1.2.4 非平衡状态下的载流子 …… 24
1.2.5 载流子的扩散与漂移 …… 26
1.2.6 PN结 …… 27
1.3 黑体辐射 …… 29
1.3.1 基尔霍夫定律 …… 29
1.3.2 普朗克辐射定律 …… 30
1.3.3 维恩位移定律 …… 31
1.3.4 斯蒂芬-玻尔兹曼定律 …… 31
1.4 典型光辐射源 …… 32
1.4.1 光源的基本特性参数 …… 32
1.4.2 热辐射光源 …… 34
1.4.3 气体放电光源 …… 37
1.4.4 激光二极管 …… 39
1.4.5 发光二极管 …… 42
本章小结 …… 44

习题与思考题 …… 44
参考文献 …… 45

第二部分　光电探测器

第 2 章　光电探测器概述 …… 48
2.1　半导体的光电效应 …… 48
2.1.1　光电导效应 …… 48
2.1.2　光伏效应 …… 49
2.1.3　光电子发射效应 …… 49
2.1.4　光电转换的基本规律 …… 51
2.2　光电探测器的噪声 …… 52
2.3　光电探测器的特性参数 …… 55
本章小结 …… 59
习题与思考题 …… 59
参考文献 …… 60
第 3 章　光电导探测器 …… 61
3.1　光电导探测器的基本原理 …… 61
3.1.1　光电导探测器的分类 …… 61
3.1.2　光照下的光电导响应过程 …… 62
3.1.3　光电导探测器的基本原理和结构设计 …… 63
3.2　光电导探测器的主要特性参数 …… 66
3.3　光电导探测器的偏置电路 …… 72
3.3.1　偏置电路的基本参数及直流输出信号 …… 72
3.3.2　几种典型的偏置电路 …… 73
3.4　光电导探测器的应用举例 …… 74
本章小结 …… 75
习题与思考题 …… 76
参考文献 …… 77
第 4 章　光伏探测器 …… 78
4.1　光伏探测器的工作原理及特性 …… 78
4.2　典型光伏探测器 …… 82
4.2.1　硅光电池 …… 82
4.2.2　硅光电二极管 …… 85
4.2.3　硅光电三极管 …… 87
4.2.4　PIN 光电二极管 …… 89
4.2.5　雪崩光电二极管 …… 89
4.2.6*　紫外光电二极管 …… 91
4.2.7*　碲镉汞、碲锡铅红外光电二极管 …… 92
4.3　光伏探测器的偏置电路 …… 92
4.3.1　自偏置电路 …… 92

4.3.2 零伏偏置电路 …… 94
4.3.3 反向偏置电路 …… 95
4.4 光伏探测器组合器件 …… 98
4.4.1 半导体色敏器件 …… 98
4.4.2 阵列式光电器件 …… 100
4.4.3 象限式光电器件 …… 100
4.4.4 光电位置探测器 …… 101
4.4.5 光电耦合器 …… 103
本章小结 …… 104
习题与思考题 …… 104
参考文献 …… 106
第5章 光电子发射探测器 …… 107
5.1 光电阴极 …… 107
5.2 光电管和光电倍增管的工作原理 …… 110
5.2.1 光电管 …… 110
5.2.2 光电倍增管 …… 110
5.3 光电倍增管的主要特性参数 …… 113
5.4 光电倍增管的工作电路及应用 …… 120
5.4.1 高压供电电路 …… 120
5.4.2 信号输出电路 …… 122
5.4.3* 光电倍增管应用举例 …… 123
本章小结 …… 126
习题与思考题 …… 126
参考文献 …… 127
第6章 热探测器 …… 128
6.1 热探测器的基本原理及特性 …… 128
6.1.1 热流方程及其解 …… 128
6.1.2 热探测器的共性分析 …… 129
6.2 测辐射热计 …… 132
6.2.1 测辐射热计的结构和原理 …… 132
6.2.2 测辐射热计的主要特性参数 …… 132
6.2.3 测辐射热计的应用 …… 135
6.3 热电偶和热电堆 …… 135
6.3.1 热电偶的结构和工作原理 …… 136
6.3.2 热电偶的主要特性参数 …… 138
6.3.3 热电堆 …… 139
6.3.4 热电偶和热电堆的应用 …… 140
6.4 热释电探测器 …… 141
6.4.1 热释电探测器的结构和原理 …… 141
6.4.2 热释电探测器的主要特性参数 …… 145

6.4.3* 快速热释电探测器 …… 147
6.4.4 热释电探测器的应用 …… 148
本章小结 …… 148
习题与思考题 …… 149
参考文献 …… 150
第7章 光电成像器件 …… 151
7.1 光电成像器件概述 …… 151
7.1.1 光电成像器件的分类 …… 151
7.1.2 电视制式 …… 152
7.2 直视型光电成像器件 …… 153
7.2.1 像管的结构和工作原理 …… 154
7.2.2 像管的主要特性参数 …… 156
7.2.3 变像管 …… 156
7.2.4 像增强器 …… 158
7.3 电荷耦合器件 …… 161
7.3.1 CCD结构和基本特性 …… 161
7.3.2 CCD基本工作原理 …… 162
7.3.3 CCD的主要特性参数 …… 166
7.3.4 CCD摄像器件 …… 168
7.3.5 CCD的发展趋势 …… 172
7.4 CMOS图像传感器 …… 172
7.4.1 CMOS图像传感器的结构和工作原理 …… 172
7.4.2 CMOS图像传感器的像素单元结构 …… 173
7.4.3* CMOS图像传感器的主要特性参数 …… 174
7.4.4 CMOS图像传感器与CCD的特性比较 …… 176
7.5 特种光电成像器件 …… 176
7.5.1 红外焦平面阵列器件 …… 176
7.5.2* 紫外固体成像器件 …… 180
7.5.3* 增强型光电成像器件 …… 181
本章小结 …… 182
习题与思考题 …… 183
参考文献 …… 183

第三部分 光电信号变换与处理

第8章 光学信号的调制和解调 …… 186
8.1 光信号调制的概述 …… 186
8.2 光信号调制的基本原理 …… 187
8.2.1 连续波调制 …… 187
8.2.2 脉冲调制 …… 191
8.2.3 编码调制 …… 191

8.3　光信号调制的基本方法 …… 192
8.3.1　光信号强度的调制 …… 192
8.3.2　光信号相位的调制 …… 201
8.3.3　光信号频率的调制 …… 203
8.3.4　光信号偏振的调制 …… 206
8.4　调制信号的解调 …… 208
8.4.1　直线律检波 …… 208
8.4.2　相敏检波 …… 209
8.4.3　锁相环与调频信号的解调 …… 212
本章小结 …… 213
习题与思考题 …… 213
参考文献 …… 215
第 9 章　直接探测和相干探测 …… 216
9.1　直接探测 …… 216
9.1.1　直接探测的基本原理 …… 216
9.1.2*　直接探测系统的视场和作用距离 …… 218
9.1.3　直接探测的应用举例 …… 221
9.2　相干探测 …… 229
9.2.1　相干探测的基本原理 …… 229
9.2.2　相干探测的条件 …… 232
9.2.3　相干探测的应用举例 …… 234
9.3*　探测方法的改进 …… 239
9.3.1　平衡探测 …… 239
9.3.2　光前置放大探测 …… 240
本章小结 …… 241
习题与思考题 …… 241
参考文献 …… 244
第 10 章　光电检测电路与信号处理 …… 246
10.1　光电检测电路的带宽和频率特性 …… 246
10.1.1　光电检测电路的基本结构及技术要求 …… 246
10.1.2　光电检测电路的带宽 …… 246
10.1.3　光电检测电路的频率特性分析与设计 …… 248
10.2　光电检测电路的低噪声设计 …… 251
10.2.1　前置放大器的噪声 …… 251
10.2.2　光电检测电路的噪声 …… 254
10.2.3　光电检测电路的噪声估算 …… 257
10.3*　微弱光电信号的检测与处理 …… 261
10.3.1　相关检测理论 …… 262
10.3.2　锁定放大器 …… 264
10.3.3　取样积分器 …… 267

10.3.4 光子计数器 …… 270
本章小结 …… 273
习题与思考题 …… 274
参考文献 …… 276

第四部分 典型应用

第11章 典型光电系统的分析与设计 …… 278
11.1 分布式光纤测温系统 …… 278
11.1.1 拉曼分布式光纤测温系统的工作原理 …… 278
11.1.2 实用的分布式光纤测温系统 …… 281
11.2 光谱测量系统 …… 282
11.2.1 基于PMT的光谱辐射仪 …… 282
11.2.2 光学多通道分析仪 …… 283
11.2.3 傅里叶变换(红外)光谱仪 …… 285
11.3 斐索型移相干涉仪及其应用 …… 288
11.3.1 斐索型移相干涉仪的基本光路和原理 …… 288
11.3.2 激光移相干涉测试技术原理 …… 289
11.3.3 斐索型移相干涉技术的典型应用 …… 291
11.4 CCD尺寸测量系统 …… 292
11.4.1 CCD玻璃管测控仪的系统设计及工作原理 …… 292
11.4.2 CCD玻璃管测控仪的参量确定 …… 293
11.5* 光电精确制导系统 …… 297
11.5.1 红外点源寻的制导系统 …… 298
11.5.2 激光制导系统 …… 301
11.6* 图像测量技术及其应用 …… 303
11.6.1 模拟图像与数字图像 …… 303
11.6.2 图像测量系统的组成 …… 304
11.6.3 图像测量系统的关键技术 …… 304
11.6.4 典型图像测量系统举例 …… 308
习题与思考题 …… 310
参考文献 …… 310
附录 部分习题与思考题答案及提示 …… 311

绪　论

众所周知，电子和光子都是重要的信息载体。20 世纪下半叶，半导体的研究引导出微电子集成电路，彻底改变了计算机技术和信息技术的面貌。随着集成电路中单元器件的尺寸一直向“微”发展，不久将接近极限[1,2]。据预测：2016 年，集成电路的特征线宽将进入 22nm 技术时代；到 2022 年，晶体管物理栅长将是 4.5nm[3]。这时，硅 CMOS 技术将接近或达到它的“极限”，“电子”作为信息载体的功能，其“瓶颈”效应逐渐凸显。和电子信息相比，光学信息速度快、信息容量大，占据宽阔的光频范围以及有多参量、并行、高速的传输处理能力，特别是它显示的直观性等特点使得光子学已成为信息科学的重要发展方向之一[4]。

20 世纪后期，人们就已深刻地认识到“光子”的巨大潜力。美国、日本、西欧经济发达国家纷纷部署各种战略发展计划，把光子技术视为 21 世纪高科技国力竞争的焦点。光子技术既是电子技术的突破，又是它的延拓与发展。它们彼此关联，互为依托，形成了综合利用光学和电子技术的光电混合系统，简称光电系统。

0.1　光电系统和光电技术

1. 光电系统的分类

广义的光电系统包括两个主要分支，即光电能量系统和光电信息系统。

光电能量系统主要着眼解决大功率光辐射能量的产生、控制、利用以及向其他能量形式转换等问题，例如，太阳能发电、激光加工、激光医疗、激光武器和激光核聚变等。光电能量系统已发展成为一个专门的学科，本书将不涉及这一方面内容。

光电信息系统是指以光辐射和电子流为信息载体，通过光电或电光相互变换，综合利用光学或电子学的方法进行信息的采集、传输、处理、存储或显示，以确定目标信息的混合系统。红外遥控发射接收装置、激光测距和光通信系统等都是典型的光电信息系统。通常提到的“光电系统”是指光电信息系统。

光电系统大致可分为光-电型、光-电-光型、电-光-电型、光电混合型和电光混合型等几种类型[4]。其中，光-电型系统是指载荷有被研究信息的光载波通过光电转换变成电信号、再利用常规的电信号处理来实现检测和控制作用的系统。该类型系统是目前应用最为广泛的光电系统。从常见的应用角度出发，光-电型系统是将光学信息或者可变为光学信息的其他信息转换为电信号，进而组成光、机、电、计算机的综合系统，实现光学信息检测的自动化。这样的系统常称为光电探测系统（也称为光电检测系统），是本书重点讨论的内容。

2. 光电探测系统的组成

通常，光电探测系统由光辐射源、光学系统、调制器、传输介质、光电探测器和电子系统等基本环节组成。图 0-1 所示为典型的光电探测系统的组成和信息流程图。

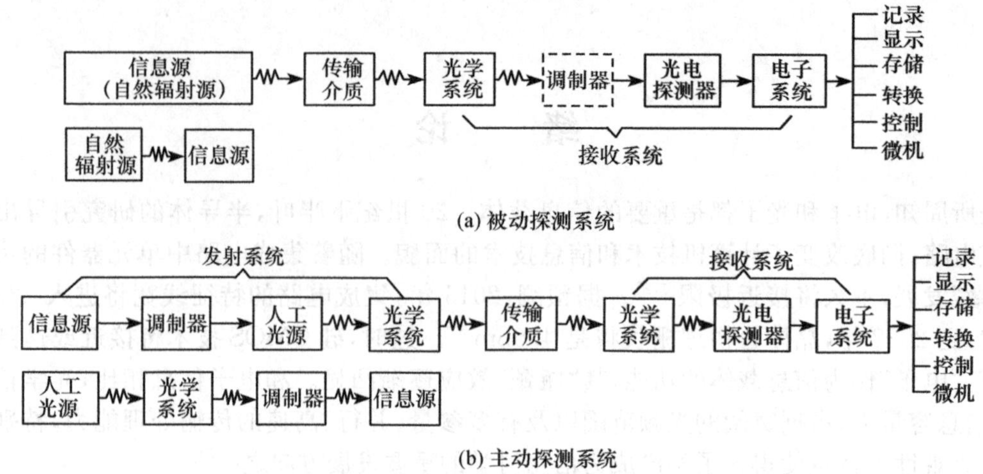

图 0-1　光电探测系统组成和信息流程图

图 0-1(a)所示为被动探测系统的框图，如人体红外测温仪、微光夜视仪等。其信息源可以是来自被探测物体自身的辐射，例如，所要探测的飞机、舰船、星体、火焰和人体等物体自身的紫外、红外或可见光辐射；也可以是来自其他自然辐射源(如太阳)照射在被探测物体上形成的反射、散射等光辐射，例如，遥感技术中地球表面不同物体的反射光。根据它们的辐射性质与周围环境的差别，探测系统就能获取有关信息。这些信息源的辐射经过传输介质(如大气)，到达接收光学系统。接收光学系统获得的部分信息源辐射被会聚到光电探测器上，光电探测器将光信号转变为电信号。通常，为了尽可能提高检出信息的质量，系统中加入调制环节，从而光电探测器输出信号是调制信号。调制信号经电子系统放大、处理后，就能检出所需信息。由于检出的信息是电信号，所以方便与后续环节连接，如显示、记录、存储和转换等环节，或者连接控制环节形成自动控制系统，或者连接计算机完成智能性任务等。

图 0-1(b)所示为主动探测系统的框图。其信息源不同时兼作辐射源，即系统不是利用信息源自身辐射，或者信息源为非光学量。这种系统将某些非光学的物理量(如语音、数据等)先设法变成电信号，然后通过调制器把信息加载到光波上进行传输，典型的有光纤通信系统等；或者采用人工光源照射被测物体，使所需信息能加载到反射、透射、散射或衍射光波上，然后利用光电探测系统进行检测，例如，激光制导、激光测距系统等。在接收端，主动光电系统与被动光电系统有同样的方块图。主动系统中传输介质大多是大气，少数采用光纤。

3. 光电技术的定义及特点

光电技术是研究光电系统中光电信号的形成、传输、采集、变换及处理方法的技术学科。它是信息技术的重要分支之一，其最大特点是所有被研究的信息，包括光学的、电学的或其他非光学的信息，都将通过各种效应(机、热、声、电、磁)调制到光载波上，而对光载波的处理可以是光学的、也可以是电子学的。

光子技术处理的是空间光信息，它具有多维、并行、快速数据处理等能力；电子技术处理的是一维电信息随时间的变化，它有较高的运算灵活性和变换精度。光电系统兼备这些优点，具有以下的特点。

(1) 高精度和远距离。光电测量是各种测量技术中精度最高的一种。例如，用激光干涉法测量长度的精度可达 0.05μm/m；光栅莫尔条纹法测角精度可达到 0.04″；用激光测距法测量地球与月球之间距离的分辨率可达 1m。光载波最便于远距离传播，尤其适用于遥控和遥测，如电视遥测、光电跟踪和光电制导等。

(2) 高速度、大容量。以光子作为信息载体，其传输速度是各种物质中传播速度最快的，其信息载波容量比电子至少要大一千倍。

(3) 非接触。检测所需的输入能量几乎不影响被测物的能量状态，并且测量仪器和被测对象之间不存在机械摩擦，容易实现动态测量。

(4) 有较强的信息处理和运算能力。可进行复杂信息的并行处理和多种形式的数学运算。运算速度高，空间互连效率高，抗干扰能力强，可调制变量多，信号变换灵活。用光电方法还便于信息的控制和存储，易于实现自动化，易于与计算机连接，易于实现智能化等。

(5) 有广泛的适用范围。能获取和处理多种光学信息和非光学参量，包括探测机构内部或危险环境下的工作参量。

4. 光电技术的应用

根据系统功能的不同，光电系统常应用于以下几个方面[4]。

(1) 测量检查。其基本功能是进行光学或非光学参量的光电检测，可测参量包括几何量(长度、角度、形状、位置、变形、面积、体积、距离等)、运动参量(速度、转动、流量、振动、加速度等)、表面形态参量(工件粗糙度、疵病、伤痕等)、光学参量(吸收、反射、透射、光度、色度、波长和光谱等)、成分分析(物理属性、浓度、浊度等)、机械量(质量、应力、应变、压强等)、电磁量(电流、电场、磁场等)以及温度和放射线的测量等。检测系统要求可靠的重复示值和可信度，并且要有适用的数据处理能力和数据输出方式。

(2) 控制跟踪。这是一种有光电检测能力的反馈控制系统。光电传感器是信号反馈单元，当它检测到受控目标相对平衡状态的偏差信号时，可通过闭环控制使目标相对基准实现伺服跟踪或恒值调节。它的主要应用包括军事和科学应用(激光制导、热定向、飞行物自动跟踪等)，以及工业应用(精密工作台的自动定位、工业图形的自动加工、状态参量的极值控制以及有视觉能力的机器人等)。跟踪系统要求有准确的跟踪能力和快速的动态响应能力。

(3) 图像测量和分析。它的功能是采集目标的二维或三维光强的时空分布，记录和再现目标的图像并进行判读、识别或图像的运算处理。图形检测是图像分析的分支，其目的是同时完成图形几何坐标和光密度等级的精确测量，应用在工业图形检测中。图像测量和分析主要依靠扫描或摄像装置采集光信号，同时进行空间-时间和光-电的变换。为了将大容量的光学图像变成相应的数字图像，需要大容量的图像存储器。图像数据的处理和分析由计算机完成。这是当前光机电算混合型光电技术发展的重要标志。

光电技术特别是光电探测、光通信、光电测量与控制、光电信息处理和光存储等的应用已遍及军事、科学研究、工业、农业、宇宙与环境科学、医疗卫生和民用等各个领域。从星体温度探测和人造卫星监测到生物细胞的显微测量和微循环检查，从视觉工业机器人和光学计算机到民用全自动照相机和简单光电开关，光电技术已经成为现代科学技术和人类生活中不可缺少的环节，特别是在生产领域中生产过程的视觉检查和制品加工自动化、各种性能参数的精密测试以及图形检测和分析判断等方面，光电技术发挥了重要作用。为了实现光学仪器的更新换代，光电技术将在机电一体化光学仪器的研制开发中起主导作用。利用光电技术组成的各类光电装置是计算机控制、管理以及监控系统对外联系的最有前途的外部设备，是一种在技术上最有潜力的信息机器。

0.2 光电技术研究及发展

光电技术将电子技术和光学技术相结合，已成为21世纪信息技术发展的最大特点。美国商务部指出，“谁在光电产业方面取得主动权，谁就将在21世纪的尖端科技较量中夺魁”[5]。科学界曾预言，光电子产业在10年内将形成5万亿美元的产值，成为全球最大的产业。近年来，光电技术研究及发展主要体现在以下几个方面。

1. “光子挑战电子，电子联盟光子”

光子和电子都是重要的信息载体[6]。电子带负电，具有相互排斥性；而光子为中性，具有高度的相容性，并具有天然的并行处理与互联能力，用一个简单的透镜就可以以光速连接物像之间上百万个像素。电子可以在金属导线中顺畅地流动，但不能在绝缘介质中自由地传递；而光子却可以在绝缘介质中自由地通行。特别地，光子技术已找到了在室温下可长距离以极低损耗传递光子的“超导”线——氧化硅波导光纤，这为长距离通信开辟了途径。理论研究表明，光波的本征带宽可达到200THz。因此，利用光子技术可望突破电子技术中逻辑门器件运行速度的“瓶颈效应”，可以大大提高信息处理的速度和扩大信息传输的容量。特别是，实现全光学式的光学计算机是最有吸引力的发展目标。但光子技术的发展也并不排除电子的作用，就当前技术发展状况来看，还看不到没有电子参与的光源和光电探测器。目前，光电信息系统的最大容量已达到“3T”目标。可以预见，光子技术与电子技术的彼此关联、互相依托，将使21世纪信息高科技向超高速度、超大容量的方向推进。

2. 光电子材料与器件的研究发展

近年来，光电子材料的研究得到了迅速发展，特别是半导体超晶格材料和量子阱结构与器件的研究发展，使垂直腔面发射激光器得以实现，并可望在$1cm^2$的芯片上制作100万个激光器阵列[7]。这种激光器阵列是光子学器件在集成化上的一个突破，将有利于发挥光子的并行操作能力，对光通信、图像处理、模式识别、神经网络、激光打印、光存储读/写、光源/光互连和光显示等方面的发展起到重大作用。光子晶体半导体新型光子器件、有机聚合物光子晶体、光子晶体光纤和光子晶体光纤放大器均取得了一定的进展，由光子晶体光纤产生的宽带超连续谱获得了超高分辨率的层析成像，对生物组织的层析纵向分辨率达1.3μm。光电探测器件向着高灵敏度和高性能方向发展，其工作波长范围也向红外、紫外方向扩展。目前，波导型光电探测器(WG-PD)的外量子效率高达85%、响应速度可达100GHz。最近研制出的一种称为单渡越载流子光电探测器的3dB带宽超过150GHz，是目前长波长PD中响应速度的最高水平。以GaN为代表的Ⅲ-Ⅴ族材料，包括InN、AlN以及由此三种材料组成的合金系制成的光电探测器，其波长响应范围可延伸到200～365nm的紫外区。特别是，在军事上有重要应用价值的1～2.5μm和3～5μm双波段HgCdTe探测器[2]，最近也已做成分辨率达到2048×2048元的FPA(焦平面阵列探测器)。非制冷红外焦平面阵列探测器也已有分辨率达320×240元的商品上市。

3. 探测技术的研究发展

第一体现在前沿技术的发展。太赫兹辐射(频率0.1～10THz，或波长30μm～3mm)，曾在科学上称为电磁波谱中的“THz空白”。近十几年来，超快激光技术的发展为THz脉冲的产生提供了稳定、可靠的激光光源，极大地促进了对太赫兹辐射的机理、检测技术和应用技术的研究与发展。物质的THz谱包含着丰富的物理和化学信息，使THz电磁波在很多基础研究领域、工业应用及军事应用领域有相当重要的作用；特别是，THz辐射的能量很低(1THz对应的辐射能量为4.1MeV)，不会对人体有损害，并且THz辐射对许多材料都有很好的穿透特性，使得THz技术有可能在安全检查和反恐领域成为一种安全、有效的手段。目前，太赫兹波段已经迅速形成一门新的极具活力的前沿领域。

第二体现在光电技术与其他学科特别是计算机技术的结合方面。近年来，一种由计算机完成的多点数字取样积分器技术得到了发展，并在弱光信号的检测中发挥了重要作用。国内研制的一种30km远程光纤温度传感器用1547nm掺铒光纤作为抽运源[8]，采用累加平均等信号处理技术、瞬态波形采样技术及智能化恒温技术，其温度分辨率和空间分辨率分别已达到0.1℃和4m，达到国际先进水平。在对天观察、卫星侦察或大气激光通信应用技术中，将光电探测技术、自适应光学技术和计算机技术相结合，可以有效地补偿大气湍流造成的影像畸变，实现高分辨率的观测。美国第六代光学成像的KH-2侦察卫星上装载的CCD相机，采用了世界上最先进的自适应光学技术，拍摄的图像地面分辨率可达0.1m左右。

4. 光电子微结构集成技术和光机电一体化的研究发展

随着信息载体从电子向光电子和光子转换步伐的加快，半导体光电信息功能材料也已由体材料发展到薄层、超薄层微结构材料，并正向集材料、器件、电路为一体的功能系统集成芯片材料和纳米结构材料方向发展；材料生长制备的控制精度也将向单原子、单分子尺度发展。预测到2016年前后，将批量生产22nm的集成电路，按比例缩小集成电路尺寸的发展已接近极限，集成电路正在进入后摩尔定律时代[9]。

新型光子学器件可为集成微系统提供各种功能特异的部件，例如，芯片级原子钟、光模拟处理等。先进的模拟光信号处理单元可将线性度和动态范围比传统的声光布拉格单元提高几个数量级，分辨率和瞬时带宽为10GHz，12bit。芯片级原子钟是一种超小型化的低功耗原子时钟和频率参考标准，精度达到$\pm1\times10^{-11}$，即每天偏差小于1μs，尺寸减小至1/200，功耗降低至1/300。

光路控制系统、光学信号处理系统和光源、光电探测器集成的一体化技术，特别是微光学、集成光学技术、光电混合集成技术、微机电系统技术，使得整个光机电一体化系统模块最小化，从而提高系统的工作性能。这样的系统称为微光机电系统(MOEMS)，它在航空航天、光通信、激光医疗和工农业等领域有着极好的应用前景。例如，最近国外研制的一种MOEMS结构的胶囊型内窥镜[6]，其长度仅为2.3cm、直径0.90cm。胶囊型内窥镜采用CCD或CMOS作为图像传感器，所需的电能由自带电池或从体外用微波形式送入器件，运行速度和方向均由体外控制器控制。病人吞下后，可在食道、胃、肠、十二指肠、小肠、大肠等处拍摄各个部位的图像。所拍摄的图像通过微波传送到体外的接收装置，8小时之内能向数据记录仪传送5万～6万幅图片。目前，微光机电系统最小尺寸可到几个毫米量级。

5. 军事应用领域和其他应用领域的研究发展[10]

光电技术在军事应用领域的发展首先体现在对已有光电装备(如光电火控、光电制导、光电遥感、光电侦察和光电对抗等)的不断升级换代,使其作用距离更远、对目标的识别和分辨本领更强、可靠性更高,体积更小、质量更轻、耗电更省,从而大大提高武器装备的威力。光电制导向智能化方向发展,使光电制导武器可以在作战区以外发射(从而保证武器平台的安全),并且"发射后不管",自动识别和跟踪目标直至命中。为预防激光制导系统被激光损伤,发展了光限幅器技术。使用激光点火技术极大地增加了防空火炮的反应速度和威力。光学陀螺微型化,质量仅几克,很容易嵌入各种武器平台实现惯性导航。其次是在促进新型武器装备的研究和应用方面。最近,美国军方已研制出世界上第一款实用型激光步枪——"PhaSR"激光步枪,它能使人暂时失明,但被照射者的视力可以自然恢复,激光不会给人体眼球带来永久性损伤。正在研究的采用分布式光纤传感器的"智能蒙皮"与"智能结构"技术一旦成熟,可用于飞机,并将使飞机的安全性大为提高,各种战术技术性能显著改善。目前,国际上激光成像雷达在军事上的应用已经不再局限于应用激光的测距信息和单一波长信息,而是发展多波长激光三维成像雷达和进一步利用激光的偏振信息。这些技术有助于识别目标和伪装,迅速而准确地分析判断战略布局和战场态势。

光电技术和其他高新技术结合开拓出新的技术和应用领域。如光电技术同生物技术结合,已出现光生物学和生物光电子学。一方面,利用光电技术作为认识和改造生物基因和细胞的有力工具,来改良农作物品种和制造新药等;另一方面,利用生物细胞或薄膜制造新的光电子器件。正在兴起的纳米技术同光电技术关系越来越密切,如利用激光技术生产直径 10～20nm 的超细粉末,加工出直径 10～20nm 的小坑(称为纳米加工)。纳米技术已为发展新一代光电子器件开辟了广阔的前景。

0.3　本书编写思路和内容安排

光电技术属于新兴的交叉学科领域，它涉及光电子学、激光技术、应用光学、电子技术和计算机技术等众多技术学科，具有很强的工程实践应用背景。党的二十大报告指出："必须坚持科技是第一生产力、人才是第一资源、创新是第一动力，深入实施科教兴国战略、人才强国战略、创新驱动发展战略，开辟发展新领域新赛道，不断塑造发展新动能新优势。"2022年6月28日，习近平总书记在武汉考察时指出，"光电信息产业是应用广泛的战略高技术产业，也是我国有条件实现率先突破的高技术产业。"这就要求我们培养的光电人才须具备很强的工程实践能力、创新能力和国际竞争力。为此，课程组根据光电类专业的办学定位和人才培养目标，结合多年从事光电技术课程教学及国内兄弟院校教学经验，提出了"理论教学—课程实验—综合设计"的光电技术课程一体化教学新模式。

1. 理论教学

本书作为光电技术课程的理论教学部分,其内容限定在光电系统中光电信号的形成、传输、采集、变换、处理及系统组成等,并按照"理论基础→光电器件→光电信号处理→光电系统"知识结构层次逐级推进的思路,构建了"光电技术"课程理论知识结构体系。

全书共11章，分为四个大部分。

第一部分光辐射源。介绍辐射度量学基础、半导体基础知识、黑体辐射基本定律等理论基础；介绍热辐射光源、激光二极管及发光二极管等典型光辐射源。这些理论基础知识、光辐射源和光电探测器都是光电系统分析讨论的基础。

第二部分光电探测器。按照从光电效应、“点”源光电探测器及“面”源光电成像器件的思路，首先介绍光电探测器概述，包括光电探测的物理机理、性能参数及噪声等概念；接着分章节介绍光电导探测器、光伏探测器、光电子发射探测器和热探测器等光电探测器，旨在使读者对这些探测器的基本原理、外部特性及应用技术有比较深入的了解；最后介绍CCD及CMOS图像传感器、变像管和像增强器等光电成像器件。

第三部分光电信号变换与处理。按照光学信号变换、光-电信号变换和电学信号变换与处理的思路，在读者具备光辐射源和光电探测器等光电技术基础上，依次分别介绍光学信号的调制和解调技术、直接探测和相干探测技术、光电检测电路及信号处理技术。光电信号变换与处理这些内容是全书主体结构知识。

第四部分典型应用。分别介绍了能够实现测量检查、控制跟踪、图像测量和分析等功能的典型光电系统，如分布式光纤测温系统、光谱测量系统、CCD尺寸测控系统、光电精确制导系统和光测图像系统等。这些光电系统中，分别有直接探测、相干探测器及图像分析等应用实例，也包括具备光学信号变换、光-电信号变换和电学信号变换与处理完整的光电系统的分析及设计。这样安排，旨在帮助读者从系统级的高度对前面的知识加以综合与梳理，进一步加深对这些知识的理解，提高光电技术及相关知识的应用能力，并初步掌握对光电系统进行分析和设计的基本方法。

2. 课程实验和综合设计

课程实验和综合设计是光电技术课程的实践教学环节。其中，课程实验是光电技术课程的基础性实践教学环节。该环节针对课程教学中的重、难知识点内容，配套若干个典型的实验，供课堂演示或实验室动手操作。例如，配套“典型光源发射光谱特性测试实验”、“光电探测器的时间响应和光谱响应特性测试实验”和“微弱光信号相关检测实验”等课程实验，分别紧跟在“光辐射源”、“光电探测器件”、“光电信号的变换与处理”等理论教学单元之后进行，并将学生实验情况反馈到课堂理论教学。课程实验旨在强化学生对课堂重、难点内容的理解。

综合设计是光电技术课程的提升性实践教学环节。该环节按照“光学信号变换”、“光-电信号变换”和“电学信号变换与处理”等光电技术主体结构知识，选择1或2个或难度适中、并具有“综合”和“设计”特点的专题，学生须自行设计、组装、调试能实现光电测量/控制的完整光电系统。例如，开设“飞轮转速和方向及位置光电测量综合设计系统”、“激光对抗-激光侦查告警与干扰系统”等综合设计系统，前者突出光电探测和电学信号处理等特点，后者则突出光学信号变换和相关检测处理。综合设计安排在光电技术课程的理论教学完成之后，集中利用两周左右时间完成。综合设计旨在引导学生综合运用光电技术知识进行系统设计和分析，培养学生的工程素质和创新能力。

教学实践表明，“理论教学—课程实验—综合设计”的光电技术课程一体化教学模式，将理论教学和实践教学有机结合，有利于增进对重难点知识的感性认识和理性认识，进一步提高综合运用光电技术理论知识分析和解决问题的能力，培养设计、动手能力和团队协作精神，取得了良好的教学效果。

参 考 文 献

[1] 王启明. 半导体物理效应与光电子高技术产业. 物理，2002，31(7)
[2] 汤定元. 世纪之交话光电子技术与产业. 激光与红外，2001，31(4)
[3] 王占国. 半导体信息功能材料与器件的研究新进展. 中国材料进展，2009，28(1)
[4] 孙培懋，刘正飞. 光电技术. 北京：机械工业出版社，1992
[5] 卫平，张键. 日本与美国光电子科技战略比较研究. 中国软科学，2004，3
[6] 张光寅. 21 世纪信息技术产业发展的特点——光子挑战电子，电子联盟光子. 科学中国人，2003，(09)
[7] 刘颂豪. 光电子技术与产业. 激光与光电子学进展，2004，41(4)
[8] 张在宣，刘红林，徐海峰，等. 远程分布式光纤拉曼温度传感器技术的进展//光电技术与系统文选. 北京：电子工业出版社，2005
[9] Lau C，Wong P. DoD solid state electronics basic research. 2004①
[10] 江月松，李亮，钟宇. 光电信息技术基础. 北京：北京航空航天大学出版社，2005

① 美国国防部固体电子学研究报告。

第一部分　光辐射源

第 1 章　光 辐 射 源

光源和光电探测器都是光电探测系统的重要组成部分，而现代许多光电器件大多是由半导体材料制作的。本章首先介绍光辐射源工作的理论基础，包括辐射度学与光度学、半导体基础、黑体辐射等，然后介绍热辐射源、黑体辐射器、激光二极管和发光二极管等典型光源。其中，辐射度学和半导体等基本知识是后续章节所述具体探测器的理论基础，对于正确理解和掌握各种探测器的原理、性能和使用都是十分重要的。

1.1　辐射度学与光度学的基础知识

1.1.1　光的基本概念

1. 电磁波谱

按波长顺序把全部电磁波排列起来称为电磁波谱，整个电磁波谱约覆盖 24 个数量级的波长范围，如图 1-1 所示。在电磁波谱中，人眼所能直接感受的仅是可见光，它只占电磁波谱中的很小一部分，其余的波谱都不能直接被人眼看见。

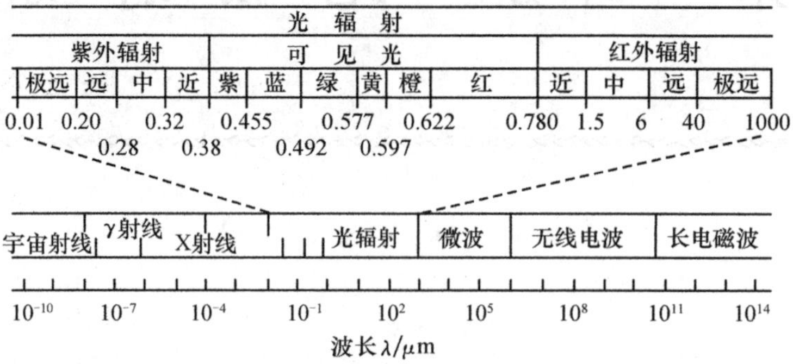

图 1-1　电磁波谱

2. 光学谱区

为了研究方便，电磁波谱分为长波区、光学区和射线区三个大的谱区。光电技术所涉及的只是光学谱区，其波长范围为 0.01～1000μm。它又可分为红外辐射、可见光和紫外辐射三个波段，其中可见光的波长范围为 0.38～0.78μm，紫外辐射约从 0.38μm 向短波方向延伸到 0.01μm，红外辐射约从 0.78μm 向长波方向延伸至 1000μm。在红外辐射波段，又可进一步细分为近、中、远和极远四个区域；而在紫外辐射波段，也可细分为近、中、远和极远四个区域，如图 1-1 所示。

在光电技术中，远紫外、中紫外、近紫外、可见光、近红外、中红外和远红外等波段已有成熟的应用技术；极远红外波段处于开发研究阶段，例如，太赫兹波技术可使能够探测的辐射延伸到极远红外波段。

3. 光子能量公式

物理学指出，光既是电磁波(波动性)又是光子流(粒子性)。在研究光的传播问题时，常常把光作为电磁波处理；而在研究光的辐射与吸收问题时，则把光作为光子流处理。光电技术中也要用到光的这两种属性和概念。

爱因斯坦指出，每个光子的能量 ε 与频率 ν 成正比，即

$$\varepsilon = h\nu \tag{1-1}$$

式中，h 为普朗克常量，$h=6.626\times10^{-34}\mathrm{J\cdot s}$；$\nu$ 为光的频率，它可表示为光速 c 与波长 λ 之比，即 $\nu=c/\lambda$，$c=2.998\times10^{8}\mathrm{m/s}$。因此，式(1-1)又可表示为

$$\varepsilon = \frac{hc}{\lambda} = \frac{1.24}{\lambda}(\mathrm{eV}) \tag{1-2}$$

式中，λ 为波长(单位：μm)。按式(1-2)，由可见光的波长范围即可得：可见光光子的能量范围为 3.2～1.6eV。

1.1.2 辐射度量

辐射度学是一门研究电磁辐射能测量的科学。在光辐射能的测量中，为了既符合物理学对电磁辐射量度的规定，又符合人的视觉特性，建立了两套参量和单位。一套参量是与物理学中对电磁辐射量度的规定完全一致的，称为辐射度量，适用于整个电磁波谱(当然也包括可见光)。另一套参量是以人的视觉特性为基础而建立起来的，称为光度量，只适用于可见光波段。在进行光辐射能量的测量和计算时，可根据实际情况选用其中的一套参量。

两套参量的名称、符号、定义式彼此对应，基本意义都相同，只是单位不同。为了区别这两套参量，规定用下标 e(emission 的首字母)和 v(visibility 的首字母)表示。例如，某参量符号为 X，则 X_e表示该参量为辐射量；X_v表示该参量为光度量。

辐射度量是用物理学中对电磁辐射测量的方法来描述光辐射的一套参量。它们分别描述了辐射能量随时间、空间和光谱等方面的分布特性，主要参量介绍如下。

1. 辐能 Q_e

辐能(或辐射能)Q_e定义为以辐射的形式发射、传播或接收的能量，单位为 J。

当描述的辐射能量在一段时间内积累时，用辐能来表示。例如，地球吸收太阳的辐射能，又向宇宙空间发射辐射能，使地球在宇宙中具有一定的平均温度，则用辐能来描述地球辐射能量的吸收辐射平衡情况[1]。激光对人眼或其他物体的损伤，不仅取决于激光功率，还与作用的时间密切相关，即取决于辐能大小。

2. 辐通量 Φ_e

辐通量(或辐射通量)Φ_e定义为单位时间内通过某截面的所有波长的总电磁辐射能，又称辐射功率，单位为 W(或 J/s)。

辐通量用来描述辐能的时间特性。它是一个十分重要的辐射度量。对于连续辐射体或接收体，常以单位时间内的辐射能量即辐通量来描述其发射或接收特性，如描述白炽灯、黑体模拟器(见 1.3 节)等许多光源的发光特性。对于光电探测器(见第 2 章)，其光电转换的响应值不是取决于辐能的时间积累值，而是取决于辐通量的大小。

3. 辐强度 $I_e(\theta,\varphi)$

辐射能量是以电磁波的形式向其所在的空间传输的，用立体角来描述辐射能在传输中发散或会聚的空间角度；用辐强度来描述点辐射源（或辐射源面元）的辐射功率在不同方向上的分布。

立体角 Ω 定义为：以锥体的基点为球心作一球表面，锥体在球表面上所截取部分的表面积 $\mathrm{d}S$ 和球半径 r 平方之比，如图 1-2 和式(1-3)所示。

$$\mathrm{d}\Omega=\frac{\mathrm{d}S}{r^2}=\frac{r^2\sin\theta\mathrm{d}\theta\mathrm{d}\varphi}{r^2}=\sin\theta\mathrm{d}\theta\mathrm{d}\varphi \tag{1-3}$$

式中，θ 为天顶角；φ 为方位角；$\mathrm{d}\theta$、$\mathrm{d}\varphi$ 分别为其增量。立体角的单位是球面度(sr)。

对于半径为 r 的球，其表面积等于 $4\pi r^2$，所以当一个光源向整个空间发出辐射能或者一个物体从整个空间接收辐射能时，其对应的立体角为 4π 球面度，而半球空间所张的立体角为球 2π 面度。

辐强度（或辐射强度）$I_e(\theta,\varphi)$ 定义为：在给定方向上的立体角元内，辐射源发出的辐通量与立体角元之比，如图 1-3 和式(1-4)所示。

$$I_e(\theta,\varphi)=\frac{\mathrm{d}\Phi_e}{\mathrm{d}\Omega} \tag{1-4}$$

式中，I_e 的单位为 W/sr（瓦/球面度）；$\mathrm{d}\Omega=\sin\theta\mathrm{d}\theta\mathrm{d}\varphi$，如图 1-3 所示。

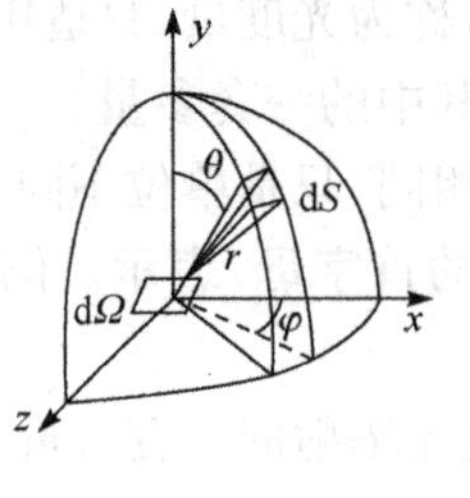

图 1-2 立体角的概念

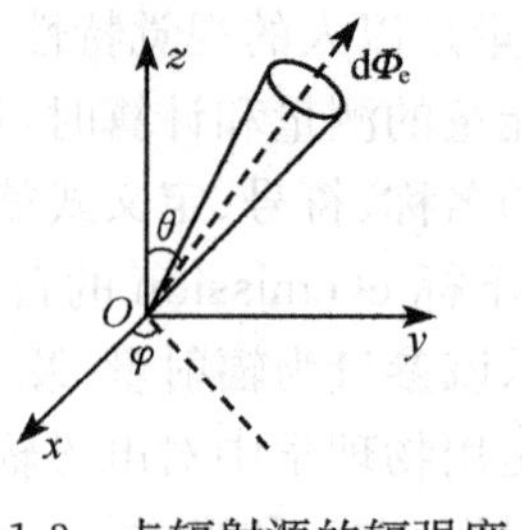

图 1-3 点辐射源的辐强度

辐强度描述了光源辐射的方向特性。"点"光源向空间辐射球面波，如果不考虑传输介质内的损失，它的辐强度在各个方向上是完全相同的；而一般的辐射源多为各向异性的，即 I_e 随方向 (θ,φ) 而改变。图 1-4 所示为一种钨丝白炽灯的辐强度空间分布特性。

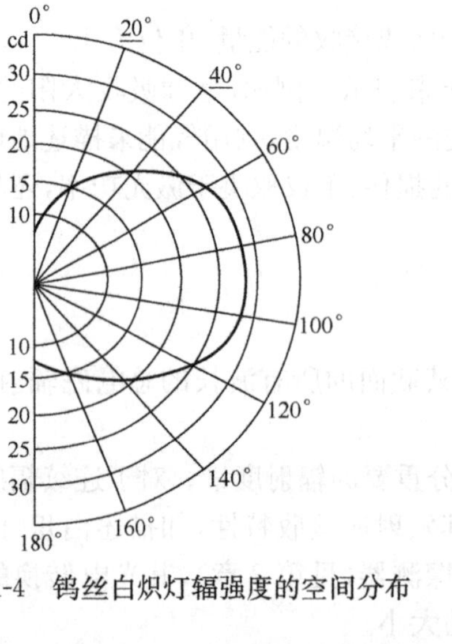

图 1-4 钨丝白炽灯辐强度的空间分布

4. 辐出度 M_e 与辐亮度 L_e

这是描述面辐射源上各面元辐射能力的物理量。M_e、L_e 的定义如图 1-5 所示。

辐出度（或辐射出度）M_e 定义为通过单位面元发出的辐通量，即

$$M_e=\frac{\mathrm{d}\Phi_e}{\mathrm{d}S} \tag{1-5}$$

式中，M_e 的单位为 W/m²（瓦/米²）。注意，M_e 是

面元位置的函数，即面辐射源上不同点可以有不同的 M_e 值。

(a) M_e的定义　　(b) L_e的定义

图 1-5　辐出度 M_e 和辐亮度 L_e 的定义

辐亮度(或辐射亮度)L_e 定义为面元在给定辐射方向上单位投影面积的辐强度，即

$$L_e(\theta,\varphi)=\frac{dI_e}{dS\cos\theta}=\frac{d^2\Phi_e}{d\Omega\cdot dS\cos\theta} \tag{1-6}$$

式中，L_e 的单位为 $W/(sr\cdot m^2)$。它是面元位置和辐射方向 (θ,φ) 的函数。

辐亮度与辐强度不同，它是用来描述辐射源微面元沿各个不同方向的辐射能力的差异。例如，描述显示屏的每个局部在各个方向的辐射特性，描述天空各部分辐射分布特性；而研究钨丝白炽灯的辐射特性时，常将它作为一个整体，描述在给定观测方向上的辐强度。这是因为描述灯丝每一局部表面(灯丝、灯丝之间的空隙)的发射特性并没有实际意义。

5. 辐照度 E_e

辐照度(辐射照度)E_e 定义为辐射接收面上单位面积接收的辐通量，即

$$E_e=\frac{d\Phi'_e}{dS'} \tag{1-7}$$

式中，E_e 的单位为 W/m^2；dS' 为接收面上的面元；$d\Phi'_e$ 是照射到该面元上的所有辐通量。E_e 也是面元的位置函数。

6. 光谱辐射量

辐射源所发射的能量一般由很多波长的单色辐射所组成。为了研究光源在各种波长上的辐射能力差别，提出光谱辐射量的概念。

光谱辐射量是该辐射量在波长 λ 处、单位波长间隔内的大小，又称为辐射量的光谱密度，是辐射量随波长的变化率。用 X_e 代表辐射度量，则光谱辐射量

$$X_e(\lambda)=\frac{dX_e}{d\lambda} \tag{1-8}$$

则辐射源的总辐射度量 X_e 为各光谱辐射度量之和：

$$X_e=\int_0^{\infty}X_e(\lambda)d\lambda \tag{1-9}$$

例如，设光谱辐通量为

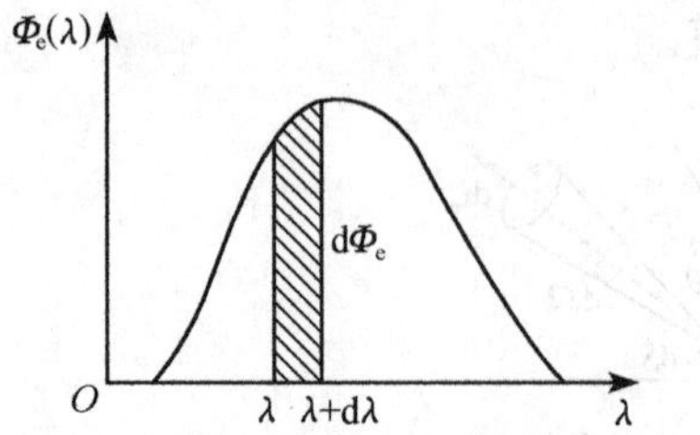

图 1-6 光谱辐通量与波长的关系

$$\Phi_e(\lambda)=\frac{d\Phi_e}{d\lambda} \tag{1-10}$$

如图 1-6 所示，则辐射源的总辐通量 Φ_e 为各光谱辐通量之和：

$$\Phi_e=\int_0^\infty \Phi_e(\lambda)d\lambda \tag{1-11}$$

1.1.3 光度量

1. 光谱光视效率

人眼只能感知波长在 0.38～0.78μm 的光辐射，故称这个波段的光为可见光。在可见光范围内，人眼对不同波长的感光灵敏度也是不同的：对绿光最灵敏，对红、蓝光的灵敏度较低。此外，受视觉生理和心理作用的影响，不同的人对各种波长的感光灵敏度也是不同的。

国际照明委员会(CIE)根据对许多人的大量测试，确定了人眼对各种波长光的相对灵敏度，称为光谱光视效率，又称为视见函数，如图 1-7 所示。图中实线是亮度大于 3cd/m^2 时的明视觉光谱光视效率，用 $V(\lambda)$ 表示，它的最大值在 $\lambda=555$nm 处；虚线是亮度小于 0.001cd/m^2 时的暗视觉光谱光视效率，用 $V'(\lambda)$ 表示，它的最大值在 $\lambda=507$nm 处。应当指出，所有光度计量均以明视觉光谱光视效率为准。表 1-1 给出了人眼明视觉光谱光视效率的数值。

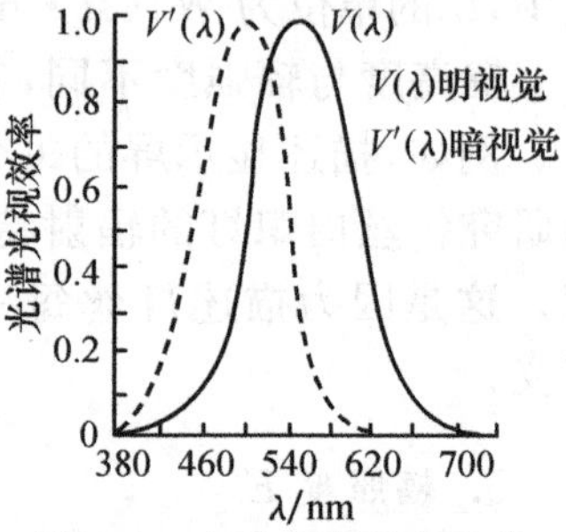

图 1-7 光谱光视效率曲线

表 1-1 明视觉的光谱光视效率

λ/nm	V(λ)	λ/nm	V(λ)	λ/nm	V(λ)	λ/nm	V(λ)
385	0.00006	485	0.16930	585	0.81630	685	0.01192
395	0.00022	495	0.25860	595	0.69490	695	0.00572
405	0.00064	505	0.40730	605	0.56680	705	0.00293
415	0.00218	515	0.60820	615	0.44120	715	0.00148
425	0.00730	525	0.79320	625	0.32100	725	0.00074
435	0.01684	535	0.91485	635	0.21700	735	0.00036
445	0.02980	545	0.98030	645	0.13820	745	0.00017
455	0.04800	555	1.00000	655	0.08160	755	0.00009
465	0.07390	565	0.97860	665	0.04458	765	0.00004
475	0.11260	575	0.91540	675	0.02320	775	0.00002

2. 光度量的基本物理量

由前所述，波长不同而量值相同的辐射度量引起人眼的视觉是不同的，这种差异是辐射度量无法描述的。为此，以人的视觉特性为基础，建立了光度量，以对光辐射进行计量。光度量的基本物理量与辐射度量一一对应，也是用于定量描述光辐射，但光度量却体现了人眼的视觉特性。表 1-2 给出了辐射度量与光度量之间的对应关系。

表 1-2　辐射度量和光度量对照表

辐射度量	符号	单位	光度量	符号	单位
辐[射]能	Q_e	焦耳(J)	光量	Q_v	流[明]·秒(lm·s)
辐[射能]通量或辐[射]功率	Φ_e	瓦(W)	光通量或光功率	Φ_v	流[明](lm)
辐[射]照度	E_e	瓦/米²(W/m²)	[光]照度	E_v	勒[克斯](1lx=lm/m²)
辐[射]出度	M_e	瓦/米²(W/m²)	光射出度	M_v	流[明]/米²(lm/m²)
辐[射]强度	I_e	瓦/球面度(W/sr)	发光强度	I_v	坎[德拉](1cd=lm/sr)
辐[射]亮度	L_e	瓦/米²·球面度(W/(m²·sr))	[光]亮度	L_v	坎[德拉]/米²(cd/m²)

光度量中最基本的单位是发光强度的单位——坎[德拉](Candela)，记作 cd，它是国际单位制中七个基本单位之一。其定义是频率为 5.4×10^{14} Hz(对应于空气中 555nm 波长)的单色辐射光在给定方向上的辐强度为 1/683W/sr 时，在该方向上的发光强度为 1cd，即

$$1\text{cd}=\frac{1\text{lm}}{\text{s}}=\frac{1}{683}\text{W/sr} \tag{1-12}$$

从 cd 这个光度学的基本单位出发，就可以确定光度学中其他物理量的单位。例如，光通量的单位是流[明](lm)，它是发光强度为 1cd 的均匀点光源在单位立体角(1sr)内发出的光通量；光照度的单位是勒[克斯](lx)，它是 1lm 的光通量均匀地照射在 1m^2 面积上所产生的光照度。

由式(1-12)，可以建立起任一波长下光谱辐通量与光谱光通量之间的换算关系，即

$$\Phi_v(\lambda)=K(\lambda)\Phi_e(\lambda)=K_mV(\lambda)\Phi_e(\lambda)=V(\lambda)\Phi_e(\lambda)\times683\text{lm/W} \tag{1-13}$$

式中，$K(\lambda)$称为明视觉光谱光视效能；$K_m=683\text{lm/W}$ 为明视觉最大光谱光视效能；$V(\lambda)=K(\lambda)/K_m$为光谱光视效率，可以从图 1-7 或表 1-1 查得。

对含有多种波长的辐通量 Φ_e，与之对应的光通量 Φ_v为

$$\Phi_v=K_m\int_{380\text{nm}}^{780\text{nm}}V(\lambda)\Phi_e(\lambda)\text{d}\lambda \tag{1-14}$$

式中，λ 的单位为 nm。

由于光度量和辐射量都与 Φ 有关，所以 $K(\lambda)$也适用于其他光谱量之间的转换。若用 X_v 代表任一光度量，X_e代表对应的辐射度量，可确定光度学中其他物理量与其对应辐射度量的关系，即在任一波长下二者的关系式为

$$X_v(\lambda)=K_m\text{V}(\lambda)X_e(\lambda) \tag{1-15}$$

当含有多种波长时，关系式为

$$X_v=K_m\int_{380\text{nm}}^{780\text{nm}}V(\lambda)X_e(\lambda)\text{d}\lambda \tag{1-16}$$

表 1-3 和表 1-4 分别给出了不同环境的照度值和常见发光体的亮度值，供参考。

表 1-3 不同环境的照度值

环境	照度/lx	环境	照度/lx
阳光直射	$(1\sim1.3)\times10^5$	晨昏蒙影	10
晴天室外(无阳光直射)	$(1\sim2)\times10^4$	晴晨昏蒙影	1
阴天室外	500～1500	整圆明月	0.2
漆黑天	10^2	上下弦月	10^{-2}
工作台	50～250	无月晴空	10^{-3}
可阅读条件	20	无月阴空	10^{-4}

表 1-4 常见发光体的亮度值

发光体及条件		亮度/($\times10^4$cd/m²)
太阳	大气外层	1.9×10^5
	海平面	1.6×10^5
天空	夏日平均	0.5
	离太阳远的纯蓝天	<0.1
	稍有云	1
月亮		0.25
2856K 时的钨灯		10^3

1.1.4 辐射度学和光度学中的两个基本定律

1. 辐强度余弦定律

大多数均匀发光的物体，不论其表面形状如何，在各个方向上的辐亮度都近似一致。例如，太阳虽然是一个圆球，但我们看到在太阳整个表面上其中心和边缘都一样亮，与看到一个均匀发光的圆形平面相同，这说明太阳表面各方向的辐亮度是一样的。下面讨论当发光体在各方向的辐亮度相同时，不同方向上的辐强度变化规律。

假定发光微面 dS 在与该微面垂直方向上的辐强度为 I_0，如图 1-8(a)所示。若发光体在各方向上的辐亮度一致，根据辐亮度的定义有

$$L=\frac{I_0}{\Delta S}=\frac{I}{\Delta S\cdot\cos\theta} \tag{1-17}$$

由式(1-17)得

$$I=I_0\cos\theta \tag{1-18}$$

式(1-17)就是辐强度余弦定律，又称“朗伯定律”。该定律可用图 1-8(b)表示。符合余弦定律的发光体称为“余弦辐射体”或“朗伯辐射体”。例如，太阳、荧光屏、毛玻璃灯罩、坦克表面等都近似于这种辐射源。

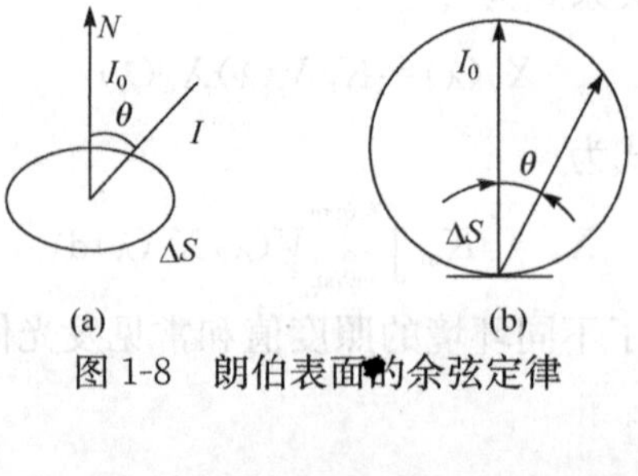

图 1-8 朗伯表面的余弦定律

下面根据辐强度余弦定律，求发光微面发出的辐通量。

假定发光面的辐亮度为 L，面积为 $\mathrm{d}S$，如图 1-9 所示。求它在半顶角的圆锥内所辐射的总辐通量。以锥顶为球心，以 r 为半径球面，在球面上取一个 $\mathrm{d}\theta$ 的环带，则环带的宽度为 $r\mathrm{d}\theta$，环带的半径为 $r\sin\theta$，所以它所对应的立体角为

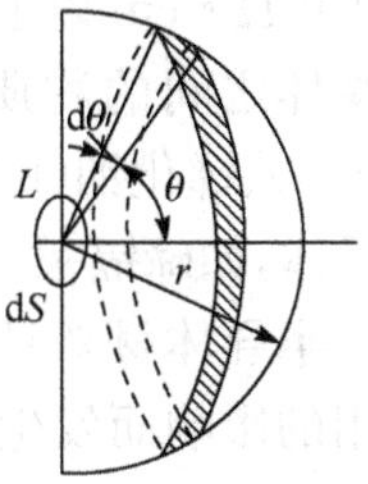

图 1-9　求半顶角圆锥内总辐通量

$$\mathrm{d}\Omega = \frac{\mathrm{d}S'}{r^2} = \frac{r\mathrm{d}\theta \cdot 2\pi r\sin\theta}{r^2} = 2\pi\sin\theta\mathrm{d}\theta$$

由式(1-4)和式(1-6)，得总辐通量

$$\Phi = \int_0^{\Omega} I\mathrm{d}\Omega = \int_0^{\pi/2} L\mathrm{d}S\cos\theta \cdot 2\pi\sin\theta\mathrm{d}\theta = \pi L\mathrm{d}S \tag{1-19}$$

若将该表面看成是一辐射表面，由式(1-5)，则辐射出度

$$M = \pi L \tag{1-20}$$

即朗伯辐射体的辐射出度等于它的辐亮度与 π 的乘积。

2. 距离平方反比定律

假定点光源 A 照明一个微小的平面 $\mathrm{d}S$，如图 1-10 所示。$\mathrm{d}S$ 离开光源的距离为 d，其表面法线方向 ON 和照明方向成夹角 θ，假定光源在 AO 方向上的辐强度为 I，则光源射入微小面积 $\mathrm{d}S$ 内的辐通量为

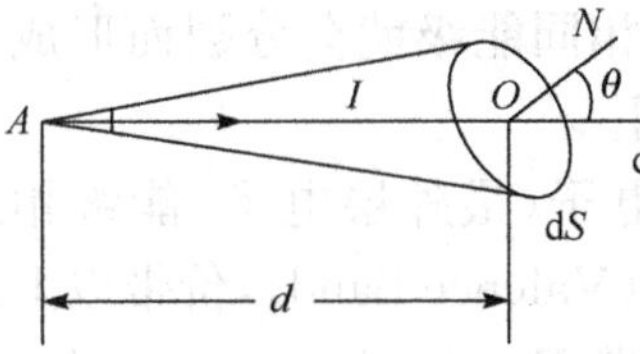

图 1-10　求点光源在距离 l 处辐照度

$$\mathrm{d}\Phi = I\mathrm{d}\Omega$$

由图 1-10 得到

$$\mathrm{d}\Omega = \frac{\mathrm{d}S\cos\theta}{d^2}$$

代入上式，得

$$\mathrm{d}\Phi = I\frac{\mathrm{d}S\cos\theta}{d^2}$$

根据辐照度公式(1-7)，则有

$$E = \frac{\mathrm{d}\Phi}{\mathrm{d}S} = \frac{I\cos\theta}{d^2} \tag{1-21}$$

从式(1-21)看出，被照明物体表面的辐照度和光源在照明方向上的辐强度及被照明表面的倾斜角的余弦成正比，而与距离的平方成反比。计算结果表明，当光源的线尺寸与距离 d 之比($2R/d$，R 为发光体半径)为 1∶5 时，用距离平方反比定律计算的辐照度误差为 1%；而当比值为 1∶15 时，该误差只有 0.1%。因此，以上由点光源导出的计算公式，在光源的线尺寸远远小于待测表面到光源的距离时，同样可以应用。

1.2　半导体的基础知识

自然界存在着各种各样的物质。按导电能力分，它们可分成导体、绝缘体和半导体三种。通常将电阻率在 $10^{-6} \sim 10^{-3}\Omega \cdot \mathrm{cm}$ 范围内的物质称为导体(如银、铜、铝、铁等金属)；电阻率

在 $10^{12}\Omega\cdot cm$ 以上的物质称为绝缘体(如塑料、陶瓷、橡皮、石英玻璃等);电阻率介于导体和绝缘体之间的物质则称为半导体。常见的半导体材料有锗、硅和硒等元素半导体,砷化镓(GaAs)、锑化铟(InSb)、硫化镉(CdS)和硫化铅(CdS)等化合物半导体,还有如氧化亚铜等氧化物半导体,如碲镉汞(HgCdTe)等固熔体半导体,以及有机半导体、玻璃半导体、稀土半导体等。

半导体材料具有许多独特的物理性质,它的导电能力及性质受光、热、电、磁及掺杂等外界作用的影响而发生非常重要的变化。利用半导体的特殊性质,可以制成半导体发光器件、光电探测器件、电荷耦合摄像器件等大部分光电器件。本节首先从原子能级的概念出发介绍能带理论,接着介绍载流子的产生、扩散和漂移以及 PN 结等半导体的基础知识,它们是各种半导体光电器件工作的理论基础。

1.2.1 能带理论

1. 原子能级与晶体能带

如图 1-11(a)所示,单个原子中的电子是按壳层分布的,且只能具有某些分立的能量,这些分立值在能量坐标上称为能级。晶体中由于原子密集,离原子核较远的壳层常常要发生彼此之间的交叠。这时,价电子已不再属于某个原子,而是若干个原子所共有,这种现象称为电子共有化。电子共有化会使得本来处于同一能量状态的电子之间发生能量微小的差异。例如,组成晶体的大量原子在某一能级上的电子本来都具有相同的能量,现在它们由于处于共有化状态而具有各自不尽相同的能量。因为它们在晶体中不仅受本身原子势场的作用,而且受到周围其他原子势场的作用。这样,晶体中所有原子原来的每一个相同能级就会分裂而形成了有一定宽度的能带。图 1-11(b)给出了晶体中 N 个原子的能带图。

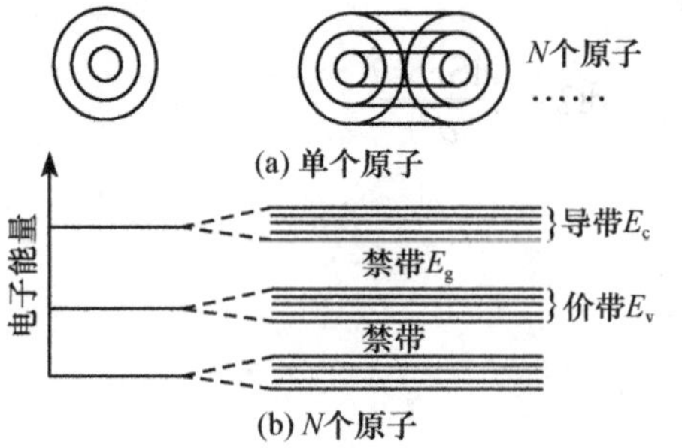

图 1-11　电子共有化,能级扩展为能带示意图

图 1-11 中,与价电子(最外层电子)能级相对应的能带称为价带 E_v(Valence Band),价带以上能量最低的能带称为导带 E_c(Conduction Band),导带底与价带顶之间的能量间隔称为禁带 E_g(Forbidden Band)。其实,一切不允许电子存在的能量区域都可称为禁带,例如,图 1-11(b)中价带与下面相邻的(次外层电子)能带之间的禁带。只是由于晶体的物理、化学性质主要与价电子有关,所以要着重讨论价带至导带这一范围内的问题。也就是说,分析和讨论晶体的能带图时,仅考虑导带 E_c、价带 E_v 以及二者之间的禁带 E_g 这三个部分。

处于价带中的电子(价电子),受原子束缚,不能参与导电;而处于导带中的电子,不受原子束缚,是自由电子,能参与导电。价电子要跃迁到导带成为自由电子,至少要吸收禁带宽度的能量。所以,可用能带图来分析材料的导电性能。

图 1-12 给出了绝缘体、半导体和金属三种材料的能带图。图中,绝缘材料 SiO_2 的 $E_g\approx 5.2eV$,导带中电子极少,所以导电性差;半导体 Si 的 $E_g\approx 1.1eV$,导带中有一定数目的电子,从而有一定的导电性;金属的导带与价带有一定程度的重合,$E_g=0$,价电子可以在金属中自由运动,所以导电性好。

半导体的导电性能介于绝缘体和金属之间,是制作光电器件的重要材料。它可分为本征半导体和非本征半导体两类。结构完整、纯净的半导体称为本征半导体,又称 I 型半导体,例

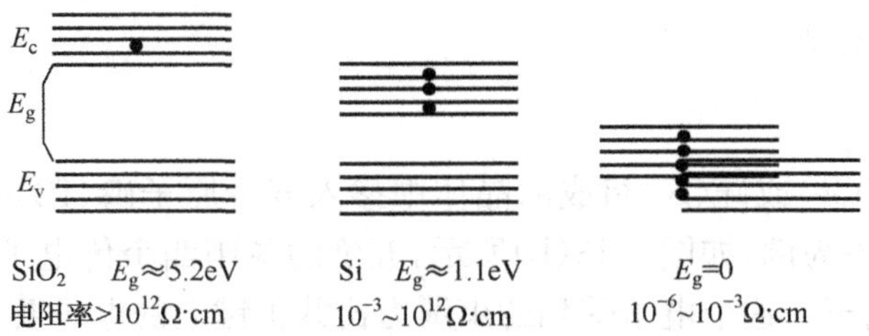

图 1-12 绝缘体、半导体、金属的能带图

如,纯净的硅称为本征硅;半导体中可人为掺入少量杂质形成杂质半导体,通常称它为非本征半导体。非本征半导体包括N型半导体和P型半导体。

自然界中,完全理想的本征半导体是没有的。由于晶体每立方厘米体积内有$10^{22} \sim 10^{23}$个原子,在工程实际中,一般认为杂质粒子的含量在一定程度以内,就可以视为"本征半导体"。例如,InSb材料,当杂质含量小于$10^{14}/cm^3$时,就视为"本征半导体";而人为掺杂时,其杂质含量通常在$10^{16\sim17}/cm^3$以上。

2. 本征半导体的能带

以硅晶体为例,如图1-13(a)所示。Si原子有4个价电子,分别与相邻的4个原子形成共价键。由于共价键上的电子所受束缚力较小,当温度高于绝对零度或受光照时,价带中的电子吸收能量跃过禁带到达导带,而成为自由电子。与此同时,在共价键中留下了一个空位置,称为空穴。原子因失掉一个价电子而带正电或者说空穴带正电。自由电子和空穴可在外加电场作用下定向运动,形成电流。所以,在常温下,本征半导体出现电子-空穴对,具有导电性。引进空穴概念后,就可以把价带中大量电子对电流的贡献用少量的空穴表达出来。实践证明,这样做不仅方便,而且具有实际的意义。

这种能参与导电的自由电子和空穴统称为载流子。单位体积内的载流子数称为载流子浓度。当温度高于绝对零度或受光照时,电子吸收能量摆脱共价键而形成电子-空穴对的过程,称为本征激发。

可见,半导体的导电机构与金属相比较存在很大差异。金属中只有电子一种荷载电流的载流子,而半导体中有电子和空穴两种载流子。正是由于这两种载流子的作用,使半导体表现出许多奇异的特性,可用来制造形形色色的器件。

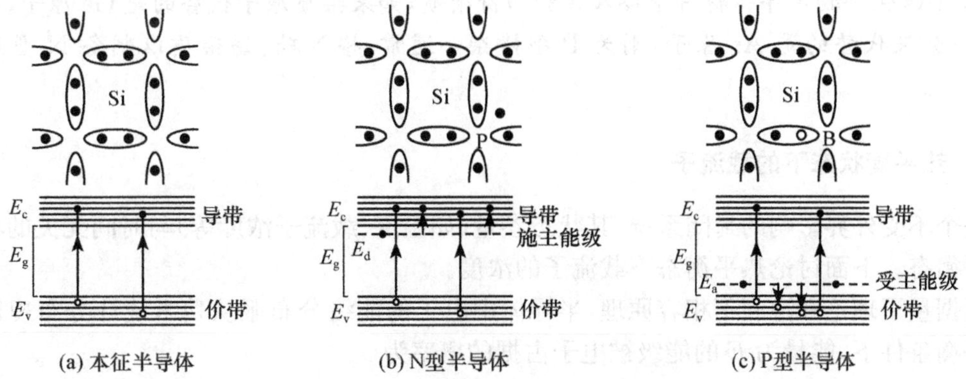

图 1-13 半导体原子结构和能带图

3. 杂质半导体的能带

1) N型半导体

如果在四价的锗(Ge)或硅(Si)组成的晶体中掺入五价原子磷(P)或砷(As),就可以构成N型半导体。以硅掺磷为例,如图1-13(b)所示,五价的磷用四个价电子与周围的硅原子组成共价键,尚多余一个电子。这个电子受到的束缚力比共价键上的电子要小得多,很容易被磷原子释放,跃迁成为自由电子,该磷原子就成为正离子,这个易释放电子的原子称为施主原子,或施主(Donor)。由于施主原子的存在,它会产生附加的束缚电子的能量状态。这种能量状态称为施主能级,用E_d表示,它位于禁带之中靠近导带底的附近。

施主能级表明,P原子中的多余电子很容易从该能级(而不是价带)跃迁到导带而形成自由电子。因此,虽然只要掺入少量杂质,却可以明显地改变导带中的电子数目,从而显著地影响半导体的电导率。实际上,杂质半导体的导电性能完全由掺杂情况决定,掺杂百万分之一就可使杂质半导体的载流子浓度达到本征半导体的百万倍。

N型半导体中,除杂质提供的自由电子外,原晶体本身也会产生少量的电子-空穴对,但由于施主能级的作用增加了许多额外的自由电子,使自由电子数远大于空穴数,如图1-13(b)所示。因此,N型半导体将以自由电子导电为主,自由电子为多数载流子(简称多子),而空穴为少数载流子(简称少子)。

2) P型半导体

如果在四价锗或硅晶体中掺入三价原子,就可以构成P型半导体。以硅掺硼(B)为例,如图1-13(c)所示,硼原子的三个电子与周围硅原子要组成共价键,尚缺少一个电子。于是,它很容易从硅晶体中获取一个电子而形成稳定结构,这就使硼原子变成负离子而在硅晶体中出现空穴。这个容易获取电子的原子称为受主原子,或受主(Accepter)。由于受主原子的存在,也会产生附加的受主获取电子的能量状态。这种能量状态称为受主能级,用E_a表示,它位于禁带之中靠近价带顶附近。受主能级表明,B原子很容易从Si晶体中获取一个电子形成稳定结构,即电子很容易从价带跃迁到该能级(不是导带),或者说空穴跃迁到价带。

与N型半导体的分析同理,图1-13(c)价带中的空穴数目远大于导带中的电子数目。P型半导体将以空穴导电为主,空穴为多数载流子,而自由电子为少数载流子。

除了硅和锗这样的单质半导体之外,还有很多具有半导体性质的材料,其中Ⅲ-Ⅴ族化合物占有重要地位。对于化合物半导体,P型掺杂还是N型掺杂取决于杂质所取代的原子。例如,在GaAs化合物半导体材料中掺入某种四价杂质,如果杂质原子代替的是Ga原子,则为N型掺杂;如果代替的是As原子,则为P型掺杂。通常,掺入硅、锡杂质以制备N型砷化镓半导体[2]。

1.2.2 热平衡状态下的载流子

一个不受外界影响的封闭系统,其状态参量(如温度、载流子浓度等)与时间无关的状态称为热平衡态。下面讨论热平衡态下载流子的浓度。

根据量子理论和泡利不相容原理,半导体中电子的能级分布服从费米统计分布规律。即在热平衡条件下,能量为E的能级被电子占据的概率为

$$f_n(E) = \frac{1}{1 + \exp\left(\frac{E - E_f}{kT}\right)} \tag{1-22}$$

式中，E_f为费米能级；$k=1.38\times10^{-23}$J/K 为玻尔兹曼常量；T 为绝对温度。

空穴的占据概率是不被电子占据的概率，它为

$$f_p = 1 - f_n(E) = \frac{1}{1 + \exp\left(\frac{E_f - E}{kT}\right)} \tag{1-23}$$

由式(1-22)，当 $T>0$K 时，若 $E=E_f$，则 $f_n(E)=0.5$，若 $E<E_f$，则 $f_n(E)>0.5$，若 $E>E_f$，则有 $f_n(E)<0.5$。可见，E_f的意义是电子占据率为 0.5 时所对应的能级。

以本征半导体为例，绝对温度为零时，由于没有任何热激发，电子全部位于价带；当温度高于绝对温度时，价带的部分电子由于热激发跃迁到导带成为自由电子。这两种情况下，价带中电子的分布可用式(1-21)来解释：价带能级低于费米能级，即 $E_v<E_f$，当 $T=0$ 时，能量为 E_v 的能级被电子占据的概率为 100%；当 $T>0$ 时，能量为 E_v的能级被电子占据的概率小于 100%。同理，可以解释价带中空穴的分布。

可见，费米能级 E_f具有“标尺”作用，可以用来定性描述半导体中载流子的分布。实际上，在式(1-22)中，当 $\exp\left(-\frac{E-E_f}{kT}\right)\gg1$ 或 $E-E_f>5kT$ 时，有

$$f_n(E) \approx \exp\left(-\frac{E - E_f}{kT}\right) \tag{1-24}$$

对于导带能级，在室温条件下，很容易满足 $E_c-E_f>5kT$，从而导带中电子占据的概率

$$f_n(E_c) \approx \exp\left(-\frac{E_c - E_f}{kT}\right) \tag{1-25}$$

同理，价带中空穴占据的概率

$$f_p(E_v) = \exp\left(-\frac{E_f - E_v}{kT}\right) \tag{1-26}$$

半导体物理学理论进一步指出：热平衡态下，在整个导带中总的电子浓度 n 和价带中的空穴浓度 p 分别为

$$n = N_c \exp\left(-\frac{E_c - E_f}{kT}\right) \tag{1-27}$$

$$p = N_v \exp\left(-\frac{E_f - E_v}{kT}\right) \tag{1-28}$$

式中，$N_c = 2\left(\frac{2\pi m_e^* kT}{h^2}\right)^{3/2}$ 称为导带有效状态密度；$N_v = 2\left(\frac{2\pi m_p^* kT}{h^2}\right)^{3/2}$ 称为价带有效状态密度；m_e^* 为自由电子的有效质量；m_p^* 为自由空穴的有效质量；h 为普朗克常量。

利用式(1-27)和式(1-28)，可以得到热平衡态下本征和杂质半导体中的费米能级分布[3]，如图 1-14 所示。本征半导体的费米能级 E_{fi}大致位于禁带中线 E_i处，如图 1-14(a)所示。N 型半导体的费米能级 E_{fn}位于禁带中央以上；掺杂浓度越高，费米能级离禁带中央越远，越靠近导带底，如图 1-14(b)所示。P 型半导体的费米能级 E_{fp}位于禁带中央位置以下；掺杂浓度越高，费米能级离禁带中央越远，越靠近价带顶，如图 1-14(c)所示。

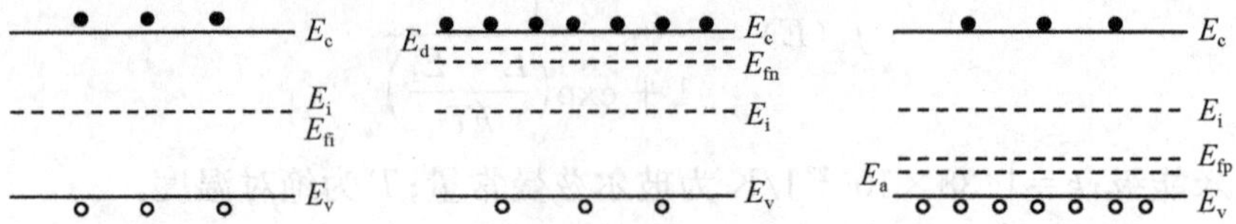

(a) 本征半导体　(b) N型半导体　(c) P型半导体

图 1-14　热平衡态下本征和杂质半导体中的费米能级

1.2.3　半导体对光的吸收

1. 吸收定律

一束光入射在半导体上，有多少能量被吸收是由材料本身的性质和入射光波长决定的。如图 1-15(a)所示，当光垂直入射到半导体表面时，进入到半导体内的辐通量为

$$\Phi(x)=\Phi_0(1-r)e^{-\alpha x} \tag{1-29}$$

这就是吸收定律。式中，Φ_0为入射辐通量；$\Phi(x)$为距离入射光表面 x 处的辐通量；r 为反射率，是入射光波长的函数，通常波长越短反射越强；α 为吸收系数，与材料、入射光波长等因素有关。

利用电动力学中平面电磁波在物质中传播时衰减的规律，可以证明吸收系数

$$\alpha=4\pi\mu/\lambda \tag{1-30}$$

式中，μ 为消光系数，仅由材料决定，是与光波波长无关的常数。图 1-15(b)给出了温度为 300K 时硅和锗的吸收系数与波长的关系。由此可见，半导体对光的吸收，在长波方向随波长急剧下降。

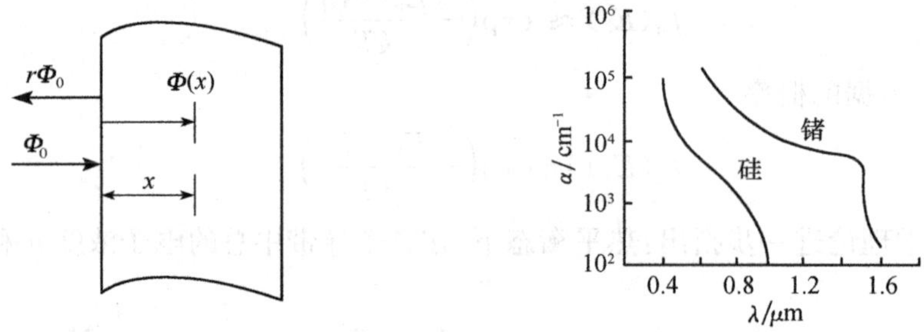

(a) 半导体表面对光的反射和吸收　(b) 300K时硅和锗吸收系数与波长关系

图 1-15　半导体对光的吸收

2. 本征吸收和非本征吸收

根据入射光子能量的大小，半导体对光的吸收可分为本征吸收和非本征吸收。

如果入射光子能量足够大，使价带中的电子能激发到导带，这一过程称为本征吸收，如图 1-16 所示。本征吸收的结果是在半导体内产生等量的电子与空穴。值得注意的是，本征吸收只决定于半导体材料本身的性质，与它所含杂质和缺陷无关。也就是说，本征半导体和杂质半导体内部，都可能发生本征吸收。

产生本征吸收的条件是，入射光子的能量至少要等于材料的禁带宽度，即

$$h\nu \geqslant E_g \quad 或 \quad h\frac{c}{\lambda} \geqslant E_g \tag{1-31}$$

式中，h 是普朗克常量；c 是光速；λ 是光的波长。

可见，本征吸收在长波方向存在一个界限 λ_c，称为截止波长(Cutoff Wavelength)，又称为长波限。本征吸收的截止波长为

$$\lambda_c = \frac{hc}{E_g} = \frac{1.24}{E_g}(\mu m) \tag{1-32}$$

式中，E_g的单位为 eV。

图 1-16　本征吸收和杂质吸收能带示意图

根据半导体不同的禁带宽度可算得相应的本征吸收截止波长。表 1-5 是常用半导体本征吸收截止波长与禁带宽度的对应关系。

表 1-5　常用半导体的禁带宽度和截止波长

半导体	T/K	E_g/eV	$\lambda_0/\mu m$	半导体	T/K	E_g/eV	$\lambda_0/\mu m$
CdS	295	2.4	0.52	Ge	295	0.67	1.8
CdSe	295	1.74	0.68	PbS	295	0.37	2.9
CdTe	295	1.5	0.83	InAs	295	0.35	3.2
GaP	295	2.24	0.55	InSb	77	0.23	5.4
GaAs	295	1.35	0.92	$Pb_{0.83}Sn_{0.17}Te$	77	0.1	12
Si	295	1.12	1.1	$Hg_{0.8}Cd_{0.2}Te$	77	0.1	12

半导体吸收光子后，如果其光子能量不足以使价带中的电子激发到导带，就会产生非本征吸收。非本征吸收包括杂质吸收、自由载流子吸收、激子吸收、晶格吸收等。

掺有杂质的半导体在光照下，N 型半导体中施主的束缚电子可以吸收光子而跃迁到导带；同样，P 型半导体中受主的束缚空穴也可以吸收光子而跃迁到价带。这种吸收称为杂质吸收，如图 1-16(b)和(c)所示。施主释放束缚的电子到导带或受主释放束缚空穴到价带所需能量称为电离能，分别用 ΔE_d 和 ΔE_a 表示，即 $\Delta E_d = E_c - E_d$，$\Delta E_a = E_a - E_v$。杂质吸收的最低光子能量等于杂质的电离能 ΔE_d(或 ΔE_a)，由此可得到杂质吸收光子的截止波长为

$$\lambda'_c = \frac{hc}{\Delta E_d} = \frac{1.24}{\Delta E_d}(\mu m) \quad 或 \quad \lambda'_c = \frac{hc}{\Delta E_a} = \frac{1.24}{\Delta E_a}(\mu m) \tag{1-33}$$

由于杂质的电离能 ΔE_d、ΔE_a 一般比禁带宽度 E_g 小得多，所以杂质吸收的光谱也就在本征吸收的截止波长 λ_c 以外。例如，Ge:Li(锗掺锂)，$\Delta E_a = 0.0095eV$，$\lambda'_c = 133\mu m$；Si:As(硅掺砷)，$\Delta E_d = 0.0537eV$，$\lambda'_c = 23\mu m$。

本征吸收和杂质吸收都能直接产生载流子；而其他非本征吸收，如自由载流子吸收、激子吸收、晶格吸收等很大程度上是将能量转换成热能，增加热激发载流子浓度。

半导体对光的吸收主要是本征吸收。本征吸收均发生在截止波长 λ_c 以内，非本征吸收均发生在 λ_c 以外，甚至发生在远红外区。对于硅材料而言，本征吸收的系数要比其他吸收的系

数大几十倍到几万倍。所以一般照明条件下只考虑本征吸收即可。由于在室温条件下，半导体中的杂质均已全部电离，可认为硅对波长大于 1.15μm 的红外光是透明的。

1.2.4 非平衡状态下的载流子

1. 非平衡载流子的产生和复合

非平衡载流子。半导体在热平衡态下载流子浓度是恒定的，但是如果外界条件发生变化，例如，受光照、外电场作用、温度变化等，载流子浓度就要随之发生变化，这时系统的状态称为非平衡态。载流子浓度相对于热平衡时浓度的增量，则称为非平衡载流子，也称为过剩载流子。而由光照射产生的非平衡载流子又称为光生载流子。

例如，在一定温度下，当没有光照时，一块半导体中电子和空穴浓度分别为 n_0 和 p_0，假设是 N 型半导体，则 $n_0 \gg p_0$，其能带图如图 1-17 所示。当光照射该半导体时，只要光子的能量大于该半导体的禁带宽度，半导体内就能发生本征吸收，光子将价带电子激发到导带上去，产生电子-空穴对，使导带比平衡时多出一部分电子 Δn，价带比平衡时多出一部分空穴 Δp，它们被形象地表示在图的方框中。Δn 和 Δp 就是非平衡载流子浓度。显然，在 N 型半导体中，由于 $n_0 \gg p_0$，本征吸收时受影响最大的是少子浓度 p_0。

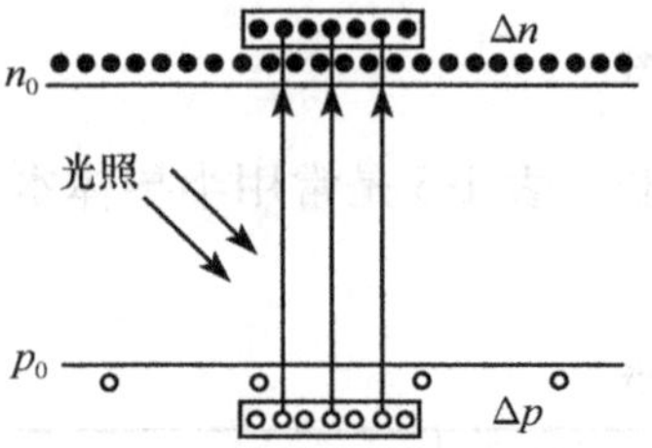

图 1-17　光照产生非平衡载流子

现举例说明本征吸收时载流子浓度的变化[4]。有一 N 型硅片，其电阻率为 1Ω · cm，在室温下热平衡载流子浓度为 $n_0=5.5\times10^{15}\text{cm}^{-3}$，$p_0=3.5\times10^{4}\text{cm}^{-3}$。本征吸收时 $\Delta n=\Delta p=10^{10}\text{cm}^{-3}$。这时，非平衡状态下载流子浓度分别为

$$n=n_0+\Delta n=(5.5\times10^{15}+10^{10})\text{cm}^{-3}\approx5.5\times10^{15}\text{cm}^{-3}$$

$$p=p_0+\Delta p=(3.5\times10^{4}+10^{10})\text{cm}^{-3}\approx10^{10}\text{cm}^{-3}$$

可以看出，本征吸收时多子的浓度几乎没有变化，而少子的浓度却增加了 28 万倍。可见，本征吸收时对半导体影响最显著的是少子的浓度。因此，可以说一切半导体光电器件对光的本征吸收都是少子行为。

产生与复合。对半导体材料，施加外部的作用把价带电子激发到导带上去，产生电子-空穴对，使非平衡载流子浓度增加，这种运动称为产生；原来激发到导带的电子回到价带，电子和空穴又成对地消失，使非平衡载流子浓度减小，这种运动称为复合。单位时间单位体积内增加的电子空穴对数称为产生率；单位时间单位体积内减少的电子空穴对数称为复合率。

在光照过程中，产生与复合是同时存在的。半导体在恒定、持续光照下产生率保持在高水平，同时复合率也随着非平衡载流子的增加而增加，直至产生率等于复合率时，系统达到新的稳定态。光照停止时，光致产生率为零，但热致产生率仍存在，这时系统稳定态遭到破坏，复合率大于产生率。使非平衡载流子浓度逐渐减小，复合率也随之下降，直至复合率等于热致产生率时，非平衡载流子浓度降为零，系统恢复热平衡态。

非平衡载流子的复合过程主要有直接复合和间接复合等。直接复合是指晶格中运动的自由电子直接由导带回到价带与空穴复合，释放出多余的能量，电子-空穴对消失。间接复合是自由电子和空穴通过晶体中的杂质、缺陷在禁带中形成的局域能级（复合中心）进行的复合。

2. 非平衡载流子的寿命

理论和实验表明，光照停止后，半导体中光生载流子并不是立即全部复合(消失)，而是随时间按指数规律减少，如图 1-18 所示。这说明光生载流子在导带和价带中有一定的生存时间，有的长些，有的短些。光生载流子的平均生存时间称为光生载流子的寿命，用 τ_c 表示。

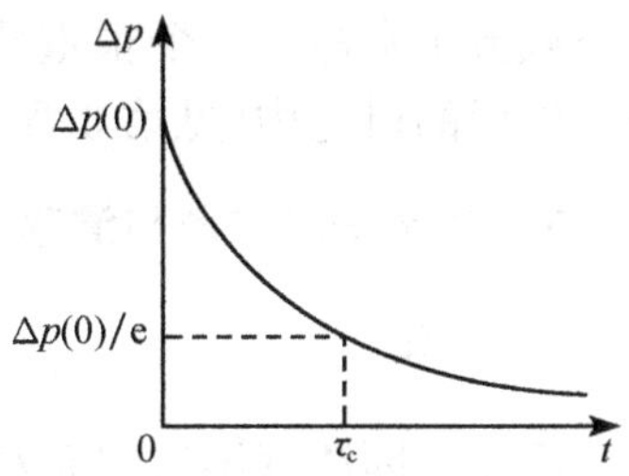

图 1-18　光生载流子复合过程

现以 N 型半导体材料为例，分析和计算弱光照条件下本征吸收时光生载流子寿命。设热平衡时材料的电子浓度和空穴浓度分别为 n_0 和 p_0，光照后其浓度分别为 n 和 p。复合时，电子与空穴相遇成对消失，因此复合率 R 与电子和空穴的浓度乘积成正比，即

$$R = rnp \tag{1-34}$$

式中，r 为比例系数，称为复合系数。此外，光照停止后，只要绝对温度大于零，价带中的每个电子都以一定的概率被激发到导带，从而形成电子-空穴对，这个概率称为载流子的热致产生率，用 G_0 表示。热平衡时，热致产生率必须等于复合率，即

$$G_0 = R_0 = rn_0 p_0 \tag{1-35}$$

于是，光生电子-空穴对的直接复合率(净复合率)可用材料中少子的变化率表示为

$$\begin{aligned} -\frac{\mathrm{d}p(t)}{\mathrm{d}t} &= -\frac{\mathrm{d}\Delta p(t)}{\mathrm{d}t} = R - G_0 \\ &= r[n_0 + \Delta n(t)]\cdot[p_0 + \Delta p(t)] - rn_0 p_0 \end{aligned} \tag{1-36}$$

式中，$\Delta n(t)$、$\Delta p(t)$ 为瞬时非平衡载流子浓度。因 $\Delta n(t) = \Delta p(t) \ll n_0$(弱光照)，于是式(1-36)又可写成

$$-\frac{\mathrm{d}\Delta p(t)}{\mathrm{d}t} = rn_0 \Delta p(t) \tag{1-37}$$

解上式微分方程，得

$$\Delta p(t) = \Delta p(0)\,\mathrm{e}^{-rn_0 t} \tag{1-38}$$

式中，$\Delta p(0)$ 为光照刚停时($t=0$)的光生载流子浓度。

由式(1-38)，得到光生载流子的平均生存时间(载流子寿命)

$$\tau_c = \bar{t} = \frac{\int_0^\infty t\mathrm{d}\Delta p(t)}{\int_0^\infty \mathrm{d}\Delta p(t)} = \frac{1}{rn_0} \tag{1-39}$$

即

$$\tau_c = \frac{1}{rn_0} \tag{1-40}$$

式(1-40)表明，弱光照条件下，载流子寿命与热平衡时多子电子的浓度成反比，并且在一定温度下是一个常数。

将 τ_c 代入式(1-37)，得到载流子复合率的一般表达式

$$-\frac{\mathrm{d}\Delta p(t)}{\mathrm{d}t} = \frac{\Delta p(t)}{\tau_c} \tag{1-41}$$

以上是直接复合过程的计算。间接复合过程计算更复杂，读者可参考有关文献。可以证

明[5,6]，弱光照条件下，无论本征吸收还是杂质吸收，载流子寿命在一定温度下为常数，它决定于材料的微观复合结构、掺杂和缺陷等因素；而在强光照条件下，载流子寿命不一定为常数，它们往往随着光生载流子浓度的变化而变化。

载流子寿命是一个很重要的参量，它表征复合的强弱。τ_c小表示复合强，τ_c大表示复合弱。以后的讨论中(见第3章)还可以看到，τ_c决定了线性光电导探测器的响应时间特性。

1.2.5 载流子的扩散与漂移

1. 扩散

载流子因浓度不均匀而发生的定向运动称为扩散。常用扩散系数 D 和扩散长度 L 等参量来描述材料的扩散性质。

当材料的局部位置受到光照时，材料吸收光子产生光生载流子，在这局部位置的载流子浓度就比平均浓度要高。这时载流子将从浓度高的点向浓度低的点运动，在晶体中重新达到均匀分布。由于扩散作用，流过单位面积的电流称为扩散电流密度，它们正比于光生载流子的浓度梯度，即

$$\boldsymbol{J}_{nD}=eD_n\nabla n \tag{1-42}$$

$$\boldsymbol{J}_{pD}=-eD_p\nabla p \tag{1-43}$$

这里，e 为电子电量；$\boldsymbol{J}_{nD}$、$\boldsymbol{J}_{pD}$分别为 Δx 方向上的电子扩散电流密度矢量和空穴扩散电流密度矢量；D_n、D_p分别为电子的扩散系数和空穴的扩散系数；∇n 和∇p 是指电子浓度梯度和空穴浓度梯度。

由于载流子扩散取载流子浓度增加相反方向，所以空穴电流是负的。因电子的电荷是负值，扩散方向的负号与电荷的负号相乘，所以电子电流是正值。

设有如图 1-19 所示的一块半导体，入射的均匀光场全部覆盖它的一个端面，则光生载流子在材料中的扩散可作一维近似处理。考虑光生空穴沿 x 方向扩散。利用式(1-43)和边界条件：$x\to 0$，$\Delta p(x)=\Delta p(0)$；$x\to\infty$，$\Delta p(x)=0$。读者自行推导，可以得到任一位置 x 处，光生空穴浓度为

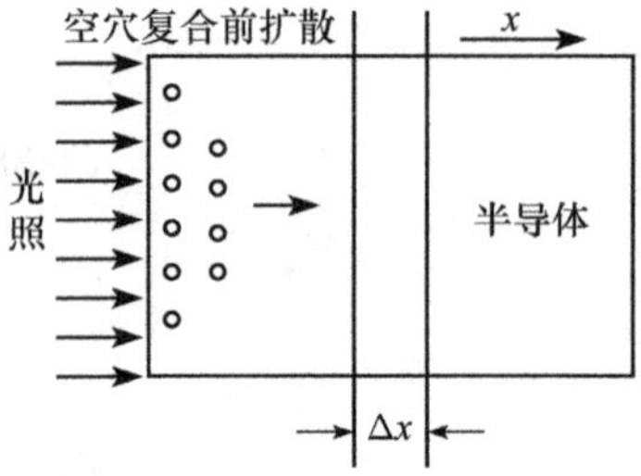

图 1-19 光注入时非平衡载流子扩散示意图

$$\Delta p(x)=\Delta p(0)\exp\left(-\frac{x}{L_p}\right) \tag{1-44}$$

式中，$L_p=\sqrt{D_p\tau_c}$为空穴扩散长度；τ_c为载流子寿命。由式(1-44)可知，少数载流子的剩余浓度随距离指数规律下降。同样，可以导出非平衡电子的扩散长度 $L_n=\sqrt{D_n\tau_c}$。

2. 漂移

载流子受电场作用所发生的运动称为漂移。在电场中，电子漂移速度的方向与电场方向相反，空穴漂移速度的方向与电场的方向相同。

载流子在弱电场中的漂移运动服从欧姆定律，在强电场中的漂移运动因有饱和或雪崩等现象则不服从欧姆定律。这里只讨论服从欧姆定律的漂移运动。

欧姆定律的微分形式表示为漂移电流密度矢量 $\boldsymbol{J}_E$等于电场强度矢量 $\boldsymbol{E}$ 与材料的电导率σ之积。即

$$\boldsymbol{J}_{\mathrm{E}}=\sigma \boldsymbol{E} \tag{1-45}$$

对于电子电流，按定义，漂移电流密度 $\boldsymbol{J}_{\mathrm{E}}$ 又可写为

$$\boldsymbol{J}_{\mathrm{E}}=nev \tag{1-46}$$

式中，n 为电子浓度；e 为电子电量；v 为电子漂移的平均速度。v 与电场强度呈线性关系，即

$$v=\mu_{\mathrm{n}} \boldsymbol{E} \tag{1-47}$$

式中，μ_{n} 为电子迁移率。联立式(1-45)～式(1-47)，解得

$$\sigma_{\mathrm{n}}=ne\mu_{\mathrm{n}} \tag{1-48}$$

同理，对于空穴电流有

$$\sigma_{\mathrm{p}}=pe\mu_{\mathrm{p}} \tag{1-49}$$

在电场中，漂移所产生的电子电流密度矢量与空穴电流密度矢量分别为

$$\boldsymbol{J}_{\mathrm{nE}}=ne\mu_{\mathrm{n}} \boldsymbol{E} \tag{1-50}$$

$$\boldsymbol{J}_{\mathrm{pE}}=pe\mu_{\mathrm{p}} \boldsymbol{E}$$

1.2.6　PN 结

采用不同的掺杂工艺，将 P 型半导体和 N 型半导体制作在同一块硅片上，在它们的交界面就形成了 PN 结。

1. PN 结的形成

由前所述，P 型半导体中，多子是空穴，少子是电子；N 型半导体中，正好相反。当 P 型、N 型半导体结合在一起形成 PN 结时，载流子的浓度差引起扩散运动。P 区的空穴向 N 区扩散，剩下带负电的受主离子；N 区的电子向 P 区扩散，剩下带正电的施主离子。从而在靠近 PN 结界面的区域形成一个空间电荷区（也称离子区、耗尽区或阻挡层），如图 1-20 所示。空间电荷区里载流子很少，是高阻区，电场的方向由 N 区指向 P 区，称为内建电场（自建电场或结电场）。在内建电场的作用下，载流子将产生漂移运动，漂移运动的方向与扩散运动的方向相反。漂移运动与扩散运动将会达到动态平衡状态，结区内建立了相对稳定的内建电场。这就是 PN 结的形成过程。

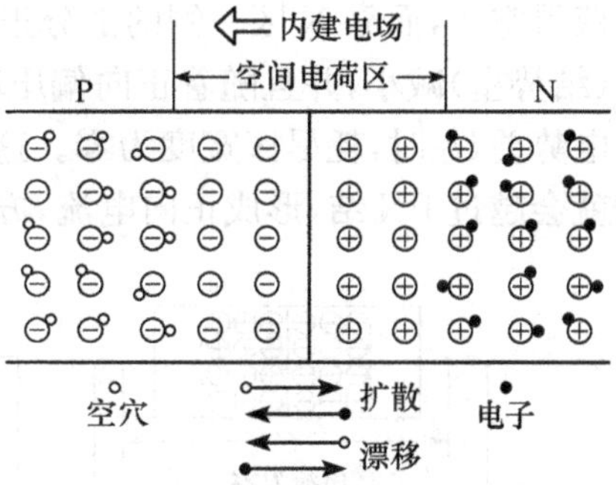

图 1-20　PN 结空间电荷区的形成

2. PN 结能带与势垒

P 型、N 型半导体的费米能级受各自掺杂的影响，在能带图中的高低位置不一致，如图 1-21(a)所示。当 P 型、N 型半导体结合成为 PN 结时，按费米能级的意义，电子将从费米能级高的 N 区流向费米能级低的 P 区，空穴则从 P 区流向 N 区，因而 E_{fn} 不断下移，且 E_{fp} 不断上移，直至 $E_{\mathrm{fn}}=E_{\mathrm{fp}}$ 为止。这时 PN 结中有统一的费米能级 E_{f}，PN 结处于平衡状态，但处于 PN 结区外的 P 区和 N 区中的费米能级 E_{fp} 和 E_{fn}，相对于价带和导带的位置要保持不变，这就导致 PN 结能带发生弯曲，如图 1-21(b)所示。能带弯曲实际上是 PN 结区内建电场作用的结果，也就是说，电子从 N 区到 P 区要克服电场力做功，越过一个“能量高坡”，这个势能“高坡” eU_{D}（U_{D} 为接触电势差）通常称为 PN 结势垒，其大小等于 P 区导带底能级与 N 区导带底能级之差，即 $eU_{\mathrm{D}}=E_{\mathrm{cp}}-E_{\mathrm{cn}}$。

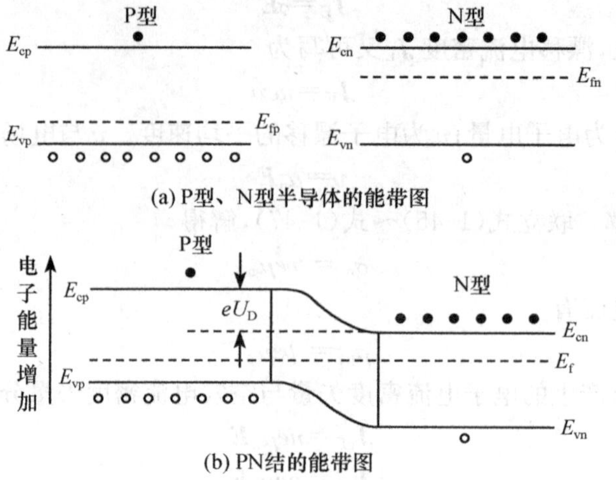

图 1-21　P 型、N 型和 PN 结的能带图

3. PN 结电流方程、耗尽区宽度与结电容

热平衡下，PN 结中的漂移运动等于扩散运动，结界面的区域存在一定宽度的耗尽区，净电流为零，如图 1-22(a)所示。但是，有外加电压时，结内的平衡即被破坏，耗尽区宽度会发生变化；依照外加电压的大小和方向，可形成流过 PN 结的正向电流或反向电流。

若 P 区接电源正端、N 区接负端，称为 PN 结的正向偏压，如图 1-22(b)所示。在正向偏压的作用下，P 区的多子空穴和 N 区的多子自由电子向结区运动。结区靠 P 区一侧的部分负离子获得空穴，而靠 N 区一侧的部分正离子获得电子，二者都还原为中性的原子，从而耗尽区宽度(结势垒)减小，并且随着正向偏压增大，耗尽区宽度越来越小。当正向偏压等于 PN 结的接触电势差 U_D 时，耗尽区宽度为零。这时，如果正向偏压继续增大，P 区的空穴和 N 区的自由电子就会越过 PN 结，形成正向电流，方向由 P 区指向 N 区。

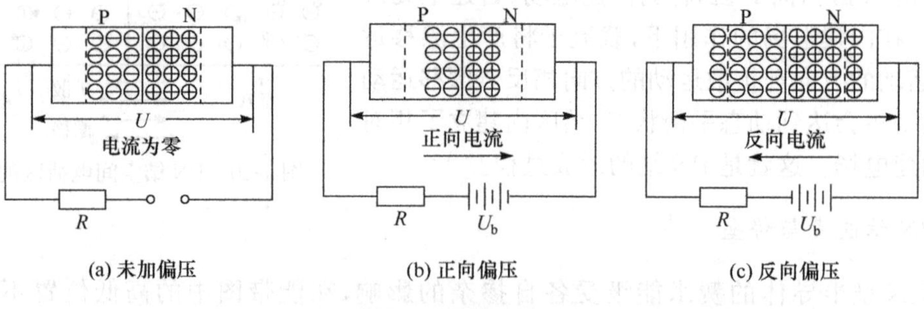

图 1-22　PN 结耗尽区宽度与外加电压的关系示意图

若 N 区接正端、P 区接负端，称为 PN 结的反向偏压，如图 1-22(c)所示。此时，PN 结耗尽区宽度增大，并且 P 区的少子自由电子漂移到 N 区，N 区的少子空穴漂移到 P 区，从而形成反向电流，方向由 N 区指向 P 区。

可以证明[3]，流过 PN 结的电流为

$$I = I_0\left(e^{eU/(kT)} - 1\right) = I_0\left(e^{U/U_T} - 1\right) \tag{1-51}$$

式中，I 为流过 PN 结的电流；I_0 为反向饱和电流；U 为 PN 结两端的电压；$U_T = kT/e$ 为温度的电压当量，其中 $k = 1.38\times10^{-23}$ J/K，$e = 1.6\times10^{-19}$ C，在常温($T = 300$K)下，求得 $U_T = 26$mV。

也可以证明[5]，耗尽区宽度 W 与 PN 结两端的电压 U 之间的关系为

$$W = \left[\frac{2\varepsilon}{e}\frac{N_a + N_d}{N_a N_d}(U_D - U)\right]^{1/2} \tag{1-52}$$

式中，U_D为接触电势差；ε 为材料的介电系数；N_a和 N_d分别为 P 型半导体和 N 型半导体掺杂浓度。这就是说，PN 结两端的电压 U 对耗尽区 W 有影响。U 为正时，W 变窄；U 为负时，W 变宽，这与图 1-22 的描述是一致的。

PN 结两侧耗尽区是一个偶电层，正负电荷精确相等，可以看成是一个电容器，称为结电容。如果用平板电容器来类比，则单位面积的结电容为

$$C = \frac{\varepsilon}{W} = \left[\frac{e\varepsilon N_a N_d}{2(N_a + N_d)(U_D - U)}\right]^{1/2} \tag{1-53}$$

式(1-53)表明，外加正向电压，结电容变大；外加反向电压，结电容变小。这个结论对于如何减小结电容提高光伏探测器的响应速度有着重要的意义(详见第 4 章)。

1.3 黑体辐射

绝对黑体(简称黑体)是一种能够在任何温度下全部吸收所有波长辐射的物体。它是一种理想辐射源，自然界中并不存在。但是，用人工方法可以制成尽可能接近绝对黑体的辐射源，例如，开有小孔的等温空腔就是一个良好的黑体模型，称为黑体辐射器(也称黑体模拟器，见 1.4.2 小节)。自然界中的许多辐射源可以认为或者近似认为是黑体，如太阳、地球、星球和海水等。还有一些光源和辐射体，虽然它们的辐射特性和黑体相差较大，甚至还有吸收带(线)，但常常也用与黑体相当的某些特性来近似地表征它们。因此，黑体是各种辐射体和物质吸收(发射)特性的比较基准。本节介绍黑体辐射的基本规律及其在光电系统中的应用。

1.3.1 基尔霍夫定律

设绝对温度和光波长分别用 T 和 λ 表示，物体的光谱吸收比用 $\alpha(\lambda,T)$表示。如图 1-23 所示，设想将光谱吸收比为 $\alpha_1(\lambda,T)$、$\alpha_2(\lambda,T)$、…的系列物体 1、2、…，以及光谱吸收比为 $\alpha_b(\lambda,T)$的黑体 b 置于一个真空密闭容器中，并假设容器与外界绝热，即与外界无能量交换。

在热平衡状态下，真空密闭容器内各处的光谱辐照度均为 $E_e(\lambda,T)$。根据能量守恒定律，密闭容器中任意物体发射的辐射功率应等于吸收的辐射功率，即

$$M_{ei}(\lambda,T) = \alpha_i(\lambda,T)E_e(\lambda,T),\ i = 1,2,\cdots,b \tag{1-54}$$

式中，$M_{ei}(\lambda,T)$ 为密闭容器中任意物体 i 的辐出度。根据黑体的定义及式(1-54)，对于黑体，有 $M_{eb}(\lambda,T) = E_e(\lambda,T)$，即 $\alpha_b(\lambda,T) = 1$；而其他物体，$M_{ei}(\lambda,T) < E_e(\lambda,T)$，即 $\alpha_1(\lambda,T)$、$\alpha_2(\lambda,T)$、…<1。这样，式(1-54)可以改写为

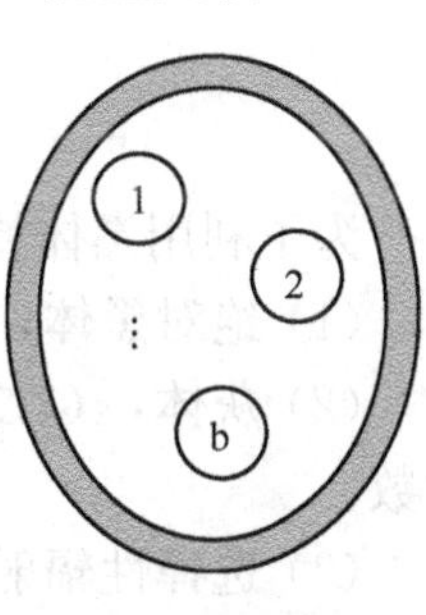

图 1-23 真空密闭腔内的物体

$$\frac{M_{e1}(\lambda,T)}{\alpha_1(\lambda,T)} = \frac{M_{e2}(\lambda,T)}{\alpha_2(\lambda,T)} = \cdots = \frac{M_{eb}(\lambda,T)}{\alpha_b(\lambda,T)} = E_e(\lambda,T) \tag{1-55}$$

式(1-55)指出，热平衡状态下任何物体的光谱辐出度与光谱吸收率的比值都相等，并等于密闭容器内的光谱辐照度，与物体的材料性质无关。这一规律被称为基尔霍夫定律。

在一定温度下，黑体是所有辐射体中吸收辐射最多的物体，根据能量守恒定律，它必然也

是发射辐射最多的物体。为了描述辐射体的发射能力，以发射辐射最多的黑体为比较基准，定义辐射体的光谱辐出度 $M_e(\lambda,T)$ 与黑体在同温度下的光谱辐出度 $M_{eb}(\lambda,T)$ 的比值为物体的光谱发射率，用 $\varepsilon(\lambda,T)$ 表示，即

$$\varepsilon(\lambda,T)=\frac{M_e(\lambda,T)}{M_{eb}(\lambda,T)} \tag{1-56}$$

显然，对于一般辐射体，$\varepsilon(\lambda,T)<1$；对于黑体，$\varepsilon_b(\lambda,T)=1$。利用式(1-55)和式(1-56)，还可以得到 $\varepsilon(\lambda,T)=\alpha(\lambda,T)$，即任何辐射体的光谱发射率总等于它的光谱吸收比。也就是说，强吸收体必然是强发射体，反之亦然。

1.3.2 普朗克辐射定律

普朗克根据光的量子理论，推导出描述黑体光谱辐出度与波长、绝对温度之间关系的著名公式

$$M_{eb}(\lambda,T)=\frac{c_1}{\lambda^5(e^{c_2/\lambda T}-1)} \tag{1-57}$$

式中，$c_1=2\pi hc^2=3.74\times10^{-6}\ \mathrm{W\cdot m^2}$；$c_2=hc/k=1.43879\times10^{-2}\ \mathrm{m\cdot K}$，其中 c 为光速，k 和 h 分别为玻尔兹曼常量和普朗克常量。

图 1-24(a)表示按式(1-57)求得的黑体光谱辐出度与波长和温度的关系。可见，随着温度的升高，曲线下的面积——黑体的总辐出度迅速增加，峰值波长向短波方向移动。

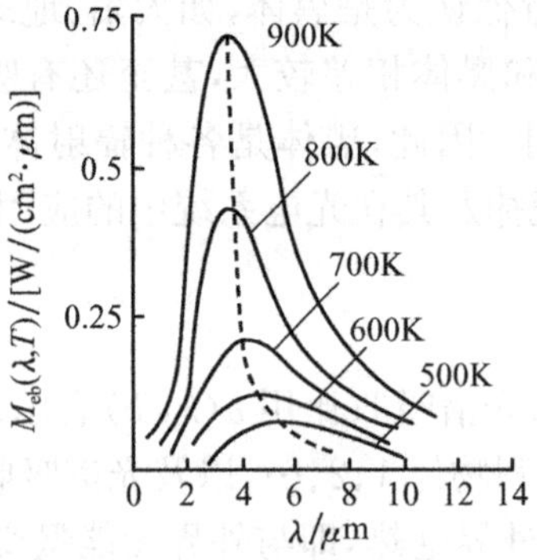

(a) 黑体

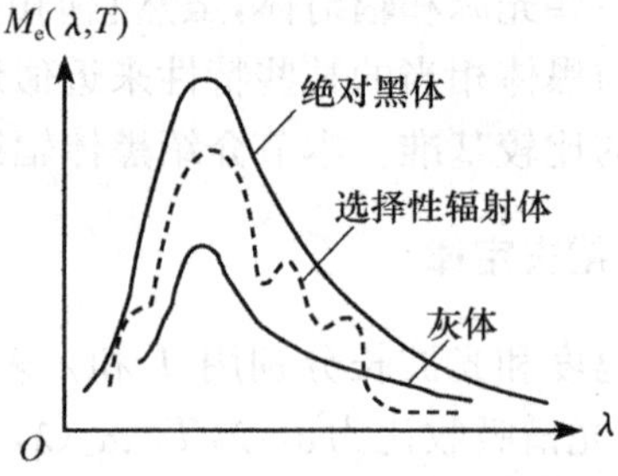

(b) 绝对黑体、灰体、选择性辐射体对比

图 1-24 辐射体光谱辐射分布曲线

为了利用黑体特性作为比较基准，通常将辐射体按照光谱发射率的不同分为三类。

(1) 绝对黑体，$\varepsilon(\lambda,T)=\varepsilon=1$，即在任何温度下，其发射率为不随波长变化的常数 1。

(2) 灰体，$\varepsilon(\lambda,T)=\varepsilon<1$，即当温度为某定值时，其发射率为不随波长变化且小于 1 的常数。

(3) 选择性辐射体，$\varepsilon(\lambda,T)<1$，即当温度为某定值时，其发射率为小于 1 且随波长变化的函数。

图 1-24(b)标出了这三类辐射体的光谱辐射分布曲线对比示意图。其中，某一温度下灰体具有与同温度下黑体相似的光谱能量分布特性，如海水；有些选择性辐射体在某一波段范围内的辐射特性也具有与同温度下黑体类似的规律。

例 1-1 计算常温下 $T=300\mathrm{K}$ 的海水在 8～14μm 的辐出度 $M_{e8\sim14}$。

根据式(1-57)，首先计算黑体在该温度下对应波段的辐出度[1]

$$M_{eb8\sim14} = \int_{8\mu m}^{14\mu m} \frac{c_1}{\lambda^5 (e^{c_2/\lambda T} - 1)} d\lambda = 1.7255 \times 10^{-2}\ W/cm^2$$

300K 海水的光谱发射率 $\varepsilon \approx 0.99$，将其视为灰体。根据式(1-56)，海水在 8～14μm 的辐出度为

$$M_{e8\sim14} = \varepsilon M_{eb8\sim14} = 1.7082 \times 10^{-2} W/\ cm^2$$

1.3.3　维恩位移定律

为了求出不同温度的黑体最大光谱辐出度的峰值波长 λ_m，对式(1-57)取波长 λ 的导数且令其等于零，可得到

$$\lambda_m T = hc/5k = 2897.79 \mu m \cdot K \tag{1-58}$$

这就是维恩位移定律。

该定律表明，黑体辐出度峰值对应的波长 λ_m 与黑体的绝对温度 T 的乘积为一定值，即二者成反比关系。利用维恩位移定律，可以很方便地估算出在给定温度下黑体或近似黑体的物体在什么波段范围内辐出度最多。例如，太阳表面的温度约为 5900K，其 $\lambda_m \approx 0.49\mu m$，即在可见光波段 0.49$\mu$m 附近太阳辐射的能量最多，这和人眼光谱光视效率最大值所对应的波长 0.55μm 很近。在光电探测系统中，利用维恩位移定律计算出辐射源(目标)某一温度下的峰值波长，以确定红外探测器工作的峰值波长，实现"光谱匹配"。

1.3.4　斯蒂芬-玻尔兹曼定律

将式(1-57)对波长从 0 到∞积分，所得的结果就是黑体在给定温度 T 时的总辐出度，即

$$M_{eb} = \int_0^{\infty} M_{eb}(\lambda, T) d\lambda = \sigma \cdot T^4 \tag{1-59}$$

式中，σ 是斯蒂芬-玻尔兹曼常量，它为

$$\sigma = \frac{\pi^4 c_1}{15 c_2^4} = 5.67 \times 10^{-12} W/(cm^2 \cdot K^4)$$

关系式 $M_{eb} = \sigma T^4$ 称为斯蒂芬-玻尔兹曼定律。

该定律指出，黑体的全光谱辐出度与其温度的 4 次方成正比。例如，在光电对抗技术中，实现红外隐身的第一要素就是如何降低武器平台的温度，以最大限度地减少向环境的红外辐射能，从而使对方光电探测器上得到的辐照度低于其探测阈值。

例 1-2　计算目标辐射在光电探测器上的辐照度。设黑体的温度为 $T=500$K，出光小孔直径 $D=1$cm，与光电探测器的距离 $d=2.5$m，忽略辐射能量在大气传输中的衰减。试计算该黑体在光电探测器上的辐照度 E。

根据式(1-59)，黑体在 500K 时的总辐出度为

$$M = \sigma T^4$$

设黑体小孔输出的辐强度为 I，亮度为 L。黑体小孔可以视为朗伯辐射体，根据辐亮度的定义式(1-6)和式(1-20)，得到黑体小孔输出的辐强度

$$I = L\pi (D/2)^2 = \frac{M}{\pi}\pi (D/2)^2 = M (D/2)^2 = \sigma T^4 (D/2)^2$$

根据距离平方反比定律，得到光电探测器上的辐照度

$$E = \frac{I}{d^2} = \frac{\sigma T^4 (D/2)^2}{d^2} = \frac{5.67 \times 10^{-12} \times 500^4 \times 0.5^2}{2.5^2} = 1.41 \times 10^{-2}\ (W/m^2)$$

1.4 典型光辐射源

一切能产生光辐射的辐射源，无论天然的，还是人造的，都称为光源。光电探测系统中所用的光源可简单地划分为自然光源和人造光源两类。前者是自然界中存在的，如太阳、导弹尾焰、人体等；后者是人为将各种形式的能量（热能、电能、化学能）转化成光辐射能的器件，如黑体辐射器、白炽灯、激光器等。自然光源可组成被动探测系统，其信息源直接来自目标自身的辐射或外来光辐射，它没有人为的光发射系统，如天文光电探测、红外跟踪制导、微光夜视仪；人造光源可组成主动探测系统，其信息源来自人造光源对目标的反射、透射和散射等光辐射，它一般需要人为精心设计光发射系统，如激光制导、光电精密微小尺寸测量、光电磁场测量等。

因此，在光电探测系统中，光源是必不可少的。本节介绍热辐射光源、气体放电光源、激光器和发光二极管等几类光源的发光机理、主要特性及应用，以帮助读者在设计光电探测系统时正确选用光源或者针对光辐射源（目标）特性选择合适的探测方法。

1.4.1 光源的基本特性参数

1. 辐射效率和发光效率

常用光源大都是电光源（电能转化成光辐射能）。这里以电光源为例，说明光源的辐射效率和发光效率。在给定 $\lambda_1 \sim \lambda_2$ 波长范围内，光源发出的辐射通量与所需的电功率之比称为该光源在规定光谱范围内的辐射效率，即

$$\eta_e = \frac{\Phi_e}{P} = \frac{\int_{\lambda_1}^{\lambda_2} \Phi_e(\lambda)\,d\lambda}{P} \tag{1-60}$$

光源发射的光通量与所需的电功率之比称为发光效率，即

$$\eta_v = \frac{\Phi_v}{P} = \frac{\int_{380\text{nm}}^{780\text{nm}} \Phi_v(\lambda)\,d\lambda}{P} \tag{1-61}$$

单位为 lm/W。实际应用时，根据工作的要求选择效率高的光源。

表 1-6 给出了常见光源的发光效率。

表 1-6 常用光源的发光效率

光源种类	发光效率/(lm/W)	光源种类	发光效率/(lm/W)
普通钨丝灯	8～18	高压汞灯	30～40
卤钨灯	14～30	高压钠灯	90～100
普通荧光灯	35～60	球形氙灯	30～40
三基色荧光灯	55～90	金属卤化物灯	60～80

2. 光谱功率分布

自然光源和人造光源大都是由多种单色光组成的复色光。光源输出的功率与光谱有关，即与光的波长 λ 有关，称为光谱功率分布。若令其最大值为 1，将光谱功率分布进行归一化，那么经过归一化后的光谱功率分布称为相对光谱功率分布。

常见的有四种典型的分布，如图 1-25 所示。

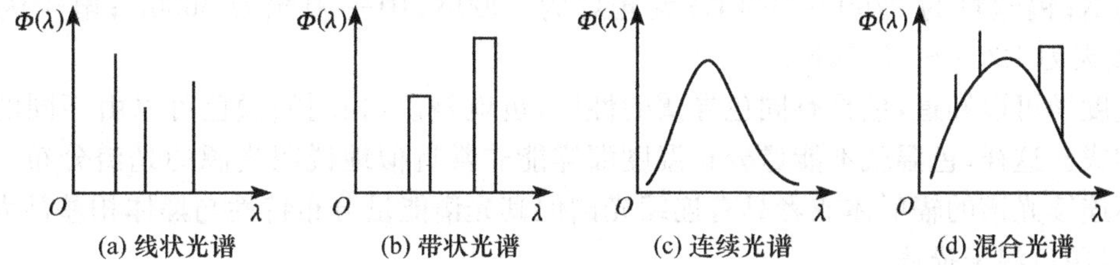

图 1-25　四种典型的光谱功率分布

图 1-25(a)为线状光谱，这类光谱是原子发出的，如低压汞灯光谱；图(b)为带状光谱，这类光谱通常是分子发出的，如高压汞灯、高压钠灯光谱；图(c)为连续光谱，原子和分子在某些情况下也会发出连续光谱，如白炽灯、卤素灯光谱；图(d)为混合光谱，它由连续光谱与线、带谱混合而成，如荧光灯光谱。

3. 光强的空间分布

由于光源发光的各向异性，许多光源的发光强度在各个方向是不同的。若在光源辐射光的空间某一截面上，将表征发光强度矢量的末端连接起来，就得到该光源在该截面的发光强度曲线，或称为配光曲线。图 1-26 所示为超高压球形氙灯的光强分布。

为提高光的利用率，一般选择发光强度高的方向作为照明方向。为了充分利用其他方向的光，可以用反光罩，反光罩的焦点应位于光源的发光中心。

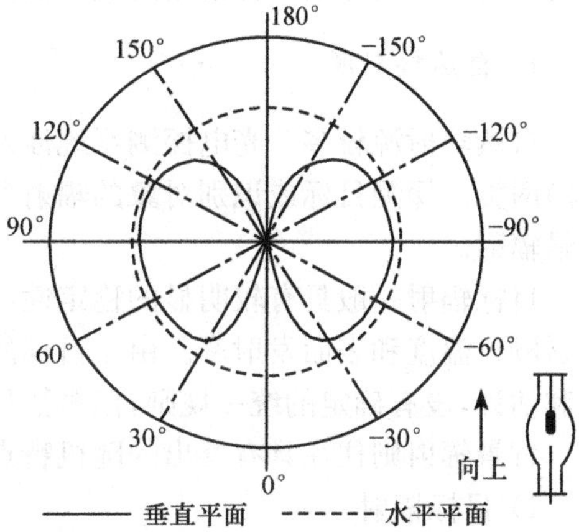

图 1-26　超高压球形氙灯光强分布

4. 光源的色温

黑体的温度决定了它的光辐射特性。对非黑体辐射，它的某些特性常可用黑体辐射的特性来近似表示。通常，一般光源可用分布温度、色温或者相关温度表示。

(1) 分布温度。在一定波长范围内，如果光源的光谱辐出度曲线和某温度时黑体光谱辐出度曲线成比例或近似成比例，那么黑体此时的温度就称为该光源的分布温度。可见，分布温度是一个描述光源光谱能量分布的物理量。例如，分布温度为 300K 的海水，表示它的光谱分布与 300K 黑体的辐射光谱分布成比例。用分布温度描述其光谱能量分布时，一般仅限于光源与黑体的光谱能量分布相差不大于 5%的情况；否则，其分布温度并不具有实际意义。例如，具有线状或者带状光谱特征的光源，它们与黑体光谱能量分布相差甚大，就不宜用分布温度来描述其光谱能量分布。

(2) 色温。色温(Colour Temperature)是表示光源光谱质量最通用的指标。它是按绝对黑体来定义的，当光源的辐射在可见区和绝对黑体的辐射有相同颜色时，此时黑体的温度就称该光源的色温。例如，色温为 2856K 的光源，表示它的辐射光的颜色与黑体在 2856K 温度下辐射的颜色相同。低色温光源的特征是能量分布中“红”辐射相对要多些，通常称为“暖光”；色温提高后，能量分布中“蓝”辐射的比例增加，通常称为“冷光”。一些常用光源的色温：标准烛光为 1930K；钨丝灯为 2760～2900K；荧光灯为 3000K；中午阳光为 5600K；电子闪光灯为 6000K；蓝天为 12000～18000K。

由色度学可以知道，色具有同色异谱的性质，也就是说，相同的颜色可以由不同的光谱能量分布构成。这样，色温就不能像分布温度那样能非常近似地说明光源的光谱分布。但是对于具有不连续光谱的辐射体或者具有连续光谱但其光谱能量分布特性与黑体相差甚大的发射体，却可以用色温来描述。

从前面的叙述可以知道，分布温度实际上是色温的一个特例。当光源的光谱能量分布和黑体相近时，该光源的色温就和它的分布温度一致了。

(3) 相关色温。如果光源发光的颜色与任何温度下的黑体辐射的颜色都不相同，就以与其发光颜色最相近黑体的温度为它的相关色温。例如，某些气体放电光源，它发射光的颜色与黑体在各种温度下所发射的光颜色都不完全相同，在这种情况下可用“相关色温”的概念来描述光源特性。

1.4.2 热辐射光源

物体因温度而辐射能量的现象称为热辐射。热辐射是自然界中普遍存在的现象，一切物体(如太阳、飞机、钨丝白炽灯、一切动植物体等)，只要其温度高于绝对零度，都要产生不同程度的辐射。下面介绍几种常用的热辐射光源。

1. 自然辐射源

自然辐射源较多。光电探测系统涉及的自然辐射源，可以分为目标辐射(源)和背景辐射(源)两类。探测目标或识别对象的辐射称为目标辐射，探测目标或识别对象以外的辐射称为背景辐射。

目标辐射一般具有较明显的稳定性，其光谱分布和空间分布取决于辐射体的材料、表面状态、外形、温度和表面发射率。由于目标的复杂性，对于特定目标的辐射特性要进行具体的分析和估计，没有确定的统一规则，但多数目标都可看成是灰体。

背景辐射则往往具有突出的随机特点。它通常对某些光电探测系统来说有干扰作用。

1) 目标辐射

各类飞机、导弹、火箭、汽车等都是很重要的热辐射源。它们的发动机机壳、喷气尾管以及高速飞行器的外皮都有很强的辐出度，容易被光电探测系统所探测。但不同的目标，辐射的强度和分布有很大的差别。螺旋桨飞机发动机的外壳温度较低(80～300℃)，排气尾管部分温度较高(650～800℃)，而喷气飞机的尾焰和火箭、导弹的排气喷管，则有很强的辐射(温度可高达 1630℃)。

人体目标的发射率也很高，在 4μm 以上波长的平均值为 0.99。但是皮肤温度是皮肤和周围环境之间辐射交换的复杂函数。在皮肤温度为 32℃时，大约有 32%的能量处在 8～12μm 波长范围内。仅有 1%的能量处于 3.2～4.8μm 的波段内，穿着衣服这些数值就降低了。红外被动成像系统可在黑暗中分辨人体与环境。这种系统在军事上是很重要的，在医学诊断上也有应用价值。

2) 背景辐射

天空和地面是主要的背景辐射源。

天空背景辐射主要取决于太阳和星空的辐射以及大气层对太阳光的散射和自身辐射。太阳可看成是一个直径为 1.392×10^9m 的光球。它到地球的年平均距离是 1.496×10^{11}m。因此从地球上观看太阳时，太阳的张角只有0.533°。图 1-27 所示为太阳的光谱能量分布曲线。大气层外的太阳光谱能量分布相当于 5900K 左右的黑体辐射。其平均辐亮度为 2.01×10^7W/(m^2 · sr)，平均亮度为 1.95×10^9cd/m^2。在大气层外，太阳对地球的辐照度值在不同的光谱区所占的百分比：紫外区(<0.38μm)6.46%；可见区(0.38～0.78μm)46.25%；红外区(>0.78μm)47.29%。

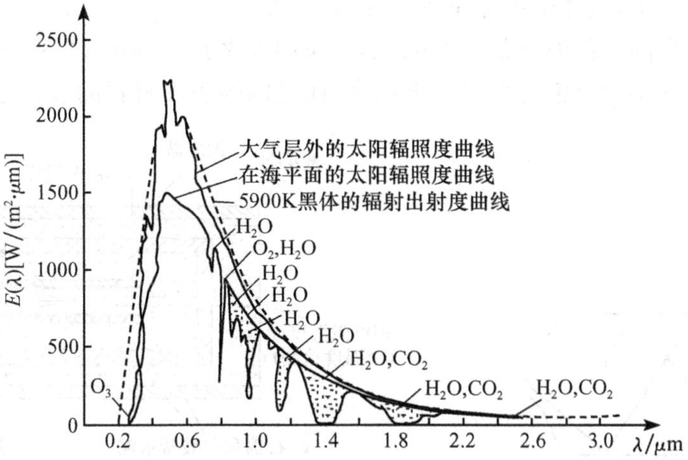

图 1-27 太阳的光谱能量分布曲线

天空行星体的热辐射是它们的固有辐射和漫反射太阳辐射两部分分量的总和。大气密度较大的金星、地球和火星的热辐射比较稳定，而大气稀薄或完全没有大气的行星和卫星，由于周期性温度变化很大，因此自身辐射功率以及反射太阳的辐射有周期性很大的变化，并且与其表面状态和时间有关。

地面从太阳辐射中吸收巨大的能量，使地面温度升高，又以长波的形式辐射能量。地面辐射的光谱特性有两个峰值，一是位于 0.5μm 处由地面反射、散射的太阳光产生；二是位于 10μm 处由自身的热辐射产生。天黑以后和夜间，太阳的反射辐射就观察不到了，只有地面的热辐射，地球相当于一个 280K 的灰体，因此，地面热辐射的峰值波长约为 10μm。实际上地面的发射率与温度和表面覆盖物有关。表 1-7 列出了地面发射率的近似值。

表 1-7 地面发射率近似值

土质	黑土	稀草	麦田	砂	石灰岩	砂砾	雪	海水
ε	0.87	0.84	0.93	0.89	0.91	0.91	0.095	0.99

根据地面各种物体发射率的差别及对环境辐射的反射率的差别，一些红外遥感系统能把道路、树木等地形区分开来。

2. 黑体辐射器

黑体只是一个理想的温度辐射体，但在有限的温度范围内可以人工制造出黑体模型，称为黑体辐射器，也称为黑体模拟器。如图 1-28 所示，用一个封闭的恒温空腔，空腔的内壁涂有黑色物质，腔体上开一小孔，可以做成一近似的黑体。因为由该小孔射入的所有波长的辐射能在腔体内经多次漫射和吸收,再由该小孔出射的可能性是微乎其微的。也就是说,小孔几乎全部吸收了入射在它上面的辐射能,其吸收比接近1。根据基尔霍夫定律,小孔的辐出度将很接近该温度下黑体的辐出度。

图1-29所示为一种人造黑体辐射器的基本结构原理。它是具有绝热层、测温和控温的传感器,可保持热平衡和调节温度,可以很好地实现辐射功能。用铜或不锈钢制成的圆筒内有圆锥腔作光源,筒外加石棉和硅酸盐水泥做成的绝缘层,筒的外层绕以电阻丝加热。用温度计可测得温度信号,再用自动控温仪控温。由光阑小孔射出的即为黑体辐射。

在热辐射的定标中,黑体辐射器是红外光谱区(0.75～2.5μm或0.75～6μm)的标准光源,有多种规格。一般最高工作温度是3000K,实际应用大多在2000K以下。辐射的峰值波长在红外区。过高的温度不仅要消耗大量的电功率,而且内腔表面材料的氧化会加剧。

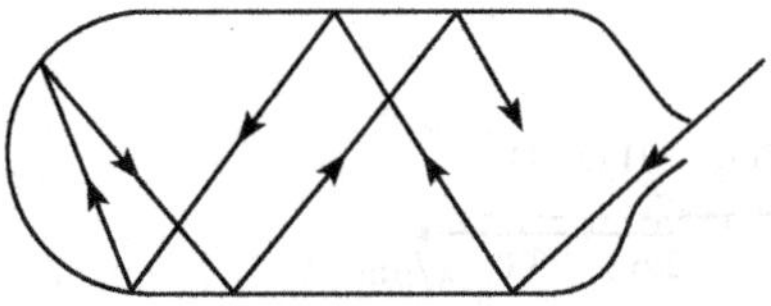

图1-28　空腔黑体辐射的形成

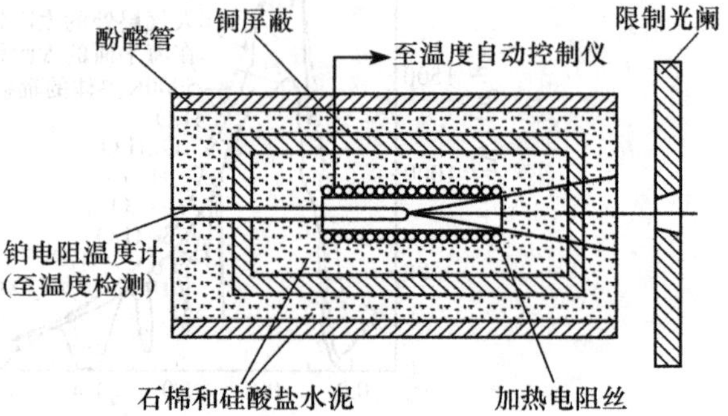

图1-29　一种人造黑体辐射器原理

3. 白炽灯与卤钨灯

白炽灯用钨丝做灯丝,玻璃泡壳,是用得最普遍的光源。电流通过钨丝,使钨丝升温而发光。白炽灯发射的是连续光谱,在可见光谱段中部和黑体辐射曲线相差约0.5%,而在整个光谱段内和黑体辐射曲线平均相差2%。受灯丝工作温度的限制,白炽灯的色温约2800K。辐射光谱限于透过玻璃泡的部分,为0.4～3μm;可见光只占6%～12%,当加上红外滤光片时,可作为近红外光源。仪器中使用的白炽灯是低电压大电流的,即电压为6～12V,功率在数瓦到几十瓦,灯丝聚集成点光源状。

色温为2856K的白炽灯,可作为可见光和近红外区光电探测器积分灵敏度测试的标准光源。

白炽灯价廉,但寿命短,一般只几百小时。工作时间长了,灯丝的钨蒸发,沉积在泡壳上。使灯泡发黑,亮度降低,灯丝易烧断。为了克服白炽灯的弱点,产生了卤钨灯。卤钨灯与白炽灯的区别在于:用更耐高温的石英为泡壳,在泡壳内充入微量卤族元素或其化合物(常用溴或碘的化合物,如溴化硼)。灯点亮后,高温下卤族元素的化合物释放出溴或碘蒸气,灯丝蒸发出的钨分子在温度较低的泡壳附近与溴或碘化合,形成的卤化钨在灯泡内扩散。当扩散到高温灯丝附近时,又分解,使钨分子又有很高的概率重新粘在灯丝上。

这个卤钨循环的过程使灯丝不会因蒸发而迅速变细,灯的寿命较长。卤钨灯的工作温度比白炽灯的高,色温达3200K以上,辐射光谱为0.25～3.5μm。发光效率可达30lm/W,比白炽灯高2～3倍,更广泛地用做仪器的白光源。

1.4.3　气体放电光源

利用气体放电原理制成的光源称为气体放电光源。各种灯的基本结构相似：用玻璃或石英等材料做成管形的、球形的灯泡。泡壳内安装有电极，并充入发光用的气体（如氢、氦、氖、氙、氪等）或金属蒸气（如汞、镉、铟、铊、镝等）。

气体在电场作用下激励出电子和离子，成为导电体。离子向阴极、电子向阳极运动，从电场中得到能量，它们与气体原子或分子碰撞时会激励出新的电子和离子，也会使气体原子受激，内层电子跃迁到高能级。受激电子返回低能级时，就辐射出光子来。这样的发光机制就称为气体放电。

气体放电光源的特点如下。

(1) 效率高。比同瓦数的白炽灯发光效率高 2～10 倍，节能。

(2) 结构紧凑。不是靠灯丝发光，电极牢固紧凑，耐震，抗冲击。

(3) 寿命长。一般比白炽灯长 2～10 倍。

(4) 辐射光谱可以选择，只要选择适当的发光材料即可。

由于上述特点，气体放电光源在光电测量和照明工程中得到了广泛的应用。下面介绍几种常用的气体放电光源。

1. 汞灯

汞灯按照管内充的汞蒸气气压的不同分为低压汞灯、高压汞灯、超高压汞灯。汞的气压越高，汞灯的发光效率也越高，发射的光也由线状光谱向带状光谱过渡，如图 1-30 所示。

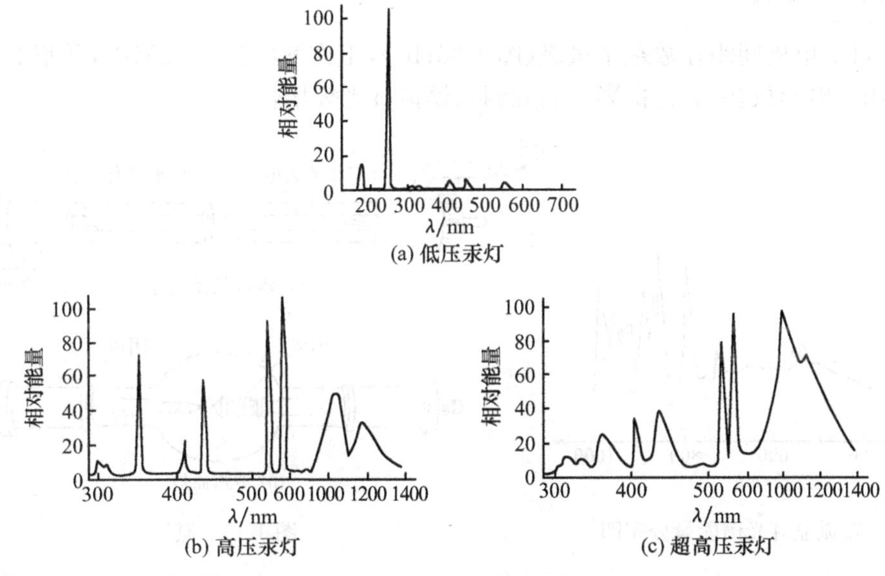

图 1-30　汞灯光谱能量的分布

1) 低压汞灯

低压汞灯汞蒸气气压为 0.8Pa，主要辐射 253.7nm 的紫外光，其光谱分布如图 1-30(a) 所示。它常用于光谱仪的波长基准、紫外杀菌和荧光分析等。

2) 高压汞灯

高压汞灯汞蒸气气压为$(1\sim10)\times10^5$Pa。由于气体密度大，除了受激原子的辐射发光，还有电子与离子的复合发光，激发原子与正常原子的碰撞发光；因而，可见区的辐射明显加强，呈带状光谱，红外区出现弱的连续光谱。其光谱分布如图1-30(b)所示。

高压汞灯常用于紫外辐照度标准、荧光分析、紫外探伤和大面积照明等。

3) 球形超高压汞灯

汞蒸气气压为(10～20)MPa，电子与离子复合发光、激发原子与正常原子碰撞，发光更加强烈。光谱线较宽，形成连续背景，可见区偏蓝，红外辐射增强。其光谱分布如图1-30(c)所示。

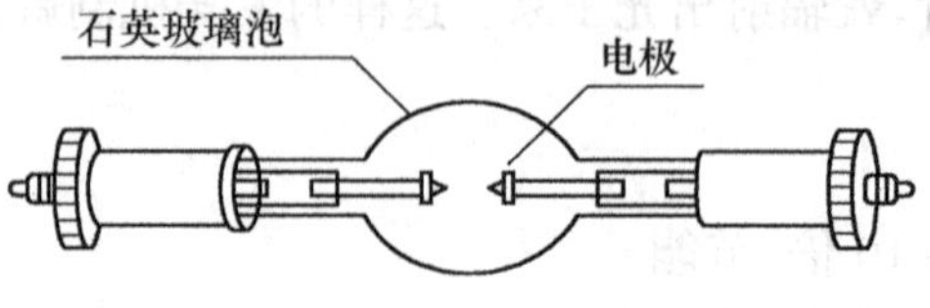

图1-31 球形超高压汞灯

球形超高压汞灯中，两电极的距离一般为毫米量级，放电电弧集中在电极之间，如图1-31所示。因此，球形超高压汞灯亮度高，是很好的点光源。它常用于光学仪器、荧光分析和光刻技术等。

2. 氙灯

氙灯的发光材料是惰性气体——氙。高压和超高压的惰性气体放电，气体原子被激发到很高的能级并大量电离。复合发光和电子减速发光大大加强，在可见区形成很强的连续光谱。光谱分布与日光最为接近(图1-32)，色温6000K，亮度高，被称为“小太阳”，寿命可达1000h。

氙灯可分为长弧氙灯、短弧氙灯和脉冲氙灯。

长弧氙灯的电极间距为15～130cm(图1-33(a))，细管形，工作气压为10^5Pa，用于码头、广场、车站等大面积照明。

短弧氙灯的电极间距在数毫米量级(图1-33(b))，工作气压为1～2MPa，是很好的日光色点光源，常用于电影放映、彩色摄影、照相制版、模拟日光等场合。

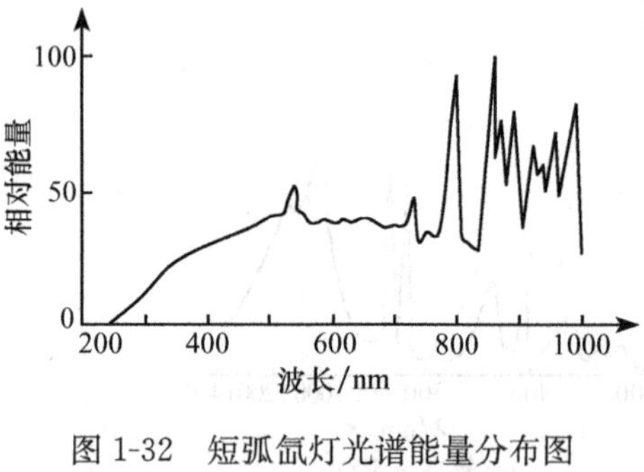

图1-32 短弧氙灯光谱能量分布图

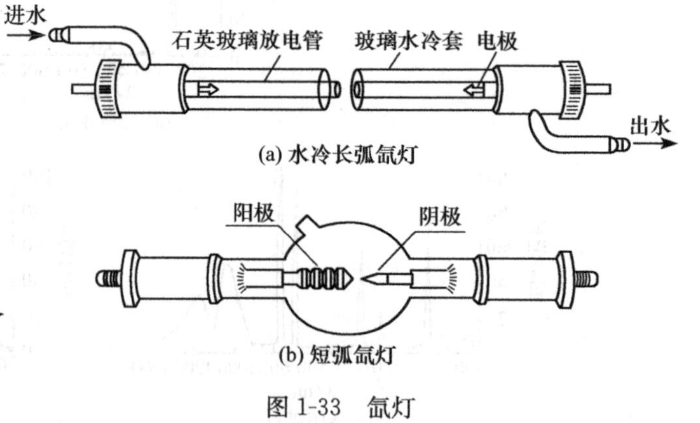

图1-33 氙灯

脉冲氙灯管内气压在100Pa以下，由高压电脉冲激发产生光脉冲，在极短的时间内发出很强的光。脉冲氙灯广泛用于固体激光器的光泵、照相制版、高速摄影和光信号源等。

3. 原子光谱灯

原子光谱灯又称空心阴极灯，其结构如图1-34所示。阳极和圆筒形阴极封在玻壳内，玻壳上部有一透明石英玻璃窗。工作时窗口透射出放电辉光，其中主要是阴极金属的原子光谱。

空心阴极放电的电流密度可比正常辉光高出100倍以上，电流虽大但温度不高，因此发光的谱线不仅强度大，而且波长宽度很小。如金属钙的原子光谱波长为422.67nm时，光谱带宽为33nm左右，同时它输出的光稳定。原子光谱灯可制成单元素型或多元素型。加之填充气体的不同，这种灯的品种很多。

原子光谱灯的主要作用是引出标准谱线的光束，确定标准谱线的分光位置，以及确定吸收光谱中的特征波长等。它主要用于元素，特别是微量元素光谱分析的装置中。

4. 氘灯

氘灯的泡壳内充有高纯度的氘气。氘(H_1^2)是氢(H_1^1)的同位素，又称为重氢。氘灯工作时，阴极产生电子发射，高速电子碰撞氘原子，激发氘原子产生连续的紫外光谱(185～400nm)。灯的紫外辐射强度高、稳定性好、寿命长，常用做连续紫外光源。图1-35所示为氘灯的外形和光谱能量分布图。

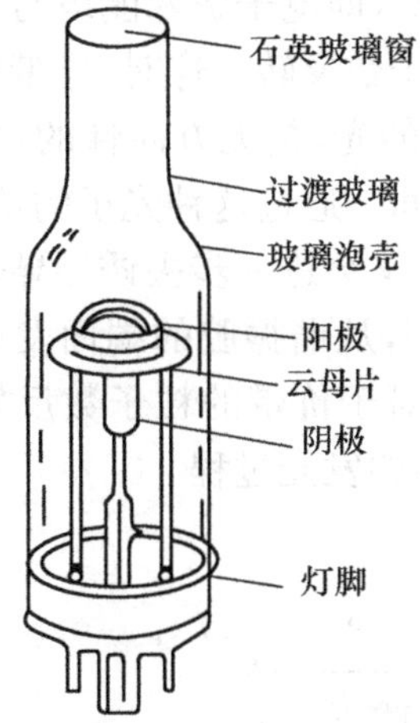

图1-34　原子光谱灯

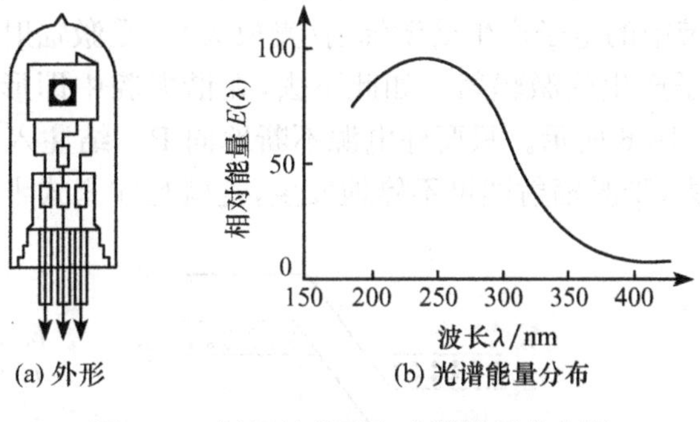

图1-35　氘灯的外形和光谱能量分布图

氘灯的紫外线辐射强度高、稳定性好、寿命长，因此常用做各种紫外分光光度计的连续紫外光源。中国计量院用氘灯作为200～250nm的标准辐射光源。

1.4.4 激光二极管

半导体激光器系指以半导体材料为工作物质的一类激光器。半导体激光器的工作物质有二元化合物(GaAs)、三元化合物(GaAlAs)和四元化合物(GaInAsP)等，激励方式有PN结注入电流激励、电子束激励、光激励和碰撞电离激励等四种。其中PN结注入式半导体激光器，也称为激光二极管(Laser Diode，LD)，是目前技术最成熟、应用最广泛的器件。这里仅简要地介绍激光二极管的基本结构、原理和工作特性。

1. 激光二极管的结构和原理

激光二极管的基本结构就是一个PN结。它和其他激光器一样，由工作物质、谐振腔和泵浦源等组成。其谐振腔通常利用与PN结平面垂直的自然解理面来构成，如图1-36所示。例如，砷化镓晶体是立方形的，有三组彼此垂直的晶面，每组晶面严格的彼此平行，而且极光滑，经过适当加工即可成为谐振腔。

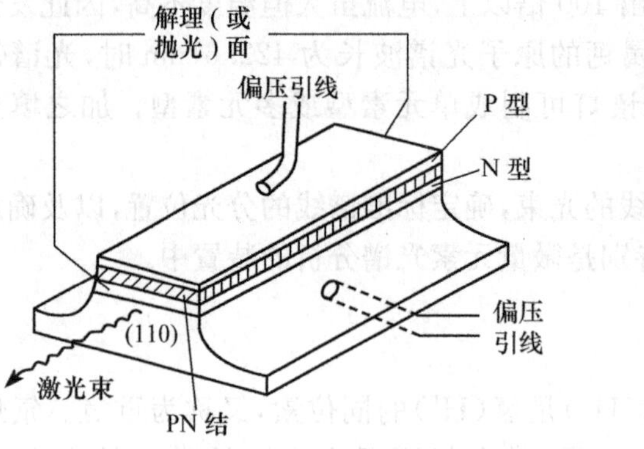

图 1-36　GaAs 注入式半导体激光器的结构示意图

激光二极管的工作物质为重掺杂的半导体,杂质浓度达到 $10^{18}\sim10^{19}/cm^3$,以获得足够高的粒子数反转浓度。在这样高的杂质浓度下,P 区的空穴费米能级进入价带,N 区的电子费米能级进入导带,PN 结在热平衡状态下形成的能带结构如图 1-37(a)所示。

激光二极管的泵浦源为外加的偏置电源。当给 PN 结加以正向偏压时,电子要从 N 区向 P 区注入,空穴要从 P 区向 N 区注入,破坏了原热平衡状态,使 P、N 区费米能级分离,如图 1-37(b)所示。在这种非平衡状态下,两个区很快建立起局部平衡。于是,在 PN 结出现了两个"准"费米能级 E_{cf} 和 E_{vf},且 $E_{cf}-E_{vf}>E_c-E_v$,即电子费米能级与空穴费米能级之差大于导带与价带之差,从而实现了导带对于价带的粒子数反转。这时,导带中的电子会有一部分发生辐射跃迁,同时产生自发辐射。自发辐射出来的光,是无方向性的,但其中总会有一部分光是沿着谐振腔腔轴方向传播的,往返于半导体之间。通过这种光子的诱导,即可使导带中的电子产生受激辐射(光放大)。受激辐射出来的光子又会进一步去诱导导带中的其他电子产生受激辐射。如此下去,在谐振腔中即形成了光振荡,从谐振腔的端面发射出激光,如图 1-36 所示。只要外电源不断地向 PN 结注入电子,导带对于价带的粒子数反转就会继续下去,受激辐射即可不停地发生,这就是注入式半导体激光器的发光过程。

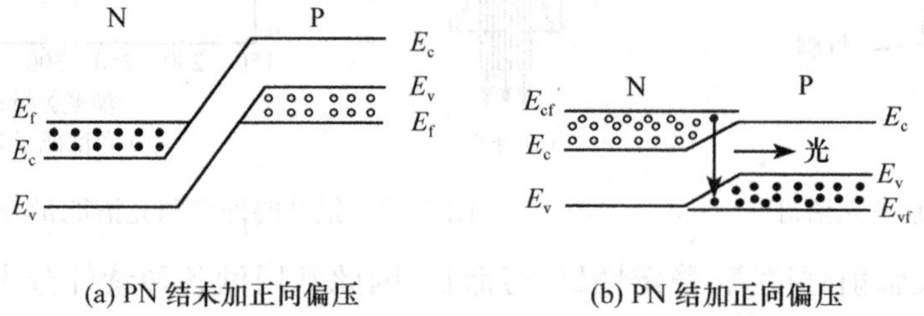

图 1-37　激光二极管中 PN 结的能带

以上讨论的是早期研制的同质结半导体激光器。这种半导体激光器的缺点是输出功率小、发散角大、相干性差、输出特性易受温度影响。为了克服这些存在的缺点,后来又发展了用两种以上的半导体材料制成的元件,即异质结半导体激光器,它即使不冷却,也能连续运转。随着半导体制备工艺技术的进步,又研制出量子阱半导体激光器(QWLD),它是一种新型的半导体激光器,具有阈值电流低、量子效率高、温度性能好、谱线宽度窄、调制速度快、波长可调谐范围宽、易于实现大功率和短波长可见光的受激发射等特性[4]。

2*. 半导体 PN 结的粒子数反转条件讨论

光辐射有两种机制:自发辐射和受激辐射[7]。自发辐射是没有任何外部激励的辐射过程,最简单的自发辐射例子是半导体导带电子和价带空穴自发复合产生一个光子,复合的能量由光子带走。自发辐射是因电子从高能态跃迁到低能态后伴随的一个辐射过程。受激发射在外部电磁场的干扰下，电子会从高能态跃迁到低能态，同时发射一个光子。受激吸收是受激发射的逆过程，低能态电子吸收一个光子跃迁高能态，此过程需要一个入射光子的激发。

自发辐射、受激辐射和受激吸收微观过程，如图 1-38 所示。平衡条件下，电子的净转移速率必须为零，即受激吸收速率等于受激发射速率和自发辐射速率之和：

$$r_{12} = r_{21}(\mathrm{stim}) + r_{21}(\mathrm{spont}) \tag{1-62}$$

式中，r_{12}、$r_{21}(\mathrm{stim})$和 $r_{21}(\mathrm{spont})$分别为受激吸收速率、受激发射速率和自发辐射速率。

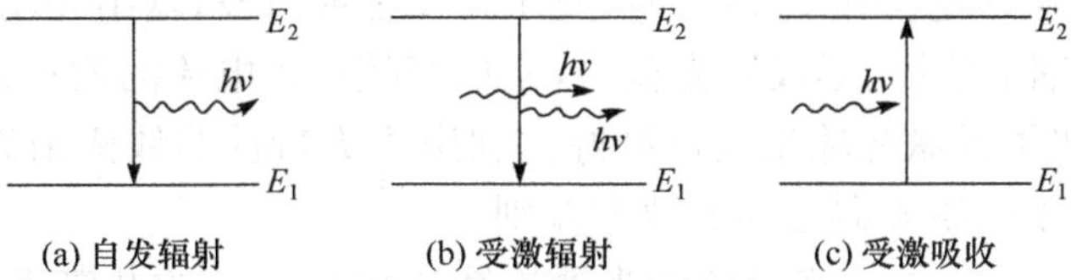

图 1-38 自发辐射、受激辐射和受激吸收微观过程示意图

为了定量描述这三种跃迁的粒子速率，爱因斯坦引入了三个系数——受激辐射系数 B_{21}、受激吸收系数 B_{12}和自发辐射系数 A_{21}。这样，式(1-62)又可以表示为[7,8]

$$B_{12}f_1(1-f_2)P(E_{21}) = B_{21}f_2(1-f_1)P(E_{21}) + A_{21}f_2(1-f_1) \tag{1-63}$$

式中，f_1和 f_2分别为低能态 E_1和高能态 E_2的占有概率，即平衡态时能级 E_1和 E_2的分布函数；$1-f_1$和 $1-f_2$分别为低能态 E_1和高能态 E_2的空态概率；$P(E_{21})$入射光强。

如果忽略自发辐射，且受激辐射的速率 $r_{21}(\mathrm{stim})$超过了吸收速率 r_{12}，系统将出现净受激发射，即可得到粒子数反转条件

$$B_{21}f_2(1-f_1)P(E_{21}) > B_{12}f_1(1-f_2)P(E_{21}) \tag{1-64}$$

考虑到 $B_{12}=B_{21}$，则式(1-64)简化为

$$f_2 > f_1 \tag{1-65}$$

式(1-65)表明，只要高能态粒子的占有概率高于低能态粒子的占有概率，该平衡系统就实现了粒子数反转。

但是，对于 PN 结这样的非平衡系统，可以采用准费米能级的概念来描述分布函数。准费米能级的物理意义可以这样理解：如图 1-37(a)所示，在平衡系统中每一点的费米能级都是平的，如果 PN 结外加正向偏压，分离 PN 结的垒势会减小，此时系统不再是平衡系统，所以费米能级不再是平的，它会分裂为两部分：电子准费米能级 E_{cf}和空穴费米能级 E_{vf}，如图 1-37(b)所示。此时

$$f_1(E_{\mathrm{vf}}) = \frac{1}{1+\mathrm{e}^{\frac{E_{\mathrm{v}}-E_{\mathrm{vf}}}{kT}}}, \quad f_2(E_{\mathrm{cf}}) = \frac{1}{1+\mathrm{e}^{\frac{E_{\mathrm{c}}-E_{\mathrm{cf}}}{kT}}} \tag{1-66}$$

将式(1-66)代入式(1-65)得到

$$E_{\mathrm{cf}} - E_{\mathrm{vf}} > E_{\mathrm{c}} - E_{\mathrm{v}} \tag{1-67}$$

式(1-67)为半导体材料中产生净受激辐射的条件，也就是说，为了使半导体材料中产生净受激发射，必须满足准费米能级的差值大于导带和价带的能隙差。这就是半导体 PN 结产生受激辐射的条件。

值得指出的是，在激光二极管中的 PN 结是一个非平衡系统，粒子数反转不能简单地定义为如式(1-65)所示的导带的占有概率高于价带的占有概率。此时的粒子数反转条件取决于费米能级的分布以及能带结构中能态分布[7,8]。因此，用式(1-67)来定义半导体激光器粒子数反

转条件则更符合客观实际。

3. 激光二极管的光功率-电流特性

激光二极管的重要特性是可通过注入电流直接调制激光的发射功率。图 1-39 给出了半导体激光器的光功率输出-电流特性(P-I 特性)。它可以分为自发辐射和受激辐射两个阶段，其转折点所对应的电流称为激光器的阈值电流 I_{th}。它表示半导体激光器产生激光输出所需的最小注入电流。当注入电流在 I_{th}以下时，属于自发辐射阶段，输出光功率较小；注入电流大于 I_{th}以后，属于受激辐射阶段，形成激光输出，光功率随注入电流的增加而急剧增加。正常工作条件下，半导体激光器的激光输出线性度好。利用 P-I 特性曲线阈值以上的线性部分的斜率可以很直观地比较不同激光器之间的效率差别。

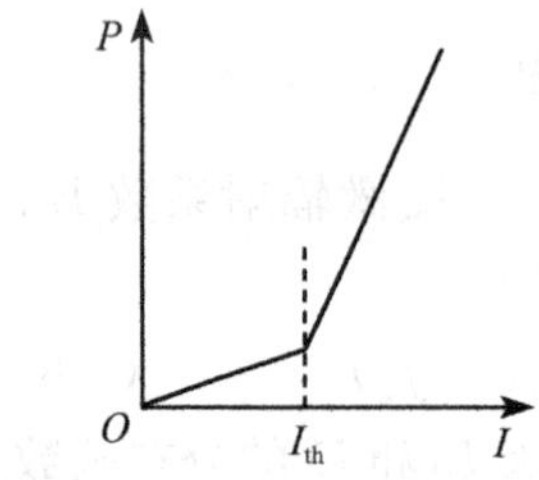

图 1-39　LD 的 P-I 特性曲线

半导体激光器连续波输出功率约几毫瓦到数百毫瓦，脉冲波输出可达数瓦，阵列半导体激光器(LDA)线性功率输出已达到几十瓦。根据材料及结构的不同，目前半导体激光器的波长范围为 0.33～44μm，其产品的典型波长有 365nm[9]、405nm、635nm、780nm、980nm、1310nm 及 1550nm 等。

激光二极管体积小、重量轻、易调制、功耗低、波长覆盖面广、能量转换效率高，且已有大功率、高集成度器件面市，并被广泛应用于光通信、光存储、光电检测、自动控制等方面，是最有前途的辐射源之一。

1.4.5 发光二极管

发光二极管(Light Emitting Diode，LED)也称为注入型电致发光器件。它是一种能把电能直接转换成光能的特殊半导体器件。发光二极管除了具有普通二极管的正反向特性外，还具有普通二极管所没有的发光能力。如果在管子的正方向施加偏压，使其内流过一定电流，则管子就会发光。

1. 发光原理与结构

和半导体激光器一样，发光二极管的结构也是半导体 PN 结，如图 1-40 所示。对 PN 结正向注入电流，电子与空穴复合发光。LED 与 LD 的根本区别在于：LED 没有谐振腔，它的发光基于自发辐射，发出的是荧光，是非相干光；而 LD 的发光基于受激辐射，发出的是相干光——激光。

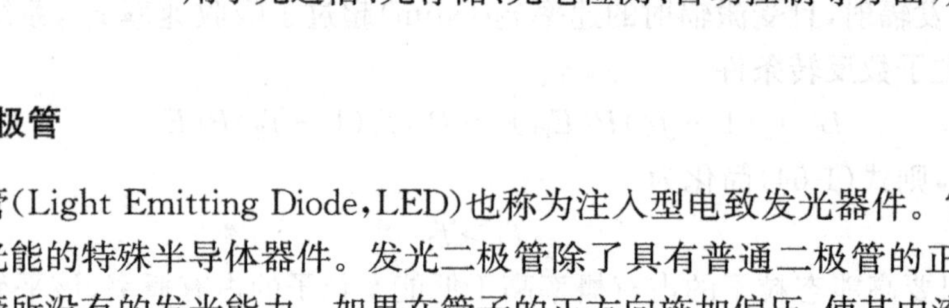

图 1-40　半导体发光二极管

发光二极管辐射光的峰值波长决定于材料的禁带宽度 E_g，即

$$\lambda = \frac{1.24}{E_g}\ (\mu\text{m}) \tag{1-68}$$

发光二极管的材料主要是Ⅲ-V族化合物半导体，如GaP、GaAs、GaN等，能制造出红、绿、黄、橙、蓝和紫等多种颜色的发光二极管及红外和紫外发光二极管，其峰值波长范围[10]为255～1670nm。

2. 伏安特性和时间响应

发光二极管的伏安特性是指通过它的电流与加到它两端电压的关系。LED伏安特性与普通半导体二极管相同，如图1-41所示。从特性曲线可以看出，正向电压较小时不发光，此区为正向死区，对于GaAs其开启电压约为1V，对于GaAsP约为1.5V，对于GaP(红)约为1.8V，对于GaP(绿)约为2V。*ab*段为工作区即大量发光区，其正向电压一般为1.5～3V。工作电流一般为5～50mA。

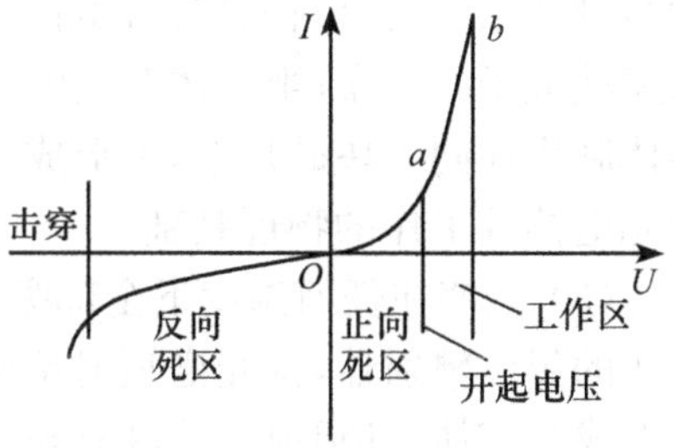

图1-41 LED的伏安特性

响应时间是指注入电流后发光二极管启亮(上升)或熄灭(衰减)的时间。它是表示反应速度的一个重要参数，尤其在脉冲驱动或电调制时显得十分重要。实验证明，发光二极管的上升时间随电流的增加而近似呈指数衰减。它的响应时间一般是很短的，如 $GaAs_{1-x}P_x$ 仅为几纳秒，GaP发光二极管约为100ns。

3. 超高亮度LED和白光LED

超高亮度LED是指辐射功率高，法向发光强度在1000mcd以上的红、绿、蓝LED，光效可达50～100lm/W。例如，VISHAY公司最新开发的TLC-58系列LED，发光强度可达上万mcd，国产超高亮度LED发光强度可达4000～6000mcd，而普通的LED发光强度仅几mcd到几十mcd。这类器件在信息显示屏、照明灯、交通灯等方面极其重要。室外显示需要发光强度不低于1000mcd的LED，众多的体育场馆、金融证券、机场、车站、码头等室内显示则要求500～1000mcd的中高发光强度。

在氮化物蓝或紫LED的管芯中加上三基色荧光粉，可激发出白光，成为白光LED。白光LED与白炽灯相比可节省80%～90%的电能，且寿命可超过10万小时，比现行光源寿命将提高5倍以上。目前，国产照明级白光LED亮度可达20000～35000mcd以上，1W大功率LED光通量可达18～25lm以上。可以预见，白光LED即将取代白炽灯、日光灯，从而带来照明革命。因此，GaN蓝、紫LED的问世被认为是半导体发光器件史上的重大进展。超高亮度LED和白光LED是具有巨大产值和效益的光电子产品。

LED体积小、结构简单、耗电少、寿命长、造价低，是一种应用广泛的重要光源。光电技术中，它可以利用其伏安特性和响应时间特性对光源进行直接调制，用于中短距离的光电光波测距系统；也可以和光电探测器组合成光电耦合器(见4.4节)。

本章小结

(1) 光电技术所涉及的光学谱区波长范围为 0.01～1000μm，可分为红外辐射、可见光和紫外辐射三个波段，其中可见光的波长范围为 0.38～0.78μm，紫外辐射约从 0.38μm 向短波方向延伸到 0.01μm，红外辐射约从 0.78μm 向长波方向延伸至 1000μm。

光辐射能量的测量有辐射度量和光度量两套参量单位，分别对应整个电磁波谱和可见光波谱。光电技术中常用的有辐通量、辐出度、光通量和照度等度量参量。

(2) 半导体是制作光电器件的主要材料，常用导带 E_c、价带 E_v 及二者之间的禁带 E_g 构成的能带图来分析材料的特性；本征半导体、P 型半导体和 N 型半导体都可以用费米能级 E_f 来描述载流子的分布；半导体对光的吸收分为本征吸收和非本征吸收；将 P 型半导体和 N 型半导体制作在同一块硅片上，可形成了 PN 结，它是激光二极管、发光二极管和光伏探测器等结型光电器件工作的物理基础。

(3) 能够在任何温度下全部吸收所有波长辐射的物体称为绝对黑体(黑体)。用人工方法制作的黑体辐射器，其光谱辐射特性非常接近黑体；光电技术中可将大多数辐射源(目标)近似地看成是灰体，其辐射特性具有与黑体类似的规律。

(4) 一切能产生光辐射的辐射源，都称为光源。光电技术中常用的有热辐射光源、气体放电光源、激光器和发光二极管等几类光源。色温为 2856K 的白炽灯可作为可见光区和近红外区的标准光源，用于光子探测器测试；500K 的黑体可作为红外光谱区的标准光源，用于热探测器测试；高压汞灯和氘灯可作为紫外光谱区的辐照度标准光源。

(5) 半导体激光器 LD 和发光二极管 LED 为光电探测系统提供了极好的光源，可以利用它们的伏安特性和响应时间特性对光源进行直接调制。

习题与思考题

1-1 若取 X 射线的波长为 $10^{-4}\mu$m，分别计算 X 射线和太赫兹波光子能量范围。设想用太赫兹波进行人体透视检查，对人体有没有副作用？为什么？

1-2* 用目视观察发射波长分别为 435.8nm 和 546.1nm 的两个发光体，它们的亮度相同，均为 3cd/m^2。如果在这两个发光体前分别加上透射比为 10^{-4} 的光衰减器，问此时目视观察的亮度是否相同？为什么？(提示：利用图 1-7 分析。)

1-3 一支氦-氖激光器(波长为 632.8nm)发出激光的功率为 2mW。该激光束的平面发散角为 1mrad，激光器的放电毛细管直径为 1mm。求该激光束的光亮度，并与太阳光在海平面的亮度比较。

1-4 一只白炽灯，假设各向发光均匀，悬挂在离地面 1.5m 的高处，用照度计测得正下方地面上的照度为 30lx，求出该白炽灯的光通量。

1-5* 试证明：N 型半导体受强光照射后突然停光，材料中的非平衡载流子随时间的变化关系为

$$\Delta p(t)=\Delta p(0)\frac{1}{r\Delta p(0)t+1}$$

式中，$\Delta p(0)$ 为光照刚停时($t=0$)的光生载流子浓度；r 为电子-空穴复合概率。由此得到强注入条件下，载流子寿命为多少？它与弱注入条件时有何区别？

1-6 对于 N 型半导体来说，以下说法正确的是(　　)。

A. 费米能级靠近于价带顶　　B. 空穴为多子　　C. 电子为少子　　D. 费米能级靠近导带底

1-7 自然界中不存在理想的绝对黑体，大多数物体是选择性辐射体。为什么说黑体辐射的规律对于研究一般热辐射光源具有重要意义？

1-8 螺旋桨飞机的排气尾管部分温度为 650～800℃，若将它视为绝对黑体，其峰值辐射波长在红外区的哪个波段？

1-9 在给定温度下，灰体的峰值辐射波长是否与它的发射率的数值有关？为什么？

1-10 如图 1-25 所示，具有线状光谱或带状光谱特征的光源，能否用色温来描述？为什么？

1-11 钨丝白炽灯和黑体辐射器通常分别用做可见光区和红外谱区的标准光源，二者的工作谱区能不能互换？为什么？

1-12* 由于背景温度辐射的干扰，光电技术在红外波段信号的探测受到了限制，称为红外背景限。能够达到该极限值的光子探测器称为背景限光子探测器(Background Limited Photodetector，BLIP)。试用黑体辐射的有关定律解释为什么存在红外背景限？

1-13 计算目标辐射在光焦面上的辐照度。设某目标可视为灰体，平均发射率为 0.85，温度为 320K，其直径近似为 5m。探测器与目标的距离为 500m，已知辐射经过该距离的大气透射比为 0.98。

(1) 计算目标的辐射出度。

(2) 计算探测器上的辐射照度。

(3) 如果在目标与探测器之间加一口径为 10cm、焦距为 15cm、透过率为 0.95 的透镜，使目标通过透镜成像在探测器上，试计算透镜上的辐射照度。

(4) 按照(3)的条件，重新计算探测器上的辐射照度(设探测器的光敏面直径为 2mm)；与(2)相比，探测器上的辐射通量增强了多少倍？

(5) 总结：利用辐射基本定律，计算目标辐射在光焦面上的辐照度的基本方法。

1-14 试叙述半导体发光二极管和半导体激光器在结构上的差异，以及各自特性上的差异。

1-15 简述半导体激光器的最新进展(查文献)。

参考文献

[1] 金伟其，胡威捷. 辐射度光度与色度及其测量. 北京：北京理工大学出版社，2006
[2] Liu J M. Photonic Devices. Cambridge：Cambridge University Press，2005
[3] 缪家鼎，徐文娟，牟同升. 光电技术. 杭州：浙江大学出版社，1994
[4] 孙培懋，刘正飞. 光电技术. 北京：机械工业出版社，1992
[5] 刘恩科，朱秉升，罗晋生. 半导体物理学. 北京：电子工业出版社，2010
[6] 沈学础. 半导体光谱和光学性质. 北京：科学出版社，2002
[7] 钟锡华. 现代光学基础. 北京：北京大学出版社，2009
[8] Brennan K F. 半导体器件计算和电信中的应用. 高建军，刘新宇译. 北京：机械工业出版社，2010
[9] Stevenson R. 激光：Nichia 为多种激光二极管产品寻求新市场. 化合物半导体与光电技术，2006
[10] 中国科技信息. 美成功制造 255nm 紫外发光二极管. http://www.infocom.cn，2004

第二部分　光电探测器

第 2 章　光电探测器概述

光电探测器(photodetector)是指在光辐射作用下将其非传导电荷变为传导电荷的一类器件。广义的光电探测器包括所有将光辐射能(红外、可见及紫外光辐射)转变为电信号的一类器件。本书采用后一种定义方式,将光电探测器分为两大类:一类是利用光电效应制成的器件称为光子探测器(photon detector),如光电导探测器、光伏探测器和光电子发射探测器等;这类器件吸收光子,直接将非传导电荷变为传导电荷输出电信号。另一类是利用光热效应制成的器件称为热探测器(thermal detector),如热电偶、测辐射热计、热释电探测器和高莱管等;这类器件吸收光辐射,温度升高,引起某些物理参量变化,间接输出电信号[1]。

本章介绍半导体的光电效应,以及光电探测器的噪声和特性参数,第 3～5 章介绍光子探测器。光热效应及热探测器将在第 6 章中结合热探测器予以介绍。

2.1　半导体的光电效应

入射光辐射与光电材料中的电子相互作用,改变电子的能量状态,从而引起各种电学参量变化,这种现象统称为光电效应[2],也称为光子效应。光电效应包括光电导效应、光伏效应、光电发射效应、光子牵引效应和光电磁效应等。本节着重介绍光电技术中最常用的光电导效应、光伏效应和光电子发射效应及光电转换的基本规律。

2.1.1　光电导效应

当半导体材料受光照时,由于对光子的吸收引起载流子浓度的变化,导致材料电导率变化,这种现象称为光电导效应。当光子能量大于材料禁带宽度时,把价带中的电子激发到导带,在价带中留下自由空穴,从而引起材料电导率的变化,称为本征光电导效应;若光子激发杂质半导体,使电子从施主能级跃迁到导带或从价带跃迁到受主能级,产生光生自由电子或空穴,从而引起材料电导率的变化,则称为非本征光电导效应,也称为杂质光电导效应。

由于杂质原子数比晶体本身的原子数小很多个数量级,和本征光电导相比,杂质光电导是很微弱的。尽管如此,杂质半导体作为远红外波段的探测器具有重要的作用(见第 3 章)。

下面讨论半导体材料的光电导(率)与载流子浓度的关系。

无光照时,常温下的半导体样品具有一定的热激发载流子浓度,因而样品具有一定的电导,称为暗电导。由式(1-48)和式(1-49)知,样品暗电导率为

$$\sigma_d = e(n_0\mu_n + p_0\mu_p) \tag{2-1}$$

当入射光子能量大于材料禁带宽度时,样品中发生本征光电导效应,产生光生电子-空穴对。设光生载流子浓度分别为 Δn 和 Δp,则光照稳定情况下的亮电导率为

$$\sigma = e[(n_0 + \Delta n)\mu_n + (p_0 + \Delta p)\mu_p] \tag{2-2}$$

从而,得到光电导率为

$$\Delta\sigma = \sigma - \sigma_d = e(\Delta n\mu_n + \Delta p\mu_p) \tag{2-3}$$

可见,本征光电导效应中,导带中的光生电子和价带中的光生空穴对光电导率都有贡献。

若入射光子能量大于杂质电离能，但不足以使价带中的电子跃迁到导带时，样品中发生非本征光电导效应，只产生一种光生载流子，即光生自由电子（N 型半导体）或光生空穴（P 型半导体）。同理，得到光电导率为

$$\begin{aligned}\Delta\sigma_{\mathrm{n}} &= \sigma - \sigma_{\mathrm{d}} = e(\Delta n\mu_{\mathrm{n}})(\text{N 型})\\ \Delta\sigma_{\mathrm{p}} &= \sigma - \sigma_{\mathrm{d}} = e(\Delta p\mu_{\mathrm{p}})(\text{P 型})\end{aligned} \tag{2-4}$$

可见，非本征光电导效应中，对于 N 型半导体来说，只有导带中的光生电子对光电导有贡献；P 型半导体只有价带中的光生空穴对光电导有贡献。

从式(2-1)和式(2-3)，还可得到光电导率的相对值

$$\frac{\Delta\sigma}{\sigma_{\mathrm{d}}} = \frac{\Delta n\mu_{\mathrm{n}} + \Delta p\mu_{\mathrm{p}}}{n_0\mu_{\mathrm{n}} + p_0\mu_{\mathrm{p}}}$$

对于本征光电导，$\Delta n=\Delta p$。引入 $b=\mu_{\mathrm{n}}/\mu_{\mathrm{p}}$，得

$$\frac{\Delta\sigma}{\sigma_{\mathrm{d}}} = \frac{(1+b)\Delta n}{bn_0 + p_0} \tag{2-5}$$

从式(2-5)看出，要制成（相对）光电导高的器件，应该使 n_0 和 p_0 有较小数值。因此，光电导器件一般是由高阻材料制成或者在低温下使用。

2.1.2　光伏效应

PN 结受到光照时，可在 PN 结的两端产生电势差，这种现象则称为光伏效应。

设入射光照射在 PN 结的光敏面 P 区。当入射光子能量大于材料禁带宽度时，P 区的表面附近将产生电子-空穴对。电子与空穴均向 PN 结区方向扩散。光敏面一般很薄，其厚度小于载流子的平均扩散长度(L_{p},L_{n})，以使电子和空穴能够扩散到 PN 结区附近。由于结区内建电场的作用，空穴只能留在 PN 结区的 P 区一侧，而电子则被拉向 PN 结区的 N 区一侧。这样，就实现了电子-空穴对的分离，如图 2-1 所示。结果是，耗尽区宽度变窄，接触电势差减小。这时的接触电势差和热平衡时相比，其减小量即光生电势差，入射的光能就转变成了电能。当外电路短路时，就有电流流过 PN 结。这个电流称为光电流 I_{p}，其方向是从 N 端经过 PN 结指向 P 端。对比图 1-22，光电流 I_{p} 的方向与 PN 结的正向电流方向相反。结合式(1-56)，可得到光照下 PN 结的电流方程为

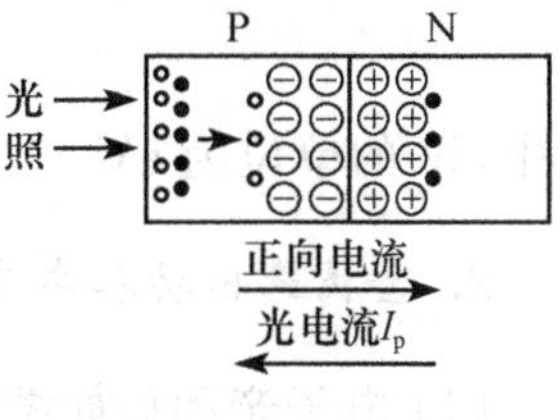

图 2-1　PN 结光电效应

$$I = I_0(\mathrm{e}^{eU/kT} - 1) - I_{\mathrm{p}} \tag{2-6}$$

由此可见，光伏效应是基于两种材料相接触形成内建势垒，光子激发的光生载流子（电子、空穴）被内建电场拉向势垒两边，从而形成了光生电动势。因为所用材料不同，这个内建势垒可以是半导体 PN 结、PIN 结、金属和半导体接触形成的肖特基势垒以及异质结势垒等，它们的光电效应也略有差异，但基本原理都是相同的。本节及后面的章节主要讨论的是 PN 结的光伏效应。

2.1.3　光电子发射效应

金属或半导体受到光照时，电子从材料表面逸出这一现象称为光电子发射效应。光电发射效应是真空光电器件中光电阴极工作的物理基础。

1. 光电子发射基本规律

物理学指出，光电子发射的规律：发射光电子的最大初动能随入射光频率的增加而线性增加，与光强无关；在满足光电发射条件下，光电流与光强成正比。光电子所具有的最大初动能由爱因斯坦定律给出，即

$$\frac{1}{2}m_e v_{max}^2 = h\nu - W \tag{2-7}$$

式中，m_e 为光电子的质量；v_{max} 为出射光电子的最大初速度；ν 为光频；W 为发射体材料的逸出功。

由式(2-7)可知，光子的最小能量必须大于光电材料的逸出功，否则电子就不会逸出物质表面。设这个最小能量为 $h\nu_c$，对应的波长为 λ_c，称为截止波长或称长波限，则

$$h\nu_c = \frac{hc}{\lambda_c} = W \tag{2-8}$$

即

$$\lambda_c = \frac{hc}{W} \tag{2-9}$$

式中，h 为普朗克常量，$h=6.626\times10^{-34}\,J\cdot s$；$c$ 为光速，$c=2.998\times10^8\,m/s$。将它们代入式(2-9)得

$$\lambda_c = \frac{1.24}{W}(\mu m) \tag{2-10}$$

式中，W 的单位为 eV。

2. 金属逸出功和半导体的发射阈值

(1) 电子亲和势如图 2-2 所示，电磁真空中静止电子能量称为真空能级 E_0。真空能级与导带底能级 E_c之差称为电子亲和势 E_A。

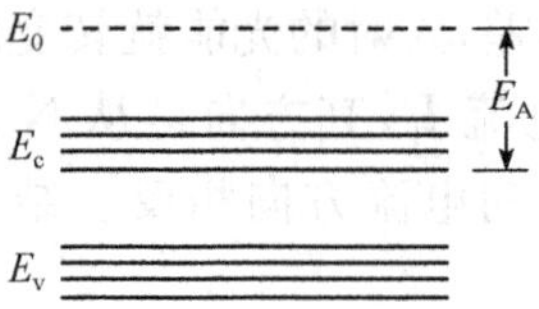

图 2-2 电子亲和势

(2) 电子逸出功。电子逸出功是描述材料表面对电子束缚强弱的物理量，在数量上等于电子逸出表面所需的最低能量，也可以说是光电发射的能量阈值。

金属中有大量自由电子，导带与价带连在一起，没有禁带，绝对零度时金属中自由电子在费米能级以下，如图 2-3 所示。所以金属材料的电子逸出功定义为 $T=0K$ 时真空能级与费米能级之差，即

$$W = E_0 - E_f \tag{2-11}$$

(3) 半导体的发射阈值。对于半导体材料，如图 2-4 所示，其自由电子较少，且有禁带，费米能级一般都在禁带当中。所以，半导体电子逸出功定义是，$T=0K$ 时真空能级与电子发射

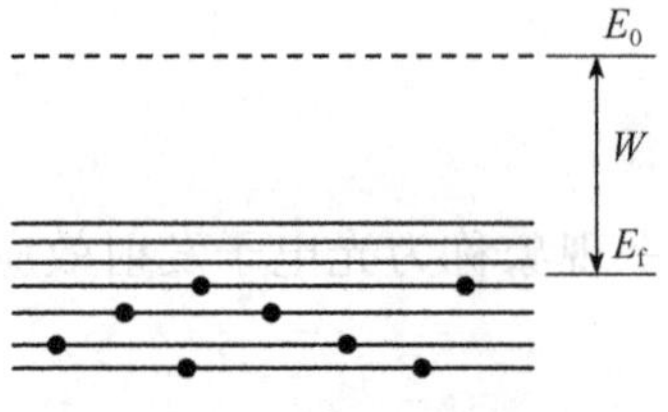

图 2-3 金属能带

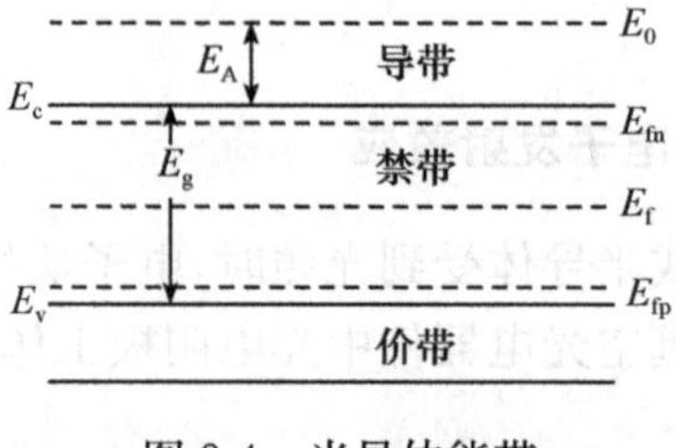

图 2-4 半导体能带

中心的能级之差，而电子发射中心的能级有的是价带顶，有的是杂质能级，有的是导带底，情况复杂。由于电子逸出功不管从哪里算起，其中都包含了电子亲和势，所以半导体材料光电发射的能量阈值一般按真空能级与价带顶之差(电子亲和势加上禁带宽度)来计算，即

$$E_{th} = E_g + E_A \tag{2-12}$$

相应的截止波长为

$$\lambda_c = \frac{1.24}{E_{th}}(\mu m) \tag{2-13}$$

2.1.4　光电转换的基本规律

如前所述，光子探测器是利用光电效应，改变探测器的电导或者产生光生电动势或者发射光电子，从而将入射光信号转换成电信号的器件。从这个意义上来说，光子探测器实质上是一种光-电转换器件。下面对光-电转换的基本规律进行初步的分析，其结论适用于光子探测器。

1. 量子效率

为了理解光-电转换规律，这里引入量子效率的概念，用 η 表示。它是在某一特定波长下单位时间内产生的平均光电子数(或电子-空穴对数)与入射光子数之比，即

$$\eta(\lambda) = \frac{每秒产生的平均光电子数}{每秒入射波长为 \lambda 的光子数} \tag{2-14}$$

显然，光子探测器的量子效率越高其性能越好。理想的量子效率只是波长的二值函数。例如，本征吸收时只要入射光子能量 $h\nu \geqslant E_g$，每个光子都能产生一个光电子，$\eta = 100\%$；否则，产生的光电子数为零，$\eta = 0$。由于探测器对入射光子的反射、透射、散射等作用，即使入射光子能量 $h\nu \geqslant E_g$，实际的量子效率 $\eta < 100\%$。表 2-1 给出了常见光子探测器的量子效率值。

表 2-1　常见光子探测器的量子效率值

探测器类型	η/%
光电导探测器(本征)	～60
光电导探测器(非本征)	～30
光伏探测器	～60
光电子发射探测器	～10

如图 2-5 所示，设入射到探测器上的辐通量(辐射功率)为 Φ_0，那么，每秒入射的光子数为 $\Phi_0/h\nu$。根据吸收定律，由式(1-29)，在距表面位置 x 处 Δx 的长度内，每秒吸收的光子数为

$$\Delta N = \alpha \frac{\Phi(x)}{h\nu}\Delta x = \alpha \frac{\Phi_0(1-r)e^{-\alpha x}}{h\nu}\Delta x \tag{2-15}$$

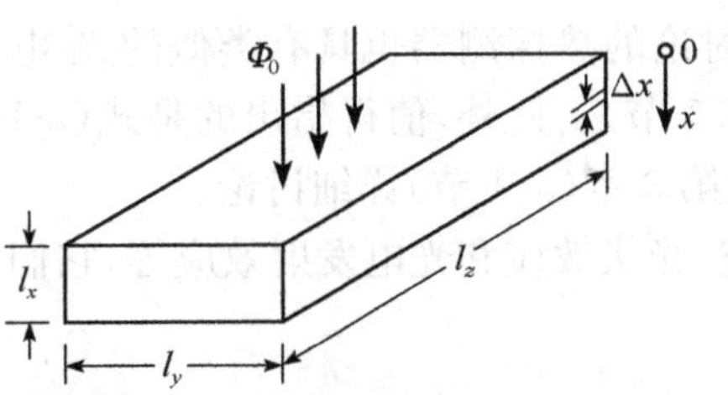

图 2-5　计算光电子产生率示意图

式中，r 为反射率；α 为吸收系数，单位为 1/cm；$\Phi(x)$ 为距表面位置 x 处的辐通量。这样，单位体积内电子-空穴对的产生率($m^{-3}s^{-1}$)为[3,4]

$$g(x) = \frac{\Delta N}{l_y l_z \Delta x} = \alpha \frac{\Phi_0}{h\nu l_y l_z}(1-r)e^{-\alpha x} \tag{2-16}$$

它是 x 的函数。因此，沿着 x 方向的电流密度(A/m^2)为

$$J = e\int_0^{l_x} g(x)\mathrm{d}x = (1-r)e\frac{\Phi_0}{h\nu l_y l_z}\int_0^{l_x}\alpha \mathrm{e}^{-\alpha x}\mathrm{d}x$$
$$= (1-r)e\frac{\Phi_0}{h\nu l_y l_z}(1-\mathrm{e}^{-\alpha l_x}) \tag{2-17}$$

式中，e 为电子电量；l_x为吸收层厚度。在 Φ_0的光照下，探测器在单位时间内产生的电子-空穴对为 $J \cdot l_y l_z / e$ 。由量子效率的定义，有

$$\eta = \frac{J \cdot l_y l_z / e}{\Phi_0 / h\nu} = (1-r)(1-\mathrm{e}^{-\alpha l_x}) \tag{2-18}$$

由此可见，要提高量子效率，就须使反射率 r 低，吸收系数 α 大，吸收层厚度 l_x要足够长以充分吸收光辐射。例如，可以在探测器入射面镀上高透射率的抗反射层以降低反射损耗，还可以利用微型谐振腔的光场谐振以增强吸收，在腔的谐振波长处获得高的量子效率。目前，已研制出量子效率高达 85.6%的 GaN 基 PIN 结构紫外探测器[5]。

2. 光子探测器的光电流

如果光照时每产生一个光电子，在探测器的外电路中都输出一个电子，则由式(2-17)和式(2-18)，在辐通量为 Φ_0的入射光照下，探测器输出的光电流为

$$I_{\mathrm{p}} = \frac{e\eta}{h\nu}\Phi_0 \tag{2-19}$$

不过，某些探测器由于内部含有增益机构，其外电路中单位时间内输出的电子数大于甚至远大于单位时间内产生的光电子数，两者的比值称为探测器的内增益，也称光电增益，用 M 表示。例如，光电倍增管(见 5.3 节)的光电增益可达 10^6。这样，在考虑光电增益后，探测器输出的光电流为

$$I_{\mathrm{p}} = \frac{e\eta}{h\nu}M\Phi_0 \tag{2-20}$$

3. 光电转换基本规律

从式(2-19)或式(2-20)可以看出：

(1) 光子探测器输出的光电流与入射光辐通量成正比。入射光辐通量越大，则光电探测器输出的光电流也越大。

(2) 由于辐通量与光电场强度振幅的平方成正比(见 9.1.1 小节)，所以光电探测器输出的光电流也与光电场强度振幅的平方成正比。因此，通常称光电探测器为平方律器件。

这就是光子探测器光-电转换的基本规律。第 6 章讨论的热探测器也具有类似的光-电转换规律，只是它对光的响应不是以光电子形式出现(见 6.1 节)。此外，值得指出的是式(2-19)或式(2-20)仅仅在弱光照条件下才能成立。这一点将在第 3 章(3.1 节)详细讨论。

至此，已经讨论了主要的光电效应，包括光电导效应、光伏效应和光电发射效应等，它们都是光子探测器工作的物理基础。

2.2 光电探测器的噪声

从前面的讨论可知，光电探测器在光照下可输出电流或电压信号。从示波器上可以观察

到，其电流或电压信号在平均值处有随机起伏，即含有噪声。一般用均方噪声电流 $\overline{i_n^2}$ 或均方噪声电压 $\overline{u_n^2}$ 表示噪声值的大小。当光电探测器中存在多个噪声源时，只要这些噪声是独立的、互不相关的，其噪声功率就可以进行相加，有

$$\overline{i_{\text{n总}}^2} = \overline{i_{n1}^2} + \overline{i_{n2}^2} + \cdots + \overline{i_{nk}^2} \tag{2-21}$$

通常把噪声这个随机的时间函数进行傅里叶频谱分析，得到噪声功率随频率变化关系，这就是噪声的功率谱 $S(f)$。常见有两种典型的情况：一种是功率谱大小与频率无关的噪声，通常称白噪声；另一种噪声是功率谱与 $1/f$ 成正比，称为 $1/f$ 噪声，如图 2-6 所示。

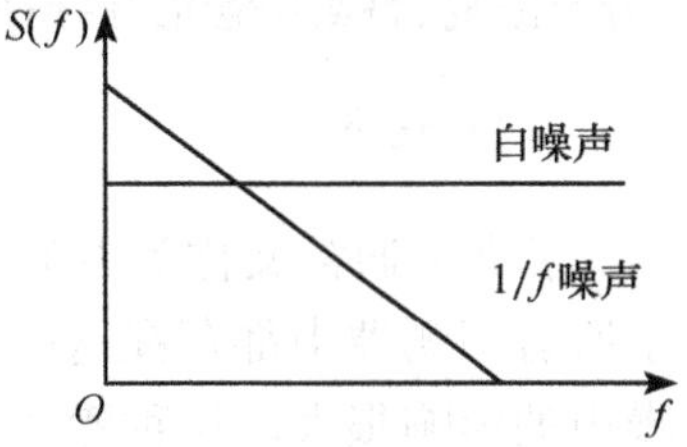

图 2-6　白噪声和 $1/f$ 噪声

光电探测器噪声包括散粒噪声、热噪声、产生-复合噪声、$1/f$ 噪声和温度噪声等。本节仅简要地介绍它们的产生机理、特点和表达式。关于噪声表达式的推导过程读者可参阅文献[7]。

1. 热噪声

热噪声(Johnson 噪声)是由于载流子的热运动而引起电流或电压的随机起伏。它的均方电流 $\overline{i_{nr}^2}$ 和均方电压 $\overline{u_{nr}^2}$ 由下式决定

$$\overline{i_{nr}^2} = \frac{4kT\Delta f}{R}, \quad \overline{u_{nr}^2} = 4kT\Delta f R \tag{2-22}$$

式中，k 为玻尔兹曼常量；T 为热力学温度(K)；R 为器件电阻值；Δf 为测量的频带宽度。

热噪声存在于任何导体与半导体中，它属于白噪声。降低温度和压缩频带宽度，可减少噪声功率。例如，对于一个 $R=1\text{k}\Omega$ 的电阻，在室温下，工作带宽为 1Hz 时，热噪声均方根电压约为 4nV；而工作带宽增加到 500kHz 时，对应的热噪声均方根电压值增加到了 89nV。由此可见，检测电路通频带对白噪声输出电压有很强的抑制作用。在微弱光信号探测中，如何减小热噪声的影响是光电技术中的一个重要问题。

2. 散粒噪声

光电探测器的散粒噪声(Shot 噪声)是由于光电探测器在光辐射作用或热激发下，光电子或载流子随机产生所造成的。由于随机起伏是一个一个的带电粒子或电子引起的，所以称为散粒噪声。散粒噪声的表达式为

$$\overline{i_{ns}^2} = 2eI\Delta f \tag{2-23}$$

式中，e 为电子电荷；I 为器件输出平均电流；Δf 为测量的频带宽度。

散粒噪声存在于所有真空发射管和半导体器件中，也属于白噪声。

3. 产生-复合噪声

产生-复合噪声，又称为 g-r 噪声(generation recombination 噪声)，是由于半导体中载流子产生与复合的随机性而引起的载流子浓度的起伏。这种噪声与散粒噪声本质是相同的，都是由于载流子随机起伏所致，所以有时也将这种噪声归并为散粒噪声。产生-复合噪声的表达式为

$$\overline{i_{ngr}^2} = \frac{4eMI\Delta f}{1+\omega^2\tau_c^2} \tag{2-24}$$

式中，I 为总的平均电流；M 为光电增益（见第 3 章）；Δf 为测量的频带宽度；$\omega=2\pi f$，f 为测量系统的工作频率；τ_c为载流子平均寿命。式(1-24)表明，产生-复合噪声不再是白噪声，而是低频限带噪声。这是它与一般散粒噪声不同的地方。

当 $\omega\tau_c\ll1$ 时，式(2-24)简化为

$$\overline{i_{ngr}^2}=4eMI\Delta f \tag{2-25}$$

产生-复合噪声是光电导探测器的主要噪声源。

4. $1/f$ 噪声

$1/f$ 噪声通常又称为电流噪声（有时也称为闪烁噪声或过剩噪声）。它是一种低频噪声，几乎所有探测器中都存在这种噪声。实验发现，探测器表面的工艺状态（缺陷或不均匀）对这种噪声的影响很大。这种噪声的功率谱近似与频率成反比，故称为 $1/f$ 噪声，其噪声电流的均方值可近似表示为

$$\overline{i_{nf}^2}=\frac{cI^{\alpha}}{f^{\beta}}\Delta f \tag{2-26}$$

式中，I 为器件输出平均电流；f 为器件工作频率；α 接近于 2；β 取 0.8～1.5；c 是比例常数。

$1/f$ 噪声主要出现在 1kHz 以下的低频区，当工作频率大于 1kHz 时，它与其他噪声相比可忽略不计。在实际使用中，常用较高的调制频率可避免或大大减小电流噪声的影响。

5. 温度噪声

温度噪声是热探测器本身吸收和传导等热交换引起的温度起伏。它的均方值为

$$\overline{t_n^2}=\frac{4kT^2\Delta f}{G[1+(2\pi f\tau_T)^2]} \tag{2-27}$$

式中，k 为玻尔兹曼常量；T 为热力学温度(K)；G 为器件的热导；f 为器件工作频率；$\tau_T=C_H/G$ 为器件的热时间常数，C_H 为器件的热容。

在低频时，$(2\pi f\tau_T)^2\ll1$，式(2-27)可简化为

$$\overline{t_n^2}=\frac{4kT^2\Delta f}{G} \tag{2-28}$$

因此，热功率起伏的均方值或温度噪声功率为

$$\overline{\Delta W_T^2}=G^2\ \overline{t_n^2}=4GkT^2\Delta f \tag{2-29}$$

若综合上述各种噪声源，其功率谱分布可用图 2-7表示。由图可见：在频率很低时，$1/f$ 噪声起主导作用；当频率达到中间频率范围时，产生-复合噪声比较显著；当频率较高时，只有白噪声占主导地位，其他噪声影响很小。

至此，已经讨论了光辐射探测器的主要噪声源。此外，还有一些与具体器件有关的噪声源，例如，光电倍增管的倍增噪声、雪崩光电二极管的雪崩噪声等，这些噪声将在讨论有关器件时介绍。

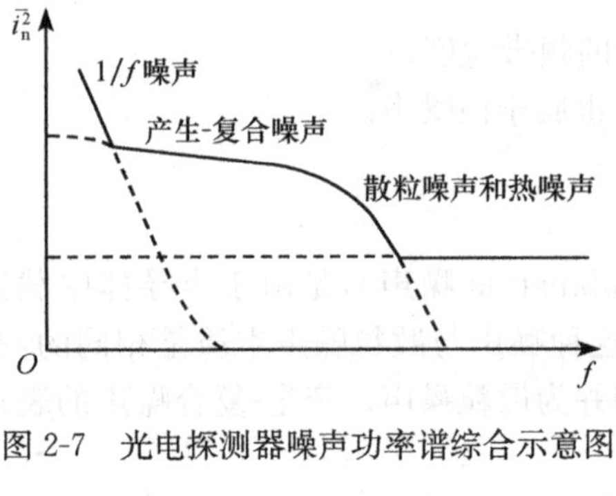

图 2-7　光电探测器噪声功率谱综合示意图

2.3　光电探测器的特性参数

光电探测器的质量指标一般用其特性参数来描述。本节介绍光电探测器的主要特性参数，包括光电特性、灵敏度、光谱响应、噪声等效功率、比探测率和响应时间等。这些参数通常是各种类型的光电探测器所共有的。至于某些探测器的特殊参数，将在第 3～7 章结合器件的讲述时作介绍。

1. 光电特性

光电特性是指光电探测器输出的电信号随入射光信号变化的关系。常见的是光电流 I 与辐通量 Φ 之间的关系 $I=f(\Phi)$，或者光电流 I 与辐射照度 E 之间的关系 $I=f(E)$。有时也可以表示为其他输出量与辐通量或者辐射照度的函数关系。

光电特性的特征指标之一是其线性度。它是指探测器的输出电信号随入射光信号变化成比例的程度和范围，在光度量和辐射度量等测量中是一个十分重要的参数。一般来说，在弱光照时探测器输出的光电流都能在较大范围内与入射辐通量（或辐射照度）呈线性关系；随着光照增强，其线性关系变差，例如，光电导探测器在强光照时就趋于平方根关系（见第 3 章）。线性区的下限往往由暗电流和噪声等因素决定，而上限通常由饱和效应或过载决定。

实际上，探测器线性范围的大小与其工作状态有很大关系，如偏置电压、光信号调制频率、信号输出电路等。因此，要获得宽的线性范围，必须使探测器工作在最佳的工作状态。

2. 灵敏度与光谱特性

探测器的灵敏度又称为响应度（率），它也是表征探测器将入射光信号转换成电信号能力的特性参数。灵敏度可分为光谱灵敏度和积分灵敏度。

探测器在波长为 λ 的单色光照射下，输出的电压 $U(\lambda)$ 或光电流 $I(\lambda)$ 与入射的单色辐通量 $\Phi(\lambda)$（或单色辐照度 $E(\lambda)$）之比为光谱灵敏度，即

$$S_{\mathrm{U}}(\lambda)=\frac{U(\lambda)}{\Phi(\lambda)}\quad \text{或}\quad S_{\mathrm{I}}(\lambda)=\frac{I(\lambda)}{\Phi(\lambda)} \tag{2-30}$$

根据式(2-20)，对于光子探测器来说，式(2-30)定义的光谱灵敏度可改写为

$$S_{\mathrm{I}}(\lambda)=\frac{I(\lambda)}{\Phi(\lambda)}=M\frac{e\eta}{h\nu}=M\frac{e\eta}{hc}\lambda \tag{2-31}$$

式(2-31)反映了灵敏度与量子效率二者之间的联系，它们都是描述探测器光电转换能力的特性参数，前者可以视为宏观灵敏度，后者为微观灵敏度。这一规律适用于所有光子探测器。

探测器的积分灵敏度是探测器的输出电压 U 或光电流 I 与入射的辐通量 Φ（或辐射照度 E）之比，即

$$S_{\mathrm{U}}=\frac{U}{\Phi}\quad \text{或}\quad S_{\mathrm{I}}=\frac{I}{\Phi} \tag{2-32}$$

式中，$\Phi=\int\Phi(\lambda)\mathrm{d}\lambda$；$U=\int U(\lambda)\mathrm{d}\lambda$；$I=\int I(\lambda)\mathrm{d}\lambda$。若 Φ 为辐通量，S_{U}、S_{I} 的单位分别为 V/W、A/W；若 Φ 为光通量，则分别为 V/lm、A/lm。例如，硅光电二极管积分灵敏度为 0.5A/W。

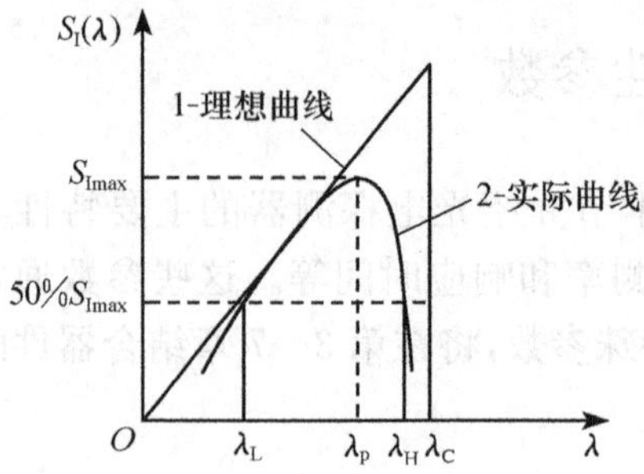

图 2-8　光子探测器的光谱特性

积分灵敏度不但与探测器有关，而且与采用的光源有关。不同的辐射源，其发射的光谱功率分布不相同，测得的响应往往也不相同。测试光子探测器时，辐射源一般采用色温为 2856K 的白炽灯；测试热探测器时，一般采用色温为 500K 的黑体。

$S_U(\lambda)$或 $S_I(\lambda)$随波长 λ 的变化关系称为探测器的光谱特性。通常，将光谱特性的最大值归一化，得到的特性曲线称为相对光谱特性(曲线)，简称光谱特性。图 2-8给出了光子探测器的光谱特性。图中曲线 1 是按照式(2-31)计算出的理想曲线，即当量子效率和光电增益为常数时，光谱灵敏度与入射光波长成正比，其长波响应受探测器材料截止波长 λ_c的限制，而短波响应理论上可小到零波长。曲线 2 是实际光子探测器的光谱特性曲线。它与理想曲线相比，存在一定的差异。

实际上，光子探测器的量子效率和光电增益一般都是光波长的函数。由式(1-30)可知，光电材料对各波长光辐射的吸收系数不同。在较长波长上，吸收系数很小，一部分辐射容易穿透材料，于是量子效率较低，光谱灵敏度达不到理想曲线 1 的最大值(曲线 1 的“尖峰值”)；随着波长减小，吸收系数增大，光辐射几乎全被材料吸收，量子效率将达到峰值，光谱灵敏度达到曲线 2 的最大值；当波长再减小时，吸收系数进一步增加，靠近材料表面附近光生载流子比较密集，致使复合增加、内增益减小，从而往短波长方向的光谱响应显著下降，甚至无响应。

由此可见，光子探测器的光谱特性呈现出明显的“波长选择性”。为了描述这种特性，一般将灵敏度从最大值(峰值)下降到 50%(或 10%)时所对应的波长范围$[\lambda_L,\lambda_H]$定义为探测器的光谱响应宽度；将灵敏度最大值(峰值)对应的波长称为峰值波长，用 λ_p表示。与光子探测器不同，热探测器(见第 6 章)从紫外到红外都有几乎相同的响应(灵敏度)，其光谱特性具有近似“平坦性”而不是“波长选择性”。

3. 噪声等效功率和比探测率

如前述，探测器在完成光电转换输出信号电流的同时，也输出噪声电流。不难理解，噪声的存在，限制了探测器对弱信号的探测能力，即探测器能探测到的最小入射辐通量(辐射功率)受到了限制。

当探测器输出的信号电流(或电压)等于探测器本身的噪声电流(或电压)均方根值时，即信噪比等于 1 时，入射到探测器上的信号辐通量称为噪声等效功率(Noise Equivalent Power, NEP)，即

$$\mathrm{NEP}=\Phi_{\min}\big|_{I_{\min}=\sqrt{\overline{i_n^2}}}\quad 或\quad \mathrm{NEP}=\Phi_{\min}\big|_{U_{\min}=\sqrt{\overline{u_n^2}}}\tag{2-33}$$

实际上，当信噪比等于 1 时，信号是很难直接测量的。因此，一般在较高的信号电平上进行测量，例如，入射到探测器上的信号辐通量为 $5\Phi_{\min}$，对应的输出信号为 $5I_{\min}$或者 $5U_{\min}$，并用下式线性外推来计算 NEP，即

$$\mathrm{NEP}=\frac{5\Phi_{\min}}{5I_{\min}/\sqrt{\overline{i_n^2}}}\quad 或\quad \mathrm{NEP}=\frac{5\Phi_{\min}}{5U_{\min}/\sqrt{\overline{u_n^2}}}\tag{2-34}$$

将式(2-32)代入式(2-34)，又可写成

$$\mathrm{NEP}=\frac{\sqrt{\overline{i_n^2}}}{S_I}\quad 或\quad \mathrm{NEP}=\frac{\sqrt{\overline{u_n^2}}}{S_U} \tag{2-35}$$

式中，NEP 单位为 W 或 lm。

根据 2.2 节的讨论，噪声电流均方根值 $\sqrt{\overline{i_n^2}}$ 或噪声电压均方根值 $\sqrt{\overline{u_n^2}}$ 都与测量系统的带宽 Δf 的平方根成正比。因此，实际应用中通常将测量带宽归一化，即取 $\Delta f=1\mathrm{Hz}$，这样 NEP 单位为 $\mathrm{W/Hz^{1/2}}$ 或 $\mathrm{lm/Hz^{1/2}}$。例如，硅光电二极管的 NEP 约为 $10^{-13}\mathrm{W/Hz^{1/2}}$，雪崩光电二极管(见 4.2 节)约为 $10^{-15}\mathrm{W/Hz^{1/2}}$，它们都是测量带宽归一化后的 NEP 值。

式(2-35)表明，NEP 是一个标志探测器探测能力的性能指标，它不仅决定于灵敏度，还决定于自身的噪声水平。当灵敏度越高、噪声水平越低时，NEP 越小，其探测能力越强。雪崩光电二极管的 NEP 比硅光电二极管要低两个数量级，所以说前者比后者探测弱信号的能力强得多。

信噪比等于 1 时，信号基本上湮没在噪声之中，很难与噪声区分开来。正是因为如此，NEP 通常也称为“最小”可探测功率。值得指出的是，这样定义的“最小”可探测功率，仅仅可作为在信噪比为 1 时探测信号能力的一个比较基准；而不能误认为，只要入射辐射功率比 NEP 值大的信号都可以探测出来，而比 NEP 值小的都探测不出来。实际上，一般情况下，入射辐射功率应当大于 NEP 若干倍，这时信号才能被直接检测出来；而对于小于甚至远小于 NEP 的入射辐射功率，采用一些特殊的信号处理技术，例如，强度相关检测技术(见 10.3 节)等，可以将信号从噪声中检测出来。

用噪声等效功率来描述探测器探测能力的一个不方便之处在于噪声等效功率“越小”，却表示探测器的探测能力“越强”。这种表征方法缺乏直观性。为此采用探测率 D 来表示，它等于等效噪声功率的倒数，即

$$D=\frac{1}{\mathrm{NEP}}=\frac{S_I}{\sqrt{\overline{i_n^2}}}(\mathrm{W^{-1}}) \tag{2-36}$$

显然，D 越大探测器的性能越好。探测率 D 所提供的信息与 NEP 一样，也是一项特征参数。但是仅根据探测率 D 还不能比较不同的光电探测器的优劣，这是因为如果两只由相同材料制成的探测器，尽管其结构完全相同，但光敏面不同，测量带宽不同，则其 D 值也不同。

实验测量和理论分析表明，对于许多类型的光电探测器来说，其等效噪声功率 NEP 通常与探测器的面积 A_d 和测量系统的带宽 Δf 乘积的平方根成正比，即 $\mathrm{NEP}\propto\sqrt{A_d\Delta f}$。为了更客观地比较各种探测器的性能，需除去 A_d 和 Δf 带来的影响。为此，更常用的是采用归一化的探测率，称为比探测率 D^*(读作 D 星)，即

$$D^*=\sqrt{A_d\Delta f}D=\frac{\sqrt{A_d\Delta f}}{\mathrm{NEP}}=\frac{S_I}{\sqrt{\overline{i_n^2}/(A_d\Delta f)}} \tag{2-37}$$

式中，A_d 的单位为 $\mathrm{cm^2}$，Δf 的单位为 Hz，所以 D^* 的单位为 $\mathrm{cm\cdot Hz^{1/2}/W}$。式(2-37)表明，$D^*$ 是用单位测量系统的带宽和单位面积探测器的噪声电流来衡量探测器的探测能力。例如，光

子探测器的 D^* 为 $10^9 \sim 10^{16}\,\mathrm{cm \cdot Hz^{1/2}/W}$，热探测器的 D^* 为 $10^8 \sim 10^9\,\mathrm{cm \cdot Hz^{1/2}/W}$。

值得注意的是，探测器的 D^* 不是一个固有常数。首先，探测器的光谱响应都是有选择性的，灵敏度是指某一特定光源下的响应率。探测器的光谱响应与光源的光谱匹配得越好，探测率也就越高。其次，某些探测器的噪声还与频率有关。所以，在给出 D^* 时，后面常要标记出它们的测量条件 T、f、Δf 等。例如，$D^*(500\mathrm{K}, 900, 50) = 1.8 \times 10^9\,\mathrm{cm \cdot Hz^{1/2}/W}$，表示 D^* 是在 500K 黑体作光源、调制频率为 900Hz、测量带宽为 50Hz 的条件下测得的[6,7]。

4. 响应时间与频率特性

实验测量和理论分析表明，光照探测器时，产生电信号达到稳定值需要一定的时间；停止光照时，信号完全消失也需要一定的时间。信号产生和消失的这种滞后称为探测器的惰性。通常用响应时间(或时间常数)τ 来表示惰性大小。

对于矩形光脉冲信号，其响应出现上升沿和下降沿，如图 2-9 所示。当矩形光脉冲输入时，光信号上升沿输出电流为

$$i_s(t) = I_0(1 - \mathrm{e}^{-t/\tau_r}) \tag{2-38}$$

$i_s(t)$ 上升到稳态值 I_0 的 0.63 倍的时间称为上升响应时间，用 τ_r 表示。

在下降沿，探测器的输出电流为

$$i_s(t) = I_0 \mathrm{e}^{-t/\tau_f} \tag{2-39}$$

$i_s(t)$ 下降到稳态值 I_0 的 0.37 倍的时间称为下降响应时间，用 τ_f 表示。通常，$\tau_r = \tau_f = \tau$ 统称为探测器的响应时间。

由于探测器存在惰性，当用一定振幅的正弦调制光照射探测器时，灵敏度随频率升高而降低，如图 2-10 所示。探测器的响应与入射光调制频率的关系 $S = F(f)$ 称为频率特性。多数探测器的灵敏度与频率的关系是

$$S(f) = \frac{S_0}{[1 + (2\pi f \tau)^2]^{1/2}} \tag{2-40}$$

式中，S_0 为频率 $f = 0$ 的灵敏度；τ 为响应时间。

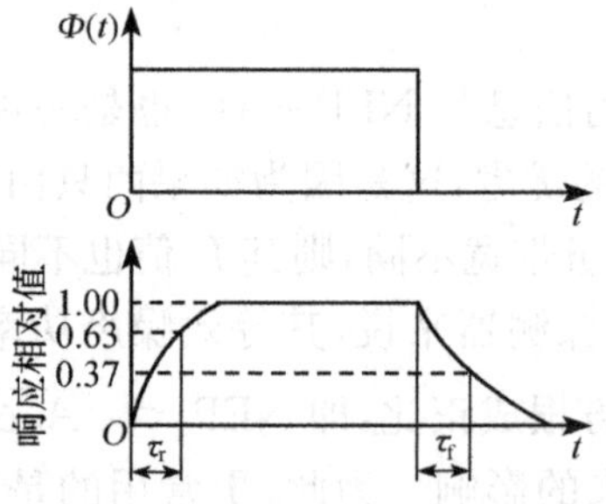

图 2-9 探测器的响应时间

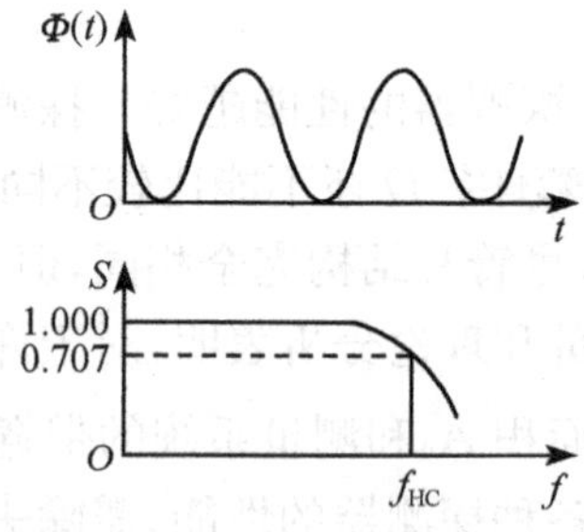

图 2-10 探测器的频率特性

当探测器的灵敏度下降到零频时的 0.707 倍时

$$f_{HC} = \frac{1}{2\pi\tau} \tag{2-41}$$

f_{HC} 称为探测器的上限截止频率或 3dB 带宽。式(1-41)表明，响应时间 τ 决定了探测器频率响应的带宽。

一般对于脉冲光信号用响应时间来描述，而对正弦调制光信号用频率响应来描述，但二者都可以用响应时间来反映。此外，探测器的类型不同，响应时间的定义也不一样，如光电导探测器的响应时间表现为光生载流子的寿命，而热探测器（见第 6 章）表现为热时间常数；且其数值差异也很大，一般光子探测器的响应时间为纳秒到毫秒量级，热探测器为毫秒到秒量级。

本章小结

（1）光电效应包括光电导效应、光伏效应和光电子发射效应等。它们都是光子探测器工作的物理基础。光电导效应和光伏效应对光的吸收都可以是本征吸收，光电导效应对光的吸收还可以是非本征吸收。二者产生的载流子都没有逸出半导体材料表面，常称为内光电效应；而光电子发射效应产生的光电子逸出了金属或半导体材料表面，常称为外光电效应。

（2）光子探测器输出的光电流与光电场强度振幅的平方成正比，即与入射光辐通量成正比。这就是光子探测器光-电转换的基本规律。量子效率是描述光子探测器光电转换规律的一个重要参量。

（3）光电探测器的主要噪声有散粒噪声、热噪声、产生-复合噪声、$1/f$ 噪声（电流噪声）和温度噪声等。探测系统中的多个噪声源一般是独立的、互不相关的，可以将其噪声功率或噪声电流均方值进行叠加。

（4）光电探测器的主要特性参数，包括光电特性、灵敏度、光谱响应、噪声等效功率、比探测率和响应时间（频率特性）等。这些参数通常是设计光探测系统的重要依据。

习题与思考题

2-1　为什么量子效率一般小于 1，而光电增益可以大于甚至远大于 1？二者有何区别？

2-2　PN 结加正向偏压，不利于结区光生电子-空穴对的分离，光电效应不明显，为什么？

2-3　依据光照产生光电子是否逸出材料表面，光电效应可以分为内光电效应和外光电效应。所学过的光电效应中，哪些属于内光电效应？哪些属于外光电效应？为什么外光电效应对应的截止波长比较短？

2-4　何谓“白噪声”？何谓“$1/f$ 噪声”？采用什么措施可降低电阻的热噪声和 $1/f$ 噪声？

2-5　探测器的 $D^* = 10^{11}\,\mathrm{cm \cdot Hz^{1/2} \cdot W^{-1}}$，探测器光敏面的直径为 0.5cm，用于 $\Delta f = 5\times10^3\,\mathrm{Hz}$ 的光电仪器中，它能探测的最小辐射功率为多少？

2-6　某一干涉测振仪的最高频率为 20MHz，选用探测器的时间常数应小于多少？

2-7　某一金属光电发射体有 2.5eV 的逸出功，并且导带底在真空能级下为 7.5eV。试计算：

（1）产生光电效应的长波限；

（2）求出费米能级相对于导带底的能级。

2-8　图 2-11 所示为一种测试探测器响应线性度的实验装置[7]，它可以用来测得探测器灵敏度与不同辐通量之间的关系曲线。设光源发光强度为 I_0，探测器光敏面为 A_d，输出电流为 I。试说明其响应线性度测量原理，并写出探测器灵敏度的表达式。

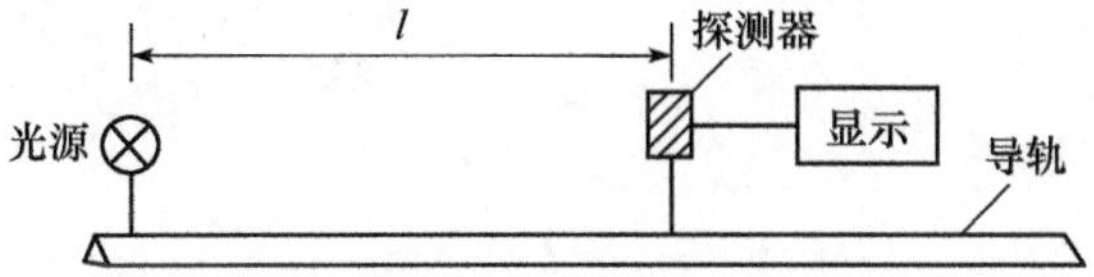

图 2-11　题 2-8 图

参考文献

[1] 孙培懋，刘正飞．光电技术．北京：机械工业出版社，1992
[2] 王清正，胡渝，林崇杰．光电探测技术．北京：电子工业出版社，1994
[3] 金斯顿 R H. 光学和红外辐射探测．孙培懋译．北京：科学出版社，1984
[4] Dereniak E L, Boreman G D. Infrared Detectors and Systems. New York: A Wiley-Interscience Publication, 1996
[5] 游达，汤文英，赵德钢，等．高量子效率前照式 GaN 基 p-i-n 结构紫外探测器．半导体学报，2006，27(5)：896～899
[6] 张永林，狄红卫．光电子技术．北京：高等教育出版社，2005
[7] 缪家鼎，徐文娟，牟同升．光电技术．杭州：浙江大学出版社，1994

第3章　光电导探测器

利用半导体光电导效应制成的器件称为光电导探测器，简称PC(Photoconductive)探测器。光电导探测器光谱响应范围宽，可测光强范围大灵敏度高，无极性之分，已被应用于照相机、光度计、光电自动控制、辐射测量、红外搜索和跟踪、红外成像和红外通信等领域。本章主要介绍其工作原理、主要特性、偏置电路及典型应用。

3.1　光电导探测器的基本原理

3.1.1　光电导探测器的分类

根据工作机理的不同，光电导探测器可以分为本征型和杂质型(非本征型)两大类型。通常，属于本征型的有硫化镉(CdS)、碲镉汞($Hg_{1-x}Cd_xTe$)、锑化铟(InSb)和硫化铅(PbS)光电导探测器等；属于杂质型的有锗掺汞(Ge:Hg)、锗掺铜(Ge:Cu)、锗掺锌(Ge:Zn)和硅掺砷(Si:As)光电导探测器等。

从原理上说，P型、N型半导体均可制成光电导探测器，但电子的迁移率比空穴大，而且用N型材料制成的光电导探测器性能较稳定，特性较好，故目前大都使用N型半导体光电导探测器。

根据1.2节式(1-32)和式(1-33)，可得出本征型光电导探测器的截止波长为

$$\lambda_c = \frac{hc}{E_g} = \frac{1.24}{E_g}(\mu m) \tag{3-1}$$

杂质型光电导探测器的截止波长为

$$\lambda'_c = \frac{hc}{\Delta E} = \frac{1.24}{\Delta E}(\mu m) \tag{3-2}$$

式中，ΔE为ΔE_d(对于N型半导体)或ΔE_a(对于P型半导体)。

同种半导体材料的杂质电离能ΔE_d或ΔE_a比本征半导体的电离能E_g小得多，所以它的长波限比本征探测器的长波限长得多。目前，本征探测器的长波限可达10～14μm，而杂质探测器的长波限可达130μm。因此，测量长波光时都采用非本征光导探测器。但在非本征探测器中，杂质原子的浓度远比基质原子的浓度低得多。常温下杂质原子束缚电子或空穴已被热激发成自由态作为暗电导率的贡献量，这时长波光照在它上面已无束缚电子或束缚空穴供光激发用，即光电导$\Delta\sigma$为零或很微弱。为使杂质光电导探测器正常工作，必须降低它的使用温度，使热激发载流子浓度减小，才能增加光激发载流子浓度，以提高相对电导率$\Delta\sigma/\sigma_d$。例如，Ge:Hg杂质光电导探测器工作时必须采用装有液氖的杜瓦瓶将其冷却到77K以下，而Ge:Cu光电导探测器则需冷却到液氦温度4.2K左右。这给使用带来极大的不便，也是远红外波段探测的困难所在。

因此，本征光电导探测器一般在室温下工作，适用于可见光和近红外辐射探测；杂质光电导探测器通常必须在低温下工作，常用于中远红外辐射探测。

严格地说，上述讨论的光电导探测器的工作机理是单晶光电导效应，还有一些光电导探测

器是由许多不同导电类型的半导体(P 型或 N 型)组成的,称为多晶半导体[1]。这种探测器的研究和使用都比较早,其中主要有 PbS、PbTe 和 PbSe 等。由于这类探测器具有较高的灵敏度和比探测率,所以它们一直受到人们的重视。特别是 PbS 探测器获得了广泛的应用,成为 $2\mu m$ 附近红外辐射的主要探测器。

3.1.2　光照下的光电导响应过程

下面以光电导探测器中常用的 N 型半导体为例,讨论本征激发下光生载流子的响应。根据 2.1.4 小节的讨论,这里只需考虑少子对光信号的响应,即仅考虑光生空穴 Δp。当光照到探测器上时,光生载流子数增加。开始时,产生的载流子数大于复合的载流子数。但随着载流子浓度的增加,复合机会增多,经过一段时间后,产生和复合达到动态平衡,载流子浓度达到稳定值,如图 3-1(a)所示。同样,光照停止后,光生载流子的消失也需要一定的时间,如图 3-1(b)所示。这说明光电导探测器存在惰性,或者说存在弛豫过程。按照 2.3 节的讨论,这种惰性或弛豫过程用响应时间来描述。

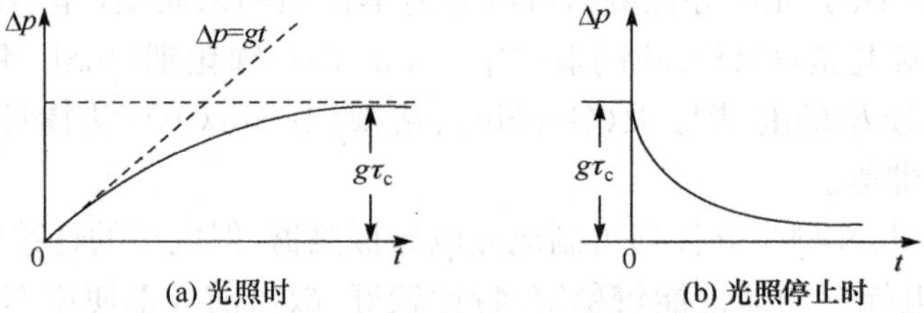

图 3-1　光电导探测器的弛豫过程

设单位体积内的光生载流子的产生率为 g。参照式(1-36),光生载流子的增长率

$$\frac{d\Delta p(t)}{dt} = g - r[n_0 + \Delta n(t)] \cdot [p_0 + \Delta p(t)] + rn_0 p_0 \tag{3-3}$$

式中,等号右边第二项和第三项分别考虑了复合率和热致产生率对增长率的贡献。

在 N 型半导体中,$n_0 \gg p_0$;在弱光($\Delta n(t) = \Delta p(t) \ll n_0$)照射下光生载流子的增长率

$$\frac{d\Delta p(t)}{dt} = g - rn_0 \cdot \Delta p(t) \tag{3-4}$$

利用初始条件:$t=0$,$\Delta p(0)=0$,求出式(3-3)微分方程的解,可以得到

$$\Delta p(t) = g\tau_c(1 - e^{-t/\tau_c}) \tag{3-5}$$

式中,$\tau_c = 1/(rn_0)$为载流子寿命。式(3-5)中,当 $t \to \infty$ 时,得到稳态光生载流子浓度

$$\Delta p(\infty) = g\tau_c \tag{3-6}$$

光照停止时,$g=0$,决定光生载流子下降的方程为

$$\frac{d\Delta p(t)}{dt} = -\{r[n_0 + \Delta n(t)] \cdot [p_0 + \Delta p(t)] - rn_0 p_0\} \tag{3-7}$$

利用初始条件:$t=0$,$\Delta p(0) = g\tau_c$,得到

$$\Delta p(t) = g\tau_c e^{-t/\tau_c} \tag{3-8}$$

对于正弦型光照,由如下关系式

$$\frac{d\Delta p(t)}{dt} = ge^{j\omega t} - \{r[n_0 + \Delta n(t)] \cdot [p_0 + \Delta p(t)] - rn_0 p_0\} \tag{3-9}$$

式中,ω 为正弦型光信号的角频率。求解式(3-9)可得出

$$\Delta p(t)=\frac{g\tau_c}{1+j\omega\tau_c}e^{j\omega t} \tag{3-10}$$

$$|\Delta p|=\frac{g\tau_c}{\sqrt{1+(\omega\tau_c)^2}}=\frac{\Delta p(0)}{\sqrt{1+(\omega\tau_c)^2}} \tag{3-11}$$

将式(3-11)与式(2-40)比较，得到上限截止频率

$$f_{HC}=\frac{1}{2\pi\tau_c} \tag{3-12}$$

式(3-12)表明，载流子寿命 τ_c决定了光电导的上限截止频率。

由式(3-5)、式(3-6)、式(3-8)及式(3-12)，可以得出弱光照条件下光电导响应的两个基本结论。

(1) 光电导的响应时间(上升时间和下降时间)等于载流子寿命且为常数，它反映了光电材料对脉冲光和正弦光信号的响应特征。

(2) 稳态光电导与光生载流子的产生率呈线性关系，即与入射辐射通量 Φ 成正比。因此，将弱光照条件下的光电导称为线性光电导。

上述两个基本结论，不仅适用于本征光电导，可以证明[2]也适用于杂质光电导。

同理，可求得在强光照($\Delta n=\Delta p\gg n_0$ 和 p_0)时光生载流子 Δp 的响应。求解微分方程(3-3)得到

$$\Delta p(t)=(g/r)^{1/2}\tanh[(gr)^{1/2}t] \tag{3-13}$$

当 $t\to\infty$时，得到稳态光生载流子的浓度

$$\Delta p(\infty)=(g/r)^{1/2} \tag{3-14}$$

求解微分方程(3-7)得到光照停止时光生载流子的浓度

$$\Delta p(t)=(g/r)^{1/2}\frac{1}{(gr)^{1/2}t+1} \tag{3-15}$$

可见，在强光照射下光电导的弛豫过程比较复杂，其响应时间不再是常数，而是光照的函数；稳态光电导与入射辐射通量的关系也不再是线性关系，而是与入射辐射通量平方根成正比。

3.1.3　光电导探测器的基本原理和结构设计

在均质的光电导体两端加上电极后就构成了光电导探测器，如图 3-2 所示。两电极加上一定电压，当光照射光电导体时，光生载流子在外加电场作用下沿一定方向运动，在电路中产生电流，达到了光电转换的目的。

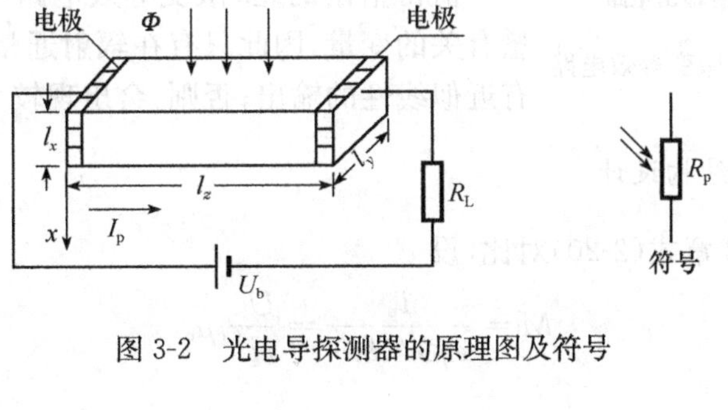

图 3-2　光电导探测器的原理图及符号

1. 弱电场作用下光电导探测器的输出电流

图 3-2 中,设样品为 N 型材料,U_b为外加偏置电压,R_L为负载电阻,l_x、l_y和 l_z为样品的几何尺寸,辐射通量 Φ 沿 x 轴方向均匀入射。下面讨论在弱电场(两极电压不太高)作用下光电导探测器的输出电流。

考虑到辐射通量随入射深度 x 的变化,若用 $\Delta n(x)$表示在 x 处光生载流子浓度,则由式(3-6)和式(2-16)得到

$$\Delta n(x)=g(x)\tau_c=\alpha\frac{\Phi\tau_c}{h\nu l_y l_z}(1-r)e^{-\alpha x} \tag{3-16}$$

它是 x 的函数。由式(2-4),x 处的光电导率为

$$\Delta\sigma(x)=e\Delta n(x)\mu_n=e\mu_n\alpha\frac{\Phi\tau_c}{h\nu l_y l_z}(1-r)e^{-\alpha x} \tag{3-17}$$

于是,由式(1-45),在弱电场作用下该处的漂移电流密度(A/m²)为

$$\begin{aligned}J(x)&=\Delta\sigma(x)E=e\mu_n\alpha\frac{\Phi\tau_c}{h\nu l_y l_z}(1-r)e^{-\alpha x}E\\&=e\mu_n\alpha\frac{\Phi\tau_c}{h\nu l_y l_z}(1-r)e^{-\alpha x}\frac{U}{l_z}\end{aligned} \tag{3-18}$$

式中,U 是加在光电导探测器两端的电压。因此,光电导探测器输出的平均光电流

$$\begin{aligned}I_p&=\int_0^{l_y}\int_0^{l_x}J(x)dxdy=\int_0^{l_y}\int_0^{l_x}e\mu_n\alpha\frac{\Phi\tau_c}{h\nu l_y l_z}(1-r)e^{-\alpha x}\frac{U}{l_z}dxdy\\&=\frac{e\Phi}{h\nu}\mu_n\tau_c(1-r)(1-e^{-\alpha l_x})\frac{U}{l_z^2}\end{aligned} \tag{3-19}$$

将式(2-18)中的量子效率表达式代入式(3-19),得到

$$I_p=\frac{U}{l_z^2}\mu_n\tau_c\frac{e\eta}{h\nu}\Phi \tag{3-20}$$

可见,在电压一定的条件下,光电导探测器为受控恒流源,电流大小由光辐射通量决定。因此,可以画出图 3-2 的微变等效电路,如图 3-3 所示。光电导探测器等效于一个电流源(光电流)i_p和一个光电阻 R_{p0}的并联,光电阻 R_{p0}为平均光照时的光敏电阻的阻值,式(3-20)中的 U 为光电阻 R_{p0}上的分电压。

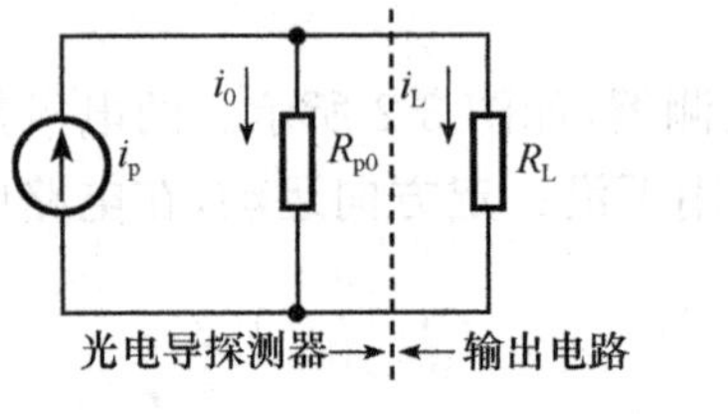

图 3-3 光电导探测器的微变等效电路

值得指出的是,微变等效电路中 R_{p0}是一个与辐射通量有关的变量,因此只有在辐射通量变化较小的情况下才有近似线性的输出;否则,会出现较大的非线性。

2. 光电导增益与结构设计

将式(3-25)与第 2 章式(2-20)对比,设

$$M=\frac{I_p}{e\eta\Phi/(h\nu)}=\frac{U}{l_z^2}\tau_c\mu_n \tag{3-21}$$

则式(3-20)可写成

$$I_p = M\frac{e\eta}{h\nu}\Phi \tag{3-22}$$

式中，M 就是光电导探测器的内增益，也称为光电导增益。

式(3-21)表明，光电导增益 M 与器件的材料(τ_c、μ_n)、结构尺寸(l_z)及外加偏压(U)有关。光电导探测器在正常工作电压范围内，通过适当的设计，一般可使其光电导增益 $M>1$，甚至 $M\gg1$。例如，光生载流子平均寿命长、迁移率大的光电导材料，极间距离小的光电导探测器，M 值可达到 10^3 数量级。目前，已研制出一种夹层型光敏电阻，它的电极间距只有 15μm，在电场强度为 900V/cm 和 1lx 照度下其增益可达 10^6。但是，如果极间距离小，使受光面太小，也是不利的。

图 3-4 所示为光电导探测器结构示意图和实物图。光电导探测器被封装在带有窗口的金属或塑料外壳内，光电导体贴在硬质玻璃、云母、高频瓷或其他绝缘材料基板上，两端接有电极引线。光敏面做成蛇形，电极做成梳状。这样的结构设计既可以保证有较大的受光表面，也可以减小电极之间的距离 l_z，从而可减小极间电子渡越时间，有利于提高灵敏度。

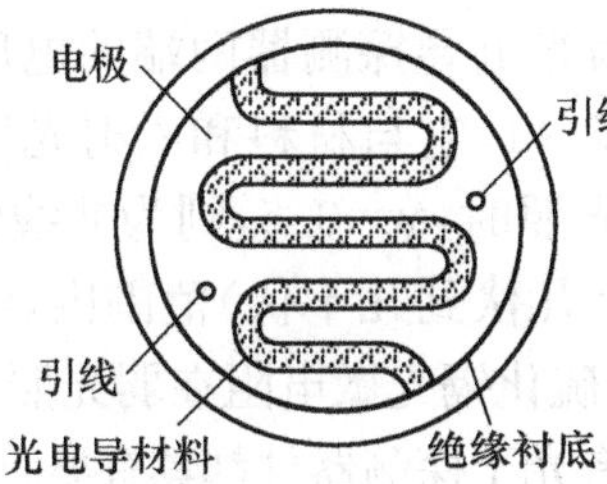

(a) 示意图

(b) 实物图

图 3-4　光电导探测器结构示意图

利用 $E=U/l_z$、$\mu=v/E$(E 为电场强度)、$t=l_z/v$ 等关系式，光电导增益式(3-21)可写成

$$M = \frac{\tau_c}{t_d} \tag{3-23}$$

式中，t_d 为所需要的渡越时间。

式(3-23)表明，光电导增益等于载流子平均寿命 τ_c 与载流子渡越时间 t_d 之比，表示一个光生载流子对探测器外回路电流的有效贡献。由于载流子平均寿命 τ_c 是一个统计平均值，所以光电导增益 M 也是一个统计平均量。

当 $M=1$ 时[3,4]，表示光生载流子平均寿命 τ_c 刚好等于它在电极间的渡越时间 t_{dr}，每产生一个光电子对外回路电流正好提供一个电子的电荷 e。当 $M<1$ 时，表示 τ_c 小于 t_d，显然每个光电子对外回路电流的贡献将小于一个电子的电荷 e。对 $M>1$ 的情况，似乎光电子已渡越完毕，但其平均寿命却还未中止。这种现象可以简单解释为：光生电子向正极运动，空穴向负极移动，空穴在移动过程中很容易被半导体内晶体缺陷和杂质形成的陷阱所俘获。因此，当光电子在阳极消失时，空穴仍留在体内，它将负极的电子感应到半导体中来，感应到体内的电子又在电场中运动到正极，如此循环，直到正电中心(俘获的空穴)消失。显然，这种效应相当于一个光子激发，可以有多个电子相继通过电极，因而在外回路对总的光电流的贡献将多于一个电子，相当于光电流被放大。

3.2 光电导探测器的主要特性参数

1. 光电特性和γ值

光电导探测器的光电流与入射辐射通量(或辐射照度)之间的关系称光电特性。由式(3-22)和式(3-23),可得出光电流与入射辐射通量之间的关系

$$I_p = \frac{\tau_c}{t_d} \cdot e\frac{\eta\Phi}{h\nu} \tag{3-24}$$

弱光照条件下,τ_c为常数,光电流与入射辐射通量之间保持良好的线性关系。

参照弱光照和强光照条件下光电导的响应表达式(3-6)和式(3-14),光电导探测器的一般光电特性可表示为

$$I_p = S_g U^\alpha \Phi^\gamma \tag{3-25}$$

或

$$I_p = S_g U^\alpha E^\gamma \tag{3-26}$$

式中,S_g为比例系数,与光电导探测器材料有关;U为光电导探测器两端的电压;Φ为入射辐射通量;E为入射辐射照度;γ为照度指数,一般$\gamma=0.5\sim1$,它与材料和入射光照强弱有关,在弱光照($10^{-1}\sim10^3$ lx)时,$\gamma=1$,称为线性光电导,在强光照时,$\gamma=0.5$,则为非线性光电导;α为电压指数,它与器件两端所加的电压有关,在工作电压(几伏到几十伏)范围内,约为1。

图3-5为硫化镉光敏电阻的光电特性曲线。可见,硫化镉光敏电阻在弱光照下,I_p与E具有良好的线性关系,在强光照下则为非线性关系。通常,所有光子探测器件都具有类似的光电特性关系。

在实际使用中,常常将光敏电阻的光电特性曲线改画成电阻-照度的关系曲线,如图3-6所示。显然,它们是从不同角度来反映光敏电阻的光电特性。图3-6(a)和(b)是CdS光敏电阻分别在直角坐标中和对数坐标中表示的光电特性曲线。从图3-6(a)可见,随着光照的增加,阻值迅速下降,然后逐渐趋近饱和。但在对数坐标中的某一段照度范围内,电阻与照度特性曲线基本上是直线,即式(3-26)中的γ值保持不变,因此γ值也可说是对数坐标中电阻与照度特性曲线的斜率,即

$$\gamma = \frac{\lg R_A - \lg R_B}{\lg E_B - \lg E_A} \tag{3-27}$$

式中,R_A和R_B分别为照度E_A和E_B所对应的光敏电阻阻值。γ为绝对值,如果取$E_B=10E_A$,则式(3-27)可简化为

$$\gamma = \lg(R_A/R_B) \tag{3-28}$$

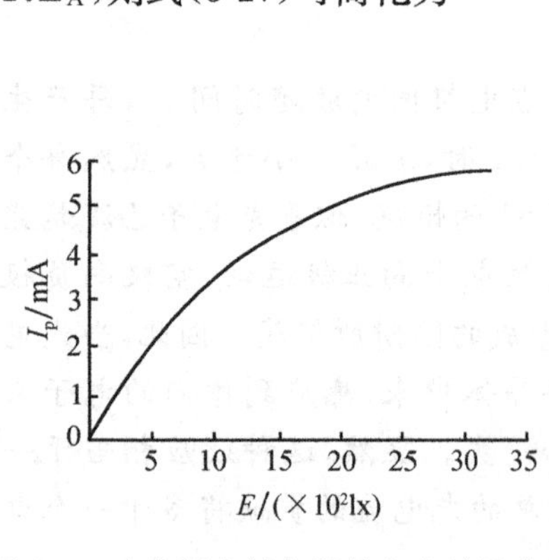

图3-5 硫化镉光敏电阻的光电特性曲线

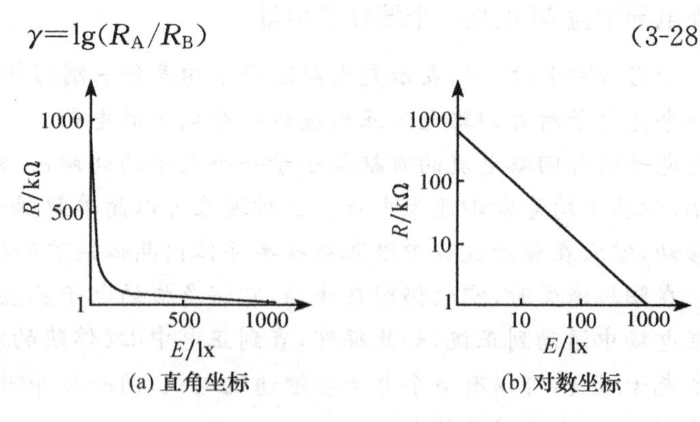

图3-6 光敏电阻的光电特性

一般来说,γ值大的光敏电阻,其暗电阻也高。如果同一光敏电阻在某一照度范围内通过

几个照度测量点所计算出的几个 γ 值相同，就说明该光敏电阻线性较好(完全线性是不可能的)。显然，当说明一个光敏电阻的 γ 值时，一定要说明它的照度范围，否则没有意义。表 3-1 为国产照相机所用硫化镉光敏电阻的基本参量。

表 3-1　照相机用硫化镉光敏电阻基本参量

特性参数 \ 分类		用于外侧光	用于内侧光	用于电子快门
光谱响应范围/μm		0.4～0.7	0.4～0.7	0.4～0.7
峰值波长/μm		0.56±0.03	0.59±0.03	0.56±0.03
100lx 亮电阻/kΩ		1～3	0.5～2	3～15
暗电阻/MΩ		2	0.5	10～50
伽马(γ)值		(10～100lx) 0.65～0.75	(0.1～1000lx) 0.55～0.65	(0.1～1000lx) 0.85～1.05
温度系数/(%/℃)		0.2	0.2	0.2
响应时间/ms	上升	40	40	40
	下降	100	100	100
最高工作电压/V		20	20	20
最大消耗功率/mW		30	30	30

2. 光电导灵敏度

在多数情况下，特别是在辐射度量和光度量的测量系统中，光电导探测器工作在弱光和低电压条件下，可以取电压指数 $\alpha=1$ 和照度指数 $\gamma=1$。式(3-25)改写成

$$I_p = S_g U \Phi = G_p U \tag{3-29}$$

式中，$G_p=S_g\Phi$ 称为光电导，单位为 S(西门子)。按灵敏度定义(响应量与输入量之比)，有

$$S_g = \frac{G_p}{\Phi} \tag{3-30}$$

同理，也可以定义

$$S_g = \frac{G_p}{E} \tag{3-31}$$

式(3-30)和式(3-31)中，S_g称为光电导灵敏度。用光度量单位时，其单位为 S/lm 或 S/lx；若用辐射度量单位时，其单位为 S/μW 或 S/μW/cm^2。

利用光电导灵敏度的概念，结合微变等效电路可以方便地分析和计算线性光电导对交变辐射的响应。

例 3-1　在图 3-2 所示的电路中，设光敏电阻的光电导灵敏度为 $S_g=2\times10^{-5}$ S/lx，$R_L=2\text{k}\Omega$，$U_b=30\text{V}$。若光敏电阻所受的光照度为 $e=(15+2\sin\omega t)$lx，求负载电阻 R_L输出的交流电压有效值 U_L。

这里，光敏电阻的阻值 R_p随光照度的变化而变化，但光照度的变化较小，可取平均光照时的光敏电阻的阻值来进行近似计算。平均光电导为 $G_{p0}=2\times10^{-5}\times15=3\times10^{-4}$(S)，则光电

阻 $R_{p0}=1/G_{p0}=3.3\text{k}\Omega$。

光敏电阻两端的电压为 $U=U_bR_{p0}/(R_L+R_{p0})=18.7\text{V}$，根据式(3-29)和式(3-31)，交流光电流为 $i_p=2\times10^{-5}\times2\sin\omega t\times18.7=0.75\sin\omega t(\text{mA})$；由图 3-3 的等效电路可知，$i_p$ 由负载电阻 R_L 和光电阻 R_{p0} 分流，因此，负载电阻 R_L 的交流电压为 $i_p(R_L//R_{p0})$，其有效值 $U_L=0.75\text{mA}\times(2\text{k}\Omega//3.3\text{k}\Omega)/\sqrt{2}=0.33\text{mV}$。

3. 响应时间和频率特性

根据式(3-5)和式(3-8)，在忽略外电路时间常数的影响时，光电导探测器的响应时间等于光生载流子的平均寿命。大多数常用的光电导探测器，其响应时间都比较大。例如，CdS 光电导探测器的响应时间为几十毫秒到几秒；CdSe 的响应时间为毫秒到几十毫秒；PbS 的响应时间为几百微秒。因此，它们基本不适于窄脉冲光信号的检测。但近年来发展的采用平面结构和同轴结构的快速光电导器件，其上升时间也可达到几十皮秒量级。

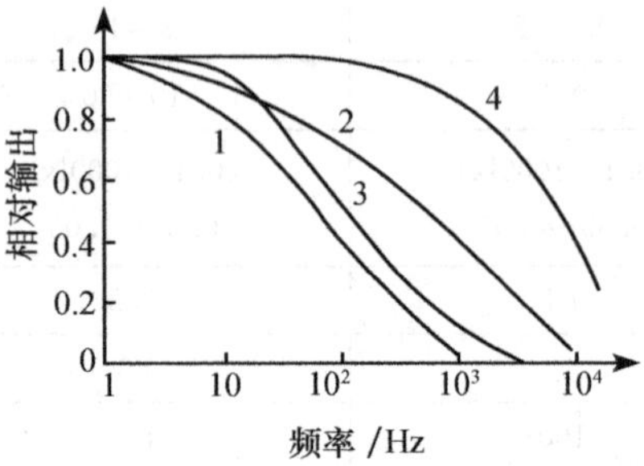

图 3-7　几种光电导探测器的频率特性曲线

1-硒；2-硫化镉；3-硫化铊；4-硫化铅

根据式(3-11)，当光电导探测器接收交变调制光时，随着调制光频率的增加，其输出会减小。图 3-7 给出了几种光电导探测器的频率响应曲线。可见，光电导探测器的频率特性差，不适于接收高频光信号。

由式(3-12)和式(3-23)，得到

$$Mf_{\text{HC}}=\frac{\tau_c}{t_d}\cdot\frac{1}{2\pi\tau_c}=\frac{1}{2\pi t_d}=\text{常数} \tag{3-32}$$

式(3-32)表明了光电增益与频带宽度之间的相互制约关系。这一结论具有普遍性，也适用于其他探测器。

以上讨论的是线性(弱光照时)光电导对矩形脉冲光照和正弦型光照的响应特征。由于强光照时的载流子寿命不一定是常数，所以其光电导探测器的响应特征比较复杂，此处不再讨论。

4. 光谱特性

光电导探测器的光谱特性多用相对灵敏度与波长的关系曲线表示。从这种曲线中可以直接看出灵敏范围、峰值波长位置和各波长下灵敏度的相对关系。图 3-8 和图 3-9 分别给出了可见光区和红外区灵敏的几种光电导探测器[5]。目前研制的一种 GaN 紫外光电导探测器[6]，其光谱响应范围为 200～365nm，覆盖了地球上大气臭氧层吸收光谱区(230～280nm)，非常适合于作为太阳盲区紫外光探测器，例如，火焰燃烧监视器、火箭羽烟探测器等。

每一种器件都有特定的光谱响应波段。常用的光电导探测器组合起来后可以覆盖从紫外、可见光、近红外、中红外延伸至极远红外波段的光谱响应范围(表 3-2 和表 3-3)。

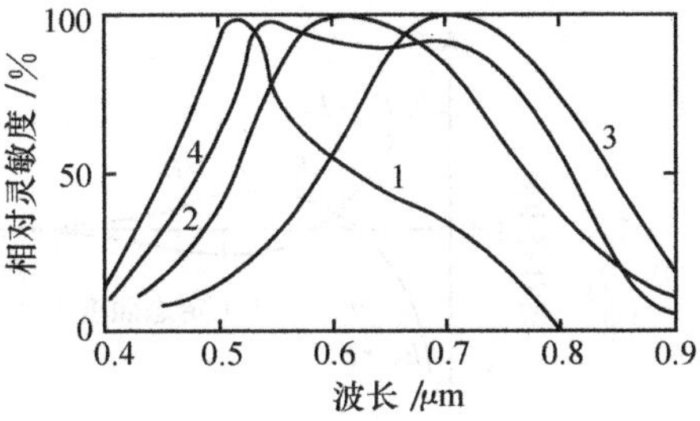

图3-8　可见光区灵敏的几种光电导探测器的光谱特性曲线
1-硫化镉单晶；2-硫化镉多晶；
3-硒化镉多晶；4-硫化镉与硒化镉混合多晶

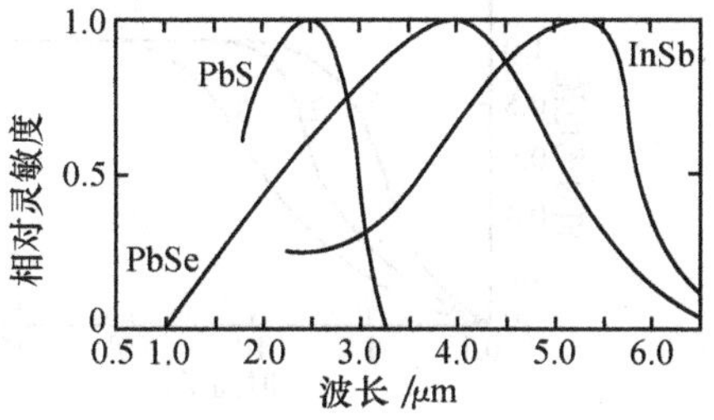

图 3-9　红外区灵敏的几种光电导探测器的光谱特性曲线

5. 温度特性

光电导探测器的特性参数受工作温度的影响较大，只要温度略有变化，它的光谱响应率、峰值响应波长、长波限等参数都将发生变化，而且这种变化没有规律。为了提高光电导探测器性能的稳定性、降低噪声和提高探测率，十分必要采用冷却装置。

图 3-10 和图 3-11 分别为 PbS、PbSe 光电导探测器的光谱响应特性[7]，从图中就可看出温度对光谱响应率、峰值响应波长、长波限的影响。

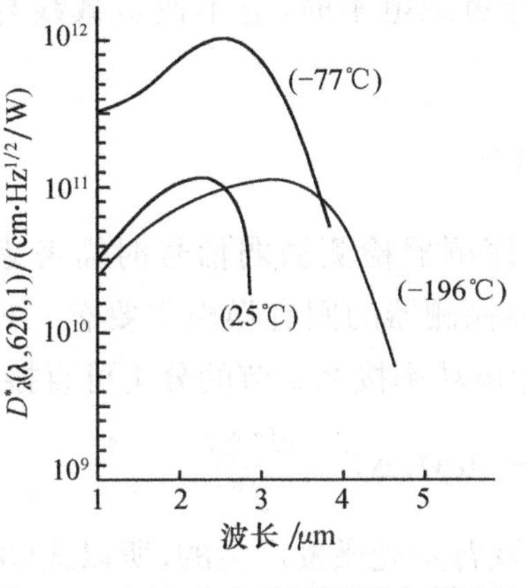

图 3-10　PbS 光电导探测器光谱特性

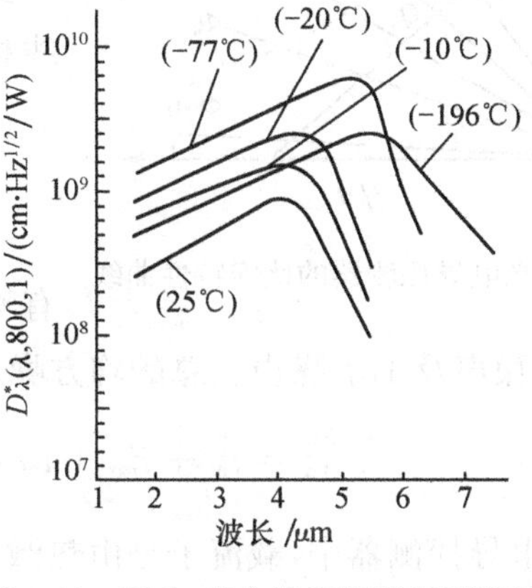

图 3-11　PbSe 光电导探测器光谱特性

6. 前历效应[8]

前历效应是指光电导探测器的时间特性与工作前历史有关的一种现象。前历效应有暗态前历与亮态前历之分。

暗态前历效应是指光电导探测器测试或工作前处于暗态，当它突然受到光照后表现为暗态前历越长，光电流上升越慢，其效应曲线如图 3-12 所示。一般，工作电压越低，光照度越低，则暗态前历效应就越重。

亮态前历效应是指光电导探测器测试或工作前已处于亮态，当工作前照度与工作时所要达到的照度不同时，所出现的一种滞后现象，其效应曲线如图 3-13 所示。设 E_2 为定态照度，照度 $E_3>E_2>E_1$，那么，亮电阻由高照度状态变为低照度状态（$E_3\rightarrow E_2$）达到稳定值时所需的时间要比由低照度状态变为高照度状态（$E_1\rightarrow E_2$）时短。

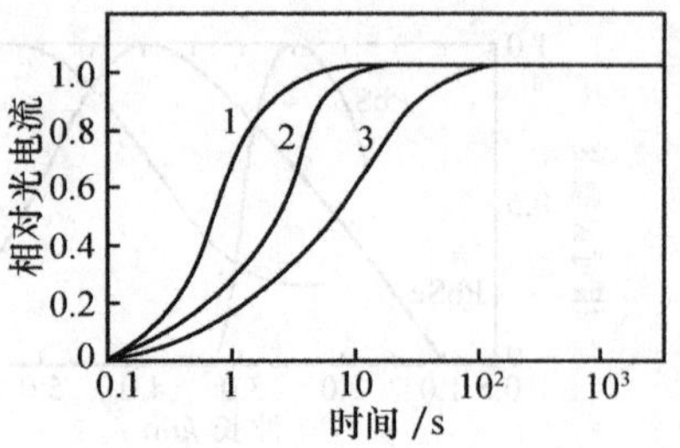

图 3-12　硫化镉光电导探测器的暗态前历效应曲线

1-黑暗放置 3min 后；2-黑暗放置 60min 后；3-黑暗放置 24h 后

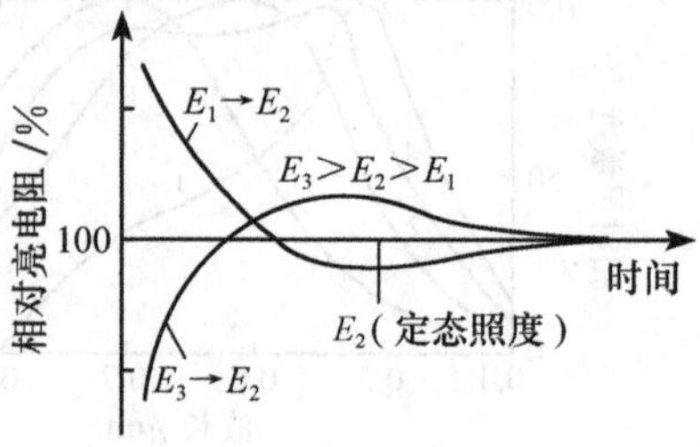

图 3-13　硫化镉光电导探测器亮态前历效应曲线

7. 伏安特性

在一定的光照下，光电导探测器两端的电压与流过光电导探测器的电流之间的关系称为光电导探测器的伏安特性。它是一组以输入辐射通量（或辐射照度）为参量通过原点的直线组，如图 3-14 所示。

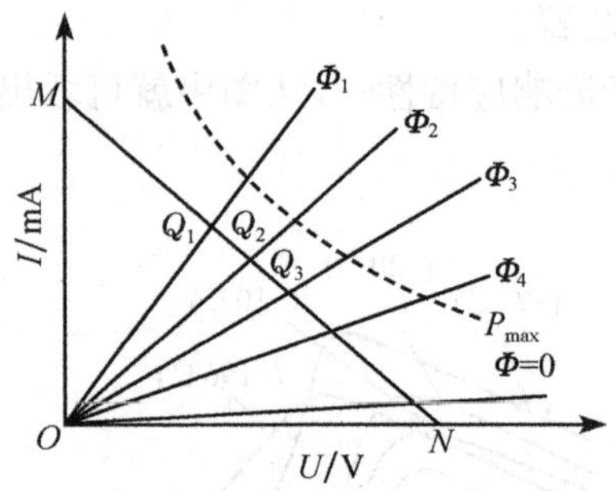

图 3-14　光电导探测器的伏安特性曲线

图 3-14 中的虚线为额定功耗线。使用光电导探测器时，应不使电阻的实际功耗超过额定值。从图上来说，就是不能使静态工作点居于虚线上方的区域。按这一要求，在设计负载电阻时，应不使负载线与额定功耗线相交。

8. 噪声特性

用光电导探测器检测微弱信号时需考虑器件的固有噪声，光电导探测器的固有噪声主要有三种：热噪声、产生-复合噪声及 $1/f$ 噪声。总的均方噪声电流或噪声功率按 2.2 节的分析可直接写出

$$\overline{i_n^2} = \overline{i_{nr}^2} + \overline{i_{ngr}^2} + \overline{i_{nf}^2} = \frac{4kT\Delta f}{R} + 4eMI\Delta f + \frac{cI^\alpha \Delta f}{f^\beta} \tag{3-33}$$

在光电导探测器中，载流子是由热激发、信号光及背景光激发产生的，所以式(3-33)中的 I 为暗电流 I_d、信号光电流 I_p 和背景光电流 I_b 之和；工作于低温的光电导探测器，式中的 I 为信号光电流 I_p 和背景光电流 I_b 之和。

光电导探测器合成噪声频谱图如图 3-15 所示，在频率 f 低于 100Hz 时以 $1/f$ 噪声为主，频率在 100Hz 和接近 1000Hz 之间以产生-复合噪声为主，频率在 1000Hz 以上以热噪声为主。在红外探测系统中，为了减小噪声提高 D^*，通常采用光调制技术（见第 8 章）且将调制频率取高一些，一般在 800～1000Hz 时可以消除 $1/f$ 噪声和产生-复合噪声的影响；采用制冷装置降低器件的温度，以进一步减小热噪声。此外，还可设计合理的偏置电路，选择最佳偏置电流，使探测器工作在最佳

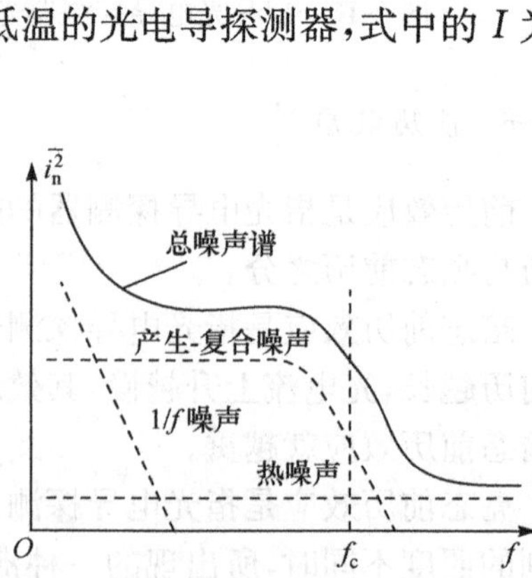

图 3-15　光电导探测器合成噪声频谱图

状态。

表 3-2 和表 3-3 分别列出了几种常用的本征型光电导探测器和锗掺杂及锗硅合金杂质型光电导探测器的特性，供选用时参考。

表 3-2 几种常用本征型光电导探测器特性

材料＼特性		典型工作温度/K	光谱响应范围/μm	峰值波长/μm	峰值比探测率 D^*/(cm · $Hz^{1/2}$/W)	响应时间/μs	应用范围
硫化镉(CdS)		295	0.4～0.7	0.52			自动控制灯光、自动调光调焦和自动照相机
硫化铅(PbS)		295 195	0.5～3 0.5～4	2	1.5×10^{11} $\sim10^{12}$	100	红外测温、红外跟踪、红外制导、红外预警、红外天文观察
锑化铟(InSb)		295 77	1～7.5 1～5.5	6 ～5.6	$(1\sim8.5)\times10^8$ 3.5×10^{10}	<1 10	对应 3～5μm 大气窗口①
碲镉汞($Hg_{1-x}Cd_xTe$)	x=0.2	77	8～14	10.6	$\sim10^{10}$		激光雷达、激光测距、光电制导和光通信
	x=0.28	295	3～5		$\sim10^{10}$	0.4	
	x=0.39	295	1～3		3×10^{11}		

①地球表面大气层对一些波长的辐射有较强的吸收，而对另一些波长比较透明。一般把透明的波段称为“大气窗口”。红外区波长 1～14μm 中有 1～3μm、3～5μm 和 8～14μm 等多个窗口。

表 3-3 锗掺杂和锗硅合金杂质型光电导探测器特性

材料＼特性	典型工作温度/K	光谱响应范围/μm	峰值波长/μm	量子效率	响应时间/s	典型暗电阻/Ω	低频比探测率 D^*/(cm · $Hz^{1/2}$/W)
Ge:Au	77	3～9	6	0.2～0.3	3×10^{-3}	4×10^5	$3\times10^9\sim10^{10}$
Ge:Au(Sb)	77	3～9	6		1.6×10^{-9}	10^5	6×10^9
Ge:Hg	77	6～14	10.5		10^{-7}	1.2×10^5	5×10^{10}
Ge:Hg(Sb)	4.2	6～14	11	0.62	$(0.3\sim2)\times10^{-9}$	5×10^5	1.8×10^{10}
Ge:Cd	4.2	11～20	16		10^{-7}	10^5	4×10^{10}
Si:Sb	4.2	11～23	21		10^{-7}	7×10^5	2×10^{10}
Ge:Cu	4.2	12～27	23	0.2～0.6	$(0.2\sim1)\times10^{-8}$	2×10^4	$(2\sim4)\times10^{10}$
Ge:Cu(Se)	4.2	12～27	23	0.56	$<2.2\times10^{-9}$	2×10^5	2×10^{10}
Ge:Zn	4.2	20～40	35		2×10^{-8}	2.5×10^5	5×10^{10}
Ge:B	2	70～130	104		$10^{-8}\sim10^{-7}$		7×10^{10}

3.3 光电导探测器的偏置电路

3.3.1 偏置电路的基本参数及直流输出信号

1. 选择负载电阻和偏置电源电压

图 3-16 所示为光敏电阻的基本偏置电路。图中，R_p 为光敏电阻，R_L 为负载电阻，U_b 为偏置电压。为了使光敏电阻正常工作，必须正确选择 U_b 和 R_L。若流过光敏电阻的电流为 I，其两端的压降为 U，则光敏电阻的耗散功率 $P=IU$。为了不使光敏电阻在任何光照下因过热而烧坏，要求光敏电阻的实际功率满足

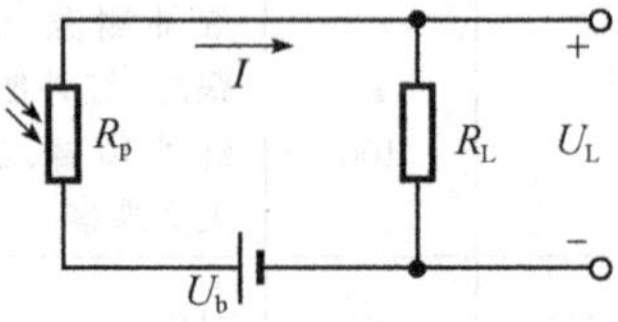

图 3-16 光敏电阻基本偏置电路

$$P=IU\leqslant P_{max} \tag{3-34}$$

即图 3-14 中 P_{max} 曲线的左下半部分为允许的工作区域。

由偏置电路可知

$$U=U_b-IR_L \tag{3-35}$$

这是负载线方程，当 R_L 不同时，在伏安特性图中有不同的负载线。联立式(3-34)和式(3-35)，解得

$$I=\frac{U_b\pm\sqrt{U_b^2-4P_{max}R_L}}{2R_L} \tag{3-36}$$

即负载线与 P_{max} 曲线的交点对应的 I 值。要使负载线与 P_{max} 曲线不相交，即使光敏电阻工作在 P_{max} 曲线的左下部分，则有

$$U_b^2-4P_{max}R_L\leqslant 0 \tag{3-37}$$

即

$$R_L\geqslant\frac{U_b^2}{4P_{max}} \tag{3-38}$$

式中，P_{max} 为光敏电阻的极限功率，可由产品手册查出。例如，照相机用的硫化镉光敏电阻 $P_{max}=30\text{mW}$。

因此，当 R_L 确定后，可按照式(3-38)限定，适当选择较大的 U_b 值，以增大光敏电阻的输出信号电压；或者，当光敏电阻与检测电路公用一个电源 U_b，即当 U_b 确定后，也应按照式(3-38)限定，选择适当的 R_L 值，以免光敏电阻的实际功耗超过 P_{max}。

此外，有时为了得到光敏电阻较大的输出电流，R_L 取得很小，即 $R_L\approx 0$。此时，应按照下式来确定电源电压

$$U_b\leqslant\sqrt{P_{max}R_{pmin}} \tag{3-39}$$

式中，R_{pmin} 为辐射通量(辐射照度)最大时的光敏电阻值。

2. 计算输出信号电流和电压

根据偏置电路，可得出回路电流 I 及负载上电压 U_L，即

$$I=\frac{U_b}{R_L+R_p} \tag{3-40}$$

$$U_L=\frac{R_L}{R_L+R_p}U_b \tag{3-41}$$

设辐射通量变化 $\Delta\Phi$ 时，光敏电阻变化 ΔR_p，引起电流变化 ΔI，则由式(3-40)得

$$\Delta I = -\frac{U_b}{(R_L + R_p)^2}\Delta R_p \tag{3-42}$$

式中，负号的物理意义：当光敏电阻上的照度增加、阻值减小($\Delta R_p<0$)时，电流变化 $\Delta I>0$，即电流增加。又由

$$S_g = \frac{\Delta G_p}{\Delta\Phi},\quad \Delta G_p = \Delta\left(\frac{1}{R_p}\right) = S_g\Delta\Phi$$

得到

$$\Delta R_p = -S_g R_p^2 \Delta\Phi \tag{3-43}$$

则辐射通量变化时，输出信号电流的变化又可表示为

$$\Delta I = \frac{R_p^2}{(R_L + R_p)^2} S_g U_b \Delta\Phi \tag{3-44}$$

所以，输出信号电压的变化为

$$\Delta U_L = \Delta I \cdot R_L = \frac{R_p^2}{(R_L + R_p)^2} R_L S_g U_b \Delta\Phi \tag{3-45}$$

以上计算是在 ΔR_p 变化不很大的情况下得到的近似式。

3.3.2 几种典型的偏置电路

1. 恒流偏置电路

在基本偏置电路中，若负载电阻 R_L 比光敏电阻 R_p 大得多，即 $R_L \gg R_p$ 时，回路电流 I 由式(3-40)变成

$$I = \frac{U_b}{R_L} \tag{3-46}$$

这表明负载电流与光敏电阻无关，近似保持常数，这种电路称为恒流偏置电路。随输入光通量 $\Delta\Phi$ 的变化，负载电流的变化由式(3-44)变为

$$\Delta I = S_g U_b \left(\frac{R_p}{R_L}\right)^2 \Delta\Phi \tag{3-47}$$

式(3-47)表明：输出信号电流取决于光敏电阻和负载电阻的比值，与偏置电压成正比；还可以证明恒流偏置的电压信噪比较高，因此适用于微弱光信号的探测。

但由于 R_L 很大，使光敏电阻正常工作的偏置电压需很高(达 100V 以上)，这给使用带来不便。为了降低电源电压，通常采用晶体管作为恒流器件。图 3-17 所示为实用中常采用的晶体管恒流偏置电路。由于滤波电容 C 和稳压管 D_z 的作用，晶体管基极被稳压，从而使基极电流 I_b 和集电极电流 I_c 恒定，光敏电阻实现了恒流偏置。

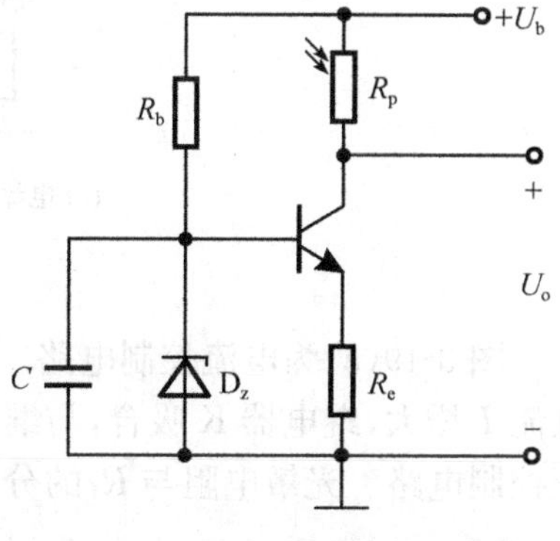

图 3-17　晶体管恒流偏置电路

2. 恒压偏置电路

在基本偏置电路中，若负载电阻 R_L 比光敏电阻 R_p 小得多，即 $R_L \ll R_p$ 时，负载 R_L 两端电压 U_L 由式(3-41)变成 $U_L \approx 0$，因此光敏电阻上的电压 U 近似等于 U_b，这种光敏

电阻上的电压保持不变的偏置称为恒压偏置。负载上的信号电压由式(3-45)变为

$$\Delta U_L = S_g U_b R_L \Delta\Phi \tag{3-48}$$

式中，$S_g\Delta\Phi=\Delta G_p$，是光敏电阻的电导变化量，是引起信号输出的原因。式(3-48)表明，恒压偏置的输出信号与光敏电阻无关，仅取决于电导的相对变化。在大多数实际应用中，$R_L \ll R_p$成立，故检测电路在更换光敏电阻时，对电路初始状态影响不大。这是该电路的优点。

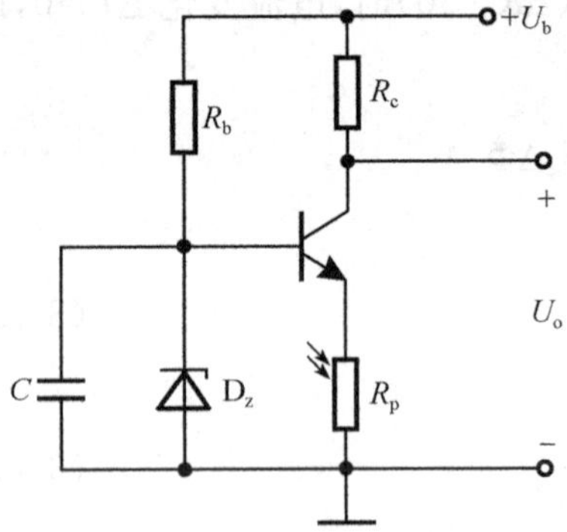

图 3-18　晶体管恒压偏置电路

恒压偏置电路还可以用晶体管来构成，如图 3-18 所示。图中晶体管基极被稳压，忽略U_{be}的影响，光敏电阻R_p近似被恒压偏置。

3. 恒功率偏置电路

在基本偏置电路中，若负载电阻R_L与光敏电阻值R_p相等，则光敏电阻消耗的功率为

$$P = I^2 R_p = \left(\frac{U_b}{R_L + R_p}\right)^2 R_p = \frac{U_b^2}{4R_L} \tag{3-49}$$

P为恒定值，故称为恒功率偏置电路。这种电路的特点是负载可获得最大的功率输出。但是当入射光通量Φ_1和Φ_2相差几个数量级时，相应的R_{p1}和R_{p2}也相差很大，如仍要保持阻抗匹配状态是困难的。经分析，在$R_L=(R_{p1}R_{p2})^{1/2}$时可以得到最大的ΔU_L。

3.4　光电导探测器的应用举例

1. 光控制电路

光敏电阻在一定光照下阻值稳定，适用做光控继电器。控制电路有电流控制和电压控制两种，图 3-19(a)、(b)分别给出了这两种光控开关电路。

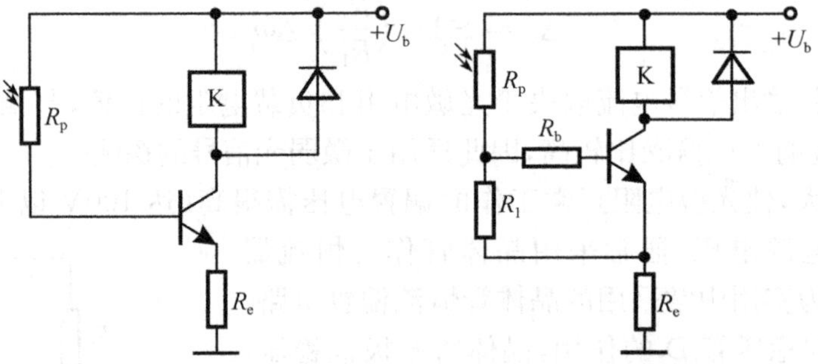

(a) 电流控制　　(b) 电压控制

图 3-19　光控开关电路

图 3-19(a)为电流控制电路。光照时，R_p下降，晶体管的基极电流I_b增大，从而使集电极电流I_c增大，继电器 K 吸合，与继电器并联的二极管起着保护晶体管的作用。图 3-19(b)为电压控制电路。光敏电阻与R_1的分压控制晶体管的基极电压，使晶体管导通或截止。

2. 照相机电子快门[9]

图 3-20 所示为照相机自动曝光控制电路，可用于电子程序快门的照相机中，其中测光器件常采用与人眼光谱响应接近的硫化镉(CdS)光敏电阻。曝光电路是由 RC 充电电路、时间检出电路(电压比较器)及驱动电路组成。图中，S 为快门按钮，M 为快门电磁吸铁，R_{w1} 为调节快门速度的可调电位器，R_{w2} 是高照度时调节快门速度的可调电位器。

电子快门工作时，在 R_{w1} 和 R_{w2} 确定的情况下，其曝光时间由 RC 充电电路的时间常数决定，只与光敏电阻 CdS 的阻值 R_{CdS} 有关，而 R_{CdS} 又与景物光强有关，从而可实现在不同的亮度下的自动曝光。更详细的工作过程读者可自行分析。

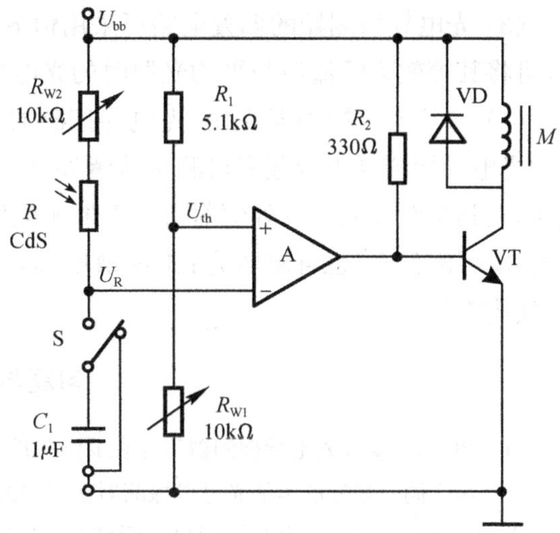

图 3-20　照相机电子快门原理图

3. 光敏电阻的使用要点

综合光敏电阻的主要特性和偏置电路的特点，可总结出实际使用中应注意的要点如下。

(1) 因光照指数 γ 与光照强弱有关，光敏电阻虽然可以测强光，但在强光照下光电流与入射辐射通量往往不呈线性关系，因此，用光敏电阻测量时，不宜用强光照射。

(2) 在可见光区灵敏的光敏电阻，其光谱特性曲线一般与人眼的光谱光视效率曲线不符，用于光度量测试仪器时，必须对光谱特性曲线进行修正。

(3) 光敏电阻的光谱特性主要决定于材料，但同时也与温度有关。温度低时，灵敏范围和峰值波长都有向长波方向移动的特性。为了提高光敏电阻在长波区的灵敏度，冷却光敏面的办法是有效的。

(4) 光敏电阻的温度特性很复杂，电阻温度系数有正有负，一般来说，光敏电阻不适于在高温下使用。

(5) 光敏电阻频带宽度都比较窄，在室温下只有少数品种能超过 1000Hz。

(6) 设计负载电阻时，应考虑到光敏电阻的额定功耗，负载电阻值不能过小。

(7) 进行动态设计时，应考虑光敏电阻的前历效应。

本章小结

(1) 利用半导体光电导效应制成的器件称为光电导探测器，包括本征光电导探测器和杂质光电导探测器。本征光电导探测器一般在室温下工作，适用于可见光和近红外辐射探测；杂质光电导探测器通常工作在低温下，常用于中、远红外辐射探测。

(2) 表征光电导探测器的性能参数主要有光电特性、响应速度和噪声。光电特性是指光电导探测器的光电流与入射辐射通量(或辐射照度)之间的关系，在弱光照射下具有良好的线性度，强光照射下则为非线性关系。对于交变光信号，响应速度用上限截止频率表示，一般本征光电导探测器响应频率仅在几兆赫的数量级；对于恒定光信号，响应速度用响应时间表示，弱光照射下光电导的响应时间等于光生载流子寿命且为常数。光电导探测器的噪声主要有热噪声、g-r 噪声和 $1/f$ 噪声，降低器件工作温度可以大大减小噪声。

(3) 光电导探测器的偏置电路可采用恒流、恒压等主要偏置方式工作，在检测交变光信号时，可将其等效为恒流源与平均光照时的光电阻并联。

(4) 与其他光探测器相比，光电导探测器主要具有以下特点：①光谱响应范围相当宽，不同的光电导探测器组合起来可测量从紫外、可见光、近红外延伸至远红外波段甚至极远红外的光波，尤其是对红光和红外辐射有较高的响应度；②工作电流大，可达数毫安；③所测的光强范围宽，既可测强光，也可测弱光；④灵敏度高，光电导增益可大于 1；⑤偏置电压低，无极性之分，使用方便。

习题与思考题

3-1　想一想，本征光电导探测器工作在低温条件下时，其光电导灵敏度和响应时间有何变化？

3-2　两个同一型号的本征光电导探测器在不同的照度和相同的温度下，其光电导灵敏度和时间常数是否相同，为什么？如果照度相同而温度不同情况又如何？

3-3　对于光敏电阻，下列说法不正确的是(　　)。

A. 弱光照下，光电流与照度之间具有良好的线性关系　　B. 光敏面做成蛇形，有利于提高灵敏度

C. 光敏电阻具有前历效应　　D. 光敏电阻光谱特性的峰值波长，低温时向短波方向移动

3-4　一块半导体样品，有光照时电阻为 50Ω，无光照时电阻为 5000Ω，求该样品的光电导。

3-5　已知 CdS 光敏电阻的最大功耗为 40mW，光电导灵敏度 $S_g = 0.5\times10^{-6}$ S/lx，暗电导 $G_d = 0$。若给 CdS 光敏电阻加偏置电压 20V，此时入射到 CdS 光敏电阻上的极限照度为多少 lx？

3-6　若光敏电阻在 100lx 的光照下阻值为 2kΩ，且已知它在 90～120lx 范围内的 $\gamma = 0.9$。试求该光敏电阻在 110lx 光照下的阻值。

3-7　图 3-21 所示为采用光敏电阻作为探测元件的火焰探测报警器电路图。PbS 光敏电阻的暗电阻的阻值为 1MΩ，亮电阻的阻值为 0.2MΩ(在辐射照度 1mW/cm² 下测试)，峰值响应波长为 2.2μm，恰为火焰的峰值辐射光谱。

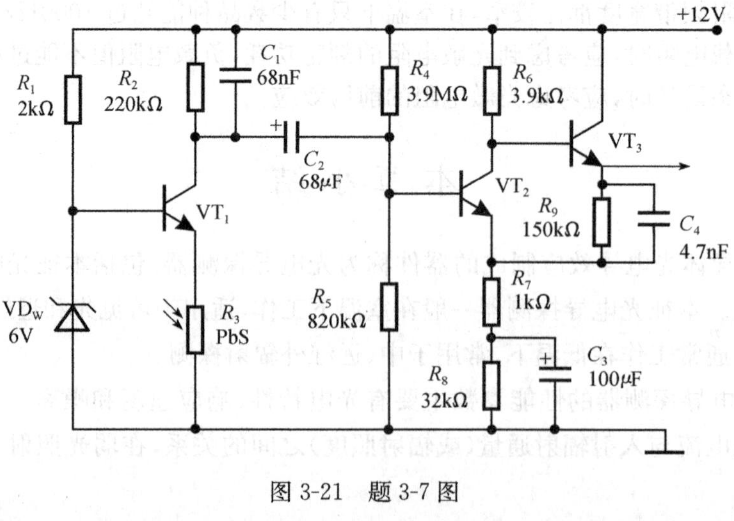

图 3-21　题 3-7 图

试回答：①图中 PbS 光敏电阻的偏置电路是什偏置方式？②这种偏置方式有何特点？③简要说明火焰探测报警原理。

3-8　除本征光电导探测器和杂质光电导探测器外，还有一种光电导探测器，称为自由载流子型光电导探测器。这种探测器用具有很高迁移率的半导体材料(如 InSb)制成。它吸收辐射引起其导带内电子的带内跃迁，改变电子的迁移率，因而改变材料的电导率。其典型光谱响应在 1000～2000μm。试比较这三种光电导探测器光谱响应范围的差别。

3-9　如图 3-22 所示的电路，耦合电容 C 足够大，在交流回路中其容抗可以忽略不计。光敏电阻 R_p 的光电导灵敏度为 $S_g=2\times10^{-5}\,\mathrm{S/lx}$，响应时间为 $\tau=10^{-4}\,\mathrm{s}$，$R_1=4\mathrm{k}\Omega$，$R_2=2\mathrm{k}\Omega$，$U_b=50\mathrm{V}$，暗电阻 $R_d=10\mathrm{M}\Omega$，若光敏电阻所受的光照度为 $e=(16+2\sin\omega t)\,\mathrm{lx}$，①画出微变等效电路图；②求通过 R_2 交流电流的有效值；③求输出交流电压 U_o 的有效值；④求上限截止频率 f_{HC}(提示：利用图 3-3 的微变等效电路进行计算)。

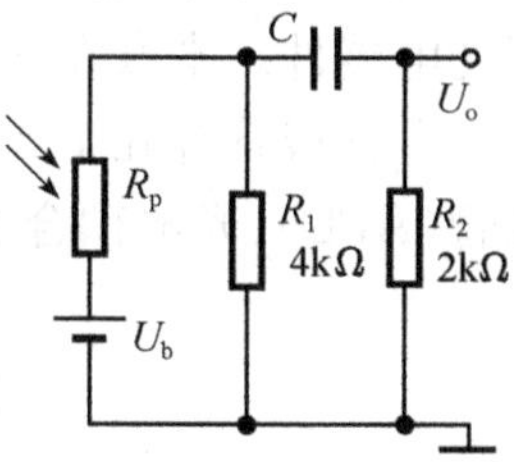

图 3-22　题 3-9 图

3-10　在下表中对应不同的光谱波段填入 1～3 个光敏电阻的材料(名称)和 D^*。

光谱波段		光敏电阻 1		光敏电阻 2		光敏电阻 3	
		材料	D^*	材料	D^*	材料	D^*
紫外波段							
可见光波段							
红外波段	1～3μm						
	3～5μm						
	8～14μm						
	>14μm						

参 考 文 献

[1] 卢春生．光电探测技术及应用．北京：机械工业出版社，1992

[2] 沈学础．半导体光谱和光学性质．北京：科学出版社，2002

[3] 姚建铨，于意仲．光电子技术．北京：高等教育出版社，2006

[4] 王清正，胡渝，林崇杰．光电探测技术．北京：电子工业出版社，1994

[5] 孙培懋，刘正飞．光电技术．北京：机械工业出版社，1992

[6] 刘云燕，张德恒，王卿璞．GaN 紫外光电导探测器的研究．半导体情报，2000，37(2)：16～20

[7] 缪家鼎，徐文娟，牟同升．光电技术．杭州：浙江大学出版社，1994

[8] 张永林，狄红卫．光电子技术．北京：高等教育出版社，2005.

[9] 王庆有，蓝天，胡颖，等．光电技术．北京：电子工业出版社，2005

[10] Liu J M. Photonic Devices. London：Cambridge University Press，2005

[11] Dereniak E L，Boreman G D. Infrared Detectors and Systems. New York：John Wiley & Sons. Inc. ，1996

第 4 章　光伏探测器

利用半导体光伏效应制作的器件称为光伏探测器，简称 PV(Photovoltaic)探测器，也称结型光电器件。本章在介绍光伏探测器工作原理的基础上，着重分析和讨论光电池、光电二极管和光电三极管等几个典型器件的结构原理以及性能特点，介绍 PIN 光电二极管、雪崩光电二极管(APD)、光电耦合器等一些特殊结构的光伏探测器。

4.1　光伏探测器的工作原理及特性

不同种类的光伏探测器都具有 PN 结，因而它们有着共同的原理特性；但每一种器件的结构不同，又具有各自的不同特性。本节介绍它们的共同原理特性，后面各节介绍几种典型器件的性能特点。

1. 光照下 PN 结的伏安特性

由 2.1.2 小节式(2-6)可知，当光伏探测器受光照时，流经 PN 结外电路的总电流为

$$I = I_0(e^{eU/kT} - 1) - I_p \tag{4-1}$$

式中，第一项和第二项分别为暗电流和光电流。按式(4-1)可画出光伏探测器在不同照度下的伏安特性曲线，如图 4-1 所示。当光照 $E=0$ 时，伏安特性曲线与一般二极管的伏安特性曲线相同；随光照增强到 E_1、E_2、E_3，曲线将沿电流轴向下平移，平移的幅度与光照的变化量成正比。

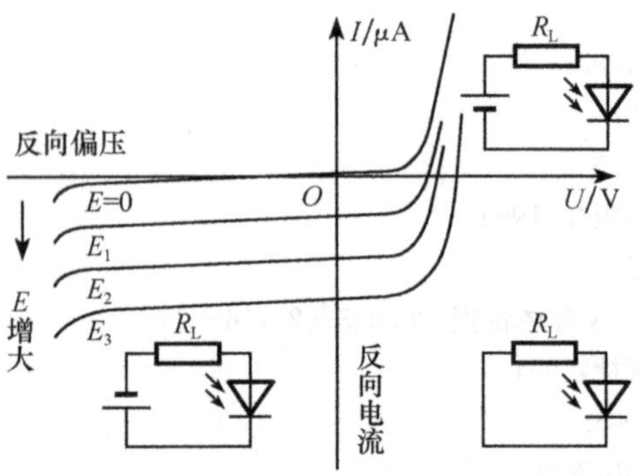

图 4-1　光照下的 PN 结伏安特性

图 4-1 第一象限中，PN 结在正向偏压作用下，暗电流随着外加电压增大而呈指数急剧增大，且远大于光电流。此时，光伏探测器和普通二极管一样呈现单向导电性，而表现不出它的光电效应。因此，作为光伏探测器工作在这个区域是没有意义的。

图 4-1 第三象限中，PN 结在反向偏压作用下，暗电流为 $-I_0$，它是普通二极管中的反向饱和电流，其值远小于光电流；而光电流几乎与反向电压的高低无关。所以，总电流 $I \approx -I_p$，与光照的变化成正比。从表面上看，无光照时光伏探测器电阻很大，因而电流很小；而有光照时，电阻变小，电流就变大，而且流过它的光电流随照度变化而变化。这一特性与光电导探测器工作机理类似，因此称这种工作模式为光电导模式。光电二极管(见 4.2.2 小节)的工作模式大多属于这种类型。

图 4-1 第四象限中，PN 结无外加偏压。流过光伏探测器的电流仍为反向电流，但随着光照变化，其电流与电压出现明显的非线性。该电流流过外电路负载电阻产生的压降就是它自身的正向偏压，故称为自(生)偏压。自偏压源自于光生电动势，所以这种工作模式通常称为光

伏模式。光电池(见 4.2.1 小节)工作模式属于这种类型。

2. 暗电流

广义的暗电流是指光电探测器无光照时流过的电流。对于光伏探测器,根据式(4-1),暗电流为

$$I_d = I_0(e^{eU/kT} - 1) \tag{4-2}$$

可见,零伏偏压时,暗电流 $I_d=0$;反向偏压(室温条件,$U\gg26\text{mV}$)时,暗电流则为 $I_d\approx -I_0$,即反向饱和电流;而正向偏压时,如前所述按照式(4-2)讨论光伏探测器的暗电流没有实际意义。因此,光伏探测器的暗电流通常是指它的反向饱和电流。

暗电流是光伏探测器的一个重要参数。它是由热激发的载流子引起的,与器件材料、工作温度和工作状态有关。暗电流在输出信号中表现为对散粒噪声的贡献,影响探测器对弱光信号的检测。图 4-2 给出了硅光电二极管暗电流的温度特性曲线。可见,当器件工作温度为0~80℃时,器件的暗电流增加了近两个数量级。因此,在弱光信号检测时,要设法克服暗电流的影响,例如,可以采取恒温措施使器件在某一合适的较低温度下工作。

常温条件下,一般硅光电二极管的暗电流约为100nA 数量级,硅 PIN 光电二极管可小到 1nA。

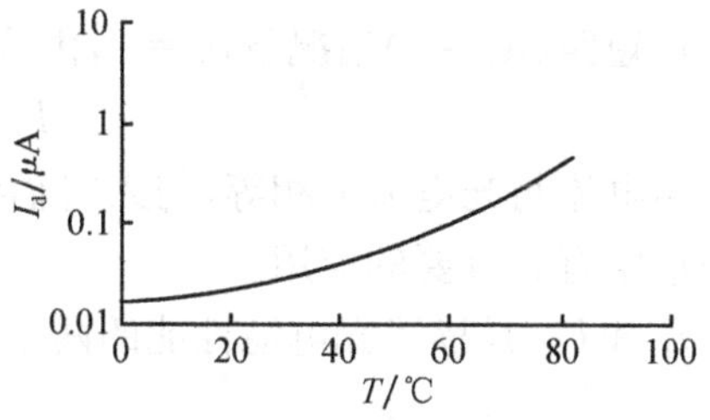

图 4-2　硅光电二极管暗电流的温度特性曲线

3. 光伏探测器的等效电路

由式(4-1)和图 4-1 的伏安特性可以画出光伏探测器的等效电路,如图 4-3(a)所示[1]。光伏探测器等效于一个电流源(光电流)I_p和一个普通二极管的并联。普通二极管包括暗电流 I_d、结电阻 R_{sh}、结电容 C_j及串联电阻 R_s。R_{sh}为 PN 结的漏电阻,又称动态电阻或结电阻,它比 R_L和 PN 结的正向电阻大得多,例如,硅光电二极管的 R_{sh}可达 $10^6\,\Omega$,故流过电流很小,往往可以略去。R_s为引线电阻、接触电阻等之和,其值一般为零点几欧姆到几欧姆,相对于 R_L通常很小,可忽略。如果忽略 R_s和 R_{sh}的影响,可以简化光伏探测器的等效电路,如图 4-3(b)所示。

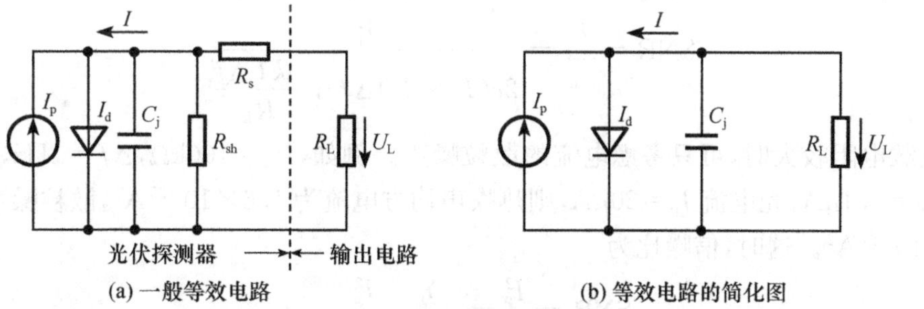

图 4-3　光伏探测器等效电路

4. 开路电压 U_{oc}和短路电流 I_{sc}

如图 4-1 第四象限所示,当光伏探测器工作在光伏模式时,若负载电阻 $R_L\to\infty$,光伏探测

器两端的电压称为开路电压，用U_{oc}表示；若负载电阻$R_L=0$，流过光伏探测器的电流称为短路电流，用I_{sc}表示。

在开路($R_L\to\infty$)情况下，$I=0$，由式(4-1)得到开路电压为

$$U_{oc}=\frac{kT}{e}\ln(I_p/I_0+1) \tag{4-3}$$

一般情况下，$I_p\gg I_0$，所以

$$U_{oc}\approx\frac{kT}{e}\ln(I_p/I_0)=U_T\ln(SE/I_0) \tag{4-4}$$

式中，$U_T=kT/e$；S为光电灵敏度；E为辐射照度。式(4-4)表示在一定温度下，开路电压与光电流的对数成正比，也可以说与辐射照度(或辐射通量)的对数成正比，但并不会随光照的增大而无限地增大，当其增大到PN结势垒消失时，即得到最大光生电压U_{ocmax}。因此，U_{ocmax}应等于PN结热平衡时的接触电位差U_D，它与材料特性和掺杂浓度密切相关。

在短路($R_L=0$)情况下，$U=0$，由式(4-1)得到短路电流为

$$I_{sc}=-I_p=-S\cdot E \tag{4-5}$$

即短路电流与光电流值相等，与入射辐射照度成正比，从而得到良好的光电线性关系。这在线性测量中有着重要的应用。

I_{sc}和U_{oc}是描述光电池性能的两个重要参数。

5. 噪声、信噪比和噪声等效功率

(1) 噪声。光伏探测器的噪声主要包括器件中光电流的散粒噪声、暗电流的散粒噪声和PN结漏电阻R_{sh}的热噪声。由于光伏探测器实际应用时，后面总要接放大器，所以考虑负载电阻R_L的热噪声对噪声的贡献，其均方噪声电流$\overline{i_n^2}$为

$$\overline{i_n^2}=2eI_p\Delta f+2eI_d\Delta f+\frac{4kT\Delta f}{R_{sh}}+\frac{4kT\Delta f}{R_L} \tag{4-6}$$

因为PN漏电阻R_{sh}远大于负载电阻R_L，可以忽略PN漏电阻R_{sh}的热噪声。所以，式(4-6)可以改写为

$$\overline{i_n^2}=2e(I_d+I_p)\Delta f+\frac{4kT\Delta f}{R_L} \tag{4-7}$$

(2) 信噪比和噪声等效功率。按照式(4-7)，光伏探测器的信噪比为

$$\mathrm{SNR}=\frac{I_p^2}{\overline{i_n^2}}=\frac{I_p^2}{2e(I_d+I_p)\Delta f+\dfrac{4kT\Delta f}{R_L}} \tag{4-8}$$

当负载电阻较大时，可只考虑电流的散粒噪声。例如，$R_L=100\text{k}\Omega$，$\Delta f=1\text{Hz}$，$T=300\text{K}$，暗电流$I_d=0.1\mu\text{A}$，光电流$I_p=20\mu\text{A}$，则热噪声均方电流为$1.6\times10^{-25}\text{A}^2$，散粒噪声均方电流为$6.4\times10^{-24}\text{A}^2$。这时，信噪比为

$$\mathrm{SNR}=\frac{I_p^2}{\overline{i_n^2}}=\frac{I_p^2}{2e(I_d+I_p)\Delta f} \tag{4-9}$$

式(4-9)表明，弱光信号检测时，暗电流是影响信噪比的主要因素。当光伏探测器采用零伏偏置或者反向偏置时，暗电流$I_d=0$或$I_d\approx-I_0$，光伏探测器都具有较好的输出信噪比。

设S为光伏探测器的电流灵敏度，根据式(2-35)可以得到光伏探测器噪声等效功率为

$$\mathrm{NEP}=\frac{\sqrt{\overline{i_{\mathrm{dn}}^{2}}}}{S} \tag{4-10}$$

式中，$\sqrt{\overline{i_{\mathrm{dn}}^{2}}}$为暗电流对散粒噪声的贡献。通常，产品手册中给出的探测器的 NEP 值，都是按照式(4-10)仅考虑暗电流的散粒噪声的计算结果。一般，光伏探测器的 NEP 值为 $10^{-15}\sim10^{-13}$ $\mathrm{W/Hz^{1/2}}$，比探测率 D^* 为 $10^{13}\sim10^{15}\,\mathrm{cm\cdot Hz^{1/2}/W}$。

6. 光谱特性

光伏探测器的光谱响应特性指光伏探测器的响应率与入射光波长之间的关系。根据 2.1.2 小节光伏效应的物理过程，光伏探测器是基于半导体材料对光的本征吸收来工作的。因此，它的光谱响应特性与本征光电导探测器各相应材料的光谱响应相同，如图 4-4 所示。图中，给出了一些常用的光电材料及其相应探测器的 D_{p}^{*}-λ 关系[2]。

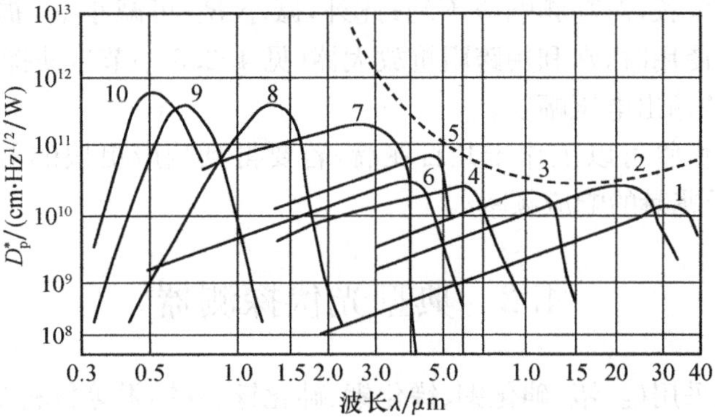

图 4-4　典型光电探测器 D_{p}^{*}-λ 关系

1-Ge:Zn，4.2K；2-Ge:Cu，4.2K；3-HgCdTe，77K；4-InSb，77K；5-InSbPN 结，77K；6-PbSe，77K；7-PbS，77K；8-Ge PN 结；9-Si PN 结，295K；10-SiAPD295K(未注明 PN 结或 APD 为光电导器件)

目前，用做光伏探测器的主要材料有硅、锗、Ⅱ-Ⅵ族和Ⅲ-Ⅴ族化合物。近红外和可见光波段多是采用硅和锗等材料；中红外和远红外波段可以采用Ⅱ-Ⅵ族元素的三元系碲镉汞(HgCdTe)、碲锡铅(PbSnTe)等材料。

7. 响应时间和频率特性

根据 2.1.2 小节讨论的光伏效应的物理过程，光伏探测器的响应时间主要由三个因素决定：①光生载流子扩散至结区(势垒区)的时间 τ_{n}；②光生载流子在电场作用下通过结区的漂移时间 τ_{d}；③由结电容 C_{j}与负载电阻 R_{L}所决定的电路时间常数 τ_{e}。

一般光伏探测器的扩散时间 τ_{n}约为 $10^{-9}\,\mathrm{s}$。对于高速响应器件，这个量级是不能满足要求的。因此，在制造工艺上将器件光敏面做得很薄，以便得到更小的扩散时间 τ_{n}。漂移时间 τ_{d}约为 $10^{-11}\,\mathrm{s}$，它不是限制器件频率特性的主要因素。

以光电二极管为例，外加反向偏压时其暗电流 I_{d}可以忽略，等效电路图 4-3(b)可以进一步简化为图 4-5。当探测器受到频率为 ω 的调制光照射时，由等效电路可求得在 R_{L}上的输出电压为

$$U_{\mathrm{L}}=\frac{I_{\mathrm{p}}R_{\mathrm{L}}}{\sqrt{1+\omega^{2}\tau_{\mathrm{e}}^{2}}} \tag{4-11}$$

式中，$\tau_e = R_L C_j$ 是电路时间常数。可见输出电压随着频率增高而下降，当 $\omega\tau_e = 1$ 时，电压幅值下降为最大值的 0.707，此时对应的频率称为高频截止频率。它可表示为

$$f_{HC} = \frac{1}{2\pi\tau_e} \tag{4-12}$$

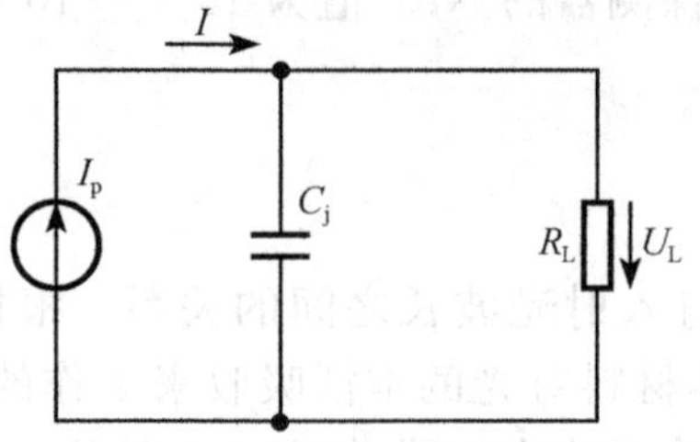

图 4-5　反偏光电二极管等效电路

若设 $C_j = 30\text{pF}, R_L = 50\Omega$，则 $f_{HC} = 100\text{MHz}$，相应的响应时间 $\tau_e = 1.5 \times 10^{-9}\text{s}$。当 R_L 增大时，τ_e 还要增大。

因此，可以认为光伏探测器的响应时间一般由它的电路时间常数决定。式(4-12)表明，减小结电容 C_j 和负载电阻 R_L 是改善光伏探测器频率响应特性的重要措施。由 2.1.2 小节讨论可知，结电容 C_j 正比于结面积，反比于耗尽区宽度。要得到高速的光伏探测器必须减小结面积，并尽可能增加耗尽层厚度。但耗尽层也不能太宽，否则光生载流子在其中漂移时间太长，对高频响应不利；此外，减小 R_L 可减小 τ_e，提高响应速度，但会使输出电压降低。实际使用时，常利用跨阻抗放大器(见 4.3.3 小节)，使探测器既具有高的输出响应速度，又有较大的输出电压幅度。

普通的硅光电二极管可以工作于几百兆赫，若要得到响应更快的器件，必须进一步减小 τ_n 及 τ_e，才能达到上千兆赫的响应频率。

4.2　典型光伏探测器

光伏探测器可以采用硅、锗、砷化铟、锑化铟、砷化镓、碲镉汞等材料制作，但目前应用最多的还是硅光伏探测器。本节首先介绍硅光电池、硅光电二极管和硅光电三极管等最常用的器件，然后介绍 PIN 光电二极管、雪崩光电二极管等其他类型的器件。

4.2.1　硅光电池

光电池是一种无须外加偏压就能将光能转换成电能的光伏探测器。光电池可分为两大类：太阳能光电池(Solar Cells)和测量光电池。前者主要用做电源，对它的要求是光电转换的效率高、成本低；后者主要用做光电探测，对它的要求是光电特性的线性度好。制造光电池的材料有硅、硒、锗、砷化镓、氧化亚铜及硫化镉等，其中以硅光电池应用最广泛。由于它具有高效率、宽光谱响应、高稳定性和耐高能辐射等一系列优点，受到人们重视。硒光电池的光谱响应曲线和人眼的光谱光视效率曲线很相近，它在一些和人的视觉有关的光学仪器和测量与控制中应用也较多。下面重点介绍硅光电池。

1. 硅光电池基本结构

硅光电池的基本结构就是一个大面积的 PN 结。按受光面和衬底材料的不同分为两个系列：2DR 型和 2CR 型。2DR 型是以 N 型硅为受光面，以 P 型硅为衬底，反之为 2CR 型。加在受光面上的电极一般称为上电极或前极，加在衬底上的电极称为下电极或后级。图 4-6 为 2DR 型硅光电池的结构示意图。

硅光电池的前极一般多做成梳齿状以便透光和减小串联电阻。为了减少对入射光的反射，受光面上蒸镀一层 SiO_2、MgF_2、Si_3N_4 和 SiO_2-MgF_2 等材料的防反射膜，同时也可以起到防

潮、防腐蚀的保护作用。

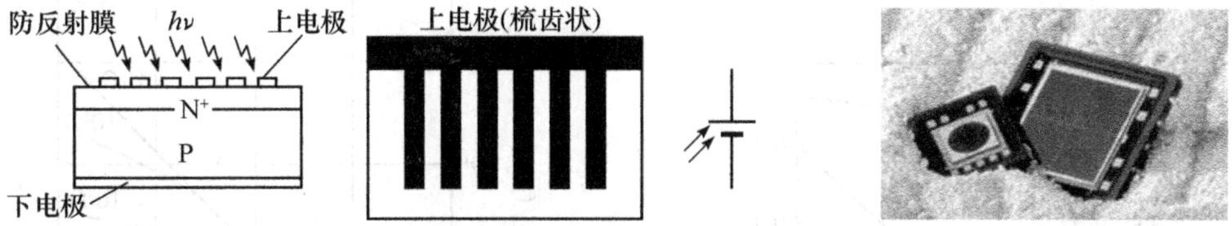

(a) 结构及符号　　(b) 实物图

图 4-6　2DR 型硅光电池结构及图形符号

2. 硅光电池基本特性

1) 光电特性

光电池的光电特性主要有照度-电流电压特性和照度-负载电阻特性。

光电池的照度-电流电压特性是指光电池的短路光电流 I_{sc} 和开路电压 U_{oc} 与入射光照度之间的关系。从式(4-5)和式(4-4)可知，光电池的短路光电流 I_{sc} 与入射光照度成正比，而开路电压 U_{oc} 与光照度的对数成正比。图 4-7 给出了硅光电池的照度-电流电压特性。对于硅光电池，U_{oc} 一般为 0.45～0.6V，最大不超过 0.756V。实际使用中，常标明特定测试条件下硅光电池的开路电压 U_{oc} 和短路光电流 I_{sc} 参数。表 4-1 列出了几种国产硅光电池参数及测试条件。

表 4-1　几种国产硅光电池参数

型号	在 30℃入射光强 100mW/cm² 条件下测试			面积 /mm²	型号	在 30℃入射光强 100mW/cm² 条件下测试			面积/mm² 或直径/mm
	开路电压 /mV	短路电流 /mA	转换效率 /%			开路电压 /mV	短路电流 /mA	转换效率 /%	
2CR11	460～600	2～4	≥6	2.5×5	2CR54	550～600	54～60	>12	10×20
2CR21	460～600	4～8	≥6	5×5	2CR61	450～600	40～65	6～8	ϕ17
2CR31	460～600	9～15	6～8	5×10	2CR62	500～600	40～65	8～10	ϕ17
2CR32	550～600	9～15	8～10	5×10	2CR63	550～600	51～65	10～12	ϕ17
2CR41	450～600	18～30	6～8	10×10	2CR64	550～600	61～65	>12	ϕ17
2CR42	500～600	18～30	8～10	10×10	2CR71	450～600	72～120	≥6	20×20
2CR51	450～600	36～60	6～8	10×20	2CR81	450～600	88～140	6～8	ϕ25
2CR52	500～600	36～60	8～10	10×20	2CR91	450～600	18～30	≥6	5×20
2CR53	550～600	45～60	10～12	10×20	2CR101	450～600	173～288	≥6	ϕ35

光电池的照度-负载电阻特性是指光电池在不同外接负载电阻条件下光电池短路电流与入射光照度之间的关系。光电池的短路条件是指外接负载电阻相对于光电池内阻很小。因光电池在不同照度下的内阻不同，所以在不同照度时可用不同大小的负载近似满足短路条件。图 4-8 给出了光电池的光照与负载电阻的特性关系[3,4]：负载电阻越小，光电流和照度的线性关系越好，而且线性范围也越宽；此外，在一定负载电阻的条件下，光照越弱，其线性关系越好。

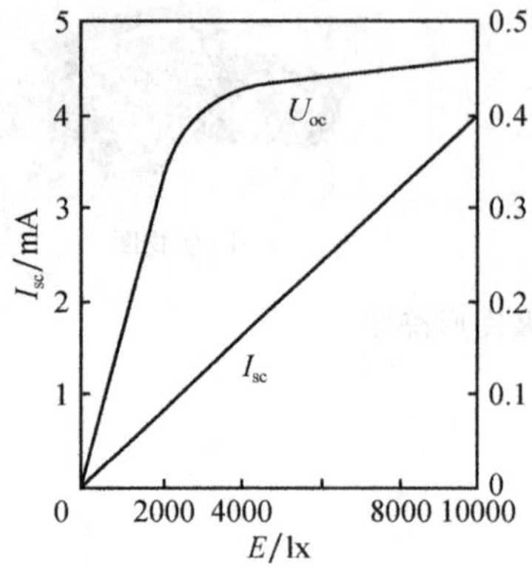

图 4-7　光电池的照度-电流电压特性

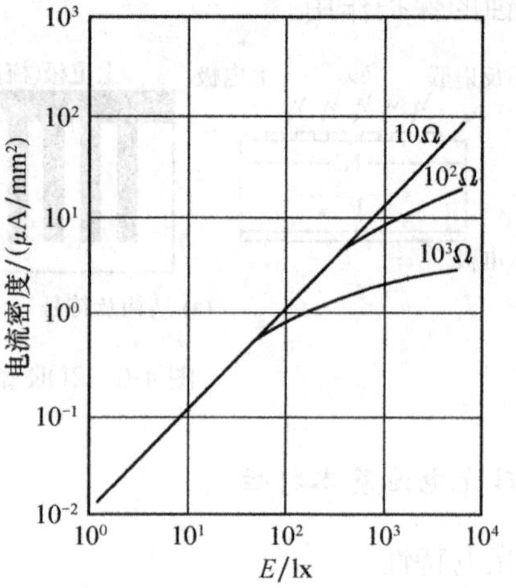

图 4-8　光电池的光照-负载电阻的特性

2）光谱特性

光电池的光谱响应特性表示在入射光能量保持一定的条件下，光电池所产生的短路电流与入射光波长之间的关系，一般用相对响应表示。图 4-9 给出了常见的几种硅光电池的光谱曲线[5]。图中，普通 2CR 型硅光电池光谱响应范围为 0.4～1.1μm，峰值波长为 0.8～0.9μm；已研制的 2CR1133-01 型和 2CR1133 型蓝硅光电池，其光谱响应特性在 0.48μm 处的相对响应度仍大于 50%，可应用在视见函数或色探测器件中。

3）频率特性

光电池的响应频率一般不太高。硅光电池的最高截止频率仅为数十千赫。其频率响应不高的主要原因是光敏面一般较大，故其极间电容较大，使电路时间常数较大；此外，光电池内阻随着光照功率而变化，当功率较小时，相应的内阻较大，频率特性变差。此外光电池的工作频率还受负载电阻 R_L 的限制。如图 4-10 所示，当 R_L 较大时，输出电压较大，但响应时间却增大，使频率特性变差。所以在实际使用时，特别是光电池在入射功率很小的条件下工作时，需折中考虑。

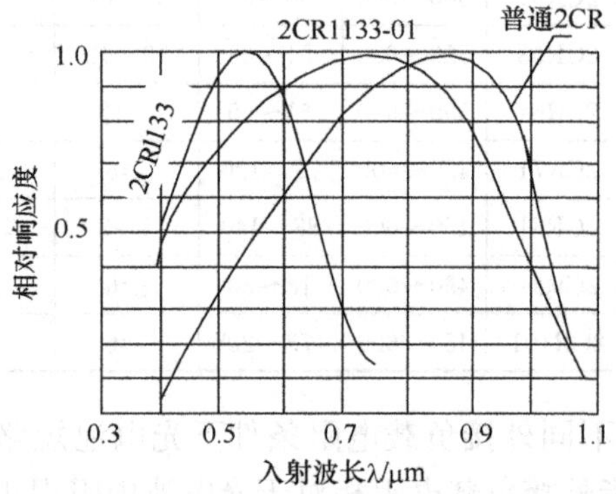

图 4-9　硅光电池及蓝硅光电池的光谱响应曲线

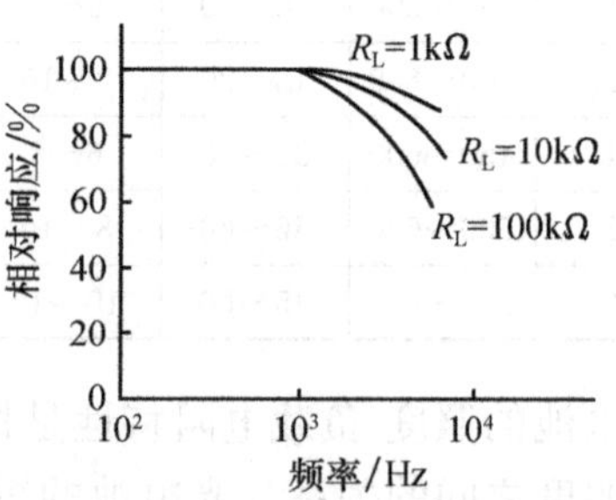

图 4-10　硅光电池的频率特性

为了提高频率响应，光电池可在光电导模式下使用，例如，只要加 1～2V 的反向偏置电压，则响应时间就可以从微秒下降到几百纳秒。

4）温度特性

光电池的参数都是在室温（25～30℃）下测得的，参数值随工作环境温度改变而变化。光电池的温度特性曲线主要指光照射光电池时开路电压 U_{oc} 与短路电流 I_{sc} 随温度变化的关系，如图 4-11 所示。由图可以看出：开路电压 U_{oc} 具有负温度系数，即随着温度的升高 U_{oc} 值反而减小，其值为 2～3mV/℃，短路电流 I_{sc} 具有正温度系数，即随着温度的升高，I_{sc} 值增大，但增大比例很小，为 10^{-5}～10^{-3}mA/℃数量级。

因此，光电池作为探测器件时，测量仪器应考虑温度的漂移或进行补偿，以保证测量精度。

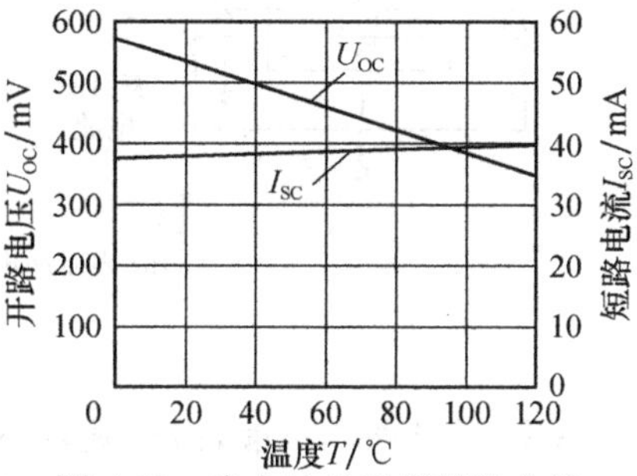

图 4-11　光电池的温度特性曲线

4.2.2　硅光电二极管

光电二极管（Photodiode，PD）的工作原理同光电池一样，都是基于 PN 结的光伏效应工作的。但是，它与光电池相比有所不同：掺杂浓度较低，电阻率较高，结区面积小，通常多工作于反偏置状态。因此，光电二极管内建电场很强，结区较厚，结电容小，所以频率特性比光电池好，但光电流比光电池小得多，一般多在微安级。

1. 硅光电二极管基本结构

硅光电二极管和光电池一样，根据其衬底材料的不同可分为 2CU 型和 2DU 型。2CU 系列以 N-Si 为衬底，2DU 系列以 P-Si 为衬底。2CU 系列光电二极管只有两个引出线，而 2DU 系列光电二极管有三条引出线，除了前极和后极以外，还设有一个环极，其结构、符号和实物图如图 4-12 所示。

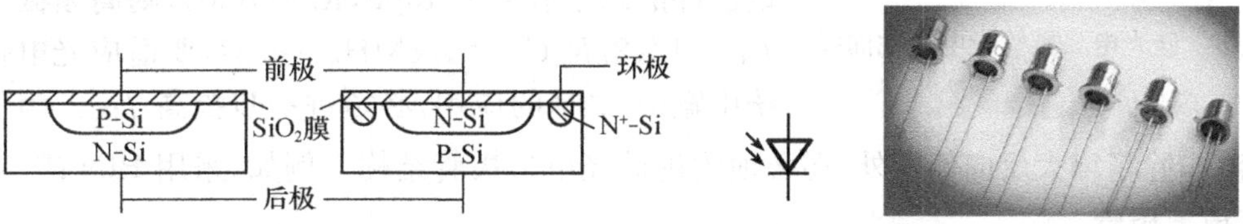

(a) 2CU　　(b) 2DU　　(c) 图形符号　　(d) 实物图

图 4-12　2CU、2DU 系列硅光电二极管的结构和图形符号

2DU 管加环极的目的是减少暗电流和噪声[2,6]。光电二极管的受光面一般都涂有 SiO_2 防反射膜，而 SiO_2 中又常含有少量的钠、钾、氢等正离子。SiO_2 是电介质，这些正离子在 SiO_2 中是不能移动的，但是它们的静电感应却可以使 P-Si 表面产生一个感应电子层。这个电子层与 N-Si 的导电类型相同，可以使 P-Si 表面与 N-Si 连通起来。当管子加反偏压时，从前极流出的暗电流除了有 PN 结的反向漏电流外，还有通过表面感应电子层产生的漏电流，从而使从前极流出的暗电流增大。为了减小暗电流，设置一个 N^+-Si 的环把受光面（N-Si）包围起来，并从 N^+-Si 环上引出一条引线（环极），如图 4-13(a)所示。将环极接到电源正极上，为表面漏电流提供一条不经过负载即可达到电源的通路，如图 4-13(b)所示。这样，即可达到减小流过负载的暗电流、减小噪声的目的。使用时，如果环极悬空，除了暗电流、噪声大些外，其他性能均不受影响。

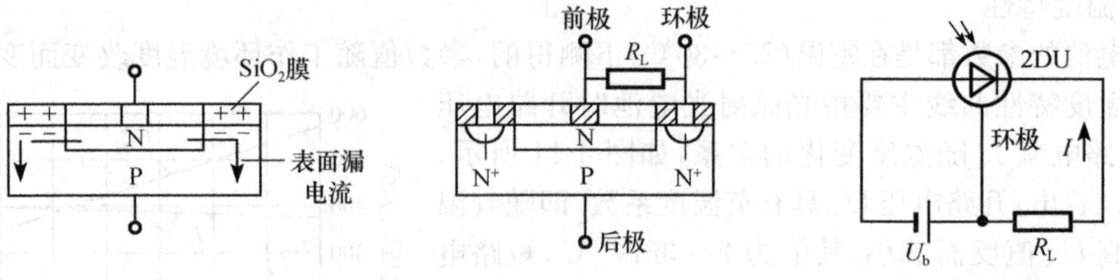

(a) 表面漏电流　　(b) 2DU环极接电源正极

图 4-13　环极结构原理图

2CU 型光电二极管,因为是以 N-Si 为衬底,虽然受光面的 SiO_2 保护膜也含有少量的正离子,但它们的静电感应不会使 N-Si 表面产生一个和 P-Si 导电类型相同的导电层,从而也就不可能出现表面漏电流,所以不需要加环极。

2. 硅光电二极管基本特性

1) 光电特性

光电特性是指光电二极管外加反向偏压工作时的光电流与照度之间的关系,如图 4-14 所示。由图可见,光电二极管的光电特性线性较好,但光电流较小(微安量级),灵敏度较低。硅光电二极管的电流灵敏度多在 0.4~0.5μA/μW 量级。

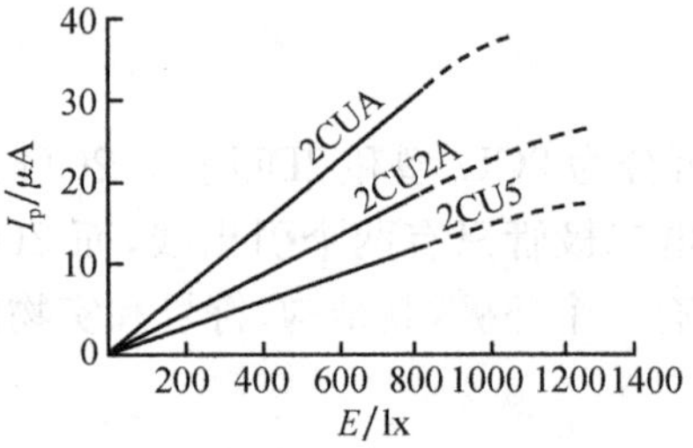

图 4-14　硅光电二极管光电特性曲线

2) 频率特性

硅光电二极管的频率响应远比硅光电池高,主要受电路时间常数的限制,即决定于负载电阻和结电容。假设器件的结电容 $C_j=10\text{pF}$, $R_L=10\text{k}\Omega$,则高频截止频率 $f_{HC}=1/(2\pi R_L C_j)=1.6\text{MHz}$。显然,要适应光电探测系统中宽带、高速的应用,必须进一步提高 f_{HC}。为了减小结电容 C_j,除了增大反向偏压外,还必须改进硅光电二极管结构。例如,采用 PIN 或 APD 等特殊光电二极管。

表 4-2 列出了几种国产硅光电二极管的特性参数。

表 4-2　几种国产 2CU 型硅光电二极管的特性

参数名称单位	最高工作电压 /V	暗电流 /μA	光电流 /μA	电流灵敏度 /(μA/μW)	结电容 /pF	响应时间 /μs
测试条件 / 型号	$I_d<0.2\text{mA}$ $E<1\text{mW}\cdot\text{m}^{-2}$	$U=U_{max}$	$U=U_{max}$	$U=U_{max}$ $\lambda=0.9\mu\text{m}$	$U=U_{max}$	$U=U_{max}$ $R_L=100\Omega$
$2CU_1A$	10	≤0.2	>80	>0.5	≤5	0.1
$2CU_1B$	20	≤0.2	>80	>0.5	≤5	0.1
$2CU_1C$	30	≤0.2	>80	>0.5	≤5	0.1
$2CU_1D$	40	≤0.2	>80	>0.5	≤5	0.1
$2CU_2E$	60	≤0.2	>80	>0.5	≤5	0.1
$2CU_2A$	10	≤0.1	>30	>0.5	≤5	0.1

续表

参数名称单位	最高工作电压 /V	暗电流 /μA	光电流 /μA	电流灵敏度 /(μA/μW)	结电容 /pF	响应时间 /μs
测试条件 型号	$I_d<0.2$mA $E<1$mW · m^{-2}	$U=U_{max}$	$U=U_{max}$	$U=U_{max}$ $\lambda=0.9\mu$m	$U=U_{max}$	$U=U_{max}$ $R_L=100\Omega$
$2CU_2B$	20	≤0.1	>30	>0.5	≤5	0.1
$2CU_2C$	30	≤0.1	>30	>0.5	≤5	0.1
$2CU_2D$	40	≤0.1	>30	>0.5	≤5	0.1
$2CU_2E$	50	≤0.1	>30	>0.5	≤5	0.1

4.2.3　硅光电三极管

光电三极管又称为光电晶体管(Phototransistor,PT),是一种具有电流内增益的光伏探测器。它的制作材料一般为半导体硅;管型有 NPN 和 PNP 两种,NPN 型称为 3DU 型,PNP 型称为 3CU 型。下面以 3DU 型为例,介绍光电三极管的结构原理、特性和应用。

1. *硅光电三极管结构原理*

光电三极管的结构和普通晶体管类似,但它的外壳留有光窗,引出线有 e、c 两极和 e、c、b 三极两种,后者的基极可以开路,如图 4-15 所示。若使用基极,光电三极管可同时加上电信号和光信号,进行双重控制,也可用来补偿温度变化,减小暗电流。

光电三极管工作时各电极所加的电压与普通晶体管相同,即需要保证集电极反偏置,发射极正偏置。光电三极管的工作有两个过程:一是光电转换,二是光电流放大。光照射在集电结上,产生电子-空穴对。由于集电结反向偏置,光生电子漂移到集电极,空穴流向基区,这就是光电流 I_p,如图 4-16(a)所示。光生电动势使基极与发射极间电压升高,于是发射极便有大量电子经基极流向集电极,使光电流得以放大。放大原理与普通晶体管相同,I_p 被放大 β(晶体管电流放大系数)倍。由此可见,光电三极管的光电转换部分在集-基结内进行,而集电极、基极、发射极又构成一个有放大作用的晶体管。因此,NPN 光电三极管可用图 4-16(b)所示的等效电路表示,它由一个硅光电二极管和一个普通晶体管组合而成。

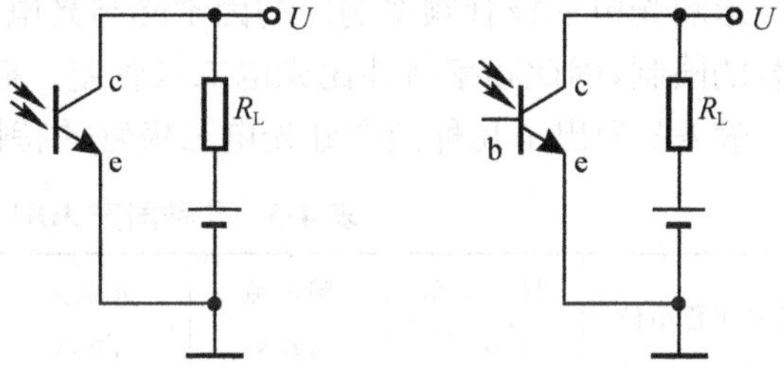

(a) 无基极引线光电三极管　　(b) 有基极引线光电三极管

图 4-15　3DU 型光电三极管原理性结构图

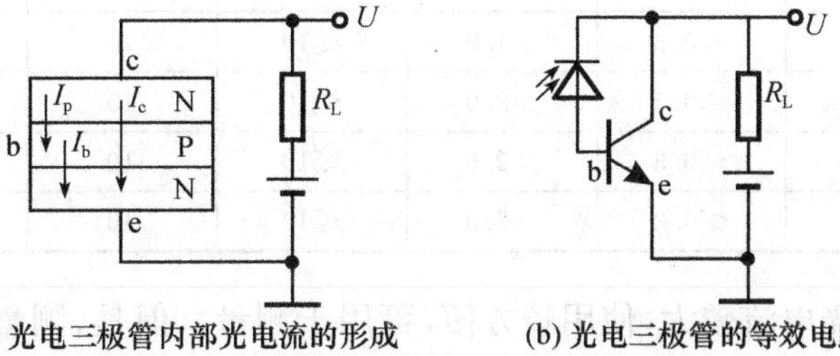

(a) 光电三极管内部光电流的形成　　(b) 光电三极管的等效电路

图 4-16　3DU 型光电三极管工作原理图

2. 硅光电三极管基本特性

1) 光电特性

光电三极管的光电特性是指它在正常偏压下集电极电流与入射光照度之间的关系，如图 4-17所示。光电三极管的光电特性呈现出一定的非线性，这是由于晶体管的电流放大系数 β 不是常数的缘故。在小电流和大电流时，β 都要下降。由于光电三极管有电流放大作用，所以，它的灵敏度比光电二极管高，输出电流也比光电二极管大，多为毫安级。

2) 温度特性

硅光电三极管和硅光电二极管的暗电流均随温度的改变而变化，如图 4-18 所示。图中可见，硅光电三极管受温度的影响比光电二极管大得多。这是由于硅光电三极管有电流放大作用。

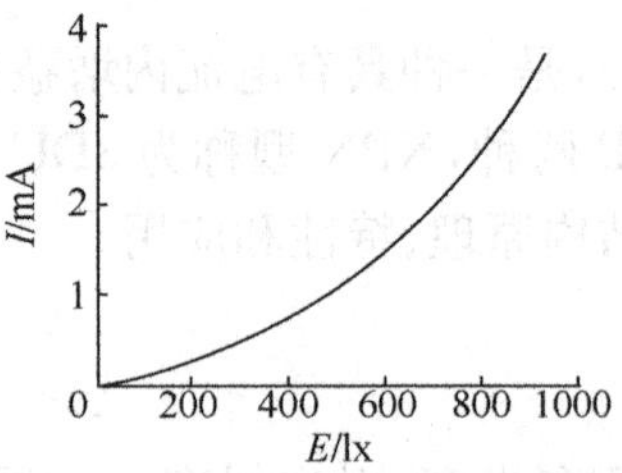

图 4-17 光电三极管的光电特性曲线

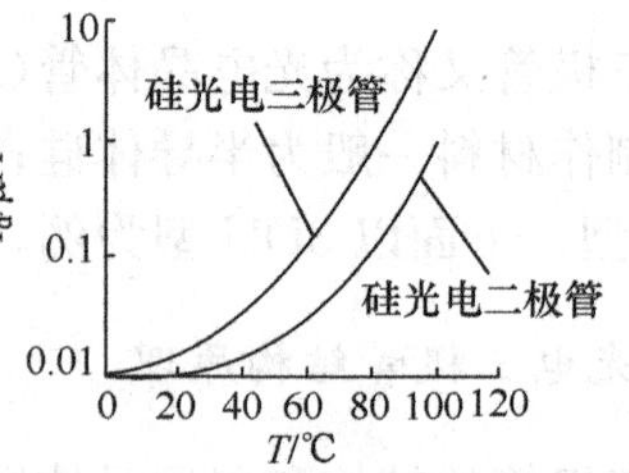

图 4-18 光电三极管的温度特性曲线

3) 频率特性

影响光电三极管频率响应的因素除与光电二极管的相同外，还受基区渡越时间和发射结电容的限制，因此频率特性比光电二极管差。硅光电三极管的最高截止频率仅为数百千赫。

表 4-3 列出了几种国产硅光电三极管的特性参数。

表 4-3 几种国产 3DU 型硅光电三极管的特性

参数名称单位	最高工作电压/V	暗电流/μA	光电流/mA	结电容/pF	响应时间/μs	集电极最大电流/mA	最大功耗/mW
测试条件 / 型号		$U_{cc}=U_{max}$	$U_{cc}=U_{max}$ $E=10^{-3}$lx	$U_{cc}=U_{max}$ $f=1$kHz	$U=10$V $R_L=100\Omega$		
3DU11	10	≤0.3	>0.5	≤10	10	20	150
3DU12	30	≤0.3	>0.5	≤10	10	20	150
3DU13	50	≤0.3	>0.5	≤10	10	20	150
3DU21	10	≤0.3	>1.0	≤10	10	20	150
3DU22	30	≤0.3	>1.0	≤10	10	20	150
3DU23	50	≤0.3	>1.0	≤10	10	20	150
3DU31	10	≤0.3	>2.0	≤10	10	20	150
3DU32	30	≤0.3	>2.0	≤10	10	20	150
3DU33	50	≤0.3	>2.0	≤10	10	20	150

光电三极管输出光电流较大，使用较方便，可用于测量。但是，测量系统要求器件的光照特性线性好、噪声低、频率特性好，这些方面它不如光电二极管。可采用有基极引出线的光电

三极管改善上述性能。光电三极管另一个特点是其亮、暗电流比要比光电二极管、光电池和光电导探测器大，所以它是用来作为光电开关的理想元件。

4.2.4　PIN 光电二极管

PIN 光电二极管(PIN Photodiode，PIN PD)是一种快速光电二极管。与一般的光电二极管相比，它具有小的时间常数，并使光谱响应范围向长波方向移动，其峰值波长可移至 1.04～1.06μm。PIN 管的结构特点：在掺杂浓度很高的 P 型半导体和 N 型半导体之间夹着一层较厚的高阻本征半导体 I，如图 4-19 所示。这样，PN 结的内电场就基本上全集中于 I 层，从而使 PN 结的结间距离拉大，结电容变小。由于工作在反偏状态，随着反偏电压的增大，结电容变得更小，从而提高了 PIN 光电二极管的频率响应。这种管子最大的特点是频带宽，可达 10GHz。另一特点：因为 I 层厚，在反偏状态下使用，可承受较高的反向电压，线性输出范围宽。此外，还可利用 I 层结构制成波导型探测器，光经波导从 I 层进入，增大吸收光区域的长度和面积，提高内量子效率；所不足的是，I 层电阻很大，使得输出电流很小，一般多为零点几微安至数微安。

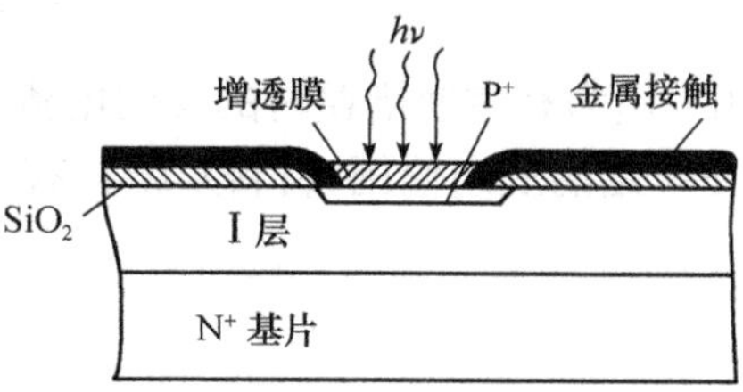

图 4-19　PIN 管结构示意图

PIN 光电二极管可应用于光通信、光雷达以及其他快速光自动控制领域。表 4-4 列出了几种国外硅 PIN 光电二极管的特性参数。

表 4-4　几种国外硅 PIN 光电二极管的特性[7]

型号	光敏面直径/mm	电流灵敏度/(/A/W)(@990nm)	暗电流/nA	结电容/pF(@100kHz)	噪声等效功率/(fW/$\sqrt{Hz}$)(@990nm)	响应时间/ns	反向电压/V
C30807E	1	0.6	1	2.5	30	3	45
C30808E	2.5	0.6	3	6	52	5	45
C30822E	5	0.6	5	17	67	7	45
C30809E	8	0.6	7	35	79	10	45
C30810E	11.4	0.6	30	70	163	12	45

测试条件：$T=22$℃；@指参数的特定测试条件。

4.2.5　雪崩光电二极管

雪崩光电二极管(Avalanche Photodiode，APD)是一种高灵敏度、高响应速度的光伏探测器。一般，硅和锗雪崩光电二极管的电流增益可达 10^2～10^3，且响应速度特别快，带宽可达 100GHz。它被广泛应用于光纤通信、弱信号检测、激光测距及光纤传感等领域。

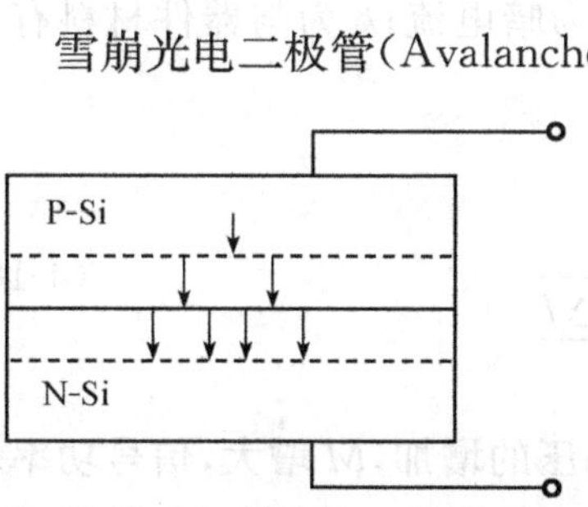

图 4-20　雪崩光电二极管工作原理示意图

1. 工作原理

雪崩光电二极管是利用 PN 结在高反向电压下产生的雪崩效应来工作的，其工作原理如图 4-20 所示它的工作电压很高，为 100～200V，接近于反向击穿电压。结区内电场极强，光生载流子在这种电场中得到了极大的加速，同时与晶格原子碰撞产生电离，产生更多的电子-空穴对。新生成的电子-空穴对在强电场的作用下，再次重复这一过程，形成结电流的雪崩效应。

2. 雪崩增益

雪崩光电二极管的雪崩增益定义为

$$M = I_M / I_0 \tag{4-13}$$

式中，I_M为有雪崩增益时的反向电流；I_0为无雪崩增益时的反向电流。实验证明，雪崩增益 M 与 PN 结的反向偏压、材料及结构有关，可由下面经验公式近似表示

$$M = \frac{1}{1 - \left(\frac{U}{U_B}\right)^n} \tag{4-14}$$

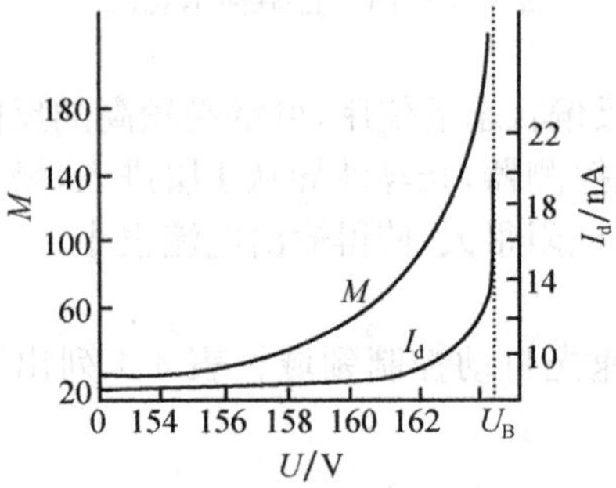

图 4-21 雪崩增益和暗电流与外加偏压关系

式中，U_B为击穿电压；U 为管子的外加反向电压；n 是与材料、掺杂和器件结构有关的常数，硅材料的 n=1.5～4，锗器件的 n=2.5～8。

图 4-21 给出了雪崩增益 M 和暗电流与外加偏压的关系曲线。由图可见，当外加电压较低时，器件没有电流倍增现象；当偏压增加到接近但略低于击穿电压 U_B时，器件有很大的倍增；当偏压继续增加超过 U_B以后，暗电流的雪崩电流急剧上升导致器件会发生击穿，因而器件输出很大的噪声电流。理论和实际表明，击穿电压与器件的工作温度有关，温度升高时，击穿电压会增大。因此，雪崩光电二极管工作时需要采用恒温和稳压电路来提供偏压，以保证雪崩增益的稳定性。

3. 噪声特性

雪崩效应是大量载流子电离过程的累加，本身就是一个随机过程，因此雪崩光电二极管的噪声应包括散粒噪声、由雪崩过程引入的附加噪声和负载电阻 R_L的热噪声，即

$$\overline{i_n^2} = 2eIM^k\Delta f + \frac{4kT\Delta f}{R_L} = 2e(I_d + I_p)M^k\Delta f + \frac{4kT\Delta f}{R_L} \tag{4-15}$$

式中，第一项为散粒噪声和雪崩附加噪声对总噪声的贡献；I_d为暗电流；k 为与器件材料有关的系数，对于锗管，k 为 3，对于硅管，k 为 2.3～2.5。

因此，雪崩光电二极管的输出信噪比为

$$\mathrm{SNR} = \frac{I_p^2 M^2}{2e(I_d + I_p)M^k\Delta f + \frac{4kT\Delta f}{R_L}} \tag{4-16}$$

式(4-16)表明，输出信噪比与雪崩增益密切相关。随着反向偏压的增加，M 增大，信号功率增加，散粒噪声也增加，但热噪声不变，总的信噪比会增高。当反向偏压进一步增加后，散粒噪声增加很多，而信号功率的增加减缓，总的信噪比又会下降，因此存在一个最佳信噪比条件下的 M 值。显然，最佳雪崩增益 M_{opt}与热噪声水平相关，因此，在确定 M_{opt}时要考虑负载电阻和放

大电路输入端等效电阻产生的噪声，通常由实验确定。

4. 响应时间

雪崩光电二极管工作时加有很高的反向偏压，不仅结电容很小而且光生载流子在结区的渡越时间也很短，所以响应速度特别快。一般硅管的响应时间为 0.05～2.0ns。

雪崩光电二极管的性能与入射光功率有关，通常当入射光功率在 nW～μW 量级时，倍增电流与入射光具有较好的线性。但当入射光过强时，雪崩增益 M 反而会降低，从而引起光电流的畸变。因此，在实际探测系统中，当入射光较弱时，多采用 APD，此时雪崩增益引起的噪声贡献小；相反，在入射光较强时，雪崩增益引起的噪声贡献占主要优势，并可能带来光电流失真，采用 APD 带来的好处不大，此时采用 PIN 管更为恰当。

表 4-5 列出了几种国外硅 APD 的特性参数。

表 4-5 几种国外硅 APD 光电二极管的特性[7]

型号	光敏面直径/mm	电流灵敏度/(A/W)(@1060nm)	暗电流/nA	结电容/pF(@100kHz)	噪声等效功率/(fW/$\sqrt{Hz}$)(@990nm)	响应时间/ns	工作电压/V
C30817E	0.8	75	50	2	7	2	275～425
C30872E	3	45	100	10	11	2	275～425
C30902E	0.5	77(@830nm)	15	1.6	3(@830nm)	0.05	180～250
C30902S	0.5	128(@830nm)	15	1.6	0.86(@830nm)	0.05	180～250
C30916E	1.5	70	100	3	8	2	275～425

测试条件：T=22℃。

4.2.6* 紫外光电二极管

硅光电二极管是一种重要的光伏探测器。但它的响应波长一般在 0.4～1.1μm，而激光辐射探测、天文物理、光谱学、医学生物等研究领域均需要采用对紫外光敏感、暗电流小、响应时间短、稳定性好的紫外光电二极管。

紫外光是频率很高的电磁波，由于半导体材料对电磁波的吸收与波的频率有关，频率越高吸收越大，所以大多数紫外光生载流子产生在材料的表面附近，还没有到达结区就因密度太大而被复合掉，响应率很低。因此，在设计紫外光电二极管时必须考虑以上因素。

研究和分析认为，制造时采用浅 PN 结和肖特基结的结构，可以增强对蓝、紫波长光的响应率。

1) 蓝、紫增强型硅光电二极管

已经研制的蓝、紫光增强型硅光电二极管，具有 PN 结浅、电子扩散长度大和表面复合速率小三方面的优点，从而使激发的电子-空穴对在没有复合以前就在结电场作用下分离到两边，提高了对紫外辐射的响应率。目前生产的 S1336、S1337 系列紫外光电二极管的光谱范围为 190～1100nm，暗电流为 50～500pA。

2) 肖特基结光电二极管

肖特基势垒是由金属与半导体接触形成的，所以可以把肖特基势垒光电二极管看成是一个结深为零、表面覆盖着薄而透明金属膜的 PN 结。结深为零，因此能吸收入射光中相当一部分蓝、紫光和几乎所有的紫外线，吸收后所激发的光生载流子在复合之前就会被强电场扫出，这就提高了光生载流子的产生效率和收集效率，改善了器件的短波响应率。

一般利用金或铝分别与 Si、Ge、GaAs、GaAsP、GaP 等半导体材料接触，制得各种肖特基结光电二极管，其光谱范围为 190～760nm，暗电流为 50～1000pA。

4.2.7* 碲镉汞、碲锡铅红外光电二极管[2,5]

前面介绍的光伏探测器主要工作波段在紫外、可见光至近红外区。利用Ⅱ-Ⅵ族化合物可以得到响应于中红外波段特别对 8～14μm 波段灵敏的光伏探测器，例如，$Hg_{1-x}Cd_xTe$ 和 $Pb_{1-x}Sn_xTe$ 光伏探测器等。和光电导 HgCdTe 和 PbSnTe 类似，改变化合物组分 x，即可改变禁带宽度，从而得到不同光谱响应的器件。

PV-HgCdTe 是以 P 型 HgCdTe 材料为衬底，在表面一层扩散 Hg，使其表面形成 N 型层，从而构成 PN 结，和普通硅光电二极管类似，除了有 P^+N 结构外，还有 N^+N-P 结构的 PV-HgCdTe，它相当于 PIN 硅光电二极管。

目前制作的 PV-HgCdTe 器件可分别工作于室温（300K）和液氮温度，其响应波长可覆盖 1～14μm。工作于 77K 的 PV-HgCdTe，其工作波段为 8～14μm，峰值波长为 10.6μm 左右，是目前探测 10.6μm CO_2激光灵敏度最高、响应最快的较理想的光子探测器。该器件已达到 $D_p^* = 1\times10^{10} \sim 6\times10^{10}$ cm · $Hz^{1/2}$/W，η=0.3～0.4，响应频率为 700MHz。采用直径 ϕ110mm 的金属杜瓦瓶，其液氮保持时间可达 25 小时甚至更长。

对于响应波长为 1～3μm 的 PV-HgCdTe 通常在室温下工作，量子效率可达 0.4～0.6，响应率为 10^3 V/W。

PV-HgCdTe 可以工作于零偏和反向偏压的情况。零偏工作可省去偏置电源，同时避免偏置电源所引入的热噪声。反偏工作却可增加器件的量子效率及响应频率。实际工作中应视需要而进行选择。

和 PV-HgCdTe 类似，PV-$Pb_{1-x}Sn_xTe$ 也可以通过改变组分 x 及器件温度来得到不同的光谱特性。通常 PV-PbSnTe 工作温度可以有 15K、77K 等。其光谱响应范围也是 8～14μm，相应的 D_p^* 可达 4×10^{10} cm · $Hz^{1/2}$/W。

PV-HgCdTe 与 PV-PbSnTe 除可以制作单元器件外，还可制作线阵和面阵的器件，它们都是红外成像系统中重要的探测器。

4.3 光伏探测器的偏置电路[8]

由前面的讨论可知，光伏探测器工作在伏安特性曲线的第三、第四象限。因此，对应的偏置电路可以有自偏置电路、零伏偏置电路和反向偏置电路等三种形式。每一种偏置电路使得光伏探测器工作在其伏安特性曲线的不同区域，从而使探测器变换电路的输出具有不同特征。为此，掌握光伏探测器的偏置电路是非常重要的。

4.3.1 自偏置电路

4.2 节已指出，光电池工作时无外加偏压，直接与负载电阻连接。其输出电流 I 流过外电路负载电阻产生的压降 IR_L 就是它自身的正向偏压，故称为自偏压，其电路称为自偏置电路，

如图 4-22 所示。因此，光电池回路方程为

$$U = IR_L \tag{4-17}$$

光电池伏安特性曲线对应于图 4-1 中的第四象限。由于无外加偏压，其伏安特性实际上表示的是它在某一光照度下输出电流和电压随负载电阻变化的关系。为了分析和讨论的方便，将其伏安特性曲线旋转到第一象限，如图 4-23 所示。根据式(4-17)，在图 4-23 中作出不同负载电阻 R_{L0}、R_{L1}、R_{L2} 和 R_{Lopt} 的直流负载线。图中，这些负载线将光电池的工作状态分为Ⅰ、Ⅱ、Ⅲ、Ⅳ四个区域。下面讨论光电池实用的几个工作区域。

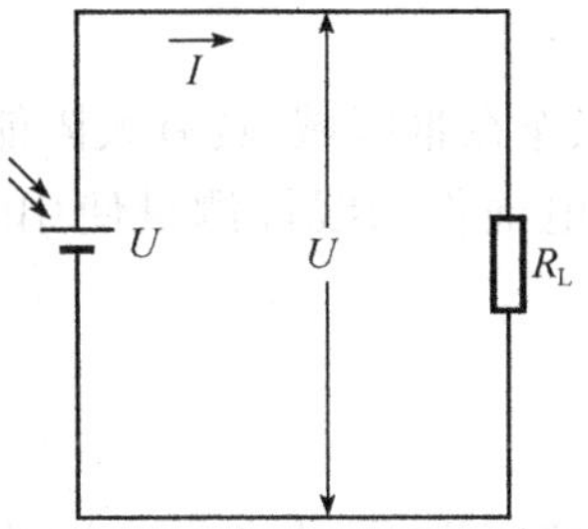

图 4-22　光电池自偏置电路

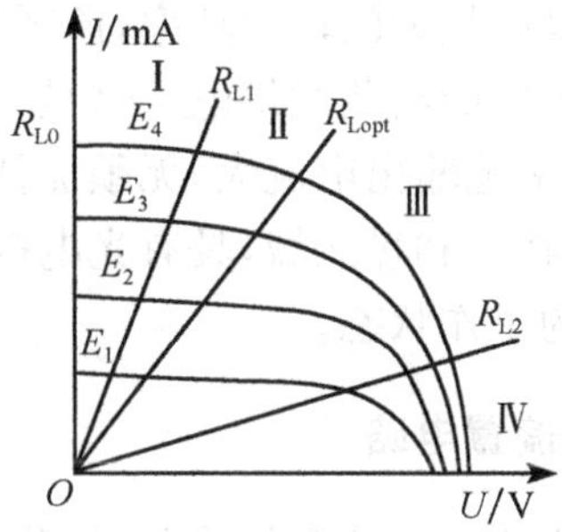

图 4-23　光电池伏安特性及直流负载线

1. 短路或线性电流放大区

光电池工作在Ⅰ区域，负载电阻较小，其输出电流与光照有较好的线性关系。该区域称为短路或线性电流放大区。负载电阻越小，电流的线性越好，这与图 4-8 中光电池的光照-负载的特性是一致的。当负载短路($R_{L0}=0$)时，由式(4-5)光电池输出短路电流 I_{sc}。

图 4-24 给出了一种光电池的线性电流放大电路。根据电路理论中的密勒定理，图中放大器的输入电阻为

$$r_i \approx \frac{R_f}{1+A} \tag{4-18}$$

式中，R_f 为反馈电阻；A 为放大器开环增益。因 $A=10^4$，$R_f<100\text{k}\Omega$，所以 $r_i=0\sim10\Omega$。r_i 相当于光电池的负载 R_L，可以认为光电池是处于短路工作状态。放大器的输出电压为

$$U_o = -I_{sc}R_f \tag{4-19}$$

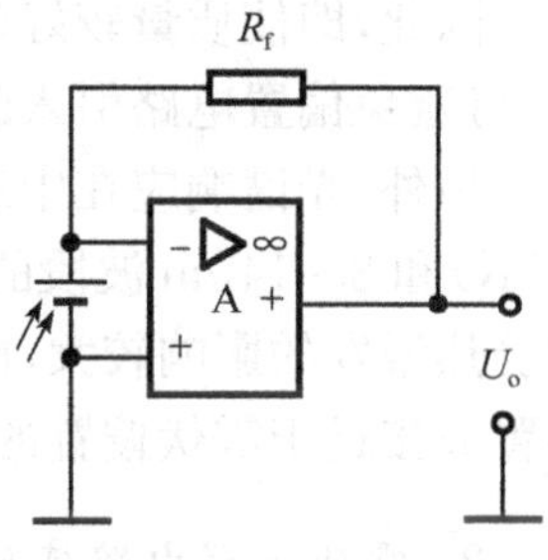

图 4-24　光电池线性电流放大电路

这种电路不仅线性好、输出光电流大，而且暗电流近似为零、信噪比好，适合于弱光信号的检测。

2. 空载电压输出区

光电池工作在Ⅳ区域，负载电阻很大，近似于开路($R_L\to\infty$)，光电池输出电流 $I=0$。该区域称为空载电压输出区。由式(4-3)可知，当入射光信号从“无”到“有”作跳跃式变化时，硅光电池输出电压从 0 跳跃到 0.45～0.6V。在不要求电压随光通量线性变化的情况下，光电池开路输出具有很高的光电转换灵敏度，而且不需要增加任何偏置电源，适合于开关电路或继电器控制电路。这种使用方式的不足之处是，频率特性不好，受温度影响也较大。

图 4-25 给出了一种光电池空载电压放大电路。光电池的正端接在运算放大器的同相端。

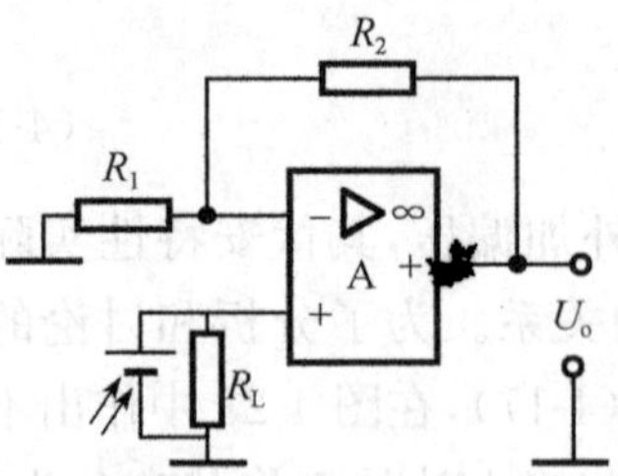

图 4-25　光电池空载电压放大电路

运算放大器的漏电流比光电流小得多，具有很高的输入阻抗。当负载电阻 R_L 取 1MΩ 以上时，光电池处于接近开路的状态。由式(4-4)，可以得到与开路电压成正比的输出信号，即

$$U_o = KU_{oc} \approx KU_T \ln(SE/I_0) \tag{4-20}$$

式中，$K=(R_1+R_2)/R_1$ 是该电路的电压放大倍数。

3. 功率放大区

光电池工作在Ⅲ区域，当负载电阻取某一电阻值 R_{Lopt} 时，可使光电池具有最大的输出功率，该区域称为功率放大区。光电池工作在这个区域，能将光能有效地转换成电能给负载供电。这是太阳能光电池的功能。

总之，光电池输出电流大，无须加任何偏置电源，可工作在Ⅲ区域，具有太阳能光电池的功能；也可工作在Ⅰ和Ⅳ区域，具有光电探测的功能。但光电池作为线性测量使用时，只有Ⅰ区域才是最佳的工作状态。

4.3.2　零伏偏置电路

光伏探测器在自偏置的情况下，若负载电阻为零，自偏压为零；或者光伏探测器在反偏置的情况下，反偏压很小或接近零。这两种情况下都是零伏偏置或接近于零伏偏置，对应的偏置电路都称为零伏偏置电路。零偏置电路的伏安特性曲线对应图 4-1 中第三和第四象限的交界处，$U=0$，即纵轴。

1. 零伏偏置电路特点

光伏探测器采用零伏偏置电路时，它的 $1/f$ 噪声最小，暗电流为零，可以获得较高的信噪比。因此，即使质量较好(反向饱和电流小，正、反向特性好)的光伏探测器也常采用零偏置电路，可避免偏置电路引入的噪声。

另外，光谱响应在中远红外波段的光伏探测器，例如，工作于 3～5.5μm 波段的 PV-InSb(77K)和 8～14μm 波段的 PV-HgCdTe(77K)等，由窄禁带(E_g 很小)半导体材料制成。其性能受热激发的影响较大，能承受的反向偏压不大(一般为几百毫伏至一点几伏)，常工作在零伏偏置或接近于零伏偏置的状态。

2. 零伏偏置电路实例

例 4-1　利用运算放大器实现的零伏偏置电路。

图 4-26 给出一种由运算放大器实现的零伏偏置电路，它与图 4-24 光电池的线性电流放大电路完全相同。

例 4-2　InSb 光伏探测器的零偏置电路。

图 4-27 是 PV-InSb(77K)光伏探测器的零偏置电路。静态时，由探测器的反向漏电流在负载上的压降给探测器附加一个正向偏置电压，为了获得零偏的状态，需要外加反向偏压来抵消反向漏电流的影响。

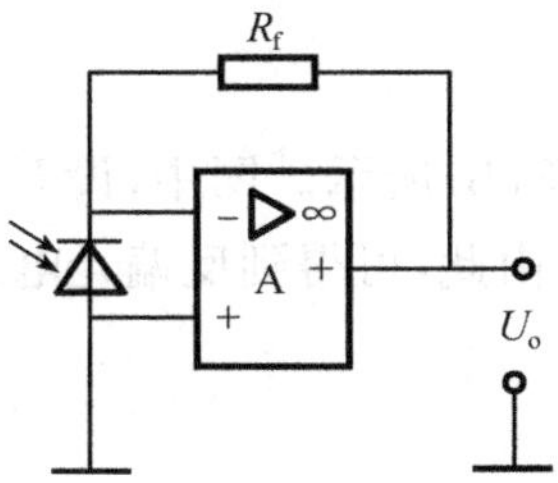

图 4-26　用运算放大器实现零伏偏置电路

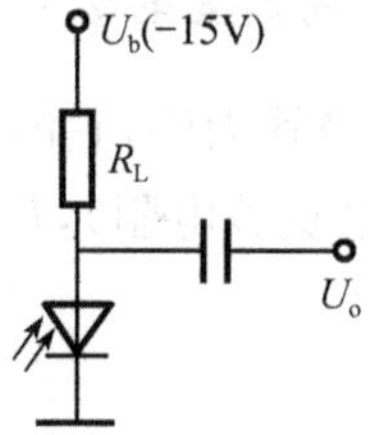

图 4-27　InSb(PV)探测器零偏置电路

设探测器的静态工作电流为 I_D，静态工作电压为 U_D，则直流负载线方程为

$$U_D = U_b - I_D R_L \tag{4-21}$$

这里，要使探测器处于零偏置状态，则取 $U_D = 0$，$I_D = I_0$，I_0 为探测器的反向漏电流。已知探测器的 $I_0 = 50\mu A$，若取 $U_b = -15V$，根据直流负载线方程就可以求得负载电阻 R_L 为 300kΩ。

除例 4-1 和例 4-2 介绍的零伏偏置电路外，还可以利用变压器的阻抗变换功能构成零伏偏置电路。将光伏探测器接到变压器的低阻抗端(线圈匝数少)，形成直流零伏偏置，而光的波动产生的交变信号经变压器输出；另外，还可以利用电桥的平衡原理设置直流或缓变信号的零伏偏置电路。

值得指出的是，这些零伏偏置电路都属于近似的零伏偏置电路，它们都具有一定大小的等效偏置电阻，当信号电流较强或辐射强度较高时将使其偏离零伏偏置。故零伏偏置电路只适合对微弱辐射信号的检测，不适合较强辐射的探测领域。若要获得大范围的线性光电信息变换，应该尽量采用光伏探测器的反向偏置电路。

4.3.3　反向偏置电路

参照 2.1.2 小节的讨论，光伏探测器在外加偏压时，若 N 区接正端，P 区接负端，则称光伏探测器处于反向偏置状态，对应的电路称为反向偏置电路，如图 4-28 所示。

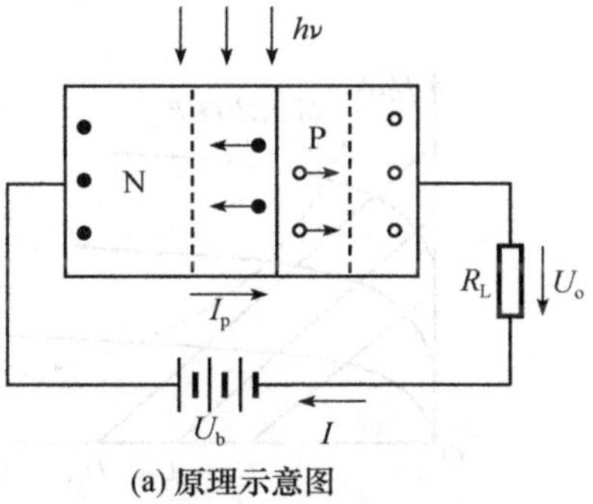

(a) 原理示意图

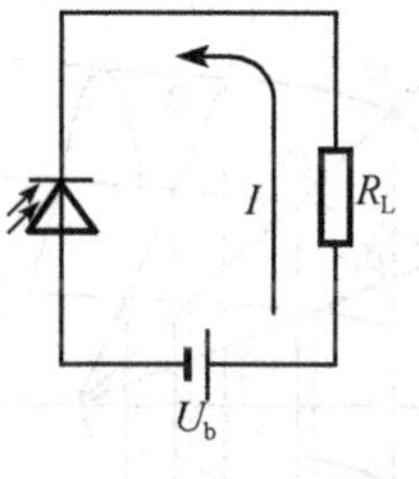

(b) 基本反向偏置电路

图 4-28　光伏探测器反向偏置电路

由图 4-28 可知，光伏探测器反向偏置时，PN 结势垒区加宽，内建电场增强，从而减小了载流子的渡越时间，降低了结电容，可得到较高的灵敏度、较大的频带宽度和较大的光电变换线性范围。因此，大多数光伏探测器采用反向偏置电路。尤其是雪崩光电二极管、光电三极管等具有内增益的器件必须工作在一定的反向偏压条件下，才能发挥其正常功能。

1. 基本反向偏置电路

以光电二极管为例，它的基本反向偏置电路如图 4-28(b)所示。图中，设 U_b 为偏置电压，R_L 为偏置电阻(负载电阻)，I 为光电二极管的输出电流。由此，可得到反偏光电二极管的回路方程

$$U(I)=U_b-IR_L \tag{4-22}$$

式中，$U(I)$ 为光电二极管的端电压。

下面用图解的方法来确定给定输入光照变化下的输出信号和负载电阻。

1) 负载电阻上的输出信号

光电二极管反偏时的伏安特性曲线对应于图 4-1 中第Ⅲ象限，将其旋转 180°得到图 4-29 所示的伏安特性曲线。利用方程式(4-22)，在该特性曲线上画出负载线 U_b-IR_L，它是斜率为 $-1/R_L$、通过 $U=U_b$ 点的直线，与纵轴交于 U_b/R_L 点上。若输入光照由 E_0 变化 $\pm\Delta E$ 时，光电二极管输出 $\pm\Delta I$ 的电流信号，而负载电阻 R_L 上会输出 $\pm\Delta U$ 的电压信号。

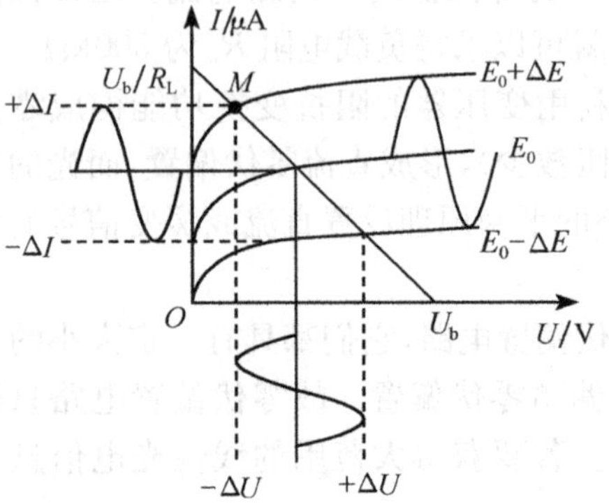

图 4-29　反偏电路的负载线和输出信号

2) 选择负载电阻 R_L 和偏置电压 U_b

图 4-30 给出了偏置电路参数 R_L 和 U_b 对输出信号的影响。在图 4-30(a)中，当偏置电压 U_b 不变时，对于同样的光照变化，太小的负载电阻，如 R_{L1}，会使输出电压较小；而过大的负载电阻，如 R_{L3}，又会使输出信号失真。

在图 4-30(b)中，对于相同的 R_L 值，增大偏置电压 U_b，输出信号电压的幅度也随之增大，并且线性度得到改善；但电路的功耗随之加大，并且过大的偏置电压可能引起光电二极管的反向击穿。

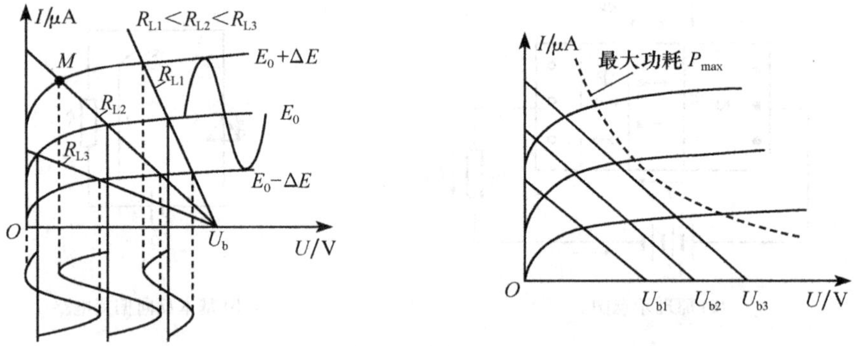

图 4-30　偏置电路参数 R_L 和 U_b 对输出信号的影响

因此，可以得出选择负载电阻 R_L 和偏置电压 U_b 初步方法。

(1) 标出最大入射光照时对应曲线上的线性和非线性的拐点 M，如图 4-31 所示。在给定偏置电压 U_b 的条件下，过 M 点和 U_b 作出负载线，此时可以获得最大的动态输出范围，即可以获得最大的、不失真的输出信号。其负载电阻可由下式确定

$$R_L = \frac{U_b - U_M}{I_M} \quad (4\text{-}23)$$

式中，U_M为拐点电压；I_M为拐点电流（对应最大入射光照度下的光电流）。应当指出，式(4-23)的计算中，忽略了光电二极管的暗电流（暗电导）作用。但是，光电二极管反向偏置时，暗电流（暗电导）很小，其计算误差不会影响实际使用。考虑暗电流（暗电导）的影响，式(4-23)应如何修改，读者可自行分析。

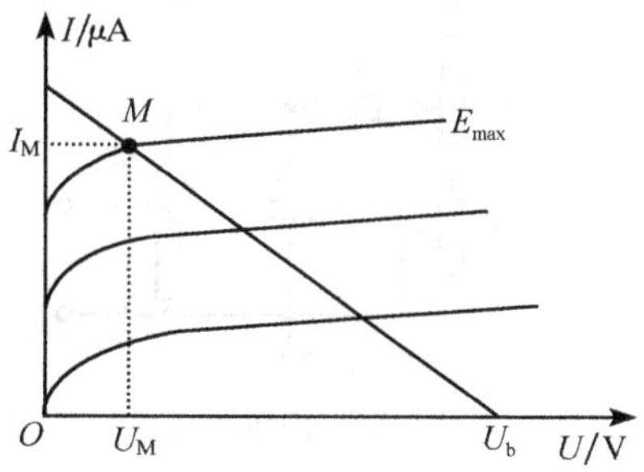

图 4-31　计算偏置电阻 R_L方法示意图

反之，在给定负载电阻 R_L 的条件下，也可由式(4-23)选择偏置电压 U_b。

(2) 由 3.3 节的讨论，器件工作时应符合功耗限制的要求，即

$$R_L \geqslant U_b^2/(4P_{max}) \quad (4\text{-}24)$$

式中，P_{max}为器件的极限功率。

由式(4-23)和式(4-24)即可以确定基本反向偏置电路的负载电阻 R_L。

图解分析方法直观、方便，适应于检测恒定或缓慢变化的入射光信号的直流电路，特别适应大信号状态下的电路分析。关于检测高频小功率光信号或者检测极微弱光信号的电路分析方法将在第 10 章介绍。

上述关于反向偏置电路参数的分析计算方法，适应于所有具有恒流源输出特征的光伏探测器，包括光电二极管、PIN 光电二极管、雪崩光电二极管和光电三极管等，也适应于具有恒流源输出特征的光电倍增管（见第 5 章）。

2. 反偏光电二极管的跨阻抗放大电路

图 4-32 是反偏光电二极管的跨阻抗放大电路。图中，由于运放的同相端和反相端虚短，偏置电源 U_b和光电二极管构成了反偏电路。与图 4-24 电路同理，放大器的输入电阻 r_i=0～10Ω，输出电压

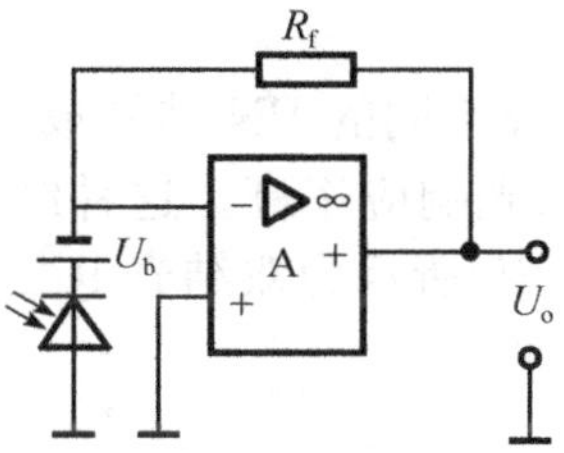

图 4-32　反偏光电二极管跨阻抗放大电路

$$U_o = -I_p R_f \quad (4\text{-}25)$$

式中，I_p为光电二极管的输出电流；R_f为放大器的反馈电阻。

该电路与基本反向偏置电路相比，它具有极小的负载电阻(r_i)，不易出现信号失真，同时由于运放的放大作用又能输出较大的电压信号；与零伏偏置电路相比，它具有较高的反向工作偏压(U_b)，光电二极管结电容较小，响应速度快，又有较大线性响应动态范围。

已研制一种采用 PIN 光电二极管和输入级为场效应管(FET)的跨阻抗放大电路组合件，即 PIN-FET 微型组件。这种组件具有频率响应宽、信噪比高、输出阻抗低和可靠性高等特点，被广泛应用于光纤通信、激光雷达、激光测距和光纤分布式测温等系统。

3. 雪崩光电二极管的反向偏置电路

图 4-33 给出了两种雪崩光电二极管的反向偏置电路。图 4-33(a)为可调偏压电路，其中 W_1和 W_2组成分压电路，分别用来对工作点进行粗调和细调：R 为保护 APD 的限流电阻；电容 C 可对加在雪崩管上的偏压起滤波作用；R_L为负载电阻，其值应由输出信号电平和电路的频率特性来决定。

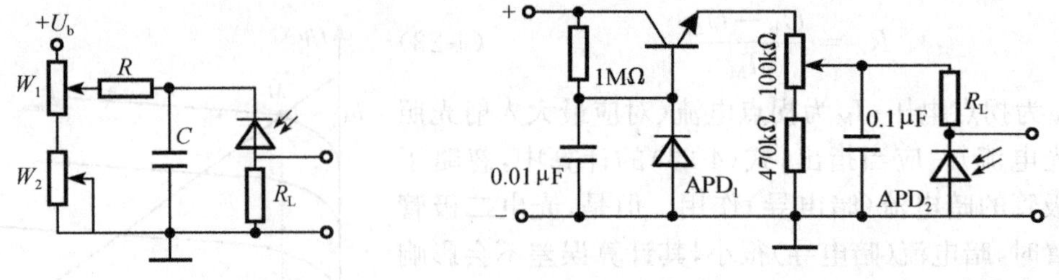

(a) 可调偏压电路　　(b) 温度稳定偏压电路

图 4-33　APD 的偏置电路

图 4-33(b)为温度稳定偏压电路。它是一种采用双芯片雪崩光电二极管的温度补偿电路。其中，APD_1 作温度补偿使用，APD_2 作光电探测用。这一电路可在较宽的温度范围(−40～70℃)内自动稳定偏压。

4.4　光伏探测器组合器件

随着半导体工艺的发展，出现了多种光伏探测器的组合器件。这些组合器件大多在一块硅片上按一定要求制造出若干个光伏探测器，因此也称为集成结型光电器件。它们可用来代替由分立光伏探测器组成的变换装置，不仅具有光敏点密集量大、装置结构简单、紧凑、调节方便、精确度高等优点，而且可以扩大变换装置的应用范围。下面简要介绍几种典型的光伏探测器组合器件。

4.4.1　半导体色敏器件

半导体色敏器件是根据人眼视觉的三色原理，利用不同结深的光电二极管对各种波长的光谱响应率不同的现象制成的。

1. 半导体色敏器件的结构原理

如图 4-34 所示，半导体色敏器件由同一块硅片上制造的两个深浅不同的 PN 结构成，其中 PD_1 为浅结，它对波长短的光响应率高；PD_2 为深结，它对波长长的光响应率高。这种结构相当于两个光电二极管反向串联，所以又称为双结光电二极管。图 4-35 所示为双结光电二极管的光谱响应特性。

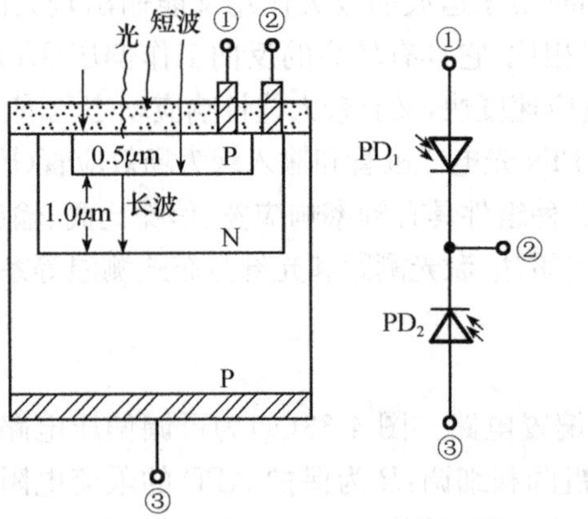

(a) 结构示意图　　(b) 等效电路

图 4-34　双结光电二极管半导体色敏器件

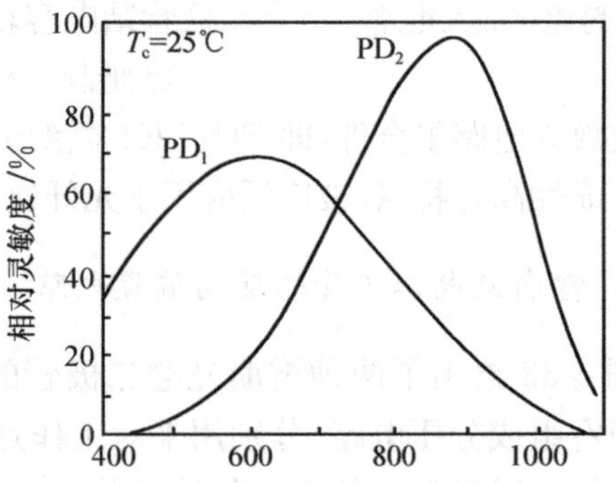

图 4-35　双结硅光电二极管的光谱响应特性

2. 双结硅色敏器件的检测电路

根据图 4-34(b)所示双结光电二极管等效电路，可以设计如图 4-36 所示的信号处理电路，图中 PD_1、PD_2为两个深浅不同的硅 PN 结，它们的输出分别连接到运算放大器 A_1和 A_2输入端，D_1、D_2作为对数变换元件，A_3(差动放大器)对 A_1和 A_2的输出电压作减法运算，最后得到对应于不同颜色波长的输出电压值，即

$$U_0 = U_T(\ln I_{sc2} - \ln I_{sc1})\frac{R_2}{R_1} \tag{4-26}$$

式中，$U_T = kT/e$，室温条件下，$U_T \approx 26\text{mV}$；I_{sc1}和 I_{sc2}分别为 PD_1、PD_2的短路电流；$R_2/R_1 = R_4/R_3$为差动放大器 A_3的电压放大倍数。

当用双结光电二极管作颜色测量时，可以测出其中两个硅光电二极管的短路电流比的对数值($\ln(I_{sc2}/I_{sc1})$)与入射光波长的关系，如图 4-37 所示。由图可知，每一种波长的光都对应于一短路电流比值，根据短路电流比值的不同来判别入射光的波长。

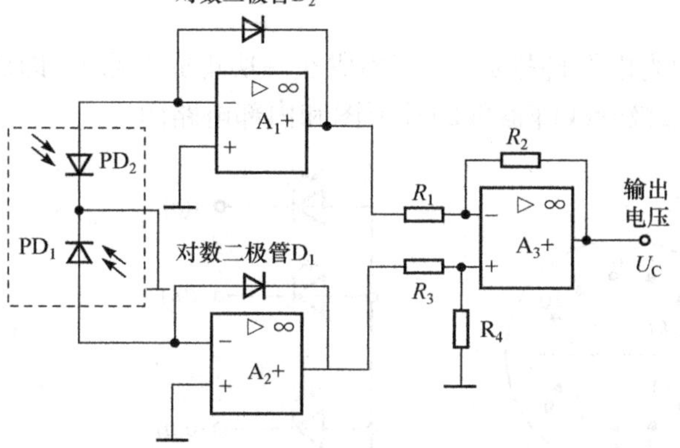

图 4-36　双色硅色敏器件信号处理电路

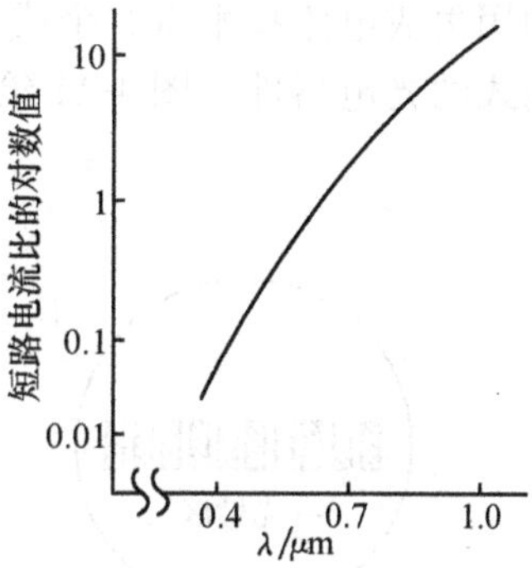

图 4-37　短路电流比与入射波长的关系曲线

由于入射光波与(I_{sc2}/I_{sc1})之间有一一对应关系，所以根据式(4-26)就可以得到输出电压 U_0与入射波长之间的关系，如图 4-38 所示。因此，只要测出上面信号处理电路的输出电压，就能确定被测光的波长以达到识别颜色的目的。

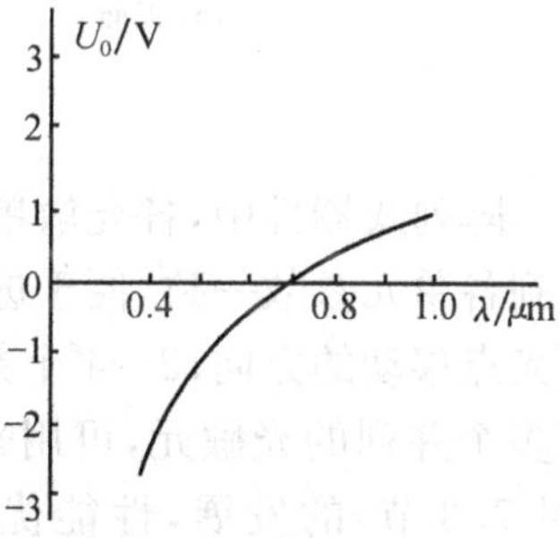

图 4-38　入射波长与输出电压 U_0的关系

上述双结光电二极管只能用于确定单色光的波长，对于多种波长组成的混合色光，它是无能为力的。根据色度学理论，已研制出可以识别混合色光的三色色敏器件。图 4-39 所示为集成全色色敏器件的结构示意图，它是在同一块非晶体硅基片上制作 3 个深浅不同的 PN 结，并分别配上红、绿、蓝 3 块滤色片而构成一个整体，得到图 4-40 所示的光谱响应曲线。该曲线近似于国际照明委员会制定的 CIE1931-RGB 标准色度系统光谱三刺激值曲线[2]，通过 R、G、B 这 3 个不同结输出电流的大小比较识别各种颜色。

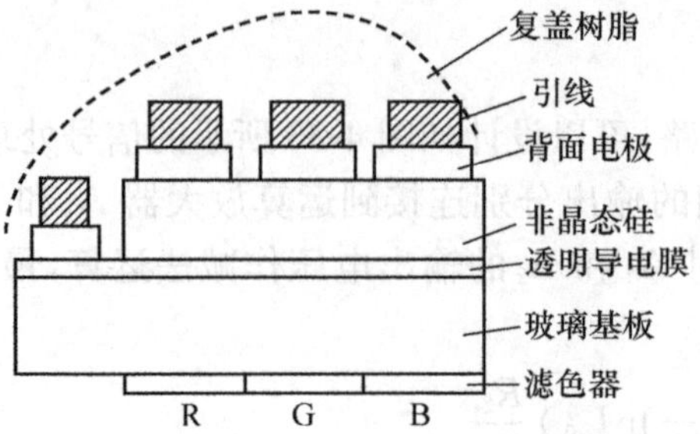

图 4-39　集成全色色敏器件的结构示意图

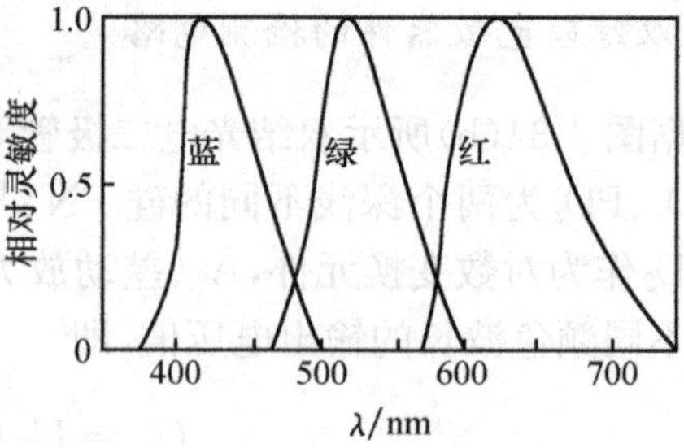

图 4-40　集成全色色敏器件的光谱特性

半导体色敏器件具有结构简单、体积小、成本低等特点，被广泛应用于与颜色鉴别有关的各个领域中。在工业上可以自动检测纸、纸浆、染料的颜色；医学上可以测定皮肤、牙齿等的颜色；用于家电中电视机的彩色调整、商品颜色及代码的读取等，它是非常有发展前途的一种新型半导体光电器件。

4.4.2　阵列式光电器件

利用集成电路技术将 2 个或 2 个以上的光电器件排成一行，集成在一块集成电路上，即成为阵列式的光电器件。图 4-41 给出了光电二极管线阵器件的外形图和内部电路图。

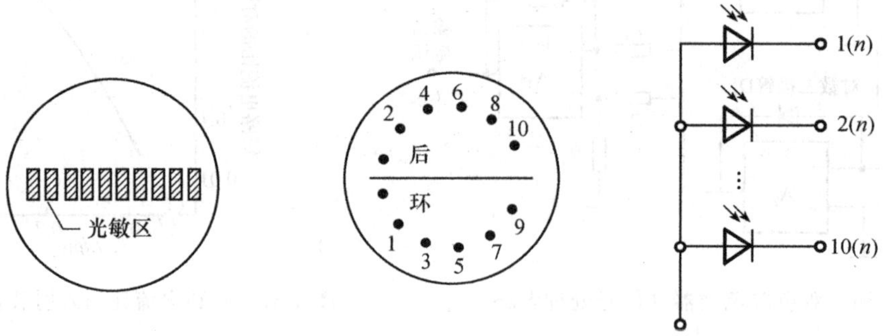

(a) 正面　(b) 背面　(c) 内部电路图

图 4-41　10DP 型光电二极管线阵器件

阵列式器件中，各光敏单元是独立的。这种器件的特点：光敏元密集度大，总尺寸小，容易做到各单元参数一致，便于进行信号处理。就目前的应用看，两个并列的光电器件，可用来辨别光点移动的方向；2～4 个并列的光敏元，可用来摄取光点移动的相位信息；几十至几百或更多个并列的光敏元，可用来摄取一维的光学图像或用做空间频谱分析。但随着 CCD 技术（见 7.3 节）的发展，性能优良的线阵 CCD 将逐步取代光敏元数目较大的阵列式器件的应用。

4.4.3　象限式光电器件[9]

象限式光电器件是利用集成电路技术，将一个圆形或方形的光敏面窗口分隔成象限式区域，每一个区域置一个区域型光电器件，如图 4-42 所示。象限式光电器件可以用来确定光点在二维平面上的位置坐标，一般用于准直、定位、跟踪或频谱分析等。

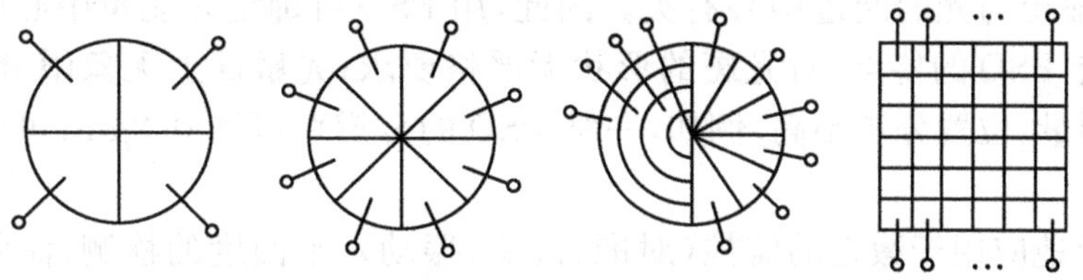

图 4-42　各种象限式光电器件示意图

象限式探测器中较为常用的是四象限光电器件，它具有二维位置检测功能，可以完成光斑在 x、y 两个方向的偏移。图 4-43 给出了四象限光电器件的和差检测电路：首先，用加法器计算相邻象限输出光电信号之和；其次，计算和信号之差；最后，通过除法器获得偏差值。

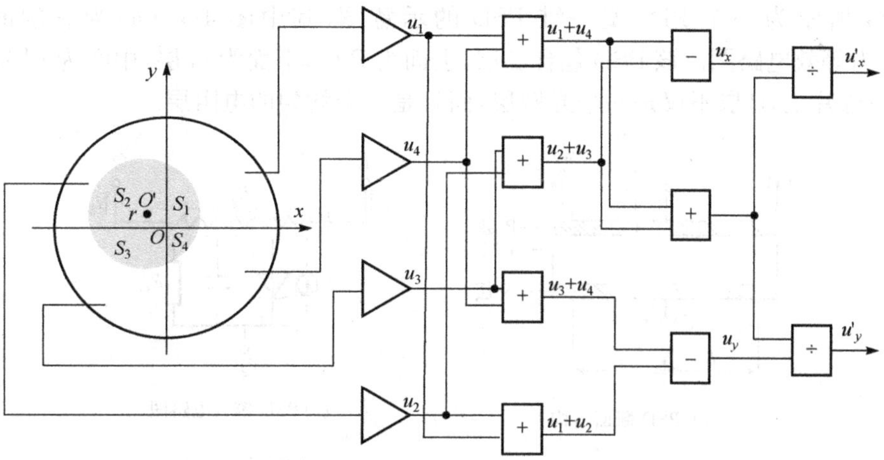

图 4-43　各种象限式光电器件示意图

设入射光斑形状为弥散圆，其半径为 r，光出射度均匀，投射到四象限组合器件，每个象限上的面积分别为 S_1、S_2、S_3 和 S_4，光斑中心 O' 相对器件中心 O 的偏移量 $OO'=p$（可用直角坐标 x，y 表示），由运算电路得到的输出偏离信号分别为

$$u_x=(u_1+u_4)-(u_2+u_3)\quad u_y=(u_1+u_2)-(u_3+u_4)$$

u_1、u_2、u_3、u_4 分别为 4 个象限输出的信号电压经放大器后的电压值；u_x、u_y 分别表示光斑在 x 方向和 y 方向偏离中心 O 点的情况。

为了消除光斑自身总能量的变化对测量结果的影响，通常采用和差比幅电路（除法电路），经比幅电路处理后，输出信号为

$$u_x'=\frac{(u_1+u_4)-(u_2+u_3)}{u_1+u_2+u_3+u_4}\quad u_y'=\frac{(u_1+u_2)-(u_3+u_4)}{u_1+u_2+u_3+u_4}$$

和差电路的特点是测量灵敏度高，非线性影响较小，对目标光斑的不均匀性适应性较强，适用于高精度的定位测量。但信号处理电路复杂，需要进行多次和差运算。各环节性能的差异也会引起测量误差。

4.4.4　光电位置探测器

光电位置探测器（Position Sensitive Detectors，PSD）是利用离子注入技术制成的一种对入射到光敏面上的光点位置敏感的光电器件，分一维和二维两种。当入射光是非均匀的或是

一个光斑时，其输出与光的能量中心有关。因此，用PSD可确定光能量中心的位置。与象限式探测器相比较，PSD的特点：对光斑的形状无严格要求；光敏面上无象限分隔线，对光斑位置可进行连续测量，位置分辨率高，例如，一维PSD的分辨率可达0.2μm；可同时检测位置和光强。

PSD被广泛地应用于激光的监控（对准、位移、振动）、平面度的检测、倾斜度的检测和二维位置的检测系统等。已研制出基于PSD的光电水准仪，可提供高精度水准测量、俯仰测量、倾斜及方位测量和扫平测量[10]。

下面简要介绍PSD的结构和工作原理。

1. 一维PSD

图4-44所示为一个PIN型一维PSD的示意图，其中图4-44(a)为它的断面结构；图4-44(b)为等效电路图。该PSD包含三层，上面为P层，下面为N层，中间为I层，它们全被制作在同一硅片上，P层不仅是一个光敏层，而且是一个均匀的电阻层。

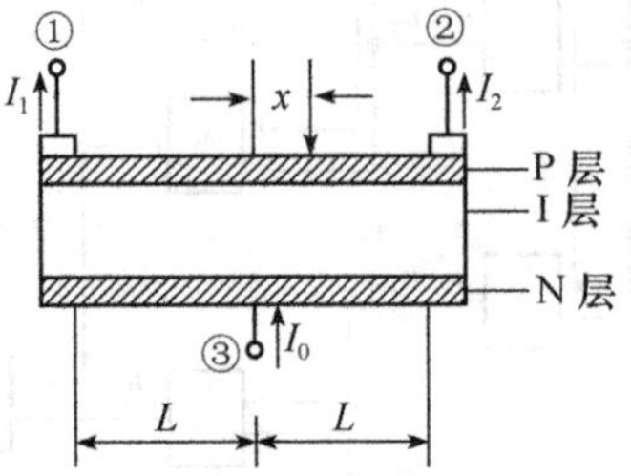

(a) PSD断面结构

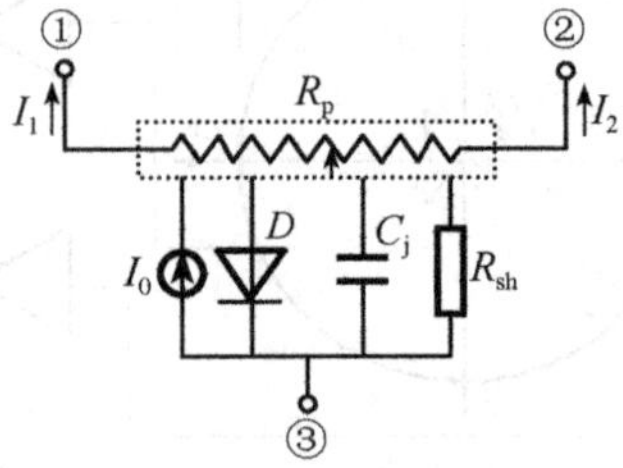

(b) PSD等效电路图

图4-44　PIN型一维PSD示意图

当入射光照射到PSD的光敏层上时，在入射位置上就会产生与光能成正比的电荷，此电荷以光电流的形式通过电阻层（P层）由电极输出。分析等效电路图可知，当器件P层的电阻率分布均匀、负载及电极接触电阻为零时，由电极①和电极②输出的电流大小分别与光点到各电极的电阻值（距离）成反比。设电极①和电极②的距离为$2L$，电极①和电极②输出的光电流分别为I_1和I_2，电极③上的电流为总电流I_0，则$I_0=I_1+I_2$。若以PSD的中心点位置作为原点时，光点离中心点的距离为x，则有

$$\begin{cases} I_1 = \dfrac{L-x}{2L}I_0 \\ I_2 = \dfrac{L+x}{2L}I_0 \\ x = \dfrac{I_2-I_1}{I_2+I_1}L \end{cases} \tag{4-27}$$

利用式(4-27)即可确定光斑的能量中心对于器件中心的位置x，它只与I_1、I_2电流的差、和之比有关，而与总电流无关。

2. 二维PSD

二维PSD有两种形式。一种是单面型的，如图4-45(a)所示，在受光面上设有两对电极，A、B为x轴电极，C、D为y轴电极，U_b为背面衬底的共用电极，可对正面各电极进行反偏置。

设 $I_A \sim I_D$ 为电极 A～D 的光电流，则光点能量中心的位置坐标为

$$\begin{cases} x = \dfrac{I_B - I_A}{I_A + I_B} L \\ y = \dfrac{I_D - I_C}{I_C + I_D} L \end{cases} \tag{4-28}$$

另一种是双面型的，如图 4-45(b)所示，其正面和背面都是均匀电阻层，x 轴电极 A、B 安在正面的受光面上，y 轴电极 C、D 垂直于 x 轴，安在背面。与光点位置有关的信号电流先在正面的两个信号电极上形成电流 I_A、I_B，汇总后又在背面的两个信号电极上形成电流 I_C、I_D。光点能量中心的位置同样也用式(4-28)计算。这种结构的 PSD 比单面型的位置误差小，这可能是因为 x、y 轴的分开设置减小了彼此干扰的缘故。

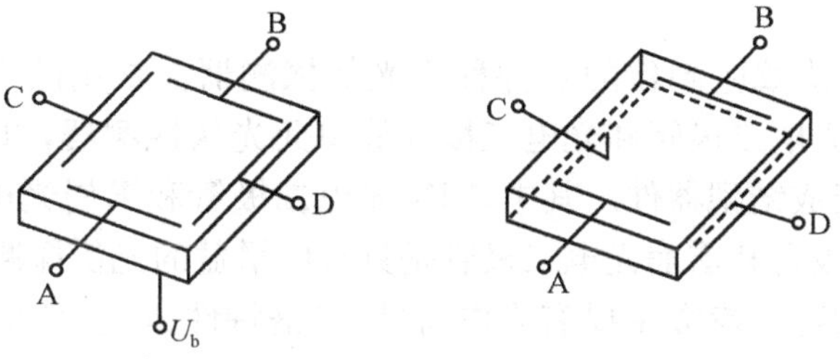

(a) 单面型　　(b) 双面型

图 4-45　二维 PSD 结构示意图

需要指出，式(4-27)和式(4-28)都是近似式，光点在器件中心附近是正确的，而距离器件中心越远、越接近边缘部分时，误差就越大；要得到良好的线性关系，还要求 PSD 满足反向偏压高、光生电流大等工作条件，读者可参考文献[4]。

4.4.5　光电耦合器

光电耦合器是发光器件与光接收器件组合的一种器件。发光器件常采用发光二极管；接收器件常用光电二极管、光电三极管及光集成电路等。它以光作为媒介把输入端的电信号耦合到输出端，因此称为光电耦合器。发光二极管、光电二极管、光电三极管等都是结型光电器件，它们的组合是结型光电器件的典型应用。

几种光电耦合器的结构原理图如图 4-46 所示，发光器件常采用发光二极管。接收器中采

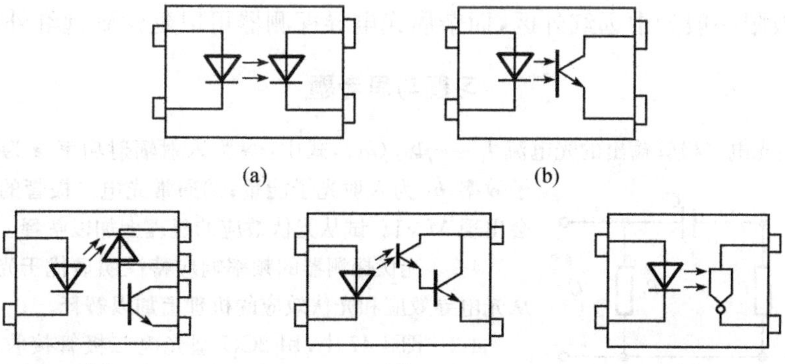
(a)　(b)　(c)　(d)　(e)

图 4-46　几种光电耦合器原理图

用光电二极管时，命名为GD-210系列光电耦合器，如图4-46(a)所示；接收器中采用光电三极管时，则命名为GD-310系列光电耦合器，如图4-46(b)所示；还有以光集成组件为接收器件的，如图4-46(c)中接收器为光电二极管-高速开关三极管组件；图4-46(d)中接收器为光电三极管-达林顿晶体管组件；图4-46(e)中接收器为光集成电路。

光电耦合器具有体积小、寿命长、无触点、抗干扰能力强、输出和输入之间隔离、可单向传输信号等特点。有时还可以取代继电器、变压器、斩波器等，目前已被广泛用于隔离电路、开关电路、数模转换电路、逻辑电路及长线传输、高压控制、线性放大、电平匹配等单元电路。

本章小结

(1) 利用半导体光伏效应制作的器件称为光伏探测器。常用的有光电池、光电二极管、PIN光电二极管、雪崩光电二极管和光电三极管等单元光伏探测器，以及光电耦合器、象限探测器和位置探测器等集成结型器件。其中，PIN光电二极管和雪崩光电二极管是高响应速度的光伏探测器，光电三极管和雪崩光电二极管是具有内增益的光伏探测器。

(2) 光伏探测器的特性参数主要有光电特性、光谱特性、响应时间、频率特性以及噪声特性。其中光电特性与材料、光照范围、负载大小、外加电压等因素有关；光谱特性主要与材料和结构有关；响应时间和频率特性主要与器件的结构、工作偏压有关；噪声主要包括光电流和暗电流的散粒噪声以及器件的热噪声，雪崩光电二极管还有雪崩过程引起的附加噪声。

(3) 光伏探测器的偏置电路有自偏置电路、零伏偏置电路和反向偏置电路等三种形式。自偏置电路无须加任何偏置电源，光电池一般采用这种偏置电路。零伏偏置电路可由负载电阻为零的自偏置电路或者反偏压接近零的反向偏置电路来实现，暗电流为零，$1/f$噪声最小，可以获得较高的输出信噪比。反向偏置电路可使光伏探测器具有较高的灵敏度、较大的频带宽度和较大的光电变换线性范围。

(4) 与光电导探测器相比，光伏探测器主要具有以下几方面的特点：①除光电三极管和雪崩光电二极管外，其他光伏探测器不具有内增益，响应率与外加电压无关；②光伏效应响应时间主要由载流子到结区的扩散时间决定，其扩散时间通常短于载流子寿命，所以它比用相同材料制成的光电导探测器响应更快，其响应频率可以达到几百兆赫，甚至上吉赫；③光伏效应对光的吸收为本征吸收，而光电导效应可以是本征吸收，也可以是非本征吸收，所以光伏探测器光谱响应的长波限一般为中远红外区，而杂质光电导探测器可以延伸到远红外区。

习题与思考题

4-1　①证明：光电二极管输出的光电流 $I_p = e\eta\Phi_0/(h\nu)$，式中，Φ_0为入射辐射功率，e为电子电量，η为量子效率，$h\nu$为入射光子能量；②通常光电二极管的内增益$M=1$，不会出现$M>1$。试从光伏效应的机理上加以解释。

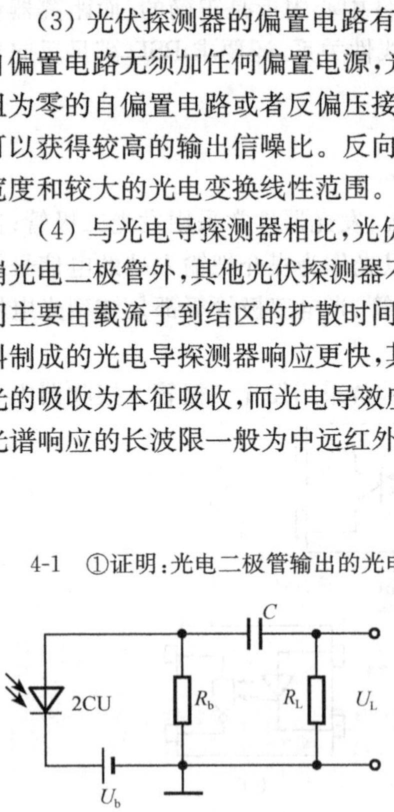

图4-47　题4-3图

4-2　光伏探测器的频率响应特性明显优于光电导探测器。试从光电导效应和光伏效应的机理上加以解释。

4-3　图4-47中，用2CU型光电二极管接收辐射通量变化为$\Phi=(20+5\sin\omega t)\mu W$的光信号，$R_b=R_L=125k\Omega$。2CU的参数：光电灵敏度$S=0.6\mu A/\mu W$，结电容$C_j=3pF$，引线分布电容$C_0=3pF$。

①画出图 4-47 的等效电路图；②求低频时交流输出电压 U_L 的有效值；③上限截止频率。

4-4　在光通信系统中，发射端功率 10mW，光传输到接收端的损耗为 30dB，InGaAs 接收光电二极管对发射的 1.3μm 波长光信号的响应率为 0.8A/W，暗电流为 5nA。接收端所用电路如图 4-48 所示，系统带宽为 100MHz。求 U_i 处的电压信噪比和 U_o 处信号电压（不考虑 $1/f$ 噪声及光电二极管的热噪声，$T=300$K）。

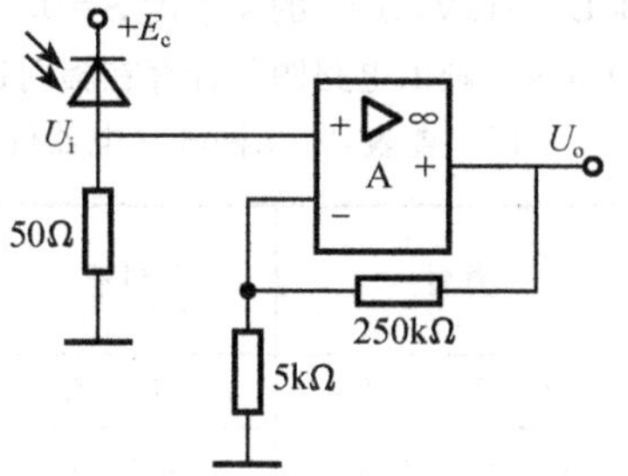

图 4-48　题 4-4 图

4-5　已知 2CR 太阳能光电池的参数为 $U_{oc}=0.54$V，$I_{sc}=50$mA，要用若干个这样的光电池组合起来对 0.5A、6V 的蓄电池充电，应组成怎样的电路，画出电路图；需要多少这样的光电池（充电电源电压应比被充电电池电压高 1V 左右）。

4-6　硅光电池的开路电压为 U_{oc}，当照度增大到一定时，为什么不再随入射照度的增加而增加，只是接近 0.6V？在同一照度下，为什么加负载后输出电压总是小于开路电压？

4-7　说明 PIN 管、雪崩光电二极管的工作原理和各自特点。PIN 管的频率特性为什么比普通光电二极管好？

4-8　试述 PSD 的工作原理，与象限探测器相比，PSD 有什么优点？

4-9　已知某光电三极管的伏安特性曲线如图 4-49 所示。当入射辐射通量为 $\Phi=(60+40\sin\omega t)$lm 时，要在负载电阻上得到不小于 5V 的有效值输出电压，试设计该光电三极管的偏置电路（偏置电压和偏置电阻），并画出输入/输出的波形图。

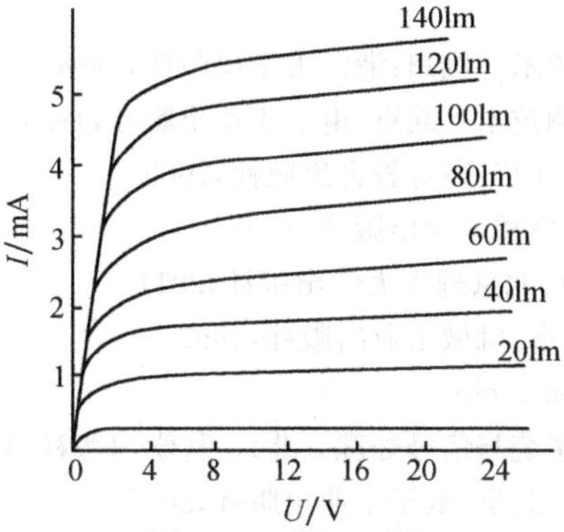

图 4-49　题 4-9 图

4-10　图 4-50 给出了一种用光电耦合器件隔离的高压稳压电路，试说明它的特点、工作原理及对光电耦合器的耐压要求。

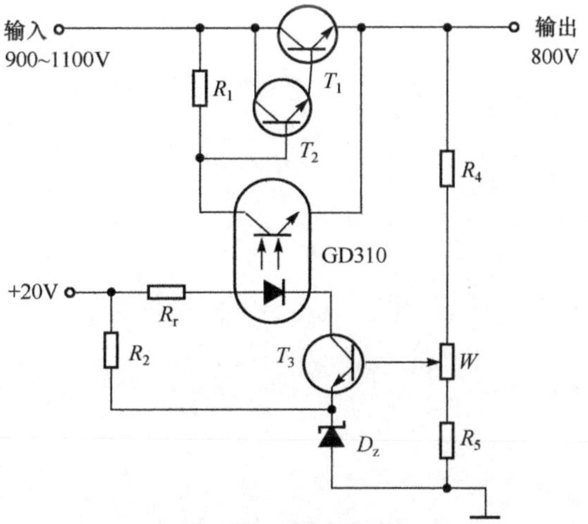

图 4-50　题 4-10 图

4-11 用 $2DU_1$ 光电管探测缓变辐射通量。设最大辐射通量 $\Phi=100\mu W$，其拐点电压 $U_M=10V$，电源电压 $U_b=15V$，$2DU_1$ 的灵敏度 $S=0.4\mu A/\mu W$，暗电流 $I_D=0.1\mu A$。求保证不失真的最大信号输出时的负载值为多少？画出电路图并计算在辐射通量变化 $10\mu W$ 时，输出电压的增量值。

4-12 查表，将几种硅光电器件的参数填入下表（其中比探测率 D^* 需要计算）。

类型	型号	光敏面直径 /mm	暗电流 /nA	比探测率 D^* /(cm · $Hz^{1/2}$/W)	响应时间 /ns
硅光电二极管	$2CU_1A$	2			
硅光电三极管	3DU11			*	
硅 PIN 光电二极管	C30807E				
硅雪崩光电二极管	C30817E				

4-13 利用高速光电耦合器，可以实现计算机主机与用户终端的有效隔离。试设计该光电耦合器电路。

4-14 查找“基于 PSD 的光电水准仪”的资料，说明它的系统结构和工作原理。

4-15 利用光电测量的方法，可以实现非接触测量。试用你所学过的知识，设计一个光电测量系统，用于检测某设备上飞轮的转动速度和判断正反转方向。

4-16 试利用电桥的平衡原理，设计一个光伏探测器的零伏偏置电路，用于检测直流或缓变光信号。

参考文献

[1] 缪家鼎，徐文娟，牟同升．光电技术．杭州：浙江大学出版社，1994
[2] 王清正，胡渝，林崇杰．光电探测技术．北京：电子工业出版社，1994
[3] 张永林，狄红卫．光电子技术．北京：高等教育出版社，2005
[4] 浦昭邦．光电测试技术．北京：机械工业出版社，2005
[5] 江月松．光电技术与实验．北京：北京理工大学出版社，2011
[6] 孙培懋，刘正飞．光电技术．北京：机械工业出版社，1992
[7] www.optoelectronics.perkinelmer.com
[8] 叶嘉雄，常大定，陈汝均．光电系统与信号处理．北京：科学出版社，1997
[9] 王庆有，蓝天，胡颖．光电技术．北京：电子工业出版社，2005
[10] 黄梅珍．位置敏感探测器的研究[博士学位论文]．杭州：浙江大学，2006

第 5 章　光电子发射探测器

利用光电发射效应制成的器件称为光电子发射探测器，简称 PE(Photoemissive)探测器，通常也称为真空光电器件。这类器件包括光电管、光电倍增管等。20 世纪以来，半导体光电器件得到了迅速发展，其低廉的价格、稳定的性能及使用方便等特点，已取代光电管的大部分应用和光电倍增管的部分应用。但光电倍增管具有极高的灵敏度和快速响应等特点，在探测微弱光信号及快速脉冲信号方面仍然是一种重要的探测器件。本章重点介绍光电倍增管的结构、原理及特性。

5.1　光 电 阴 极

具有光电发射效应的材料称为光电子发射体。在光电发射器件中，光电子发射体又称为光电阴极，是完成光电转换的重要部件，其性能好坏直接影响整个光电发射器件的性能。表征光电阴极的主要参数有灵敏度、量子效率、光谱响应曲线、暗电流等，它们在很大程度上决定于所选择的材料。下面介绍常用的光电阴极材料。

由第 2 章讨论的光电发射效应可知，一个良好的光电发射材料应具备下述条件[1]：①光吸收系数大；②光电子在体内传输过程中受到的能量损失小；③表面势垒低，使表面逸出概率大。

金属由于其反射系数大、吸收系数小、体内自由电子多而引起碰撞损失能量大、逸出功大等原因而不满足上述三个条件。大多数金属的光谱响应都在紫外或远紫外区。只能适应对紫外灵敏的光电探测器。半导体光电发射材料的光吸收系数要比金属大得多，体内自由电子少，散射能量损失小，其量子效率比金属大得多，且光谱响应可延伸至可见光和近红外波段范围。

因此，半导体材料广泛用做光电阴极。实用的光电阴极可以按照材料的电子亲和势分为常规光电阴极和负电子亲和势光电阴极两大类。常规光电阴极是沿用已久的光电阴极材料，其电子亲和势 $E_A>0$，负电子亲和势材料是近期出现的新型材料，其电子亲和势 $E_A<0$。

1. 常规光电阴极

常用的光电子发射探测器中的阴极几乎全是常规光电阴极，它分为如下几类。

(1) 银-氧-铯(Ag-O-Cs)材料。银-氧-铯材料具有良好的可见光和近红外光响应。使用 Ag-O-Cs 材料的透射型阴极的光谱响应为 300～1200nm，反射型阴极的光谱响应略窄一些，为 300～1100nm。与其他材料的光电阴极相比，银-氧-铯阴极在可见光区域的灵敏度较低，但在近红外区的长波端灵敏度较高，因而银-氧-铯光电阴极主要应用于近红外探测。

(2) 单碱锑化物。金属锑与碱金属，如锂、钠、钾、铷、铯中的一种化合，都能形成具有稳定光电发射特性的发射体。其中，以 CsSb 阴极最为常用，在紫外和可见光区的灵敏度最高。由于 CsSb 光电阴极的电阻相对于多碱锑化物光电阴极的电阻较低，适合于测量较强的入射光，这时阴极可以通过较大的电流。

(3) 多碱锑化物。这是指锑 Sb 和几种碱金属形成的化合物，包括双碱锑材料 Sb-Na-K、Sb-K-Cs 和三碱锑材料 Sb-Na-K-Cs 等，其中 Sb-Na-K-Cs 是最实用的一种光电阴极材料，具有高灵敏度和宽光谱响应，其红外端可延伸到930nm，适用于宽带光谱测量仪。

（4）紫外光电阴极。在某些应用中，为了消除背景辐射的影响，要求光电阴极只对所探测的紫外辐射信号灵敏，而对可见光无响应，这种阴极通常称为“日盲”型光电阴极。目前比较实用的“日盲”型光电阴极有碲化铯（CsTe）和碘化铯（CsI）两种。CsTe阴极的长波限为0.32μm，而CsI阴极的长波限为0.2μm。

紫外光电阴极有着极其重要的实际应用价值[2]。太阳的紫外光大部分被大气中的氧和臭氧层强烈吸收，其中中紫外（0.2～0.3μm）波段几乎被完全吸收，称为“日盲”区；而近紫外（0.3～0.4μm）波段透过地球大气层最多，称为“紫外窗口”，而在大气层中该段紫外光是均匀分布的。军事领域可利用中紫外的“日盲”和近紫外“窗口”特性来进行工作。在“日盲”区，由于军事攻击目标的紫外辐射强于太阳的紫外辐射（如飞机的尾焰），所以目标很容易就被显现出来。紫外探测系统正是利用“日盲”特性迅速而准确地探测和跟踪到攻击目标；在近紫外区，由于军事攻击目标挡住了大气散射的太阳紫外光，所以目标会形成一个“暗点”呈现在均匀的紫外光背景之上，相关探测和跟踪设备正是利用这种“暗点”特性而将所探测和跟踪的目标锁定。

此外，由于人体的指纹印、体液（血液、精液、唾液）以及违禁的火药、麻醉品等物质对紫外线具有特殊的吸收、反射、散射及荧光特性。警用紫外成像技术可利用这些物质对紫外光所呈现出的特性，用紫外成像仪将摄取的紫外图像放大并转化为可见光图像使其隐藏的信息得以暴露。

根据国际电子工业协会规定，按光电阴极材料出现的先后顺序和窗口材料的种类，以S为字头进行编号排成序列，从S-1到S-25有25个编号。常规光电阴极的编号及特性见表5-1。

表5-1　常规光电阴极编号及特性表

编号	光电发射材料	窗材料	工作方式 半透为T 反射为R	峰值 波长 λ_{max}/μm	积分 灵敏度 /(μA·lm^{-1})	λ_{max}处辐 射响应度 /(mA·W^{-1})	λ_{max}处 量子效率 /%	25℃暗电 流密度 /(fA·mm^{-2})
S-1	Ag-O-Cs	石灰玻璃	T,R	0.800	30	2.8	0.43	900
S-3	Ag-O-Rb	石灰玻璃	R	0.42	6.5	1.8	0.53	—
S-4	Cs-Sb	石灰玻璃	R	0.400	40	40	12.4	0.2
S-5	Cs-Sb	9471玻璃	R	0.340	40	60	18.2	0.3
S-8	Cs-Sb	石灰玻璃	R	0.365	3	2.3	0.78	0.13
S-9	Cs-Sb	7052玻璃	T	0.480	30	20.5	5.3	0.3
S-10	Ag-Bi-O-Cs	石灰玻璃	T	0.450	40	20	5.5	70
S-11	Cs-Sb	石灰玻璃	T	0.440	70	66	15.7	3
S-13	Cs-Sb	熔凝玻璃	T	0.440	60	48	13.5	4
S-14	Ge	石灰玻璃	—	1.500	12400①	520①	43①	—
S-16	CdSe	石灰玻璃	—	0.730	—	—	—	—
S-17	Cs-Sb	石灰玻璃	R	0.490	125	83	21	1.2
S-19	Cs-Sb	石灰玻璃	R	0.380	40	65	24.4	0.3
S-20	Na-K-Cs-Sb	熔凝玻璃	R	0.420	150	64	18.8	0.3
S-21	Cs-Sb	9741玻璃	T	0.440	30	23.4	6.6	4
S-23	Rb-Te	石灰玻璃	T	0.240	—	4	2	0.001
S-24	K-Na-So	7056玻璃	T	0.380	45	67	21.8	0.003
S-25	Na-K-Cs-Sb	石灰玻璃	T	0.420	200	43	12.7	1

①带45V的起偏电压。

2. 负电子亲和势光电阴极[3]

1963 年由 Simon 根据对半导体物理的研究，首先提出了负电子亲和势理论。1965 年 J. J. Sheer 和 J. V. Laar 在半导体技术迅速发展的基础上，用铯激活砷化镓得到零电子亲和势光电阴极；并首先研制出 GaAs-Cs 负电子亲和势光电阴极，光照灵敏度达 500μA/lm，长波限为 900nm。这一成果引起了人们的普遍关注，从此开展了对Ⅲ-V 族化合物光电阴极的大量研究工作，得到了各种负电子亲和势光电阴极。这种阴极不仅具有前所未有的高灵敏度，而且长波极限波长延伸到红外，很好地满足了夜视技术和激光技术发展的需要，开创了新一代光电阴极的新局面。

前面讨论的常规光电阴极都属于正电子亲和势(PEA)类型，表面的真空能级位于导带之上。但如果给半导体的表面作特殊处理，使表面区域能带弯曲，真空能级降到导带之下，从而使有效的电子亲和势为负值，经这种特殊处理的阴极称为负电子亲和势(Negative Electron Affinity，NEA)光电阴极。

由 2.1.3 小节所述，电子亲和势指的是半导体导带底部到真空能级间的能量值，它表征材料在发生光电效应时，电子逸出材料的难易程度。电子亲和势越小，就越容易逸出。很明显，如果电子亲和势为零或负值，则意味着电子处于随时可以脱离的状态，用电子亲和势为负值的材料制作的光电阴极，由光子激发出的电子只要能扩散到表面就能逸出，因此灵敏度极高。

现以 Si-Cs_2O 光电阴极为例加以说明。在重掺杂的 P 型硅表面镀一层极薄的金属 Cs，经过特殊处理形成 N 型的 Cs_2O(厚度仅有几纳米)。由于表面为 N 型材料有丰富的自由电子，衬底为 P 型材料有丰富的自由空穴，它们间因存在浓度差而互相扩散，形成表面电荷的局部耗尽，类似于图 1-21PN 结的情况，耗尽区内发生能带弯曲。图 5-1(a)左右分别为 P-Si 和 N-Cs_2O的能带图，图 5-1 (b)给出了两种材料结合后表面能带的弯曲情况。可见，由于表面存在 N 型材料使表面电位相对于体内降低了 E_d。

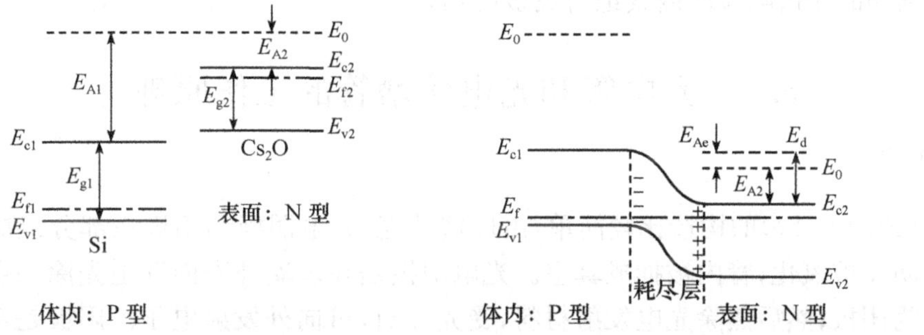

(a) P-Si 和 N-Cs_2O 的能带图　　(b) P-Si 和 N-Cs_2O 结合后表面处能带的变曲示意图

图 5-1　负电子亲和势材料表面能带弯曲图

因为表面很薄，入射光子极易穿透表面材料进入体内。当光子能量 $h\nu \geqslant E_{g1}$ 时，体内价带电子受光激发进入导带。这些体内“光生电子”在表面附近受到耗尽区内建电场的作用很容易达到表面，但它们仍然具有体内材料导带 E_{c1} 的能级。此时，“光生电子”逸出表面需克服的电子亲和势为

$$E_{Ae}=E_0-E_{c1}=E_{A2}-E_d \tag{5-1}$$

式中，E_0是指材料表面的真空能级；E_{Ae}是体内有效电子亲和势，以区别体内常规发射的电子亲和势。显然，如果掺杂浓度足够高，使得能带弯曲足够大，则可使能带弯曲度 $E_d > E_{A2}$，从而

$E_{Ae}<0$，这样就形成了负电子亲和势。

需要特别指出的是，负电子亲和势是指体内衬底材料的有效电子亲和势，而不是指表面材料的电子亲和势。NEA 发射体和常规光电发射体的表面电子状态是类似的，导带底上的电子能量都低于真空能级，其差值为 E_{A2}。但两者体内的电子能量相对于真空能级则不同，NEA 发射体导带底的电子能量高于真空能级，而常规发射体则低于真空能级。

NEA 阴极的量子效率高于正电子亲和势光电阴极，还可从其光电发射过程进行分析。价带中的电子吸收光子能量后跃迁到导带底以上，成为热电子（受激电子能量超过导带底的电子）。在向表面运动的过程中，由于碰撞散射而发生能量损失，故很快就落到导带底而变成冷电子（能量恰好等于导带底的电子）。热电子的平均寿命非常短，为 $10^{-14}\sim10^{-12}$s。如果在这么短的时间内能够运动到真空界面，自然能够逸出。但是热电子的逸出深度只有几十纳米，绝大部分热电子来不及到达真空界面，就已经落到导带底变成冷电子了。而冷电子的平均寿命较长，为 $10^{-9}\sim10^{-8}$s，且其逸出深度可达 1000nm。因为体内冷电子能量仍高于真空能级，所以它们运动到真空界面时，可以很容易逸出。因此，NEA 材料的量子效率比常规发射体高得多。

由以上分析可知，只要入射光子能量足以使体内价带电子激发进入导带，负电子亲和势材料就可以发射光电子。因此，负电子亲和势光电阴极的截止波长为

$$\lambda_{max}=\frac{1.24}{E_g}(\mu m) \tag{5-2}$$

NEA 光电阴极是现代最优秀的阴极，和常规光电阴极比较，至少有以下五个方面优点。

(1) 在常规光电阴极的光谱响应区中有高得多的量子效率。

(2) 阈值波长延伸到红外区（$\lambda_0>1\mu m$）。

(3) 由于冷电子发射，能量分散性小，在成像器件中分辨率极高，且惰性小。

(4) 热电子发射（暗电流）极小。

(5) 在延伸的光谱响应区内其绝对灵敏度均匀。

5.2 光电管和光电倍增管的工作原理

5.2.1 光电管

光电管（Phototube）的构造比较简单，由玻璃外壳、光电阴极和阳极三部分组成，如图 5-2 所示。为了防止被氧化，管内被抽成真空。光电阴极是在玻璃外壳内壁上先涂一层金属半透明的银膜作为阴极；然后蒸涂光电发射材料，受光照时，可向外发射电子。阳极是金属环或金属网，置于光电阴极的对面，加正的高压，用来收集从阴极发射出来的电子。

光电管的特点[4]：光电阴极面积大，灵敏度较高；暗电流小；光电发射弛豫过程极短（ps 量级）。已研制的 R1328U 系列超快光电管，其响应时间达到 60ps，特别适合于由高功率激光产生的超短脉冲光信号的检测。但这类管子体积较大，工作电压高达百伏到数百伏，玻璃外壳容易破碎，它的一般应用目前已基本被半导体光电器件代替。

5.2.2 光电倍增管

光电倍增管（Photomultiplier Tube，PMT）是一种内部有电子倍增机构的真空光电管，其内增益极高，是目前灵敏度最高的一种光电探测器。它的外形如图 5-3 所示。

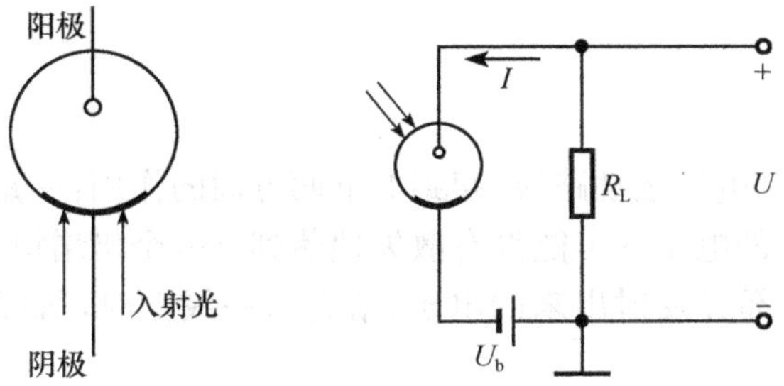

(a) 结构　　　　(b) 工作电路

图 5-2　真空光电管

图 5-3　一种光电倍增管实物图

光电倍增管由光窗、光电阴极、电子光学系统（也称为电子透镜）、电子倍增系统和阳极组成，如图 5-4(a)所示。入射光透过光窗照射到光电阴极 K 上，发射出光电子；光电子经电子光学系统加速，聚焦到倍增极上，倍增极将发射出比入射电子更多的二次电子；电子经 n 级倍增极倍增，形成放大的阳极电流，在负载 R_L 上产生放大的信号电压输出，如图 5-4(b)所示。

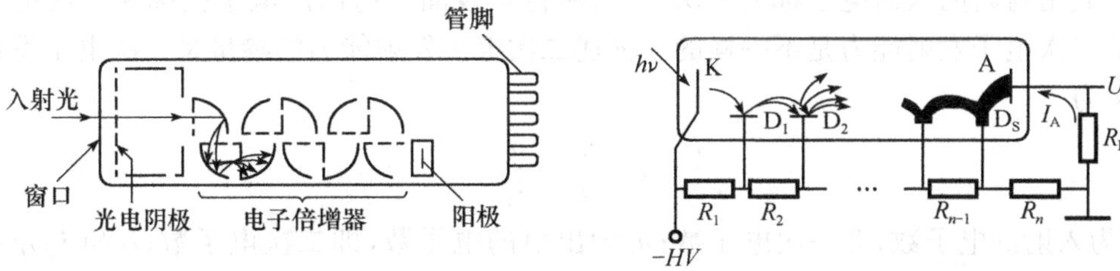

(a) 结构　　　　(b) 工作原理

图 5-4　光电倍增管原理图

1. 光窗

光窗是入射光的通道，同时也是对光吸收较多的部分。因为玻璃对光的吸收与波长有关，波长越短吸收越多，所以倍增管光谱特性的短波阈值决定于光窗材料。常用的光窗材料一般有钠钙玻璃、硼硅玻璃、紫外玻璃、熔融石英玻璃和氟镁玻璃等。

光电倍增管通常有侧窗和端窗两种形式。侧窗式光电倍增管通过管壳的侧面接收入射光，一般使用反射式光电阴极；而端窗式光电倍增管通过管壳的端面接收入射光，通常使用半透明的光电阴极，如图 5-5 所示。

(a) 用于侧窗式的反射式光电阴极　　　　(b) 用于端窗式的透射式光电阴极

图 5-5　反射式、透射式光电阴极

2. 光电阴极

光电阴极的作用是光电转换，它可接收入射光，也可向外发射光电子。制作光电阴极的材料多是化合物，其原理如 5.1 节所述。光电阴极材料决定了光电倍增管光谱特性的截止波长，同时对整管灵敏度也起决定性作用。

3. 电子光学系统

电子光学系统是通过电场加速和控制电子运动路线，起到如下两方面的作用：一是通过对电极结构的适当设计，使前一级发射出来的电子尽可能没有散失地落到下一个倍增极上，使下一级的收集率接近于1；二是使前一级各部分发射出来的电子，落到后一级上时，所经历的时间尽可能相同，使渡越时间零散最小。

4. 电子倍增极

倍增系统是由许多倍增极组成的，每个倍增极的接收面都是由二次电子倍增材料构成，具有使一次电子倍增的能力。因此，倍增系统是决定整管灵敏度最关键的部分。

1) 二次电子发射

具有足够动能的电子轰击某些材料时，材料表面将发射出新的电子，这种现象称为二次电子发射。轰击材料的入射电子称为一次电子，从材料表面发射出的电子被称为二次电子。不同材料的二次电子发射能力是不一样的。描述二次电子发射能力的参量是二次电子发射系数δ，其定义为

$$\delta=\frac{n_2}{n_1}=\frac{i_2}{i_1} \tag{5-3}$$

式中，n_1为入射的电子数，即一次电子数；n_2为出射的电子数，即二次电子数；i_1和i_2分别为一次电子流和二次电子流。

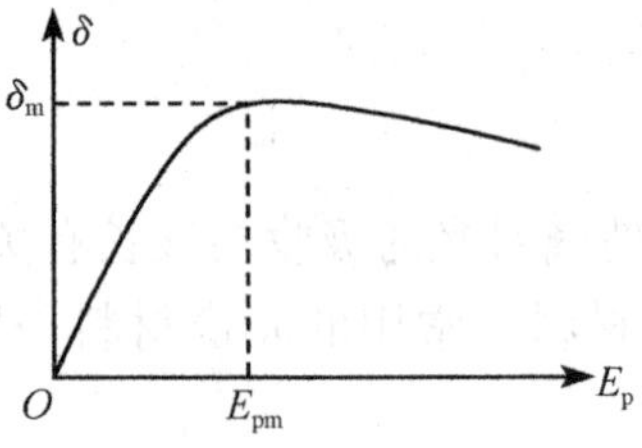

图 5-6 二次发射系数与一次电子能量的关系

δ是一次电子能量E_p的函数，δ与E_p的关系曲线如图5-6所示。开始时，δ随E_p的增大而增大，直到达到最大值δ_m。随后，若继续增大E_p，δ的值反而下降。其原因：当一次电子能量过大时，电子穿透材料的有效深度增加，尽管激发的二次电子数有所增加，但许多深层的二次电子逸出过程中，由于碰撞散射而损失能量，结果不能逸出，反而使δ减小。图5-6所示的规律具有普遍意义，不论金属、半导体或介质，δ与E_p的一般关系曲线的形状都相似，只是材料不同，E_{pm}和δ_m值不同。各种不同材料的E_{pm}为100～1800eV，金属的δ_m一般为0.5～1.8，半导体和介质的δ_m可达5～6，专门用来作为倍增极的半导体材料的δ_m可达十几，近来出现的负电子亲和势材料的δ_m可达500以上。

2) 实用的倍增极材料

实用的倍增材料应有这样的性质，即在低电压下有大的δ值，以便整管工作电压不至于过高；热发射要小，以便整管的暗电流和噪声小；二次电子发射要稳定，以便温度较高或一次电流较大时，长时间工作δ无明显变化；倍增极容易制作。

常用的倍增材料有下面几种。它们既是灵敏的光电发射体，也是良好的二次电子发射体。

(1) 复杂的半导体型：如锑铯(CsSb)、锑铯钾(KCsSb)等碱金属化合物，它们既是良好的光电阴极材料，也是常用的二次电子发射材料。

(2) 氧化物型：主要是氧化镁(MgO)、氧化铍(BeO)和氧化钡(BaO)。

(3) 合金型：主要是银镁、铝镁、铜镁、镍镁、铜铍等合金。

(4) 负电子亲和势型：主要有用铯激活的磷化镓(GaP:Cs)和 CsO 激活的硅(Si:CsO)等负电子亲和势型二次电子发射材料。

3) 倍增极结构

光电倍增管中的倍增极一般由几级到十几级组成，根据电子轨迹的形式可分为聚焦型和非聚焦型两类。凡是电子从前一倍增极飞向后一倍增极时，在两个倍增极之间可能发生电子束交叉的结构称为聚焦型。非聚焦型倍增极形成的电场只能使电子加速，而电子轨迹都是平行的。如图 5-7 所示，聚焦型分为直瓦片式和圆瓦片式两种，非聚焦型分为百叶窗式和盒栅式两种。表 5-2 给出了每一种光电倍增管的结构分类和特点。此外，还有微通道板式结构(见 7.2.4小节)。

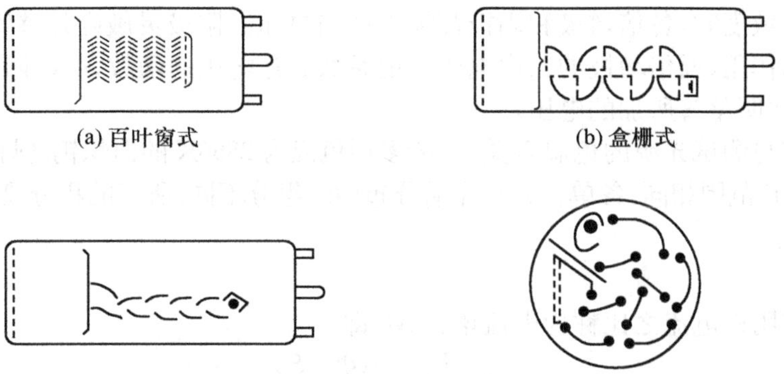

(a) 百叶窗式　(b) 盒栅式　(c) 直瓦片式　(d) 圆瓦片式

图 5-7　光电倍增管的倍增极结构

表 5-2　光电倍增管结构分类和特点

倍增极结构形式		特点
聚焦型	直瓦片式	极间电子渡越时间分散小，但绝缘支架可能积累电荷而影响电子光学系统的稳定性
	圆瓦片式	结构紧凑，体积小，但灵敏度的均匀性差些
非聚焦型	百叶窗式	工作面积大，与大面积光电阴极配合可制成探测弱光的倍增管，但极间电压高时，有的电子可能越级穿过，收集率较低，渡越时间分散较大
	盒栅式	收集率较高(可达 95%)，结构紧凑，但极间电子渡越时间分散较大

5. 阳极

阳极的作用是收集最末一级倍增极发射出来的二次电子，通过引线向外电路输出电流。对于阳极的结构要求具有较高的电子收集率，能承受较大的电流密度，并且在阳极附近的空间不致产生空间电荷效应。目前，阳极广泛采用栅网状结构。

5.3　光电倍增管的主要特性参数

1. 灵敏度

灵敏度是衡量光电倍增管探测光信号能力的一个重要参数。光电倍增管灵敏度有阴极灵敏度与阳极灵敏度之分。表 5-3 给出了光电倍增管各灵敏度的表达式。

表 5-3 光电倍增管的灵敏度

灵敏度		公式	说明
阴极灵敏度	阴极光谱灵敏度	$S_K(\lambda)=I_{K\lambda}/\Phi(\lambda)$	式中，S 为灵敏度；λ 为波长；I 为电流；Φ 为光通量；$\Phi(\lambda)$为光谱光通量；下标 K 表示阴极；下标 A 表示阳极
	阴极积分灵敏度	$S_K=I_K/\Phi$	
阳极灵敏度	阳极光谱灵敏度	$S_A(\lambda)=I_{A\lambda}/\Phi(\lambda)$	
	阳极积分灵敏度	$S_A=I_A/\Phi$	

测试阴极灵敏度时，以阴极为一极，其他倍增极和阳极都连到一起为另一极，相对于阴极加 100～300V 直流电压。照射到光电阴极上的光通量为 $10^{-5}\sim10^{-2}$ lm。光通量的上限不要使光电阴极的功耗过大，下限不要使光电流过小，以免使漏电流影响测量光电流的准确性。

测试阳极灵敏度时，各倍增极和阳极都加上适当电压。阳极灵敏度是整管参量，包括了阴极和各倍增极的作用，而倍增极的二次电子发射系数 δ 是电压的函数，所以阳极灵敏度与电压有关，因此必须注明整管所加的电压。

积分灵敏度与测试光源的色温有关，一般多用色温为 2856K 的白炽钨丝灯。色温不同时即使测试光源的波长范围相同，各单色光在光谱分布中的组分不同，所得的积分灵敏度也不同。

2. 电流增益

阳极电流与阴极电流之比称为电流增益 M，即

$$M=\frac{I_A}{I_K}=\frac{S_A\Phi}{S_K\Phi}=\frac{S_A}{S_K} \tag{5-4}$$

如果光电倍增管有 n 级倍增极，那么光电阴极发射的光电流经过各级倍增极倍增后，从阳极输出的电流

$$I_A=I_K\cdot\varepsilon_0(\varepsilon_1\delta_1)(\varepsilon_2\delta_2)\cdots(\varepsilon_n\delta_n) \tag{5-5}$$

式中，ε_0 为电子光学系统的收集率；$\varepsilon_1,\varepsilon_2,\cdots,\varepsilon_n$ 和 $\delta_1,\delta_2,\cdots,\delta_n$分别为第 $1,2,\cdots,n$ 级倍增极的电子收集率和二次电子发射系数。同时，假定阳极电子收集率为 1，如果各倍增极的 ε 和 δ 均相等，那么光电倍增管的电流增益

$$M=\frac{I_A}{I_K}=\varepsilon_0\ (\varepsilon\delta)^n \tag{5-6}$$

若 $\varepsilon_0=\varepsilon_1=\varepsilon_2=\cdots=\varepsilon_n=1$，得到

$$M=\delta^n \tag{5-7}$$

由图 5-6 可知，光电倍增管倍增极的二次电子发射系数 δ 与一次电子能量（一次电子的加速电压 U_d）有关。当电压在几十伏到几百伏范围时，可用下式表示

$$\delta=C\cdot U_d^k \tag{5-8}$$

式中，C 是常数；k 值与倍增极的材料和结构有关，一般为 0.7～0.8。

将式(5-8)代入式(5-6)，再假定倍增管均匀分压，级间电压 U_d 相等，那么放大倍数与光电倍增管所加电压 U 的关系为

$$M=\varepsilon_0\left[\varepsilon\cdot C\cdot\left(\frac{U}{n+1}\right)^k\right]^n=A\cdot U_d^{kn} \tag{5-9}$$

从式(5-9)可知，电流增益 M 和阳极输出电流随所加电压的 kn 次方指数变化。因此，在使用光电倍增管时，为了使输出电流稳定，级间电压 U_d应保持稳定。可作如下计算

$$\frac{\mathrm{d}M}{M}=kn\,\frac{\mathrm{d}U_d}{U_d} \tag{5-10}$$

一般情况下，$n=9\sim12$，因此电源电压的稳定度要优于测量精度一个数量级。例如，测量精度为 1%，所加电源电压的稳定度应为 0.1%。

3. 光电特性

阳极光电流与入射于光电阴极的光通量之间的函数关系，称为倍增管的光电特性。对于一只比较好的管子，二者可在很宽的光通量范围内保持良好的线性关系。当光通量很大时，特性曲线开始偏离线性，这是由最后几级倍增极的疲劳使放大系数大大降低，以及阳极和最后几级倍增极的空间电荷影响所致。如果取特性偏离于直线 3% 作为线性区的界限，则满足线性关系的光通量范围可达 $10^{-12}\sim10^{-7}$lm。图 5-8 是 391-A 型光电倍增管的光电特性曲线。光电特性的线性范围对于模拟量测量很重要，线性范围越宽，越能保证光电流与光照在大范围内保持线性关系。

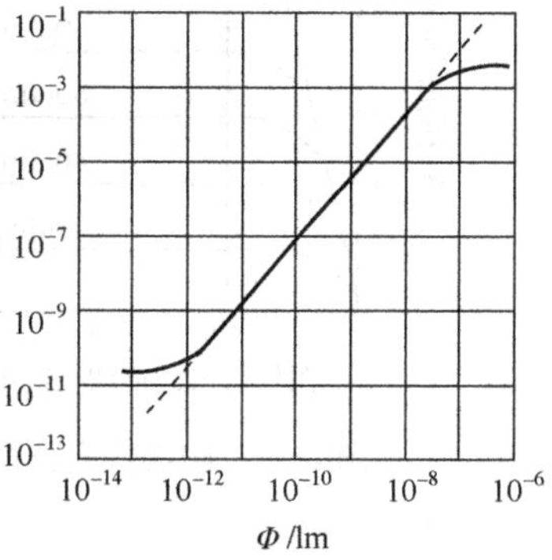

图 5-8　391-A 型光电倍增管的光电特性曲线

4. 光谱特性

光谱响应取决于光电阴极的材料。图 5-9 和图 5-10 给出了几种常用光电阴极材料的光谱响应曲线。长波限和短波限受到光电阴极材料的限制。当然短波限还受到光电倍增管窗口的限制。

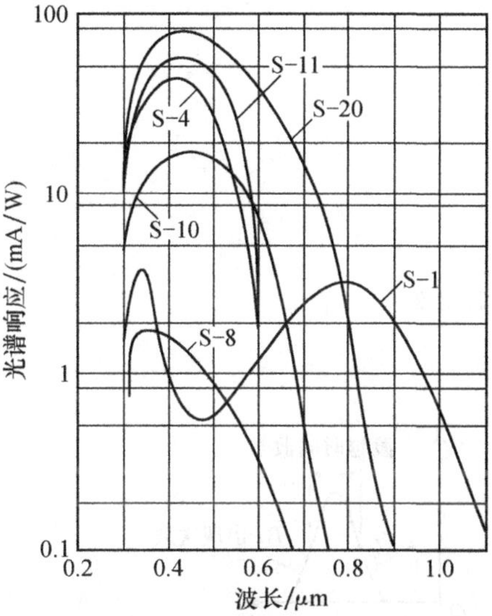

图 5-9　几种常用光电阴极的光谱特性曲线

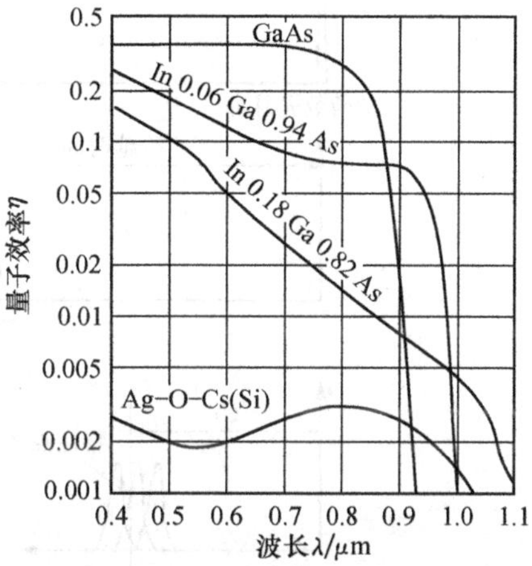

图 5-10　几种负电子亲和势光电阴极光谱特性曲线

5. 伏安特性

光电倍增管的伏安特性也有阴极和阳极之分，一般都用曲线表示。阴极伏安特性是指阴极电流与阴极电压(见测试阴极灵敏度时对阴极电压的说明)之间的关系曲线。阳极伏安特性是指阳极电流与阳极电压(阳极和最末一级倍增极之间电压)的关系曲线(图 5-11)，和反偏时的光伏探测器伏安特性曲线类似，最大光通量所对应的曲线拐点 M 以右，即当阳极电压大于一定值后(如大于 50V)，阳极电流趋向饱和，与入射到阴极面上的光通量呈线性变化，而与阳极电压的变化无关。因此，通常把光电倍增管的输出特性等效为恒流源，并考虑到阳极电路的电容效应,得到它的交流微变等效电路如图 5-12 所示。

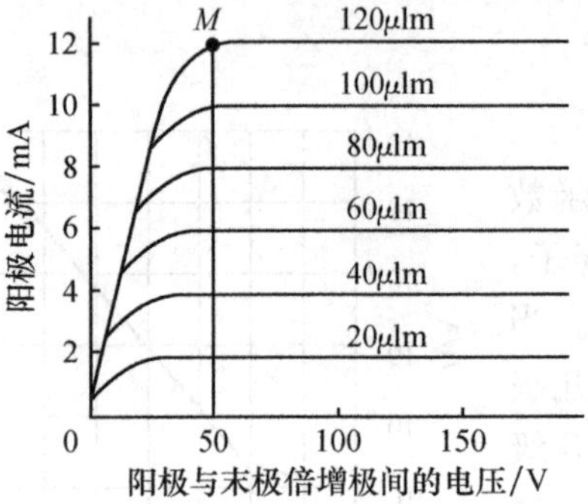

图 5-11　阳极伏安特性曲线

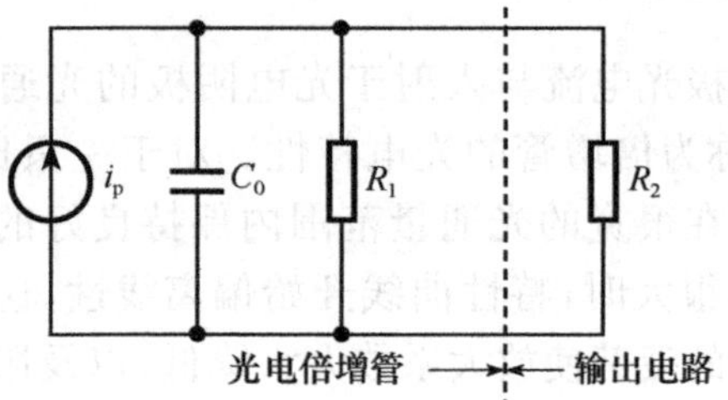

图 5-12　光电倍增管交流微变等效电路

i_p—阳极电流;C_0—等效电容;R_1—直流负载;R_2—下一级放大器的输入电阻

在电路设计时,用得比较多的是阳极伏安特性曲线。运用它可以进行负载电阻设计及输出电流和输出电压的计算等,具体方法可参照 4.3 节光伏探测器反向偏置电路中的介绍。

6. 时间特性和频率特性

描述光电倍增管的时间特性有三个参数,即响应时间、渡越时间和渡越时间分散(散差),如图 5-13 所示。图中,测量光信号为 δ 函数光脉冲,它的脉冲半宽度一般应比倍增管响应时间约小两个数量级,例如,取光脉冲半宽度小于 50ps。

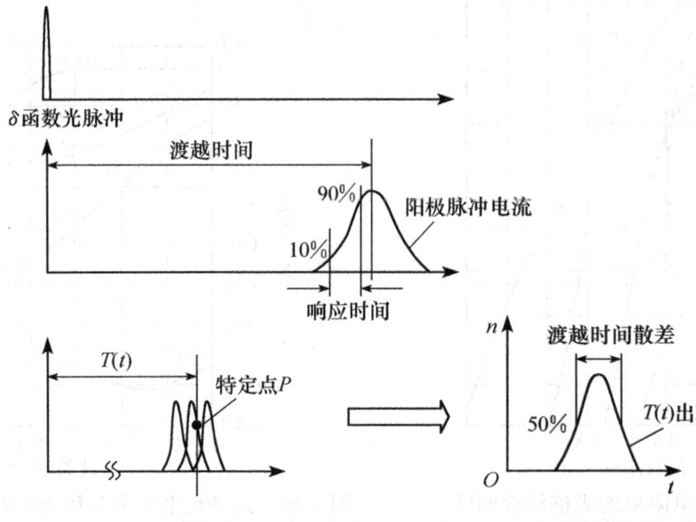

图 5-13　光电倍增管的响应时间、渡越时间和渡越时间散差

(1) 响应时间。光电倍增管在 δ 函数光脉冲照射下,其阳极输出电流从脉冲峰值的 10%上升到 90%所需的时间定义为响应时间或者上升时间。

(2) 渡越时间。从 δ 函数光脉冲的顶点到阳极电流输出电流达到峰值所经历的时间定义为渡越时间。

(3) 渡越时间分散(散差)。在重复光脉冲输入时,光电阴极发射的电子达到阳极的渡越时间的起伏称为渡越时间分散(散差),它是由电子初速度不同、电子透镜场分布不均匀等因素引起的。渡越时间分散代表时间分辨率,当输入光脉冲时间间隔很小时,渡越时间分散将使管子输出脉冲重叠而不能分辨。通常，光电阴极在重复 δ 函数光脉冲照射下，观察阳极输出脉冲上的某一特定点(如 P 点)在时刻 t 出现的次数 n，作出 n-t 曲线。其曲线的半宽度定义为渡越时间分散(散差)。

表 5-4 列出了几种光电倍增管的时间特性[5]。

表 5-4　几种光电倍增管的时间特性　(单位：ns)

结构	上升时间	渡越时间	渡越时间散差
直线聚焦型	0.7～3	1.3～5	0.37～1.1
环形聚焦型	3.4	31	3.6
盒栅型	～7	57～70	～10
百叶窗型	～7	60	～10

倍增管的响应时间和输出电路的时间常数都是影响它对快速变化的光信号响应的因素。当电路时间常数远大于上述响应时间时，倍增管的上限截止频率为

$$f_{HC}=1/(2\pi\tau_e)=1/(2\pi R_L C_0) \tag{5-11}$$

式中，$R_L=R_1//R_2$ 为倍增管的等效负载电阻；C_0 为倍增管输出等效电容(见等效电路图 5-12)。

7. 暗电流

暗电流也有阴极暗电流与阳极暗电流之分。一般使用比较多的是阳极暗电流，它是指各电极都加上正常工作电压以后，阴极无光照时阳极的输出电流。暗电流限制了可测的直流光通量的最小值，同时它也是产生噪声的重要原因，所以暗电流是鉴别光电倍增管质量的重要参量之一。一般暗电流为 10^{-9}～10^{-8}A，相当于入射光通量为 10^{-13}～10^{-10}lm。

倍增管中产生暗电流的因素较多，例如，阴极和靠近于阴极的倍增极的热电子发射，阳极或其他电极的漏电，极间电压过高而引起的场致发射，光反馈，以及窗口玻璃中可能含有的少量钾、镭、钍等放射性元素蜕变产生的 β 粒子，或者宇宙射线中的 μ 介子穿过光窗时产生的契伦柯夫光子等都可能引起暗电流。

减少暗电流的方法主要是选好光电倍增管的极间电压。有了合适的极间电压可避开光反馈、场致发射及宇宙射线等造成的不稳定状态的影响。其余还可按下述方法来减少。

(1) 在阳极回路中加上与暗电流相反的直流成分来补偿。

(2) 在倍增输出电路中加一选频或锁相放大(见 10.3 节)滤掉暗电流。

(3) 利用冷却法减小热电子发射等。

8. 疲劳特性

光电倍增管的灵敏度随工作时间的延长而下降。若在弱光下工作，且阳极电流不超过额定值，则工作完后将管子保存在暗室中一段时间，其灵敏度能恢复到初始值。若管子长期连续工作或受强光照射，则灵敏度不可能再恢复，这种现象被称为疲劳。

因此，管子不使用时，应存放在黑暗的环境中；使用时忌强光照射，一般要求阳极电流不得超过额定值 100μA 左右，相当于阴极入射光通量为 10^{-5}1m，如光电阴极面积为 5cm^2，相当于照度为 2×10^{-2}lx(相当于上弦月夜空对地面的照度)。

9. 噪声与噪声等效功率

1) 噪声

光电倍增管电路输出的噪声包括器件本身的散粒噪声、闪烁噪声以及热噪声等。闪烁噪

声可用提高辐射的调制频率和减小通频带的方法来降低或消除；热噪声来自倍增管输出的负载电阻，通过适当设计负载电阻大小，可以小到忽略不计。因此，倍增管的噪声主要是散粒噪声，它包括阴极电流产生的散粒噪声和各级倍增极产生的散粒噪声。

设光电倍增管阴极电流的平均值为 I_K（包括信号和背景辐射通量形成的光电流以及热电子发射形成的暗电流）。由 2.2 节可得其散粒噪声均方值为

$$\overline{i_{nK}^2}=2eI_K\Delta f \tag{5-12}$$

与有用信号一样，这个散粒噪声也将被逐级放大。它对阳极散粒噪声贡献为

$$\overline{i'^2_{nA}}=M^2\ \overline{i_{nK}^2}=M^2 2eI_K\Delta f=2eMI_A\Delta f \tag{5-13}$$

但是，由于倍增系数也是随机起伏的，必然引入附加的噪声，阳极散粒噪声的均方值比上述值要大。若设第一倍增极的倍增系数为 δ_1，则该级输出噪声的均方值为

$$\overline{i_{nD1}^2}=\overline{(i_{nK}\delta_1)^2}+2e(I_K\delta_1)\Delta f=2eI_K\Delta f\delta_1(1+\delta_1)=\overline{i_{nK}^2}\delta_1(1+\delta_1) \tag{5-14}$$

同样，第二倍增极的散粒噪声电流均方值为

$$\overline{i_{nD2}^2}=\overline{i_{nK}^2}\delta_1\delta_2(1+\delta_1\delta_2+\delta_2) \tag{5-15}$$

第 n 级倍增极输出的散粒噪声电流均方值为

$$\overline{i_{nDn}^2}=\overline{i_{nK}^2}\delta_1\delta_2\cdots\delta_n(1+\delta_1\delta_2\cdots\delta_n+\delta_2\delta_3\cdots\delta_n+\cdots+\delta_n) \tag{5-16}$$

假设，$\delta_1=\delta_2=\cdots=\delta_n=\delta$，$\delta^n=M$，那么第 n 级倍增极的输出噪声电流的均方值为

$$\overline{i_{nDn}^2}=2eI_K\Delta fM\frac{\delta^{n+1}-1}{\delta-1} \tag{5-17}$$

由于 $\delta^n\gg1$，则式(5-17)可写为

$$\overline{i_{nDn}^2}=2eM^2I_K\Delta fK=2eMI_A\Delta fK \tag{5-18}$$

式中，$K=\delta/(\delta-1)$ 称为噪声增强因子，是为了描述倍增系统 δ 的随机起伏而引入的参量；$I_A=MI_K$ 为阳极平均电流。显然，阳极散粒噪声的均方值 $\overline{i_{nA}^2}$ 与 $\overline{i_{nDn}^2}$ 相等，即

$$\overline{i_{nA}^2}=\overline{i_{nDn}^2}=2eM^2I_K\Delta fK=2eMI_A\Delta fK \tag{5-19}$$

将式(5-19)与式(5-13)对比可知，由于倍增过程的起伏效应，阳极散粒噪声增大 K 倍。如果第一倍增极的倍增系数为 δ_1，其他各倍增极的倍增系数仍为 δ，由式(5-16)得

$$K=1+\frac{\delta}{\delta_1(\delta-1)} \tag{5-20}$$

式(5-20)表明，在倍增管的阴极与第一倍增极之间加较高的电压，以增大 δ_1，可以使系数 K 保持最小，从而减小各级倍增极散粒噪声的影响，提高倍增管的输出信噪比。

2）噪声等效功率

由于噪声的存在，光电倍增管有一个能探测到的最小入射光通量，即噪声等效功率，也称为通量阈。由式(2-35)，得到光电倍增管的噪声等效功率

$$\mathrm{NEP}=\frac{\sqrt{\overline{i_{nA}^2}}}{S_A} \tag{5-21}$$

将式(5-19)代入式(5-21)，得

$$\mathrm{NEP}=\frac{(2eM^2I_K\Delta fK)^{1/2}}{S_A}=\frac{(2eI_K\Delta fK)^{1/2}}{S_K} \tag{5-22}$$

式中，S_A 和 S_K 分别为阳极灵敏度和阴极灵敏度。

式(5-22)与式(4-10)类似，一般产品手册中给出的 NEP 值是仅考虑器件的暗电流散粒噪声的贡献时按照式(5-22)计算的结果。也可以利用式(2-37)，求出光电倍增管的比探测率 D^*。

表 5-5 列出几种光电倍增管的特性参数。

表 5-5　几种国外光电倍增管特性参数

产品型号	光谱响应范围/nm	峰值波长/nm	阴极有效面积/mm^2	倍增系统结构/极数	阴极灵敏度/(μA/lm)	阳极灵敏度/(A/lm)	典型增益$\times10^6$	上升时间/ns	阳极暗电流/nA	极间电容/pF	电源电压/V	国内型号	主要用途
侧窗型													
CR131	185～900	400	8×24	环形聚焦/9	250	1500	6.00	2.2	3	6	1250		紫外-可见分光光度计、DNA 检测
CR114	185～870	400±30	8×24	环形聚焦/9	105	500	4.76	2.2	3	6	1250	GDB159	
CR184	165～650	400±30	8×24	环形聚焦/9	40	400	10.0	2.2	3	6	1250		环境监测、生化仪器
IP21	300～650	400	8×24	环形聚焦/9	40	250	6.25	2.2	1	6	1250		分光光度计、色度计、热释光剂量仪、照度计、辐射量热计、浊度计、生化分析仪、光密度计
R105	300～650	400	8×24	环形聚焦/9	40	400	10.0	2.2	1	6	1250	CDB142	
931A	300～650	400	8×24	环形聚焦/9	50	400	10.0	2.2	5	6	1250		
R105UH	300～650	420	8×24	环形聚焦/9	50	2000	40.0	2.2	1	6	1250		
端窗型													
CR105-01	300～650	420	Φ46	盒栅/10	60	1500	25.0	7	—	7	1500	GDB526	闪烁计数，能谱分析、核医学仪器及装置、微弱光探测、生物发光研究、环境射线剂量监测
CR105-02	300～650	420	Φ46	盒栅/10	60	1000	16.0	7	—	7	1500	GDB526	
CR105-03	300～650	420	Φ46	盒栅/10	60	500	83.3	7	—	7	1500	GDB526	
CR135	300～650	420	Φ46	盒栅/10	60	3000	50.5	7	—	7	1500	963QB	极微弱光探测
CR173	300～650	420	Φ46	盒栅+线型/8	110	30	0.27	5	2	—	1500		闪烁计数、能谱分析、核医学仪器装置
CR194	300～650	420	Φ46	盒栅/8	110	30	0.27	7	2	6.5	1500		
CR169	300～650	420	Φ46	盒栅/10	60	30	0.50	7	0.1	7	1500	GDB51G	石油测井、密度计

工作环境温度：−30～+50℃；平均阳极电流最大值 100μA。

5.4 光电倍增管的工作电路及应用

光电倍增管的工作电路可分为高压供电电路和信号输出电路。

5.4.1 高压供电电路

光电倍增管各电极要求直流供电，从阴极开始至各个倍增极的电压依次升高，一般采用电阻链分压的办法来供电，如图 5-14 所示。

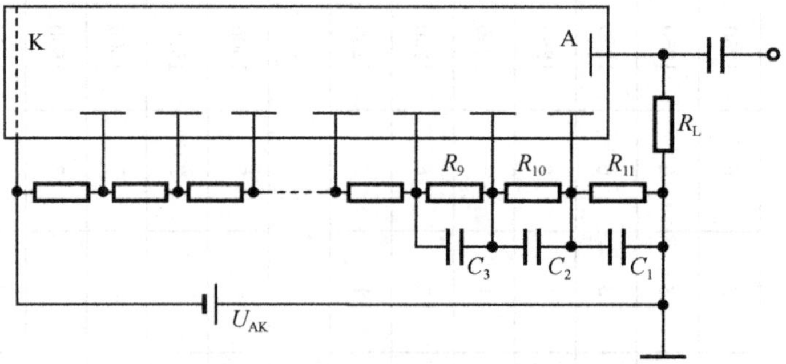

图 5-14 光电倍增管供电电路

1. 分压电阻的确定

工作电压的确定要保证光电倍增管工作在伏安特性曲线的线性区内。一般，总电压 U_{AK} 在 1000～1500V，各个倍增极的极间电压 U_D 在 80～100V。

若电阻链为均匀分压，则每个分压电阻的阻值应相等。因倍增管中的电流与电阻链中的电流是并联关系，为了使光电倍增管工作稳定，就要保证阳极电流最大时，倍增极的极间电压 U_D 基本不变，这就要求流过电阻链的电流 I_R 至少要比阳极最大的平均电流 I_{Amax} 大 10 倍以上，即

$$I_R \geqslant (10\sim20)I_{Amax} \tag{5-23}$$

一般 I_R 越大，对稳定极间电压越有利；但 I_R 太大会增大电阻的功耗，加重电源的负担。

实际上，各个倍增极的极间电压也可以不相等，这样还有可能使某些性能得到提高。一般，R_1 应较大，使得阴极至第一倍增极之间的电压 U_{D1} 较高。这样，第一倍增极二次电子发射系数高，外界电磁场影响也较小，可大大提高信噪比（见式(5-20)）。R_9、R_{10}、R_{11} 也应适当大一些，且不相等。这是由于最后几级电流信号较大，为了避免出现饱和现象引起失真，应加大后几级的极间电压。中间几级的极间电压可根据需要的增益来选择，一般采用均匀分压。

2. 并联电容的确定

如果将光电倍增管用于探测光脉冲，则最后几级倍增极瞬间电流很大，会造成极间电压不稳。因此，常在最后几级并联旁路电容 C_1、C_2、C_3。电容是储能元件，通过电容放电可以维持分压电阻上的电压不变。

设阳极脉冲电流是矩形的，幅度为 I_A，脉冲宽度为 Δt，则电量变化量为

$$\Delta Q = \int_0^{\Delta t} i\mathrm{d}t = I_A\Delta t$$

若这个电量变化是由电容来提供的，则电容上的电压变化量应为

$$\Delta U=\frac{\Delta Q}{C}$$

此值如果小于极间电压的允许值，即 $\Delta U \leqslant \Delta U_d$，就不会因阳极有脉冲电流而使极间电压变化超过允许值。

利用式(5-10)可估算出阳极与最末一级倍增极应并联的电容值，即

$$C_1 \geqslant \frac{\Delta Q_1}{\Delta U_d}=\frac{I_A \Delta t}{\frac{1}{kn}\frac{\Delta M}{M}} \tag{5-24}$$

至于倒数第二级的并联电容 C_2，因该极电流为阳极电流的 $1/\delta$，故

$$C_2 \geqslant \frac{\Delta Q_2}{\Delta U_d}=\frac{\frac{1}{\delta}I_A \Delta t}{\frac{1}{kn}\frac{\Delta M}{M}}=\frac{1}{\delta}C_1 \tag{5-25}$$

同理，倒数第三级的并联电容 C_3 为

$$C_3=\frac{1}{\delta^2}C_1 \tag{5-26}$$

通常，这些电容的容值取值范围为 0.002～0.005μF。

3. 高压电源

光电倍增管需要高压直流电源供电，且对电源电压的稳定度要求高，故一般配有专用电源，电压波动在 0.05%以内。表 5-6 给出了几种高压电源模块的特性参数。电源模块内部都有保护电路，当电源过载或短路时，模块的输入电流就趋于某一数值，而输出就降为零，从而有效地保护光电倍增管。

表 5-6　几种高压电源的性能参数

型号	规格	输出电压/V	输出电流/mA	输入电压/V	输入电流/mA	时漂*/(%/h)	温度**系数/(%/°C)	预热时间/min	工作温度/°C
WG956	A	−450～−1100	0.5	+15±0.5	150	±0.8	±0.02	30	+5～+40
	B	−450～−1100	1		220				
C1309	04	−200～−1100	0.7	+15±1	170	±0.02	±0.05	15	
	06	−400～−1500	1		250	±0.1	±0.02		

* 通电预热后；** 在工作温度−40～+5℃内。

4. 接地方式

高压直流电源向光电倍增管供电有阳极接地（负高压接法）和阴极接地（正高压接法）两种方法，分别如图 5-15(a)和图 5-15(b)所示。

阳极接地的特点：便于与后面的放大器相连，操作安全；但这时阴极处于负高压，屏蔽困难，暗电流和噪声比阴极接地时大。

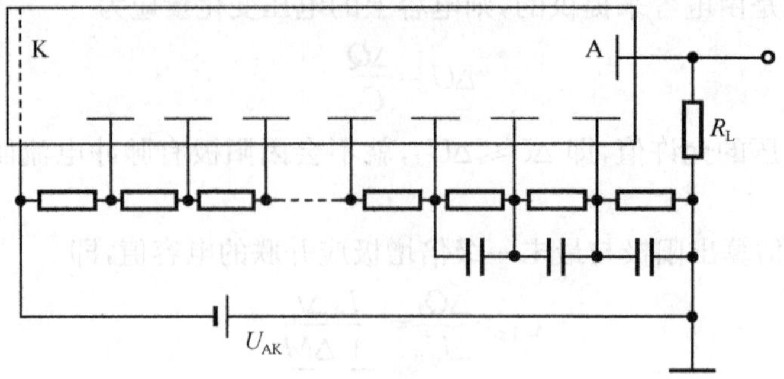

(a) 阳极接地

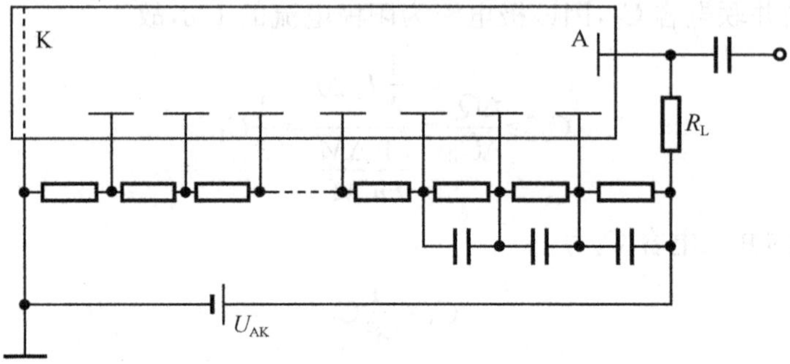

(b) 阴极接地

图 5-15　光电倍增管接地方式

阴极接地的特点：便于屏蔽，屏蔽罩可以跟阴极靠得近些，屏蔽效果好；暗电流小，噪声低；但阳极处于正高压，导致寄生电容大，匹配电缆连接复杂，特别是若后面接直流放大器，整个放大器都处于高压，不利于安全操作；如果后面接交流放大器，则必须接一个耐压很高的隔直电容器。

如果工作时对暗电流和噪声要求不太苛刻，一般都采用阳极接地。在脉冲应用中，常采用阴极接地，以减小暗电流和噪声。

5.4.2　信号输出电路

光电倍增管的阳极电流信号可由负载电阻或运算放大器实现电流-电压转换并输出。

1. 用负载电阻实现电流-电压转换

图 5-16 所示为倍增管的负载电阻输出电路。倍增管阳极输出电流 I_A 通过负载电阻 R_L 将其直接转换成电压信号。在光照一定的条件下，输出的信号电压与负载电阻大小成正比，负载电阻越大电压输出信号越大。但负载电阻太大，一方面会使光电倍增管的频率响应变差(式(5-11))；另一方面也可能会引起光电线性变差。

实际上，如果负载电阻 R_L 太大、光照较强，阳极电流 I_A 在负载电阻 R_L 上会产生较大的压降，从而使阳极电压有较大的下降，如图 5-17 所示。这样就会出现明显的空间电荷效应，同时也降低了阳极的电子收集率，最后导致输出信号饱和而引起非线性。实际中，当输出信号的线性要求较高时，选择的负载电阻应使信号电流在它上面产生的压降在几伏以下。

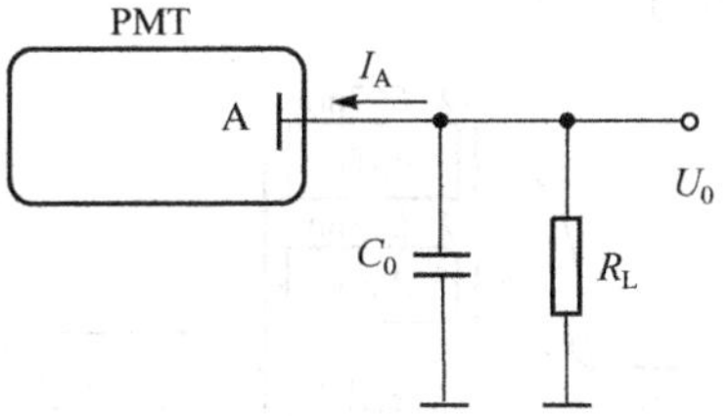

图 5-16 倍增管负载电阻输出电路

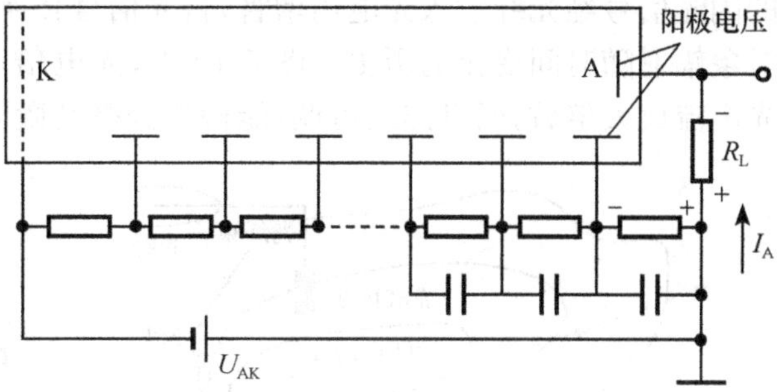

图 5-17 负载电阻太大时阳极电压降低

可见，负载电阻输出电路结构简单，但其阻值的选择难以同时满足线性度好和频率响应好及转换效率高的要求。

2. 用运算放大器实现电流-电压转换

图 5-18 所示为倍增管的运算放大器输出电路。用运算放大器来代替负载电阻，实现电流-电压的转换，输出的信号电压为

$$U_0 = -R_f \cdot I_A \tag{5-27}$$

式中，R_f为运算放大器的反馈电阻。与 4.3 节图 4-24 同理，倍增管的等效负载（放大器等效的输入电阻）r_i极小，因而其电路时间常数 r_iC_0 也极小。因此，倍增管输出电路的时间常数仅由 R_fC_f决定，C_f是包括反馈电阻 R_f及线路的各种杂散电容，一般要远小于倍增管的输出电容 C_0。显然，该电路保证了倍增管既具有良好的线性和频率响应特性，又使得电流-电压的转换效率高。

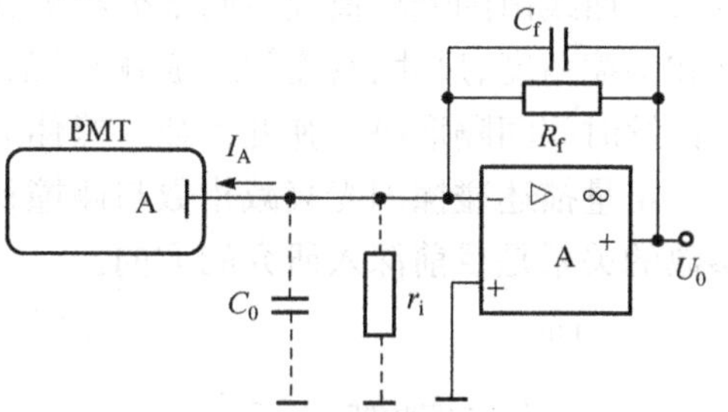

图 5-18 倍增管运算放大器输出电路

5.4.3* 光电倍增管应用举例

光电倍增管可以覆盖从紫外(115nm)到近红外(1100nm)的光谱响应范围，具有极高的灵敏度、快速响应及很宽范围内对入射光强呈线性响应等特点。它已被广泛应用于光谱分析测量、超高速闪光测量、生命科学、高能物理、石油测井、环境监测和工业检测等领域。下面举例来说明它的应用。

1. 超高速碰撞闪光光电倍增管测量系统[6]

弹丸撞击靶板等超高速碰撞过程中，在加热和汽化的同时会产生闪光现象。其闪光强度的峰值首先在弹丸侵彻靶板的瞬间出现，其后伴随持续的黑体辐射衰减。理论分析和实验证明，闪光的峰值强度不仅依赖于碰撞速度和碰撞角度，而且依赖于弹丸和靶板的力学特性和几何形状。因此，研究闪光强度的峰值及其衰减趋势，可以在细观和微观的层次上揭示超高速碰撞过程的规律；在深空探测中，测量超高速碰撞的闪光曲线也是分析星际表面物质特性的有力手段。

已设计出超高速碰撞闪光光电倍增管测量系统，用于分析研究这种持续时间极短、强度微弱的超高速碰撞闪光，如图 5-19 所示。该测量系统由 4 通道组成，由光纤探头采集的不同波

长的闪光信号经光纤输入光电倍增管，将光信号转换为电信号并放大后输入示波器，可得到被测对象辐射随时间变化的历史。图 5-19 中，光电倍增管（如 H6780 型光电倍增管）具有很高的光电流放大倍数，而且连续可调，能检测到极其微弱的闪光信号。

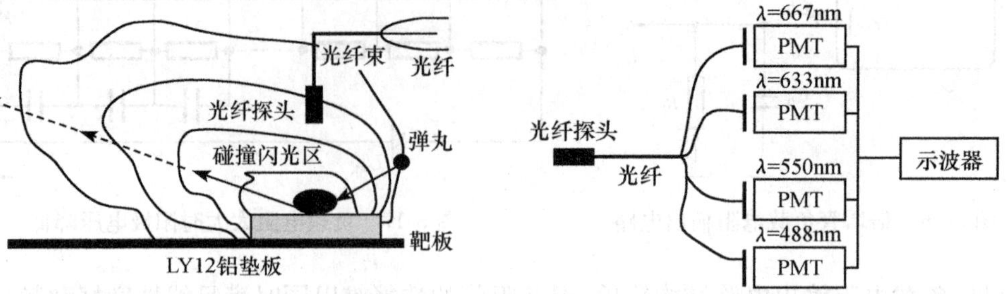

(a) 光纤探头在靶室内的安装示意图　　(b) 碰撞闪光测量系统技术路线示意图

图 5-19　一种超高速碰撞闪光光电倍增管测量系统示意图

图 5-20 所示为某型号弹丸靶板碰撞闪光的光电信号和闪光强度随时间的变化曲线。可以看出曲线由闪光峰值前后两部分组成：峰前部分为弹丸的闪光信号曲线，取决于碰撞物的速度和碰撞角度、尺寸、密度和组成；峰后部分代表碰撞产生的热羽黑体辐射衰减信号。强度峰值持续时间间隔取决于弹丸参数。黑体衰减信号持续时间的长短取决于靶板参数。

定量描述碰撞闪光衰减指数与碰撞初始条件的关系、碰撞闪光的峰值强度与碰撞物物理参数的关系是目前深入研究的方向。

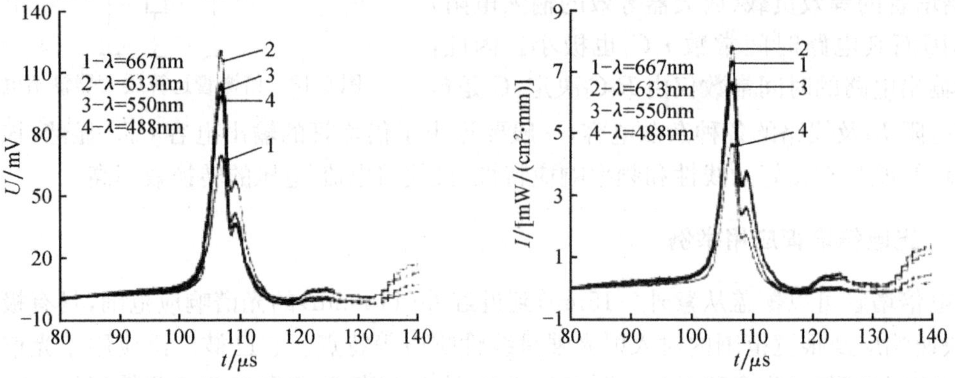

(a) 光电信号随时间的变化　　(b) 闪光强度随时间的变化

图 5-20　某型号弹丸靶板碰撞闪光的的光电信号和闪光强度随时间的变化曲线

2. 闪烁计数器

闪烁计数器是由闪烁晶体与光电倍增管组合构成的。常用的闪烁体是 NaI(TI)，用端窗式光电倍增管与之配合。如图 5-21(a)所示，当高能粒子照到闪烁体上时，它产生光辐射并由倍增管接收转变为电信号，而且光电倍增管输出脉冲的幅度与粒子的能量成正比。图 5-21(b)是一幅典型的输出脉冲幅度分布图——能谱图。在该图中每一能量上都有一个明显的峰值，在射线测量中，用以衡量脉冲幅度的分辨率。另外，选择光电倍增管时必须与闪烁体的发射光谱相匹配。

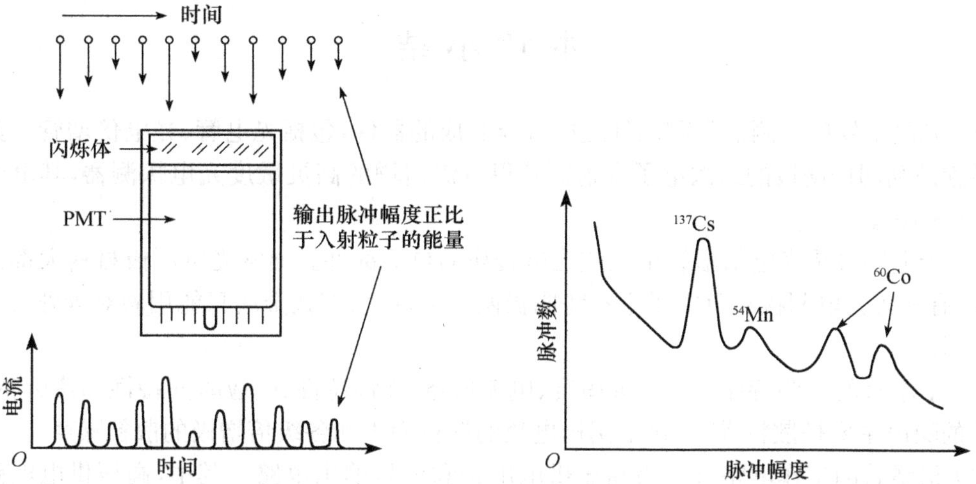

(a) 闪烁计数原理　　(b) 能谱图

图 5-21 闪烁计数

这种闪烁探测器可检测 β 射线、X 射线和 γ 射线等高能粒子，已应用于核医学、石油测井和工业检测等领域。在医学上已研制的正电子 CT 也称为 PET(Positron Emission Tomography) 系统，与一般 CT 的区别在于它可以对生物的机能进行诊断。如图 5-22 所示，注入患者的是放射性物质，放射出正电子，同周围的电子结合淬灭，在 180°的两个方向发射出 511keV 的 γ 射线。这些射线由人体周围排列的光电倍增管 PMT 与闪烁体组合的探测器接收，可以确定患者体内淬灭电子的位置，得到一个 CT 像。目前，国外已有公司批量生产 PET 专用的超小型四角状、快时间响应的光电倍增管。

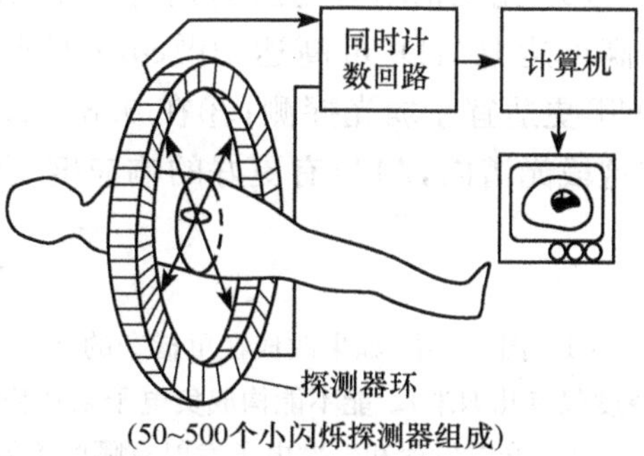

图 5-22 正电子 CT(PET)示意图

3. 光电倍增管的使用要点

综合光电倍增管的特性和工作电路的特点，可总结出实际使用中应注意的要点如下。

(1) 光电倍增管供电电压高、采用玻璃外壳、抗震性差，应注意防震和高压下的安全性。

(2) 使用时不可用强光照射。否则，光电特性的线性会变差，而且容易使光电阴极疲劳，缩短寿命。一般光照应控制在 2×10^{-2}lx 以内。

(3) 工作电流不宜过大。否则，使倍增极二次电子发射系数下降，增益降低，光电线性变差，缩短寿命，严重时会烧毁阴极面。一般阳极电流要小于 100μA。

(4) 高压电源的稳定性必须达到测量精度的 10 倍以上。电压的纹波系数一般应小于 0.001%。

(5) 流过电阻链分压器中的电流一般应大于阳极最大电流的 20 倍以上；精密线性(非线性小于 1%)测量中，应大于 100 倍以上。但不应过分加大，以免发热。

(6) 用运算放大器作光电倍增管输出信号的电流-电压变换，可获得良好的线性和频率响应特性。

本章小结

(1) 光电子发射探测器是利用外光电效应制成的器件,包括光电管、光电倍增管。其中光电倍增管是利用倍增极的二次电子发射而获得电流倍增的高灵敏度光电探测器,其电流增益可达 $10^5 \sim 10^7$。

(2) 光电阴极是光电倍增管中完成光电转换的重要部件。通常光电阴极材料大都是半导体材料,有常规光电阴极和负电子亲和势阴极两大类;而大多数金属只能用做对紫外灵敏的光电探测器。

(3) 倍增管的主要特性参数有灵敏度、电流增益、光谱特性、响应时间特性和疲劳特性等。倍增管的噪声主要是散粒噪声,包括阴极电流的散粒噪声和各级倍增极的散粒噪声。

(4) 倍增管的工作电路可分为高压供电电路和信号输出电路。其中,高压供电电路的设计,应合理选择电阻链和高压电源,以达到级间电压的稳定性要求;信号输出电路采用运算放大器完成电流-电压变换,可获得好的信噪比和线性度。

(5) 光电倍增管与雪崩光电二极管相比:①具有更高的内增益和比探测率,其电流增益最高可达 10^7,D^* 可高达 $10^{16}\text{cm}\cdot\text{Hz}^{1/2}/\text{W}$;②暗电流比 APD 要小一两个数量级,故通常 PMT 更适宜于弱光探测;③在 0.8～1.1μm 的近红外光谱区,其量子效率低于 APD,所以在这段光谱内,APD 有更好的响应度;④体积大,工作电压高,在使用中受到一定限制。

习题与思考题

5-1 图 5-1 中,如果改成在重掺杂的 N 型硅表面涂一层极薄的某种金属,经过特殊处理形成 P 型半导体(厚度仅有几纳米)。能不能构成负电子亲和势的材料?试画图并加以分析。

5-2 光电发射和二次电子发射有哪些不同?简述光电倍增管的工作原理。

5-3 光电倍增管中的倍增极有哪几种结构?每一种的主要特点是什么?

5-4 (1)画出具有 11 级倍增极,负高压 1200V 供电,均匀分压的光电倍增管的工作原理图,分别写出各部分名称。

(2)若该倍增管的阴极灵敏度 S_K 为 20μA/1m,阴极入射光的照度为 0.1lx,阴极有效面积为 2cm^2,各倍增极二次发射系数相等($\delta=4$),各级的电子收集率为 1,试计算倍增系统的电流放大倍数和阳极电流。

5-5 光电倍增管采用负高压供电或正高压供电,各有什么优缺点?它们分别适用哪些场合?

5-6 现有 12 级倍增极的光电倍增管,若要求正常工作时放大倍数的稳定度为 1%,则电源电压的稳定度应为多少?

5-7 现有 GDB-423 型光电倍增管的光电阴极面积为 2cm^2,阴极灵敏度 S_K 为 25μA/1m,倍增系统的放大倍数为 10^5,阳极额定电流为 20μA,求允许的最大光照。

5-8 若光电倍增管阳极特性:当 $\Phi=4\times10^{-5}$ 1m 时,$I_A=200\mu\text{A}$,拐点电压 $U_M=60\text{V}$,阳极电压 $U_A=90\text{V}$。要求在线性区内的负载电阻获得最大的输出电压,求:①直流负载 $R_L=$?②入射光由最大光通量 $\Phi=4\times10^{-5}$ 1m 缓慢地变化为 $\Phi=2.5\times10^{-5}$ 1m 时,输出电压的变化量 $\Delta U_o=$?

5-9 查表 5-5 中的参数,①计算 CR131 型光电倍增管的噪声等效功率 NEP($\text{lm}/\text{Hz}^{1/2}$);②设波长 555nm 处的光谱灵敏度为 1500A/lm,试估算比探测率 D^* ($\text{cm}\cdot\text{Hz}^{1/2}/\text{W}$)。

5-10 查文献[2]:各举一例说明闪烁探测器在石油测井和工业检测等领域的应用。

5-11 查资料,将几种光子探测器的参数填入表 5-7:

表 5-7

类型		光谱响应覆盖范围/nm	噪声等效功率/(W/Hz$^{1/2}$)	峰值比探测率 $D*$/(cm·Hz$^{1/2}$/W)	响应时间/s
光电导探测器	本征型				
	杂质型				
光伏探测器	光电二极管				
	PIN 光电二极管				
	雪崩光电二极管				
光电子发射探测器	光电倍增管				

参考文献

[1] 王清正，胡渝，林崇杰. 光电探测技术. 北京：电子工业出版社，1994
[2] 滕鹤松. 紫外成像技术及其应用. 光电子技术，2001，12(4)：294～297
[3] 缪家鼎，徐文娟，牟同升. 光电技术. 杭州：浙江大学出版社，1994
[4] 张永林，狄红卫. 光电子技术. 北京：高等教育出版社，2005
[5] 曾治槐，席与霖，张省吾. 光电倍增管基础及应用. 滨松公司光电子学株式会社，1995
[6] 唐恩凌，张庆明，黄正平. PMT 在测量高速碰撞闪光趋势中的应用. 北京理工大学学报，2007，27(4)：283～286

第 6 章　热 探 测 器

利用光热效应(Photothermal Effect)制作的器件称为热探测器(Thermal Detector)。目前,常用的热探测器主要有测辐射热计、热电偶(热电堆)、热释电探测器等三种。本章首先分析它们的共同原理特性,然后分别介绍各种热探测器的结构原理、主要特性参数及典型应用。

6.1　热探测器的基本原理及特性

某些材料因吸收光辐射能量产生温升,导致与温度有关的参量发生变化的现象,称为光热效应。对于热探测器,这些变化的参量可以是它的电阻阻值、电动势或表面电荷等电学参量;检测其电学参量的变化,就可探知光辐射的存在或其强弱程度。值得指出的是,光热效应的特点是入射光辐射与物质中的晶格相互作用,晶格因吸收光能而增加振动能量,这又引起物质的温度上升,从而导致与温度有关的电学参量发生变化。这与光子将能量直接转移给电子的光电效应有着本质的不同。

根据光热效应的机理,对热探测器的分析可分两步走:第一步是根据探测系统的热力学方程来确定光辐射所引起的温升;第二步是根据温升来确定热探测器的输出信号。第一步处理对各种热探测器都普遍适用;而在第二步中,因不同类型热探测器的工作原理不同,被测物理量和输出信号各不相同,也具有不同的特性。本节首先介绍第一步内容,第二步的分析留到本节后的各节中进行。

6.1.1　热流方程及其解

1. *热流方程*

图 6-1 所示为热探测器的热力学分析模型。设 $\varPhi$ 为入射到热探测器上的辐通量,若热探测器光敏材料对光辐射的吸收系数为 α,则热探测器吸收的辐通量为 $\alpha\varPhi$。这些被吸收的光能一部分转化为热探测器的内能,另一部分则通过热探测器与周围环境的热交换而从热探测器流向周围环境。

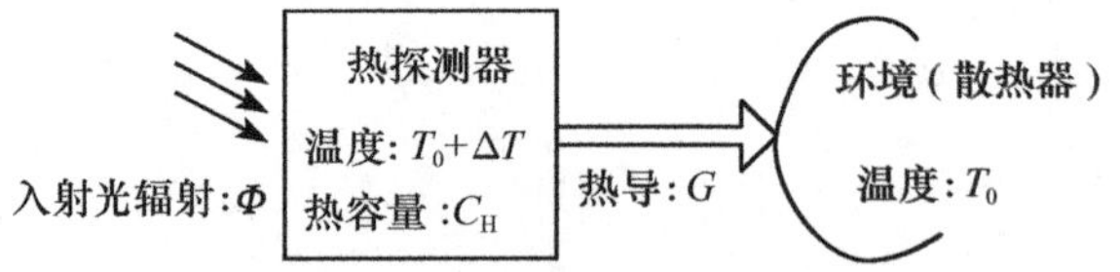

图 6-1　热探测器的热力学分析模型

根据能量守恒定律,热探测器吸收的辐通量应等于单位时间内热探测器内能的增量与热探测器通过热传导向周围环境散热所散失的功率之和。设热探测器的温度分布是空间均匀的,它满足的热流方程为

$$\alpha\varPhi=C_H\frac{d(\Delta T)}{dt}+G\cdot\Delta T \tag{6-1}$$

式中,C_H是热探测器的热容,定义为热探测器的温度每升高 1K 所需要吸收的热量,单位为

J/K；G 是热探测器的热导，表征热探测器与周围环境的热交换程度，与热探测器的周围环境、器件的封装情况、电极以及引线尺寸等诸多因素有关，单位为 W/K；ΔT 为热探测器的温升。图 6-1 中标识的 T_0 为热探测器在无光照情况下的热平衡温度或环境温度。

2. 热探测器的温升

假设入射光辐通量是经过调制的，即 $\Phi=\Phi_0+\Phi_m\exp(j\omega t)$，其中 Φ_0 是与时间 t 无关的直流部分，$\Phi_m\exp(j\omega t)$ 为交变部分，ω 为角频率，$\Phi_m\leqslant\Phi_0$。将 Φ 代入式(6-1)，并利用初始条件($t=0,\Delta T=0$)，可得温升随时间变化的表达式为

$$\Delta T(t)=\Delta T_d(t)+\Delta T_\omega(t)$$
$$=\frac{\alpha\Phi_0}{G}[1-\exp(-t/\tau_T)]+\frac{\alpha\Phi_m\exp(i\varphi)}{G(1+\omega^2\tau_T^2)^{1/2}}[1-\exp(-t/\tau_T)]\exp(j\omega t) \tag{6-2}$$

式中，$\tau_T=C_H/G$，是热探测器的热响应时间常数，表示温升 ΔT 由 0 上升到稳态值 $\alpha\Phi_m/G$ 的 63.2%所需的时间；$\varphi=-\arctan(\omega\tau_T)$，是温升 ΔT 与辐通量 Φ 之间的相位差，表征热探测器的温升滞后于辐通量变化的程度。

式(6-2)说明：热探测器的温升由两部分组成，其中第一项对应辐通量中的直流部分，第二项对应交变部分。这两项都有一个与时间常数 τ_T 有关的增长因子$[1-\exp(-t/\tau_T)]$，这说明：从 $t=0$ 时刻开始，随着时间的推移，被吸收的光能将导致热探测器的热积累，温升的幅值将增大。最后经过一定时间 t_0($t_0\gg\tau_T$)后，达到热平衡态，此时直流温升 $\Delta T_d\rightarrow\alpha\Phi_m/G$，而交变温升及其幅值分别为

$$\begin{cases}\Delta T_\omega(t)=\dfrac{\alpha\Phi_m}{G(1+\omega^2\tau_T^2)^{1/2}}\exp[j(\omega t+\varphi)]\\ |\Delta T_\omega|=\dfrac{\alpha\Phi_m}{G(1+\omega^2\tau_T^2)^{1/2}}\end{cases}\quad(t\gg\tau_T) \tag{6-3}$$

在实际中，一般只需考虑交变辐射的平衡态响应情况，所以式(6-3)是分析各种热探测器工作原理的基础。

6.1.2　热探测器的共性分析

1. 热探测器的响应时间和频率特性

由式(6-3)可知：

(1) 热探测器的热响应时间 τ_T 一般为几毫秒至几秒，它比光子探测器的响应时间大得多。因此，它们基本不适于窄脉冲光信号的检测。但近年来发展的采用同轴、边电极结构的快速热释电器件，其上升时间可达到皮秒量级(见 6.4.3 小节)。由于 $\tau_T=C_H/G$，所以要想提高热探测器的响应速度(即减小 τ_T)，就应减小热容量 C_H 或增大热导 G。但增大热导 G 时，$|\Delta T_\omega|$ 会减小，灵敏度降低。所以提高热探测器响应速度的主要方法是减小热容量 C_H，这是大多数热探测器的光敏面做得小巧的原因。不过，热探测器也不能太小巧，否则对加工工艺的要求会更高，器件的机械强度下降，而且光敏面太小反而会降低热探测器的灵敏度。

(2) 当 $\omega\ll1/\tau_T$(即低频调制)时，$|\Delta T_\omega|\approx\alpha\Phi_0/G$，温升与调制频率无关，且 $\varphi\approx0$，温升也几乎与辐通量同步；而当 $\omega\gg1/\tau_T$(即高频调制)时，$|\Delta T_\omega|\approx\alpha\Phi_0/(\omega C_H)$，温升与调制频率成反比。故热探测器适用于光辐射为低频调制的场合，此时可以获得较强的探测信号。

2. 热探测器的温度灵敏度

定义热探测器的温度灵敏度 S 为热探测器的温升 ΔT 与入射到热探测器上的辐通量 Φ

之比，即 $S=\Delta T/\Phi$。根据式(6-3)，辐通量低频调制时的温度灵敏度为

$$S=\frac{\alpha}{G} \tag{6-4}$$

式(6-4)指出，要想提高热探测器的温度灵敏度，应增大热探测器对光辐射的吸收系数或尽量减小热导 G。例如，可以将热探测器表面涂黑，以增大对光辐射的吸收系数；可以通过缩短引线长度或缩小接触面积、采用真空绝热封装等结构设计的方法来尽可能减小热导。

然而，热探测器与周围环境的热传导同时存在三种形式：探测元件与散热器、电极和导线等之间的接触传热；与周围空气的对流传热；通过辐射向空间散热。热探测器的总热导值 G 是三种热传导形式对应的分热导值 $G_i(i=1,2,3)$ 之和。通过结构设计减小了接触传热和对流传热的分热导值，但是辐射散热分热导值是难以减小的。这是因为热探测器必须有接收辐射的光敏面。也就是说，热探测器的热导存在一个最小值 G_R，它仅取决于热探测器的热辐射，称为辐射热导。辐射热导决定了热探测器的温度灵敏度极限，可按如下方法进行估算。

设热探测器的光敏面面积为 A_d、发射率为 ε。根据斯蒂芬-玻尔兹曼定律，当热探测器与周围环境达到热平衡时，它对外辐射的总通量为

$$\Phi_e=A_d\varepsilon\sigma T^4 \tag{6-5}$$

式中，$\sigma=5.67\times10^{-12}\,\mathrm{W/(cm^2\cdot K^4)}$，为斯蒂芬-玻尔兹曼常量；$T$ 为热探测器的绝对温度。若热探测器的温度有一个微小的增量 dT，由式(6-5)知，总辐射通量的增量为 $4A_d\varepsilon\sigma T^3dT$。根据热导的定义，辐射热导为

$$G_R=d\Phi_e/dT=4A_d\varepsilon\sigma T^3 \tag{6-6}$$

可见，辐射热导 G_R 与热敏材料发射性质、光敏面积以及温度有关，而与光辐射的波长无关；特别是当温度升高时，G_R 值将急剧增大。由于绝对温度 T 不可能降到 0 K，所以 G_R 的值也不可能为零。即热探测器存在探测极限，这将在如下的分析中加以说明。

3. 热探测器的噪声等效功率和比探测率

当热探测器与周围环境达到热平衡后，热探测器的温度会围绕其平均温度值有一定的起伏，从而导致热探测器的输出信号产生起伏变化，这称为温度噪声。温度噪声是进入和离开热探测器功率起伏共同作用的结果，这就限制了热探测器能够探测的最小能量。因此，热探测器中存在噪声等效功率。

下面讨论理想条件下热探测器的最小可探测功率。由式(2-29)可知，进入和离开热探测器功率 $W_T(t)$ 起伏的均方根值为

$$\Delta W_T=2\sqrt{kG\cdot\Delta f}\cdot T \tag{6-7}$$

式中，$k=1.38\times10^{-23}\,\mathrm{K^{-1}}$，为玻尔兹曼常量；$G$ 为总热导；Δf 为测试系统的频带宽度。ΔW_T 是热探测器的温度起伏所产生的噪声，称为温度噪声功率。

在理想情况下，总热导仅取决于辐射热导，即取 $G\approx G_R$。由式(6-6)可知，当 $G=G_R$ 时，热导 G 取最小值，此时

$$\Delta W_T=2\sqrt{kG_R\cdot\Delta f}\cdot T=4\sqrt{kA_d\varepsilon\sigma\cdot\Delta f}\cdot T^{5/2} \tag{6-8}$$

根据 2.3 节的讨论，噪声等效功率是输出端信噪比等于 1 时入射到热探测器上的信号光辐通量，即 $\alpha\cdot\mathrm{NEP}/\Delta W_T=1$。利用热平衡时的基尔霍夫定律(即 $\varepsilon=\alpha$)，有

$$\alpha\cdot\mathrm{NEP}=\Delta W_T=4\sqrt{kA_d\alpha\sigma\cdot\Delta f}\cdot T^{5/2} \tag{6-9}$$

即

$$\mathrm{NEP}=4\sqrt{kA_d\sigma\cdot\Delta f/\alpha}\cdot T^{5/2} \tag{6-10}$$

如果所有的光辐射全部被热探测器吸收，则 $\varepsilon=\alpha=1$；设热探测器的光敏面面积 $A_d=1\mathrm{cm}^2$，温度 $T=300\mathrm{K}$，带宽 $\Delta f=1\mathrm{Hz}$，则可得

$$\mathrm{NEP}=5.5\times10^{-11}\mathrm{W} \tag{6-11}$$

此值也表示了热探测器的最小可探测功率，可作为衡量实际热探测器性能的比较基准。

比探测率 D^* 也可作为各种热探测器性能的比较基准，它为

$$D^*=\frac{\sqrt{A_d\cdot\Delta f}}{\mathrm{NEP}}=\frac{1}{4\sqrt{k\sigma}\cdot T^{5/2}}\quad(\mathrm{cm\cdot Hz^{1/2}/W}) \tag{6-12}$$

在前述所设的数值条件下，可得 $D^*\approx1.8\times10^{10}\mathrm{cm\cdot Hz^{1/2}/W}$。

式(6-12)中的 D^* 值是在忽略了接触传热和对流传热的理想情况下得到的。实际上，这两者是无法避免的(不可能为零)，因此总热导 $G>G_R$，由式(6-7)～式(6-10)可知：实际的 ΔW_T 和 NEP 值都要大于理想(极限)值，而实际热探测器的比探测率 D^* 值都要小于式(6-12)中的理想值。例如，光辐射的调制频率 $f<10\mathrm{Hz}$ 时，测得硫酸三甘肽热释电探测器(TGS，面积 $1.5\mathrm{mm}\times1.5\mathrm{mm}$、厚度 $10\mu\mathrm{m}$)的 $D^*\approx8\times10^9\mathrm{cm\cdot Hz^{1/2}/W}$，仅为 $T=300\mathrm{K}$ 时 D^* 理想值的 1/10；用于红外光谱仪的铋-锑蒸发薄膜热电堆(面积 $0.4\mathrm{mm}^2$，热响应时间 40ms)的 D^* 值次之，约为 $5\times10^9\mathrm{cm\cdot Hz^{1/2}/W}$；测辐射热计的 D^* 值最低，约为 $3\times10^8\mathrm{cm\cdot Hz^{1/2}/W}$。

4. 热探测器的光谱响应

在光热效应中，物质因吸收入射辐射而引起温度变化，从而导致物质某些物理性质的变化。光热效应与入射光辐射的波长无关，因而物质温度的变化仅决定于光功率(或其变化率)，而与入射光的光谱成分无关。因此，热探测器的温升是其吸收的总光能作用的总结果。也就是说，各种波长的光辐射对它的响应率都可以有贡献，使其光谱响应范围宽。

图 6-2 给出了几种热探测器(Thermopile(热电堆)、Bolometer(测辐射热计)、TGS(硫酸三甘肽热释电探测器))和光子探测器(HgCdTe、InSb、PbS 等)在 2～40μm 红外波段的 D^*-λ 特性曲线[1]。从图中可以看出：热探测器的光谱响应范围很宽，但比探测率 D^* 值都较小(响应率相对较低)，且相对变化也很小，呈现出“平坦性”而不是“波长选择性”。这些与光子探测器有所不同。

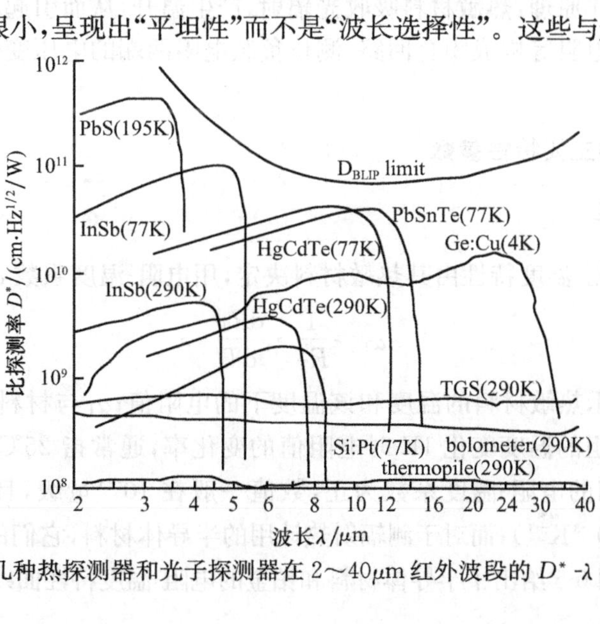

图 6-2 几种热探测器和光子探测器在 2～40μm 红外波段的 D^*-λ 特性曲线

6.2 测辐射热计

测辐射热计(Bolometer)是利用某些热敏材料的电阻率随温度发生变化的特性而制成的一种热探测器,按其热敏材料的不同通常可以分为金属导体(如镍、铋、铂)和半导体(如锰、钴、锌等的氧化物混合烧结而成)两种。

6.2.1 测辐射热计的结构和原理

图 6-3 所示为测辐射热计的结构示意图,其光敏面是一层由金属导体或半导体热敏材料制成的薄片,厚度约 0.01mm,黏合在导热能力高的电学绝缘衬底上,衬底再黏合在一个热容很大、导热性能良好的金属导热基体上。测辐射热计的两端用蒸发金属电极与外电路相连。光辐射透过探测窗口投射到热敏元件上,热敏元件因温升而引起电阻变化。实际中为了提高热敏元件对光辐射的吸收系数,常常将热敏元件的表面进行黑化处理。

早期的测辐射热计是单个的,应用时将其作为惠更斯电桥的一个臂。现在,通常把两个规格相同的测辐射热计安装在一个金属管壳内,形成如图 6-4 所示的测辐射热计。其中一个用于接收光辐射,另一个用硅橡胶封装而被屏蔽(不能接收光辐射,用于环境温度的补偿);两者靠得很近,分别作为电桥的两个臂(图 6-6(a)),这种结构可以使电桥的平衡状态不受周围环境温度缓慢变化的影响。

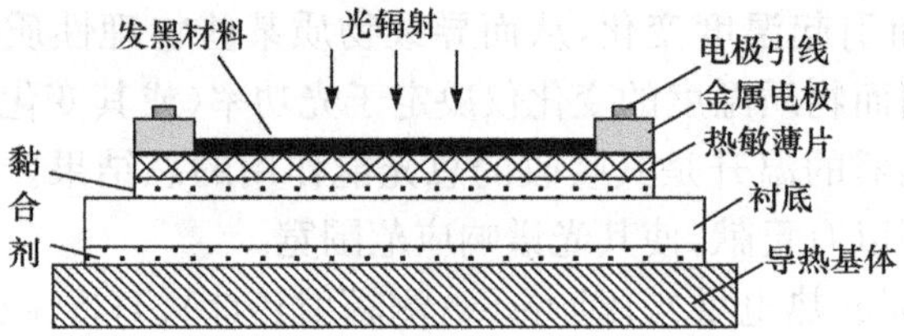

图 6-3 测辐射热计的结构示意图

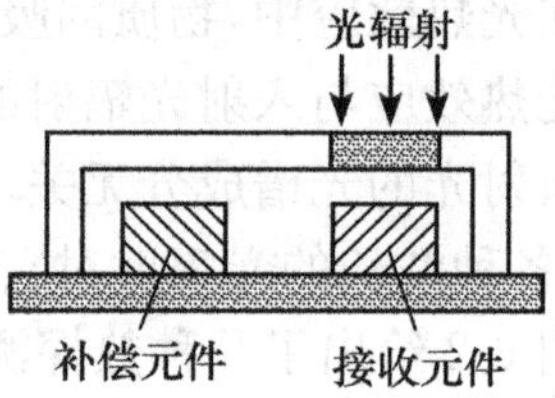

图 6-4 带补偿元件的测辐射热计

测辐射热计的工作原理:热敏材料吸收光辐射,产生温升,从而引起材料的电阻发生变化。将测辐射热计与负载电阻等构成闭合回路,测量负载电阻两端的电压变化,就可探知光辐射的情况。

6.2.2 测辐射热计的主要特性参数

1. 电阻-温度特性

测辐射热计的电阻-温度特性由其热敏材料决定,用电阻-温度系数 α_T来表征,定义为

$$\alpha_T=\frac{1}{R_T}\cdot\frac{dR_T}{dT} \tag{6-13}$$

式中,T 和 R_T分别表示热敏材料的温度和该温度下的电阻值;α_T与材料的种类、温度有关,单位为 K^{-1}。即热敏电阻的温度变化 1K 时电阻值的变化率,通常指 25℃时的温度系数。对于大多数金属材料,它们的电阻-温度系数为正,数值一般在 10^{-3}量级,且 $\alpha_T\approx 1/T$(如室温下,$T=300K$,$\alpha_T=3.3\times10^{-3}K^{-1}$);而对于测辐射热计用的半导体材料,它们的电阻-温度系数为负,且 $\alpha_T\approx -3000/T^2$。图 6-5 给出了半导体材料和铂金的电阻-温度特性曲线,可见两者的差别大。

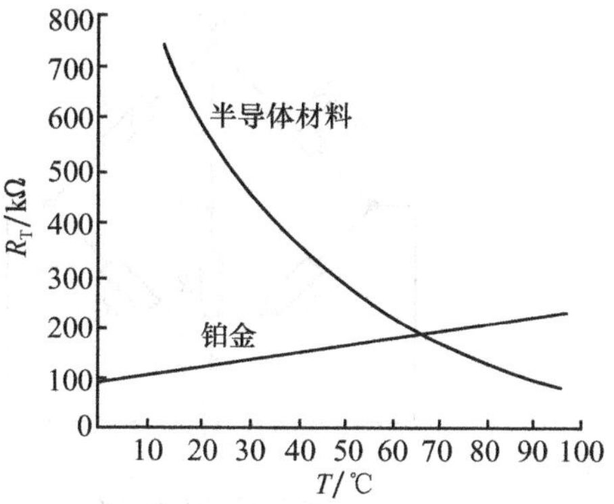

图 6-5 不同热敏材料的电阻-温度特性曲线

关于金属和半导体材料的电阻-温度系数的区别，其定性的解释：对于半导体材料，它吸收光辐射后，产生温升，使材料中电子的动能和晶格的振动能都增加，从而大部分电子能够从价带跃迁到导带而成为自由电子，材料的电阻减小，电阻-温度系数为负，且数值较大。又因为不同波长的光辐射都能够被材料吸收，对温升都有贡献，所以其光谱响应特性基本上与波长无关；对于金属材料，其自身内部有很多的自由电子，在能带结构上没有禁带，材料吸收光辐射后，产生温升，但温升对自由电子数目的增加作用不明显，相反，因温升使晶格的振动加剧，反而阻碍了自由电子的定向运动，使电阻增大，电阻-温度系数为正，且数值比半导体要小得多。

由式(6-13)可知：对于金属材料测辐射热计，其在绝对温度 T 时的电阻值 $R_T=(R_0/T_0)T$（其中 R_0 是测辐射热计在绝对温度为 T_0 时的电阻值，它与测辐射热计的几何尺寸和热敏材料的物理特性等有关），电阻 R_T 与温度 T 呈线性关系，因此可应用于光辐射(或温度)的模拟测量。

由半导体材料制成的测辐射热计，常常也称为热敏电阻型测辐射热计。它在绝对温度 T 时的电阻值 $R_T=R_0\exp[3000(T^{-1}-T_0{}^{-1})]$，电阻 R_T 与温度 T 的关系是非线性的，且电阻 R_T 随温度 T 的升高而减小，因此多用于光辐射的探测(如热辐射体的搜索与跟踪、防盗报警及防火系统等)；而用于光辐射(或温度)的模拟测量时，可利用电阻-温度的"非线性"曲线，通过软件编程方式校正得到辐射体的温度值。

热敏电阻包括正温度系数(Positive Temperature Coefficient，PTC)热敏电阻、负温度系数(NTC)热敏电阻以及临界温度(Critical Temperature Resistor，CTR)热敏电阻。其中，NTC(Negative Temperature Coefficient)热敏电阻随温度上升电阻呈指数关系减小，具有负温度系数。它的灵敏度较高，其电阻温度系数要比铂金电阻大 10 倍以上，能检测出 0.01℃的温度变化或更小的温度差异；小型化、响应速度快，热时间常数仅为 0.1～0.2s；工作温度范围宽，常温器件适用于－55～315℃，低温器件适用于－273～55℃；目前采用氧化钛和氧化钇材料研制成功的高温热敏电阻，其工作温度范围可达 200～1000℃。NTC 热敏电阻被用做测辐射热计的敏感元件，并可广泛用于测温、控温、温度补偿等方面。

PTC 热敏电阻在某一温度下电阻急剧增加，具有正温度系数，可专门用做恒定温度传感器、限流保护元件或温控开关等。CTR 热敏电阻具有负电阻突变特性，在某一温度下，电阻值随温度的增加急剧减小，具有很大的负温度系数，可作为控温报警等应用。

2. 测辐射热计的电压灵敏度

实际应用中，测辐射热计通常按图 6-6(a)接成桥式电路，或者按图 6-6(b)以补偿元件为负载再接放大器。图中，R_{T1} 为接收元件，R_{T2} 为补偿元件(图示为其在电路中的符号)，$R_1=R_2$ 为普通电阻，R_3 为普通电阻或放大器电路，U_{bb} 为加在测辐射热计两端的偏置电压。

图 6-6(a)中，当没有光辐照时，$R_{T1}=R_{T2}$，电桥保持平衡；有光辐照时，接收元件 R_{T1} 的电阻值改变，而补偿元件 R_{T2} 的电阻值不变，因此，电桥将不平衡，O_1 点的电位发生变化。检测该点的电位，即可探知光辐射的情况。

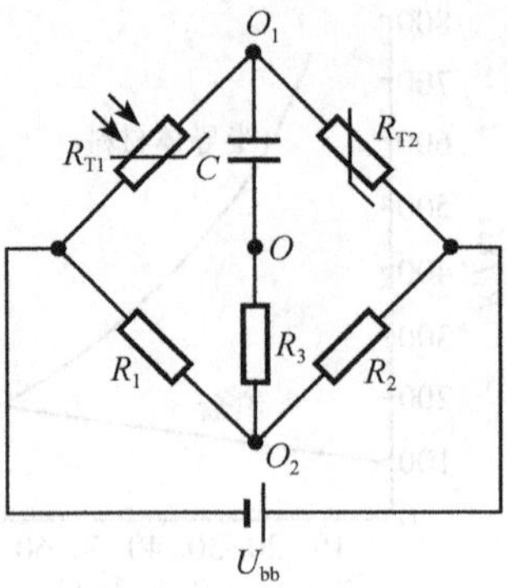

(a) 惠更斯桥式电路

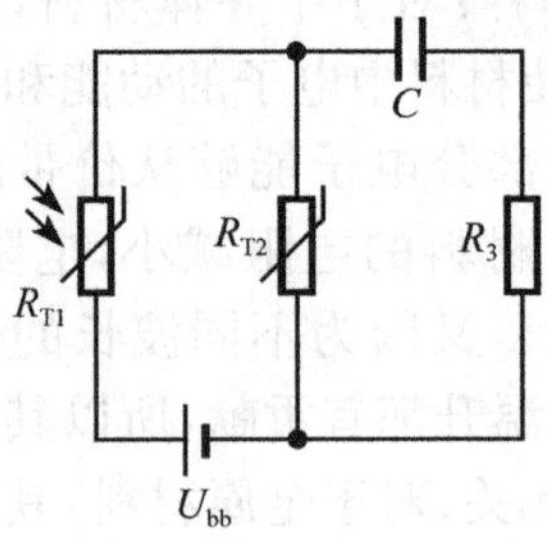

(b) 以补偿元件为负载的电路

图 6-6　测辐射热计的典型应用电路

图 6-6(b)中，当有光辐照时，因 R_{T1} 的电阻值改变，而 R_{T2} 的电阻值不变，所以负载 R_{T2} 两端的电压发生变化。检测该电压信号，即可探知光辐射的情况。

下面分析测辐射热计在图 6-6 所示具体应用中的电压灵敏度。

对于图 6-6(b)的情况，设测辐射热计的电阻-温度系数为 α_T、光辐射使热敏元件产生的温升为 ΔT，则 R_{T1} 的电阻变化值为 $\Delta R_{T1}=\alpha_T R_{T1}\Delta T$，并设 $\Delta R_{T1}\ll R_{T1}$。由于电路中的电流 $i=U_{bb}/(R_{T1}+R_{T2})$，所以负载 R_{T2} 两端的信号电压为

$$\Delta u_{T2}=\frac{U_{bb}R_{T2}}{(R_{T1}+R_{T2})^2}\cdot\Delta R_{T1}=\frac{\alpha_T R_{T1}R_{T2}U_{bb}}{(R_{T1}+R_{T2})^2}\cdot\Delta T \tag{6-14}$$

对于交变的光辐射，利用式(6-3)和式(6-14)，可得测辐射热计的电压灵敏度为

$$S_v=\frac{\alpha R_{T2}R_{T1}U_{bb}\alpha_T}{G(R_{T1}+R_{T2})^2(1+\omega^2\tau_T^2)^{1/2}} \tag{6-15}$$

对于图 6-6(a)所示的桥式电路情况，类似分析后可得测辐射热计的电压灵敏度为

$$S_v=\frac{\alpha R_{T2}U_{bb}\alpha_T}{2G(R_{T1}+R_{T2})(1+\omega^2\tau_T^2)^{1/2}} \tag{6-16}$$

由式(6-15)、式(6-16)可知，要提高测辐射热计的电压灵敏度，可采取以下方法。

(1) 增大偏置电压 U_{bb}。但 U_{bb} 增大，测辐射热计的噪声也会增大，且使回路中的电流增大，容易造成热敏元件的损坏，故此种方法具有一定的局限性。

(2) 将测辐射热计的光敏面涂黑，以提高吸收率 α。

(3) 减小热导 G。其办法是减小热敏元件的接收面积和元件-外界对流造成的热量损失，将元件装入真空管内。但减小热导 G，会使测辐射热计的热响应时间常数 τ_T 增大。实际中为了减小响应时间常数 τ_T，通常把热敏元件粘贴在具有高热导的衬底上。

(4) 选用 α_T 值大的材料。另外，由于 α_T 随温度 T 的降低而增大，所以使热敏元件在低温条件下工作(例如，在其周围加置制冷器等)，可获得较大的 α_T 值，这种方法在遥感成像等方面得到了重要应用。

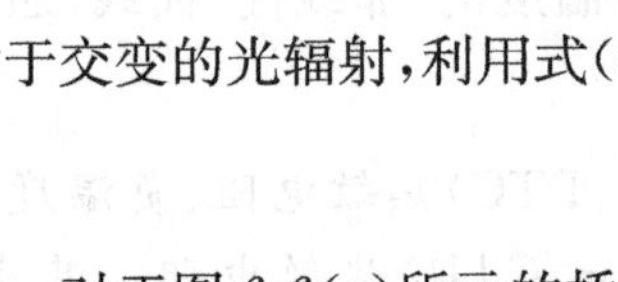

图 6-7　浸没型测辐射热计

为了进一步提高测辐射热计的电压灵敏度，还可采用(光学)浸没技术。如图 6-7 所示，将测辐射热计胶合在半球形锗透镜(它对红外辐射具有很高的透过率)的平面一侧。由于锗透镜的聚焦作用，可使范围 b 内的光辐射都能照射在尺寸为 a 的热敏元件的光敏面内，所以光敏面上实际接收光辐射的范围由 a 扩大到了 b，这相当于增大了光敏面接收光辐射的立体

角，使尺寸同样为 a 的光敏面上的辐照度显著增加，输出的电压信号大为增强，响应率得到很大提高。由几何光学知识可知：这种光学浸没技术可以使光敏面的有效面积减小至原来的 $1/n^2$（n 为半球形透镜的折射率）。因此，这种浸没技术不仅能显著提高测辐射热计的响应率，而且因为光敏面有效面积的减小而使测辐射热计的热容减小，从而也提高了测辐射热计的响应速度。

3. 测辐射热计的噪声等效功率

测辐射热计的噪声主要有热噪声、温度噪声和电流噪声。因输出的是电压信号，故分析噪声的影响时，考察噪声电压的情况。

(1) 热噪声。测辐射热计的热噪声功率与其电阻值有关。热噪声电压的方均值为

$$\overline{U_{RT}^2}=4kTR_T\cdot\Delta f \tag{6-17}$$

(2) 温度噪声。环境温度的起伏会造成热敏元件的温度起伏，从而引起温度噪声。若将热敏元件装入真空管内，则可降低这种噪声，此时温度噪声仅与辐射热交换有关。

利用式(6-8)，可得温度噪声电压的方均值为

$$\overline{U_T^2}=16A_d\varepsilon\sigma kS_v^2T^5\cdot\Delta f \tag{6-18}$$

(3) 电流噪声。测辐射热计的工作频率 f 一般较低，当 $f<1\text{kHz}$ 时，电流噪声不可忽略。这种电流噪声与热敏材料的性质有关。由式(2-26)，可得电流噪声电压的方均值为

$$\overline{U_I^2}=A_0R_T^2I^2\cdot\Delta f/f \tag{6-19}$$

式中，A_0 是与热敏材料性质有关的常数；I 是通过测辐射热计的电流。当 $f>1\text{kHz}$ 时，电流噪声可以忽略不计。

综合上述三种噪声，可得测辐射热计的比探测率 D^* 为

$$D^*=\frac{S_v\sqrt{A_d\cdot\Delta f}}{U_N}=\frac{S_v\sqrt{A_d\cdot\Delta f}}{\sqrt{\overline{U_{RT}^2}+\overline{U_T^2}+\overline{U_I^2}}} \tag{6-20}$$

在室温条件下，常用测辐射热计的噪声等效功率 NEP 为 $10^{-8}\sim10^{-9}\,\text{W/Hz}^{1/2}$，$D^*$ 约为 $10^8\,\text{cm}\cdot\text{Hz}^{1/2}/\text{W}$；在制冷到液氦温度(3K)时，NEP 可达 $10^{-13}\sim10^{-14}\,\text{W/Hz}^{1/2}$。

6.2.3 测辐射热计的应用

测辐射热计通过对电阻变化量（从而输出电压信号）的测量得到温度，响应率较高，可用于温度测量。现阶段，主要发展硅基微测辐射热计焦平面阵列器件。如 240×360 像素双层微测辐射热计阵列，其 D^* 已提高到 $10^9\,\text{cm}\cdot\text{Hz}^{1/2}/\text{W}$，用于凝视型红外成像系统[11]。

6.3 热电偶和热电堆

热电偶(Thermocouple)是利用温差电效应来制作的一种热探测器，也称为温差电偶。热电堆(Thermopile)则由热电偶串联而成。其典型实物如图 6-8 所示。

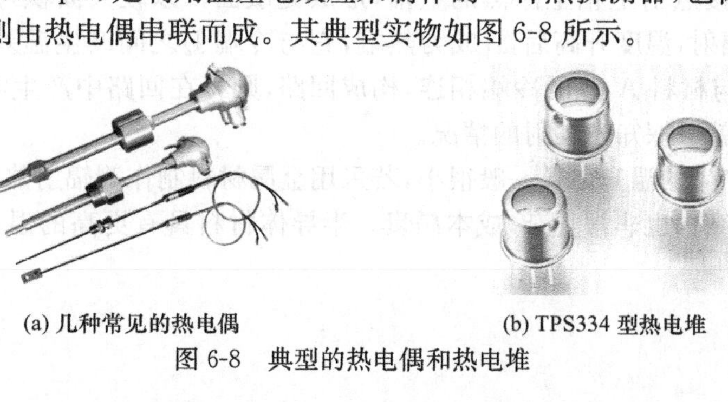

(a) 几种常见的热电偶　　(b) TPS334 型热电堆

图 6-8　典型的热电偶和热电堆

6.3.1　热电偶的结构和工作原理

1. 温差电效应

在由两种不同的金属导体(或半导体)材料构成的结点处,可以产生接触电动势。这是由于不同的金属自由电子密度不同,当两种金属接触在一起时,在结点处会发生电子扩散,浓度大的向浓度小的金属扩散。浓度高的失去电子显正电,浓度低的得到电子显负电。当扩散达到动态平衡时,得到一个稳定的接触电势。

如图 6-9 所示,设将 A、B 两种不同的金属连接成具有一对结点 1、2 的闭合回路,并使结点 2 接收光辐射温度升高到 T(热端),而结点 1 的温度保持 T_0不变(冷端)。那么,冷端和热端的接触电势分别为

$$E_1=\frac{kT_0}{e}\ln\frac{N_A}{N_B}(\text{冷端}),\quad E_2=\frac{kT}{\mathrm{e}}\ln\frac{N_A}{N_B}(\text{热端}) \tag{6-21}$$

式中,k 为玻尔兹曼常数;e 为电子电量;N_A和 N_B分别是 A、B 材料的电子浓度。这样,在两种不同的金属连接成的闭合回路中,由于两个结点之间的温度差,导致它们的接触电动势不同,从而在闭合回路中产生电流,这种现象称为塞贝克(Seebeck)效应或温差电效应,产生的电动势称为温差电动势。热电偶和热电堆即利用这种效应来测量光辐射的。

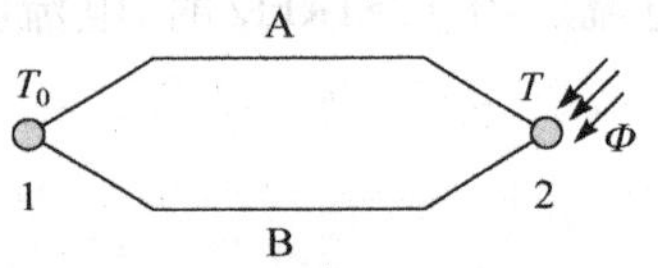

图 6-9　温差电效应原理图

温差电动势的大小和方向,与两种不同材料的性质及两个结点之间的温度差有关。例如,由铋和锑所构成的一对结点之间的温差电动势率约为 100μV/K,这是金属材料中最大的温差电动势;由半导体材料制作的热电偶,其温差电动势率可高达 500μV/K。

2. 金属热电偶[2]

由金属材料制作的热电偶,其结构既可以是线状(或条状)的实体,也可以是薄膜型。实体状的热电偶多用于测量温度,而薄膜型的热电偶多用于测量光辐射能量。使用热电偶时,通常利用其中一个结点作为测量端(称为热端),用于吸收光辐射而产生温升;另一结点作为参考端(称为冷端),并维持恒温。实际中,为了增大对光辐射的吸收、提高热电偶的灵敏度,热端一般都安装有涂黑的金箔。

图 6-10(a)为测温热电偶的结构图。它通常由铂、铹等合金组成,采用"点接触"的方式测量温度,测温范围较宽,一般可达－200～1000℃,测量准确度高达 10^{-3}℃。

图 6-10 (b)为测辐射热电偶的结构图,它与测温热电偶的原理相同,但结构不同。它是在材料 A 和 B 的连接点 J_1上粘上涂黑的金箔,形成光敏面,(以较大面积)接收入射的光辐射。当金箔因吸收光辐射,温度升高后,J_1成为热端,它与冷端 J_2之间产生温差电动势。若用导线将检流计 G 分别与材料 A、B 的冷端相连,构成回路,则将在回路中产生电流 I。由检流计 G 检测出 I 的大小,就可探知光辐射的情况。

由于光辐射产生的温升 ΔT 一般很小,若采用金属材料制作测辐射热电偶,则对材料的要求很高,热电偶的结构也非常复杂,成本昂贵。半导体材料具有更高的温差电动势,适于制作测辐射热电偶。

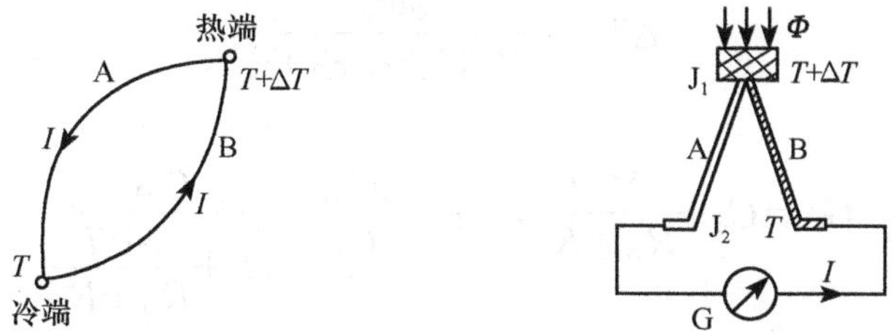

(a) 测温热电偶　　　　(b) 测辐射热电偶

图 6-10　两种由金属材料制作的热电偶的原理结构图

3. 半导体测辐射热电偶

半导体测辐射热电偶的结构如图 6-11 所示。它采用 P、N 型两种不同的半导体材料，用涂黑的金箔将 P、N 型半导体材料连接在一起构成热端，接收光辐射，两种半导体的另一端均为冷端。其基本原理：热端吸收光辐射后，产生温升，温升导致半导体中载流子的动能增加，使多数载流子由热端向冷端扩散，结果是 P 型半导体材料的热端带负电、冷端带正电，N 型半导体材料的情况则正好相反，从而在负载 R_L 上产生温差电压信号。检测这一电压信号，就可探知光辐射的情况。

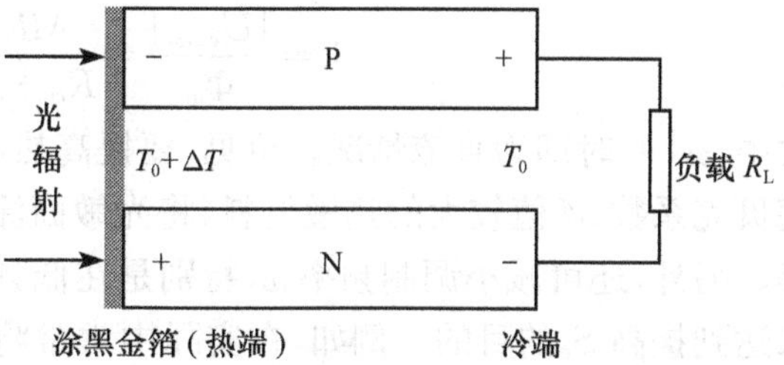

图 6-11　半导体测辐射热电偶的结构原理图

下面以图 6-11 所示的半导体测辐射热电偶为例，说明热电偶的工作原理。

当外电路开路时，热电偶的输出电压（即温差电动势）为

$$U_{\infty}=M\cdot\Delta T \tag{6-22}$$

式中，M 为塞贝克常数，也称为温差电动势率，单位为 V/K；ΔT 为热电偶中产生的温升（即热端与冷端之间的温度差），由光辐射的具体情况确定。可见，热电偶（或热电堆）的被测物理量是温差或温度梯度，而不是温度本身。

当外电路闭合时，温差电动势 U_{∞} 将在电路中产生温差电流 I，按照珀耳帖温差热效应，又会使热端的温度降低，其热量的损失为[3]

$$\frac{\mathrm{d}Q}{\mathrm{d}t}=MTI \tag{6-23}$$

式中，T 为热端温度。利用式(6-23)，可得

$$\frac{\mathrm{d}Q}{\mathrm{d}t}=MT\frac{U_{\infty}}{R_{ci}+R_L}=MT\frac{M\Delta T}{R_{ci}+R_L}=\frac{M^2T}{R_{ci}+R_L}\Delta T \tag{6-24}$$

式中，R_{ci} 为热电偶的内阻；R_L 为负载电阻。因此，当辐射传输到热电偶的光敏面时，则热端单位时间内热能的变化量等于单位时间接收和流失的热量之差，即

$$C_{cH}\frac{\mathrm{d}(\Delta T)}{\mathrm{d}t}=\alpha\Phi-G_c\Delta T-\frac{M^2T\Delta T}{R_{ci}+R_L} \tag{6-25}$$

式中，C_{cH} 为热电偶的热容；G_c 为热电偶开路时与周围环境之间的热导。等式右边第一项为单位时间内测辐射热电偶光敏面吸收的热量，第二项和第三项分别是单位时间内通过热导和珀耳帖效应流失的热量。对于调制的辐通量 $\Phi=\Phi_0+\Phi_m\exp(\mathrm{j}\omega t)$，解方程式(6-25)，并考虑到一般应用情况下 $T\gg\Delta T$，得到

$$\Delta T_{\omega}=\frac{\alpha\Phi_{m}}{G_{c}^{*}\ (1+\omega^{2}\tau_{cT}^{2})^{1/2}} \tag{6-26}$$

式中

$$G_{c}^{*}=G_{c}+\frac{M^{2}T}{R_{ci}+R_{L}},\quad \tau_{cT}=\frac{C_{cH}}{G_{c}^{*}}=\frac{C_{cH}}{G_{c}+\dfrac{M^{2}T}{R_{ci}+R_{L}}} \tag{6-27}$$

分别为热电偶的等效热导和热响应时间。可见,外电路闭合时存在的温差电流引入了附加热导,并减小了热电偶的热响应时间。温差电流 I 经负载电阻 R_L 产生的信号电压的幅值为

$$|U_{cL,\omega}|=IR_{L}=\frac{U_{co}}{R_{ci}+R_{L}}R_{L}=\frac{M\Delta T_{\omega}}{R_{ci}+R_{L}}R_{L}=\frac{MR_{L}}{R_{ci}+R_{L}}\cdot\frac{\alpha\Phi_{m}}{G_{c}^{*}\ (1+\omega^{2}\tau_{cT}^{2})^{1/2}} \tag{6-28}$$

6.3.2 热电偶的主要特性参数

热电偶的主要特性参数包括电压灵敏度(也称为"响应率")S_c、热响应时间常数 τ_{cT}、噪声等效功率 NEP 和内阻 R_{ci}。

1. 热电偶的电压灵敏度

电压灵敏度 S_c 是输出电压信号 $|U_{cL,\omega}|$ 与入射辐通量的幅值 Φ_0 之比

$$S_{c}=\frac{|U_{cL,\omega}|}{\Phi_{m}}=\frac{MR_{L}}{R_{ci}+R_{L}}\cdot\frac{\alpha}{G_{c}^{*}\ (1+\omega^{2}\tau_{cT}^{2})^{1/2}} \tag{6-29}$$

式中,$\omega=0$ 时即为直流情况。可见,要提高热电偶的电压灵敏度 S_c,可以有多种方法,如选用塞贝克系数 M 值较大的热敏材料,将光敏面涂黑(以增大对光辐射的吸收率 α),减小内阻 R_{ci} 等。另外,还可减小调制频率 ω,特别是在低频调制时($\omega\tau_{cT}\ll1$),可通过减小等效热导 G_c^* 值来达到提高 S_c 的目的。例如,在实际中常常将热电偶封装在真空管中,就可使热导值减小并保持稳定,因此热电偶也常称为真空热电偶。对于高频调制情况,$\omega\tau_{cT}\gg1$,此时 $S_c\propto1/\omega$,灵敏度将随调制频率的提高而减小,所以热电偶适用于低频情况。

半导体测辐射热电偶的电压灵敏度 S_c 约为 50 μV/ μW。

2. 热响应时间

热电偶的热响应时间常量 τ_{cT} 比较长,约为几到几十毫秒。因此,它适用于探测恒定的或低频(一般不超过几十赫兹)调制的光辐射。但据报道[2],采用在 BeO 衬底上制造 Bi-Ag 结构工艺的热电偶,其热响应时间可降至 10^{-7}s 以下,可用于探测高频调制的光辐射。

3. 热电偶的内阻

热电偶的电阻值 R_{ci} 决定于所用的热敏材料及结构。由于热敏材料的电阻率一般都很低,所以热电偶的电阻值不大,一般为几十欧姆。同时,也由于这个原因,要使热电偶与后续的放大器的阻抗匹配,只能利用变压器放大技术,其结果使装置的结构复杂化[3]。

4. 噪声等效功率

热电偶的噪声主要来自两个方面:一是由热电偶具有的欧姆电阻所引起的热噪声;二是由光敏面温度起伏所产生的温度噪声。根据式(2-22)、式(2-29)和式(6-29),外电路闭合时热电

偶的噪声等效功率为[3]

$$\mathrm{NEP}=\left(\frac{\overline{u_{\mathrm{nr}}^2}}{S_{\mathrm{c}}^2}+\overline{W_{\mathrm{T}}^2}\right)^{1/2}=\left(4kR_{\mathrm{ci}}T\cdot\frac{G_{\mathrm{c}}^{*2}+\omega^2C_{\mathrm{cH}}^2}{M^2\alpha^2}\cdot\Delta f+4kG_{\mathrm{c}}^{*}T^2\cdot\Delta f\right)^{1/2} \tag{6-30}$$

式中，括号内第一项相应于热噪声的贡献，第二项相应于温度噪声的贡献。

半导体测辐射热电偶的噪声等效功率一般为 10^{-11} W/Hz$^{1/2}$左右。

6.3.3 热电堆

1. 热电堆的结构

热电堆是多个热电偶的串联结构。如图 6-12 所示，辐射接收面分为若干块，每块都接一个热电偶，把它们串联起来，就构成热电堆。其工艺过程：在镀金的铜衬底上蒸镀一层绝缘层，热电材料敷在绝缘层上，在绝缘层的上面制作工作结（热端）和参考结。参考结与铜衬底之间保持热接触而电气绝缘；工作结与铜衬底之间既是热绝缘又是电气绝缘。

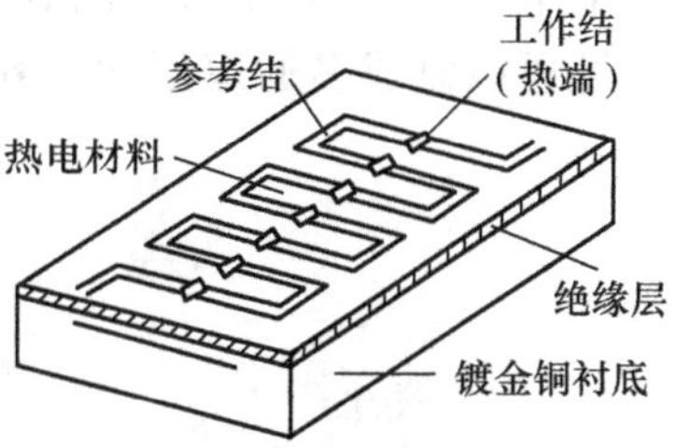

图 6-12 热电堆的结构与工作原理图

2. 热电堆的主要特点

为了简便起见，设热电堆由 n 个性能一致的热电偶串联构成。

1) 热电堆的内阻

热电堆的内阻 R_{pi}是所有串联热电偶的内阻之和，即

$$R_{\mathrm{pi}}=\sum_{i=1}^{n}R_{\mathrm{ci}}^{(i)}=n\cdot R_{\mathrm{ci}} \tag{6-31}$$

热电堆的内阻 R_{pi}较大，可达几十千欧，易于与放大器的阻抗匹配，可利用普通的运算放大器。

2) 热电堆的温差电动势

在相同的温差时，热电堆的开路输出电压 U_{po}是所有串联热电偶的温差电动势之和

$$U_{\mathrm{po}}=\sum_{i=1}^{n}U_{\mathrm{co}}^{(i)}=nU_{\mathrm{co}}=n\cdot M\cdot\Delta T \tag{6-32}$$

式中，U_{co}是单个热电偶产生的温差电动势。可见，热电偶的数目越多，热电堆的温差电动势就越大。这样，在相同的电信号检测条件下，热电堆能检测到的最小温差就是单个热电偶的$1/n$。因此，热电堆对温度的分辨能力大大增强。

另外，如果单个热电偶在测量时的绝对误差都相等，即

$$\Delta U_{\mathrm{c1}}=\Delta U_{\mathrm{c2}}=\cdots=\Delta U_{\mathrm{cn}}$$

则整个热电堆的测量误差为

$$\Delta U_{\mathrm{po}}=(\Delta U_{\mathrm{c1}}^2+\Delta U_{\mathrm{c2}}^2+\cdots+\Delta U_{\mathrm{cn}}^2)^{1/2}=\sqrt{n}\cdot\Delta U_{\mathrm{c1}}$$

因此，整个热电堆在测量时的相对误差为

$$\delta_{\mathrm{p}}=\frac{\Delta U_{\mathrm{po}}}{U_{\mathrm{po}}}=\frac{\sqrt{n}\cdot\Delta U_{\mathrm{c1}}}{n\cdot U_{\mathrm{co}}}=\frac{1}{\sqrt{n}}\delta_{\mathrm{c}} \tag{6-33}$$

式中，$\delta_{\mathrm{c}}=\Delta U_{\mathrm{c1}}/U_{\mathrm{co}}$为可见单个热电偶在测量时的相对误差。可见，与热电偶相比，热电堆的

测量准确度要高 $n^{1/2}$ 倍。

3) 热电堆的噪声等效功率

热电堆的内阻很大,由式(6-30)可知其噪声等效功率 NEP 主要取决于热电堆的热噪声,而温度噪声的影响较小。

按用途不同,实用的热电堆既可以制成细丝型,也可以是薄膜型。例如,红外光谱仪中常用的细丝型热电堆,其内部有 12 个工作结接收红外辐射,热电堆的电压灵敏度达 0.25μV/μW,热响应时间为 0.1～2s。若用锑、铋材料薄膜代替金属细丝,并把热电堆封装在气室内,制成薄膜型热电堆,电压灵敏度可提高到 50～280 μV/μW,热响应时间也降为 13～150 ms[4]。此外,热电堆还可以制成多通道型和阵列型器件,如图 6-13 所示。

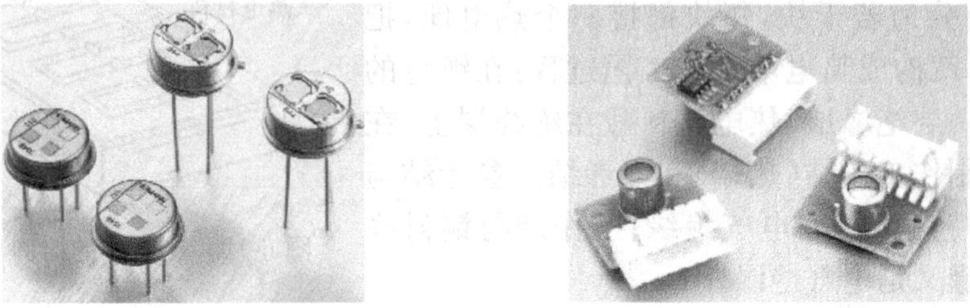

(a) 2/4 通道型　　(b) 阵列型(集成了信号处理电路)

图 6-13　典型的热电堆

表 6-1 列出了国外几种热电堆的特性参数,供选用时参考。

表 6-1　国外几种热电堆的特性参数[5]

型号	视场	直流电压灵敏度/(μV/μW)	热响应时间常数/ms	光敏面积/mm²	内阻/kΩ	噪声/(nV/Hz$^{1/2}$)	NEP/(nW/Hz$^{1/2}$)	D^*/(cm · Hz$^{1/2}$/W)
TPS333	100°	35	25	0.7×0.7	75	35	1	0.7×10^8
TPS334	60°	35	25	0.7×0.7	75	35	1	0.7×10^8
TPS434	55°	35	20	0.5×0.5	35	24	0.7	0.7×10^8
TPS534	80°	20	35	1.2×1.2	50	29	1.4	0.8×10^8
TPS2534	2×90°	42	35	1.2×1.2	50	29	0.7	1.8×10^8
TPS4339	4×60°	75	25	0.7×0.7	75	35	0.5	1.5×10^8

6.3.4　热电偶和热电堆的应用

热电偶和热电堆都是利用塞贝克效应来测量温差,输出的是电压信号(或温差电动势)。它们在工业、民用和军事领域都得到了广泛应用。

1. 热电偶用于测量温度时冷端温度的补偿

由前所述,温差电动势 U_∞ 与热电偶热、冷两端的温差 $\Delta T=T-T_0$ 成正比,即 $U_\infty=M\Delta T=M(T-T_0)$,所以热电偶可用于绝对温度 T 的测量。但是,这种测量是通过测量温差电动势 U_∞ 来反推出待测温度 T,而 U_∞ 与冷端温度 T_0 有关。因此,为了保证测量信号的正确性和准确性,首先需要保持冷端温度 T_0 固定不变,这就需要对热电偶的冷端进行温度补偿。

温度补偿的方法有多种,如冰点法、恒温迁移补偿法、热电势修正法、电桥补偿法、二极管补偿法、集成温度传感器补偿法等[6]。①冰点法是将冷端置于冰水混合物中，此时，$T_0=0℃$，$U_{\infty}=MT$，对于 M 选定的热电偶，待测温度 T 可由电压信号 U_{∞} 方便得到；②集成温度传感器补偿法是利用高性能半导体温度传感器实现温度测量与补偿。如美国 MAXIM 公司生产的 K 型温度补偿器 MAX6675，其内部自带冷端温度补偿、线性校正、A/D 转换、SPI 串口输出、热电偶断线检测等功能，它能将温度测量值转换为单片机能识别的 16 位二进制数字温度读数，测温范围为 0～1023.75℃，转换精度为 0.25℃，冷端温度的补偿范围为－20～＋85℃，工作电压为 3.0～5.5V。当冷端温度波动时，MAX6675 仍能精确检测热端的温度变化[7]。

2. 热电堆的应用

热电堆已广泛应用于光谱、光度探测等仪器中，尤其是在高/低温空间探测和激光测量等领域中的应用，是其他探测器件无法取代的。在民用方面，已利用热电堆对空调、微波炉、烘干机和干衣机等家用电器进行非接触式温度测量(如利用 A2TPMI334 型热电堆温度传感器测量电磁炉中的温度[8])；在红外遥感方面，利用 TS-76 型薄膜热电堆探测器进行高精度红外光学定标[9]；在热成像方面，薄膜型热电堆在很宽的波长范围内有均匀的响应，使用时不需制冷和电源，这使它适合于制作非制冷红外焦平面阵列成像器件[10]，美国等发达国家在 1990 年初就研制出了 336×240 像素的多晶硅热电堆红外焦平面阵列探测器，用于凝视型红外成像[11]，现在正发展更大规模的阵列器件。

6.4　热释电探测器

热释电探测器(Pyroelectric Detector)是一种利用某些晶体材料自发极化强度随温度变化所产生的热释电效应制成的新型热探测器。图 6-14 所示为几种热释电探测器实物照片。因为热释电探测器输出的电信号正比于探测器温度随时间的变化率，不像其他热探测器需要有个热平衡过程，所以其响应速度比其他热探测器快得多，一般热探测器的时间常数典型值为 0.01～1s，而热释电探测器的有效时间常数低达 $3\times10^{-5}\sim10^{-4}$s。虽然目前热释电探测器在比探测率和响应速度方面还不及光子探测器，但由于它还具有光谱响应范围宽、较大的频响带宽、在室温下工作无须制冷、可以有大面积均匀的光敏面、不需偏压、使用方便等特点，而得到日益广泛的应用。

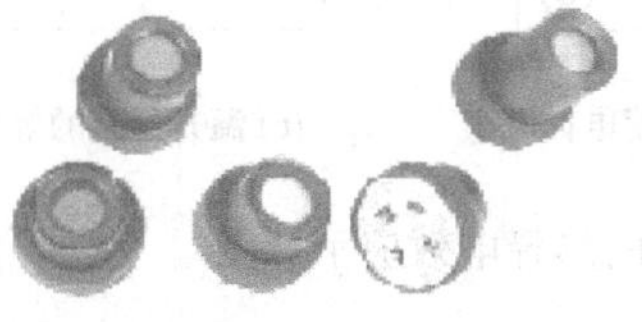

(a) GAT 2P2 型

(b) GLT 22 型

图 6-14　几种典型的热释电探测器

6.4.1　热释电探测器的结构和原理

1. 热释电效应

热电晶体材料因吸收光辐射能量而产生温升，导致晶体表面净电荷发生变化的现象，称为热释电效应。

热电晶体是压电晶体中的一种，具有自发极化和较大的热胀系数等特征。重要的热电晶体有硫酸三甘肽(TGS)、钽酸锂($LiTaO_3$)和钛酸钡($BaTiO_3$)等。它们在某个方向上正负电荷中心不重合，在晶体表面形成一定量的极化电荷，称为自发极化。热电晶体的最大特点：晶体温度变化时，由于较大的热胀系数，可引起较大的形变，即引起晶体中正负电荷的中心发生相对位移，如图 6-15 所示。因此，热电晶体的自发极化强度 $\boldsymbol{P}_s$ 随晶体温度的变化而变化：当温度升高时，极化强度减小；当温度降低时，极化强度增大，如图 6-16 所示。自发极化强度 $\boldsymbol{P}_s$ 减小到零时的温度 T_c 称为"居里温度"。

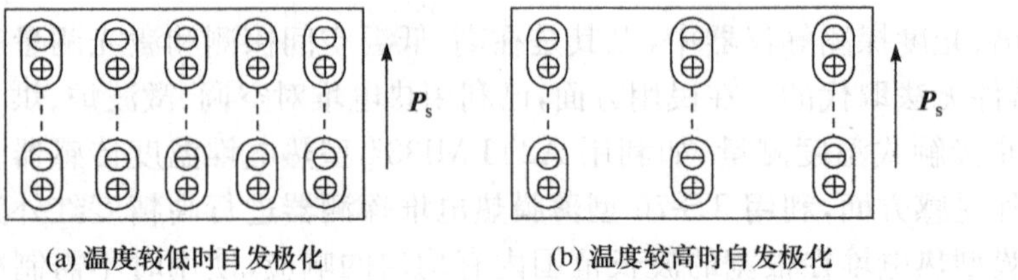

图 6-15 热电晶体的自发极化现象

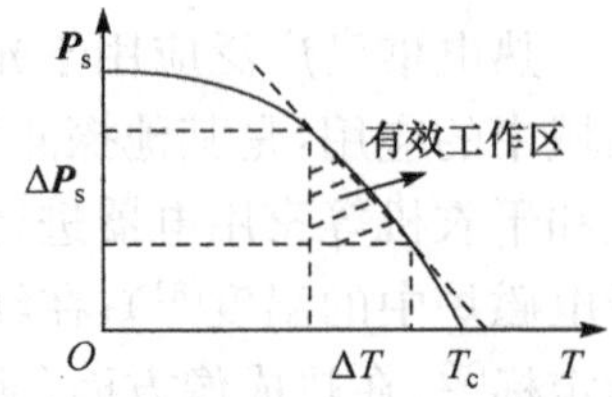

图 6-16 自发极化强度 $\boldsymbol{P}_s$ 与温度 T 的关系

由于自发极化，晶体在垂直于自发极化强度 $\boldsymbol{P}_s$ 的表面上产生面束缚电荷，一面是正束缚电荷，另一面是负束缚电荷，如图 6-17(a)所示。面束缚电荷密度 σ 等于自发极化强度 $\boldsymbol{P}_s$。平时，这些面束缚电荷常被晶体内部或外来自由电荷中和，晶体表面的"净"电荷为零，因而并不显出外电场。而晶体温度变化时，自发极化变化，表面的极化电荷即随之变化。设热电晶体因吸收光辐射而使其温度由 T_1 上升到 T_2，则自发极化强度 $\boldsymbol{P}_s$ 减小，束缚电荷急剧减少，如图 6-17(b)所示，其等效结果如图 6-17(c)所示，这相当于晶体表面"释放"了电荷，因此称为热释电效应。这时，晶体表面有了"净"电荷，若在这两端面加上电极，并通过负载连接成回路，就可将这些"净"电荷引出，从而在电路中产生电流信号输出。

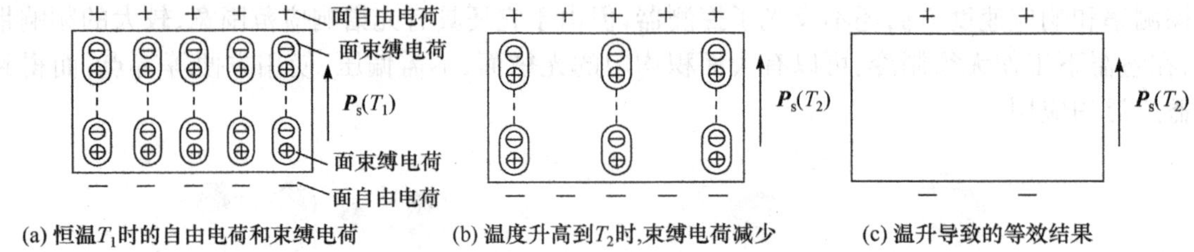

图 6-17 热电晶体在温度升高时的热释电效应示意图

热电晶体自发极化的弛豫时间很短[2]，约为 10^{-12} s，因此热释电可响应快速的温度变化。而热电晶体表面自由电荷中和面束缚电荷所需时间较长，大约需要数秒以上(电荷中和时间 $\tau=\varepsilon/\rho$，其中 ε、ρ 分别为热电晶体的介电常数和电导率)。当晶体温度变化极其缓慢时，晶体表面的面束缚电荷会被自由电荷中和，即使温度由 T_1 上升到 T_2，但晶体表面却没有"释放"的"净"电荷，从而表现不出热释电效应。因此，热释电探测器是一种只能响应交变光辐射的器件，其入射光辐射的调制频率 f 必须满足：$f \geqslant 1/\tau(\tau=\varepsilon/\rho)$。在热释电探测器应用系统(如热成像系统)中，调制方式常采用斩波器方式。斩波器的结构有多种[12]，如使用直叶片的斩波器。现在应用较多的是一种叶片边缘为阿基米德螺旋线状的斩波器，另外也正在发展新型液晶斩波器技术。

2. 热释电探测器的基本结构

这里以图 6-18 所示的硫酸三甘肽热释电探测器为例说明热释电探测器的结构工艺。

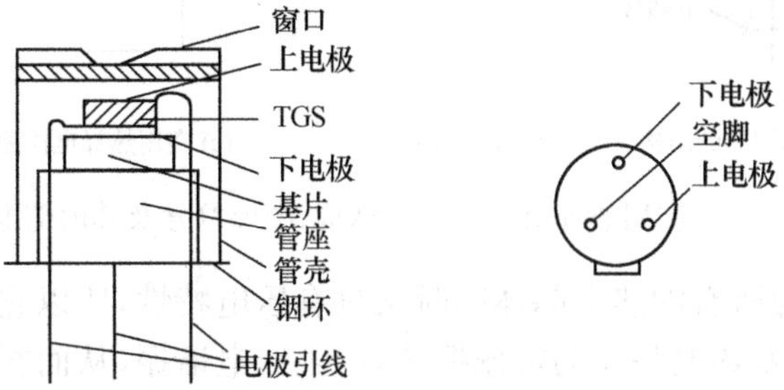

图 6-18　硫酸三甘肽热释电探测器的结构示意图

首先，把已制备好的 TGS 晶体连同基片粘贴在普通三极管的管座上，上/下电极通过导电胶、铟球(或细铜丝)与管脚(电极引线)相连；然后再加置窗口，便构成了 TGS 热释电探测器。由于热电晶体本身的阻抗很高，所以在整个封装过程中必须进行严格的清洁处理，以提高电极之间的阻抗、降低噪声。为了降低热释电探测器的总热导，一般采用热导率较低的基片，铜管内抽成真空或充以氪气等热导很低的气体。为使探测器光谱响应均匀，可在热释电探测器的光敏层表面涂上特殊的油漆，以增加对光辐射的吸收。

根据不同应用场合的性能要求，热释电探测器的电极通常做成面电极或边电极结构，如图 6-19所示。对于面电极结构，电极置于热电晶体的上、下两个表面上，其中一个电极位于光敏面内。这种面结构的电极面积较大、极间距离较短，极间电容较大。因热释电探测器的热响应速度受极间电容的约束，所以这种面电极结构不适用于高速应用的场合。此外，因为光辐射只有通过电极层后才能到达热电晶体内，所以电极对于待测的光辐射必须是光学透明的。对于边电极结构，电极所在的平面垂直于光敏面，电极面积较小、极间距离较大，极间电容较小，故在高速应用场合中常常采用这种边电极结构。

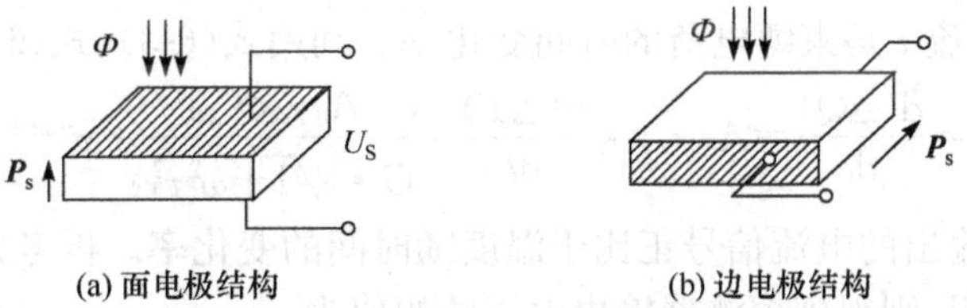

图 6-19　热释电探测器的两种电极结构

热释电探测器的基本结构是一个电容器，其电容值很小、阻抗一般可达 $10^{10}\,\Omega$，使用时须采用具有高输入阻抗和低噪声的结型场效应管前置放大器(JFET)。为了减小其与外界的热交换干扰和振动噪声，一般将 JFET 与热释电探测器直接封装在同一个黄铜管内，构成源极跟随器并进行阻抗变换。实用热释电探测器、图形符号及其典型应用电路如图 6-20 所示。

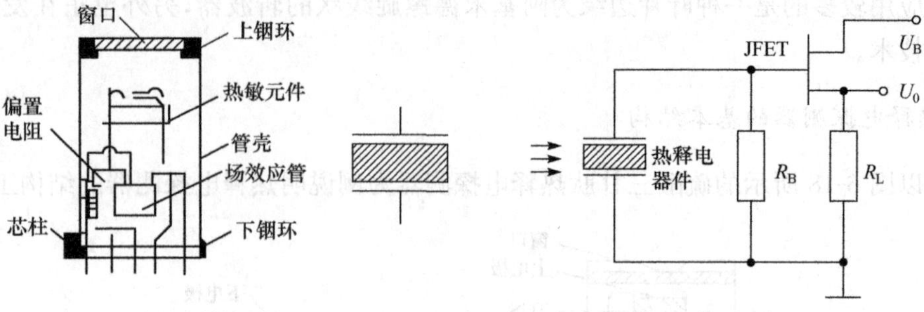

(a) 实用热释电探测器的结构　(b) 图形符号　(c) 实用热释电探测器的内部电路

图 6-20　实用热释电探测器的结构、图形符号及其内部电路

在实际应用中，因为所有的热电晶体同时又具有压电特性，所以它对声频振动很敏感。光辐射脉冲的热冲击会激发热电晶体的机械振荡，产生压电谐振，从而在热释电效应上再叠加压电效应，导致虚假信号，使探测器在高频段的应用受到限制。为了防止压电谐振，封装时要牢靠并选取其压电效应最小的取向；另外在使用时要注意减震和防震。

3. 热释电探测器的工作原理

热释电探测器是一个电容器，输出阻抗极高，故其等效电路可用恒流源来表示，如图 6-21 所示。图中，R_s和 C_s为等效电阻和等效电容，R_L和 C_L为外接负载电阻和电容。

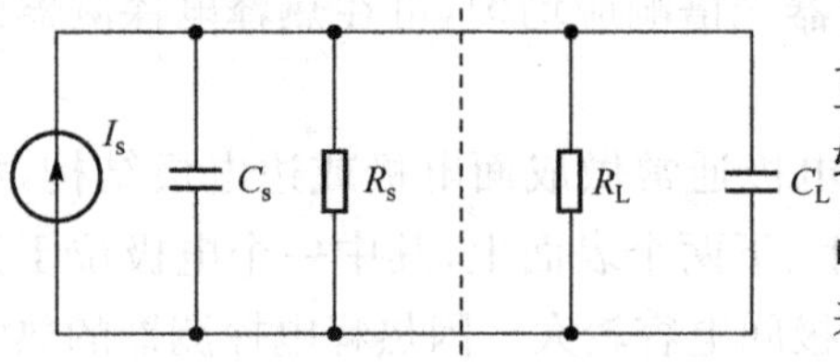

图 6-21　热释电探测器的等效电路

设热电晶体的自发极化强度矢量为 $\boldsymbol{P}_s$，其方向垂直于探测器的两个极板平面，如图 6-15 所示；接收光辐射的极板和另一极板的重叠面积为 A_d；光辐射引起晶体的温升为 ΔT。由晶体的温度变化而导致的极板表面上束缚电荷的变化量为

$$\Delta Q = A_d \cdot \Delta\sigma = A_d \cdot \Delta P_s = A_d \cdot \frac{\Delta P_s}{\Delta T} \cdot \Delta T = A_d \cdot \gamma \cdot \Delta T \tag{6-34}$$

式中，$\gamma = \Delta P_s / \Delta T$ 称为热释电系数，单位为 $C/(cm^2 \cdot K)$，是与材料本身特性有关的物理量，表示自发极化强度随温度的变化率；ΔT 是探测器要探测的物理量；ΔQ 为输出信号。

恒流源产生的电流 i 是束缚电荷的时间变化率。利用式(6-3)、式(6-34)，可得

$$i = \frac{d(\Delta Q)}{dt} = A_d \cdot \gamma \cdot \frac{d(\Delta T)}{dt} = \frac{A_d \gamma \alpha \Phi_m \omega}{G \cdot \sqrt{1+\omega^2 \tau_T^2}} \cdot e^{i(\omega t+\phi)} \tag{6-35}$$

这里，热释电探测器输出的电流信号正比于温度随时间的变化率。再考虑到图 6-21 等效电路中各电阻、电容的作用，则得到探测器输出电压的幅值为

$$|U_o| = \frac{\alpha A_d \gamma \omega R_L \Phi_m}{G\sqrt{(1+\omega^2 \tau_T^2)(1+\omega^2 \tau_e^2)}} \tag{6-36}$$

式中，$\tau_T = C_H / G$ 为热释电探测器的热响应时间常数；$\tau_e = RC$ 为电路响应时间常数，R 是R_s与 R_L的并联等效电阻（即 $R = R_s R_L / (R_s + R_L) \approx R_L$），$C$ 是 C_s 与 C_L 的并联等效电容（即 $C = C_s + C_L$）。

6.4.2 热释电探测器的主要特性参数

1. 电压灵敏度与频率响应特性

热释电探测器的电压灵敏度 S_v是热释电探测器输出电压的幅值$|U_o|$与入射辐通量 Φ_m之比。由式(6-36),可得热释电探测器的电压灵敏度为

$$S_v=\frac{|U_o|}{\Phi_m}=\frac{\alpha A_d\gamma\omega R_L}{G\sqrt{(1+\omega^2\tau_T^2)(1+\omega^2\tau_e^2)}} \tag{6-37}$$

式中,S_v的单位为 V/W。如图 6-22 所示给出了不同负载电阻 R_L下的电压灵敏度与角频率的关系曲线。由式(6-37)和图 6-22 可知:

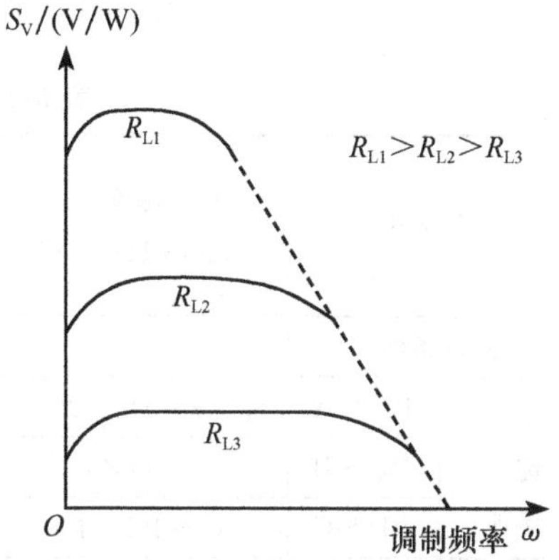

图 6-22 热释电探测器电压灵敏度 S_v与工作频率 ω 的关系曲线

(1) 当入射光辐射为恒定值(即 $\omega=0$)时,$S_v=0$,说明热释电探测器对恒定的光辐射不敏感。这是它的一个重要特点。因此,利用热释电探测器时需要对入射光辐射进行调制。

(2) 在低频段,$\omega\ll 1/\tau_T$、$1/\tau_e$时,S_v与 ω 成正比。

(3) 通常情况下,有 $\tau_e<\tau_T$,故当 ω 在 $1/\tau_T\sim 1/\tau_e$范围内时,S_v与 ω 无关,为一常数。

(4) 在高频段应用中,$\omega\gg 1/\tau_T$和 $1/\tau_e$,此时的灵敏度近似为

$$S_v\approx\frac{\alpha A_d\gamma R_L}{\omega G\tau_T\tau_e}=\frac{\alpha A_d\gamma}{\omega C_H C_s} \tag{6-38}$$

式(6-38)表明:电压灵敏度 S_v与角频率 ω 成反比。若要提高热释电探测器在高频段的电压灵敏度,可采取减小等效电容 C_s和热容 C_H的办法。

2. 热释电探测器的响应时间

热释电探测器在高频段的响应由式(6-38)决定,其电压灵敏度的半功率点取决于 $1/\tau_T$和 $1/\tau_e$中较大的一个,因而按通常的响应时间定义,τ_T和 τ_e中较小的一个为热释电探测器的响应时间。通常,热响应时间常数 τ_T较大,而电响应时间常数 τ_e较小,因此热释电探测器的响应时间主要由 τ_e决定。由于 τ_e与负载 R_L有关,所以可通过减小 R_L而使热释电探测器的响应速度远高于其他类型的热探测器,这是它的另一个重要特点。但是,随着负载电阻 R_L的减小,电压灵敏度 S_v也会减小,故在实际应用中两者需要综合考虑。

值得指出的是,热释电探测器的输出信号是由温度变化使束缚电荷随时间变化引起的,导致它在高频段的响应由较小的时间常数来决定,这一特点与其他光电探测器不同。

3. 热释电探测器的 $\boldsymbol{P}_s$-T 特性关系及居里温度

热电晶体的自发极化强度 $\boldsymbol{P}_s$与温度 T 有关,且不同热电晶体的 $\boldsymbol{P}_s$-T 特性关系也不同,图 6-23给出了硫酸三甘肽和钛酸钡材料的特性关系曲线。

热电晶体材料不同,其居里温度 T_c也不同。不同热电晶体材料的居里温度见表 6-2。

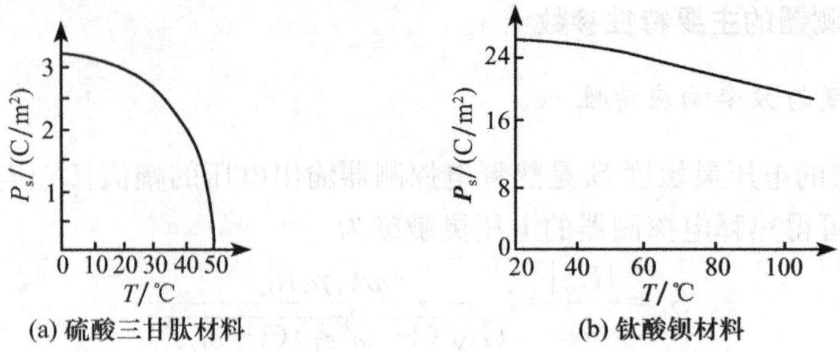

图 6-23　两种不同热电晶体的 $\boldsymbol{P}_s$-T 特性关系曲线

表 6-2　国产热释电探测器的特性参数[2]

参数名称		比探测率 D^* /(cm · $Hz^{1/2}$/W)	电压灵敏度 S_v /(V/W)	元件阻抗 Z /Ω	灵敏面积 A_d /mm^2	居里温度 T_c /℃	最高使用温度 /℃	工作波长
测试条件		黑体温度 500K、调制频率 80Hz、放大器带宽 4Hz						
SBN 铌酸锶钡	RD-S-A	$(3\sim5)\times10^7$	30～50	$10^{10}\sim10^{11}$	6	80～115	55	带 ZnS 窗口；长波截止波长为 14μm
	RD-S-B	$(5\sim7)\times10^7$	50～70		8			
	RD-S-C	$(7\sim10)\times10^7$	70～100		10			
LT 钽酸锂	RD-L-A	$(7\sim10)\times10^7$	100～150	10^{12}	6	618	120	无窗口；从 340nm 至远红外
	RD-L-B	$(1\sim2)\times10^8$	150～200		8			
	RD-L-C	$\geqslant2\times10^8$	≥200		10			
PT 钛酸锂	RD-P-A	$(3\sim5)\times10^7$	30～50	$10^{10}\sim10^{11}$	6	470	120	
	RD-P-B	$(5\sim7)\times10^7$	50～70		8			
	RD-P-C	$(7\sim10)\times10^7$	70～100		10			

显然，热电晶体的工作温度必须在居里温度以下稍远一点的区域，此时 $\boldsymbol{P}_s$是 T 的函数，另外，居里温度越高，热释电探测器可适用的温度范围越宽，可探测的动态范围也越大。在有效工作区(图 6-16)，热释电系数的绝对值较大，并近似为常数，$\boldsymbol{P}_s$与 T 呈线性关系。

4. 热释电探测器的噪声电流和噪声等效功率

热释电探测器通常接有前置放大器构成实用的探测器，因此在分析探测器的噪声及其影响时，也须考虑放大器的噪声。这样，探测器的噪声主要有电阻的热噪声、温度噪声和放大器的噪声。又因为热释电探测器可等效为一个恒流源，故分析各种噪声的影响时，应考察噪声电流的情况。

1) 热噪声电流

电阻的热噪声来自于热电晶体的介电损耗以及与探测器相并联的负载电阻。如果其等效电阻为 R，则电阻热噪声电流的方均值为

$$\overline{i_R^2}=4kT_R\cdot\Delta f/R \tag{6-39}$$

式中，T_R为热电晶体的温度；Δf 为测试系统的带宽。

2) 放大器的噪声电流

放大器噪声来自于放大器中的有源/无源元件以及信号源的源阻抗与放大器的输入阻抗

之间的噪声匹配情况等。若放大器的噪声系数为 F(见 10.2.1 小节)，把放大器输出端的噪声折合到输入端，而认为放大器是无噪声的，这时在放大器输入端附加的噪声电流的方均值为

$$\overline{i_F^2}=4k(F-1)T\cdot\Delta f/R \tag{6-40}$$

式中，T 为放大器的背景温度。

3) 温度噪声电流

温度噪声来自于热释电探测器的光敏面与外界辐射热交换的随机性。温度噪声电流的方均值为

$$\overline{i_T^2}=\gamma^2A_d^2\omega^2\cdot\overline{\Delta T^2}=\gamma^2A_d^2\omega^2\cdot\frac{4kT^2\cdot\Delta f}{G} \tag{6-41}$$

如果上述三种噪声是互不相关的，则总噪声电流的方均值为

$$\begin{aligned}\overline{i_N^2}&=\overline{i_R^2}+\overline{i_F^2}+\overline{i_T^2}=4k\Delta f\left[\frac{T_R}{R}+\frac{(F-1)T}{R}+\frac{\gamma^2A_d^2\omega^2T^2}{G}\right]\\&=4k\Delta f\left[\frac{T_N}{R}+\frac{\gamma^2A_d^2\omega^2T^2}{G}\right]\end{aligned} \tag{6-42}$$

式中，$T_N=T_R+(F-1)T$ 称为放大器的有效输入噪声温度。

由式(6-35)(考虑统计平均值)、式(6-42)，可得功率信噪比为

$$\mathrm{SNR_p}=\frac{\overline{i^2}}{\overline{i_N^2}}=\frac{\Phi_0^2}{\dfrac{4kT^2G\cdot\Delta f}{\alpha^2}+\dfrac{4kT_NG^2\cdot\Delta f}{\alpha^2\gamma^2A_d^2\omega^2R}}=\frac{\Phi_0^2}{\left(1+\dfrac{T_NG}{T^2\gamma^2A_d^2\omega^2R}\right)\dfrac{4kT^2G\cdot\Delta f}{\alpha^2}}=\frac{\Phi_0^2}{\mathrm{NEP}^2} \tag{6-43}$$

即噪声等效功率为

$$\mathrm{NEP}=\frac{2T}{\alpha}\sqrt{kG\cdot\Delta f\cdot\left(1+\frac{T_NG}{T^2\gamma^2A_d^2\omega^2R}\right)} \tag{6-44}$$

可见，热释电器件的噪声等效功率 NEP 随调制频率 ω 的增大而减小。

表 6-2 列出了几种国产热释电探测器的特性参数，供选用时参考。

6.4.3* 快速热释电探测器

常规的热释电探测器配以高阻抗负载时，其热响应时间常数较大，不能适用于探测快速变化的光辐射。即使利用补偿放大器，其高频段的响应频率也仅限于 10^3 Hz 量级。例如，在脉冲宽度很窄的高频应用中，若用常规的热释电探测器来测量激光峰值功率和观察波形，则要求热释电探测器的热响应时间要小于光脉冲的持续时间(脉宽)。

近年来，快速热释电器件得到了迅速发展。它一般都设计成同轴结构，将光敏元件置于阻抗为 50Ω 的同轴线的一端。采用面电极结构时，其时间常数约为 1ns；而采用边电极结构时，其时间常数可降至 ps 级。图 6-24 所示为一种快速热释电探测器的结构，光敏元件是铌酸锶钡晶体薄片，采用边电极结构，电极 Au 的厚度为 0.1μm，衬底采用 Al_2O_3 或 BeO 陶瓷等导热性能良好的材料；输出端采用 SMA/BNC 高频接头。这种热释电探测器的热响应时间仅为13ps，而最低极限值仅受晶格振动弛豫时间的限

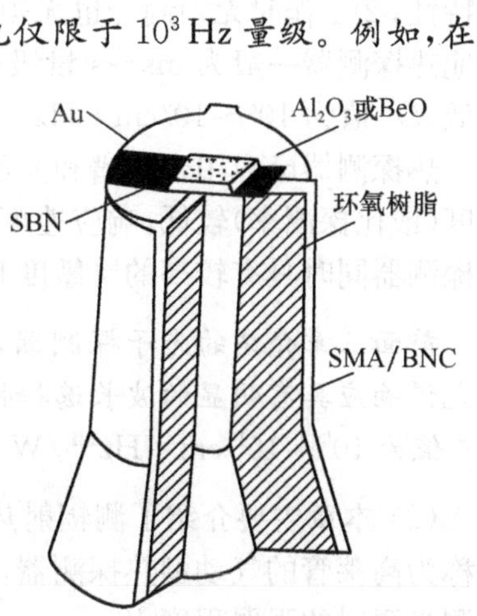

图 6-24　快速热释电探测器的结构

制，可降低至1ps。快速热释电探测器只需采用一般的管脚引线封装结构，其频响带宽已经扩展到几十兆赫。快速热释电探测器主要用于测量大功率脉冲激光（脉宽为 μs～ps 级），此时要求它能够承受大功率激光辐照而不受到损伤，为此应选用损伤阈值高的热释电材料和高热导衬底材料来制作热释电探测器。

6.4.4 热释电探测器的应用

热释电探测器和其他热探测器一样具有范围很宽而平坦的光谱响应特性，又有较高的D^*值和较快的响应速度，因此得到了更为广泛的应用。

(1) 它和热电堆都可作为参考（标准）探测器，应用于光源发射光谱特性和光子探测器光谱响应特性等测试系统。

(2) 利用热释电探测器和光学菲涅尔透镜组合制作的人体感应器模块，可感应人体发出的波长为 8～12μm 的红外辐射信号，应用于电子防盗报警、自动门和感应开关水龙头等。

(3) 在空间技术方面，热释电探测器阵列可用来测量温度和湿度的空间分布。例如[3]，在云雨 6 号气象卫星上，使用两个 TGS 热释电探测器（NEP$<2.5\times10^{-10}$ W）测量距地面 40～85km 高度范围内的大气温度分布；又使用 $LiTaO_3$ 热释电探测器（NEP$=1.75\times10^{-9}$ W）测量太阳和地球的辐射。

在测量热辐射体的温度分布时，热释电探测器输出的热图像反映的是背景与热辐射体的温差分布，而不是热辐射体本身的实际温度。若要确定热辐射体的实际温度，必须另外设置一个辅助探测器，同时监测背景温度，然后再将背景温度与热辐射体-背景的温差相加，才能得到被测物体的实际温度分布。

(4) 热释电探测器还可用于电真空摄像管和非制冷红外焦平面阵列等成像器件。

本章小结

(1) 热探测器是一类基于光辐射与物质相互作用的光热效应而制成的器件，具有下列特性：①光谱响应范围宽，且响应率与波长无关，具有从紫外到红外波段的几乎“平坦”的光谱响应特性；②工作时无须制冷也无须偏压电源；③热释电探测器的热响应时间可达～10μs 量级，其他热探测器一般为 ms～s 量级，响应速度慢，是一类（时间频率）窄带响应器件；④其探测率较低，D^* 值为 10^8～10^9 cm · $Hz^{1/2}$/W。

热探测器已应用于光谱和光度测量等领域，尤其适合于红外辐射的非制冷探测方式；但灵敏度（或比探测率）较低，响应速度较慢，故其应用受到了一定的限制。几种热探测器中，热释电探测器同时具有较高的灵敏度和较快的响应速度等特性，其应用范围更为广泛。

前面三章介绍的光子探测器，它们的特点：①响应速度快，其响应时间为 ns～ms 量级；②光谱响应具有明显的波长选择性，即只响应一定波段范围内的光辐射；③峰值灵敏度高，其 D_p^* 值为 10^9～10^{16} cm · $Hz^{1/2}$/W。它们与本章介绍的热探测器具有较大的差别。

(2) 本章主要介绍了测辐射热计、热电偶/热电堆和热释电探测器三种热探测器。还有一种称为高莱管的气动型热探测器，它是利用气体吸收光辐射后温度升高、体积增大的特性，来探测光辐射的强弱程度[3]。

四种热探测器的基本原理、主要特点和性能参数等的比较详见表 6-3。

表 6-3　四种热探测器的比较

探测器类型	基本原理、被测物理量、输出信号	热响应时间常数	灵敏度（响应率）	主要噪声和 NEP/D^*	主要材料	主要应用	使用时的注意事项
热电偶和热电堆	温差电效应、温差 ΔT、温差电势 U	半导体热电偶：几到几十毫秒	半导体热电偶：$\sim 50\mu V/\mu W$	热噪声和温度噪声；NEP $\sim 10^{-11}$W	半导体：金属	测温、测辐射（几十赫兹以下）	内阻几十欧姆，信号放大时须接变压器
		细丝式热电堆 0.1～2s；薄膜型热电堆 13～150ms	细丝式热电堆～ $0.25\mu V/\mu W$；薄膜型热电堆 50 ～ $280\mu V/\mu W$	热噪声；薄膜型热电堆 $D^* \sim 5\times 10^9$ cm · Hz$^{1/2}$/W		光谱、光度仪器，高/低温空间探测，激光测量等	避免振动；光辐射不能太强；允许微安级电流，不准用欧姆表检测
测辐射热计	电阻率随温度变化、温度 T、电阻变化 ΔR	1～200ms	与偏置电压、吸收率以及电阻-温度系数等成正比	热噪声、温度噪声、电流噪声（$f<10$Hz）。$D^* \sim 3\times 10^8$ cm · Hz$^{1/2}$/W	金属；半导体	光辐射探测（$f<100$Hz），热成像等	常采用桥式电路
热释电探测器	热释电效应、温差 ΔT、表面电荷 ΔQ	0.1～10s，调节负载可改变。快速热释电探测器～13ps	50 ～ $200\mu V/\mu W$，与调制频率、负载等有关。	热噪声、放大器的噪声、温度噪声；$D^* \sim 2\times 10^9$ cm · Hz$^{1/2}$/W	热电晶体	调制的光辐射，如大功率激光脉冲、温度分布（热像仪）等	工作温度须稍远离居里温度；必须防震，以克服压电效应的影响
高莱管	气体的等压膨胀、辐射功率、容积变化 ΔV	20ms	与气体的吸收率、光电探测器的性能有关	$D^* \sim 1.7\times 10^9$ cm · Hz$^{1/2}$/W	气体	光辐射探测（$f<20$Hz）	机械强度较差，必须防震

习题与思考题

6-1　说明热容 C_H、热导 G 的物理意义。热探测器的热响应时间常数 τ_T 与哪些参量有关？它与普通电路中的 RC 时间常数又有什么区别？

6-2　某热探测器的探测面积 A_d 为 5mm^2，吸收系数 $\alpha=0.8$，试计算该热探测器在温度 T 分别为 300K 和 77K、带宽 Δf 为 1 Hz 时的噪声等效功率 NEP、比探测率 D^* 与热导 G_R，并分析温度的影响（从中理解制冷的作用）。

6-3　在使用热电偶探测红外辐射时，有哪些方法可以提高其电压灵敏度？

6-4*　参考图 6-10(b)，在测辐射热电偶的电路中接入导线和仪表，只要其节点的温度相同，对回路的温差电动势就没有影响。简要说明其原因。

6-5　用金属材料和半导体材料制成的测辐射热计在电阻-温度系数、电压灵敏度和应用方面有何区别？

6-6　一个测辐射热计，其受温度噪声限制的噪声等效功率 NEP 为 10^{-10}W，电压灵敏度 $S_v=10$V/W，试求该测辐射热计的温度噪声方均值 $\overline{U_T^2}=$？

6-7　热释电探测器的主要噪声是什么？其噪声等效功率与哪些因素有关？

6-8　热释电探测器为什么只能探测调制的光辐射？其电压灵敏度与哪些因素有关？当工作频率取何值时热释电探测器的电压灵敏度可以达到最大值？

6-9　为什么热释电探测器不能工作在居里温度之上？当工作温度远低于居里温度时热释电探测器的电压灵敏度会怎样变化？工作温度接近居里温度时又会怎样？其有效工作区有何特点？

6-10　热释电探测器常与场效应管放大器组合在一起，并封装在同一个管壳内，这有什么好处？

6-11　图 6-25 给出了几种常见光子探测器和测辐射热计的光谱响应特性曲线[1]，请由此说明光子探测器和热探测器在光谱响应范围、响应率两方面的差别。设某目标辐射的波长在 3～5μm 的中红外波段，图中可供选择的探测器有哪些？它们各有什么特点？

6-12　画出示意图，说明光电导探测器、光伏探测器、光电子发射探测器和热探测器在光谱响应范围、响应时间和比探测率 D^* 等方面的大致范围。

6-13　利用热释电探测器制作人体感应器时，为什么在探测器前面要增加光学非涅尔透镜？查资料说明。

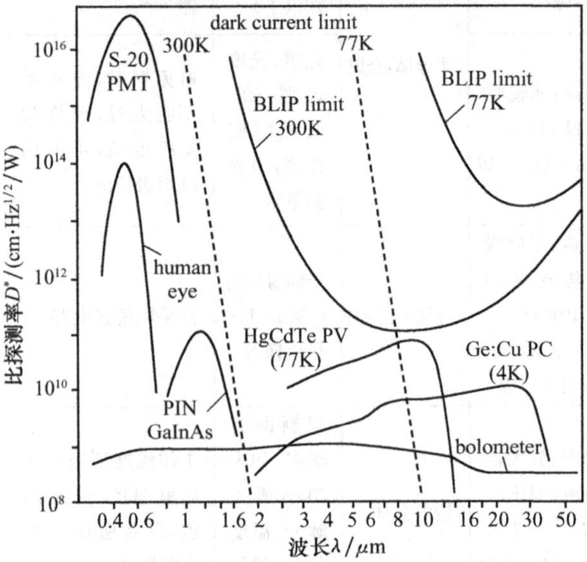

图 6-25　题 6-11 图

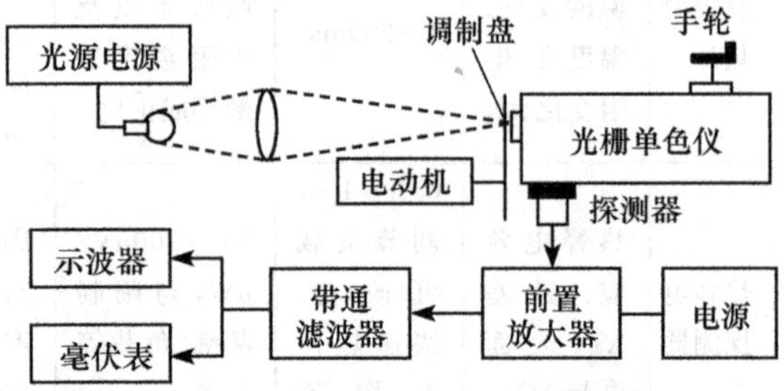

图 6-26　题 6-15 图

6-14　设 TGS 热释电探测器的数据：光敏面面积 $A_d=4\text{mm}^2$，热容 $C_H=1.64\times10^{-5}$ J/K，热导 $G=6.0\times10^{-6}$ W/K，热释电系数 $\gamma=2.0\times10^{-8}$ C/(cm^2 · K)，调制频率 $f=10$Hz，等效电容 $C_s=22$pF，电路负载 $R_L=7\text{M}\Omega$，将其视为黑体。求其响应时间和电压灵敏度 S_v。

6-15　图 6-26 给出了一种利用参考探测器测量硅光电池光谱响应特性的原理图。图中，调制盘用来对光源发出的光束进行调制；手动光栅单色仪可以使狭缝处输出不同波长的单色光；放大器电路用来对光电信号进行放大；示波器和毫伏表用来显示和测量光电信号；参考探测器使用热释电探测器或者热电堆。依次转动单色仪手轮，改变输入光波长，将待测探测器（硅光电池）和参考探测器分别置于狭缝处接收该单色光，测得它们输出的电压信号，便可求得硅光电池的（相对）光谱响应特性曲线。

①试说明系统的工作原理；②如果要想得到硅光电池的绝对光谱响应特性，还需要哪些条件？

参考文献

[1] Donati S. Photodetectors：Devices，Circuits，and Applications. New Jersey：Prentice Hall PTR，2000

[2] 常本康，蔡毅. 红外成像阵列与系统. 北京：科学出版社，2006

[3] 王庆有. 光电技术. 北京：电子工业出版社，2005

[4] 王清正，胡渝，林崇杰. 光电探测技术. 北京：电子工业出版社，1994

[5] 孙培懋，刘正飞. 光电技术. 北京：机械工业出版社，1992

[6] www.optoelectronics.perkinelmer.com

[7] 李忠虎. 热电偶应用问题综述. Industrial Measurement，2007，17(2)

[8] 耿素军，王智兴. 智能测温系统中热电偶的冷端温度补偿和非线性处理. 自动化技术与应用，2006，25(6)

[9] 许雄，邓兴成，姜宝钧，等. 基于 A2TPMI 的电磁炉非接触式测温方案. 实验科学与技术，2006，(5)

[10] 张磊，郑小兵，林志强，等. 面向定量化红外遥感的热电堆探测器定标技术. 光电工程，2007，34(2)

[11] 白廷柱，金伟其. 光电成像原理与技术. 北京：北京理工大学出版社，2006

[12] 何玉青，金伟其，刘光荣，等. 热释电型热成像系统的调制斩波器技术. 红外技术，2002，24(5)

第 7 章　光电成像器件

前面第 3～6 章介绍了光电导探测器、光伏探测器、光电倍增管和热探测器等器件，它们是一类单元器件，能够探测光辐射的存在和强弱等信息，主要用于“点源”探测。本章介绍光电成像器件(Photoelectronic Imaging Devices)，也称为光电图像传感器；它们是一类能够输出图像信息(图像或时序电信号)的阵列器件，能够提供目标的空间分布信息，主要用于“面源”探测。目前，常见的光电成像器件有变像管、像增强器、CCD/CMOS 摄像器件和红外焦平面阵列器件等，它们在微光夜视技术、电视技术、目标的跟踪与识别、图像测量与分析等领域有着重要的应用。本章分别介绍这些常见成像器件的结构原理、主要特性参数及典型应用。

7.1　光电成像器件概述

7.1.1　光电成像器件的分类

光电成像器件利用光电效应或光热效应将可见或不可见的辐射图像转换或增强，以供观察、记录、传输、存储及处理，其目的在于弥补人眼在灵敏度、响应波段、细节的视见能力以及空间和时间上的局限等方面的不足。

根据工作方式的不同，光电成像器件可分为直视型和摄像型两大类[1]，如图 7-1 所示。

- 光电成像器件
  - 直视型光电成像器件：像管
    - 变像管
    - 像增强器
  - 摄像型光电成像器件
    - 电真空摄像管
      - 光电发射型摄像管
      - 光电导式摄像管(视像管)
      - 热释电摄像管
    - 固体摄像器件
      - 电荷耦合器件(CCD)
      - CMOS 图像传感器
      - 红外焦平面阵列(IRFPA) 器件

图 7-1　光电成像器件的类型

直视型光电成像器件通常简称为像管，器件本身具有图像的转换、增强、显示等功能，可对目标进行直接观察。根据器件工作的辐射波段区，像管又分为变像管和像增强器。其中变像管能够将人眼不可见的(红外、紫外和 X 射线)光学图像转换为可见光图像，其主要功能是光谱变换；像增强器能够将微弱的光学图像增强到亮度足够高的可见光图像(因此也称微光管)，重点在于亮度增强。

摄像型器件是将二维空间的可见或不可见辐射图像转换成一维时间的视频电信号，获得的电信号经过视频放大处理和传输等后，由显示装置输出二维空间的图像。由于这类器件只完成摄像功能，不直接输出图像，故也称为非直视型光电成像器件。摄像器件可分为电真空摄像器件和固体摄像器件。电真空摄像器件由光敏靶(或带有光敏面的电子增强靶等)、电子枪、偏转扫描系统以及高真空管壳等构成，根据光敏面的不同，又可进一步分为光电发射型摄像管、光电导式摄像管和热释电摄像管。固体摄像器件由光敏面阵列和电荷耦合转移读出电路(或二维移位寄存读出电路)等构成，根据工作机理，又可以进一步分为电荷耦合器件、CMOS

图像传感器和红外焦平面阵列器件。

近年来，随着电荷耦合器件和CMOS图像传感器的迅猛发展，固体摄像器件已成为摄像型成像器件主流。因此，本章在简要介绍直视型光电成像器件的基础上，重点讲解电荷耦合器件和CMOS图像传感器的工作原理、结构特点和性能参数。

7.1.2 电视制式

为了在显示终端准确复现出原始图像，摄像型器件输出的一维时序电信号必须遵循一定的规则，这种规则称为电视制式，它被广泛应用于广播电视系统。

1. 扫描制式

在摄像机中，摄像器件的光敏面通过光电转换将二维光学图像转换为"电气"图像，并被分割成很多单元(称为像素)。按照一定的规则依次读出各像素的电信号从而输出一维时序电信号的过程，或者(显示器)将时序电信号重现为光学图像的过程，称为扫描；扫描时所遵守的规则称为制式。

"电气"图像的具体形式由所用摄像器件的类型决定：电真空摄像管可以呈电子图像、电阻图像或者电势图像中的一种；而CCD器件呈电荷图像。电真空摄像管利用电子束扫描摄像管靶面来分割图像和输出电信号；CCD器件采用光敏单元分割图像，利用内部的转移脉冲依次将各像素的信号电荷转移出去；CMOS图像传感器采用按需依次接通各像素的行、列开关的方式来完成电信号的输出。

扫描点在水平方向的运动称为行扫描，其中自左至右的扫描称为行扫描的正程，所用时间为行正程时间 T_{ht}；自右至左的回扫称为行扫描的逆程，所用时间为行逆程时间 T_{hr}，其值远小于行正程时间 T_{ht}。行扫描周期 $T_h=T_{ht}+T_{hr}$，其倒数 $f_h=1/T_h$ 称为行频。

扫描点在垂直方向的运动称为场扫描，其中自上而下的扫描称为场扫描的正程，所用时间为场正程时间 T_{vt}；自下而上的回扫称为场扫描的逆程，所用时间为场逆程时间 T_{vr}，其值远小于场正程时间 T_{vt}。场扫描周期 $T_v=T_{vt}+T_{vr}$，其倒数 $f_v=1/T_v$ 称为场频。在场扫描周期中一般有几百个行扫描周期，因此，场扫描的时间远大于行扫描的时间。

在显像系统中，无论行扫描，还是场扫描，都不希望在逆程周期内使显示器发光，否则，逆程扫描时得到的图像信号会叠加到原有图像上，从而影响显示效果。因此，在逆程期间加入行消隐与场消隐脉冲信号，即在行正程和场正程时期内传送图像信号，在逆程时期内不传送图像信号，代之以消隐信号。

扫描点从原点出发、历时一个周期再次回到原点，输出的全部图像信息称为一帧。

按扫描规律的不同有逐行扫描与隔行扫描两种方式。

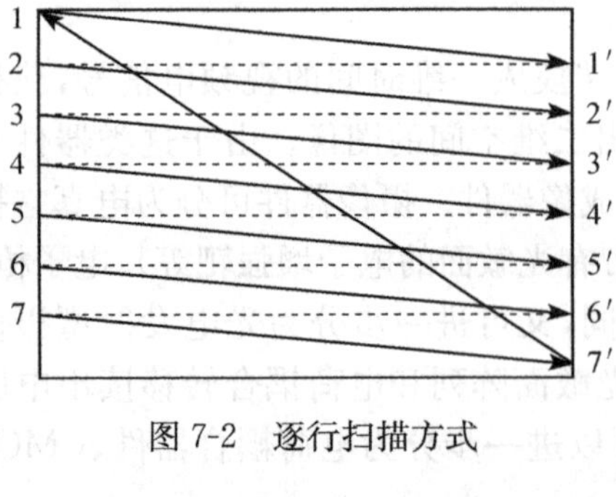

图 7-2 逐行扫描方式

1) 逐行扫描

逐行扫描如图7-2所示，一帧(或一场)图像由逐次扫描1,2,3,4,…全部行(实线)而得。逐行扫描的场扫描周期是行扫描周期的整数倍，即 $T_v=N\cdot T_h$ (或 $f_h=N\cdot f_v$，N 为正整数)，逐行扫描的帧频与场频相等，这时图像就能稳定显示。根据人眼视觉的时间响应特性，只有当屏上图像的刷新频率高于48Hz时，人眼才不会有不舒服的闪烁感，即要获得视觉舒服的图像，场频须高于 48Hz。我国电网频率为 50Hz，所以许多摄像机的场频取 50Hz。

实践证明：每帧图像的扫描行数达 625 行时，对于人眼视觉来说图像已经足够清晰，我国的摄像机即按此要求选取每帧图像的行数。对于逐行扫描，相应的行频为 $f_h=50\times625=31250(\text{Hz})$。可见，逐行扫描所要求的行频很高，相应地对摄像机（和显像管）的性能要求也较高。

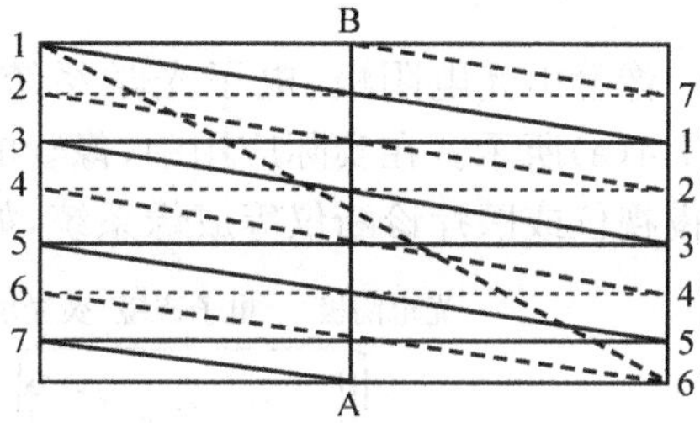

图 7-3　隔行扫描方式

逐行扫描方式主要用于高清晰成像测量系统。

2）隔行扫描

隔行扫描方式如图 7-3 所示，一帧图像由奇、偶两场构成。第一场先扫描 1,3,5,7,…奇数行（实线），称为奇数场；当扫描至最后一行的中点 A 时，电子束在垂直方向回扫（即 A→B），然后进行第二场的 2,4,6,8,…偶数行（虚线）的扫描，称为偶数场。当扫完右下角最后一个像素时，电子束又回扫到左上角的起始点，完成一帧图像的扫描。

隔行扫描方式利用人眼的视觉暂留效应，将奇、偶两场合成为一帧图像，这样场频仍为 50Hz，而帧频降为 25Hz，这样既保证了图像具有较高的清晰度，人眼又感觉不到闪烁，同时还使行频降低了一半，实用价值高，因此被电视系统广泛采用。

需要说明的是：CCD 与 CMOS 等固体摄像器件是在驱动脉冲的作用下来完成信号电荷的输出，它们既具有与电真空摄像管一致的扫描制式，又具有其独特的时钟自扫描驱动特点。这一特点将在介绍固体成像器件时详细讨论。

2. 电视制式

广播电视系统中采用的信号传输和接收规则称为电视制式，按电视制式输出的一维时序电信号称为视频信号。电视制式根据科技发展水平、电网制式、人眼视觉特性与对电视系统的需求等方面来确定，其中电视画面的宽高比、帧频、场频、行频等是影响电视系统性能的重要参数。

目前世界各国采用的电视制式主要有 PAL 制式和 NTSC 制式。PAL 制式于 1962 年由德国研制成功，规定：场频 50Hz（即场周期 20ms，其中场正程时间 18.4ms，场逆程时间 1.6ms），每帧扫描行数为 625 行（其中 50 行处于场扫描的逆程，有效总行数 575 行，每场 287.5 行），隔行扫描（行频 15625Hz，行周期 64μs，其中行正程时间 52.2μs，行逆程时间 11.8μs，帧频为 25Hz），伴音、图像的载频带宽为 6.5MHz，电视屏幕的宽高比通常为 4∶3 或 16∶9。NTSC 制式于 1953 年由美国研制成功，主要用于北美、日本和东南亚各国，该电视制式的场频为 60Hz，隔行扫描、每帧扫描行数为 525 行，伴音、图像的载频带宽为 4.5MHz。我国采用 PAL 制式。

7.2　直视型光电成像器件

直视型光电成像器件的核心部件是像管，它可以将人眼不可见的或微弱的光学图像转换为人眼可以直接观察的图像的一类电真空成像器件，包括变像管和像增强器两种。

7.2.1 像管的结构和工作原理

像管由光电阴极、电子光学系统（也称为“电子透镜”）和荧光屏三个基本部分组成，如图 7-4(a)所示。在实际应用中，像管的前、后部分别装配有光学成像物镜和观察目镜，构成微光夜视仪或医疗诊断仪等成像系统，如图 7-4(b)所示就是一种实用的微光夜视仪。

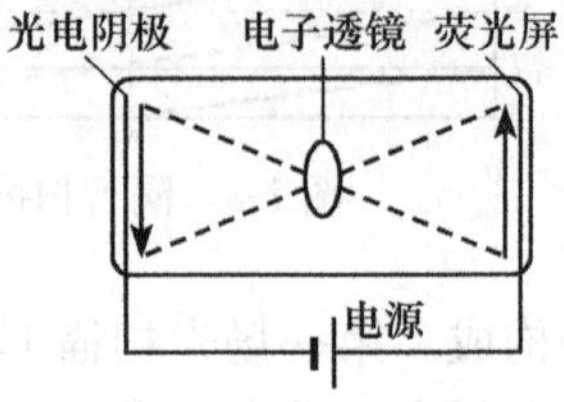

(a) 像管的结构

(b) 一种实用的微光夜视仪

图 7-4　像管的结构及应用实物图

在像管中，光电阴极是像管的光-电变换部分，利用它通过外光电效应把亮度很低的可见光图像或者人眼不可见的光学图像，转换成电子图像；电子光学系统将电子图像聚焦成像在荧光屏上，并使（由光电阴极发射的）光电子获得能量增强；荧光屏是像管的电-光变换部分，使入射到它上面的电子图像转换为可见光图像。将光电阴极、电子光学系统和荧光屏三个功能部件一起封装在电真空（玻璃或金属）管内，就构成了像管。

1. 光电阴极

光电阴极，即涂覆于光窗内壁的光电发射材料薄膜。按响应波长来划分，像管中常用的光电阴极有：对红外光敏感的银-氧-铯光电阴极；对可见光敏感的单碱和多碱光电阴极；对紫外光敏感的各种紫外光电阴极；还有灵敏度很高、波长响应范围较宽的负电子亲和势光电阴极。对于不同波长的入射光辐射，需选择不同的光电阴极与之光谱匹配。

有关光电阴极的光电转换原理与特性、种类等内容请参阅本书 5.1 节。

2. 电子光学系统

电子光学系统分为静电系统和电磁复合系统两种形式。前者靠静电场完成电子的加速和聚焦过程，后者靠静电场完成电子的加速、靠磁场完成电子的聚焦过程。

在静电型电子光学系统中，电源的两极分别与光电阴极和荧光屏连接。根据电极形状不同，又分为双球面型和双圆筒型电极系统，如图 7-5(a)、(b)所示。阳极上开有小孔光阑让电子通过。工作时，阴极接零电位、阳极加直流高压，此时在两极之间形成轴对称的静电场。分析这两种电极系统中静电场的等位线可知[1]：电子在从阴极到阳极的过程中，会受到聚焦和加速作用，然后通过阳极小孔、等位区，射向荧光屏。由于电子光学系统的成像作用，光电阴极面上的“物”（即电子图像）在荧光屏上成一倒像。对于双球面型电极系统，其产生的静电场是球形对称的，轴外各点的电子主轨迹都是近似的对称轴；双圆筒型电极系统产生的静电场是柱对称的，因此前者的轴外像差要小于后者（前者的成像质量好于后者）[2,3]。

电磁复合系统由静电场的加速和磁场的聚焦作用来共同完成电子图像的成像功能，如图 7-6所示。电磁复合系统的磁场由像管外围的长螺旋线圈通以恒定电流来产生，加速电场则由光电阴极与阳极之间所加直流高压产生。根据电磁场理论可知：从光电阴极面上以某一

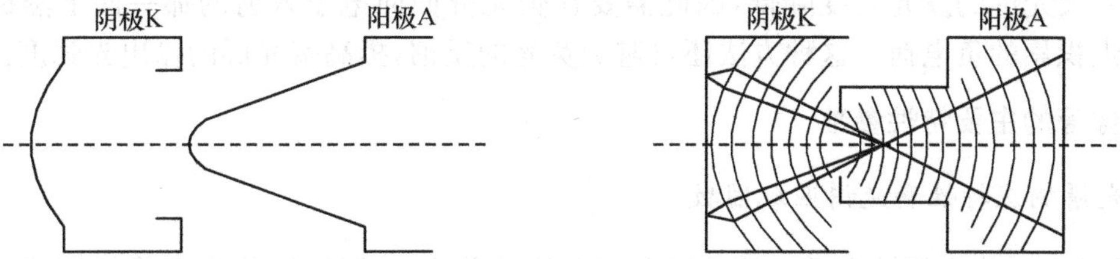

(a) 双球面型　　(b) 双圆筒型

图 7-5　静电聚焦型电极系统的两种结构

角度射出的电子在纵向的电场和磁场的复合作用下，将以不等距的螺旋线前进，如图 7-7 所示。从光电阴极面上同一点发出的电子，只要在轴向有相同的初速度，就能保证在每一周期之后聚焦于同一点[1]。电磁复合聚焦的优点是聚焦作用强、调节容易、边缘像差小、分辨率高，缺点是像管的外围附有长螺旋线圈和直流激磁等，使整套设备的体积和重量增加，结构也较复杂，故只有在需要高性能像质的场合(如天文观测)，才采用这种方式。

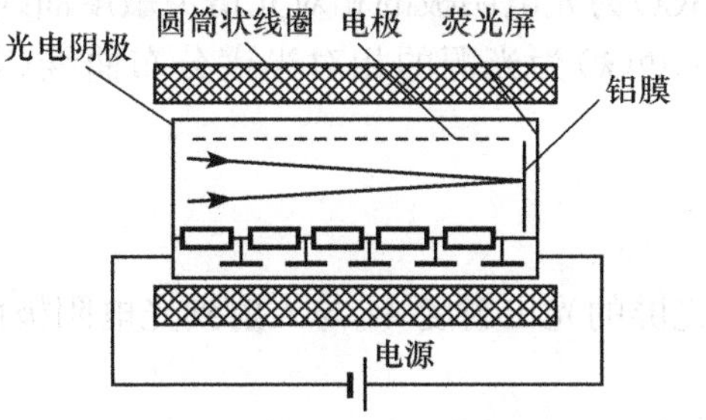

图 7-6　电磁聚焦型像管的结构示意图

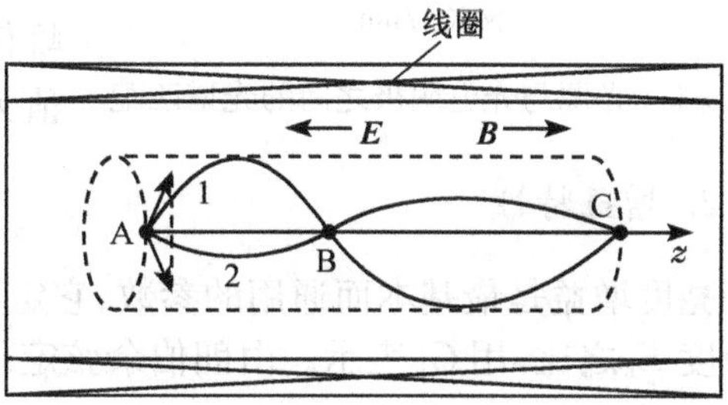

图 7-7　电子在纵向复合电磁场中的运动情况

3. 荧光屏

荧光屏的作用是将电子动能转换成光能。对荧光屏的要求：不仅应具有高的电光转换效率，而且荧光屏的发射光谱要与人眼或与之耦合的下一级光电阴极的光谱响应特性相匹配。常用荧光屏发光材料是掺杂的晶态磷光体，图 7-8 给出了三种磷光体的光谱发射特性曲线。由图可以看出：荧光屏发射的大部分是绿光，符合人眼视觉的光谱响应特性，便于观察。

实验证明：荧光屏的发光亮度除与发光材料的性质有关外，还取决于入射电子流的密度和加速电压值。当像管中的加速电压一定时，荧光屏的发光亮度就正比于入射电子流的密度。一般地，1 个高速入射的光电子可使荧光屏产生多个光子。例如，1 个 20keV 的光电子，可产生 1000 多个光子。荧光屏的响应时间为几毫秒到几秒，远大于光电阴极的响应时间，所以整个像管的响应时间取决于荧光屏。

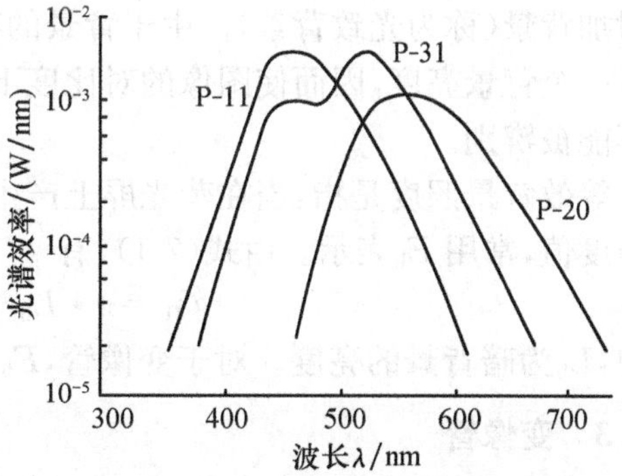

图 7-8　荧光屏发光材料的光谱发射特性

P-11→ZnS:Ag；P-20→(Zn/Cd)S:Ag；P-31→(ZnS:Cu)

由于荧光屏在受到高速电子轰击时会积累负电荷，从而使荧光屏的电压降低、入射电子的动能减小、荧光屏的发光亮度降低，因此需要在荧光屏面向电子入射的那一面上蒸镀一层铝膜，以引走积累的负电荷。这种方法还可避免荧光的反馈，提高荧光屏的输出光强度。

7.2.2 像管的主要特性参数

1. 光谱响应特性和光谱匹配因数

像管的光谱响应特性实质上就是光电阴极的光谱响应特性，它决定了像管所能适用的光谱范围。与5.1节中介绍的光电阴极一样，可用光谱灵敏度、量子效率、积分灵敏度和光谱响应特性曲线等参数来描述。

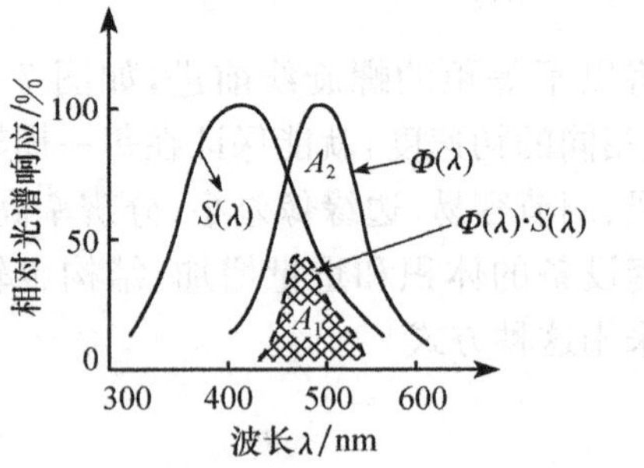

图 7-9　光源与光电阴极之间的光谱匹配

光谱匹配是指在像管的光谱响应范围内，光源与光电阴极、光电阴极与荧光屏以及荧光屏与人眼视觉函数之间的光谱分布匹配。若光谱匹配良好，则像管将获得很高的整体灵敏度。

图7-9给出了光源与光电阴极之间的光谱匹配关系。图中$S(\lambda)$为光电阴极的相对光谱灵敏度曲线（其峰值为S_m）、$\Phi(\lambda)$为光源的相对光谱分布曲线（其峰值为Φ_m）。

2. 增益特性

亮度增益是最基本而通用的参数，它定义为荧光屏的光出射度M_a与入射到光电阴极面上的照度E_k之比，用G_L表示。由朗伯余弦定理，有

$$G_L=\frac{M_a}{E_k}=\frac{\pi\cdot L_a}{E_k} \tag{7-1}$$

式中，L_a为荧光屏的发光亮度，单位为cd/m^2；E_k的单位为lx。测量G_L时，用色温为(2856±50)K的标准钨灯照射像管的光电阴极，测出荧光屏的发光亮度L_a与入射到光电阴极的光照度E_k后，即可按式(7-1)求得G_L。

3. 等效背景照度

在荧光屏输出的图像中，除了有用的成像信号亮度以外，还有一种非成像的附加亮度，称为背景（或背景亮度）。像管的背景包括无光照射情况下的暗背景和因入射信号的影响而产生的附加背景（称为光致背景）。由于背景的存在，荧光屏上的目标及其周围景物的图像上都叠加了一个背景亮度，因而使图像的对比度下降，严重时还可能使微弱的目标图像淹没在背景中而不能被辨别。

等效背景照度是指：当在荧光屏上产生与暗背景相等的亮度时，光电阴极面上所需要的输入照度值，常用E_b表示。由式(7-1)，有

$$G_L=\pi\cdot L_b/E_b,\quad E_b=\pi\cdot L_b/G_L \tag{7-2}$$

式中，L_b为暗背景的亮度。对于变像管，E_b为10^{-3}lx量级；对于像增强器，E_b为10^{-7}lx量级。

7.2.3 变像管

1. 红外变像管

红外变像管的基本结构如图7-10所示。对于波长小于1.15μm的近红外辐射，变像管利

用银-氧-铯光电阴极，直接进行变像。对于波长大于 1.15μm 的红外辐射，因为没有合适的光电阴极，须利用光电导技术进行间接变像。

光电导技术的变像原理如图 7-10 所示：入射的红外辐射图像经红外物镜成像在光电导靶上，并因光电导效应而在靶面上形成相应的电势分布图像；当电子枪发射的电子束在偏转磁场的作用下，入射到靶面上时，就会受到电势图像的调制（即不同大小的电场力的作用）；原入射的电子束中有一部分电子再经偏转磁场和电场的作用而返回到荧光屏上，使之发出荧光。这种变像管称为反射式红外变像管。例如，利用 InAs 靶的光电导特性即可对 1～4μm 的红外辐射进行间接变像。

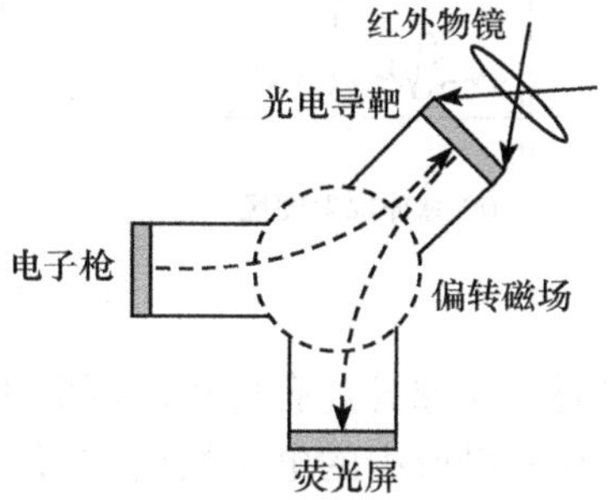

图 7-10　光电导式红外变像管原理示意图

红外变像管多应用于军事、公安等方面的红外夜视仪器；在民用方面，可用于暗室管理、物理实验、激光器校准和夜间生物活动的观察。

2. 紫外变像管

紫外变像管的基本结构如图 7-4 所示，只是光电阴极的材料和光谱响应有所不同。对应于紫外敏感（日盲型）的光电阴极材料及其响应波段分别为：Sb-Cs 光电阴极（石英玻璃窗口），$\lambda > 200$nm；Cs-I 光电阴极（MgF_2 或 LiF 窗口），105nm 或 115～195nm；K-Br 光电阴极（MgF_2 或 LiF 窗口），105nm 或 115～155nm；Cs-Te 光电阴极（MgF_2 或 LiF 窗口），105nm 或 115～365nm；Rb-Te 光电阴极（蓝宝石窗口），145～320nm。这些光电阴极都可使紫外光辐射图像转换成光电子图像。

实际中，可以将紫外变像管和光学显微镜结合起来，用于医学和生物学等方面的研究。

3. 选通式变像管[3]

选通式变像管的结构如图 7-11 所示。与像管的基本结构相比，选通式变像管的关键是在电子光学系统的阴极与阳极之间增加了一对带孔栏的金属电极（称为控制栅）。改变控制栅的电压，即可控制变像管的导通和光电子的发射。当控制栅的电压 U_G 比光电阴极电压高 175V 时，变像管就导通；而当 U_G 比光电阴极电压低 90V 时，变像管就截止。

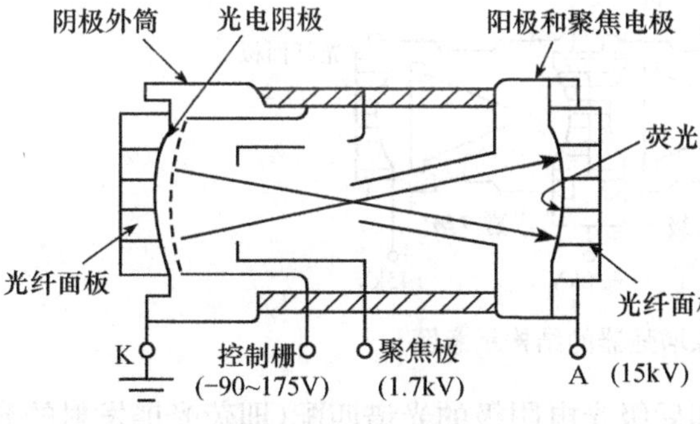

图 7-11　选通式变像管示意图

图 7-12 给出了选通式变像管的工作波形，其中图 7-12(a) 是从目标返回的激光脉冲波形，若目标的距离为 d，则激光脉冲从发射到由目标返回的时间为 $t=2d/c$（c 是光速）。当激光脉冲发射后，利用延迟器控制栅极的电压 U_G，使之经 t 时间后变为 175V，从而使变像管导通，经目标反射后的激光返回并进入变像管，其中变像管的导通持续时间刚好等于激光脉冲的持续时间 τ；然后使 U_G 变为 −90V，变像管截止。在此过程中，选通式变像管的工作周期与激光脉冲的周期相同，变像管与激光器两者同步工作。这种方式减小了背景光和

后向散射激光对成像系统的影响，提高了图像的对比度和图像质量。

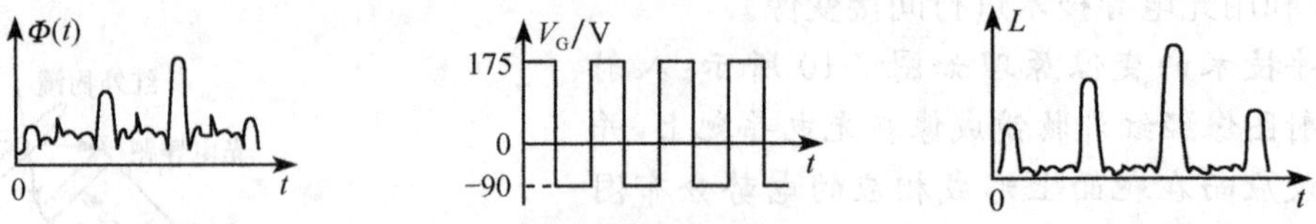

(a) 脉冲辐射图像　(b) 控制栅的电压波形　(c) 荧光屏图像

图 7-12　选通式变像管工作波形关系图

选通式变像管具有可控的间断工作能力，选通的工作方式有两种：一是单脉冲触发式，主要用于高速摄影中的电子快门；二是连续脉冲触发式，主要用于主动红外选通成像与测距。

在选通单脉冲式变像管的基础上，在阳极锥体内再增加一对偏转电极，电极上施加线性斜坡状脉冲电压，可使输出图像发生偏转，从而将连续选通的几幅图像在荧光屏上分开，这种像管称为条纹管，可用于皮秒(10^{-12}s)甚至飞秒(10^{-15}s)级的高速摄影场合。

7.2.4　像增强器

像增强器的基本结构类似于变像管，通常由光电阴极、电子光学系统、电子倍增器以及荧光屏等功能部件组成。其中电子光学系统和电子倍增器将光电阴极所发射的光电子图像传递到荧光屏，在传递过程中使电子流的能量增强(有时还使电子的数目倍增)，并完成电子图像几何尺寸的缩小/放大；荧光屏输出可见光图像，且图像的亮度被增强到足以引起人眼视觉的程度，从而可以在夜间或低照度下直接进行观察，像增强器因此而得名。

在实际应用中，像增强器主要有两大类型：级联式像增强器和微通道板像增强器。

1. 级联式像增强器

级联式像增强器由几个分立的单级像增强器组合而成，如图 7-13 为三级级联式像增强器的结构示意图，图中每个单级像增强器的结构与图 7-4 所示的结构类似，但其输入和输出窗都利用了球面型的光纤面板进行传像，以获得较高的像质；光电阴极采用对可见光灵敏的锑-铯光电阴极或多碱光电阴极。三级级联式像增强器属于第一代像增强器。

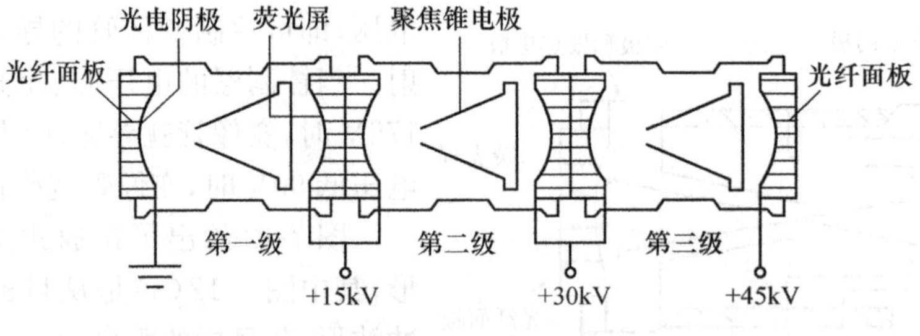

图 7-13　三级级联式像增强器的结构示意图

要增强图像的亮度，必须注意前级荧光屏和后级光电阴极的光谱匹配(即荧光屏发射的光谱峰值要与光电阴极的峰值波长接近)，最后一级荧光屏的发射光谱特性应与人眼的明视觉光谱光视效率曲线一致。

级联式像增强器的典型性能：光灵敏度为 400～800μA/lm，光辐射灵敏度为 20mA/W(波长为 0.85μm)；若单级像管的分辨率大于 50lp/mm，则三级级联式像增强器的分辨率可达

30～38lp/mm，亮度增益可达 10^5。级联式像增强器的缺点是体积大，重量重，防强光能力差（最后一级荧光屏容易被前两级增强了的电子流“灼伤”），使用时须避免强光照射。

2. 微通道板像增强器

微通道板(Micro Channel Plate，MCP)是一种二维高增益电子倍增器，微通道板像增强器是在单级像增强器结构基础上，加置微通道板，利用其二次电子倍增的原理，实现高增益图像增强功能。其倍增原理与第 5 章介绍的光电倍增管类似。

1) 微通道板的结构

微通道板的结构如图 7-14 所示，它是由上百万个平行而紧密排列的微细空心含铅玻璃纤维(微通道)组成的二维阵列。微通道芯径通常为 6～50μm，长度-孔径比为(40～80)∶1，厚度为 0.4mm 至几个毫米，通道内壁覆盖一层具有较高二次电子发射系数的薄膜。在微通道板的两个端面镀有镍层，分别形成输入/输出电极，极板之间施加直流高压 U（可达 10kV），在通道内形成极强的电场，使入射到微通道内的电子在强电场力的作用下，高速、多次碰撞微通道的内壁而产生二次电子。微通道板的外缘带有加固环；微通道板通常不垂直端面，而是成 7°～15°的斜角。

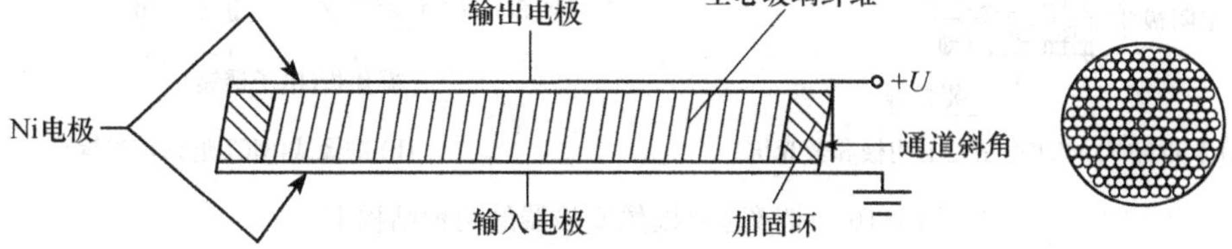

图 7-14　微通道板的剖面/截面结构示意图

2) 微通道板的电子倍增原理

高速电子入射到固体表面，与固体内部的电子连续碰撞并使之受激而逸出固体表面，称为二次电子发射。出射电子数与入射光电子数之比定义为二次电子发射(倍增)系数 δ。

如图 7-15 所示，微通道的入口端对着像管的光电阴极，并位于电子光学系统的像面上，出口端对着荧光屏，微通道的两个端面电极上施加工作电压 U 形成电场。高速光电子进入通道，与内壁碰撞。由于通道内壁具有良好的二次电子倍增性质，入射电子得到倍增。重复这一过程直至倍增电子从通道出口端射出为止。如果取每次碰撞的二次电子倍增系数 $\delta=2$（一般地，$\delta=2\sim5$），累计碰撞倍增次数 $n=10$，则微通道的总增益 $G(=\delta^n)$ 可达 $2^{10}\approx10^3$ 倍以上。可见，微通道的电流增强作用是十分惊人的。

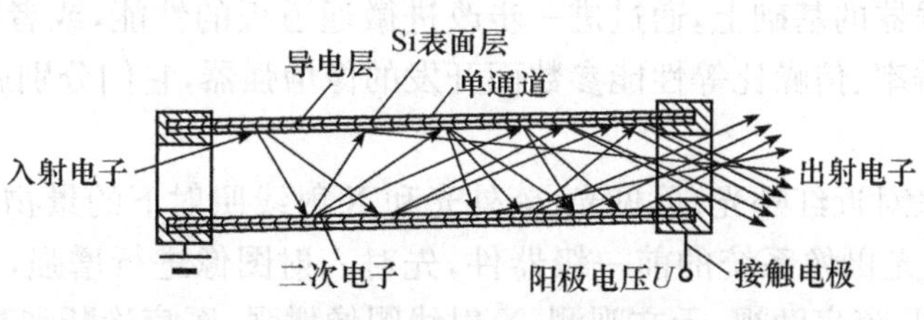

图 7-15　微通道内的电子倍增原理示意图

微通道板内各微通道彼此隔离、互不影响，因此微通道板可将分布在各微通道内的电子流分别进行增强，从而使整幅电子图像得到增强。

实际中,微通道板可得到 10^8 量级的电子增益,这一特性具有重要的应用价值。例如,如果用微通道板代替一般光电倍增管中的电子倍增器,就可构成微通道板光电倍增管(MCP PMT),这种新颖的光电倍增管的尺寸大为缩小,电子渡越时间也很短,阳极电流的上升时间几乎降低了一个数量级,可以响应和探测更窄的脉冲或更高频率的光辐射。

3) 微通道板像增强器

微通道板像增强器是将微通道板置入像管的光电阴极与荧光屏之间而构成的,分为双近贴式和倒像式两种,如图 7-16 所示[4]。在这两种结构中,微通道板和荧光屏相距很近。它们的基本原理:由光电阴极发出的光电子图像,(经电子透镜的作用)入射到微通道板上,再经微通道板的电子倍增和加速作用后,直接投射到荧光屏上,在输出窗得到亮度增强了的荧光图像。改变微通道板两端的工作电压 U 即可改变像增强器的电子增益倍数 G。微通道板像增强器属于第二代像增强器。

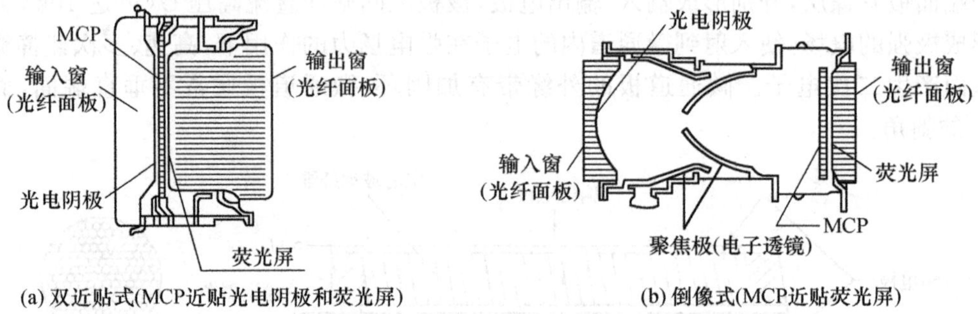

图 7-16　带微通道板像增强器的两种结构形式

与第一代级联式像增强器相比,第二代像增强器不仅具有可调的亮度增益,而且因为它是一种单级结构,所以可以做得很短,体积小、重量轻,便于与其他光电器件(如光纤面板)配合使用。另外,第二代像增强器还有自动防强光的优点,这是因为当微通道板工作在饱和状态时,即使在强光照射下,光电阴极发出的电子流增强,微通道板的输入随之增强,但微通道板的输出仍保持不变,因此荧光屏不至于被“灼伤”。

在利用微通道板的基础上,再配以负电子亲和势光电阴极,就构成了第三代像增强器。负电子亲和势光电阴极不仅在可见光区有较高的灵敏度,而且在近红外区也有着比银-氧-铯光电阴极更高的量子效率。因此,这种像增强器能够同时起到光谱变换和图像增强的作用。第三代像增强器典型的性能水平[1]:光度学灵敏度为 $3000\mu A/lm$、辐射度学灵敏度为 $100mA/W$(波长为 $0.85\mu m$ 处)、亮度增益为 $1\times10^4 cd/(m^2\cdot lx)$、分辨率为 36lp/mm。

在第三代像增强器的基础上,通过进一步改进微通道板的性能,或者利用门控电源技术,提高像增强器的分辨率、信噪比等性能参数而开发的像增强器,它们分别属于超三代和第四代像增强器[1]。

像增强器可用来对近红外光、可见光、紫外光和 X 射线照射下的景物进行探测、图像增强和成像;或者作为微光摄像系统的前一级器件,先对入射图像进行增强,再传递给摄像器件。像增强器在微光夜视、夜盲助视、天文观测、X 射线图像增强、医疗诊断和高速电子摄影快门等技术中,得到了广泛应用。例如,利用微通道板像增强器把 X 射线经光电变换后形成的电子图像得到增强,从而使拍照所需的 X 射线剂量比原来大为减少,大大降低了 X 射线对病人的危害程度。

7.3 电荷耦合器件

电荷耦合器件(Charge Coupled Device,CCD)是 1970 年初发展起来的一种新型半导体光电器件,其突出特点是以电荷作为信号载体,不同于以电流或电压作为信号的其他光电器件。CCD 的基本功能是信号电荷的产生、存储、传输(转移)和检测。

7.3.1 CCD 结构和基本特性

1. CCD 结构

CCD 的基本单元是一个由金属-氧化物-半导体组成的电容器(简称 MOS 结构),如图 7-17(a)所示。其中金属极板通过栅极 G 与外界电源的正极相连,氧化物作为电容器的电介质,半导体衬底接地。一个 MOS 单元称为一个像素,由多个像素组成的线阵如图 7-17(b)所示,其中金属栅极是分立的,而氧化物与半导体是连续的整体。

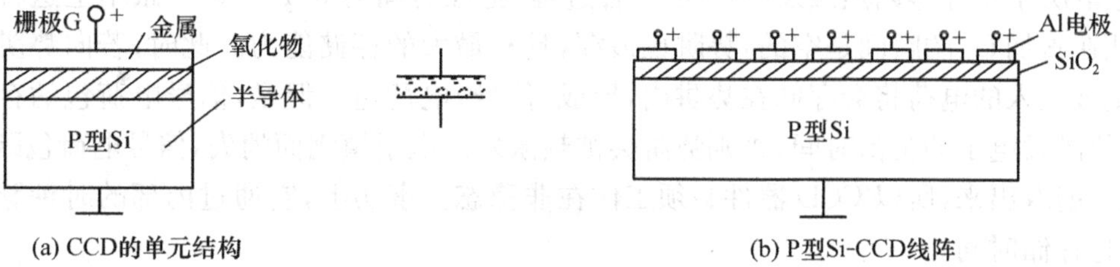

图 7-17　CCD 的单元与线阵结构示意图

根据信号电荷传输通道的不同,CCD 分为两种类型[5]:一种是信号电荷存储在半导体与绝缘体之间的界面,并沿界面传输,这类器件称为表面沟道电荷耦合器件(SCCD);另一种是信号电荷存储在离半导体表面一定深度的体内,并在半导体内部沿一定方向传输,这类器件称为体内沟道或埋沟道电荷耦合器件(BCCD)。本节重点介绍表面沟道 P 型 Si-CCD 的结构与工作原理。

2. CCD 基本特性

当栅极上未加电压时,P 型 Si 内的多数载流子(空穴)均匀分布,如图 7-18(a)所示。若栅极上施加正电压 U_G,则会在栅极与衬底之间产生电场,半导体上表面附近区域内的空穴会被电场力排斥到半导体的下部,从而在半导体上表面附近形成一层多子的耗尽区,如图 7-18(b) 所示;而少数载流子(电子)将会被电场力引入并限制在耗尽区内,电子在耗尽区内的电势能($E_p=-e\cdot U_s$,电势 $U_s>0$)很低,耗尽区对于电子来说就像一个“阱”,故称为势阱。势阱具有存储电子的能力,且存储能力与栅极电压 U_G 有关:U_G 越大,半导体内的电场越强,势阱越深,存储能力就越强。当所加电压 U_G 超过阈值电压 U_{th}(约为 2V)时,半导体上表面附近区域内的电子浓度将会超过空穴浓度(这些电子来源于耗尽区中电子-空穴对的热激发),该区域内的导电类型就由原来的 P 型变为 N 型,形成所谓的反型层,如图 7-18(c)所示。随着时间的推移,势阱会被热激发产生的电子填满而消失,不再具有存储电子的能力。

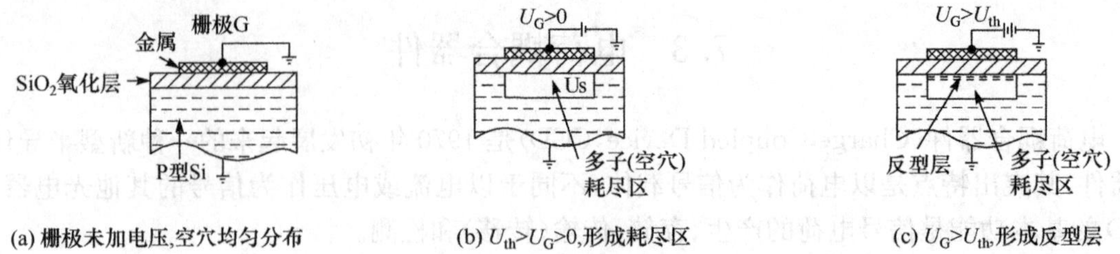

图 7-18　CCD 栅极电压 U_G 的变化对 P 型 Si 耗尽区的影响

反型层实际上也就是电荷传输的通道,因此也称为沟道。对于 P 型半导体,其反型层由电子构成,故称为 N 沟道。反之,N 型半导体的反型层由空穴构成,称为 P 沟道。由于电子的迁移率高于空穴的迁移率,所以大多数 CCD 选用 P 型 Si 衬底(N 沟道)。

在金属极板上施加正电压 $U_G(>U_{th})$ 的瞬间,极板上会立即感应出正电荷(时间约 10^{-12} s)。P 型半导体中的空穴能跟得上这种感应速度,并随即被排斥到半导体下部,而电子的产生要慢得多(它取决于半导体内热激发的产生-复合过程,弛豫时间为 0.1～10s),跟不上这种感应速度,因此在施加 U_G 的瞬间是空的,势阱也最深,具有最大的存储能力。此时,若向势阱内注入电荷,则被注入的电荷将会存储在势阱内,形成(信号)电荷包。但是,信号电荷包的存储时间要小于热激发电子的弛豫时间,否则势阱会被热激发的电子填满而消失,信号电荷包既不能存进去也不能取出来,所以 CCD 器件必须工作在非稳态。事实上,它通过内部的时钟脉冲来控制电荷包存储时间。

7.3.2　CCD 基本工作原理

1. 电荷包的注入

将电荷包注入 CCD 势阱中的方法有多种,根据电荷包的来源不同,可分为光注入和电注入两类方式。

1) 光注入

光束直接照射 P 型 Si-CCD 衬底时,半导体内将产生电子-空穴对,多数载流子会被栅极上所加电压产生的电场排斥到底部,少数载流子则被收集在势阱中形成信号电荷包,这是一种光注入方式。

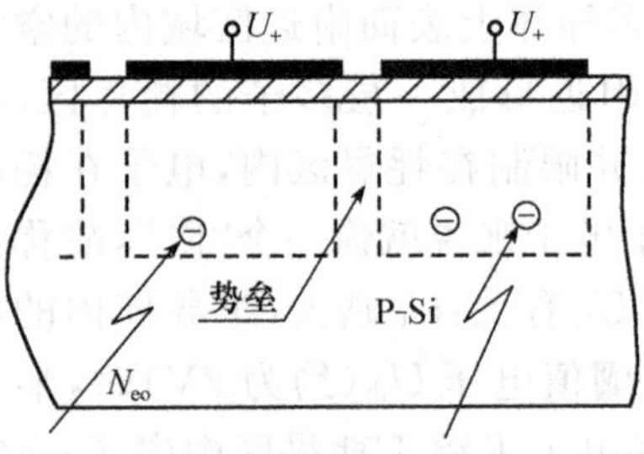

图 7-19　背面照射式光注入示意图

光注入方式分为正面照射与背面照射两种。将 CCD 的金属膜栅极面对光源,光辐射透过栅极与氧化层,照在半导体上,使之产生光电子,就属于正面照射式;背面照射式如图 7-19 所示,外界光辐射直接照射半导体,使之产生光电子。

利用 CCD 摄像器件拍摄光学图像时,先通过光敏元阵列的光电(或光热)效应把按一定照度分布的光学图像转换成电荷分布,再把电荷注入到相应栅极下面的深势阱中,也属于光注入方式。当 CCD 摄像器件的光敏材料、结构和时钟脉冲选定后,光注入的电荷量与入射的光谱辐射通量、光积分时间成正比,因此 CCD 摄像器件可用于光电检测和光学成像的定量分析。

2）电注入

当 CCD 用于信息存储或信息处理时，通过输入端的输入二极管和输入栅极，把与信号成正比的电荷注入到相应的势阱中，就称为电注入。电注入的方法很多，这里介绍常用的电位平衡注入法。

如图 7-20 所示，在输入栅极 IG 上施加适当的正电压（以保持沟道处于导通状态），并以此电压作为基准电压，由 N^+ 扩散区和 P-Si 衬底构成输入二极管 ID，其上施加模拟输入信号 U_{in}。t_1 时刻，当信号 U_{in}（或 V_{ID}）和栅极 CR2 的电平 U_{CR2} 均为高电平（$V_{ID}>U_{CR2}$）时，二极管 ID 处于反向偏置，N^+ 扩散区和栅极 CR2 下面均产生深势阱；t_2 时刻，当 U_{in}（或 V_{ID}）为低电平、U_{CR2} 仍为高电平时，二极管 ID 处于正向偏置，信号电荷包通过栅极 IG 下面的势阱流入栅极 CR2 下面的深势阱中；t_3 时刻，二极管 ID 又处于反向偏置，在栅极 IG 和 CR2 下面势阱中的多余电荷被抽走。

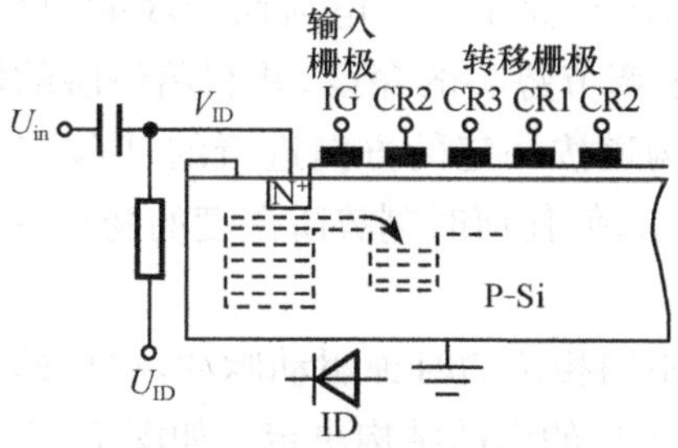

(a) 电位平衡注入法的输入结构

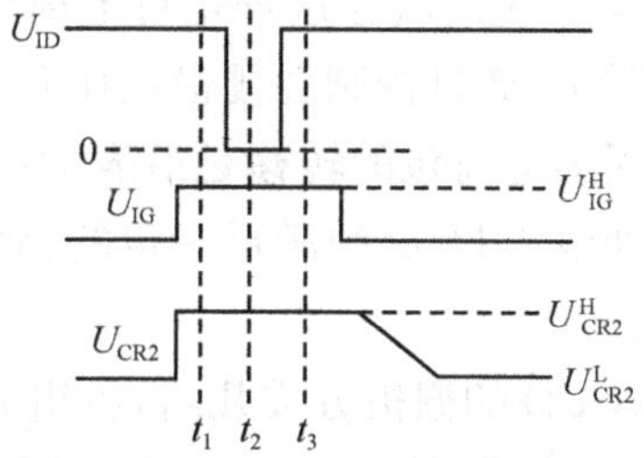

(b) 电注入时输入结构各电极的电压波形图

图 7-20　电位平衡注入法示意图

利用这种方式能够注入的电荷量取决于栅极 IG 和 CR2 的高电平之差（$U_{CR2}^H-U_{IG}^H$）。

2. 电荷包的存储

由 7.3.1 节知识可知，CCD 单元能够存储电荷包，且其存储能力可通过调节 U_G 而加以控制。这是 CCD 的一个基本功能和特性。

当电荷包注入势阱中时，因电荷包也将产生电场（其方向与 U_G 产生的电场相反），具有对外电场的屏蔽作用，从而使表面势收缩，势阱深度变浅，空间电荷区变窄。随着电荷包的积累，表面势将继续收缩，势阱更加变浅，如图 7-21 所示。其中图 7-21(b) 为电荷包填充 1/3 势阱的情景，表面势收缩了 1/3；当电荷包足够多时，势阱中就不能再存储多余的电荷，出现如图 7-21(c) 所示的"溢出"现象。

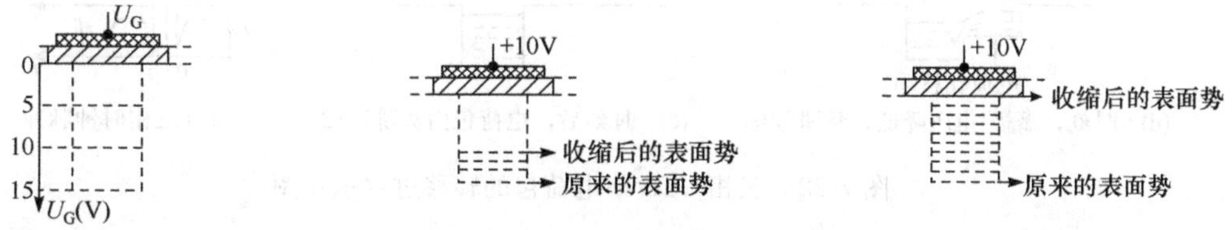

(a) 空势阱深度与电压 U_G 有关　　(b) 电荷包填充1/3势阱　　(c) 全满势阱

图 7-21　注入电荷包时，势阱深度随之变化的示意图

每个金属栅极下的势阱中能够存储的最大(信息)电荷量为

$$Q = C_{ox} \cdot U_G \cdot A_d \tag{7-3}$$

式中，C_{ox}为单位面积氧化物电容器的电容；U_G为栅极上所加的电压；A_d为有效栅极面积。据估算，势阱中能够存储的电子数可达10^6个。

从非平衡态到达平衡态的时间为

$$t = \frac{2\tau_0 N_A}{n_i}$$

式中，τ_0为耗尽区少数载流子的寿命；N_A为受主杂质的浓度；n_i为本征载流子的浓度。存储时间量级为0.1～10s。

3. 电荷包的转移[6]

CCD中电荷包的转移过程是将电荷包从一个(因存储了这些电荷而变浅的)势阱中转入相邻的深势阱中，通过控制各栅极电压U_G的大小来调节势阱的深度，并利用势阱的耦合原理而实现的。因为电荷包的转移是沿表面(或体内)沟道按一定的方向进行的，所以MOS电容器阵列上所加电压U_G必须满足一定的相位时序要求，使任何时刻势阱深度的变化总是朝着同一方向进行。

实际中，CCD的栅极分成几组，各组分别施加不同相位的时钟驱动脉冲，这样的一组称为一相。在CCD中，转移电荷包时所需要的相数由CCD的内部结构决定。如图7-22(a)所示为三相CCD，其栅极被分为三组，施加的三相时钟脉冲如图7-22(f)所示。在某一时刻，因为三相时钟脉冲的电压不同，各栅极下面的势阱深度也就不同。电荷包在此三相驱动脉冲的作用下，就能以一定的方向按单元顺序逐个转移。由于CCD具有存储和转移电荷包的能力，故它又称为动态移位寄存器。下面分析三相CCD中电荷包的转移过程。

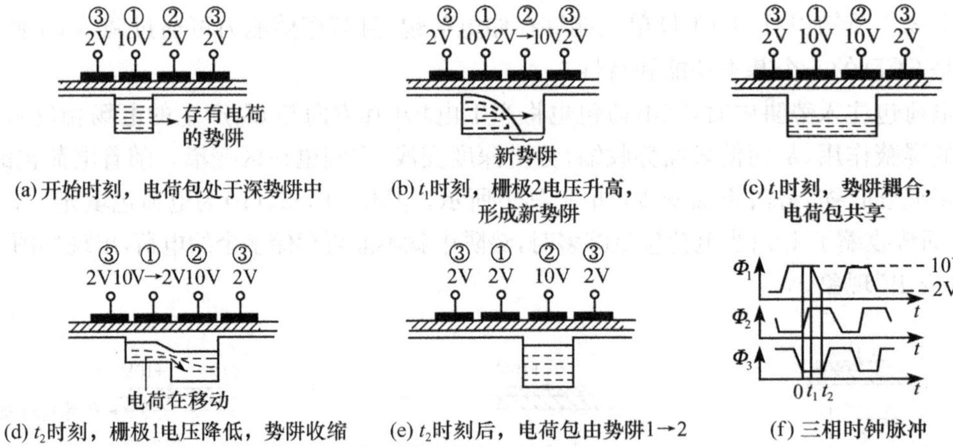

图7-22 三相CCD中电荷包的转移过程示意图

设开始时刻电荷包存储在栅极电压为10V的第1个栅极下的深势阱里，其他栅极上加有大于阈值的低电压(2V)，如图7-22(a)所示；经时间t_1后，第1个栅极电压仍保持为10V，而第2个栅极的电压由2V→10V，如图7-22(b)所示。因为这两个栅极靠得很近，其下的两个势阱将耦合在一起，使原来在第1个势阱中的电荷包被耦合势阱共享，如图7-22(c)所示；在t_2时刻,第 1 个栅极的电压由 10V→2V,第 2 个栅极的电压仍为 10V,则势阱 1 收缩,电荷包流入势阱 2 中,如图 7-22(d)、(e)所示。这样,时钟电压经过 $T/3$(T 为时钟脉冲的周期)后,深势阱及其内部的电荷包向右移动了一个栅极位置。若经过一个周期 T,电荷包将转移三个栅极位置,即一个光敏单元间距,称为一位(如图 7-25 所示的三相线阵 CCD,一个光敏单元对应三个栅极)。栅极电压按照时钟脉冲的规律不断改变,信号电荷包就按其在 CCD 中的空间排列顺序,串行地转移出去。

要使电荷包不受阻碍地从一个势阱转移到相邻势阱中,CCD 各栅极的间隙必须很小,即两个栅极之间的势垒要很小,以实现势阱的耦合(理论计算和实验证明:对于大多数 CCD,1μm 的间隙长度可满足要求);另外,各相时钟脉冲之间也要有一定程度的交叠(脉冲的上升/下降沿具有较长的时间,如图 7-22(f)所示),使电荷包的源势阱和接收势阱同时共存。

4. 电荷包的输出

CCD 中电荷包的输出方式有多种,这里介绍一种简单的电流输出方式。

如图 7-23 所示,电流输出方式电路由输出栅极 OG、输出二极管 ID(由 P 型 Si 衬底和 N^+ 扩散区构成)、偏置电阻 R、源极输出放大器和复位场效应管 RS 等构成。当电荷包在驱动脉冲的作用下向右转移到最末一个转移栅极 CR2 下的势阱后,若 CR2 电极上的电压由高变低,则势阱收缩,电荷包将通过栅极 OG(其上加有恒定的电压)下面的沟道进入 N^+ 区。由电源 U_D、偏置电阻 R、N^+ 区和 P 型 Si 衬底构成输出二极管 ID 的反向偏置电路,N^+ 区对电子来说相当于一个深势阱,进入 N^+ 区后的电荷包将被迅速拉走而产生电流 I_d,I_d 值与进入 N^+ 区的电量 Q_s 成正比,与偏置电阻 R 成反比。因为电阻 R 是 CCD 内部的固定电阻,所以输出电流 I_d 直接反映了进入二极管 N^+ 区的电量 Q_s。

由于 I_d 的存在,A 点的电位 U_A($=U_D-I_d \cdot R$)发生变化。进入二极管的电量 Q_s 越大,I_d 也越大,U_A 下降越厉害。所以,可利用 U_A 的变化来检测 Q_s。隔直电容 C 用来将 U_A 的变化量取出,使其通过场效应放大器的 OS 端输出。在实际的器件中,常常利用绝缘栅场效应管取代隔直电容,并兼有放大器的功能,由开路的源极输出。

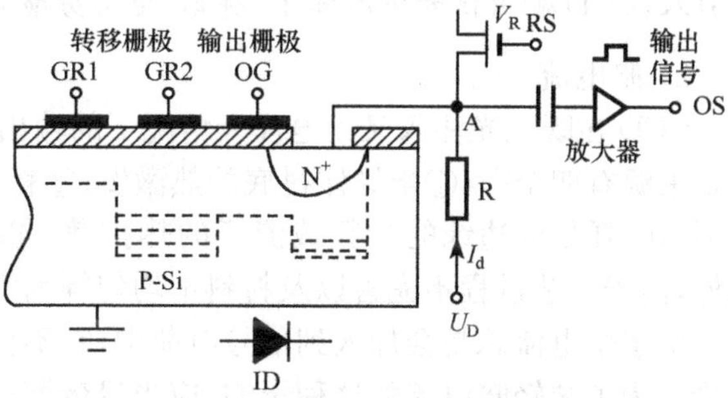

图 7-23　电流输出方式电路图

图 7-23 中的复位场效应管 RS 用于对输出二极管 ID 的深势阱进行复位,使势阱中没有被完全拉走的电荷在下一个驱动脉冲到达之前及时卸放掉,腾出势阱空间准备接收下一个电荷包。否则,残余的电荷将与后续的电荷包叠加,影响电荷包的输入及输出信号的真实性。

综上所述,对于 CCD 摄像器件,它是先将半导体产生的(与照度分布相对应)信号电荷注入到势阱中(即光注入),再通过内部驱动脉冲控制势阱的深浅,使信号电荷沿沟道朝一定的方向转移,最后经输出电路形成一维时序信号。

7.3.3 CCD的主要特性参数

1) 电荷转移效率和电荷转移损失率

电荷转移效率是表征CCD性能好坏的一个重要参数，它定义为：一次转移后到达下一个势阱中的电荷量与原来势阱中的电荷量之比。设原有的信号电荷量为Q_0，转移到下一个栅极势阱中的信号电荷量为Q_1（留在原来栅极下的电荷量为Q_0-Q_1），则电荷转移效率为

$$\eta=\frac{Q_1}{Q_0} \tag{7-4}$$

相应地，电荷转移损失率定义为

$$\varepsilon=\frac{Q_0-Q_1}{Q_0}=1-\eta \tag{7-5}$$

实际中，电荷在转移过程中总有损失，故η总是小于1（现有工艺下，η可达0.99999）。当原有电荷量Q_0转移n个栅极后，信号电荷量变为Q_n，总的转移效率为

$$\frac{Q_n}{Q_0}=\eta^n=(1-\varepsilon)^n\approx e^{-n\varepsilon} \tag{7-6}$$

例如，设$\eta=0.99$，则经24次转移后，$Q_{24}/Q_0=0.99^{24}=79\%$；而经192次转移后，$Q_{192}/Q_0=15\%$，可见信号电荷的衰减比较严重。若$\eta=0.9999$，则$Q'_{24}/Q_0=99.8\%$、$Q'_{192}/Q_0=98\%$。因此，转移效率$\eta$是电荷耦合器件能否实用的重要因素。另外，要保证总转移效率较高（如90%），在单次转移效率η一定的情况下，CCD的栅极数目（或像素数）就受到限制。

影响电荷转移效率的因素很多，但主要是表面态对信号电荷的俘获。为此，在CCD中常常采用电注入的方式在转移沟道中注入“胖零”电荷，即让“零”信号也有一定的电荷来填充势阱，这样，可以减少每次转移过程中信号电荷的损失，提高了转移效率。当然，由于“胖零”电荷的引入，CCD输出信号中附加了“胖零”电荷分量，表现为暗电流的增加。

2) 暗电流

CCD在既无光注入又无电注入情况下的输出信号称为暗信号，即暗电流。产生暗电流的主要来源有四个[1]：①半导体衬底的热激发；②耗尽区内的产生-复合中心的热激发（此为主要原因）；③耗尽区边缘的少数载流子的热扩散；④SiO_2/Si界面处的产生-复合中心的热激发。此外，由于工艺过程不完善以及材料不均匀等因素的影响，暗电流的分布是不均匀的。

由于暗电流总是会加入到信号电荷中，它不仅引起附加的散粒噪声，而且占据一定的势阱容量。为了减轻暗电流的这种影响，应当尽量缩短信号电荷的存储与转移时间。不过，这也限制了CCD成像器件工作频率的下限。另外，由暗电流形成的图像会叠加到光信号图像上，引起固定的图像噪声；而且，暗电流的不均匀会造成背景图像的不均匀，甚至出现某些“亮点”或“亮条”。

目前，暗电流可以控制在1nA/cm^{2}左右。在低照度情况（如紫外光谱区探测、天文观测）等实际中，也可采用制冷法，使CCD的暗电流大大降低。

3) 灵敏度（响应度）和量子效率

灵敏度是CCD摄像器件的重要参数，其物理意义：投射在光敏像元上的单位辐射功率所产生的输出信号电压或电流。若以U_s表示输出电压，则电压灵敏度为

$$S_v=\frac{U_s}{\Phi} \tag{7-7}$$

式中,Φ 为入射的光功率;S_v 的单位为 V/W。CCD 摄像器件的灵敏度有多种表示形式,如考虑 CCD 的光积分效应时采用 mV/(lx·s);如考虑 CCD 对可见光的响应时,也称为响应度,是单位曝光量照射光敏像元时的输出电压,单位为 V/(μJ/cm²)。实际上,在整个波长范围内的灵敏度也就是对应的平均量子效率。目前,Dalsa 公司生产的 IA-D4 面阵 CCD,其灵敏度达到 10V/(μJ/cm²);由 E2V 公司生产的 L³CCD,在可见光波段的量子效率可达 95%以上。

4) 光谱响应和光电特性

CCD 的光谱响应含义与普通光电探测器相同,光谱响应范围由光敏材料决定。对于本征硅,其光谱响应范围在 0.4～1.15μm(峰值波长约为 0.8μm)。CCD 的光谱响应与光敏面结构、光束入射角及各层介质的折射率、厚度、消光系数等多个因素有关。图 7-24 中给出了四种不同结构 CCD 的光谱响应特征曲线[1],可见它们是有区别的,在选用时应注意与光源的辐射光谱相匹配。

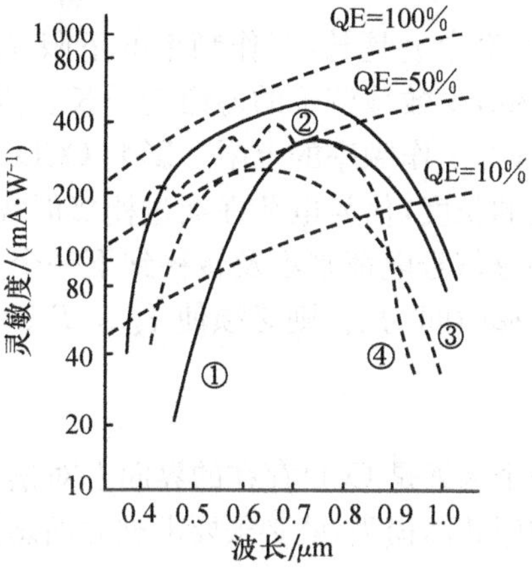

图 7-24 四种不同 CCD 的光谱响应特征曲线
①前照式单层多晶硅;②减薄背照式;③前照式虚相结构;④前照式多晶硅/透明金属氧化物型

CCD 的光电特性一般指其输出电压与输入照度之间的关系。对于 Si-CCD,在低照度下,其输出电压与输入照度有良好的线性关系;而当输入照度超过 100lx 以后,输出有饱和现象。

5) CCD 的噪声

CCD 本身可认为是低噪声器件,其噪声来自信号电荷在注入、转移和检测过程中,主要包括散粒噪声、转移噪声和热噪声。散粒噪声表现为信号电荷产生的不确定性,是一种与光的频率无关的白噪声;转移噪声是由于信号电荷在转移过程中每次转移的不完全性(即转移损失)和一定的随机性,具有积累性(转移噪声随转移次数而增长)和相关性(相邻电极之间电荷包的转移噪声是相关的);热噪声是由固体中载流子的无规则热运动引起的,它对信号电荷的注入和输出的影响最大。

CCD 噪声的峰-峰值电压一般在几毫伏以下。

6) 分辨率

因为 CCD 是由很多分立的光敏单元组成的,根据 Nyquist 定律,其极限分辨率是其空间采样频率的一半。如果在某一方向上的像素间距为 d,则在此方向上的空间频率为 $1/d$(单位为 lp/mm),极限分辨率将小于 $1/(2d)$。

CCD 器件总的调制传递函数(MTF)取决于器件结构(像素宽度、间距)所决定的几何 MTF_1、光生载流子横向扩散衰减决定的 MTF_D 和转移效率决定的 MTF_T,总的 MTF 是三项的乘积。总的来说,CCD 总的 MTF 随图像中各成分空间频率的提高而下降。

实际中,CCD 器件的分辨率往往用一定尺寸内的像素数来表示,像素越多,则分辨率越高。目前,线阵 CCD 已达到 7200 像素,面阵 CCD 已高达 2048×2048 像素。

7) 工作频率

CCD 是一种非稳态工作器件,在时钟脉冲的驱动作用下完成信号电荷的转移和输出,因此,其工作频率会受到一些因素的限制,且限于一定的范围内。下面以三相 CCD 为例说明 CCD 的工作频率特性。

(1) 工作频率的下限。如果时钟脉冲的频率太低,则在电荷存储的时间内,MOS 电容器已过渡到稳态，热激发产生的少数载流子将会填满势阱，从而无法进行信号电荷包的存储和转移，所以脉冲电压的工作频率必须在某一个下限之上。这个下限频率取决于少数载流子的平均寿命 τ_c。对于三相 CCD，转移一个栅极的时间为 $t_r = T/3$（这里的 T 为时钟脉冲的周期），须满足 $t_r \leqslant \tau_c$，即 CCD 工作频率的下限为

$$f_{\min} = \frac{1}{3\tau_c} \tag{7-8}$$

可见，寿命 τ_c 越长，工作频率的下限 $f_{\min}$ 越低。少数载流子的寿命与器件的工作温度有关，温度越低，少数载流子的寿命就越长。因此，将 CCD 置于低温环境下将有助于低频工作。

(2)工作频率的上限。影响 CCD 工作频率上限的因素有两个，一个是由于 CCD 的栅极有一定的长度，信号电荷在通过栅极时需要一定的时间。若时钟脉冲的频率太高，则势阱中将有一部分信号电荷来不及转移到下一个势阱而使转移效率降低。设转移效率在达到要求时所需的转移时间为 τ_g，则必须使 $\tau_g \leqslant T/3$，即工作频率的上限为

$$f_{\max 1} \leqslant \frac{1}{3\tau_g} \tag{7-9}$$

另一个因素是 CCD 存在的界面态对信号电荷的俘获与释放。为了使信号电荷不至于因为界面态的俘获而损失，就必须要求被界面态俘获的载流子的释放时间 $\tau_c \leqslant T/3$，即工作频率的上限为

$$f_{\max 2} \leqslant \frac{1}{3\tau_c} \tag{7-10}$$

工作频率的上限 $f_{\max}$ 取 $f_{\max 1}$、$f_{\max 2}$ 中的小者。通常，$\tau_c < \tau_g$，$f_{\max 2} > f_{\max 1}$，故 $f_{\max} = f_{\max 1} = 1/(3\tau_g)$。

随着半导体材料科学与制造工艺的发展，体沟道线阵 CCD 的最高驱动频率已经超过了几百兆赫，为 CCD 在高速成像系统中的应用打下了物质基础。

8) 动态范围

CCD 器件的动态范围是指势阱中可以存储的最大电荷量（或输出的饱和电压 U_{sat}）与暗场（无光信号）情况下的噪声峰-峰值电压 $U_{\text{p-p}}$ 之比，它表征了 CCD 器件能够正常工作的照度范围，其中允许的最小照度值受器件的噪声限制，而最大照度值受势阱所能容纳的电荷量的限制。目前，CCD 器件的动态范围可达 80 dB(即 $20\lg(10^4):1$)。增大动态范围的途径是降低暗电流，特别是控制暗电流尖峰。

7.3.4 CCD 摄像器件

电荷耦合摄像器件（通常简称为 CCD）是一类可将二维光学图像转换为一维时序电信号的功能器件，由光电探测器阵列和 CCD 移位寄存器两个功能部分组成，探测器阵列的基本原理与单元探测器类似，作用是获得电荷图像，CCD 移位寄存器则实现信号电荷的转移输出。根据结构的不同，电荷耦合摄像器件分为线阵和面阵两大类型，其中线阵器件可以直接接收一维光信息，而在接收二维光信息时，需要借助机械扫描机构才能转换为完整的时序信号；面阵器件则可以直接接收一维或二维的光学图像信息。

1. 线阵 CCD 摄像器件

1) 单沟道线阵 CCD 摄像器件

图 7-25 所示为三相单沟道线阵 CCD 摄像器件的结构，它由行扫描电压 Φ_p、光敏二极管阵列、转移栅 Φ_x、三相 CCD 移位寄存器、(Φ_1、Φ_2、Φ_3) 驱动脉冲和输出机构等构成，其中 CCD 移位寄存器被遮光，并与光敏阵列分隔开，两者通过转移栅相连，加在转移栅上的转移脉冲 Φ_x

可控制光敏阵列与 CCD 移位寄存器之间的隔离或沟通。

在光积分时间内，行扫描电压 Φ_p 为高电平，转移栅 Φ_x 为低电平，光敏二极管阵列被反偏置，并与 CCD 移位寄存器彼此隔离，在光辐射的作用下产生信号电荷并存储在光敏元的势阱中，形成与入射光学图像相对应的电荷包的“潜像”。当转移栅 Φ_x 为高电平时，光敏阵列与移位寄存器沟通，光敏区积累的信号电荷包通过转移栅 Φ_x 并行地流入 CCD 移位寄存器中。通常，转移栅 Φ_x 为高电平的时间很短(转移速度很快)，而为低电平的时间(也是光积分的时间)相对较长。在光积分时间内，已流入 CCD 移位寄存器中的信号电荷在三相驱动脉冲的作用下，按其在 CCD 中的空间排列顺序，通过输出机构串行地转移出去，形成一维时序电信号。

单沟道线阵 CCD 的转移次数多、转移效率低、调制传递函数 MTF 差，只适用于像素数较少的摄像器件。

2）双沟道线阵 CCD 摄像器件

图 7-26 所示为一种实用的双沟道线阵 CCD 摄像器件的实物图片。图 7-27 所示为双沟道线阵 CCD 摄像器件的结构示意图，它有两列 CCD 模拟移位寄存器 A、B，分列在光敏阵列的两边。当转移栅 A、B 为高电位(对于 N 沟道器件)时，光敏阵列势阱里存储的信号电荷包将同时按照箭头指定的方向分别转移到对应的移位寄存器内，然后在驱动脉冲的作用下分别向右转移，最后经过输出放大器以一维时序电信号的方式输出。

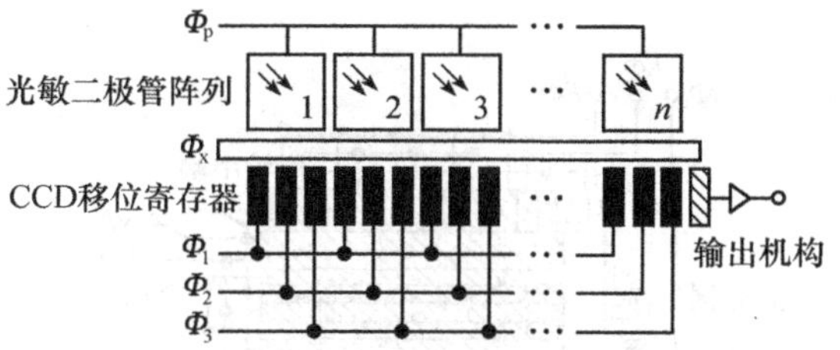

图 7-25　三相单沟道线阵 CCD 摄像器件的结构

图 7-26　一种实用的双沟道线阵 CCD

显然，同样光敏单元数目的双沟道线阵 CCD 要比单沟道线阵 CCD 的转移次数减少一半，转移时间缩短一半，总转移效率大大提高。因此，在工作速度和转移效率要求较高的情况下，常常采用双沟道的方式，如 1024 像素的 DL1288D 型双沟道线阵 CCD。

双沟道器件的奇、偶列信号电荷包分别通过 A、B 两个模拟移位寄存器和两个输出放大器输出。由于它们的参数不可能完全一致，必然会造成奇、偶输出信号的不均匀性。所以，有时为了确保光敏单元参数的一致性，在像素数较多的情况下也会采用单沟道的结构。

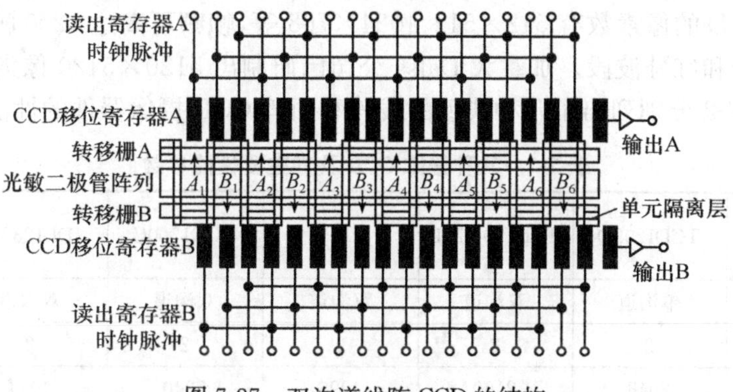

图 7-27　双沟道线阵 CCD 的结构

线阵 CCD 摄像器件的像素数有 512、1024、2048、5000 和 7200 等多种规格，其像素的间距多在 6～12μm，目前间距最小可达 2μm。

2. 面阵 CCD 摄像器件

按一定的方式将一维线阵的光敏单元和 CCD 移位寄存器排列成二维阵列，即可构成二维面阵 CCD 摄像器件，图 7-28 给出了一种实用的面阵 CCD。根据转移方式的不同，面阵 CCD 可分为帧转移方式、隔列转移方式、线转移方式和全转移方式等四种。这里以帧转移面阵 CCD 为例说明其工作原理，对于其他种类的面阵 CCD，可参阅文献[6]。

图 7-29 所示为帧转移三相面阵 CCD 的原理结构图，它主要有光敏区（摄像区）、暂存区和水平读出寄存区三部分。光敏区由光敏阵列构成，其作用是实现光信号的转换和在场正程时间内进行光积分，各光敏单元由沟阻分隔开；暂存区被遮光，其列数和位数都与光敏区一一对应，且每一列相互衔接，其作用是在场逆程时间内，迅速地将光敏区里整帧的电荷包转移到它的势阱内暂存起来。然后，当光敏区开始进行第二帧图像的光积分时，暂存区则利用这一时间，将电荷包一次一行地转移给 CCD 移位寄存器，变为串行时序电信号输出。当 CCD 移位寄存器将其中的一行电荷包输出完毕，暂存区里的电荷包再向下移动一行，又转移给 CCD 移位寄存器。当暂存区中的电荷包被全部转移完毕，再进行第二帧电荷包的转移。可见，电荷包的产生、存储与转移是交替进行的。

图 7-28　一种实用的面阵 CCD

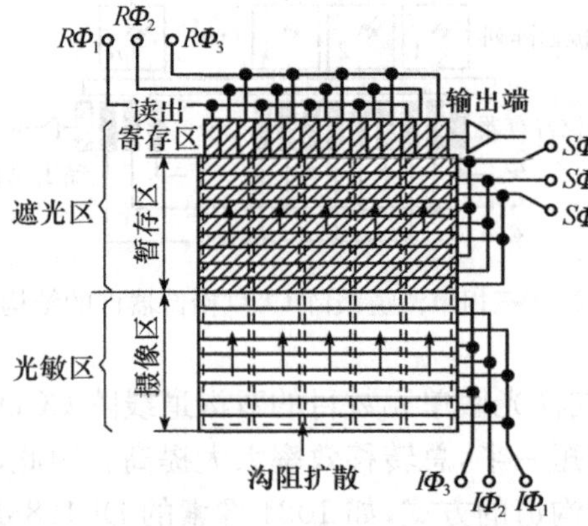

图 7-29　帧转移三相面阵 CCD 的原理结构图

帧转移面阵 CCD 的特点是结构简单、光敏像元的尺寸很小、调制传递函数 MTF 较高，但光敏面积占总面积的比例（填充因子）小。IA-D4 型 CCD 是一种典型的帧转移面阵 CCD。

常用面阵 CCD 的像素数有 512×512、1024×768 等，帧频可高达 1200 帧/秒，响应波长可涵盖紫外、可见光和红外波段。加拿大 Dalsa 公司已研制出 5120×5120 像素的面阵 CCD。

表 7-1 和表 7-2 分别列出了几种典型的线阵和面阵 CCD 摄像器件的性能参数，供参考。

表 7-1　几种线阵 CCD 及其主要性能参数

型号 性能参数	TCD1209D	TCD1206SUP	IL-P1	TCD1500C	DL1288D	RL2048DKQ
沟道类型	单沟道	双沟道	双沟道	双沟道	双沟道	双沟道
时钟相数	2	2	2	2	2	2
光敏像素数	2048	2160	4096	5340	1024	2048

续表

性能参数＼型号	TCD1209D	TCD1206SUP	IL-P1	TCD1500C	DL1288D	RL2048DKQ
像素尺寸/μm^2	14×14	14×14	10×10	7×7	18×18	13×26
像素间距/μm	14	14	10	7	18	13
总转移效率	98%	92%	99%	92%	92%	—
灵敏度/[V/(lx・s)]	31	45	—	4.8	—	—
饱和输出电压/V	2.0	1.7	0.9	1.5	1.5	1.3
饱和曝光量	0.06 lx・s	0.037 lx・s	75nJ/cm^2	0.3 lx・s	0.7μJ/cm^2	0.24μJ/cm^2
暗信号电压/mV	1.0	1.0	0.5	2.0	0.5	0.5
动态范围	2000：1	1700：1	3200：1	1500：1	1500：1	2600：1
像元不均匀性	3%	10%	6%	10%	5%	5%
光谱响应范围/nm	400～1100	250～1100	400～1000	300～1000	200～1100	200～1100
峰值波长/nm	550	550	660	550	750	750
特殊功能	—	—	曝光时间可调	具有采样保持电路	分段并行高速输出	高性能，光谱探测

表 7-2　几种面阵 CCD 及其主要性能参数

性能参数＼型号	DL32	TCD5130AC	IA-D4	IA-D9-2048	IA-D9-5000
转移方式	帧转移	帧转移	帧转移	帧转移	帧转移
时钟相数	3	4	4	3	3
光敏像素数	256×320	754×583	1024×1024	2056×2056	5000×5000
像素尺寸/μm^2	24×36	12×11.5	12×12	12×12	12×12
电荷转移效率	0.99995		0.999995	0.999999	0.999995
灵敏度	0.14 V/(lx・s)	80mV/lx	10V/(μJ/cm^2)	2.5V/(μJ/cm^2)	2.0V/(μJ/cm^2)
饱和输出电压/V		0.9	1.0	0.5	0.5
饱和曝光量（饱和等效电子数）	0.025lx・s	—	100nJ/cm^2	200000 电子数	120000 电子数
噪声等效曝光量（噪声等效电子数）	—	—	35pJ/cm^2	43 电子数	60 电子数
暗信号电压/mV	—	1.0	4.0	0.5	0.5
动态范围	500：1		2850：1	3000：1	2000:1
像元不均匀性	16%		2%	8%	8%
光谱响应范围/nm	400～1100	—	400～1000	—	
峰值波长/nm	860		560		
驱动频率（帧频）	—	—	50MHz，40f/s	60MHz，14f/s	60MHz
工作温度/℃	—	—	—	−60～+70	−60～+70

7.3.5 CCD的发展趋势

现有的CCD光电成像器件主要在以下几个地方进行改进。

(1) 提高分辨率。实际的应用要求光电成像器件在器件体积和面积尽量小的前提条件下实现尽可能高的分辨率,在不考虑几何光学成像条件和波动光学衍射极限的情况下,要求CCD的传感单元尽量小型化;在传感单元小型化的过程中,需要新单元保持或者提高现有单元的信噪比和灵敏度,目前的主要发展方向是提高器件开口率和通过改变单元形状提高器件表面积利用率。

(2) 增强动态范围,提升光电成像器件的灵敏度。现有的CCD成像器件对光的动态捕捉往往不如传统的胶片感光方式,灵敏度在低照度的情况下也不能满足使用需求。通过在同一器件上集成对不同光强动态范围敏感的传感器可以实现高动态范围,但此种技术的不足之处是多种光敏范围的传感器相互挤占彼此空间,阻碍了进一步提高器件上集成的传感单元数量,从而限制了分辨率的提高。

(3) 提高对颜色的还原能力。现有的CCD采用并列的RGB三色传感元件实现彩色捕捉,但是由于传统方式制造的传感器中蓝色和绿色波段的传感器捕捉能力通常较弱,而放大过程中的信号处理不能够弥补这一缺陷,因而要求传感器做出这方面的提升。

7.4 CMOS图像传感器

CMOS(Complementary Metal Oxide Semiconductor,互补金属-氧化物-半导体)图像传感器是一种利用传统芯片工艺方法将光敏阵列、放大器、A/D转换器、存储器、数字信号处理器和计算机接口电路等集成在一块硅片上的光电成像器件。这种器件结构简单、处理功能较多、成品率高、价格低廉,并具有访问任意像元的能力。

7.4.1 CMOS图像传感器的结构和工作原理

CMOS图像传感器的结构如图7-30所示,其主要组成部分是像敏单元阵列和MOS场效应管集成电路,它们集成在同一硅片上。像元阵列实际上就是光电二极管阵列,任意数目的像元可被访问,故CMOS图像传感器没有线阵与面阵之分。

图7-30所示的像元阵列按X和Y方向排列成方阵,每个像元都有它在X、Y方向上的地址,并可由两个方向的地址译码器进行访问。每一列像元都对应于一个列放大器,像元列产生的光电信号先经列放大器放大,然后送入多路模拟开关(它由X方向的地址译码器控制)。当某一路模拟开关导通时,其对应的列放大器内的光电信号就传输至A/D转换器,经模/数转换后变成数字信号,再由预处理电路处理,经接口电路输出。图7-35中的时序脉冲电路可产生各种必需的工作脉冲,而这些工作脉冲受控于接口电路发出的同步控制信号。

图像信号的输出过程说明如下:如图7-31所示,在Y方向地址译码器(这里采用移位寄存器)的控制下,按序接通每行像元上的模拟开关(如第i行、第j列的开关$S_{i,j}$),光电信号通过行开关传送到列线上,再通过X方向地址译码器的控制,输送到放大器。这里,行、列开关的导通由两个方向地址译码器上所加的时序脉冲控制,可以实现逐行扫描或隔行扫描的输出方式,也可以只输出某一行或某一列的信号(与线阵CCD类似),还可选择所希望观测的某些像素的光电信号,如图7-31中第i行、第j列像元的信号$S_{i,j}$。

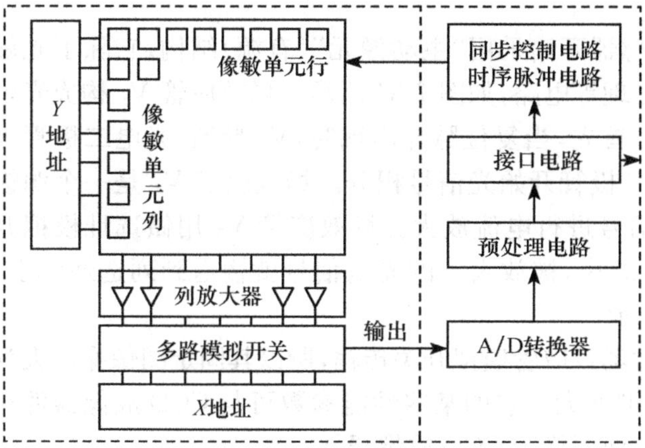

图 7-30　CMOS 图像传感器的结构示意图

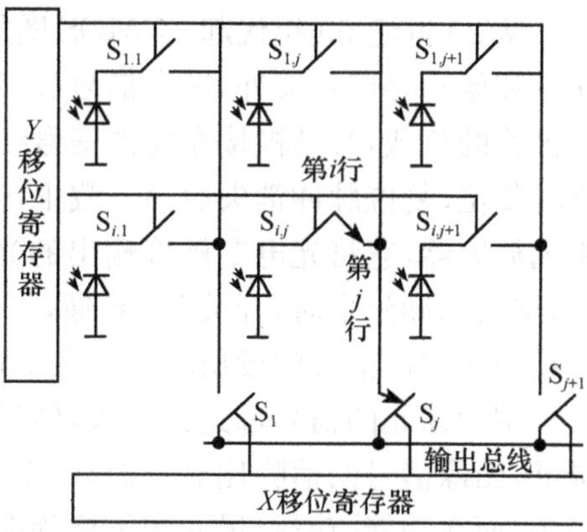

图 7-31　CMOS 图像传感器阵列原理示意图

在 CMOS 图像传感器的同一块芯片上，还可设置其他的数字处理电路，实现诸如自动曝光处理、非均匀性补偿、自平衡处理、γ 校正、黑电平控制等功能，甚至还可以将具有运算和可编程功能的 DSP 器件制作在一起，从而形成多功能器件。

在实际中，为了改善 CMOS 图像传感器的性能，常常将光敏单元与放大器制成复合结构，以提高灵敏度和信噪比。

7.4.2　CMOS 图像传感器的像素单元结构

像元结构是指每个成像单元的电路结构，它是 CMOS 图像传感器的核心组件。CMOS 图像传感器的像元结构分为被动式和主动式两类。

1) 被动像元结构

被动像元的结构如图 7-32 所示，它由光电二极管和地址选通开关两部分构成。其基本工作过程：首先，复位脉冲启动复位操作，光电二极管的输出电压被置零；接着，光电二极管开始光信号的积分，积分工作结束时，选址脉冲启动选址开关，光电二极管中的信号便传输到列总线上；然后，经公共放大器 A 放大后输出。图 7-33 给出了被动像元图像信号的读出时序图。

被动像元结构的像素单元上没有信号放大和处理电路，固定图像噪声（由各像元选址模拟开关的压降差异引起的）大，图像信号的信噪比低（由选址模拟开关的暗电流噪声较大所致）。目前，这种被动像元结构已被淘汰。

图 7-32　CMOS 被动像元等效结构

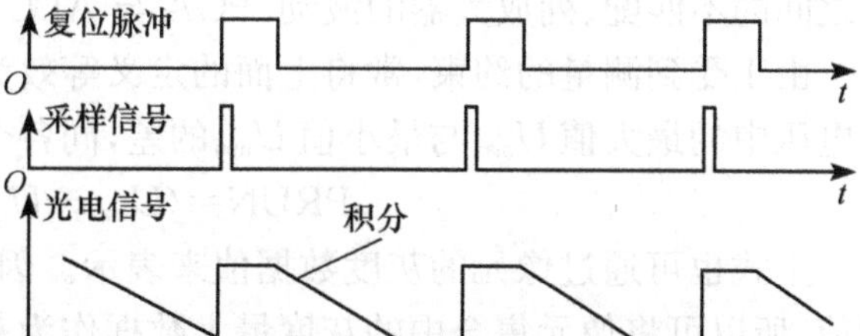

图 7-33　被动像元图像信号的读出时序

2）主动像元结构

从 20 世纪 90 年代起，CMOS 图像传感器开始采用"主动像元"(有源)结构，它除了光敏元件和像元寻址开关外，还有信号放大与处理等电路，如图 7-34 所示。场效应管 V_1 构成光电二极管的负载，其栅极接在复位信号线上。首先，当复位脉冲出现时，V_1 导通，光电二极管被瞬时复位；复位脉冲消失后，V_1 截止，光电二极管开始光信号积分。场效应管 V_2 是一个源极跟随放大器，它将光电二极管输出的光电信号进行电流放大。场效应管 V_3 用做选址模拟开关，选通脉冲到来时，开关 V_3 导通，光积分结束，被放大了的光电信号就输送到列选通线上。主动像元图像信号的读出时序如图 7-35 所示。

主动像元的信号都是先放大，然后通过场效应管模拟开关传输，所以其固定图像噪声大为降低，图像信号的信噪比显著提高，动态范围增大。它的某些性能参数可与 CCD 成像器件相媲美，而在功能、功耗、尺寸和价格等多个方面要优于 CCD 成像器件。

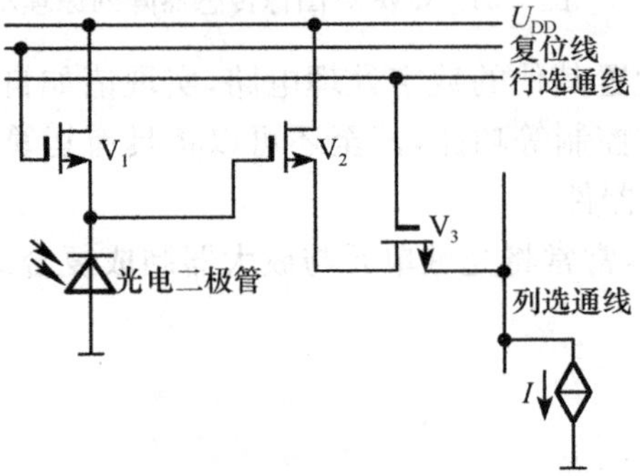

图 7-34　CMOS 的主动像元结构

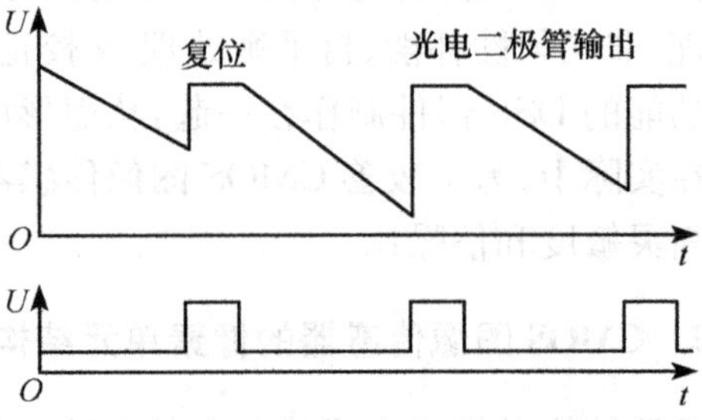

图 7-35　主动像元图像信号的读出时序

7.4.3* CMOS 图像传感器的主要特性参数[6,7]

CMOS 摄像器件的特性参数主要包括像素数、分辨率、最低照度、暗电流、光谱响应、动态范围、光电响应不均匀性、灵敏度等。其中像素数、分辨率等参数与 CCD 相同，此处重点介绍光电响应不均匀性、填充因子及其输出特性。

1）光电响应不均匀性

CMOS 摄像器件的光电响应不均匀性，简称 PRUN。其定义是，在标准的均匀照明条件下，各个像元的固定模式噪声电压 FPN 与信号电压 U_s 的比值，即

$$\text{PRUN}=\text{FPN}/U_s\times 100\%$$

实际上，固定模式噪声 FPN 是指非暂态空间噪声，其产生的原因主要是像素与彩色滤色器之间的不匹配、列放大器的波动、PGA 与 ADC 之间的不匹配等。

由于受到测量的约束，常将上面的定义等效为：在标准的均匀照明条件下，各个像元的输出电压中的最大值 U_{max} 与最小值 U_{min} 的差，同各个像元输出电压的平均值 U_o 的比值，即

$$\text{PRUN}=(U_{max}-U_{min})/U_o\times 100\%$$

上式也可通过像元的灰度数据值来表示。因为每个像元的输出电压直接对应于输出的灰度值，所以可将像元集合中的灰度最大数据作为灰度最大值 G_{max}，将像元集合中的灰度最小数据作为灰度最小值 G_{min}，将像元集合中的灰度数据的平均值作为平均灰度值 G_0，于是可得

$$\text{PRUN}=(G_{max}-G_{min})/G_0\times 100\%$$

2) 填充因子

所谓填充因子，是指光敏面积对全部像敏面积之比，它对器件的有效灵敏度、噪声、时间响应、模传递函数 MTF 等的影响很大。因为 CMOS 图像传感器包含驱动、放大和处理电路，会占据一定的表面面积，这样就降低了器件的填充因子。被动(无源)像敏感单元结构的器件附加电路少一些，它的填充因子会大些；主动(有源)像敏感单元结构的器件附加电路相对多一些，因而它的填充因子会小一些；但大面积的图像传感器结构，其光敏面积所占的比例会大些，其填充因子会大些。因此，提高填充因子，使光敏面积占据更大的表面面积，是充分利用半导体制造大光敏面图像传感器的关键。

3) 输出特性

一般地，CMOS 成像器件有 4 种基本输出模式，如图 7-36 所示，它们的动态范围相差很大，特性也有较大区别。

(1) 线性输出模式。线性输出模式的输出一般与光强成正比，如图 7-36 中的曲线 1 所示。这种输出模式的动态范围最小，而且在线性范围的最高端信噪比最大。在小信号时，因噪声的影响增大，信噪比一般很低，它适用于要求进行连续测量的场合。

(2) 双斜率输出模式。双斜率的输出模式是一种扩大动态范围的方法，如图 7-36 中的曲线 2 所示。由图看出，它采用两种曝光时间：当信号很弱时，采用长时间曝光，输出信号曲线的斜率就会降低；而当信号很强时，改用短时间曝光，这时曲线斜率就会降低，从而可以扩大动态范围。为了改善输出的平滑性，还可以采用多种曝光时间。这样，输出曲线是由多段直线拟合的，显然会平滑得多。

(3) 对数输出模式。对数输出模式如图 7-36 中的曲线 3 所示。它的动态范围非常大，可达到几个数量级，使得无须对照相机的曝光时间进行控制，也无须对其镜头的光圈进行调节。此外，在 CMOS 成像器件中，可以方便地设计出对数响应电路，并且实现起来也很容易。

值得说明的是，人眼对光的响应也接近对数规律，因此这种输出模式有良好的使用性能。

(4) γ 校正模式。γ 校正模式如图 7-36 中的曲线 4 所示。它的输出规律如下式所示

$$U = Ke^{\gamma E}$$

式中，U 为信号输出电压；E 是输入光强；K 为常数；γ 是校正因子，其值小于 1。可见，这种模式也使输出信号的增长速度逐渐减缓。

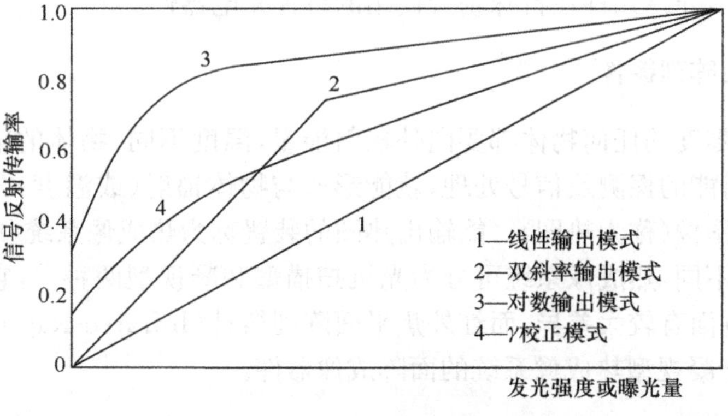

图 7-36　CMOS 成像器件的输出模式

由此可看出，CMOS 摄像器件的 4 种输出模式的输出特性与动态范围均有区别，因此只能根据实际应用的需要进行选择。此外，还可以根据实际需要将两种输出模式进行组合，如加

拿大 Dalsa 公司用组合的线性-对数输出模式，使其动态范围可最大达 120dB。

7.4.4 CMOS 图像传感器与 CCD 的特性比较

时至今日，CMOS 图像传感器已经发展了两代，第一代为 CMOS 无源像素传感器，第二代为 CMOS 有源像素传感器，其中第二代发展最快，像素数达到上千万（4096×4096）。CMOS 图像传感器已广泛用于数码相机、微型和超微型摄像机以及游戏机、手机、视频通信、PDA、条码识别、汽车、机顶盒、PC 摄像、医疗仪器、保安监视、生物特征识别、高速影像应用等广泛领域。

由于 CMOS 图像传感器与 CCD 在物理结构上的差别，它们的特性存在较大的差别：

（1）最大的不同是“随机访问（开窗）”能力。CMOS 图像传感器采用 X-Y 寻址方式，具有读出任意局部画面的开窗能力，而 CCD 采用按序读出信号的结构，其开窗能力有限。

（2）其次是在灵敏度、光谱响应、噪声特性和动态范围、功耗、信号读取速率等方面。CCD 的灵敏度比 CMOS 图像传感器高 30%～50%，具有在可见光及近红外波段的完全响应能力，CCD 的噪声可以控制在极低的水平，CCD 的信号读出速率不超过 70Mpixels/s；而 CMOS 图像传感器像元的截止波长小于 650nm，因而对红光及近红外光吸收（响应）困难，CMOS 器件的噪声相对较大，CMOS 图像感器信号读出速率可达 1000Mpixels/s；CCD 的动态范围比 CMOS 高 2 倍，CMOS 像元区功耗明显低于 CCD 像元（从相机系统角度来说，通常情况下 CMOS 相机的功耗也要低于 CCD 相机）。

目前，CCD 和 CMOS 已经成为摄像器件应用领域中的主流器件。在过去的几十年里，CCD 凭借其低噪声、高分辨率、高灵敏度等高性能牢固占据着图像传感器的高端市场（如工件精密测量、军事目标探测与跟踪）；CMOS 图像传感器则以其高集成度、高速、小体积、低价格、低功耗、使用方便等特点在低端市场（如视频通信、手机、家用摄像机、文字识别或低噪声应用等场合）占据着较大的份额。近年来，CMOS 在噪声、帧速、动态范围以及分辨率等方面有了较大的改进和发展，正在逐步取代 CCD 在部分科学领域（如生命科学、光谱成像等）的应用。

7.5 特种光电成像器件

前面三节介绍了几种常规的光电成像器件，它们在人们的日常生活、工业生产和科学研究发挥重要作用。本节介绍几种在特殊场合使用的特种光电器件。

7.5.1 红外焦平面阵列器件

温度高于绝对零度的任何物体都要向外辐射能量，温度不同，物体的辐射亮度就不同，因此，通过对物体辐射能的探测及信号处理，就能形成与物体辐射（或温度）分布相对应的、反映目标特征的可见光图像（称为热图）。能输出热图的装置称为热成像系统（或称热像仪）。

按成像方式的不同，热成像系统可分为光机扫描型和凝视型两种[1]，它们在系统结构、探测器类型、性能等方面有较大差异，而红外焦平面阵列器件（Infrared-Ray Focus Plane Array，IRFPA）是一类用于凝视型热成像系统的面阵成像器件。

1. 热成像系统的结构特点

1）光机扫描型热成像系统

早期的热成像系统由于受到制造工艺的限制，红外探测器的成品率低，尤其是其集成度很低，故大多采用红外光学系统和机械扫描器依次对被测目标作二维空间的扫描，利用 PbS、InSb 或 Ge:Hg 等单元或多元探测器接收瞬时视场内的目标光辐射信号，转换成一维时序电信号。电信号经过隔直流电路消除背景辐射、放大处理后，在显示器上输出对比度良好的目标热图，如图 7-37所示。这种热成像系统由于存在光-机扫描器，系统的结构复杂、要求高(如要求探测器的响应速度快)、体积较大、可靠性降低、成本也较高。后来发展了用线阵探测器代替其中的一维扫描，使扫描器只需作一维运动。

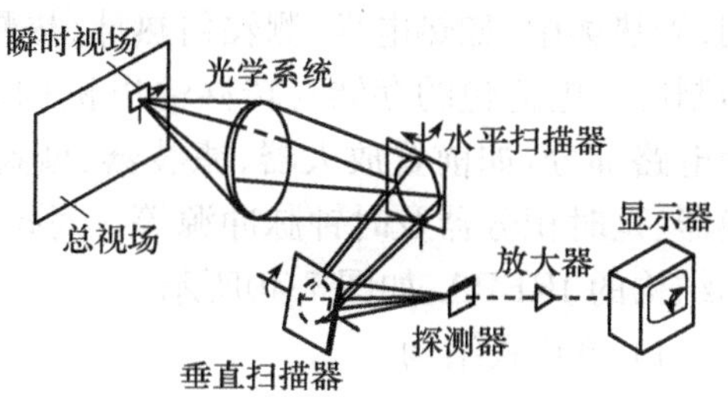

图 7-37　光机扫描型热成像系统结构示意图

2）凝视型热成像系统

1970 年以来，随着半导体集成电路工艺的发展成熟，红外图像传感技术得到迅猛发展，目前已经研制出多种红外探测器二维阵列，可以把二维被测目标的红外辐射图像转换为电荷图像，再借助 CCD 自扫描技术，输出一维时序电信号，最后经电路处理，输出景物热图。这种系统中阵列探测器的每个像元与景物中的一个微面元相对应，对红外辐射的光积分时间远大于电荷包的扫描输出时间，因此称为凝视型热成像系统。这种系统几乎可以利用所有入射的红外光子，因而热灵敏度和温度分辨率得到了提高。图 7-38 给出了国产 IR-913A 凝视型热像仪及其机芯的实物照片。采用适当的结构和工艺，将二维红外探测器阵列(使用时置于物镜焦平面处)与必要的信号处理电路集成在一起，就可制成红外焦平面阵列器件。

(a) 热像仪　　　　(b) 热像仪的机芯(测辐射热计阵列及信号处理电路)

图 7-38　IR-913A 凝视型热像仪及其机芯

2. 红外焦平面阵列器件的结构原理[1]

红外焦平面阵列器件通常工作于 1～3μm、3～5μm 和 8～12μm 的红外波段，且多数用于探测常温(300K)背景中的目标。在这些情况下，背景辐射相对较强(目标的对比度低)，且随波长的变化很大，而普通的 Si-CCD 摄像器件对红外辐射的响应度很低，允许的光积分时间也很短(约为 μs 量级[1])，不能直接用于凝视型红外成像。因此，制作红外焦平面阵列器件的途径只有两条：一是选用对红外辐射灵敏度高的特殊材料，并集成为 CCD 器件；二是采用兼有普通红外探测器阵列和 Si-CCD 两方面长处的结构，这也是目前常用和比较成熟的技术。

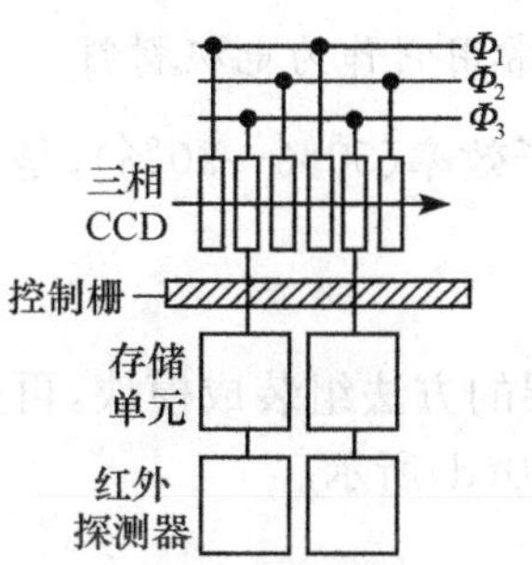

图 7-39　IRFPA 的基本结构

IRFPA 的基本结构如图 7-39 所示，其中红外探测器可以选用第 3～6 章介绍的光子探测器或热探测器。光子类中，如 InGaAs(响应波长 1～3μm)、PtSi 与 InSb(响应波长 3～5μm)、HgCdTe(响应波长 8～12 μm)探测器,其中 PtSi 探测器的制造成本低、成品率高,目前已得到了广泛使用;光热类中,如热电堆、测辐射热计、热释电探测器,它们对整个红外波段都有较高响应,且不需制冷。电荷包的存储与转移输出机构采用普通的 Si-CCD 结构。此外,IRFPA还有信号处理电路部分,如前置放大器、滤波器、增益和偏置补偿器(用于提高光敏面的均匀性)、模-数转换器、延时积分器及时钟脉冲源等。对探测器、信号读出和信号处理作不同安排,就有不同具体结构的 IRFPA,如图 7-40所示。

1) 单片式结构

单片式又称整体式,即整个 IRFPA 做在同一块芯片上。它具体又分为三种情况,一种是本征型红外 CCD,本身对红外敏感(如 HgCdTe-CCD),另一种是把非本征型红外探测器与 CCD 读出电路做在同一块 Si 衬底上,还有一种就是在 Si 衬底上制作肖特基势垒二极管面阵与 CCD 读出电路,如 PtSi-CCD。信号处理部分通常是在探测器阵列的近旁(不是在其下面),且可以不跟探测器/读出单元制备在同一衬底上,也不需与探测器的温度相同,如图 7-40(a)所示。

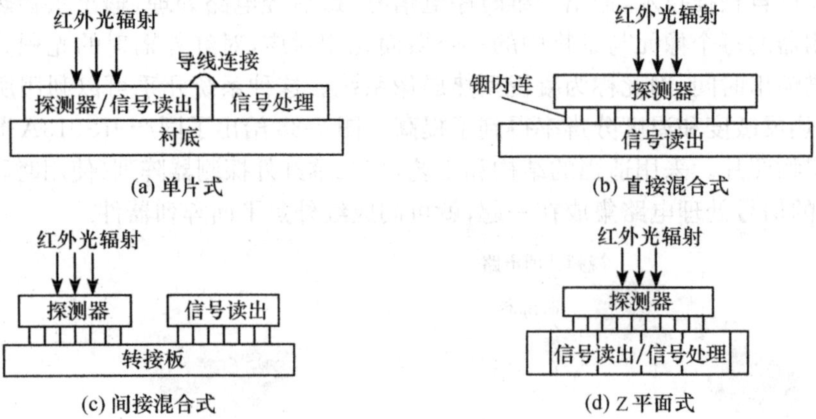

图 7-40　IRFPA 的几种不同结构

2) 混合式结构

混合式结构的根本特点是把探测器(如用 HgCdTe、InSb 等本征窄带半导体材料制作)与信号读出部分(用普通的 Si-CCD)分开。它有两种形式:直接混合式和间接混合式,分别如图 7-40(b)、(c)所示。其中,直接混合式中的探测器与信号读出部分通过铟柱把对应单元连接起来;间接混合式中的探测器通过一块集成电路板与信号读出部分相连。

铟是一种特殊的金属材料,除了具有良好的导电性能外,还具有熔点低(约 150℃)、焊接时与铝膜的亲密性好、对 CCD 性能的影响小等特点,在 CCD 集成电路中,常用它作为电极材料。

混合式结构在选择探测器上具有很大的灵活性,可以获得高量子效率(50%～90%),是目前最受重视的技术之一。

3) Z 平面式

Z 平面式又称立体式,它是将信号读出与信号处理部分采用叠层的方法组装成模块,再把模块与探测器连接起来。它们都可以安装在同一块硅片上,如图 7-40(d)所示。

3. IRFPA 的发展现状[1,8,9]

目前，IRFPA 的研究重点主要集中在大规模探测器阵列的集成、结构与性能改进和降低成本等方面。随着 IRFPA 在军事上的广泛而重要的应用需求，其研发取得了许多重大的进展。

1）光子探测器阵列 IRFPA

已研制出的光子探测器阵列 IRFPA 有多种。

(1) InSb 探测器阵列。前照式 1×512 像素线阵，背照式 1024×1024 像素面阵。

(2) HgCdTe 探测器阵列。1024×1024 像素面阵，响应波段 1～2.5μm，主要用于空间成像光谱仪；640×480 像素面阵，响应波段 3～5μm，主要用于战术导弹寻的器和战略预警监视系统；还有一种响应波段 8～12μm，用于常温下目标红外辐射图像探测。它们的像元尺寸均为 18μm×18μm。

光子类探测器在使用时往往需要利用制冷器，使其处于低温工作状态，以降低探测器的噪声，提高信噪比和灵敏度，利用它们制作的 IRFPA 属于制冷型 IRFPA，主要用于红外遥感、军事目标的探测与制导等性能要求较高的领域，但成本和价格非常昂贵。

目前，制冷型 IRFPA 的研究工作侧重于 HgCdTe 探测器阵列的研制；另外，多量子阱(MQW)IRFPA 也是一种正在研究和值得期待的新型 IRFPA，它适用于远红外探测。

2）热探测器阵列 IRFPA

已研制出的热探测器阵列 IRFPA 也有多种。

(1)铌酸锶钡热释电探测器阵列。328×245 像素面阵。

(2)二氧化钒(VO_2)测辐射热计。336×240 像素面阵。

(3)多晶硅热电堆。320×240 像素面阵，像元尺寸 28μm×28μm。

热探测器阵列可工作在常温下，不需制冷器(故体积小、质量轻、功耗低、使用方便)，属于非制冷型 IRFPA，价格低廉，但其灵敏度要比制冷型 IRFPA 低 1 个量级以上，在准军事和民用市场的凝视型红外成像系统中用得比较广泛。目前，非制冷型 IRFPA 的主要工作方向是降低功耗、减小探测单元尺寸、降低成本、研制 640×480 像素等规模更大的器件等。

4. IRFPA 的应用

以 IRFPA 为主要器件的红外热成像系统，已在战略预警、战术告警、侦察、观瞄、导航与制导、遥感、气象、工业探伤、医学和科学研究等军事和民用的许多领域得到了广泛应用，目前已有大量的热瞄具、导弹成像制导与火炮瞄准镜、机载和舰载前视红外系统等装备部队，在科研上可对研究对象和过程进行热分析等。如图 7-41 是利用红外热像仪对高压电气设备进行热故障诊断和对人体隐身进行识别。

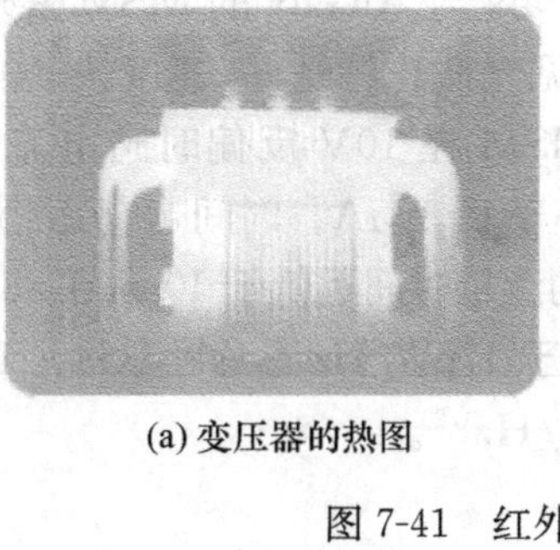

(a) 变压器的热图

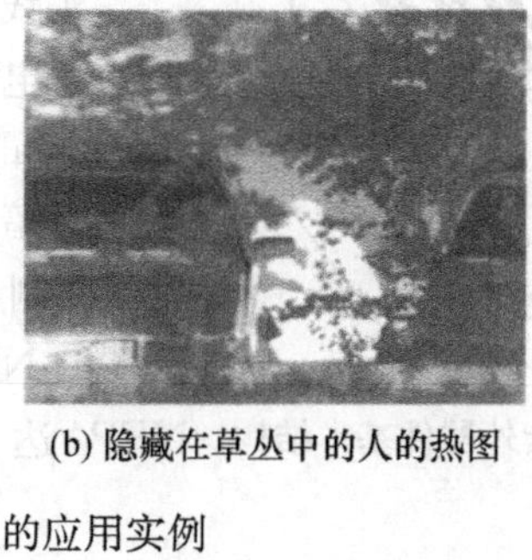

(b) 隐藏在草丛中的人的热图

图 7-41　红外热像仪的应用实例

7.5.2* 紫外固体成像器件

紫外探测技术是继红外和激光探测技术之后发展起来的军民两用光电探测技术。由于紫外光的波长比可见光短,因而它又称为"黑光",它可以引起某些材料在黑暗中发光。因此,它在公安刑侦、纸币与证件等防伪检测方面均有很好的应用;在医学、生物学等领域有着广泛的应用,如在检测诊断皮肤病时可直接看到病变细节,并可用它来检测癌细胞、微生物、血色素、白血球、红血球、细胞核等,其检测不但迅速、准确,而且直观、清楚;在军事上,它主要用于紫外告警、紫外通信、紫外/红外复合制导和导弹跟踪及监视天空、研究远距离星体等方面。

紫外固体成像器件主要由Ⅲ-Ⅴ族化合物半导体制成。如 GaN(氮化镓)、InN(氮化铟)、AlN(氮化铝)这三种材料的禁带宽度分别为 3.4eV、1.9eV、6.2eV,覆盖了从可见光到紫外光波段,从而使紫外成像器件的材料选择有了很大的空间。与成熟的 Si 相比,Ⅲ-Ⅴ族化合物半导体材料普遍具有耐高温、低介电常数、耐腐蚀、抗辐射等优良特点,非常适合于制作抗辐射、高频、大功率和高密度集成器件。在这些材料中,以 GaN 和 AlGaN 尤为突出。GaN 是一种宽禁带的半导体,它十分稳定,具有强硬度、抗常规湿法腐蚀的特点,用它所制成的探测器对能量大于 3.4eV 的光子有很大的响应度,因而它主要用于紫外光探测与成像。显然,紫外固体成像器件具有高可靠性、高效率、快速响应、长寿命、全固体化、体积小等优点,因而在宇宙飞船、火箭羽烟探测、大气探测、飞机尾焰探测、火灾等领域内发挥着重大作用。GaN 基紫外探测器的结构主要有光电导型和光伏型。光伏型结构中又分 PN 结型、PIN 型、肖特基结型、MSM 型、异质结型等。

PIN、肖特基势垒、MSM 结构可见光盲的紫外光探测器,在性能和应用上各具特点。PIN 器件受材料性能质量影响较大,对材料制备要求高,金属/半导体接触的欧姆接触质量对器件性能有重要影响,特别是对 P 型(Al)GaN,需要沉积高功函数金属,低接触电阻的欧姆接触制备比较困难。肖特基势垒和 MSM 结构制造相对简单,以真空沉积和光刻工艺为基础的肖特基势垒和欧姆接触制备是关键,不同的表面预处理、沉积条件和退火工艺,对肖特基、欧姆特性有极大的影响,可以根据不同的应用场合及实际工艺情况,对器件结构进行合理的选择。下面简介一下 MSM 紫外固体成像器件。

金属-半导体-金属(MSM)紫外器件的特点是制造简单和易于单片集成,其典型结构如图 7-42 所示。由图可见,在宝石衬底上用 MOCVD 生长 AlN 缓冲层、CaN 基半导体光激活层,在激活层上沉积指栅状电极并形成肖特基接触。MSM 紫外光电探测器本质上是一个背对背串联的两支金属-半导体接触二极管。当外加偏压时,一个结为正偏置,另一个结为反偏置。随着外加电压的增加,反偏置的耗尽层宽度增大,而正偏置的耗尽层宽度减小,但是其总的耗尽层宽度逐渐增加。

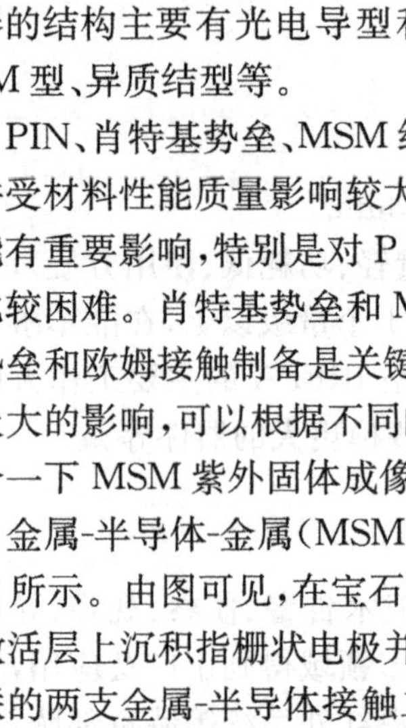

图 7-42 MSM 紫外器件基本结构

实践证实,CaN 与 AlGaN 的 MSM 紫外探测器,具有很低的暗电流、可见光截止特性好、速度快、噪声低等特点。据报道,GaN 的 MSM 在 10V 反偏时暗电流为 57pA;在 40V 反偏时暗电流小于 0.35μA。时间响应受测量系统的 *RC* 时间常数限制,器件的渡越时间远低于 10ns,在 28V 偏压下,CaN 探测器的 NEP* 低于 17pW/Hz$^{1/2}$,$Al_{0.25}Ga_{0.75}N$ 光电二极管的 NEP* 达 24 pW/Hz$^{1/2}$。

7.5.3* 增强型光电成像器件

1. 微光(面阵)CCD 摄像器件[1,10]

性能良好的普通 CCD 能够在(1.5～2.1)×10^{-2}lx 的光照下成像,但应用于夜天光条件下时,还需进一步借助图像增强技术,以构成微光 CCD,用于军事、天文观测等高性能光电探测。

构成微光 CCD 的方法有多种,例如,①将像增强器与 CCD 耦合起来,构成图像增强型 CCD(简称 IICCD);②用光电子轰击 CCD 的光敏元件,构成电子轰击型 CCD(简称 EBCCD);③在 CCD 芯片的转移寄存器与输出放大器之间增加一个特殊的增益寄存器(对信号电荷进行倍增),构成电子倍增 CCD(简称 EMCCD);还有采用延时-积分(TDI)工作模式或者采用减薄背照式结构、低温工作。

像增强器与 CCD 的耦合方式有两种,一是光学耦合方式,它是利用光学成像系统将像增强器与 CCD 耦合起来;二是光纤耦合方式,它是利用光纤面板(光纤锥)将像增强器与 CCD 直接耦合起来。像增强器可以选用 7.2 节介绍的第二、三代选通型产品,将 CCD 置于光学成像系统的焦平面处或光纤锥的输出面,如图 7-43 所示。

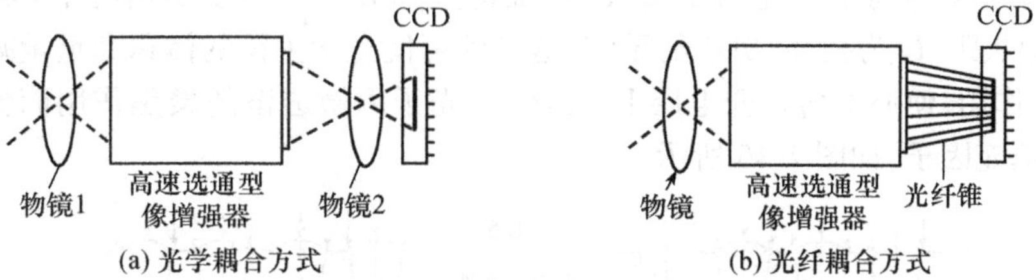

图 7-43　像增强器与 CCD 芯片的耦合方式

电子轰击型 CCD 的结构与硅增强靶(SIT)摄像管十分相似,只是将靶换成 CCD 芯片,且通常将 CCD 的光敏面减薄、背对着光电阴极。基本原理:入射光子照射光电阴极后转换为光电子,光电子被电子光学系统加速并聚焦成像在 CCD 的光敏面上,高速轰击 CCD,光敏元件中产生信号电荷,信号电荷再由转移寄存器输出。如图 7-44 给出了近贴式 EBCCD 的结构。一般地,1 个光电子可产生 2000 多个电子,因此 EBCCD 的灵敏度高、暗电流小,不足的是其工作寿命短。

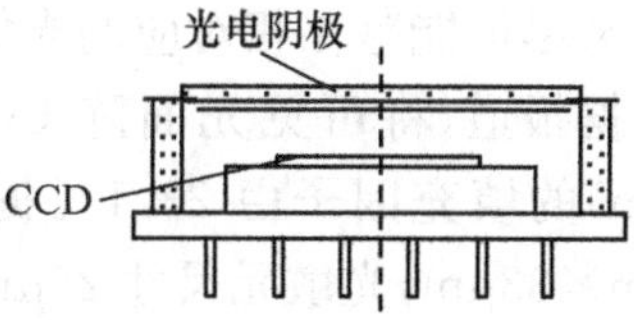

图 7-44　近贴式 EBCCD 的结构

电子倍增 CCD 的倍增原理如图 7-45(a)所示,其中增益寄存器的结构与一般的 CCD 类似,只是在电子转移过程第二阶段的势阱被一对高压 40～50V 电极下的深势阱取代,信号电子在高压下被电离,形成新的电子。每次电离后的电子数目约为原来的 1.015 倍,通过数百次的电离,可以使输出信号的强度大幅提高。EMCCD 具有很高的信噪比,空间分辨率好于 IICCD,输出图像的质量更好。2001 年,Andor 公司推出了全球第一款科学级 EMCCD,目前已经有多款产品面世,如图 7-45(b)给出了一种用于极微弱光谱研究的 EMCCD。

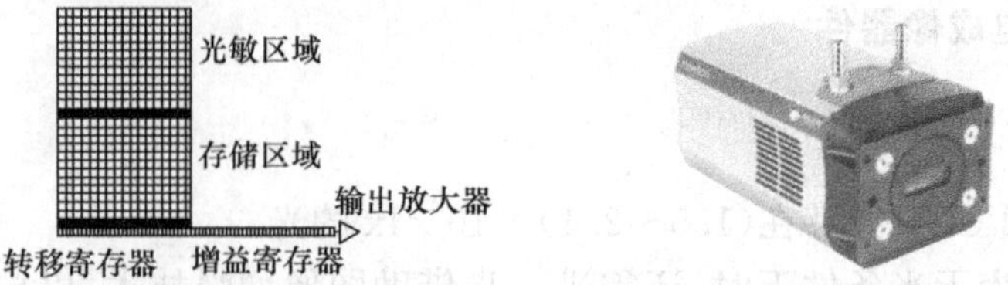

(a) EMCCD的倍增原理　　(b) Newton^{EM}光谱型EMCCD

图 7-45　EMCCD的倍增原理及产品

2. 微透镜阵列与 CCD 摄像器件的集成

当今 CCD 摄像器件正向高分辨率、高灵敏度、高帧频和微型化的趋势发展。但随着像素尺寸和光敏元尺寸的逐渐减小，一些可见光 CCD 和红外 CCD 的填充因子并没有提高。这样，其量子效率和探测灵敏度在很大程度上受到了限制。如何在保持 CCD 内部结构不变的情况下，提高其灵敏度一直是提高 CCD 综合性能的一个关键点，研究人员也在努力寻求不同的方法。

采用 CCD 与微透镜集成来提高 CCD 的填充因子，从而提高其灵敏度及信噪比（SNR）的方法，具有工艺简单、成本低廉且效果显著等优点。另外，根据光学成像理论，在微弱信号情况下，如果采用微透镜阵列使填充因子增大，在维持空间分辨率不变的情况下，则可采用 F 数（即 f/D，f 为焦距，D 为孔径）更小的系统，这样就可使光学主镜的体积和重量减小。

微透镜的作用：使原本落入介电层上（死区）的光子因微透镜的聚焦作用而偏折落入光敏区，从而提高填充因子，如图 7-46 所示。

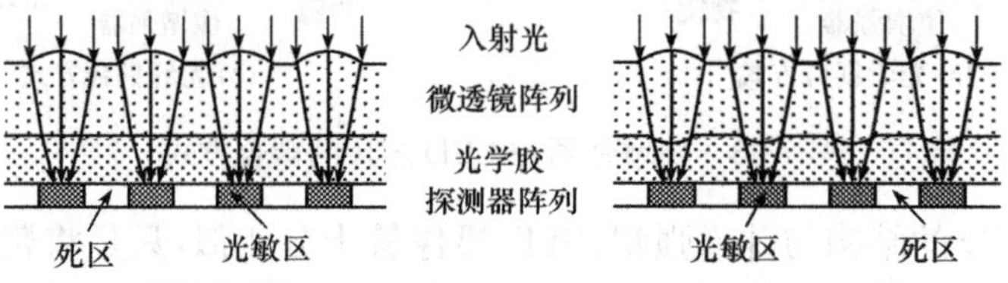

(a) 单层凸透镜　　(b) 双层凸透镜

图 7-46　微透镜阵列与 CCD 摄像器件集成的两种形式

微透镜的光学结构尺寸必须与 CCD 芯片的平面几何尺寸相匹配，以确保两者集成后有最好的光学与电学性能。对于微透镜的光学结构，一般可采用单层凸透镜或双层凸透镜形式。其中光学胶的作用主要是粘合 CCD 芯片光敏面与微透镜阵列、调整两者之间的间距；微透镜的焦斑尽可能落在相对应的光敏区的中央。

据报道，将可见光面阵 CCD（516×516，像元尺寸 $22\mu m\times22\mu m$，光敏元尺寸 $7\mu m\times16\mu m$）的填充因子由 23.1%提高到 91.1%，将红外 Pt Si-CCD（$256\mu m\times256\mu m$，像元尺寸 $50\mu m\times33\mu m$，光敏元尺寸 $25\mu m\times17\mu m$）的填充因子由 25.8%提高到 77.3%，其相对光电响应灵敏度提高了 3 倍[10,11]。

本 章 小 结

(1) 光电成像器件是一类能够输出图像信息的功能器件，按工作方式分为直视型和摄像型光电成像器件两大类。像管是直视型光电成像器件，输出可供人眼直接观察的图像。将像管配以成像物镜、观察目镜等，可构成直视型光电成像系统。摄像型光电成像器件本身输出的只是一维时序电信号，按结构又分为电真空摄像管和固体摄像器件两种。将它们配以成像物镜、显示器等，可构成摄像机系统。

(2) 像管又分为变像管和像增强器两种。变像管是一种将波长在可见光之外的光学图像变换为可见光图像的成像器件；像增强器是一种能够将亮度很低的光学图像增强到足够亮度的成像器件。

(3) CCD 和 CMOS 是目前两种主要的固体摄像器件，是摄像器件应用领域中的主流器件，它们都利用了自扫描技术完成光学图像的转换、信息的存储和扫描输出(一维时序电信号)的全过程。CCD 具有分辨率高、成像质量高等特点，而 CMOS 具有随机读取局部图像的能力。

(4) 普通的 CCD 和 CMOS 主要工作在可见光和近红外。而红外焦平面阵列器件可以探测中远红外的光学图像，紫外固体成像器件可以探测紫外光学图像，增强型光电成像器件可以探测弱光下的光学图像。

习题与思考题

7-1　简述像管的工作原理和微通道板像增强器的主要特点。

7-2　简述光电导型摄像管的结构和工作原理。

7-3　简要说明全电视信号中同步信号和消隐信号的作用。

7-4　简要分析 P 型 Si-CCD 能够存储和转移电荷包的原因。

7-5　以三相线阵 CCD 为例，说明电荷包在定向转移时，三相驱动脉冲须满足的要求。

7-6　试说明线阵 CCD 工作频率上限和下限的限制因素。为什么对线阵 CCD 器件进行制冷能够降低线阵 CCD 的下限驱动频率，也能提高动态范围？CCD 的极限分辨率由什么确定？

7-7　试说明帧转移型面阵 CCD 的信号电荷包从光敏区转移出来而成为一维时序电信号的原理。

7-8　在 CMOS 图像传感器主动像元中的信号是通过什么方式传输出去的？在 CMOS 图像传感器中地址译码器的作用是什么？

7-9　CMOS 图像传感器与 CCD 摄像器件有哪些主要的区别？

7-10　在对红外面目标进行成像观测时，有哪几种热成像方式？不同热成像系统之间有何主要差别？利用红外焦平面阵列器件有哪些好处？可供选择的红外焦平面阵列器件有哪几种典型类型？

7-11　医用 X 射线电视系统可利用 X 射线像增强器与 Si-CCD 的耦合方式。试简述该系统的结构、工作原理及特点。

7-12　查阅光电成像器件的最新进展文献(如最新的器件和技术、新应用等)。

参 考 文 献

[1] 白廷柱，金伟其. 光电成像原理与技术. 北京：北京理工大学出版社，2006

[2] 孙培懋，刘正飞. 光电技术. 北京：机械工业出版社，1992

[3] 缪家鼎，徐文娟，牟同升. 光电技术. 杭州：浙江大学出版社，1995

[4] 张永林，狄红卫. 光电子技术. 北京：高等教育出版社，2005

[5] 雷玉堂. 光电检测技术. 2 版. 北京：中国计量出版社，2011

[6] 王庆有. 图像传感器应用技术. 北京：电子工业出版社，2003

[7] 赵远，张宇. 光电信号检测原理与技术. 北京：机械工业出版社，2005

[8] 常本康，蔡毅. 红外成像阵列与系统. 北京：科学出版社，2006

[9] 陈实，张海波，姜胜林，等. 热释电非致冷红外焦平面现状及发展趋势. 红外与激光工程，2006，35(4)

[10] 柯才军，易新建，赖建军. CCD 图像传感器的微透镜阵列设计与实验研究. 激光技术，2004，28(2)

[11] 赖建军，柯才军，陈四海，等. 微透镜阵列的制作及其与图像传感器的集成. 半导体光电，2004，25(3)

第三部分　光电信号变换与处理

第 8 章　光学信号的调制与解调

前面几章介绍了光辐射探测的理论基础、光辐射源和各种光电探测器，从本章开始到第 10 章将讨论光电信号的变换与处理，包括光学信号变换、光-电信号变换和电学信号变换与处理等三个方面的内容。其中，光学信号变换在光电系统中有着重要的意义，其变换方法也很多，如利用场镜、光锥或浸没透镜等会聚目标辐射能量；利用光机扫描扩大视场；利用光谱滤波消除背景辐射的干扰；利用色散光栅实现光谱的空间分离；利用电光晶体对光学信号进行调制等。其中，光学（信号）调制是光电系统中一种重要的信号变换方法。本章重点介绍光信号的强度、频率、相位和偏振等参数的调制，最后介绍调制信号的解调。

8.1　光信号调制的概述

在光电系统中，光波是信息的载体。由于对人的眼睛和光电探测器起作用的是光波的电场强度，所以光波的振动矢量通常用电场强度来表述。

设入射到探测器上的信号光波的电场强度为

$$E_s(t)=a_s\sin(2\pi\nu_s t+\varphi_s) \tag{8-1}$$

式中，a_s为电场强度振幅；ν_s 为振动频率；φ_s为初始相位。根据光的电磁理论[1,2]，则入射到探测器上的辐通量为

$$\Phi_s(t)=I\cdot A_d=\frac{n\langle E_s^2(t)\rangle}{Z_0}\cdot A_d \tag{8-2}$$

式中，A_d为光电探测器的接收面积；I 为信号光波的强度（能流密度坡印亭矢量的时间平均值），简称光强；n 为介质的折射率；$Z_0=\sqrt{\mu_0/\varepsilon_0}=377\Omega$ 为真空波阻抗；$\langle\cdots\rangle$表示对时间求统计平均，统计时间远大于光周期 $1/\nu_s$，但小于探测器响应带宽的倒数 $1/\Delta f$。

实际应用中，人们更关心的是相对光强，在同一种介质中针对特定探测器讨论问题时，通常将式(8-2)中的比例因子去掉，而直接简写为

$$\Phi_s(t)=\langle E_s^2(t)\rangle=\frac{1}{2}a_s^2 \tag{8-3}$$

式(8-2)和式(8-3)分别表明了辐通量与光强和光波电场强度振幅平方之间的关系。因此，在光电系统中通常将光强、光波电场强度振幅平方都表述为辐通量，而忽略它们之间量纲上的差异。

式(8-1)～式(8-3)可以看出，许多参数都可作为光电系统中光波的特征参数，例如，非相干光波或相干光波的强度（I 或 Φ 或 a_s^2）和传播方向，相干光波的振幅（a_s）、频率（ν_s）、初相位（φ_s）及偏振方向等。众多的特征参数增加了光波信号处理的灵活性和多样性。目前应用最为广泛的是将光强作为特征参数，这是因为各种光电探测器可以直接检测光强信号，而光波其他参数的检测要用到一些特殊的方法，如相干探测方法（见第 9 章）。

光学调制是指光电系统中改变光波的一个或几个特征参数的过程。广义的光学调制通常有两种调制方式。一种是将信息直接加载到光波上，例如，物质燃烧过程所形成的光辐射包含

着物质内部结构成分的信息，地面植物对太阳光的反射光谱包含了植物的生长状况信息。另一种是人为地按确定的时间或空间规律变换光波信号，例如，光通信系统中将待传输的声音、图像信号加载到光波上，激光测距系统中将光波调制成一定规律的脉冲波或者连续波等。

图 8-1 所示为利用调制光测量液体浓度的光电系统[3]。其中，液体浓度（信息）直接加载到光波的光强参数上；而调制盘对光强参数的进一步调制，虽然增加了信号的复杂性，但它使透过液体的调制光具有确定的时间变化规律，由此可以通过一定的处理方法消除杂散光的干扰。

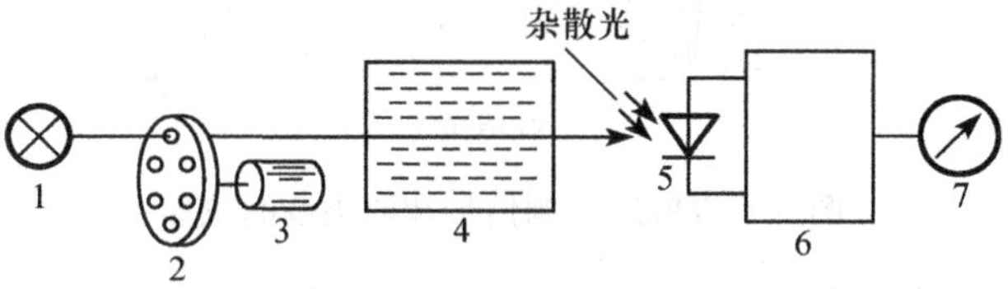

图 8-1　利用调制光测量液体浓度的光电系统

1-光源；2-调制盘；3-电动机；4-溶液；5-光电探测器；6-放大电路；7-指示表

可见，光学调制是光电系统中一种重要的信号变换和处理方法，它不仅可以用来加载信息，而且可以改善系统的工作品质。例如，光学调制有助于传输过程中的信号处理和传输能力的提高；能更好地从背景噪声和干扰中分离出有用信号，提高信噪比和比探测率；有时还可以用来扩大目标定位系统的视场和搜索范围。

8.2　光信号调制的基本原理

本节以光波的辐通量（光强）调制为例，介绍光信号调制的基本原理，包括连续波调制、脉冲调制和编码调制。

8.2.1　连续波调制

连续波调制又称为模拟调制，其光波辐通量通常具有谐波的形式，如图 8-2(a)所示，可用函数表示为

$$\Phi(t)=\Phi_0+\Phi_m\sin(\omega_0 t+\varphi) \tag{8-4}$$

式中，Φ_0为辐通量谐波的直流分量；Φ_m、ω_0和 φ 分别为辐通量谐波的交变分量的振幅、角频率和初相位。

连续波调制是用携带信息的输入信号来控制辐通量谐波的某一参数（振幅或角频率或初相位），使之按照输入信号的规律而变化的过程，输入信号称为调制信号（或调制函数），被控制的辐通量谐波称为载波，能够完成调制功能的电路称为调制器，其输出信号为调制波。载波信号一般为等幅振荡信号，其振荡频率相对调制信号的频率为高频信号[4]。

调制信号可单独对辐通量载波信号的振幅、频率或者初相位进行调制，分别称为调幅（Amplitude Modulation，AM）、调频（Frequency Modulation，FM）和调相（Phase Modulation，PM），所形成的调制波分别称为调幅波、调频波和调相波。图 8-2(a)、(b)和(c)分别给出了连续波调幅的载波、调制信号和调幅波波形。

一般情况下，辐通量调制波具有下列形式：

$$\Phi(t)=\Phi_0+\Phi_m[V(t)]\sin\{\omega[V(t)]t+\varphi[V(t)]\} \tag{8-5}$$

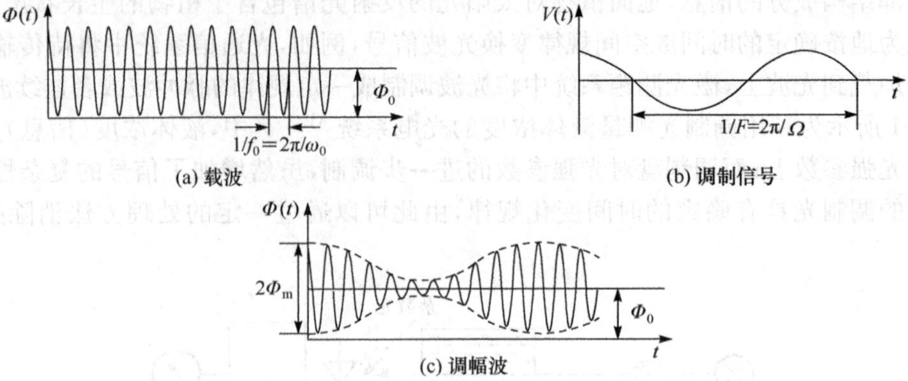

图 8-2 载波、调制信号和调幅波的波形

式中，$V(t)$是由被测信息决定的调制信号；$\Phi_m[V(t)]$、$\omega[V(t)]$和 $\varphi[V(t)]$分别对应于 AM、FM 和 PM。

值得指出的是，式(8-4)和式(8-5)中，辐通量载波和调制波都含有直流分量。虽然它不含有任何信息，但对于光波作为信息载体来说是必不可少的。这是因为光波辐通量不可能是负值，所以它的交变分量总是叠加在直流分量之上。

1. 振幅调制

振幅调制是指辐通量的振幅随调制信号的变化规律而变化的振荡，简称调幅。若式(8-5)中的 $\Phi_m[V(t)]$为

$$\Phi_m[V(t)]=[1+mV(t)]\Phi_m \tag{8-6}$$

则调幅后的辐通量信号为

$$\Phi(t)=\Phi_0+[1+mV(t)]\Phi_m\sin(\omega_0 t+\varphi) \tag{8-7}$$

式中，m 为调幅系数(或调制度)。它表示 $V(t)$对辐通量载波幅度的调制能力，即

$$m=\frac{|\Delta\Phi_m|}{\Phi_m}\leqslant 1$$

下面分析调制信号为简单余弦函数情况下，调幅波的形式及其频谱分布。此时，被测信息按单一谐波规律变化，即

$$V(t)=\cos(\Omega t) \tag{8-8}$$

式中，$\Omega=2\pi F$ 为调制信号的谐波变化角频率；F 为相应的频率。式(8-8)所对应的波形如图 8-2 (b)所示。

设初始相位 $\varphi=0$，则由式(8-7)和式(8-8)得到

$$\Phi(t)=\Phi_0+[1+m\cos(\Omega t)]\Phi_m\sin(\omega_0 t) \tag{8-9}$$

式中，$\omega_0=2\pi f_0$ 为载波的角频率；f_0 为载波的频率。式(8-9)所对应的波形如图 8-2(c)所示。将式(8-9)展开得

$$\begin{aligned}\Phi(t)&=\Phi_0+\Phi_m\sin(\omega_0 t)+m\Phi_m\cos(\Omega t)\sin(\omega_0 t)\\&=\Phi_0+\Phi_m\sin(\omega_0 t)+\frac{1}{2}m\Phi_m\{\sin[(\omega_0+\Omega)t]-\sin[(\omega_0-\Omega)t]\}\end{aligned} \tag{8-10}$$

根据式(8-10)，以频率为横坐标，各个频率成分的幅度为纵坐标，可得到调幅波的频谱分布，如图 8-3 所示。由此可见，正弦调制信号的调幅信号除了零频分量 Φ_0外，还包含三个谐波

分量：基频分量 f_0、f_0 与调制频率 F 的和频（f_0+F）分量及差频（f_0-F）分量。与正弦调制信号的单一谱线（$F=\Omega/2\pi$）相对比，就可以发现调幅波的频谱由低频向高频移动（$F< f_0$），而且又增加了两个边频。

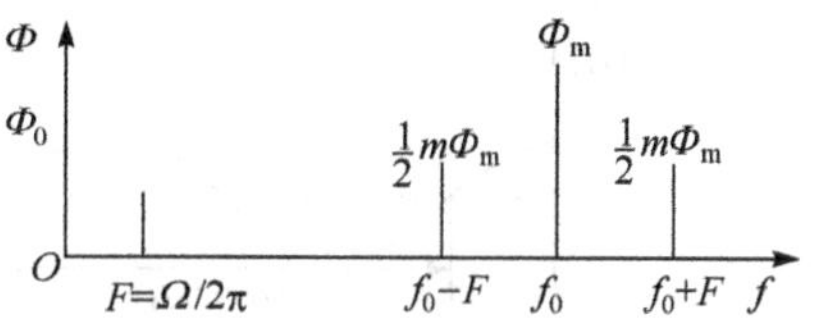

图 8-3　调幅波的波谱

以上分析的是调制信号为简单余弦函数的情况。若调制信号具有连续的频率，则调幅波的频带是 $f_0 \pm F_{max}$，带宽为 $B_m=2F_{max}$，其中 F_{max} 是调制函数的最高频率。

确定调制载波的频谱是选择检测通道带宽的依据（见 10.1.2 小节）。例如，若载波频率 $f_0=5kHz$，调制信号频率为 $F=100Hz$，则调幅后的载波频谱分布在 $f_L=4.9kHz$ 与 $f_H=5.1kHz$ 之间，调幅波的带宽为 $B=2F=0.2kHz$。这样就可以使检测通道有选择地滤波，减少噪声和干扰的影响，有利于提高信噪比。

2. 频率调制

频率调制是指光波辐通量的频率按调制信号的变化规律而变化的振荡，简称调频。

设式(8-5)中的调制项为

$$\omega[V(t)]=\omega_0+\Delta\omega V(t) \tag{8-11}$$

式中，$V(t)$ 为调制函数，规定 $|V(t)|\leqslant 1$；$f_0=\dfrac{\omega_0}{2\pi}$ 为载波频率；$\Delta f=\dfrac{\Delta\omega}{2\pi}$ 是调频波频率相对于载波频率 f_0 的最大频率偏差，称为频偏。由于 $\omega[V(t)]$ 是时间变量，所以在 t 时刻光波的相位为 $\omega_0 t+\Delta\omega\int_0^t V(t)\mathrm{d}t$（设 $\varphi=0$）。根据式(8-5)，调频后的辐通量信号为

$$\Phi(t)=\Phi_0+\Phi_m\sin\left[\omega_0 t+\Delta\omega\int_0^t V(t)\mathrm{d}t\right] \tag{8-12}$$

对于简单的余弦调制信号，即

$$V(t)=\cos(\Omega t) \tag{8-13}$$

式中，$\Omega=2\pi F$ 是调制角频率。式(8-13)对应的波形如图 8-4(a)所示。将式(8-13)代入式(8-12)，得到

$$\Phi(t)=\Phi_0+\Phi_m\sin\left[\omega_0 t+\frac{\Delta\omega}{\Omega}\sin(\Omega t)\right] \tag{8-14}$$

令 $m_f=\dfrac{\Delta\omega}{\Omega}=\dfrac{\Delta f}{F}$ 为调频系数，表示单位调制频率引起的频偏的大小。则

$$\Phi(t)=\Phi_0+\Phi_m\sin[\omega_0 t+m_f\sin(\Omega t)] \tag{8-15}$$

式中，$m_f>1$ 时称为宽带调频，$m_f\ll 1$ 时称为窄带调频。式(8-15)对应的辐通量调频波如图 8-4 (c) 所示。

将式(8-15)展开为

$$\Phi(t)=\Phi_0+\Phi_m\{\sin\omega_0 t\cos[m_f\sin(\Omega t)]+\cos\omega_0 t\sin[m_f\sin(\Omega t)]\} \tag{8-16}$$

在窄带调频的情况下，$\cos[m_f\sin(\Omega t)]\approx 1$，$\sin[m_f\sin(\Omega t)]\approx m_f\sin(\Omega t)$，则式(8-16)可写成

$$\begin{aligned}\Phi(t)&=\Phi_0+\Phi_m[\sin\omega_0 t+m_f\cos\omega_0 t\sin(\Omega t)]\\&=\Phi_0+\Phi_m\sin\omega_0 t+\frac{1}{2}m_f\Phi_m\{\sin[(\omega_0+\Omega)t]-\sin[(\omega_0-\Omega)t]\}\end{aligned} \tag{8-17}$$

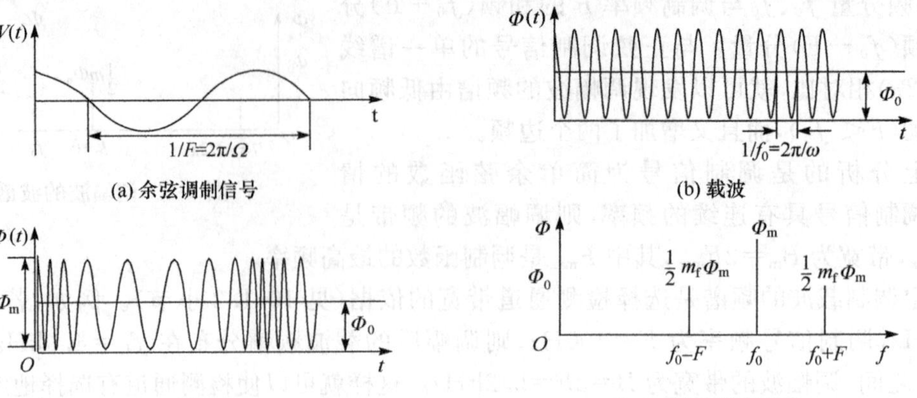

(a) 余弦调制信号 (b) 载波 (c) 调频波 (d) 窄带调频信号频谱

图 8-4 调频波的波形和波谱

可见,窄带调频时调频波的频谱分布具有与调幅波类似的规律。它的频谱分布如图 8-4 (d) 所示。

一般情况下,调制信号比较复杂时,调频波的频谱是以载波频率为中心的一个宽带域,带宽随调频系数而异。窄带调频时,带宽为 $B=2F$;宽带调频时,可以证明带宽为 $B=2(\Delta f+F)=2(m_f+1)F$。

例 8-1 利用压控振荡器产生调频光强信号。

图 8-5 给出了一种压控振荡器的特性曲线和它应用于产生调频光强信号的原理框图。压控振荡器是一种将电压信号转换为频率信号的电子电路功能器件。在一定的输入电压范围内,它输出方波信号,其基波频率与输入电压成正比,如图 8-5(a)所示。例如,当直流输入电压 $U_i=6.4$V 时,输出频率 f 为 6.4kHz,可得电压-频率变换系数为 $k=1$ kHz/V。

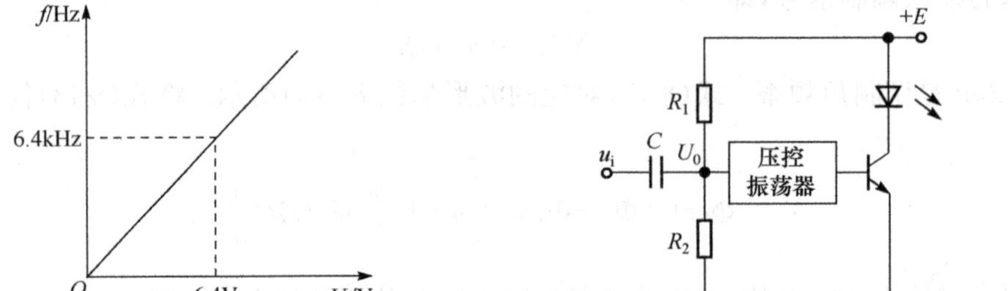

(a) 一种压控振荡器的特性曲线 (b) 一种压控振荡器的应用电路

图 8-5 一种压控振荡器的特性曲线和应用原理图

压控振荡器输出的频率信号经三极管放大并驱动发光二极管发光,如图 8-5(b)所示。图中,由电阻 R_1 和 R_2 分压得到直流电压 U_0,可使发光二极管发出一定载波频率的光强信号;若交流电压 u_i 经过隔直电容 C 与直流电压 U_0 叠加,则可使发光二极管发出调频的光强信号。

3. 相位调制

相位调制是指光波辐通量的初始相位角(即式(8-4)中的 φ)随着调制信号的变化规律而变化的振荡,简称调相。它和调频的最终效果都表现为总相位角的变化。

若式(8-5)中的调制项为

$$\varphi[V(t)]=k_\varphi \sin\omega_m t+\varphi_c \tag{8-18}$$

式中，k_φ为相位比例系数。则调制后的总相位角为

$$\varphi(t)=\omega t+\varphi[V(t)]=\omega t+(k_\varphi \sin\omega_m t+\varphi_c) \tag{8-19}$$

调相后的辐通量信号为

$$\begin{aligned}\Phi(t)&=\Phi_0+\Phi_m \sin\{\omega t+\varphi[V(t)]\}\\&=\Phi_0+\Phi_m \sin[\omega t+(k_\varphi \sin\omega_m t+\varphi_c)]\end{aligned} \tag{8-20}$$

虽然调频和调相在改变载波相位角上的效果是等效的，但它们在调制方法和调制器结构上是不同的，通过 8.3 节调制方法的学习将会进一步理解它们之间的差异。

8.2.2　脉冲调制

光信号脉冲调制是指将被测物理量信息加载在光脉冲序列的参量(如振幅、相位、频率和宽度等)上。实际应用中，一般先对光信号进行电调制，如将直流信号用间歇通断的方法调制，获得脉冲载波，再使载波脉冲的幅度、相位、频率和脉宽等参数按调制信号改变，从而得到不同的脉冲调制。图 8-6 给出了脉冲幅度调制(Pulse Amplitude Modulation，PAM)、脉冲频率调制(Pulse Frequency Modulation，PFM)和脉冲宽度调制(Pulse Width Modulation，PWM)的波形图。

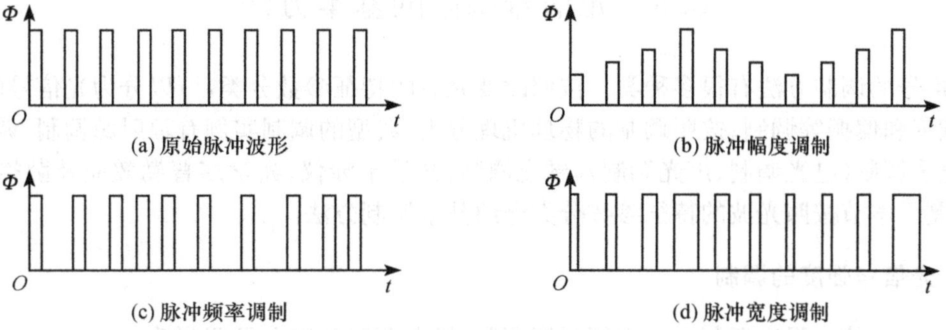

图 8-6　脉冲调制的类型

目前，在无线光通信系统中，常采用脉位调制(Pulse Position Modulation，PPM)信号调制方法，它是通过改变脉冲的位置来将数字序列变换成脉冲序列。该方法具有编码简单、能量传输效率高等优点[5,6]。

光信号的脉冲调制可以提高探测系统的信噪比和抗干扰能力，抑制背景光的影响，提高系统测量的灵敏度，在激光测距、目标跟踪与识别等方面有着广泛的应用。另外，脉冲调制还能使同一个光学通道实现多路信息的传输，如将不同宽度的调幅脉冲在同一根光纤中传输，在接收端设置脉冲鉴别电路，就可以把不同宽度的调幅波分开。

8.2.3　编码调制

编码调制是把模拟信号先变成脉冲序列，再变成代表信号信息的二进制编码，然后对载波进行强度调制。要实现编码调制，必须要进行三个过程：抽样、量化和编码。

抽样：就是把连续的信号波分割成不连续的脉冲波，用一定的脉冲序列来表示，且脉冲序列的幅度和信号波的幅度相对应。也就是说，原来的模拟信号通过抽样变成脉冲信号。按照抽样定理，只要取样频率为所传递信号的最高频率的两倍以上，就能恢复出原信号。

量化：就是把抽样后的脉冲调制波进行分级取整处理，用取整后的整数值取代抽样值的大小。连续信号经抽样量化后即变成数字信号。

编码：就是把量化后的数字信号变换成相应的二进制码的过程。即用一组等幅度、等宽度的脉冲作为"码"，用"有"脉冲和"无"脉冲分别表示二进制数码的"1"和"0"。再将这一系列反映数字信号规律的电脉冲加到一个调制器上，以控制载波的输出，由载波的极大值代表二进制编码的"1"，而用载波的零值代表"0"。这种调制方式具有很强的抗干扰能力，在数字通信中得到了广泛的应用。

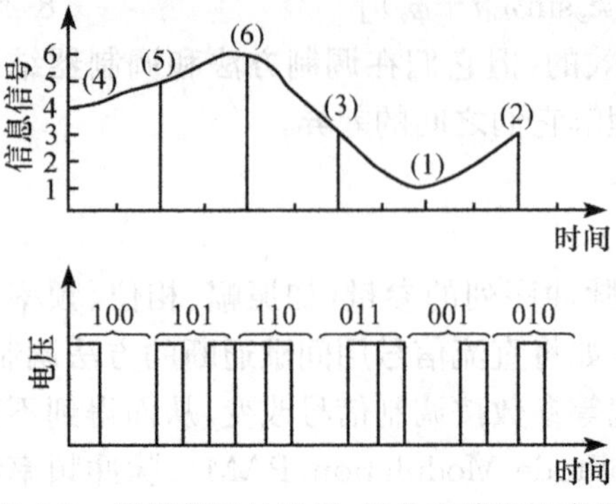

图 8-7　模拟信号的抽样、量化和编码示意图

图 8-7 所示为模拟信号的抽样、量化和编码示意图。首先用一定的脉冲序列对连续信号抽样，再把取样脉冲的高度按规定的量化高度分成若干等分，这等分就是量化值，用二进制码代表，即由"0"、"1"符号组成的码集去携带信息。当然也可以用其他不连续的符号去对量化值进行编码，形成其他的编码形式。

8.3　光信号调制的基本方法

光信号的调制方法有很多种类。按照改变光波的特征参数分类，可以分为光信号的强度、相位、频率和偏振等调制；按照调制的物理机理分类，典型的调制实例有辐射源调制、调制盘调制、光电子调制（电光调制、声光调制）、磁光调制、光学干涉仪、光学多普勒效应及萨格纳克效应等调制。本节按照光波的特征参数分类介绍基本调制方法。

8.3.1　光信号强度的调制

典型的光信号强度调制方法有辐射源调制、机电调制和光电子调制等。

1. 辐射源调制

1）半导体激光器调制

半导体激光器有别于其他激光器的重要特点就是它具有直接调制的能力，即可通过控制输入电流来实现光强度的调制，这是由它的 P-I 特性的线性度（参见 1.4.4 小节）以及快速响应能力决定的。给 LD 加上合适的偏置电流就可以实现其直接调制功能。设 I_b 为偏置电流，I_m 为调制电流幅值，$f_b(t)$ 为调制信号的形状，则 LD 的调制电流为 $I(t)=I_b+I_m f_b(t)$，如图 8-8所示。

模拟信号调制是直接用连续的模拟信号（如语音、电视等信号）对光源进行调制，如图 8-8(a)所示。数字信号调制是采用脉冲编码调制（Pulse Code Modulation，PCM）：先将连续的模拟信号通过取样、量化和编码，转换成一组二进制脉冲编码，用矩形脉冲的有和无（1 码和 0 码）来表示信号，如图 8-8(b)所示。

在模拟调制中，选择 I_b 时要避免信号失真，I_b 一般应大于 I_{th}（半导体激光器的阈值电流）；而在数字调制中，则应选择 $I_b \leqslant I_{th}$，以得到足够大的光脉冲，使调制效果较好。

LD 芯片的调制频率很高，可达到 10GHz 量级。

2）发光二极管调制

与 LD 相似，LED 也可以直接调制，其基本电路如图 8-9 所示。在注入电流较低时，LED 的调制带宽主要受 LED 结电容的限制；而在偏置电流较高时，调制带宽主要由注入有源区的载流子寿命决定。例如，InGaAsP LED，τ_c 的典型值为 2～5ns，其相应的调制带宽在 50～140MHz 范围。在相同的注入电流下，边发光二极管的载流子寿命比面发光二极管小，因此，边发光二极管调制带宽为几百兆赫，而面发光二极管只有几十兆赫。

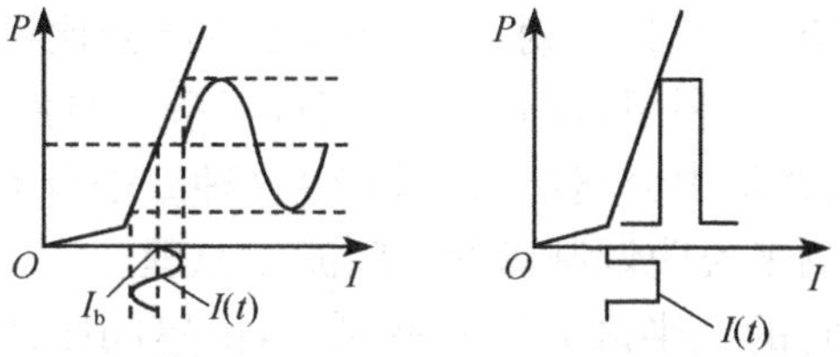

(a) 模拟调制　(b) 数字调制

图 8-8　LD 调制

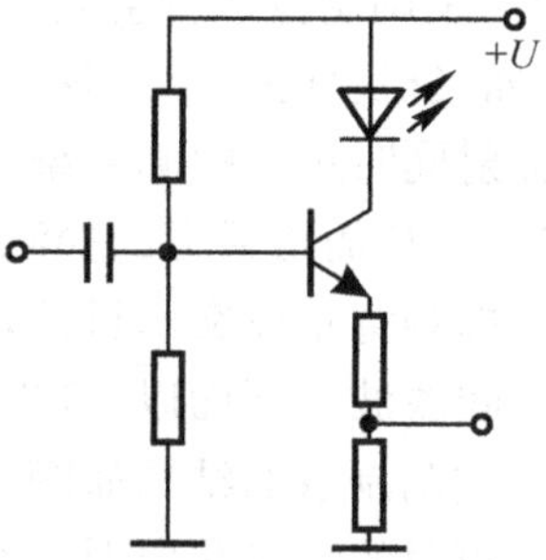

图 8-9　LED 光强调制的基本电路

LD 与 LED 调制的优点是可以简单地通过改变注入电流来调制光强，无须配备其他结构复杂、功耗较大的调制器，另外还具有体积小、重量轻、结构牢固和不怕震动等优点，在中短距离光电测距、光通信等领域得到广泛应用。

2. 机电调制

1）调制盘调制

调制盘是一种光强度调制器，它可以通过光刻的方法在基板上刻出许多透光和不透光的栅格，也可在金属基体上通过机械加工来获得各种透光和不透光的图形。调制盘通常被置于光学系统的焦平面上，位于光电探测器之前。当目标像与调制盘之间有相对运动时，调制盘的透光与不透光栅格切割像点，使得通过调制盘的辐射能量变成断续输出，光电探测器接收到的是被调制后的周期性光强度信号。这种调制方式具有结构简单、易于实现等特点，但调制频率不高，一般上限调制频率约为 10kHz。

调制盘是使用很广的一种光学调制器，在辐射测量、红外光谱仪、光学传递函数测试、工业上光电自动跟踪系统、军事上的光学制导和跟踪系统方面都得到了广泛使用，尤其是在红外被动制导系统、红外跟踪系统和激光波束制导等系统中，它是核心部件之一。

光电探测系统中的调制盘种类繁多，按照调制参数的不同可分为以下几种类型：调幅式、调频式、调相式、调宽式和脉冲编码式，图 8-10 给出了几种调制盘的示意图。

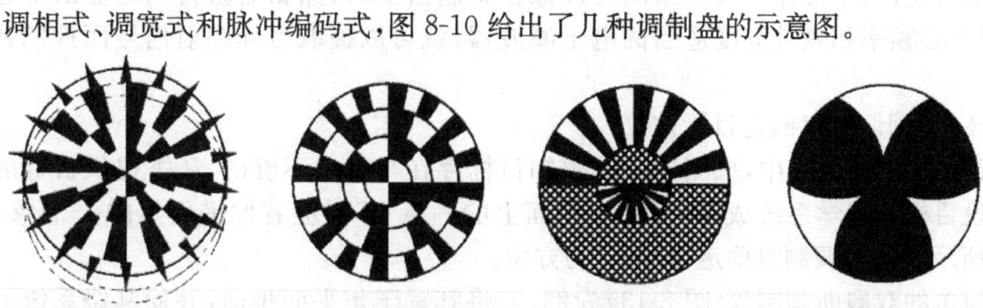
(a) 光电扫描式调幅调制盘　(b) 旋转调频调制盘　(c) 调相式调制盘　(d) 脉冲调宽调制盘

图 8-10　几种调制盘的示意图

调制盘最基本的作用是把恒定的辐通量变成周期性重复的光辐通量,以提高探测系统的性能,具体表现在以下几个方面。

(1) 抑制光源波动和探测系统内部电子噪声的影响。

(2) 对信号进行空间滤波,抑制目标的背景噪声。

(3) 提供目标的空间方位信息。

下面通过两个实例来说明调制盘的作用。

例 8-2　用调制盘进行空间滤波。

目标(如飞机、导弹、坦克等)辐射总是存在于背景辐射之中,因此背景辐射总是不可避免地与目标辐射同时进入探测系统中。在一些系统中,背景辐射由于距离近甚至会比目标辐射大几个数量级,从而给目标的探测带来很大的困难。利用目标和背景相对于系统的张角不同,调制盘可以抑制背景以突出目标,从而把目标从背景中分离出来,调制盘这种滤去背景干扰的作用称为空间滤波。下面以“日出”式调制盘为例来说明调制盘的空间滤波原理。

“日出”式调制盘的结构如图 8-11(a)所示,它的上半区为目标调制区,由等间距的透过辐射与不透过辐射的辐射状扇形条交替而成;而下半区为半透区,其透过率 $\tau=1/2$。将调制盘置于光学系统的焦平面上,调制盘中心与光轴重合,整个调制盘可以绕光轴匀角速转动。在调制盘后面配置场镜,把辐射会聚到探测器上。

小张角目标经光学系统后,成像到调制盘上就是一个很小的像点;在调制盘转动后,目标像点交替经过调制盘的扇形条纹,产生一系列的脉冲串(图 8-11(b)),而脉冲的形状取决于像点相对于扇形条纹的大小,当像点相对于扇形条纹很小时,信号波形为矩形脉冲。载波的频率由调制盘转速和调制盘扇形条分格数决定。

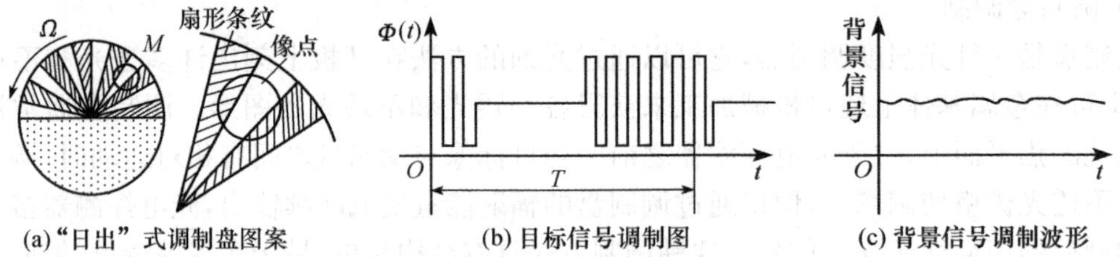

图 8-11　“日出”式调制盘及输出信号波形

大张角背景经光学系统后,在调制盘上成一个很大的像,会充满整个或大部分调制盘,调制盘转动后,输出的幅值不随时间变化或只有很小的变化,基本上是一个直流信号,其上只有很小的纹波,如图 8-11(c)所示。从频域上看,大背景像的频谱为直流和低频分量。

据上所述,当小目标与大背景同时成像在调制盘上时,探测器就会同时输出上述两种信号,选择中心频率和频带宽度适当的电子滤波器,就可以提取目标辐射信号而抑制背景辐射信号。

例 8-3　用调制盘确定目标方位。

在跟踪及制导系统中,探测器仅能感知目标存在与否是不够的,还需提供目标的方位信息。假设目标经光学系统成像后,目标平面上的一点 M' 对应着像平面上的一个像点 M,如图 8-12所示。可用调制盘确定目标 M'的方位。

以简单的双扇面调制盘(图 8-13)为例,若将其置于焦平面稍前,并使其绕系统的光轴旋转。当目标处于光轴上时,像点始终透过一半,探测器输出信号是一个不变的直流信息,如

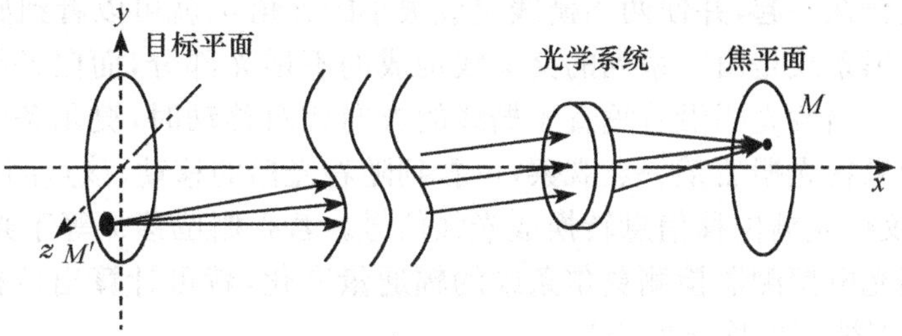

图 8-12　光学系统成像后目标和像点的关系

图 8-13(a)所示。当目标在探测器系统前方右下角时，根据图 8-12，目标像点 M 落在调制盘的左上方，探测器的输出信号如图 8-13(b)所示。同理，当目标在探测器系统前方左下角时，M 落在调制盘的右上方，输出信号如图 8-13(c)所示。在图 8-13(b)、(c)两种情况下，信号的波形和幅值相同，只是初相角不同。因此，将探测器输出信号的初相角与基准信号进行比较，就可获得目标的方位角信息。读者可自行分析，还可以从图 8-11(a)所示的"日出"式调制盘得到像点偏离光轴的大小，从而得到目标在极坐标下的方位信息。

若要定出目标的三维坐标信息，除了上述的方位信息外，还需要知道目标距探测系统的距离，该参数可通过激光测距等技术获取。

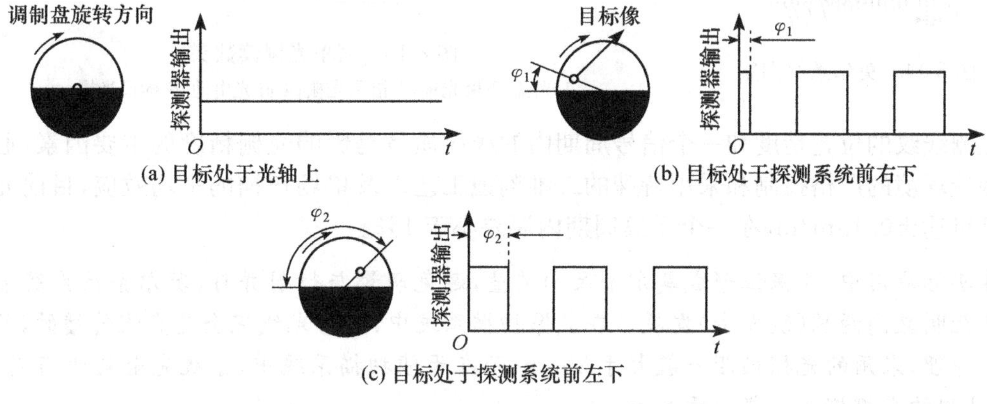

图 8-13　用双扇面调制盘确定目标方位信息

2) 光栅莫尔条纹调制

莫尔现象在日常生活中经常能够看到，如阳光照射在交叉编插的竹竿篱笆上，在地面上投影下的一片明暗相间的花纹条带就是莫尔条纹。莫尔条纹最初是由法国的丝绸工人在几百年前发现的：两块薄绸子叠合在一起，上下两层薄绸子的经纬线交错，在阳光的照射下会产生绚丽的花纹。当薄绸子相对移动时，花纹也跟着变动，状似水波，法文称为"Moire"，中文译为"莫尔"。

光栅莫尔条纹是将两块光栅(一块称为主光栅，另一块称为指示光栅，有时也称为光栅对)叠加在一起，并使它们的栅线有一小的交角。当光栅对之间有一相对运动时，就会形成一组垂直于光栅运动方向的明暗相间的条纹运动，这种移动的条纹称为光栅莫尔条纹。光栅莫尔条纹调制可分为长光栅莫尔条纹调制和圆光栅莫尔条纹调制，下面以长光栅为例介绍光栅莫尔条纹调制的原理。

将两块光栅叠合在一起，并使两条栅线交成很小的夹角 θ，就可以看到如图 8-14 所示的莫尔条纹图案。其中黑条纹是由一系列的交叉线构成的不透光部分，而白条纹是由一系列的菱形构成的透光部分。当两光栅沿着垂直于栅线的方向相对移动时，莫尔条纹将沿着平行于栅线的方向移动。如果在光栅后某一点观察，可看到随着光栅的移动，该点的亮度作明暗交替变化，即通过莫尔条纹把光栅位移信息转换成光强信号。若光栅位移 x 等于光栅栅距 P，则光强变化一个周期。用光电探测器检测莫尔条纹的辐通量变化，就可计算出位移值。若测得辐通量变化 N 个周期，则被测位移 $x=NP$。

图 8-15 给出了最简单的一种光栅读数头示意图，它由光源、聚光镜、指示光栅、硅光电池和标尺光栅组成。两块光栅刻线面相对放置，中间留有一小间隙。光源位于聚光镜的焦点上，光辐射经聚光镜后成平行光照射到光栅上，并通过光栅投射到光电探测器上。光电探测器接收到明暗变化的光信号后，转化为相应的电信号。

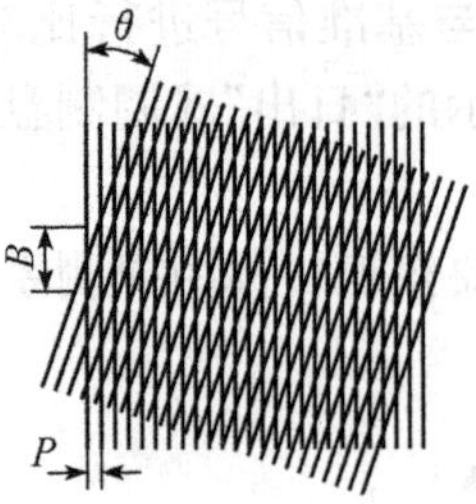

图 8-14 莫尔条纹图案

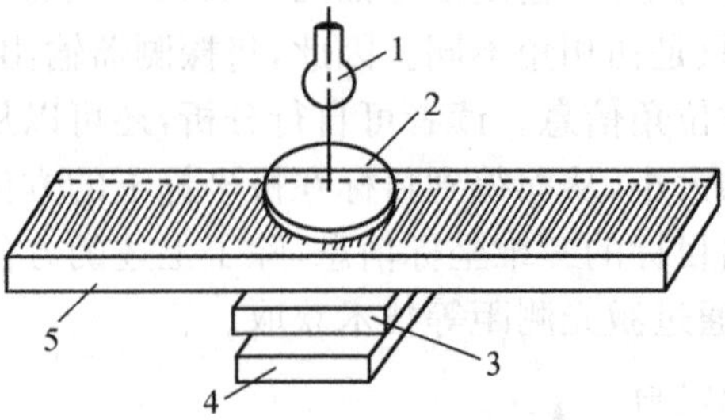

图 8-15 简单光栅读数头

1-光源；2-聚光镜；3-指示光栅；4-硅光电池；5-标尺光栅

光栅线纹的位置精度和一个信号周期内的线纹质量是影响光栅精度的主要因素，通过对光栅制造环境的严格控制和采用特殊的二维刻蚀工艺以及单场扫描的平均效应，目前光栅的精度已可达±0.1μm/m，在一个条纹周期内误差小于1%。

在实际应用中，为保证形成莫尔条纹的质量，避免阴影与衍射并存，莫尔条纹系统采用的光栅栅距明显向两端（疏或密）发展。在成像扫描系统中，认为光线完全是直线传播的，符合几何成像原理，采用的光栅栅距一般大于 20μm；而在干涉扫描系统中，系统完全处于衍射、干涉状态，使用的光栅栅距一般小于 8μm。

3. 光电子调制

1) 电光调制

(1)电光效应。

电光效应是指某些晶体在电场的作用下具有的双折射效应。晶体双折射效应的大小与电场强度有关，若电场施加于原来就具有双折射的晶体，则将改变其双折射的大小。电光效应有两种：一种是折射率的变化量与外加电场强度的一次方成比例，称为泡克耳斯(Pockels)效应；另一种是折射率的变化量与外电场强度的二次方成比例，称为克尔(Kerr)效应。对于大多数电光晶体材料[7]，一次效应要比二次效应显著，可略去二次项，故在此只讨论线性电光效应，即泡克耳斯效应。

具有电光效应的晶体称为电光晶体，利用晶体的电光效应制成的调制器称为电光调制器。它主要用于对激光的强度和相位进行调制。这里只介绍电光强度调制，电光相位调制见 8.3.2 小节。

(2) 电光强度调制。

电光强度调制的原理是利用电光晶体在外加电场作用下，折射率发生变化，从而使入射光在两主轴方向的分量产生相位延迟，经线偏振器后输出光光强与外加电场强度有关，即将输入电压信号转换为光强信号输出，实现对光强的调制。

利用泡克耳斯效应的电光强度调制有两种方式：一种是电场方向和通光方向平行，称为纵向电光强度调制；另一种是电场方向和通光方向垂直，称为横向电光强度调制。图 8-16 为一种纵向电光强度调制器示意图。图中，两个相互正交的线偏振器（起偏器和检偏器）分别沿x、y方向，其间放置电场（沿 z 方向）作用下的电光晶体和由自然晶体制成的波片（通常是 1/4 波片）。电光晶体和波片的双折射主轴为 x'、y'，x、y 与 x'、y'成 45°角。沿 x'和 y'方向的线偏振光的总的相位差为电光晶体引起的相位差 δ'与 1/4 波片引起的相位差 $\pi/2$ 之和。

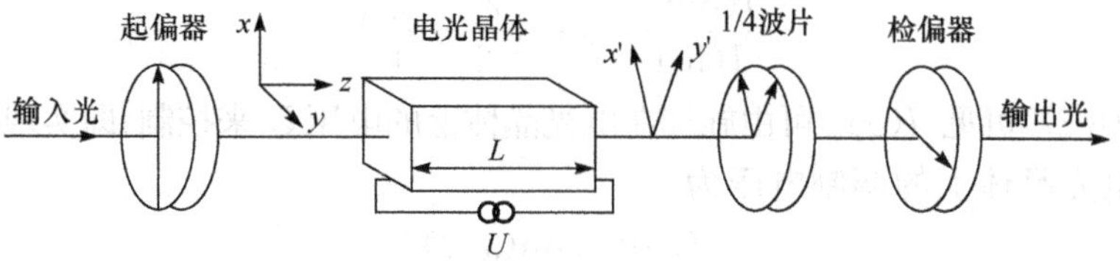

图 8-16　一种纵向电光强度调制器示意图

以常见的 KDP 类电光晶体为例。它在电场的作用下，相对相位延迟 δ'与电场 E、晶体长度 L 成正比[6]

$$\delta' = \frac{2\pi}{\lambda} n_o^3 \gamma_{63} EL = \frac{\pi U}{U_\pi} \tag{8-21}$$

式中，$U=EL$ 为施加在电光晶体上的电压；U_π为电光晶体产生相对相位延迟 π 所需的电压，称为半波电压；n_o为寻常光的折射率；γ_{63}为电光系数，单位为 m/V；λ 为入射光波波长。

半波电压是表明电光晶体性能优劣的一个重要参数，这个电压越小越好，特别是在宽带高频率情况下，半波电压越小，需要的调制功率就小。半波电压通常可用静态法（加直流电压）测得。表 8-1 给出了室温下几种电光晶体的半波电压和电光系数值。

表 8-1　室温下几种电光晶体的半波电压和电光系数值

晶体	折射率			半波电压 U_π/kV			电光系数 10^{-12}/(m/V)
	n_o	n_e	波长/μm	纵向	横向	波长/μm	室温
ADP	1.526	1.418	0.546	9.20	7.65	0.546	$\gamma_{41}=28.0$，$\gamma_{63}=8.5$
KD*P	1.508	1.468	0.546	2.98	8.0	0.546	$\gamma_{63}=23.6$
$LiNbO_3$	2.297	2.208	0.633	2.940	2.5	0.633	$\gamma_{13}=86$，$\gamma_{33}=30.8$，$\gamma_{22}=3.4$
$LiTaO_3$	2.183	2.188	0.633	—	2.8	0.633	$\gamma_{13}=7.5$，$\gamma_{33}=30.3$
GaAs	3.42	—	10.6	—	4.5	1.0～1.7	$\gamma_{41}=1.6$

根据图 8-16，入射到电光晶体上的线偏光的电场振动方向沿 x 方向，可表示为

$$E_x(\mathrm{in}) = A\exp(-\mathrm{j}\omega t) \tag{8-22}$$

入射光强为 $I(\mathrm{in})=A^2$。在电光晶体的入口处（$z=0$），光场沿 x'和 y'方向的分量的相位相同；在电光晶体出口处（$z=L$），光场沿 x'和 y'的分量之间的相位差为 δ'；再经 1/4 波片，两个方向

上的分量的相位差为 $\delta'+\pi/2$，电场强度分别表示为

$$E'_x(\text{out})=\frac{A}{\sqrt{2}}\exp(-\text{j}\omega t) \tag{8-23}$$

$$E'_y(\text{out})=\frac{A}{\sqrt{2}}\exp\left[-\text{j}\left(\omega t+\delta'+\frac{\pi}{2}\right)\right] \tag{8-24}$$

经过线偏振器（沿 y 方向）的输出光场为式(8-23)和式(8-24)中两分量在 y 方向的投影之和

$$E_y(\text{out})=\frac{A}{2}\exp(-\text{j}\omega t)\left\{\exp\left[-\text{j}\left(\delta'+\frac{\pi}{2}\right)\right]-1\right\} \tag{8-25}$$

出射光强为

$$I(\text{out})=E_y(\text{out})E_y^*(\text{out}) \tag{8-26}$$

它与入射光强之比为

$$\frac{I(\text{out})}{I(\text{in})}=\sin^2\left(\frac{\delta'}{2}+\frac{\pi}{4}\right) \tag{8-27}$$

由式(8-21)及式(8-27)可见，I(out)可由施加在电光晶体上的电压 U 来控制，即实现对光强的调制。

设施加在电光晶体上的调制电压为

$$U=U_{\text{m}}\sin(\omega_{\text{m}}t) \tag{8-28}$$

式中，U_{m}为调制电压的幅值；ω_{m}为振幅调制角频率。

于是式(8-21)中电光晶体的相位延迟被调制为

$$\delta'=\frac{\pi U}{U_\pi}=\frac{\pi U_{\text{m}}\sin(\omega_{\text{m}}t)}{U_\pi}=\delta_{\text{m}}\sin(\omega_{\text{m}}t),\quad \delta_{\text{m}}=\frac{\pi U_{\text{m}}}{U_\pi} \tag{8-29}$$

以此相位代入式(8-27)，得

$$\frac{I(\text{out})}{I(\text{in})}=\sin^2\left[\frac{\delta_{\text{m}}\sin(\omega_{\text{m}}t)}{2}+\frac{\pi}{4}\right]=\frac{\sin[\delta_{\text{m}}\sin(\omega_{\text{m}}t)]+1}{2}\approx\frac{\delta_{\text{m}}\sin(\omega_{\text{m}}t)+1}{2} \tag{8-30}$$

式中，近似成立的条件为 $\delta_{\text{m}}\ll1$。

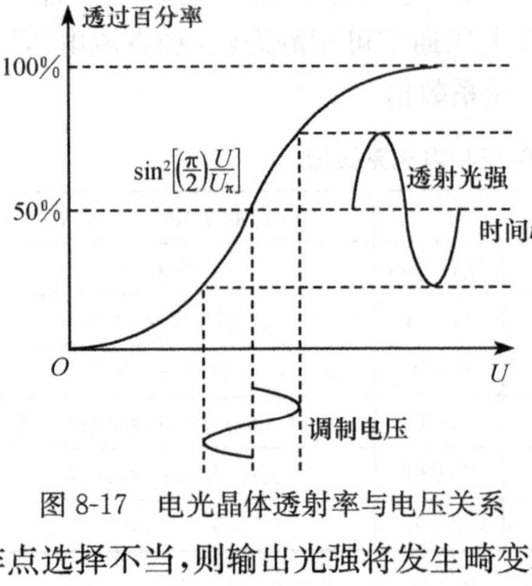

图 8-17　电光晶体透射率与电压关系

图 8-17 表示电光晶体透射率（输出光强与输入光强之比）与施加在电光晶体上的电压之间的关系。在大范围内，调制器的透射光强与施加在电光晶体上的电压并非线性关系。但是，在透射曲线中部小范围内，却是线性的。所以，用 1/4 波片来选择调制器的“工作点”，也可以对晶体另外施加固定的电压 $U=U_\pi/2$ 来代替选择工作点。在此工作点附近小范围内，透射光强与输入电压成正比关系。调制器的输入电信号就被线性地或者说是无畸变地转换为其输出光强信号。

如果输入电压太大，不满足条件 $\delta_{\text{m}}\ll1$；或者工作点选择不当，则输出光强将发生畸变或者失真。

以上讨论的是纵向电光强度调制器。它的优点是结构简单，工作稳定，无自然双折射的影响，不需要进行补偿。其缺点是半波电压太高，特别是在调制频率较高时，功率损耗比较大。一般电光调制器横向运用时其半波电压要低于纵向运用，但由于存在自然双折射的相位延迟，而且随温度的漂移而改变，往往使已调波发生畸变，常采用“组合调制器”来进行补偿。一般实

际应用中，KDP 类晶体均采用纵向电光调制方式，而 GaAs 和 $LiNbO_3$ 等晶体均无自然双折射的影响，故多采用横向调制方式。

目前，实用的铌酸锂（$LiNbO_3$）电光调制器的调制带宽已达到 40GHz，而实验样机已达到 160GHz[8]，因此可用来作高速的电光开关。根据泡克耳斯效应制作的电光调制器具有调制频带宽和相位均匀性较好等优点，在 He-Ne 激光相位测距仪中，常采用泡克耳斯调制器来调制激光的强度。

2）声光调制

（1）声光效应。

声光效应是指当超声波在声光介质中传播时，介质的密度和折射率随超声信号变化而变化，从而使入射到声光介质中光的参数发生变化的现象。利用声光效应可以实现对激光强度、频率、相位和方向的调制。

超声波是一种纵向机械应力波（弹性波），当它在介质中传播时，会引起介质密度（折射率）发生疏密交替的周期性变化。图 8-18 给出了声光栅的形成过程，驱动电源在石英、铌酸锂等压电晶体（电-声换能器）中激发起机械振动。换能器与声光介质紧密地连接在一起，机械振动在声光介质中传播形成超声波。受超声波作用的介质相当于一个衍射光栅，光栅的间距等于声波波长 λ_s。

超声波在介质中的传播分为行波和驻波。行波所形成的声光栅的栅面是在空间移动的，如图 8-18 所示为一个传播行波的装置，与换能器相对的声光介质的另一端是吸声层。如果不是吸声层而是一个反射板，则声波将被反射回来。设计声场长度等于声波半波长的整数倍，则在声光介质中形成驻波。驻波的波腹和波节在介质中的位置是固定的，即声光栅是固定不移动的。

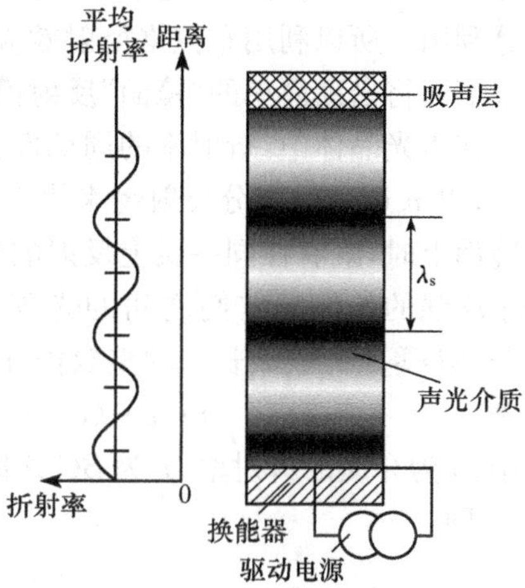

图 8-18　声光栅的形成

声光效应分为两类：拉曼-奈斯（Raman-Nath）衍射和布拉格（Bragg ）衍射。当光束垂直于声波传输方向、声光作用长度 $L\leqslant n\lambda_s^2/2\pi\lambda$（$n$ 为介质折射率，λ 为光波波长）时，声光栅和普通平面光栅类似，产生拉曼-奈斯衍射，如图 8-19 所示。光栅常数为声波波长 λ_s，平行光通过光栅时产生多级衍射，零级光最强，其他级衍射光对称地分布在零级光的两侧，光强依次递减。超声波传播时介质折射率发生周期性变化，相当于移动光栅，产生光频移效应，各级衍射的角频率为 $\omega_0\pm m\omega_s$（其中，ω_0 为光波的角频率，ω_s 为声波的角频率，$m=0,1,2,\cdots$）。此外，在驻波声场的情况下，各级衍射光的光强还受到声频调制，如零级光光强被 $2\omega_s$ 调制。

当超声波频率较高、声光作用长度 $L\geqslant 2n\lambda_s^2/\pi\lambda$、光束与声波波面间以角度 $\theta_i=1/2\arcsin(\lambda/\lambda_s)$ 入射时，发生布拉格衍射，如图 8-20 所示。这时，声光介质相当于一个体光栅，只出现零级和一级衍射光。此时入射光的能量全部转移到 0 级和±1 级上，究竟是正一级还是负一级，取决于超声波和入射光的相对传播方向。

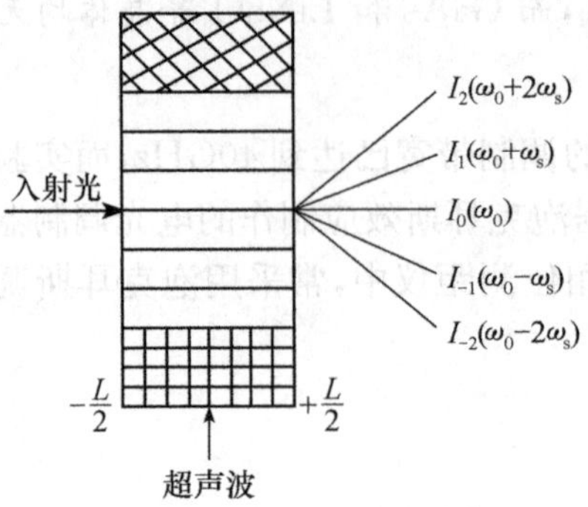

图 8-19　拉曼-奈斯衍射

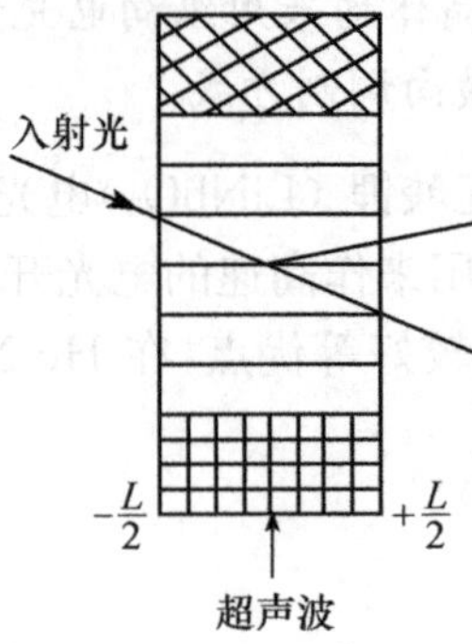

图 8-20　布拉格衍射

布拉格声光效应只有零级和一级衍射光，其光能利用率高，因而大部分声光调制器均为布拉格型声光调制器。下面重点介绍行波声场的布拉格型声光调制器。

(2)声光调制。

在布拉格衍射中，光波在介质中要连续穿过多个声波面，既要受到相位调制，也要受到振幅调制。当入射光与声波面间的夹角满足一定条件时，介质内各级衍射光会相互干涉，各高级次衍射光将互相抵消，只出现 0 级和+1 级(或－1 级)衍射光。合理选择参数，并使超声场足够强，可以使入射光的能量全部转移到+1 级(或－1 级)衍射极值上，因而光束能量可以得到充分利用。所以利用布拉格衍射效应制成的声光器件可以获得较高的效率。

下面将借助简单的“镜面”反射模型对布拉格衍射作直观的物理描述。

在声光晶体中，折射率的周期性变化引起光的部分反射。因此可以将介质用一系列相距为 λ_s、以 v_s 运动的部分反射镜来模拟。由于光速 $c \gg v_s$，反射镜的移动可以被忽略。光线入射到镜面上时，既有在同一层上反射的光线，也有不同层的反射光线，如图 8-21 所示。各衍射光相干增强的条件是它们之间的光程差应为波长的整数倍。对于图 8-21(a)，就是使光程差 $AC-BD$ 等于光波波长 λ 的整数倍，即

$$n \cdot x \cdot (\cos\theta_i - \cos\theta_d) = m\lambda, \quad m = 0, \pm 1, \pm 2, \cdots \tag{8-31}$$

式中，n 为介质的折射率；x 为 BC 之间的距离。欲使式(8-31)在 x 取任何值时都成立，m 只能取 0，则

$$\theta_i = \theta_d \tag{8-32}$$

即要求入射角与衍射角相等。

图 8-21(b)表示相距为 λ_s 的两个不同镜面上的衍射情况，其光程差 $FE+EG$ 也必须等于 λ 的整数倍，即

$$n \cdot \lambda_s \cdot (\sin\theta_i + \sin\theta_d) = m\lambda, \quad m = 0, \pm 1, \pm 2, \cdots \tag{8-33}$$

因为 $\theta_i = \theta_d$，取 $m=1$，则

$$\sin\theta_B = \frac{\lambda}{2n\lambda_s} = \frac{\lambda}{2nv_s} f_s \tag{8-34}$$

式中，$\theta_i = \theta_d = \theta_B$，$\theta_B$ 为布拉格角。式(8-34)也称为布拉格方程。

可以证明，布拉格声光调制器的零级和一级衍射光的光强分别为[9]

$$I_0 = I_i \cos^2\left(\frac{\delta}{2}\right), \qquad I_1 = I_i \sin^2\left(\frac{\delta}{2}\right) \tag{8-35}$$

式中，I_i 为输入光强；δ 为光波通过声光介质时产生的附加相移

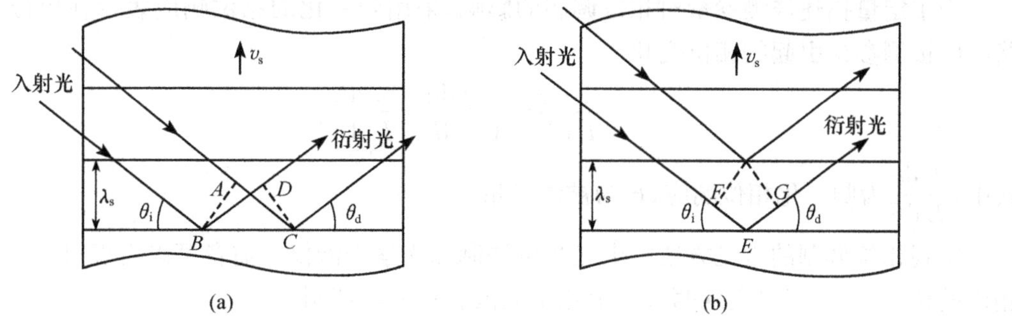

图 8-21　布拉格衍射模型

$$\delta=KP_s^{\frac{1}{2}} \tag{8-36}$$

式中,K 是与介质有关的常数;P_s为超声波的功率。

由式(8-35)、式(8-36)可知

$$\frac{I_1}{I_i}=\sin^2\left(\frac{K\sqrt{P_s}}{2}\right) \tag{8-37}$$

图 8-22 给出了$\frac{I_1}{I_i}$-$\sqrt{P_s}$的关系曲线。取曲线线性区的中点($\delta_0=\pi/2$)为工作点,若使 $\delta/2$ 作正弦变化(即$\sqrt{P_s}$作正弦变化),频率为 ω,振幅为 τ_m,则

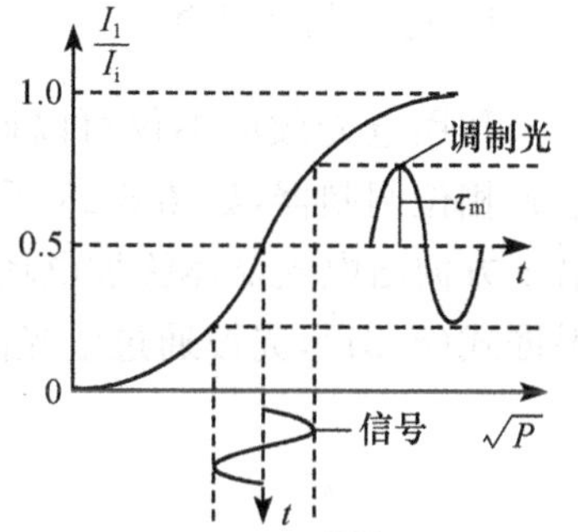

图 8-22　I_1/I_i-$\sqrt{P_s}$ 关系曲线

$$\frac{I_1}{I_i}=\sin^2\left(\frac{\pi}{4}+\tau_m\sin\omega t\right)=0.5[1+\sin(2\tau_m\sin\omega t)] \tag{8-38}$$

设 $\tau_m\ll 1$,则

$$\frac{I_1}{I_i}=0.5+\tau_m\sin\omega t$$
$$I_1=0.5I_i+\tau_m I_i\sin\omega t \tag{8-39}$$

式中,I_1为正弦调制光强。

目前,实用的布拉格声光调制器的调制带宽可达到 100MHz 以上[10]。虽然它的调制带宽不如电光调制器,但其光能利用率高,所需要的驱动功率也远比电光调制小,主要应用在光通信开关、激光打印、彩色印刷和大屏幕激光扫描显示等领域。

以上讨论的是用布拉格声光衍射实现光强度的调制,也可以用拉曼-奈斯衍射的驻波声场零级光实现光强度的调制。此外,利用声光效应还可以实现光波频率和方向的调制。在拉曼-奈斯衍射中,±1、±2 级衍射光分别产生一倍、二倍超声波频率的频移,改变超声波的频率可以改变输出光波的频率;在布拉格衍射中,一级衍射光的偏转角正比于超声波的频率,改变超声波的频率可以改变光束的出射方向,这就是声光偏转器的原理。

8.3.2　光信号相位的调制

在光的传输过程中,能引起相位 φ 变化的参量为光程 L 和介质折射率 n,它们之间的关系是 $\varphi=2\pi nL/\lambda_0$($\lambda_0$为光在真空中的波长)。因此,相位调制可以借助机械、光学、电子学等变换器件,将被测参量的变化转换为光程 L 或折射率 n 的变化,以用于检测几何和机械运动参量以及分析物质的理化特性等。

为了定量描述被测参量对相位调制的影响，采用归一化的相位响应表示在单位长度的光路内由被测参量引起的相位变化

$$\frac{1}{L}\frac{\mathrm{d}\varphi}{\mathrm{d}F}=\frac{2\pi}{\lambda_0}\left(\frac{\mathrm{d}n}{\mathrm{d}F}+\frac{n}{L}\frac{\mathrm{d}L}{\mathrm{d}F}\right) \tag{8-40}$$

式中，$\frac{1}{L}\frac{\mathrm{d}\varphi}{\mathrm{d}F}$为归一化相位响应；$F$ 为被测参量。

实现相位调制的常见方法有电光相位调制和光学干涉仪。前者可以实现对单束相干光波相位的调制；后者可以实现两束以上相干光波相位差的调制。

1. 电光相位调制

利用电光效应不仅可以调制光的强度，还可以调制光的相位。参照图 8-16，可得到纵向电光相位调制器，如图 8-23 所示。入射线偏振光的振动方向与电光晶体的主轴之一 x 平行，沿 z 方向给电光晶体施加电场 $E(E=U/L)$，晶体的折射率发生改变，使输入光场的相位变化。根据式(8-21)，光波通过电光晶体后，其电光相位变化量 δ' 可用半波电压 U_π 表示为

$$\delta'=\frac{\pi U}{U_\pi} \tag{8-41}$$

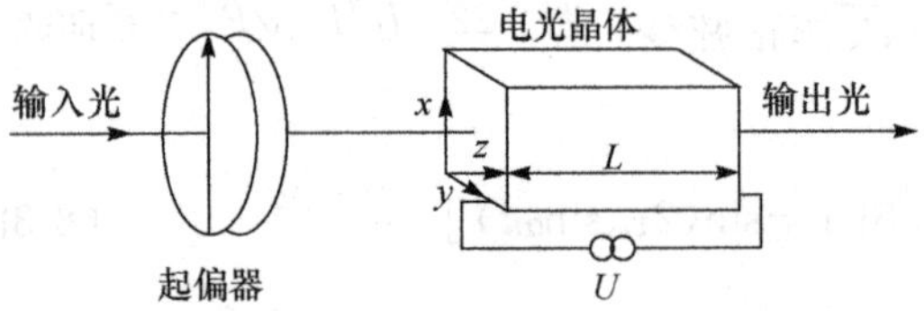

图 8-23　一种纵向电光相位调制器示意图

可见，通过控制电压就可以改变输出光场的相位，从而实现对光波相位的调制。若已知调制器的半波电压后，可直接施加控制电压，读出对应的相位变化量，故电光调制器也是一种补偿器——电光补偿器，其相位变化量可用所加电压量表示和控制。因此，用电光补偿器较易实现待测样品相位量值的自动检测。许多物理量如折射率、长度、温度、应力乃至气体密度、浓度等变化均会引起相位差发生相应的变化，这些物理量微小的变化可用电光补偿器直接测量或控制，所以电光补偿器也是一种传感器。除了用做光(相位)补偿器外，电光相位调制器还可用于相干光通信、光频移以及光纤传感系统等领域。

2. 光学干涉仪

通常作为相位调制用的光学干涉仪有迈克耳孙(Michelson)干涉仪、吉曼(Gell-Mann)干涉仪、马赫-曾德尔(Mach-Zehnder)干涉仪、萨格纳克(Sagnac)干涉仪和法布里-珀罗(Fabry-Perot)干涉仪等。图 8-24 给出了它们的原理示意图。除了法布里-珀罗干涉仪外，其余几种干涉仪均属于双光束干涉仪。图 8-24(a)所示的迈克耳孙干涉仪，是干涉测量中最常用的干涉仪，其特点是结构简单，条纹对比度好，信噪比高。测量反射镜固定在被测物体上，物体的位移、变形等将使测量镜发生移动。当测量镜的位移量为 ΔL 时，将引起测量光路的光程发生 $2n\Delta L$ 的变化，即 $\lambda/2$ 的位移引起干涉条纹一个周期的变化，条纹的计数和被测位移之间存在比例关系，测量分辨力可达到 10^{-13}m 的数量级。它的缺点是输出光束可能回馈到激光器中，使激光器不能正常工作，这个问题可以通过设置光学隔离器(见 8.3.4 小节)等方法来解决。图 8-24(d)所示的萨格纳克干涉仪，用来测量转角、转速和磁场强度。其他几种干涉仪的工作原理读者可自

行分析。

光学干涉仪的共同特点是相干光在空气中传播，环境温度的改变会引起空气折射率的扰动，大气湍流和声波干扰也会导致光程发生变化，降低了工作可靠性和测量精度。为了避免这些问题，可以使光在光纤中传播形成光纤式干涉仪，如光纤式迈克耳孙干涉仪、光纤式马赫-曾德尔干涉仪、光纤式萨格纳克干涉仪及光纤式法布里-珀罗干涉仪。

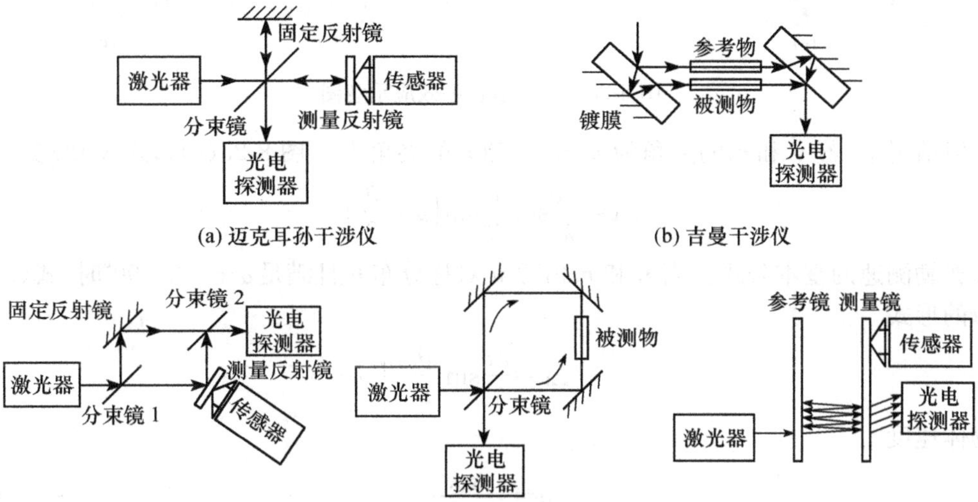

(a) 迈克耳孙干涉仪　(b) 吉曼干涉仪

(c) 马赫 - 曾德尔干涉仪　(d) 萨格纳克干涉仪　(e) 法布里 - 珀罗干涉仪

图 8-24　典型光学干涉仪原理示意图

8.3.3　光信号频率的调制

工程上常采用的频率调制技术大致有运动参数调频、固定频移和直接光频调制等三种。

1. 运动参数调频

1）光学多普勒效应和运动差频

运动物体能改变入射在其上的光波频率的现象称为光学多普勒效应。对光学多普勒现象的分析表明：频率为 ν_0 的单色光入射到以速度 v 运动的物体上，被物体散射的光波频率 ν_s 会产生多普勒频移 $\Delta\nu$，$\Delta\nu$ 与散射方向有关，其数值表示为

$$\Delta\nu=\nu_s-\nu_0=[\boldsymbol{v}\cdot(\boldsymbol{r}_s-\boldsymbol{r}_0)]/\lambda \tag{8-42}$$

式中，$\mathbf{v}$ 是物体运动速度矢量；λ 为光波波长；$\boldsymbol{r}_s-\boldsymbol{r}_0$ 是散射接收方向 $\boldsymbol{r}_s$ 和光束入射方向 $\boldsymbol{r}_0$ 的单位矢量差，称为多普勒强度方向。

从式(8-42)可以看出，多普勒频移的大小等于散射物体的运动速度在多普勒强度方向上的分量和入射光波长的比值(图 8-25(a))。当 $\boldsymbol{r}_s=-\boldsymbol{r}_0$ 时，有 $\boldsymbol{r}_s-\boldsymbol{r}_0=-2\boldsymbol{r}_0$，如图 8-25(b)所示。假设运动方向与它们相同，式(8-42)变为

$$\Delta\nu=-2\nu\cdot\boldsymbol{r}_0/\lambda=\pm2|v|/\lambda \tag{8-43}$$

利用光学多普勒效应形成的运动频移可以测量物体的运动参数，包括位移、速度和加速度等，典型应用是激光多普勒速度计和流速计。

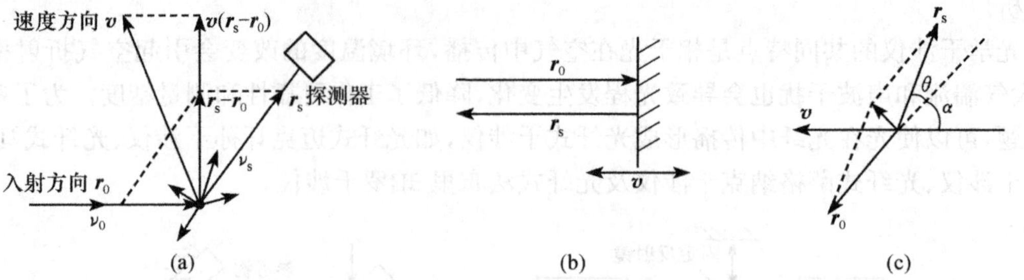

图 8-25　光学多普勒效应示意图

一般情况下，若 $\boldsymbol{v}$ 和 $\boldsymbol{r}_0$ 的夹角为 $\pi-\alpha$，$\boldsymbol{r}_0$ 和 $\boldsymbol{r}_s$ 的夹角为 θ(图 8-25(c))，式 8-42)变为

$$\Delta\nu=\frac{2v}{\lambda}\sin\frac{\theta}{2}\sin\left(\alpha+\frac{\theta}{2}\right) \tag{8-44}$$

这是多普勒测速的基本公式。当 $\boldsymbol{r}_0$ 和 $\boldsymbol{r}_s$ 相对 $\boldsymbol{v}$ 对称分布并且满足 $\alpha+\theta/2=90°$ 时，式(8-44)变为简单的形式

$$\Delta\nu=\frac{2v}{\lambda}\sin\frac{\theta}{2} \tag{8-45}$$

被测物体速度

$$v=\frac{\Delta\nu\lambda}{2\sin\frac{\theta}{2}} \tag{8-46}$$

式(8-46)表示被测速度 $\boldsymbol{v}$ 和频差值 $\Delta\nu$ 成正比。如果利用 $\lambda=0.4880\mu m$ 的氩离子激光作为光源，当 $\theta=8.5°$，被测流速 $v=264m/s$ 时，$\Delta\nu=77MHz$。

2) 萨格纳克效应和转动差频

如图 8-24(d)所示的萨格纳克干涉仪中，封闭的光路相对于惯性空间有一转动角速度 Ω 时，顺时针光路和逆时针光路之间将形成与转速成正比的光程差 ΔL，其数值满足关系

$$\Delta L=\frac{4A}{c}\Omega\cos\phi \tag{8-47}$$

式中，c 为光速；A 为封闭光路包围的面积；ϕ 为角速度矢量与面积 A 的法线间的夹角。

当光路平面垂直于转动方向时，式(8-47)简化为

$$\Delta L=\frac{4A}{c}\Omega \tag{8-48}$$

这种闭合光路的正反向光路光程差随转速改变的现象称为萨格纳克效应，图 8-26 给出这一效应的图解说明。可以看出，当光路以 Ω 顺时针转动时，从光路上一点 M 发出的顺时针光束 CW 在绕光路一周重新回到 M 点时要多走一段光程，而逆时针光束 CCW 却少走了一段光程，于是形成了光程差。这种光程差的量值很小，如对于面积 A$=100cm^2$ 的环形光路，地球自转(速度为 $\Omega_E=7.3\times10^{-5}rad/s$)产生的 ΔL 仅为 $10^{-12}cm$，如此小量只有利用环形干涉仪或环形激光器才有可能检测出来。

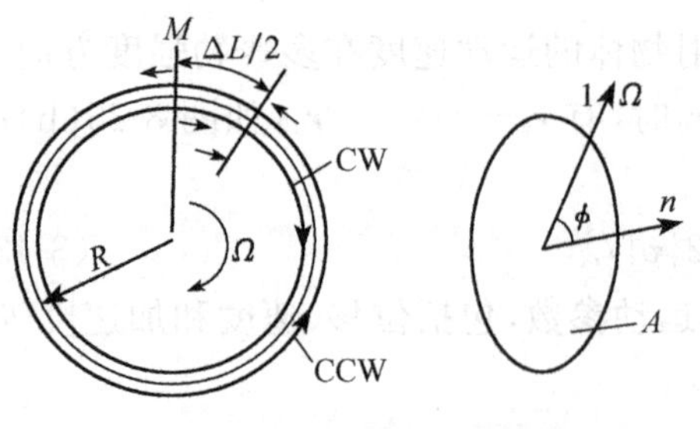

图 8-26　萨格纳克效应的转动光程差示意图

三个或三个以上反射镜组成的激光谐振腔使光

路转折形成闭合环路，这种激光器称为环形激光器，如图 8-27所示。在环形激光器中，激光束的基频纵模频率 ν_{00q}可表示为

$$\nu_{00q}=q\frac{c}{2L} \tag{8-49}$$

式中，c 为光速；L 为腔长；q 为正整数。它表明激光谐振腔长 L 和光频 ν 之间有比例关系，即

$$\frac{\Delta\nu}{\nu}=-\frac{\Delta L}{L} \tag{8-50}$$

式中，$\Delta\nu$ 是与光程差 ΔL 对应的光频差，利用式(8-48)和式(8-50)可得

$$\Delta\nu=\frac{4A}{\lambda L}\Omega \tag{8-51}$$

式(8-51)即为环形激光器测量角速度的公式。如果用 $L=400$mm，$\lambda=0.6328\mu$m 的环形光路测量地球转动角速度，根据式(8-51)可得 $\Delta\nu=8.87$Hz。电子设备可以敏感到 0.005Hz，因此很容易测出该频率。

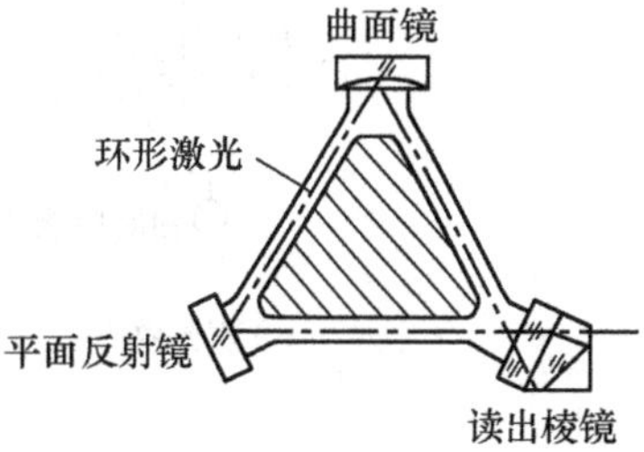

图 8-27　环形激光器示意图

为了计算实际转角 θ，可对光频差计数累加积分，其脉冲数值 N 即为

$$N=\int_0^t\Delta\nu\mathrm{d}t=\frac{4A}{\lambda L}\theta \tag{8-52}$$

这就是环形激光器的测角公式。

小型化的环形激光器与相应的光学差频检测装置组合可构成激光陀螺。它可以感知相对惯性空间的转动角速度，在惯性导航中作为陀螺仪使用。目前国产激光陀螺测量角速度的精度优于 0.01°/h。此外，作为一种测角装置，它是一种以物理定律为基准的客观角度基准，具有很高的测角分辨率。

2. 固定频移

利用光学和光电子学等方法可以制成光学频率偏移器件。这些偏移器件输出的光波相对于输入光波形成一固定的频率偏移，可用于相干光的差频信号检测(见 9.2 节)。通常产生固定频移的方法有以下几种。

(1) 塞曼效应激光频移。如图 8-28(a)所示，利用永久磁铁或螺线管在 He-Ne 激光器中形成轴向磁场，它使单模激光分裂成左右圆偏振的两个分量。二偏振光存在频差，数值取决于外加磁场的强度和谐振腔的品质因数。通常，几个高斯的磁场可得到 2～3MHz 的频差。

(2) 旋转波片激光频移。如图 8-28 (b)所示，线偏振激光通过 $\lambda/4$ 波片 1 后输出圆偏振光。再通过以角频率 Ω 旋转的半波片和固定的 $\lambda/4$ 波片 2，所输出的偏振光可得到 2Ω 的角频移。半波片转速由电动机控制，频差受限在 2～3kHz 以下，变换效率为 90%以上。

(3) 声光效应激光频移。根据前面对声光效应的讨论可知，在声光器件中以频率为 f 的超声波交变信号激励换能器，在透明介质内形成折射率的周期变化，如图 8-28 (c)所示。当激光平行入射到介质内将产生 0 级和±1 级衍射光。一级衍射光与零级衍射光频率相差±f，可分别作为参考光和信号光。声光偏频所需的控制功率较低，频差可达 100MHz，变换效率为 80%。

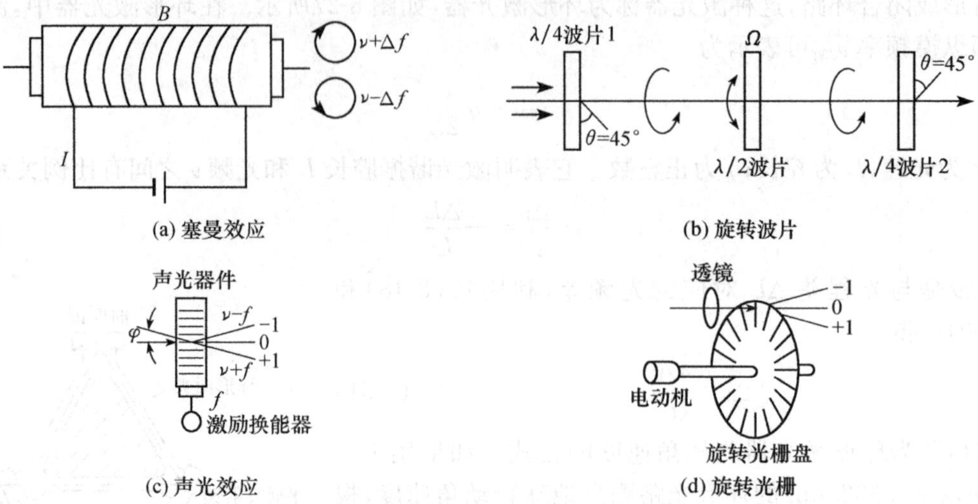

图 8-28　固定频移的产生方法

(4) 旋转光栅激光频移。如图 8-28 (d)所示,激光由透镜聚焦在光栅盘的刻线上,透射光被分为 0 级和±1 级衍射光。光栅盘由电动机带动旋转,若光栅上光点处的线速度为 v,光栅刻线间距为 d,则±1 级衍射光将发生 $f=\pm v/d$ 的频移。频移稳定性与转速有关。频差可达 20MHz,变换效率一般为 20%。

以上讨论的是运动参量调频和固定频移的产生方法。此外,还可以通过改变注入电流在光源内部改变光频,这种方法称为直接光频调制。如利用激光二极管可实现直接光频调制,其电流频率调制系数可达到 0.1～1GHz/mA,可见以较小的注入电流(mA)变化,就可以引起近 GHz 的频移,同时由于电流变化很小,基本上可以保持光信号幅度不变。直接光频调制方法的详细介绍可参阅文献[11]、文献[12]。

8.3.4　光信号偏振的调制

光信号偏振调制通常是指光通过某些介质后偏振方向发生改变,通过检测光的偏振态可以检测出介质的特性或加在介质上的外界因素(如应力、磁场、电场等)。常用的方法是基于法拉第磁光效应的磁光调制。

1. 旋光现象

当偏振光通过某些透明物质时,光的振动面将以光的传播方向为轴线旋转一定的角度,这种现象称为旋光现象。能使振动面旋转的物质称为旋光物质,石英晶体、食糖溶液等都是旋光性较强的物质。实验证明,振动面旋转的角度决定于旋光物质的性质、厚度以及入射光的波长。

2. 法拉第磁光效应与光隔离器

除了旋光物质外,一些不具有旋光性的物质,如水、玻璃等,在磁场作用下也可使穿过它的偏振光的振动方向发生旋转。这种在磁场作用下产生的旋光效应称为法拉第磁光效应,具体地说,把磁光介质放到磁场中,光线通过介质时,入射的平面偏振光的振动方向就会发生旋转,旋转角度的大小与磁光介质的性质、光程和磁场强度等因素有关,可表述为

$$\theta = KlH\cos\alpha \tag{8-53}$$

式中，θ 为振动面旋转的角度；l 为光程；H 为磁场强度；α 为光传播方向与磁场的夹角；K 为比例常数，称为费尔德常数，它与磁光介质和入射光的波长有关，是一个表征介质磁光特性强弱的参量。不同介质，振动面的旋转方向不同。顺着磁场方向看，使振动面向右旋转的，称为右旋或正旋介质，K 为正值，反之，称为左旋或负旋介质，K 为负值。

法拉第磁光效应的重要特性在于，对于给定的磁光介质，振动面的旋转方向只决定于磁场方向，与光线的传播方向无关，即无论光的传播方向 $\boldsymbol{k}$ 与磁场方向 $\boldsymbol{H}$ 平行或是反平行，线偏振光的旋转方向相同。利用法拉第磁光效应的这一特点，可以制作光隔离器。如图 8-29 所示，在光源与反射镜之间放置一个线偏振器和一个法拉第盒，结果线偏振器后的线偏振光通过法拉第盒旋转 45°，被光路右端的反射镜反射后，按原路返回到法拉第盒，再旋转 45°，这样偏振光共旋转了 90°，被线偏振器所阻断。

利用法拉第磁光效应还可以制成光开关和光调制器。近年来，法拉第磁光效应也被用在多层磁光薄膜型的磁光盘中，以增加有效克尔旋转角。

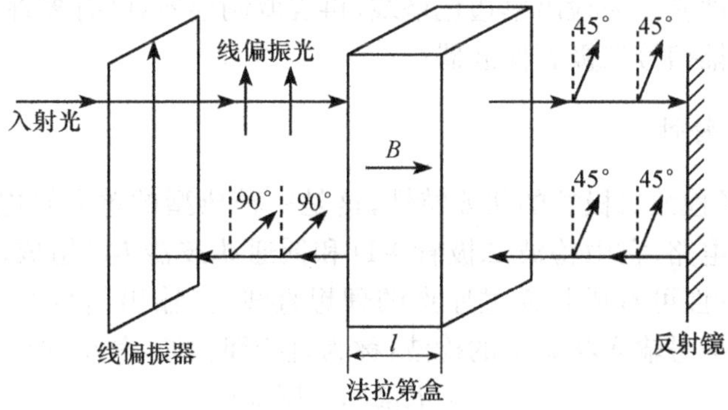

图 8-29 光隔离器

3. *磁光调制*

磁光调制是法拉第磁旋光效应的应用，图 8-30 给出了磁光调制示意图。N_1 和 N_2 分别为起偏器和检偏器，它们的偏振方向成 45°，YIG 棒是铁磁晶体，预加恒定磁场使其达到饱和状态。线圈电流产生的磁场方向在 YIG 棒的轴向，法拉第旋转决定于轴向电流磁场。控制高频线圈电流，从而改变轴向信号磁场强度，就可控制光振动面的旋转，使通过 N_2 的光振幅随电流的变化而变化，从而实现光强调制。

磁光光强调制需要的驱动功率较低，受温度影响也较小，可应用于应力分布、物质成分分析以及电场、磁场、电流测试和控制等领域。但目前只有在红外波段（1～5μm）才能实现，而在可见光区域一般是不透明的，其调制频率也不及电光调制频率高。因此，它的应用受到很大的局限。

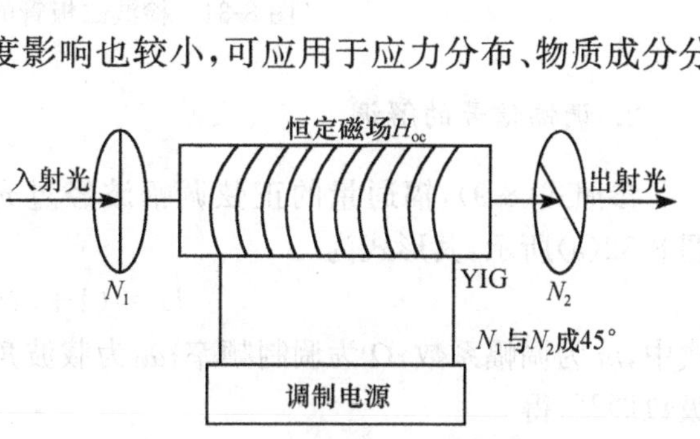

图 8-30 线性磁光调制装置

以上讨论了光信号的强度、相位、频率和偏振方向的调制，另外还可以对光束的传播方向进行调制，如光束扫描等。这里不作详细介绍，有兴趣的读者可以参阅文献[11]、文献[12]。

8.4 调制信号的解调

从已调制信号中分离出有用信息的过程称为解调。由于解调是从调制波中检测出有用信息的过程，所以也称为检波。实现解调作用的装置称为解调器或检波器。解调或检波是信号调制的相反过程。由于调制是一个非线性过程，所以解调必须用非线性元件，如二极管和晶体管等。常用的解调方法有光学法和电子法。光学法有相干光的干涉场解调和光电探测器件解调等；电子法常用二极管检波电路、相敏检波电路和锁相环解调电路等。本节介绍电子法中常见的解调技术。

8.4.1 直线律检波

如8.2节所述，辐通量的调幅波含有直流分量。它经过光电变换及隔直处理后，通常具有包络线对称的双极性性质。为检出单边包络线，再现调制信号，已有多种调幅信号解调器或检波器。这里仅介绍调幅信号二极管检波器。

1. 二极管的检波特性

图8-31(a)给出了检波二极管的伏安特性，这是一种典型的单向导电的特性；图8-31 (b)给出了二极管检波器电路，它由检波二极管VD和低通滤波器RC组成。对于正极性信号幅度较大的情况，伏安特性可看成是通过原点的理想直线，其输出信号U_o和输入信号U_i成正比。将工作于大幅度信号输入状态下的检波，称为直线律检波，其单向导电特性可表示为

$$U_D=\begin{cases}K_D U_i, & U_i>0 \\ 0, & U_i\leqslant 0\end{cases} \tag{8-54}$$

式中，U_i为输入信号；K_D为比例因子。

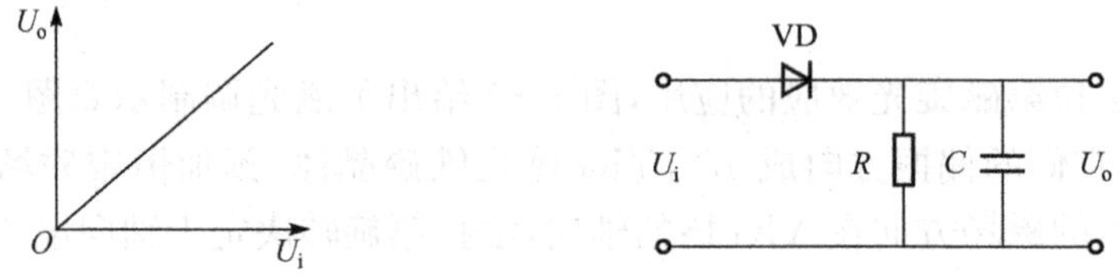

(a) 检波二极管的伏安特性　　(b) 二极管检波器电路

图8-31　检波二极管的伏安特性和检波电路

2. 调幅信号的解调

参照式(8-9)，辐通量的正弦调幅波经过光电变换及隔直处理后，得到调幅电压信号如图8-32(a)所示，其形式为

$$U_i=(1+m\sin\Omega t)\sin\omega_0 t \tag{8-55}$$

式中，m为调幅系数；Ω为调制频率；ω_0为载波角频率。将式(8-55)代入式(8-54)，并作傅里叶级数展开，得

$$U_D = \frac{2K_D}{\pi}\left\{(1+m\sin\Omega t)+\sum_{n=1}^{\infty}\frac{1}{4n^2-1}\left[m\cos 2n\omega_0 t+\frac{m}{2}\sin(2n\omega_0+\Omega)t-\frac{m}{2}\sin(2n\omega_0-\Omega)t\right]\right\} \tag{8-56}$$

式中，n 为谐波级次。式(8-56)为检波二极管整流后的输出信号，其波形如图 8-32(b)所示。可见，输出信号中除{ }中的第一项是希望提取的低频调制信号之外，其余各项都是高频项，并且高频幅值逐次衰减。

当 $\omega_0 \gg \Omega$ 时，可利用低通滤波器滤除高频分量，即可得到有用的信号波形，如图 8-32(c)所示，其形式为

$$U_0 = \frac{2K_D}{\pi}(1+m\sin\Omega t) \tag{8-57}$$

与式(8-55)比较，检波器的输出信号与输入信号的包络线成正比，从而实现了调幅波的解调。

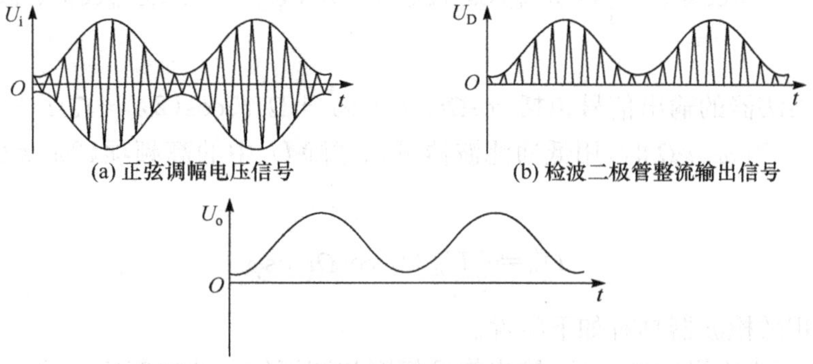

图 8-32　调幅信号解调过程波形图

8.4.2　相敏检波

前面介绍了二极管检波器。它能够检出调幅波的单边包络线，即恢复调制信号，从而检出调幅波的幅度变化。除了要求检出待测量变化的幅度外，有些测量场合还要求解调器判别载波信号的相位和频率，以确定待测量变化的方向或相位，提高检测系统的抗干扰能力。这种不仅能检测出调制信号的幅度，而且能确定载波相位数值和选择载波频率的解调器称为相敏检波器或鉴相器。

1. 相敏检波的原理特性

实用的相敏检波器有乘积式相敏检波电路、开关式相敏检波电路、相加式相敏检波电路及脉冲钳位式相敏检波电路等。这里以乘积式相敏检波为例，说明相敏检波器的工作原理。图 8-33(a)是乘积式相敏检波的框图，图 8-33(b)是解调的频谱图。它由模拟乘法器和低通滤波器串联而成。

设输入信号为受单一频率调制的余弦调幅波，其形式为

$$U_s = U_{sm}\cos\Omega t\cos\omega_0 t \tag{8-58}$$

式中，Ω 为调制信号的角频率；ω_0 为载波的角频率。用做相位比较的参考信号 U_r 为

$$U_r = U_{rm}\cos(\omega_0 t+\varphi) \tag{8-59}$$

将 U_s 与 U_r 相乘，就有

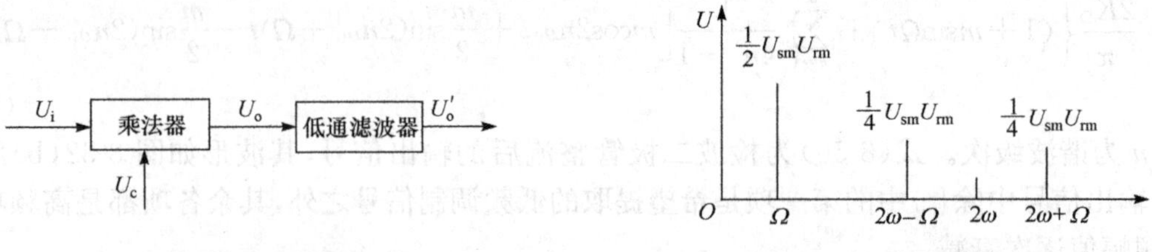

(a) 相敏检波原理框图　　(b) 调幅波解调频谱图

图 8-33　乘积式相敏检波框图及频谱图

$$
\begin{aligned}
U_o &= U_s U_r = U_{sm}U_{rm}(\cos\Omega t\cos\omega_0 t)\cos(\omega_0 t+\varphi) \\
&= \frac{1}{2}U_{sm}U_{rm}\cos\Omega t[\cos(2\omega_0 t+\varphi)+\cos\varphi] \\
&= \frac{1}{2}U_{sm}U_{rm}\cos\varphi\cos\Omega t+\frac{1}{4}U_{sm}U_{rm}\cos[(2\omega_0+\Omega)t+\varphi]+\frac{1}{4}U_{sm}U_{rm}\cos[(2\omega_0-\Omega)t+\varphi]
\end{aligned}
\tag{8-60}
$$

式(8-60)表明，乘法器的输出信号包括 $\cos\Omega t$、$\cos(2\omega_0+\Omega)t$、$\cos(2\omega_0-\Omega)t$ 三项，频谱分布如图 8-33(b)所示。当 $\omega_0\gg\Omega$ 时，用低通滤波器可以滤除 U_o中的高频项($2\omega_0\pm\Omega$)，得到相敏检波输出信号为

$$
U_o'=\frac{1}{2}U_{sm}U_{rm}\cos\Omega t\cos\varphi \tag{8-61}
$$

式(8-61)表明，相敏检波器具有如下特性。

(1) 它消除了高次谐波的影响，输出信号幅度与调幅信号的幅度成正比，因此能解调和再现出调制信号 $U_{sm}\cos\Omega t$，这是相敏检波器的调幅波解调特性，与直线律检波器完全类似。

(2) 它的输出信号大小随输入信号与参考信号之间的相位差 φ 的余弦而变化，在输入信号幅度不变的情况下能单值地确定载波相位数值，故称为相敏检波器。这一特性称为相敏检波器的鉴相特性。

(3) 以参考信号为基波，所有偶次谐波分量在输入信号的一个周期内平均输出为零，即它有完全抑制偶次谐波的功能；可以证明[13]，对于 $n=1,3,5,\cdots$ 各奇次谐波，输出信号的幅值相应衰减为基波的 $1/n$。也就是说，相敏检波器的传递系数随谐波次数增高而衰减，对高次谐波有一定抑制作用。这一特性称为相敏检波器的选频特性。

2. 典型的相敏检波器

实用的相敏检波电路有许多种类。图 8-34(a)给出一种乘积式相敏检波电路。它由输入

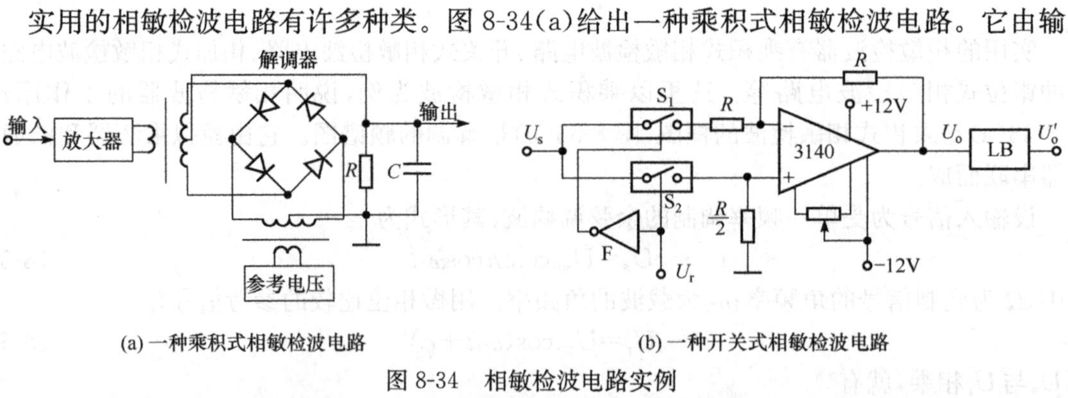

(a) 一种乘积式相敏检波电路　　(b) 一种开关式相敏检波电路

图 8-34　相敏检波电路实例

放大器、二极管、变压器和低通滤波器等部件组成。图中，已调制的载波信号通过放大器由输入变压器输入，参考电压由中心抽头变压器引入。在参考电压的正、负半周期内分别控制两对二极管的通断，使输入信号在负载电阻上进行全波整流输出。输出电流的流向取决于参考电压和信号电压的相位关系，以达到相敏检波的目的。

图 8-34(b)给出一种开关式相敏检波电路。它由电子开关、反相器、放大器和低通滤波器(LB)等部件组成。图中，已调制的载波信号 U_s 分别通过 S_1 和 S_2 两个电子开关送入放大器的反相端和同相端；参考信号 U_r 为频率与载波信号相同的方波信号，其高、低电平分别控制 S_1 和 S_2 两个电子开关的闭合或断开。若载波信号 U_s 为正负极性对称的方波，用同频率正极性的方波参考信号 U_r 控制开关 S_1 和 S_2，经分析[14]可得到检波器的输出电压 U'_o 与相位差 φ 之间的关系曲线如图 8-35所示。因此，测得输出电压 U'_o，根据此曲线即可确定相位差数值。

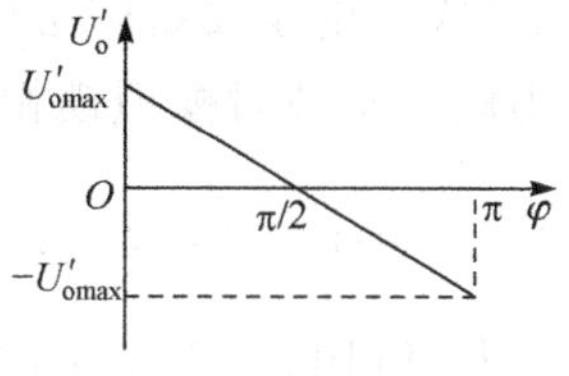

图 8-35　检波器的输出与相位差的线性关系

这种开关式相敏检波器能检出相位差为 0 或 180°的变化。若将两信号之一在输入相敏检波器之前预先移相 90°，则相敏检波器的工作范围变为−90°～ 90°。

例 8-4　用相敏检波器确定光学目标方位角的数值。

再来分析双扇面调制盘确定目标方位角信息实例(参见 8.3.1 小节)。如图 8-36(a)、(b)所示，设调制盘旋转的角速度为 ω，目标像点分别落在调制盘的左上方和右上方，探测器输出的载波信号 U_{s1} 和 U_{s2} 经过隔直消除直流成分后成为对称的方波信号，其初相位分别为 φ_1 和 φ_2；若参考信号 U_r 为频率与载波信号相同的方波，则上述载波信号和参考信号输入到图 8-34(b)所示的检波器检波后，可分别得到输出电压 U'_{o1} 和 U'_{o2}。参照图 8-35，由直流输出电压 U'_{o1} 和 U'_{o2} 分别计算出初相位 φ_1 和 φ_2 的大小，从而可以确定目标方位角的数值。

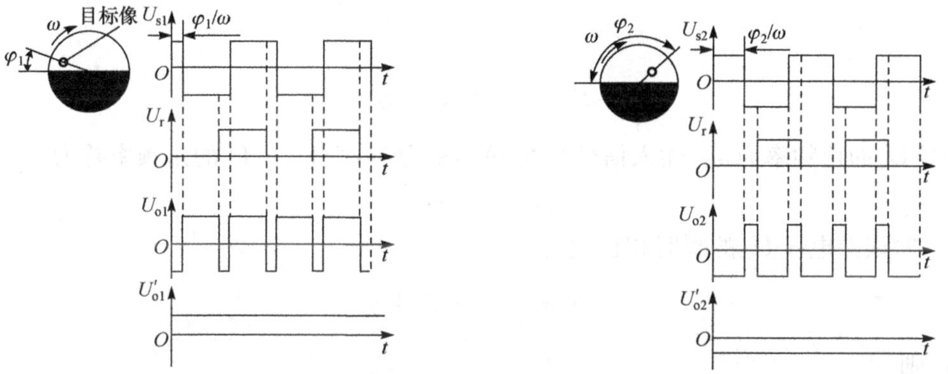

(a) 目标处于探测系统前左下方的解调波形图　　(b) 目标处于探测系统前右下方的解调波形图

图 8-36　用相敏检波器确定光学目标方位角解调波形图

相敏检波器是调制信号处理中一种重要的解调器。它不仅能解调调幅波信号，也能解调出相位调制信息；由于其选频特性，还具有很好的抗干扰能力和抑制噪声的能力。相敏检波器的这些特性使其在光电检测系统中得到广泛应用。例如，在扫描调制式像分析器测量系统中，它可用来确定目标的几何偏差和运动方向(见 9.1.3 小节)；在互相关检测系统中，利用它的选频特性可以提取淹没于强噪声背景中的微弱光电信号(见 10.3.2 小节)。

8.4.3　锁相环与调频信号的解调

自 1960 年以来，锁相技术在通信、航天、测量、电视和电机控制等领域，能够高性能地完成信号的提取、信号的跟踪与同步、模拟和数字通信中的调制和解调、频率的合成、噪声过滤等功能，已经成为电子设备中常用的基本部件之一。目前，已有多种不同性能的模拟和数字集成锁相环电路。本节对模拟锁相环及其解调技术加以简单介绍。

1. 锁相环的基本组成

锁相环(Phase Locked Loop，PLL)由鉴相器、低通滤波器和压控振荡器三个基本电路组成一个闭合环路，如图 8-37 所示[4]。鉴相器与前述的相敏检波器相同，它能将输入信号与输出信号(也就是反馈信号)的相位差检测出来，并将其转换成为电压信号(称为误差电压)；因而鉴相器是一个相位差-电压转换电路。低通滤波器用于滤除鉴相器输出误差电压中的高频分量和干扰信号，从而获得压控振荡器的输入控制电压。压控振荡器是电压-频率转换电路，其振荡频率决定于输入端的控制电压。

图 8-37　锁相环原理框图

设振荡角频率为 $\omega(t)$，瞬时相位为 $\theta(t)$，则

$$\omega(t)=\frac{d\theta(t)}{dt} \tag{8-62}$$

即

$$\theta(t)=\int\omega(t)dt+\theta_0 \tag{8-63}$$

设输出信号 U_0 的角频率为 ω_0，输入信号 U_i 的角频率为 ω_i，则 U_0 和 U_i 的角频率差为

$$\Delta\omega=\omega_0-\omega_i$$

根据式(8-63)误差电压 U_D 的瞬时相位差为

$$\theta_D(t)=\int\Delta\omega(t)dt+\theta_0$$

若 $\omega_0=\omega_i$，则

$$\theta_D(t)=\theta_0 \tag{8-64}$$

式(8-64)表明，当输出信号和输入信号频率相等时，它们的瞬时相位差为一常量；而且，若瞬时相位差为一常量，则输入信号和输出信号频率相等。

因此，锁相环能够在一定范围内，使输出信号和输入信号保持固定的相位差，故称为锁相环路(简称锁相环)，从而达到输出信号频率跟踪输入信号频率的目的。

2. 锁相环解调调频波

图 8-38 所示为锁相环解调调频波的电路。利用锁相环的跟踪特性，将闭合环路的频带设

得足够宽，则压控振荡器的振荡频率将跟随输入信号的频率而变化。若压控振荡器的电压-频率变换特性是线性的，则加在压控振荡器上的电压，即环路滤波器的输出电压将必然与调制信号的变化规律相同。所以，从环路滤波器的输出端便可获得解调信号。

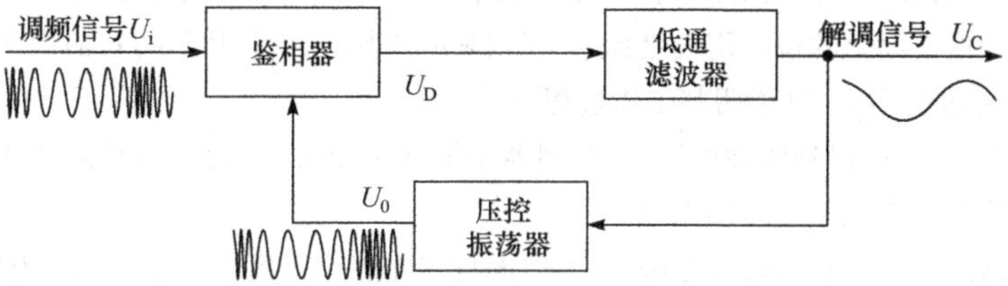

图 8-38　锁相环解调调频波的电路

本章小结

(1) 光学调制是指光电系统中改变光波的一个或几个特征参数的过程。从已调制的光波中分离出有用信息的过程称为解调。光学调制是光电系统中一种重要的信号变换和处理方法，它不仅可以用来加载信息，而且可以改善系统的工作品质。

(2) 连续波调制、脉冲波调制和编码调制是典型的时间调制方式。连续波调制适应于模拟信号，主要包括调幅、调频和调相三种方式，调幅和调频信号带宽近似为调制频率的 2 倍。

(3) 光学信号的调制按照光波的特征参数，可以分为强度、相位、频率和偏振等调制。光信号强度调制的典型实例有机电调制、辐射源调制、光电子调制等；光信号相位、频率和偏振等调制的典型实例分别有电光相位调制和光学干涉仪、光学多普勒效应及萨格纳克效应、磁光效应等。

(4) 常用的直线律检波器、相敏检波器和锁相环解调器等，可分别用于幅度调制、相位调制和频率调制等信息的解调。其中，相敏检波器不仅能解调调幅波信号，也能解调出相位调制信息；由于其选频特性，还具有很好的抗干扰能力和抑制噪声的能力。因此，它是调制信号处理中一种重要的解调器。

习题与思考题

8-1　什么是光学调制？它在光电系统中起哪些作用？

8-2　图 8-1 所示的测量液体浓度的装置中，光源 1 发出的光通过盘 2 上的孔，通过容器 4 中的溶液，射入光电探测器 5。设电动机每分钟的转数为 n，盘上均匀分布着 m 个孔。

(1) 分析调制盘 2 在该装置中所起的作用。

(2) 画出探测器 5 输出的光电流分布情况。

(3) 若用有源带通滤波器 6 接收信号，其中心频率为多少？

(4) 若光源 1 的辐通量波动，对测量结果会带来什么影响？想一想，怎样改进系统才能减小这种影响？

8-3　内调制是指从发光器的内部采取措施，使光受到调制。还有一种实现内调制的方法是从光电探测器的内部采取措施，使光电信号受到调制。例如，采用带基极引线的光电三极管就可以实现这种调制。试画出简图说明其实现方法，并讨论它与题 8-2 的机电调制方法相比有哪些不同之处。

8-4　在图 8-5 所示的压控振荡器产生调频光强信号的原理图中，设压控振荡器的电压-频率变换系数为

$k=1\text{kHz/V}$，交流输入电压为 $u_i=U_m\sin(2\pi Ft)$，$U_m=0.04\text{V}$，$F=100\text{Hz}$，分别求最大频率偏差（即频偏）、调频系数、调频信号的带宽。

8-5　利用调制盘是否可以提高面辐射源的探测能力？为什么？

8-6　在图 8-12 中，目标经光学系统成像后，物平面上的一点 M' 对应着像平面上的一个像点 M。目标 M' 和像点 M 在物平面和像平面上的位置用极坐标 (ρ',θ') 和 (ρ,θ) 表示。利用图 8-11(a) 中的“日出”式调制盘图案，可得到像点偏离量的大小 ρ。试说明其工作过程。

8-7　在电光调制中，为了得到线性调制，在调制器中插入一个 $\lambda/4$ 波片，波片的轴线如何设置最好？若旋转 $\lambda/4$ 波片，它所提供的直流偏置有何变化？

8-8　如果一个纵向电光调制器没有起偏器，入射的自然光能否得到光强度调制？为什么？

8-9　对于拉曼-奈斯声光调制器，

(1) 证明晶体可允许最大长度与声频率成反比，并可写成

$$L_{\max}=\frac{nv_s^2}{2\pi\lambda f_s^2}$$

式中，n 为晶体的折射率；v_s 为晶体中声波的速度；λ 为光波波长；f_s 为声波频率。

(2) 对于熔凝石英中的纵向声波，频率为 10MHz，速度 $N_s=5.95\times10^5\text{cm/s}$，$n=1.46$，入射激光是波长为 632.8nm 的 He-Ne 激光，求晶体的最大长度。

8-10　说明电光效应、声光效应和磁光效应可以对光波的哪些参数进行调制，并比较它们的调制频率。

8-11　查阅资料，简要说明光纤水听器的基本结构、工作原理及发展现状。

8-12　图 8-39 所示为偏振调制型光纤磁场电流传感器原理图。这是一种敏感光纤中光的偏振面发生变化的传感器，适用于高压输电线大电流的测量，测量范围 100～1500A[15]。图中，激光器发出的激光束经起偏器变成线偏振光，由显微物镜耦合到单模光纤中，光纤绕在高压载流导线上。光纤中线偏振光受载流导线中电流所形成的磁场作用其偏振面偏转后，经由显微物镜耦合到渥拉斯顿棱镜上，光束被分成振动方向相互垂直的两束偏振光，最后分别由两个光电探测器接收并转换为相应的电信号 I_1、I_2。在线偏振光的偏转角 θ 不大的情况下，I_1、I_2 与 θ 满足关系：$(I_1-I_2)/(I_1+I_2)\approx2\theta$。

(1) 说明传感器工作原理。

(2) 设光纤长度为 L，导线半径为 R，求导线中电流强度为 I 的表达式。

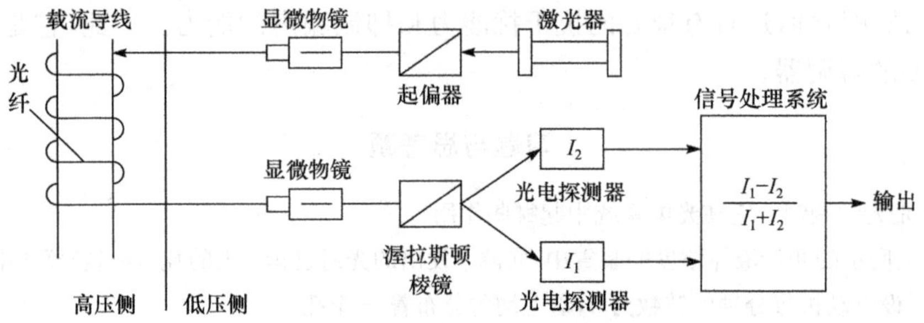

图 8-39　题 8-12 图

8-13　光学调制信号的解调方法有光学法和电子法。光学法有相干光的干涉场解调和光电探测器件解调等，试分别举例说明。

8-14　图 8-40 中，调制信号 U_s 的基波频率分别为：(a) 为参考信号 U_r 频率的两倍；(b) 等于参考信号 U_r 频率；(c) 等于参考信号 U_r 频率，且 (b) 和 (c) 中调制信号 U_s 的基波分别与参考信号 U_r 同相和反相。将图中的调制信号 U_s 和参考信号 U_r 输入图 8-33(a) 的相敏检波器（提示：可将调制信号 U_s 按傅里叶级数展开进行讨论）。

(1) 指出 (a)、(b) 和 (c) 三种情况下调制信号 U_s 的频率成分，并画出频谱示意图。

(2) 比较 (a)、(b) 和 (c) 三种情况下低通滤波器的输出信号 U_0'。

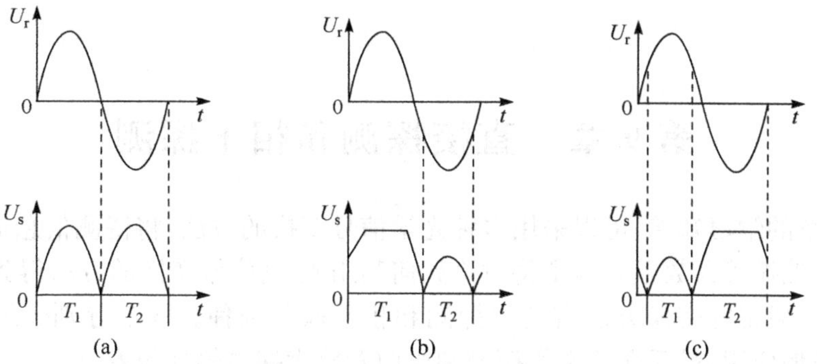

图 8-40　题 8-14 图

参 考 文 献

[1] 季家镕. 高等光学教程. 北京：科学出版社，2008

[2] Donati S. Photodetectors：Devices，Circuits，and Applications. New Jersey：Prentice Hall PTR，2000

[3] 张永林，狄红卫. 光电子技术. 北京：高等教育出版社，2005

[4] 童诗白，华成英. 模拟电子技术基础. 3 版. 北京：高等教育出版社，2000

[5] 钱志龙，傅凡，黄振春. 光无线通信系统中 PPM 调制方法探讨. 光电子技术，2006，26(2)

[6] 李真，杨凯. 星间光通信振动系统性能的影响——直接检测 PPM 调制方式. 光电子技术与信息，2006，19(1)

[7] 蓝信钜. 激光技术. 北京：科学出版社，2006

[8] 张金令，代志勇，刘永智. 高速 $LinbO_3$ 电光调制器的最新研究进展. 半导体光电，2006，27(5)

[9] 李家泽，阎吉祥. 光电子学基础. 北京：北京理工大学出版社，1998.

[10] http://www.photonicsone.com/catalog/aom.pdf

[11] 孙培懋，刘正飞. 光电技术. 北京：机械工业出版社，1992

[12] 浦昭邦. 光电测试技术. 北京：机械工业出版社，2005

[13] 曾庆勇. 微弱信号检测. 杭州：浙江大学出版社，1986

[14] 郭培源，付扬. 光电检测技术与应用. 北京：北京航空航天大学出版社，2011

[15] 徐金涛，王英利，王嘉. 全光纤电流传感器在智能电网中的应用. 智能电网设备技术专题，2011，01：53

[16] 郭培源，梁丽. 光电子技术基础教程. 北京：北京航空航天大学出版社，2005

[17] 易明. 普通物理学教程：光学. 北京：高等教育出版社，1999

第 9 章　直接探测和相干探测

通过第 8 章的学习知道，可以采用多种光学信号变换的方法，将待测信息加载到光波的强度、频率、相位、偏振等参数上。本章将讨论如何利用光-电信号变换的方法得到调制光波所载荷的这些信息。通常的变换方法有直接探测和相干探测两种。本章分别介绍它们的基本原理、方法以及典型应用，最后介绍平衡探测和光前置放大探测等新技术。

9.1　直接探测

直接探测(Direct Detection)指的是将信号光直接入射到光电探测器的光敏面上，光电探测器只响应入射光辐射的强度(或辐通量)。无论光波是相干光还是非相干光，其系统只能解调出由光强度调制所形成的信息，不涉及光辐射的相干性质，因而又称为非相干探测。它是一种结构简单而又实用的光-电变换方法，因此得到了广泛的应用。前面章节介绍的照相机自动曝光、莫尔条纹测位移和子弹射击钢板闪光测量等系统都是典型的直接探测应用实例。

9.1.1　直接探测的基本原理

1. 直接探测的基本物理过程

第 3～6 章的内容表明，光电导探测器、光伏探测器、光电子发射探测器和热探测器等探测器都可以直接响应光强信号，并将光强变化转化为电压或电流的变化，再经后续电路处理(如滤波、放大或其他各种电学信号变换等)，从而获得有用的信号，这就是直接探测方法的基本物理过程。图 9-1 给出了光辐射直接探测系统的一般结构。

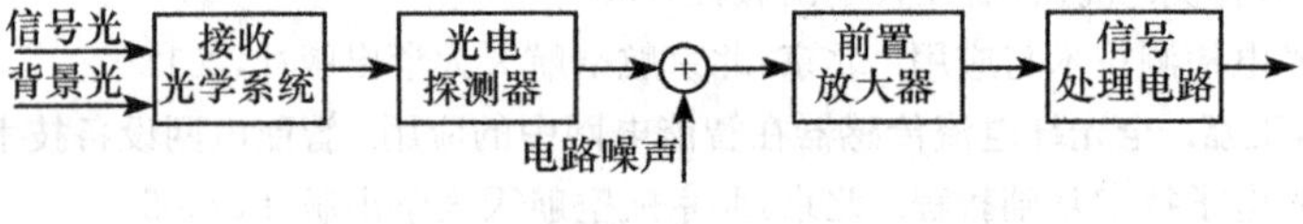

图 9-1　直接探测系统的结构示意图

在光电探测器前的接收光学系统中可设置光学天线，以接收更多的信号光能量；还可设置频率滤波器(如滤光片)和空间滤波器(如光阑)，以减小背景光的影响。这些内容在光学课程中都有专门讨论。这里，仅讨论经光学系统后的入射光与探测器相互作用的物理过程。

设入射到探测器上的信号光的电场强度为

$$E_s(t)=a_s\sin(2\pi\nu_s t+\varphi_s) \tag{9-1}$$

式中，a_s 为电场强度振幅；ν_s 为振动频率；φ_s 为初始相位。其中，光波频率 ν_s 在 $10^{14}\sim10^{15}$ Hz。到目前为止，已有的光电探测器响应频率仅在 10^{10} Hz 以下，还不能直接响应光波频率。理论和实验表明，弱光照条件下光电探测器输出的光电流(或光电压)正比于辐通量。因此，根据式(8-3)，就得到了探测器输出的光电流与光波电场强度振幅之间的关系

$$I_{ds}=S\Phi_s=\frac{1}{2}Sa_s^2 \tag{9-2}$$

式中，S 为光电灵敏度；Φ_s 为信号光的辐通量。式(9-2)表明，探测器输出的光电流与光波电场强度振幅的平方成正比，所以光电探测器又称为平方律器件。这就是在第 2 章中提到的光-电转换基本规律。

若入射光信号是强度调制的，调制信号为 $V(t)$，那么光电探测器输出的光电流为

$$I_{ds}(t)=S\Phi_s[1+V(t)] \tag{9-3}$$

式中，第一项为直流电平；第二项为有用信号，即调制波的包络线(强度的变化)。若光电探测器的输出电路中有隔直流电容，则输出的光电流只包含第二项。

由此可见，直接探测响应的是入射光的强度变化，其响应频带属于中低频端($<10^{10}$ Hz)。当然，也可以考虑在信号光波上叠加一个参考光波，将高频端的光频转换到中低频端。这是相干探测的内容，将在 9.2 节讨论。

例 9-1　比较光场频率和光强信号的变化频率。

以莫尔条纹测量工件移动速度为例。图 8-14 中，两光栅沿着垂直于栅线的方向相对匀速移动时，光电探测器得到按正弦规律变化的光强信号。测量该信号的频率可得到工件移动速度。设光栅的栅距 $P=40\mu m$，相对移动的速度 $V=1cm/s$，光源采用半导体激光器，波长 $\lambda=890nm$，那么，光强信号的变化频率为 $f=V/P=1\times10^{-2}/40\times10^{-6}=250Hz$，光场频率 $\nu_s=c/\lambda=3\times10^{8}/890\times10^{-9}=3.37\times10^{14}Hz$。

2. 直接探测系统的信噪比

1) 信噪比及其对模拟和数字系统的影响

为了衡量光电探测系统输出信号的质量，引入信噪比，用 SNR 表示。它定义为输出信号在负载电阻 R_L 上产生的电信号功率与电噪声功率之比，即

$$SNR=\frac{P_{sd}}{P_{nd}}=\frac{I_{ds}^2R_L}{\overline{i_n^2}R_L}=\frac{I_{ds}^2}{\overline{i_n^2}} \tag{9-4}$$

若用分贝(dB)表示，则为

$$SNR_{dB}=10\lg\frac{I_{ds}^2}{\overline{i_n^2}}=20\lg\frac{I_{ds}}{\left(\overline{i_n^2}\right)^{1/2}} \tag{9-5}$$

需要注意的是，式(9-4)中的功率不是光辐射功率，而是探测系统输出的电信号功率和电噪声功率。此外，有些文献和资料中，将信号电流(或电压)和噪声电流(或电压)的均方根之比也称为信噪比。为了区别起见，可将其称为电流(或电压)信噪比，记为 SNR_I(或 SNR_U)；而式(9-4)定义的信噪比可称为功率信噪比，记为 SNR_P。

模拟信号系统和数字信号系统所要求的信噪比是不同的。在模拟信号系统(如光功率测量、光度计等)中，为了保证线性测量的精度，一般要求信噪比在 3～5 以上，而在一些精密测量中则要求在 10～100 以上，甚至更高。在数字信号系统(如激光雷达、激光告警等)中，若信噪比太低，则系统的虚警率(误报率)就会明显增大。在光通信系统中，信噪比则影响系统的误码率 BER(Bit Error Rate，是错判的比特率与发射的比特率之比，通常为 10^{-6}～10^{-15})。

从以上分析可知，信噪比是衡量光电探测系统质量好坏的一个重要指标。实际探测系统中，可通过如下途径提高系统的信噪比：可利用前面提到的光学方法，使系统接收到更多的光信号能量；也可以利用电学方法，如合理选择探测器的偏置电路、工作(调制)频率及低噪声前置电路设计(见 10.2 节)等，尽可能降低探测器自身的各种噪声；还可利用热力学方法，如采取

制冷措施以降低探测器的噪声。

2) 直接探测的最大信噪比极限

设探测器为光电二极管,考虑直接探测系统中存在的所有噪声,则输出噪声总功率为

$$P_{nd}=(\overline{i_{ns}^2}+\overline{i_{nb}^2}+\overline{i_{nd}^2}+\overline{i_{nr}^2})R_L \tag{9-6}$$

式中,$\overline{i_{ns}^2}$、$\overline{i_{nb}^2}$、$\overline{i_{nd}^2}$分别为信号光 I_s、背景光 I_b 和光电探测器暗电流 I_d 引起的散粒噪声;$\overline{i_{nr}^2}$为负载电阻 R_L 的热噪声。

根据式(2-19)、式(9-4)和式(9-6),得直接探测系统的信噪比为

$$\mathrm{SNR}_d=\frac{P_{sd}}{P_{nd}}=\frac{(e\eta/h\nu)^2\Phi_s^2}{\overline{i_{ns}^2}+\overline{i_{nb}^2}+\overline{i_{nd}^2}+\overline{i_{nr}^2}} \tag{9-7}$$

理想情况下,直接探测系统中只受信号光引起的散粒噪声$\overline{i_{ns}^2}$限制(即量子噪声限),其他噪声为零或很小,可以忽略。根据式(2-23),信号光引起的散粒噪声为$\overline{i_{ns}^2}=2eI_s\Delta f$。将其代入式(9-7),得

$$\mathrm{SNR}_d=\frac{\eta\Phi_s}{2h\nu\Delta f} \tag{9-8}$$

式中,Δf 为系统带宽。这是直接探测系统所能达到的最大信噪比极限,也称为直接探测的量子极限(简称量子限)。

根据式(9-8)可得,在量子极限的情况下,直接探测的噪声等效功率为

$$\mathrm{NEP}_d=\frac{2h\nu\Delta f}{\eta} \tag{9-9}$$

假定光电探测器件的量子效率 η 为 1,测量带宽 Δf 为 1Hz,由式(9-9)可得在量子极限下能检测的最小光功率为 $2h\nu$,此结果非常接近单个光子的能量 $h\nu$。目前,已研制出由光电倍增管构成的光子计数器,可以探测单光子事件的强度(见 10.3.4 小节)。

但对于大多数实际的光电系统来说,其背景光和暗电流引起的散粒噪声不可能为零,并且光电探测器件的热噪声及放大器的噪声都会在一定程度上存在。因此,仅受信号光引起的散粒噪声限制的探测只能理解为直接探测系统的理想工作状态。

9.1.2* 直接探测系统的视场和作用距离

1. 直接探测系统的视场

视场是直接探测系统的性能指标之一,它表示系统能探测到的空间范围。设探测器的光敏面积为 A_d,被测物体可以被看成在无穷远处,接收光学系统两侧的介质折射率相同,且光电探测器置于接收光学系统像方的焦面上。在此条件下,根据图 9-2 得其视场立体角为

$$\Omega_d=A_d/f^2 \tag{9-10}$$

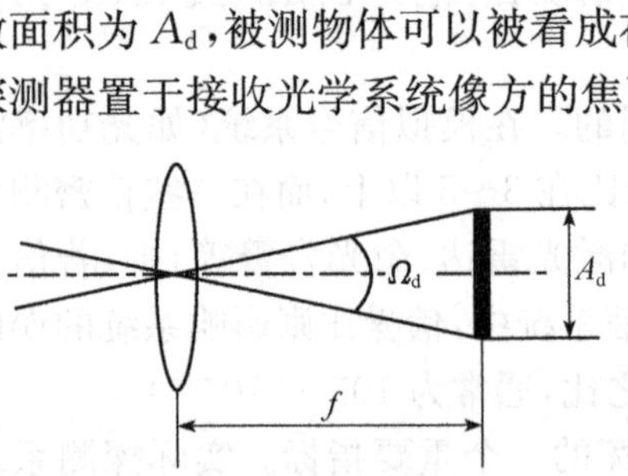

图 9-2 光电探测器的视场角

式中,f 为接收光学系统的焦距。

从观察范围,即从发现目标的观点考虑,希望视场角越大越好。由式(9-10)可知,增大探测器面积 A_d 或减小光学系统焦距 f 都可以增大 Ω_d,但这两种方法对探测系统都不利。这是因为大多数探测器噪声功率与面积的平方根成正比,增大 A_d,则系统噪声增大;而减小 f 则使系统的相对口径加大,系统中的背景辐射增加,信噪比下降。因此在设计系统的视场角时要权衡

这些利弊，在保证能探测到目标的基础上尽可能减小系统的视场角。

理论上，远处目标在探测器上所得到的尺寸是夫朗和费衍射所形成的爱里斑。而实际上由于大气扰动、光学系统的像差以及目标的运动，在焦点上得到的是比爱里斑大得多的弥散圆，因此探测器的面积应比爱里斑大得多。

在定向、制导、工业控制等系统中，为了使活动目标保持在视场范围内，通常采用多元探测器阵列和摄像器件、场镜、光学扫描等方法来扩大视场。

2. 直接探测系统的作用距离[1]

在测距、搜索、跟踪等光电系统中，常常用作用距离来评价系统的灵敏度。系统的作用距离是指探测器接收到最小可用能量所对应的距离，通常希望系统的作用距离越大越好。绪论中介绍过，按携带信息的光源来分，探测系统可以分为主动和被动系统。这两种系统在探测距离的计算上有所不同，下面分别来介绍。

1）被动探测系统的距离方程

被动探测系统所接收的光信号是目标自身所辐射的光，其基本框图如图 9-3 所示。在许多系统中，为了提高探测能力，在接收光学系统和光电探测器之间还设有调制器。

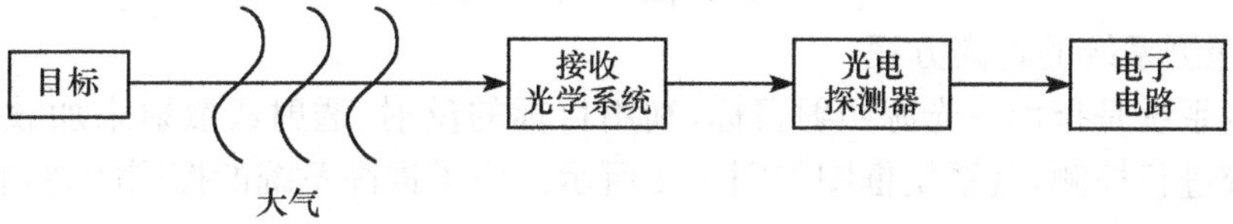

图 9-3　被动探测系统框图

设被测目标在波长 λ 处的光谱辐射强度为 $I(\lambda)$，根据第 1 章中所学的距离平方反比定律可知，经大气传播后到达接收光学系统的光谱辐射照度为

$$E(\lambda)=\frac{I(\lambda)\tau_{0\lambda}}{d^2} \tag{9-11}$$

式中，d 为目标与光电系统之间的距离；$\tau_{0\lambda}$ 是波长为 λ 的光在距离 d 内的大气透过率。

设接收光学系统的入射面积和光谱透过率分别为 A_r 和 $\tau_{1\lambda}$，则入射到探测器上的光谱辐通量为

$$\Phi(\lambda)=E(\lambda)A_r\tau_{1\lambda}=\frac{I(\lambda)}{d^2}\tau_{0\lambda}\tau_{1\lambda}A_r \tag{9-12}$$

如果探测器实际探测到的信号波长为 $\lambda_1\sim\lambda_2$（$\lambda_1<\lambda_2$，是目标辐射的波长和探测器所能响应的波长的交集），则其输出信号电流为

$$I_s=\frac{A_r}{d^2}\int_{\lambda_1}^{\lambda_2}I(\lambda)\tau_{0\lambda}\tau_{1\lambda}S_{I\lambda}\mathrm{d}\lambda \tag{9-13}$$

式中，$S_{I\lambda}$ 为探测器的光谱电流灵敏度。

设探测器的方均根噪声电流为 I_n，则其输出的电流信噪比为

$$\frac{I_s}{I_n}=\frac{A_r}{I_n d^2}\int_{\lambda_1}^{\lambda_2}I(\lambda)\tau_{0\lambda}\tau_{1\lambda}S_{I\lambda}\mathrm{d}\lambda \tag{9-14}$$

其中，$I(\lambda)$、$\tau_{0\lambda}$、$\tau_{1\lambda}$、$S_{I\lambda}$ 都是波长的复杂函数，很难用确切的解析式来表达，通常的处理办法如下。

(1) $\tau_{0\lambda}$、$\tau_{1\lambda}$ 取 $\lambda_1 \sim \lambda_2$ 区域内的平均透过率。

(2) 把 $S_{I\lambda}$ 看成是一个矩形函数，即在 $\lambda_1 \leqslant \lambda \leqslant \lambda_2$ 时 $S_{I\lambda}=S_I$，在 $\lambda<\lambda_1$ 或 $\lambda>\lambda_2$ 时 $S_{I\lambda}=0$。

(3) 根据目标的温度计算出其在 $\lambda_1 \sim \lambda_2$ 的黑体辐射强度，再乘以物体的平均辐射率，得到目标在 $\lambda_1 \sim \lambda_2$ 的辐射强度 I。

根据前面的处理，式(9-14)变为

$$\frac{I_s}{I_n}=\frac{A_r}{I_n d^2} I \tau_0 \tau_1 S_I$$

从而得到

$$d=\left[\frac{A_r}{I_n} \cdot \frac{I_n}{I_s} \cdot I \tau_0 \tau_1 S_I\right]^{\frac{1}{2}} \tag{9-15}$$

由式(2-37)得

$$S_I=\frac{D^* I_n}{\sqrt{A_d \Delta f}} \tag{9-16}$$

代入式(9-15)得被动探测系统的距离方程为

$$d=\left[\frac{A_r I \tau_0 \tau_1 D^*}{(A_d \Delta f)^{1/2}} \cdot \frac{I_n}{I_s}\right]^{\frac{1}{2}} \tag{9-17}$$

2) 主动探测系统的距离方程

主动探测系统是指用一光源照射目标，利用目标的反射、透射或散射来加载目标信息，然后由接收系统进行检测，其系统框图如图 9-4 所示。为了提高系统的探测能力，有的系统中还需要对光源进行调制。

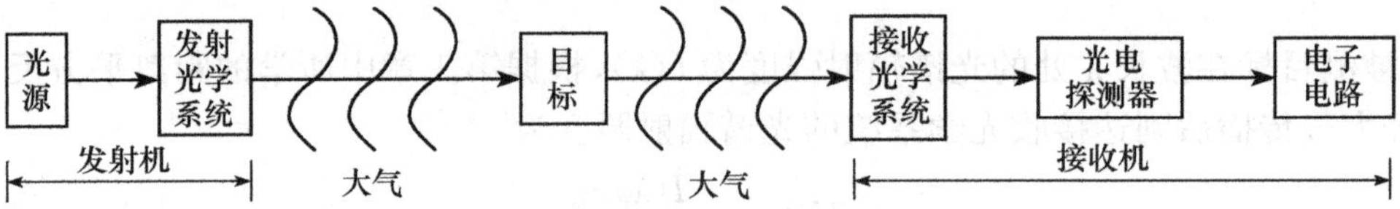

图 9-4　主动探测系统框图

主动探测系统的光源主要为激光光源。设其发射功率为 Φ_s，发散立体角为 Ω_s，发射光学系统透过率为 $\tau_s(\lambda)$，经调制后的光能利用率为 K_s，则发射机发射的功率为

$$\Phi_s'=\Phi_s\,\tau_s(\lambda)\,K_s \tag{9-18}$$

激光在大气中传播时，设其能量按指数规律衰减，衰减系数为 $\alpha(\lambda)$，经传播距离 d 后，到达目标上光斑的面积为 $A=\Omega_s d^2$，在目标上的照度为

$$E=\Phi_s' \times \mathrm{e}^{-\alpha(\lambda)d}/A=\Phi_s' \times \mathrm{e}^{-\alpha(\lambda)d}/\Omega_s d^2 \tag{9-19}$$

一般情况下可把反射体看成是朗伯反射体，即在半球内均匀反射。设目标的反射系数为 r_t、反射面积为 A_t。在此条件下，根据式(1-6)和式(1-20)单位立体角内的反射强度 $I(\lambda)$ 为

$$I=\frac{1}{\pi} r_t A_t E=\frac{\Phi_s'}{\pi \Omega_s d^2} r_t A_t \mathrm{e}^{-\alpha(\lambda)d} \tag{9-20}$$

假设接收机和发射机在一处，反射光经大气传输到接收光学系统的过程仍遵守指数规律衰减，衰减系数仍为 $\alpha(\lambda)$，接收光学系统的口径为 D_0，$\Omega_r=\pi D_0^2/4d^2$ 为接收光学系统的立体角。则接收光学系统接收到的光功率为

$$\Phi=I\Omega_{\mathrm{r}}=\frac{\Phi'_{\mathrm{s}}D_0^2}{4\Omega_{\mathrm{s}}d^4}r_{\mathrm{t}}A_{\mathrm{t}}\mathrm{e}^{-2\alpha(\lambda)d} \tag{9-21}$$

如果接收光学系统的透过率为 $\tau_{\mathrm{r}}(\lambda)$，则探测器上接收到的总功率为

$$\Phi_{\mathrm{d}}=\tau_{\mathrm{r}}\Phi=\frac{\Phi_{\mathrm{s}}\tau_{\mathrm{s}}\tau_{\mathrm{r}}K_{\mathrm{s}}D_0^2}{4\Omega_{\mathrm{s}}d^4}r_{\mathrm{t}}A_{\mathrm{t}}\mathrm{e}^{-2\alpha(\lambda)d} \tag{9-22}$$

探测器上的输出电流为

$$\begin{aligned} I_{\mathrm{s}}&=S_{\mathrm{I}\lambda}\Phi_{\mathrm{d}}=\frac{\Phi_{\mathrm{s}}\tau_{\mathrm{s}}\tau_{\mathrm{r}}K_{\mathrm{s}}D_0^2}{4\Omega_{\mathrm{s}}d^4}r_{\mathrm{t}}A_{\mathrm{t}}\mathrm{e}^{-2\alpha(\lambda)d}S_{\mathrm{I}\lambda} \\ d&=\left[\frac{\Phi_{\mathrm{s}}\tau_{\mathrm{s}}\tau_{\mathrm{r}}K_{\mathrm{s}}D_0^2}{4\Omega_{\mathrm{s}}I_{\mathrm{s}}}r_{\mathrm{t}}A_{\mathrm{t}}\mathrm{e}^{-2\alpha(\lambda)d}S_{\mathrm{I}\lambda}\right]^{\frac{1}{4}} \end{aligned} \tag{9-23}$$

将式(9-16)代入，得主动探测系统的距离方程为

$$d=\left[\frac{\Phi_{\mathrm{s}}\tau_{\mathrm{s}}\tau_{\mathrm{r}}r_{\mathrm{t}}K_{\mathrm{s}}A_{\mathrm{t}}D_0^2D^*}{4\Omega_{\mathrm{s}}(A_{\mathrm{d}}\Delta f)^{\frac{1}{2}}}\cdot\frac{I_{\mathrm{n}}}{I_{\mathrm{s}}}\cdot\mathrm{e}^{-2\alpha(\lambda)d}\right]^{\frac{1}{4}} \tag{9-24}$$

由式(9-24)看出，影响探测距离的因素很多，包括发射系统、接收系统、大气特性以及目标反射特性等。

需要说明的是，被动探测系统中计算作用距离时，由于光谱范围较宽，把大气衰减作用以透过率 τ_0 表示；而在主动探测系统中，绝大多数以激光作为光源，激光光谱较窄，衰减系数以 $\mathrm{e}^{-\alpha(\lambda)}$ 表示，这两种表示法物理意义是等价的。

9.1.3　直接探测的应用举例

如前所述，直接探测响应的是入射光的辐通量或光强。因此，根据时、空特点，直接探测可分为随时间变化的光强信号的探测和随空间变化的光强信号的探测。前者的特征是信号随时间缓慢或周期性或瞬时变化，发生在有限空间内，与时间有关而与空间无关，可表示为 $F(t)$。随空间变化的光强信号发生在一定的空间内，光强信号随空间位置而改变，可表示为 $F(x,y,z)$。有的同时随时间和空间的改变而改变，可表示为 $F(x,y,z,t)$。

无论随时间变化的光强信号，还是随空间变化的光强信号，其被测信息都是载荷在辐通量的幅度大小、变化频率或变化相位上，检测这些参量可以测量出所需要的信息。例如，直接测量来自被测物体的光辐射进行的光谱分析和辐射测温，通过检测被测物体的透光率测量气体液体的浓度或薄膜厚度，通过测量反射率检测物体的表面状态以及通过物体几何中心或者亮度中心的检测确定目标相对基准位置的角度和位置偏差等。

下面介绍这两种变化方式的光强信号的探测实例，包括辐通量的幅度、频率、相位测量法和像分析器定位法及其应用。

1. 辐通量的幅度测量-红外气体分析仪

辐通量的幅度测量方法适合于检测直流或缓慢变化的光信号。在幅度测量系统中，被测辐通量沿单一光学通道传送到光电探测器的系统称为单通道测量系统，沿两个光学通道传送到光电探测器的系统称为双通道测量系统。后者不仅能完全消除入射光辐射的起伏影响，而且可在一定程度上消除杂光引起的不稳定性。它是辐通量幅度测量中常用的方法，其信号处理方法常采用差动法、比较法和交替比较法。下面以红外气体分析仪为例[2]，介绍双通道系统

的交替比较法，其他方法读者可参考文献[3]、文献[4]。

表 9-1 是几种常见气体的红外特征吸收波长峰值。对于大气中的污染物质，如 CO、CO_2 和 SO_2 等对红外辐射都有确定的吸收波段。利用红外气体分析仪可测量出它们在空气中的浓度。以分析仪用来测量 CO_2 气体的浓度为例讨论它的工作原理。由表 9-1 可看出，CO_2 的红外吸收带为 2.7μm、4.35μm 和 14.5μm。其中 2.7μm 受到大气吸收带的干扰，而 14.5μm 的吸收带较弱，因而选择 4.35μm 的吸收带为工作波长。

表 9-1 几种常见气体的红外特征吸收波长峰值

气体分子	CD	CO_2	NO	NO_2	SO_2	H_2S	HF	HCl
吸收波长/μm	4.7	2.7 4.35 14.5	5.3	3.4 6.2	7.35 8.7 18.5	2.6 7.7	2.3	3.6
气体分子	NH_3	CH_4	C_2H_2	C_2H_4	C_4H_{10}	O_3	H_2O	
吸收波长/μm	10.5	3.35 7.7	13.7	10.52	3.4	9.6	2.7 6.3	

图 9-5 为一种红外气体分析仪的结构原理示意图，它由红外光源、调制部件、标准气室、测量气室、探测器件及信号处理部分组成。红外光源可用掺有 15% 的氧化钇粉状锆压制成的白炽条灯，其发光峰值波长为 2μm。红外探测器可选用无光谱选择性的热敏电阻，为提高它的灵敏度采用了光锥及浸没透镜，并在它的前端加了干涉滤光片。干涉滤光片的透过波长为 (4.3±0.15)μm。也就是说，只有(4.3±0.15)μm 的红外光才能照射到探测器上，其他波长的光全部被滤光片滤除。

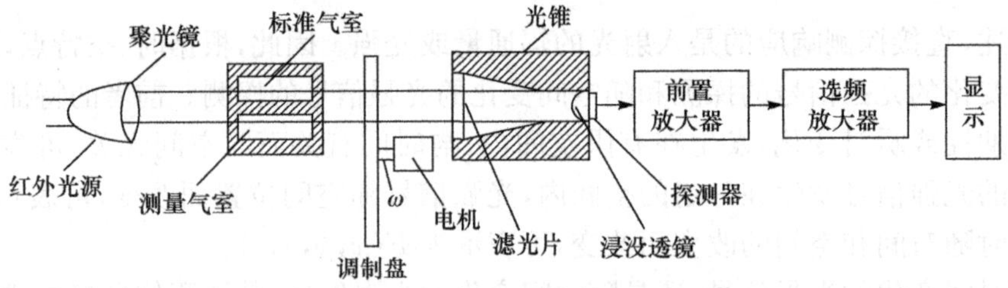

图 9-5 一种红外气体分析仪的结构原理示意图

被测量的大气连续地流过测量气室。标准气室里充满不含 CO_2 的大气或含有一定量的 CO_2 的大气。从光源发出的红外辐射经准直镜准直成平行光，分别进入标准气室及测量气室，经调制盘调制后，再经干涉滤光片后由光锥和浸设透镜会聚到探测器上转变成电信号。

图 9-5 中调制盘为齿轮式圆盘，如图 9-6 所示。它的透光位置应这样安排：当调制盘的齿正好遮住测量气室出来的辐射时，从标准气室出来的辐射正好通过齿间隙；当测量气室出来的光正好通过齿间隙时，标准气室出来的辐射正好被齿挡住，这样探测器交替地接收通过标准气室及测量气室的辐射。如果标准气室和测量气室里的气体都不含 CO_2，且调节光路使两束光的强度及截面积都相等，那么，探测器接收到的辐通量恒定不变，探测器只有直流响应，接在前置放大器后面的交流选频放大器的输出为零。如果进入测量气室的气体中含有 CO_2 气体，对 4.35μm 的辐射就有吸收，于是两束光辐射的强度就不相等，探测器接收到的辐射按强、弱交替变化，这时选频放大器输出的信号不再为零，且测量气室中 CO_2 的浓度越高，出射光的强度越弱，调制深度越深，选频放大器的输出信号越强。测量气室气体中不同 CO_2 含量时，其输出

辐通量信号波形如图 9-7 所示。经过适当标定,可测量出 CO_2 的含量。

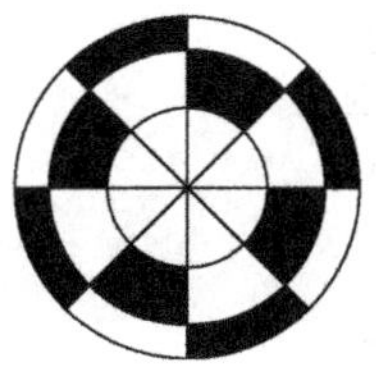

图 9-6　齿轮式调制盘

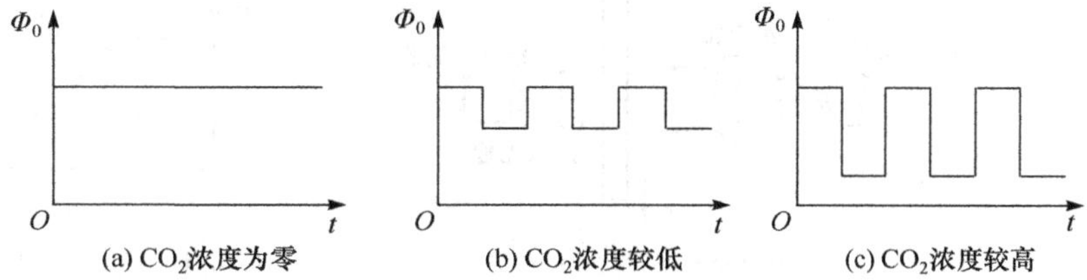

图 9-7　不同 CO_2 气体含量输出辐通量信号波形

这种红外气体分析仪采用了双通道系统的交替比较法,经过标准气室和测量气室的两光束交替进入同一探测器。与双通道系统的差动法和比较法相比,它避免了两个探测器的积分灵敏度随时间或温度的变化给测量结果带来的影响,从而可以得到较高的测量精度。若检测系统中增加电机转速控制电路并输出一个参考信号,其频率等电机转速和调制盘齿数的乘积,可实现微弱输出信号的相关检测,以达到更高的检测精度(见 10.3.2 小节)

2. 辐通量的频率测量-光栅莫尔条纹测量

频率法应用于被测信息呈周期性变化(正弦或方波等)的情况,这时被测信息载荷于辐通量的变化次数或频率的快慢之中。光信号经过光电转换后,采用常规电信号的波数和频率测量方法就可以检测出所需要的信息。使辐通量的频率或波数随被测信息变化的方法是多种多样的。例如,简易光电转速表中采用的透光孔圆盘或反射式标志等是用几何光学的透光、反光的方法使辐通量随转角或转速变化;工业制品的计数检测是使辐通量随制品个数变化;计量技术中的莫尔条纹或干涉条纹测量分别是用几何光学或者物理光学方法使辐通量随机械位移而周期性变化。

与前面介绍的幅值测量法相比,频率测量法具有更高的测量精度[5],这是由于它的测量基准可以达到很高的水平。例如,利用专门的稳频装置,激光器的频率稳定度可达 10^{-14}。通常的电信号时钟基准可达到 $10^{-6}\sim10^{-8}$ 的相对精度,而幅度测量的基准通常只能达到 $10^{-3}\sim10^{-4}$。这就决定了在一般情况下辐通量的幅度测量只能有 $10^{-2}\sim10^{-3}$ 数量级的相对精度,而频率测量其相对精度可达到 $10^{-5}\sim10^{-7}$。此外频率测量是数字式的,测量结果易于和计算机连接,使用较为方便。因此,在现代光电测量中常优先考虑采用频率测量法。

1) 波数测量

图 9-8(a)给出了光栅莫尔条纹测量位移的实例。光源发出的光经准直镜以平行光垂直照亮光栅尺,标尺光栅与被测位移的导轨一起运动,且与指示光栅一起形成莫尔条纹。设当标尺光栅位移 x 时,引起光电探测器上辐通量的变化为 $\Delta\Phi$,如图 9-8(b)所示。它们的关系可近似表示为

$$\Delta\Phi=\Phi_0\cos\left(2\pi\frac{1}{P}\Delta x\right) \tag{9-25}$$

式中,P 是光栅的栅距;Φ_0 是辐通量变化的幅度。由图 9-8 和式(9-25)可知,当 x 移动 P 长度时引起 $\Delta\Phi$ 中一个周期的变化,用波数 N 表示 $\Delta\Phi$ 变化的周期数,可以得到位移 x 和波数 N 的关系为

$$x=PN \tag{9-26}$$

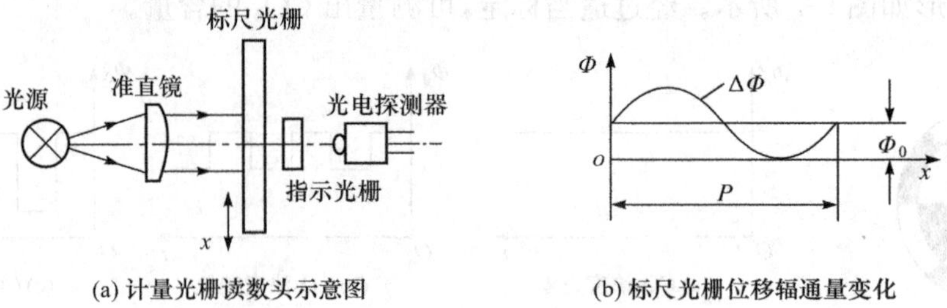

图 9-8 光栅莫尔条纹测量位移原理图

利用式(9-26)，只要测得波数值 N 即可定量计算出位移值 x。

通过测量辐通量随信息变化的周期数来检测被测值的方法称为波数测量或波形计数。波数测量的方法：将由被测量 x 引起的周期变化的辐通量转换为电脉冲，再用电子计数器来计算波数的变化 N，最后计算出测量结果 x 为

$$x=m_0N \tag{9-27}$$

式中，m_0 为脉冲当量，表示单位波数变化对应的被测值。在前述莫尔条纹计数装置中 $m_0=P$；精确测量时通常采用电子学细分技术[2]，例如，在一个条纹信号周期内细分 m 等分，则 $m_0=P/m$。

2）频率测量

图 9-8 中，若要测量光栅尺的运动速度，只需要将光栅尺的位移对时间微分，即

$$\frac{\mathrm{d}x}{\mathrm{d}t}=P\frac{\mathrm{d}N}{\mathrm{d}t}=Pf \tag{9-28}$$

式中，$\mathrm{d}N/\mathrm{d}t$ 为波数的时间变化率，即频率；而 $\mathrm{d}x/\mathrm{d}t$ 为速度，即运动速度与辐通量变化频率成正比。

这种通过测量辐通量变化的频率来测定被测参量的方法称为频率测量法。波形计数和频率测量法能有十几位的读数能力和示值精度，并且光电探测器和光源系统的不稳定性实际上对测量结果影响不大。信号幅度的改变，将不影响到计数和测频的准确性，这是该种方法的另一重要特点。

3. 辐通量的相位和时间测量-激光测距仪

1）相位测量法

如果光波的辐通量被调制成随时间呈周期性变化，而被测信息加载于辐通量的相位之中，检测到这个相位值即能确定被测值，这种方法称为辐通量的相位测量法。典型的辐通量相位测量实例是相位式激光测距，也称为连续波激光测距，其测量原理如图 9-9 所示。该系统采用半导体激光器作为光源，在光源的供电电路中施加正弦激励电压 U_i，则半导体激光器就发出以正弦规律变化的辐通量 Φ_i，其初始相位与激励电压 U_i 相同，可表示为

$$\Phi_i=\Phi_0+\Phi_m\sin(\omega_0t+\varphi_0) \tag{9-29}$$

式中，Φ_0 为直流分量；Φ_m 为交流分量的振幅；ω_0 为辐通量调制的角频率；φ_0 为初相位。

图 9-9 中，半导体激光器 1 发出的光束经发射光学系统 2 到达被测处的靶镜（或合作目标）3 上，光在靶镜中全反射并经接收光学系统 4 后被光电探测器 5 接收，经放大、鉴相处理后得到测量值。

若被测距离为 d，激光飞行时间（从发射到接收所经历的时间）为 t，光的传播速度为 v，则

$t=2d/v$。在这段时间里，光波辐通量的相位改变了 φ(图 9-10)，即

$$\varphi=\omega_0 t=2\omega_0 d/v \tag{9-30}$$

这样，光电探测器接收的回波辐通量

$$\Phi_r=k[\Phi_0+\Phi_m\sin(\omega_0 t+\varphi_0-\varphi)] \tag{9-31}$$

式中，k 为与光学系统、大气等有关的衰减系数。

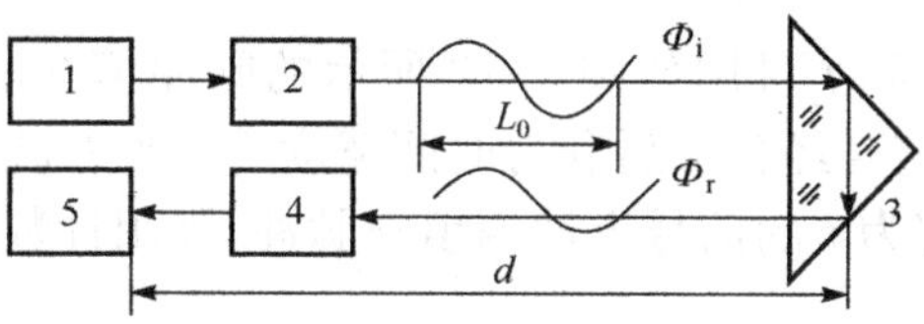

图 9-9　相位式激光测距原理图

1-半导体激光器；2-发射光学系统；3-靶镜；4-接收光学系统；5-光电探测器

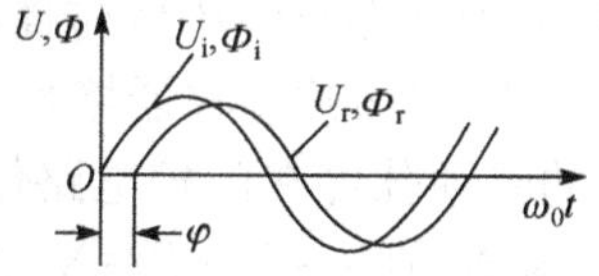

图 9-10　回波信号的相位变化

光电探测器输出与回波辐通量 Φ_r 相位相同的信号电压 U_r。借助于电测技术，测量出回波信号电压 U_r 与激励信号电压 U_i 之间的相位差 φ，从而待测距离为

$$d=\frac{v\varphi}{2\omega_0}=\frac{c\varphi}{4\pi n f_0} \tag{9-32}$$

式中，$f_0=\omega_0/2\pi$ 为辐通量变化的频率；n 为空气的折射率；c 为光在真空中的传播速度。

对式(9-32)微分，可得到最小可测距离为

$$\Delta d_{\min}=\frac{c}{4\pi n f_0}\Delta\varphi_{\min} \tag{9-33}$$

它表明测距仪可测量的最小距离与相位测量的分辨率成正比，与光源的调制频率 f_0 成反比。

设辐通量变化一周光波传播距离为 L_0，则

$$L_0=\frac{c}{f_0} \tag{9-34}$$

将式(9-34)代入式(9-32)，得到

$$d=\frac{L_0}{2n}\cdot\frac{\varphi}{2\pi} \tag{9-35}$$

式中，$\frac{L_0}{2n}$ 为光尺长度，是测距仪的测长单位，它与相对相位差的乘积即为被测距离，这就是相位式激光测距的原理。

目前，任何测量交变信号的方法都不能确定相位的整数周期，只能确定相位除以 2π 后的余数。因此在相位式测距仪中，需要有两把或两把以上的“光尺”。选用不同的光尺实际是选择不同的激光调制频率。设激光调制频率为 f_{01} 和 f_{02} 的两把光尺，在飞行时间 t 内，调制光波的相位变化分别满足 $\varphi_1=2\pi f_{01}t<2\pi$、$\varphi_2=2\pi f_{02}t=2N\pi+\theta$($N$ 为整数，$0<\theta<2\pi$)，则它们可分别构成大量程和小量程的光尺。例如，用两把精度都为 1‰、量程分别为 $L_1=10\text{m}$ 和 $L_2=1000\text{m}$ 的光尺测一段距离，L_1 的测量值为 6.57m，L_2 的测量值为 386m，则所测的距离为 386.57m。保持“光尺”相对精度不变，通过改变调制光的频率增加“光尺”的数量，就可以扩大测量范围和提高测量精度。

2) 时间测量法

若光源发出的辐通量是脉冲式辐射，则可用测量单个脉冲的时间延迟来测距离，称为时间

法。脉冲式激光测距仪和激光雷达都是时间法测距的典型应用，其原理如图 9-11 所示。图中，强脉冲激光器发出能量为几兆瓦、脉宽为几纳秒、发射角为几毫弧度的激光巨脉冲，经发射光学系统射向被测距离的目标，再经目标反射后经过接收光学系统被测距仪的光电探测器接收。测得飞行时间 t，便可测出距离 d，即

$$d=\frac{1}{2}ct \tag{9-36}$$

式中，c 为光在真空中的传播速度。飞行时间 t 可用如图 9-12 所示的脉冲填充法求出。主波和回波脉冲均被接收器接收，获得的脉冲信号经整形后获得时间宽度为 t 的方波，时间间隔为 ΔT 的时钟脉冲在门控电路作用下，向脉宽为 t 的信号方波内填充脉冲，并用计数器计数，若计数值为 N，则 $t=N\Delta T=N/f$，从而可得

$$d=\frac{1}{2}ct=\frac{1}{2f}cN=KN \tag{9-37}$$

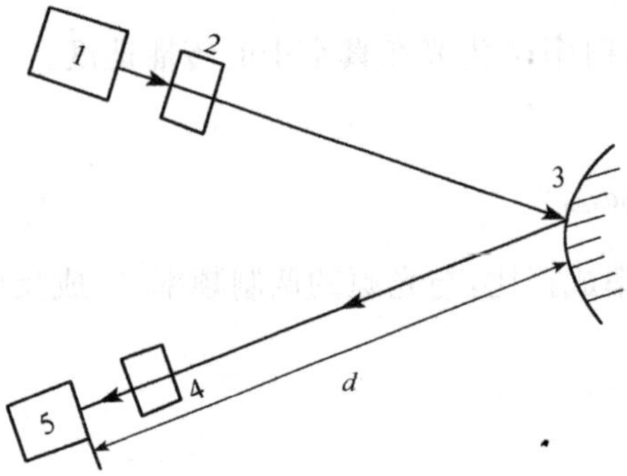

图 9-11 时间法测距原理图

1-强脉冲激光器；2,4-光学系统；3-目标；5-光电探测器

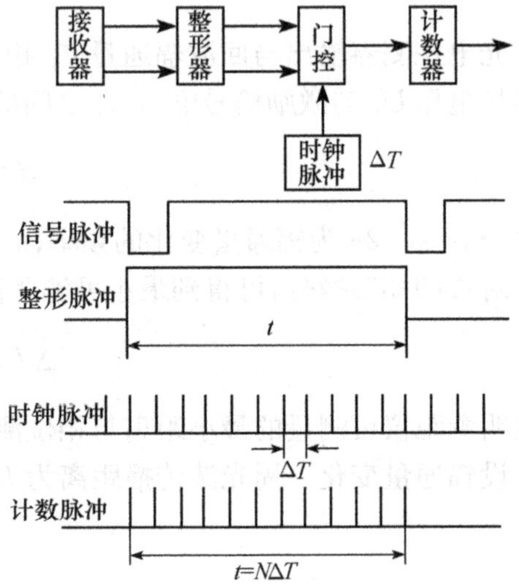

图 9-12 飞行时间测量原理示意图

式中，$K=c/(2f)$ 是测距脉冲当量，即单位脉冲对应的被测距离。若时钟脉冲频率为 149.9MHz，光速 c 为 2.999×10^8m/s，则 $K=1$m/脉冲，即分辨率达到 1m。由式(9-37)可以看出时钟脉冲频率 f 越高，则系统测距的分辨率越高。

目前普遍使用的是脉冲式激光测距仪[3]。但这种测距仪受时钟脉冲频率的限制，要取得优于 1m 的测距精度是不现实的，故不宜用于航测地形和海浪起伏等需要更高精度的场合。相位式激光测距可弥补这一缺陷。若将大功率激光器代替半导体激光器，并用电光调制器调制发射光束，取消靶镜（“合作目标”），则相位式激光测距仪能从空中感知地面小量起伏、辨别凸起的公路、战场的壕沟、被炸机场的弹坑等。一般最大可测距离达百余千米，采用“合作目标”时可测几百至几十万千米，且精度很高。

4. 简单光学目标的形位检测-像分析器定位法[4,5]

所谓简单光学目标，就是不考虑被测对象的物理本质，只把它们看作与背景间有一定光学反差的几何形体或图形景物。通常由点、线、平面等简单规则图形组成，如刻线、狭缝、十字线、

光斑、成像系统得到的远处物体的弥散圆及工业规则图形等。信号处理的目的是确定目标相对基准坐标的角度或位置偏差，称为空间定位。

测定目标相对基准的角度偏差和位置偏差在生产、科研和军事中有广泛的应用。例如，大尺寸工件的安装与加工、高速公路和钢轨的自由铺设、地下隧道的自动掘进等工程中采用的自动准直测量，精密小尺寸测量中的目标对准和位置偏移测量，现代天文望远镜中的光电导星，军事应用中的激光制导和激光定向等都是这些方面的典型应用。

简单光学目标的位置检测方法大致有几何中心与亮度中心两种。这里介绍通过物体几何中心的检测确定目标相对基准位置的角度和位置偏差的方法之一——像分析器定位法及其应用。其他光学目标的位置检测方法，读者可参阅文献[4]和文献[5]。

1）单通道像分析器

通过分析被测物体在像面上的几何中心相对于像面上某个选定基准的偏移情况，从而确定该物体在空间位置的方法称为像分析，能实现这种作用的装置称为像分析器。其基本工作原理：将被测物体的像相对于像面基准的几何位置信息，变换为通过该基准某一取样窗口的辐通量，通过检测该辐通量的变化来确定物体的坐标位置信息。因此，像分析器是一种能将几何形位信息加载到辐通量上的调制器，是几何量转换为光学量的 G/O 变换器。

图 9-13 所示是单通道像分析器原理图，被测线纹 1 经光学系统 2 成像于狭缝 3 上，光电探测器 4 检测通过狭缝的辐通量的变化。仪器设计时取狭缝的缝宽 l 与线纹的像宽 b 相等，狭缝高 h 与像高 d 相等。设狭缝窗口分布函数为 $h(x)$，如图 9-14(a)所示，像面照度分布函数为 $E(x)$。在理想情况下，$E(x)$是空间均匀的，当线纹中心位于光轴上时，线纹像刚好与狭缝对准，线纹像的透过率 $\tau=0$，则透过狭缝的辐通量为 0。而在线纹未对准光轴时，其线纹像中心也偏离狭缝，辐通量不为 0。由此可以确定，当线纹对准光轴，即辐通量输出为零时的状态为线纹的正确定位位置。

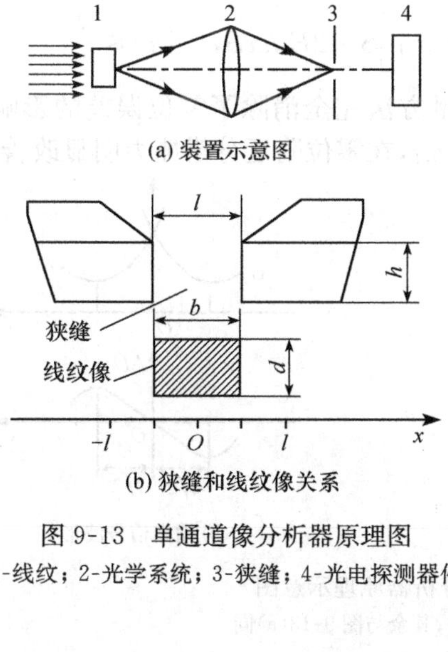

图 9-13　单通道像分析器原理图

1-线纹；2-光学系统；3-狭缝；4-光电探测器件

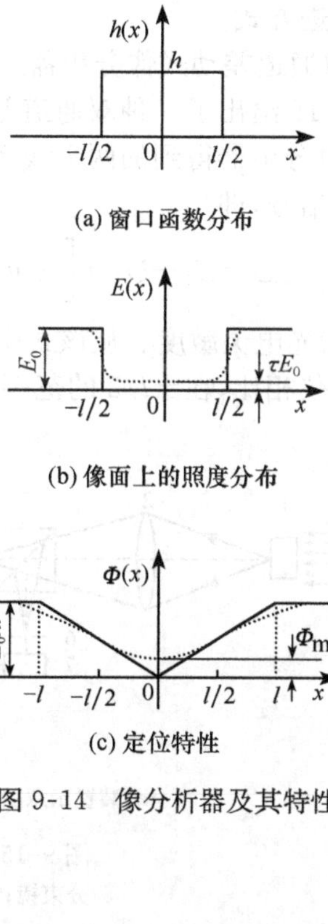

图 9-14　像分析器及其特性

设光电探测器接收的辐通量为 $\Phi(x)$，狭缝窗口照度分布为 E_0，则定位特性可用 $h(x)$ 与 $E(x)$ 的卷积求得，即 $\Phi(x)=h(x)*E(x)$。在理想情况下定位特性 $\Phi(x)$ 为

$$\Phi(x)=\begin{cases}E_0h|x|, & |x|<l\\0, & x=0\\E_0hl, & |x|\geqslant l\end{cases}\tag{9-38}$$

实际上，由于散射、衍射、像差和离焦等因素，线纹像的透过率 $\tau\neq0$，照度分布与定位特性如图 9-14(b)、(c)中虚线所示，即当 $x=0$ 时仍有一小部分辐通量输出。与理想情况相比，有较大的零位输出，并且曲线斜率变缓，相应的定位特性可以近似写成

$$\Phi(x)=\begin{cases}\Phi_{\min}=\tau E_0hl, & x=0\\(1-\tau)E_0h|x|+\Phi_{\min}, & |x|<l\\E_0hl, & |x|\geqslant l\end{cases}\tag{9-39}$$

由式(9-38)、式(9-39)可以得到对狭缝法像分析仪的要求。

(1) 像面上设计的取样窗口(狭缝、刀口、劈尖等)是定位基准，它应与光路的光轴保持正确的位置，窗口的形状和尺寸与像目标的尺寸应保持严格的几何关系，窗口的边缘应陡直。

(2) 目标像的失真应小，即像差要小，并有一定强度的照度分布。

(3) 像分析器应有线性的定位特性。

从以上的分析可以看出，像分析器将目标位置调制到辐通量幅值变化之中，因此它是对辐通量幅度的调制，同时它又实现了线纹位置向辐通量的变换。

需要说明的是，对于简易的单通道装置，其定位特性存在许多缺点。如图 9-14(c)所示，在零位处曲线很平坦，存在零位误差；斜率较平缓、灵敏度不高；曲线有明显的非线性区域；对于两个方向的偏移，该特性是对称的，因此不能判断偏移方向。此外，输出的辐通量是不随时间变化的，属于直流检测方式。这些缺点限制了单通道像分析器的应用。下面给出像分析器的两种改进方式。

2) 双通道差动式像分析器

图 9-15 给出了一种双通道差动式像分析器的原理示意图。它在像面上对称地放置两个狭缝，通过分束器得到的两个线像分别成像于两个狭缝上，两个探测器按差分连接，经放大后得到输出信号，即

$$\Delta U=U_1-U_2=\left[E_0h\left(\frac{l}{2}+x\right)-E_0h\left(\frac{l}{2}-x\right)\right]S=2E_0hxS,\quad |x|\leqslant\frac{l}{2}\tag{9-40}$$

式中，S 为光电灵敏度。从该式中可以看出，这种测量方法完全消除了零位误差的影响；与单通道分析仪相比，在 $\pm l/2$ 的范围内，曲线斜率提高一倍，在零位附近分辨能力明显改善。

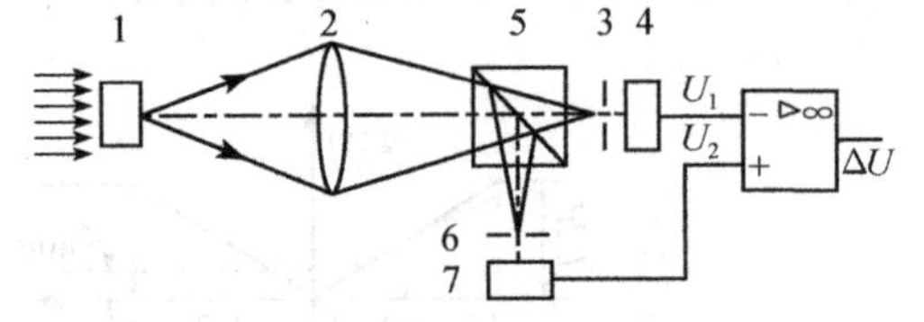

(a) 装置示意图

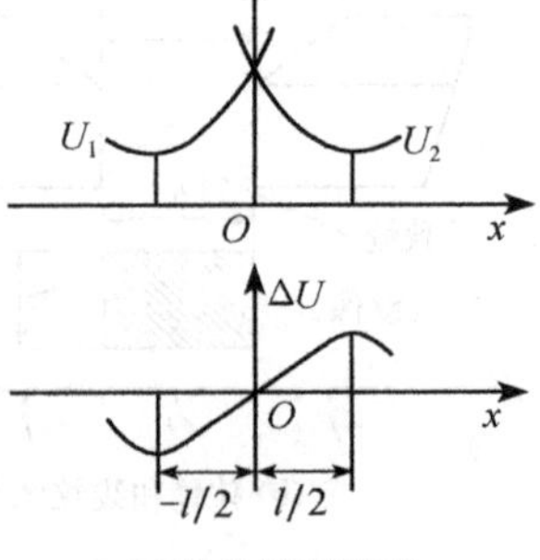

(b) 输出信号波形

图 9-15　一种双通道差动像分析器原理示意图

5-分束镜；6-狭缝；7-光电探测器件；其余与图 9-13(a)同

3）扫描调制式像分析器

为了减小光源光强波动对定位精度的影响，可以采用扫描调制将直流信号变为交流信号。扫描调制式像分析器要求狭缝宽 l 与被定位的线纹像宽 b 相等。在这类装置中，成像光路上增设了周期性振动的光学部件，如棱镜、反射镜等，使像面上的目标像相对狭缝作周期振动，图 9-16给出了其原理示意图。判断线纹中心是否对准光轴的依据是辐通量的变化率，图 9-17 给出了线纹像对准狭缝中心和偏离狭缝中心的几种情况。

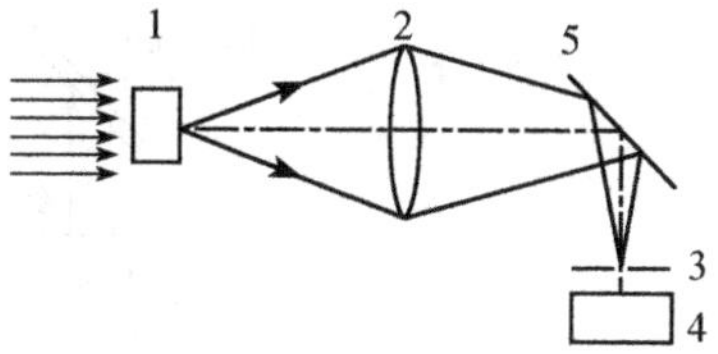

图 9-16　扫描调制式像分析器原理示意图
5-反射镜，其余与图 9-13(a)同

设振子的振动频率为 f，一个周期内通过狭缝的上半部分和下半部分的辐通量信号的时间分别为 T_1 和 T_2，则在图 9-17 (a)所示的状态下，线纹像对准狭缝中心，$T_1=T_2$，通过狭缝的辐通量信号的基波频率为 $2f$；在图 9-17(b)所示的状态下，线纹像中心处在狭缝的上半部分，$T_1>T_2$，辐通量信号的基波频率为 f；在图 9-17(c)所示的状态下，线纹像中心处在狭缝的下部分，$T_1<T_2$，辐通量信号的基波频率也为 f。利用这一特点既可以判别物的偏移方向，又可以进行对准。

若将辐通量信号和振子振动信号分别作为调制信号和参考信号，送入相敏检波器（参见 8.4节），由它的鉴相输出信号，可以求得图 9-17 (b)、(c)中线纹像偏离的方向和大小。将这种扫描调制方法用于静态光电显微镜中，可使其瞄准精度达到 0.01～0.02μm。

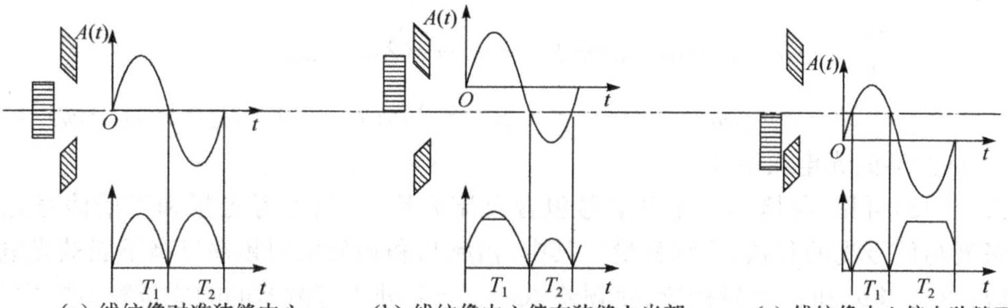

(a) 线纹像对准狭缝中心　(b) 线纹像中心偏在狭缝上半部　(c) 线纹像中心偏在狭缝下半部

图 9-17　扫描调制式像分析器输出信号的波形图

9.2　相 干 探 测

相干探测(Coherent Detection)指的是将信号光和参考光同时入射到光电探测器的光敏面上，形成光的干涉图样，光电探测器响应两光束的干涉光场，其输出信号不仅与入射光波的强度(或振幅)有关，还与频率和相位等其他波动参数有关。这种探测方式与无线电外差接收极为相似，故又称为外差探测。与直接探测相比，它是一种结构复杂而转换效率很高的光-电变换方法。基于迈克耳孙干涉仪的光电位移测量系统、激光多普勒速度计和激光陀螺等都是典型的相干探测应用实例。

9.2.1　相干探测的基本原理

1. 相干探测的基本物理过程

图 9-18 为相干探测系统原理图。图中，信号光是指包含被测信息的相干光调制波，参考

光是指作为基准的本机振荡光波，也称为本振光。相干探测是指信号光和参考光在满足波前匹配条件下在光电探测器上进行光学混频。探测器输出的是两光波光频之差的拍频信号，该信号包含调制信号的振幅、频率和相位等特征。通过检测拍频信号可以解调出被传送的信息。

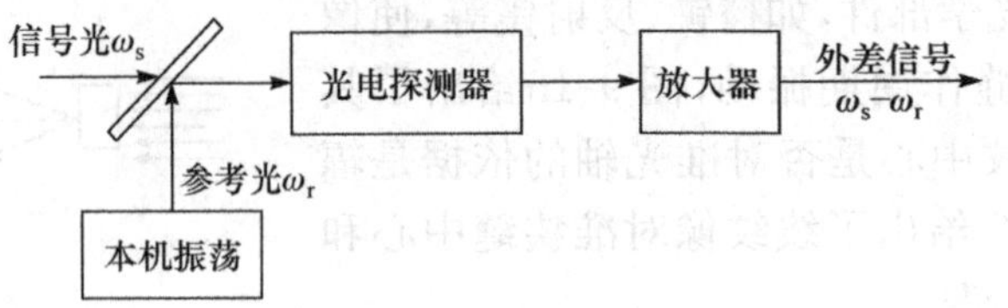

图 9-18　相干探测原理示意图

1）相干探测的输出信号

图 9-18 中，设入射信号光波和参考光波的电场强度分别为

$$E_s(t)=a_s\sin(\omega_s t+\varphi_s) \tag{9-41}$$

$$E_r(t)=a_r\sin(\omega_r t+\varphi_r) \tag{9-42}$$

式中，$\omega_s=2\pi\nu_s$ 和 $\omega_r=2\pi\nu_r$ 分别为两束光波的角频率；ν_s 和 ν_r 为对应的光波频率。

假设信号光束和参考光束重合并垂直入射到光混频器（光电探测器）的表面上，参照式(9-2)，则在光混频器上的输出电流为

$$\begin{aligned}I_{hs}(t)&=S[E_s(t)+E_r(t)]^2=S[E_s^2(t)+E_r^2(t)+2E_s(t)E_r(t)]\\&=\frac{S}{2}\{a_s^2+a_r^2-a_s^2\cos(2\omega_s t+2\varphi_s)-a_r^2\cos(2\omega_r t+2\varphi_r)\\&\quad-2a_r a_s\cos[(\omega_s+\omega_r)t+(\varphi_s+\varphi_r)]+2a_r a_s\cos[(\omega_s-\omega_r)t+(\varphi_s-\varphi_r)]\}\end{aligned} \tag{9-43}$$

式中，S 为探测器的光电灵敏度。

由式(9-43)可见，混频后的光电信号包含直流分量、二倍参考光频和二倍信号光频分量以及参考光与信号光的和频、差频分量。其中，倍频与和频分量因频率过高不能被光电探测器直接接收；只有当 ν_s 和 ν_r 比较接近、使频差 $\Delta\nu=\nu_s-\nu_r$ 处于探测器的响应带宽范围内时，差频分量才能被探测器响应，经隔直电容后输出信号（中频电流）为

$$I_{hs}(t)=Sa_s a_r\cos(2\pi\Delta\nu t+\Delta\varphi) \tag{9-44}$$

式中，$\Delta\varphi=\varphi_s-\varphi_r$，为双频光波的相位差。

式(9-44)即为相干探测输出信号的表达式。它表明：信号光波的振幅、频率和相位所载信息全部包含在电信号中。

2）调制信号的探测

在相干探测信号中，信号光可以是由参考光分束后经调制形成，也可以采用独立的相干光源（需保持与参考光波的频率跟踪和相位同步）。前者多用于干涉测量，后者常用于相干通信。不论哪种方式，由式(9-44)可知，在保持参考光的 a_r、ν_r、φ_r 不变的前提下，外差信号的振幅 $Sa_r a_s$、频率 $\Delta\nu=\nu_s-\nu_r$ 和相位 $\Delta\varphi=\varphi_s-\varphi_r$ 可以表征信号光波的特征参量 a_s、ν_s 和 φ_s，也就是说外差信号能以时序电信号的形式反映相干场上各点处信号光波的波动性质。即使信号光的参量受被测信息调制，外差信号也能精确复制这些调制信号。这一点可以用简单的调幅信号加以说明。

设调制信号 $V(t)$ 的频谱如图 9-19(a)所示。用 $V(t)$ 对信号光的振幅 a_s 进行调幅，则式(9-44)中的 $a_s(t)$ 为

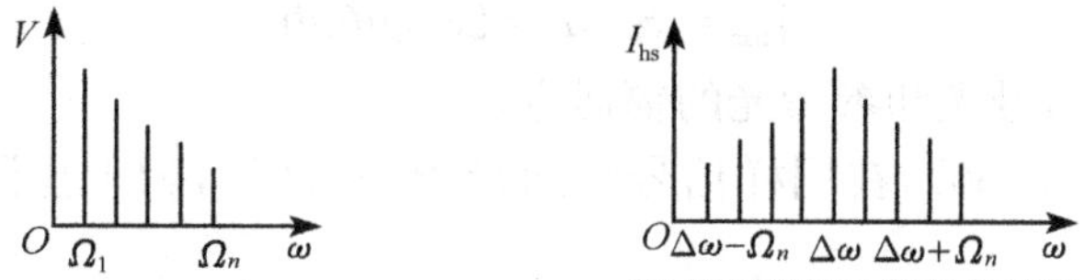

(a) 调幅信号的频谱　　(b) 相干探测电信号的频谱

图 9-19　调幅信号及其外差信号的频谱

$$a_s(t)=A_s[1+V(t)]=A_s\left[1+\sum_{n=1}^{M}m_n\cos(\Omega_n t+\varphi_n)\right] \tag{9-45}$$

式中，A_s 是调制信号的振幅；m_n、Ω_n 和 φ_n 分别是调制信号各频谱分量的调制度、角频率和相位。

将式(9-45)代入式(9-44)中，可得外差信号为

$$\begin{aligned}I_{hs}(t)&=Sa_rA_s\left[1+\sum_{n=1}^{M}m_n\cos(\Omega_n t+\varphi_n)\right]\cos(\Delta\omega t+\Delta\varphi)\\&=Sa_rA_s\cos(\Delta\omega t+\Delta\varphi)+Sa_rA_s\sum_{n=1}^{M}\frac{m_n}{2}\cos[(\Delta\omega+\Omega_n)t+(\Delta\varphi+\varphi_n)]\\&\quad+Sa_rA_s\sum_{n=1}^{M}\frac{m_n}{2}\cos[(\Delta\omega-\Omega_n)t+(\Delta\varphi-\varphi_n)]\end{aligned} \tag{9-46}$$

它的频谱分布如图 9-19(b)所示。由图 9-19 及式(9-46)可见，信号光波振幅上所载荷的调制信号双边带地转换到外差信号上去。对于其他调制方式也有类似的结果，这是直接探测所不可能达到的。

3) 零差探测

在特殊的情况下，若使参考光频率和信号光频率相同，则式(9-46)变为

$$I_{hs}(t)=Sa_ra_s\cos\Delta\varphi \tag{9-47}$$

这就是零差探测的信号表达式。式中，a_s 项也可以是调制信号。例如，在式(9-45)的调幅波的情况下，由式(9-45)可得零差信号为

$$I_{hs}(t)=Sa_rA_s\cos\Delta\varphi+Sa_rA_s\left[\sum_{n=1}^{M}\frac{m_n}{2}\cos(\Omega_n t+\varphi_n+\Delta\varphi)+\sum_{n=1}^{M}\frac{m_n}{2}\cos(\Omega_n t+\varphi_n-\Delta\varphi)\right] \tag{9-48}$$

为了简化计算，令 $\Delta\varphi=0$，则

$$I_{hs}(t)=Sa_rA_s\left[1+\sum_{n=1}^{M}m_n\cos(\Omega_n t+\varphi_n)\right] \tag{9-49}$$

这表明零差探测能无畸变地获得调制信号的原形，只是其中包含了参考光振幅的影响。

2. 相干探测的基本特性

相干探测具有探测能力强、转换增益高、信噪比高、滤波性好、稳定性和可靠性高等五大优点，下面分别阐述这些优点。

(1) 探测能力强。光波的振幅、相位及频率的变化都会引起光电探测器输出的变化，因此相干探测不仅能够检测出振幅和强度调制的光波信号，而且可以检测出相位和频率调制的光波信号，是检测光的波动性的一种非常有效的方法。

(2) 转换增益高。参照式(9-2)，得到相干探测时光电探测器输出的最大电流为

$$I_{hsm}=Sa_r a_s=2S\sqrt{\Phi_r\Phi_s} \tag{9-50}$$

式中，Φ_s 和 Φ_r 分别是信号光和参考光的辐通量。

根据式(9-2)和式(9-50)，在同样信号辐通量 P_s 条件下，相干探测与直接探测所得到的信号功率比为

$$G=\frac{I_{hsm}^2}{I_{ds}^2}=\frac{4S^2\Phi_s\Phi_r}{S^2\Phi_s^2}=\frac{4\Phi_r}{\Phi_s} \tag{9-51}$$

相干探测中参考光的辐通量 Φ_r 远大于接收到的信号光辐通量 Φ_s，G 可高达 $10^7\sim10^8$ 数量级。这样就降低了对后续放大电路噪声性能的要求。

(3) 信噪比高。设探测器为光电二极管，由式(2-31)和式(9-50)可知，外差信号电流均方功率为

$$\overline{I_{hs}^2}=\frac{1}{2}\overline{I_{hsm}^2}=2\left(\frac{\eta e}{h\nu}\right)^2\Phi_s\Phi_r \tag{9-52}$$

根据式(9-43)，探测器输出的直流分量和差频分量(中频电流)都对散粒噪声有贡献。由于 $\Phi_r\gg\Phi_s$，可只考虑参考光对散粒噪声的贡献。于是，探测中散粒噪声的均方功率为

$$\overline{i_n^2}=2e\left(\frac{\eta e}{h\nu}\right)\Phi_r\Delta f \tag{9-53}$$

对于只考虑散粒噪声的探测器，其相干探测的信噪比 SNR_h 为

$$SNR_h=\frac{\overline{I_{hs}^2}}{\overline{i_n^2}}=\frac{\eta\Phi_s}{h\nu\Delta f} \tag{9-54}$$

噪声等效功率 NEP_h 为

$$NEP_h=\frac{h\nu}{\eta}\Delta f \tag{9-55}$$

与式(9-9)相比可知，在滤波器带宽相同的情况下，相干探测的噪声等效功率为直接探测的一半。这里需要特别注意的是，式(9-9)是理想探测器工作在理想条件下得到的，即背景光及暗电流引起的散粒噪声和探测器的热噪声以及放大器的噪声均为零，这种情况在直接探测系统中基本上不存在；而式(9-55)是在 $\Phi_r\gg\Phi_s$ 条件下得到，这一条件在相干探测系统中很容易满足，因此相干探测可以检测到更小的入射功率，有利于弱光信号的检测。

(4) 滤波性好。为了形成相干信号，要求信号光和参考光空间方向严格对准(后面将对此进行专门讨论)。而背景光入射方向是杂乱的，偏振方向不确定，不能满足空间对准要求，不能形成有效的相干信号。因此，相干探测能够滤除背景光，有较强的空间滤波能力。

另外，只要两束相干光波频率稳定，设计检测通道的通频带 Δf 刚好能覆盖有用外差信号的频谱范围，即 $\Delta f=(\omega_s-\omega_r)/2\pi=\nu_s-\nu_r$，那么只有与参考光混频后外差信号的频率落在此频带内所对应的杂散光才可以进入系统，其他杂散光所形成的噪声均被放大器滤除掉。因此，光外差探测系统也具有良好的光谱滤波性能。

(5) 稳定性和可靠性高。相干信号通常是交变的射频或中频信号，并且多采用频率或相位调制，即使被测参量为零，载波信号仍保持稳定的幅度。对于这种交流测量系统，系统的直流分量漂移和光信号幅度涨落不会直接影响其检测性能，系统能稳定可靠地工作。

9.2.2 相干探测的条件

从理论上看，相干探测有许多优点，但要使相干探测系统达到实用的要求，需要在空间、频

率和偏振等方面满足几个苛刻的条件。

1. 相干探测空间条件

在介绍相干探测的基本原理时，曾假设信号光束和参考光束重合并垂直入射到光混频器表面上，也就是信号光和参考光的波前在光混频器表面上保持相同的位相关系，并根据这个条件导出了通过带通滤波器(中频放大器)的瞬时中频电流。由于光辐射的波长比光混频器的尺寸小得多，实际上光混频是在一个个小面积元上发生的，即总的中频电流 I_s 等于光混频器表面上每一微分面积元所产生的微分中频电流之和。很显然，只有当这些微分中频电流保持恒定的相位关系时，总的中频电流才会达到最大值。这就要求信号光和参考光的波前必须重合，也就是说，必须保持信号光和参考光在空间上的角准直。下面讨论两光束波前不重合对相干探测的影响。

假设信号光和参考光都是平面波，如图 9-20 所示，信号光波前和参考光波前有一夹角 θ。为了简单起见，假定光探测器的光敏面是边长为 d 的正方形，参考光垂直入射，信号光与参考光波前有一失配角 θ，则信号光斜入射到光探测器表面，同一波前到达探测器光敏面的时间不同，因此在光探测器接收面上沿 x 方向各点的相位是不同的，可将信号光写为

$$E_s(t)=a_s\sin\left(\omega_s t+\varphi_s-\frac{2\pi\sin\theta}{\lambda_s}x\right) \tag{9-56}$$

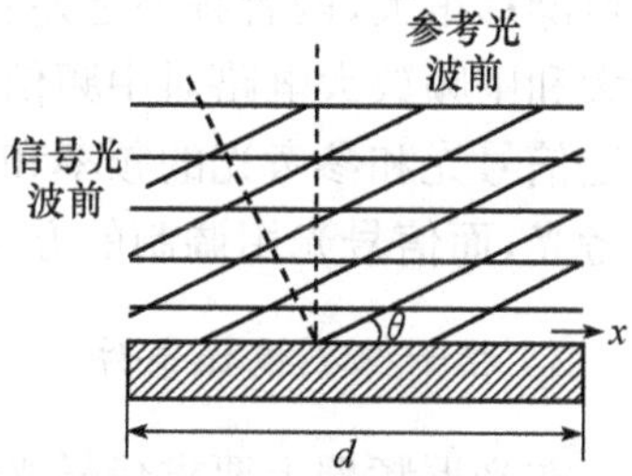

图 9-20　相干探测的空间关系

式中，λ_s 是信号光波长；$2\pi x\sin\theta/\lambda_s$ 是由混合点偏离原点而引入的相位延迟。令 $\beta_1=2\pi\sin\theta/\lambda_s$，光混频器输出的瞬时光电流为

$$i_p(t)=S\int_{-\frac{d}{2}}^{\frac{d}{2}}\int_{-\frac{d}{2}}^{\frac{d}{2}}[a_s\sin(\omega_s t+\varphi_s-\beta_1 x)+a_r\sin(\omega_r t+\varphi_r)]^2\mathrm{d}x\mathrm{d}y \tag{9-57}$$

经中频滤波器后输出的瞬时中频电流为(直流和高频部分被滤掉)

$$i_{IF}(t)=S\int_{-\frac{d}{2}}^{\frac{d}{2}}\int_{-\frac{d}{2}}^{\frac{d}{2}}\{a_s a_r\cos[(\omega_r-\omega_s)t+(\varphi_r-\varphi_s)+\beta_1 x]\}\mathrm{d}x\mathrm{d}y \tag{9-58}$$

完成式(9-58)的积分，得

$$i_{IF}=Sd^2a_s a_r\cos[(\omega_r-\omega_s)t+(\varphi_r-\varphi_s)]\frac{\sin\dfrac{d\beta_1}{2}}{\dfrac{d\beta_1}{2}} \tag{9-59}$$

由于 $\beta_1=2\pi\sin\theta/\lambda_s$，所示瞬时中频电流的大小与失配角 θ 有关。显然当式(9-59)中的因子 $\sin(d\beta_1/2)/(d\beta_1/2)=1$ 时，瞬时中频电流达到最大值，此时要求 $d\beta_1/2=0$，也就是失配角 $\theta=0$。

但是实际中 θ 角很难调整到零。为了得到尽可能大的中频输出，总是希望因子 $\sin(d\beta_1/2)/(d\beta_1/2)$ 尽可能接近于 1，要满足这一条件，只有 $d\beta_1/2\ll1$，因此

$$\sin\theta\ll\frac{\lambda_s}{\pi d} \tag{9-60}$$

式(9-60)反映了信号光和本征光在空间上的角准直要求。因此，波长越长，光电探测器尺寸越小，则所容许的失配角就越大。例如，若光电探测器的尺寸 d 为 1mm，当 $\lambda_s=0.63\mu$m 时，

$\theta \ll 41''$；当 $\lambda_s = 10.6\mu m$ 时，$\theta \ll 11'36''$。由此可见，相干探测的空间准直要求是十分苛刻的。波长越短，空间准直要求越苛刻，这是目前相干探测主要用于红外波段的一个原因。也正是由于这一严格的空间准直要求，使得外差探测具有很好的空间滤波性能。

2. 相干探测频率条件

相干探测除了要求信号光和参考光必须保持空间准直、共轴以外，还要求两者具有高度的单色性和频率稳定度。从物理光学的观点来看，相干探测是两束光波叠加后产生干涉的结果。显然，这种干涉取决于信号光和参考光的单色性。单色性越差，相干探测的信噪比越低。一般情况下，为了获得单色性好的激光输出，必须选用单纵模运转的激光器作为相干探测的光源。

另外，相干探测对光源频率的稳定性要求也很高。信号光和参考光的频率漂移如不能限制在一定的范围内，则相干探测系统的性能就会变坏。这是因为，如果信号光和参考光的频率相对漂移很大，两者频率之差就有可能大大超过中频滤波器带宽，因此，光混频器之后的前置放大和中频放大电路对中频信号不能正常地放大。所以，在光外差探测中，需要采用专门措施稳定信号光和参考光的频率和相位。通常情况下两束光取自同一激光器，通过频率偏移取得参考光，而信号光用调制的方法得到。

3. 相干探测偏振条件

在光混频器上要求信号光与参考光的偏振方向一致，或者有偏振方向相同的分量，这样两束光才能按光束叠加规律进行合成。一般情况下都是通过在光电探测器的前面放置检偏器来实现的。分别让两束信号中偏振方向与检偏器透光方向相同的信号通过，以此来获得两束偏振方向相同的光信号。

9.2.3 相干探测的应用举例

习惯上，将相干探测在精密计量中的应用称为干涉测量，而在通信中的应用称为相干通信。从理论上讲，相干探测技术能准确检测到光波振幅、频率和相位所携带的信息。与直接探测相比，相干探测技术具有更高的测试灵敏度和测试精度，在现代测量技术中得到越来越广泛的应用，如利用光的相干变换与检测方法进行精密测长、测距、测速、测振动、测力、测应变以及进行光谱分析等。由于相干探测对光源的相干性要求极高，受大气湍流等效应的影响，其在远距离地面测距、通信中的应用受到了限制，但在外层空间特别是卫星之间通信已达到实用阶段。

1. 激光干涉测量

1）单频激光测长[1]

单频激光干涉测长常采用迈克耳孙干涉仪，如图 9-21所示。光源采用 He-Ne 激光器，激光器输出的激光束经扩束、准直后成为平行光束，入射到迈克耳孙干涉仪的移相分光镜 1 上，并被分成透射光Ⅰ和反射光Ⅱ两束。光束Ⅰ透过分光镜后，射向基准（固定）直角棱镜 2，作为参考光；光束Ⅱ射向可动角锥棱镜 3，作

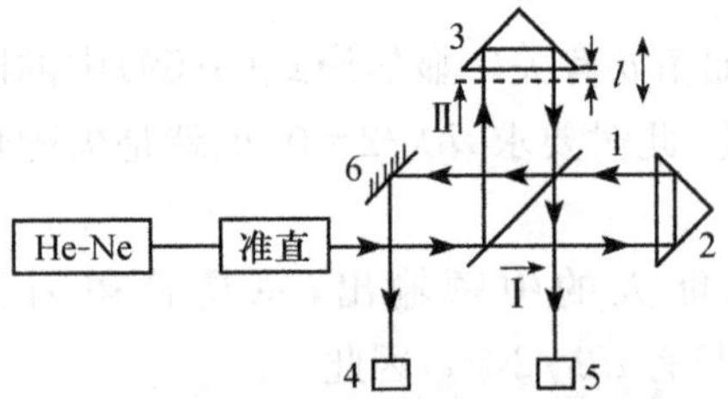

图 9-21　单频激光干涉仪的原理示意图
1-分光镜；2-基准直角棱镜；
3-可动角锥棱镜；4,5-探测器；6-平面反射镜

为信号光。这两束激光分别经各自的角锥棱镜后，再入射到分光镜 1 上，它们经分光镜后，都被分成透射光和反射光。光束Ⅰ经分光镜后的透射光与光束Ⅱ经分光镜后的反射光经平面反射镜 6 反射到探测器 4 上，形成一幅干涉光场；光束Ⅰ经分光镜后的反射光与光束Ⅱ经分光镜后的透射光在探测器 5 上形成另一幅干涉光场。

分析光束Ⅰ、Ⅱ的轨迹可知：对于探测器 4 上的两束激光，只有光束Ⅰ透过分光镜两次，控制分光镜的膜厚，可使该透射光的相位落后 $\pi/2$。它们的光场可分别表示为

$$\begin{cases} a_1 = a_0 \exp(\mathrm{j}\omega t - \pi/2) \\ a_2 = a_0 \exp(\mathrm{j}\omega t + \varphi_A) \end{cases} \tag{9-61}$$

式中，$\varphi_A = 2\pi\delta/\lambda$ 是由角锥棱镜 3 的移动而引起的相位差，$\delta = 2nl$ 是光程差，n 为空气介质的折射率，l 为角锥棱镜 3 相对于直角棱镜 2(经分光镜 1 形成)的镜像 $2'$ 移动的距离(即被测长度)；a_0 为振幅。而对于探测器 5 上的两束激光，光束Ⅰ和光束Ⅱ各透过分光镜 1 次，它们的光场可分别表示为

$$\begin{cases} a_1' = a_0 \exp(\mathrm{j}\omega t) \\ a_2' = a_0 \exp(\mathrm{j}\omega t + \varphi_A) \end{cases} \tag{9-62}$$

设正向移动角锥棱镜时，$\varphi_A > 0$。根据零差探测的输出信号表达式(9-47)，此时探测器 4 和 5 输出的信号电流分别为

$$\begin{cases} I_{hs4} = S a_0^2 \cos(\varphi_A + \pi/2) \\ I_{hs5} = S a_0^2 \cos\varphi_A \end{cases} \tag{9-63}$$

式中，S 为探测器的灵敏度。反向移动角锥棱镜时，$\varphi_A < 0$。其信号电流分别为

$$\begin{cases} I_{hs4} = S a_0^2 \cos(-|\varphi_A| + \pi/2) = S a_0^2 \cos(|\varphi_A| - \pi/2) \\ I_{hs5} = S a_0^2 \cos|\varphi_A| \end{cases} \tag{9-64}$$

由式(9-63)、式(9-64)可知，正/反向移动角锥棱镜时，探测器 4 输出的信号电流分别超前/落后探测器 5 的相位为 $\pi/2$。将探测器 4 和 5 的输出信号放大整形后，送入方向判别电路，即可判别角锥棱镜 3 的移动方向。

若角锥棱镜 3 移过的距离 $l = (N+m)\lambda/2$，则相位差

$$\varphi_A = 2\pi n(N+m) \tag{9-65}$$

式中，N 为整数，$|m| < 1$。

将式(9-65)代入式(9-63)和式(9-64)，可得

$$I_{hs4} = S a_0^2 \cos\left[2\pi n(N+m) + \frac{\pi}{2}\right] \tag{9-66}$$

$$I_{hs5} = S a_0^2 \cos[2\pi n(N+m)] \tag{9-67}$$

可见，测量出 $(N+m)$ 值后，即可换算成被测长度。此外，由式(9-66)和式(9-67)可看出，激光单频干涉测长的光电信号，不仅与干涉条纹数 $(N+m)$ 有关，还与介质的折射率 n 有关。通常条件下，仪器置于空气中使用，而空气的折射率 n 与当时的环境温度、湿度及气压等因素有关。因此在精密测长中，须对折射率 n 进行修正。

2) 双频激光测长

图 9-22 所示为双频激光测长的原理示意图。图中，双频激光装置是利用塞曼效应实现激光频移，将一支 He-Ne 激光器的谱线分裂成频差几兆赫的两种频率的激光 ν_1 和 ν_2。它们在基准光束分光镜 M_1 上分为两束。其中反射光中的 ν_1 和 ν_2 在光电探测器 VD_1 上混频得到二光

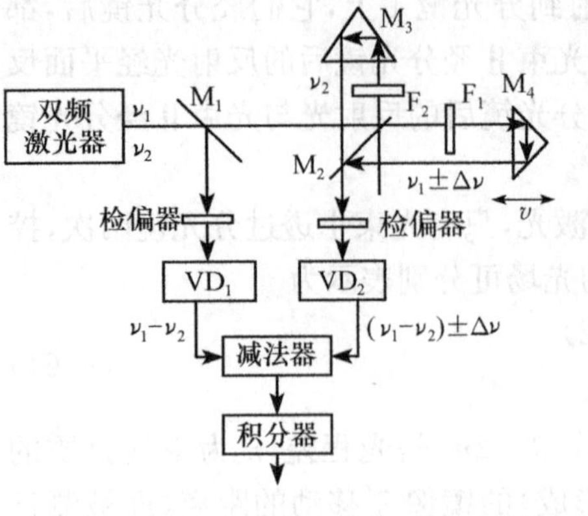

图 9-22　双频激光干涉仪原理示意图

频的差频信号作为参考信号。而透射光被分光镜 M_2 反射和透射，反射光经滤光片 F_2 得到频率为 ν_2 的单频激光，它由参考用角反射镜 M_3 反射后成为干涉仪的参考光束。透过 M_2 的光束经过滤光片 F_1 后得到频率为 ν_1 的单频激光，经测量用角反射镜 M_4 的反射，附加了镜面运动引起的多普勒频移 $\Delta\nu$，以 $\nu_1\pm\Delta\nu$ 的光频在光电探测器 VD_2 中和参考光频 ν_2 相混频，得到光学差频信号 $\nu_2-(\nu_1\pm\Delta\nu)=(\nu_2-\nu_1)\pm\Delta\nu$。这相当于多普勒频移 $\Delta\nu$ 对光学差频 $(\nu_2-\nu_l)$ 的频率调制。将 VD_1 和 VD_2 中检测到的两路外差信号经过电信号混频或作频率计数相减运算，即可得到表征物体运动速度 v 的光学差频信号 $\Delta\nu$，并有

$$\Delta\nu=\pm\frac{2}{\lambda}v \tag{9-68}$$

若用积分器累加差频信号的相位变化或者对差频信号的脉冲数 N 计数，可得

$$N=\int_0^t\Delta\nu\mathrm{d}t=\int_0^t\frac{2v}{\lambda}\mathrm{d}t=\frac{2}{\lambda}\int_0^t v\mathrm{d}t=\frac{2}{\lambda}L \tag{9-69}$$

式中，$L=\int_0^t v\mathrm{d}t$ 为物体运动的位移，于是有

$$L=\frac{\lambda}{2}N \tag{9-70}$$

这就是双频激光干涉测量长度的测量公式。

和单频测长相比，双频测长实现了真正的外差探测。被测的长度信息以调频方式加载到激光拍频 $\nu_1-\nu_2$ 上。光电信号是交流信号，克服了光强波动、大气扰动及电子线路直流漂移等不稳定因素的影响。因而系统具有更高的测量精度，通常，在频差为 1～50MHz、激光稳频精度为 10^{-8} 时，能得到优于 0.1μm 的测长精度。

2. 激光多普勒测速[6]

利用光学多普勒效应可测量流体或固体的运动速度。图 9-23 所示为典型的双散射光束型激光多普勒测速仪的原理图。

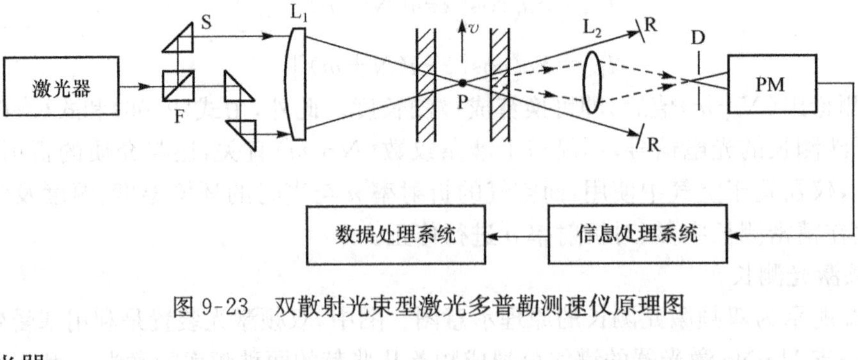

图 9-23　双散射光束型激光多普勒测速仪原理图

1) 激光器

多普勒频移相对光波的波动频率来说变化很小，因此，必须用频带窄且能量集中的激光作

为光源。为便于连续工作,通常使用气体激光器,如 He-Ne 激光器或氩离子激光器。He-Ne 激光器功率较小,适用于流速较低或被测粒子较大的情况;氩离子激光器功率较大,信号较强,用得最广。

2) 光学系统

如图 9-23 所示,双散射光束型激光多普勒测速仪的光学系统由发射和接收两部分组成。发射部分由分束器 F 及反射器 S 把光线分成强度相等的两束平行光,然后通过会聚透镜 L_1 聚焦到待测粒子 P 上。接收部分由接收透镜 L_2 将散射光束收集到光电探测器 PM 上。为避免直接入射光及外界杂散光也进入探测器,在相应位置上设置挡光器 R 及小孔光阑 D。

这种双散射光束型光路的优点:进入光电探测器的双散射光束来自在测点交汇的两束强度相等的照明光,它对所有不同尺寸的散射微粒都发生高效率的拍频作用,可以避免参考光束型光路中那种因散射微粒尺寸变动可能引起的信号"脱落"现象,便于进行数据处理。调整时也只需根据两束光交点处干涉条纹的清晰度进行调整,使用很方便。

在仪器设计时,为使结构紧凑,常使光源和接收器放置在同一侧,并将这种光路称为后向散射光路,如图 9-24 所示。图中激光器、光电探测器和光学系统均在被测件的同一侧。激光器发出的激光经分光镜 M_1 分成两束光,一路经透镜 L_1 入射到被测粒子上,另一路经 M_2 反射后入射到被测粒子上。再经透镜 L_1,反射镜 M_3、M_4,聚光镜 L_2 会聚到光电探测器上,测试管内粒子运动产生的激光多普勒频移信号。

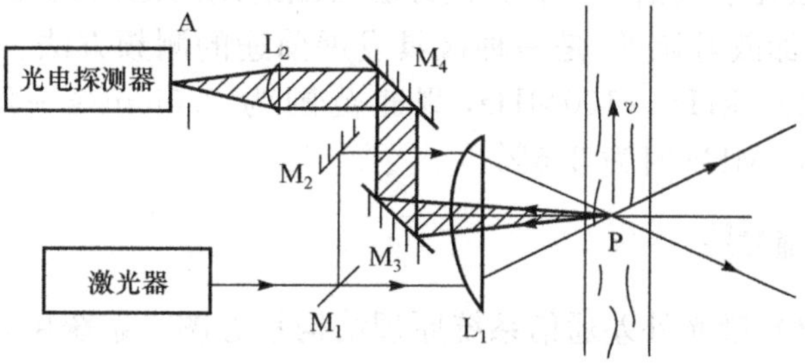

图 9-24　后向散射光路

3) 信号处理系统

激光多普勒信号是非常复杂的。由于流速起伏,其信号的频率在一定范围内起伏变化,是一个变频信号;因为粒子的尺寸及浓度不同,使散射光强发生变化,其信号的幅值也按一定规律变化;粒子是离散的,每个粒子通过测量区也是随机的,故信号波形有断续且随机变化。此外,光学系统、光电探测器及电子线路都存在噪声,加上外界环境因素的干扰,使信号中伴随着许多噪声。信号处理系统的任务是从复杂的信号中提取出反映流速的真实信息。传统的测频仪很难满足要求。现在已有多种多普勒信号处理方法,如频谱分析法、频率跟踪法、频率计数法、滤波器组分析法、光子计数相关法及扫描干涉法等。下面仅介绍近几年发展较快的频率计数法。

频率计数法信号处理原理如图 9-25 所示。频率计数测频仪是计时装置,通过测量已知条纹数所对应的时间来测量频率。流体速度 v 由下式计算

$$v=\frac{nd}{\Delta t} \tag{9-71}$$

式中,d 为条纹间隔;n 为人为设定的穿越条纹数;Δt 为穿越 n 条条纹所用的时间。

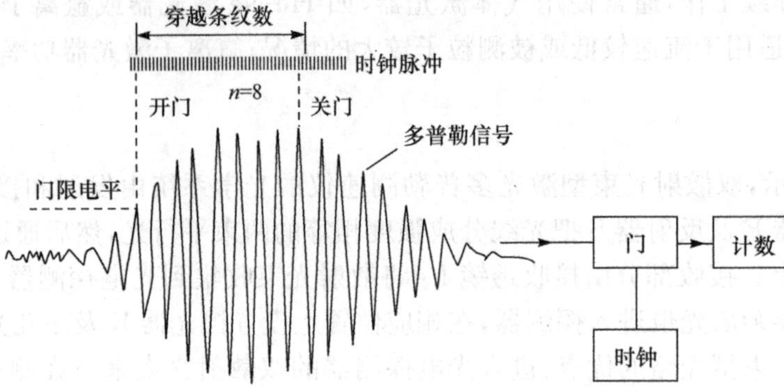

图 9-25　频率计数法信号处理原理图

频率计数信号处理系统的主体部分相当于一个高频数字频率计。它以被测信号来开启或关闭电路,以频率高于被测信号若干倍的振荡器的信号作为时钟脉冲(常用 200～500MHz),用计数电路记录门开启和关闭期间通过的脉冲数,也即粒子穿过两束光在空间形成的 n 条干涉条纹所需的时间 Δt,从而换算出被测信号的多普勒频移。

频率计数测频仪测量精度高,且可送入计算机处理,得出平均速度、湍流速度、相关系数等气流参数。由于它是采样和保持型的仪器,没有信号"脱落",特别适用于低浓度粒子或高速流体的测试。频率计数法几乎包括了所有其他方法所能适用的范围,从极低速到高超音速流体的测量,且不必人工添加散射粒子,是一种极具发展前途的测频方法。已研制的 55L90 型信号处理器,测频范围为 1kHz～100MHz,测速范围为 2.0mm/s～2000m/s,测量精度在 40MHz 时为 1%,在 100MHz 时为 2.5%。

3. CO_2 激光外差通信[7]

图 9-26 所示为 CO_2 激光外差通信系统原理结构示意图。系统由稳频 CO_2 激光器、调制器、收/发光学天线(光学望远镜)、光混频器、本振激光器和解调器等部分组成,其中两台激光器工作于同一支线。CO_2 激光的波长为 10.6μm(位于大气窗口内,即大气对 CO_2 激光的衰减较小)。调制器由 GaAs 或 CdTe 单晶制成,置于 CO_2 激光腔内。CO_2 激光经调制器调制后(一般为频率或相位调制),携带信息的已调制光束由发射光学天线发射出去,经大气媒质传输至接收端,由接收光学天线接收。接收光学天线接收的信号光与本振激光器发出的参考光一起入射到并束板上,仔细调整两光束的位置,使它们平行且重合,再一起垂直入射到 PC-HgCdTe 光混频器(光电探测器)上进行混频。光混频器输出的中频光电流 i_{IF} 在负载电阻上产生中频电压,此中频电压经放大后送至解调器(鉴频器),解调器输出的就是所需的信号。

从总体上看,CO_2 激光外差通信系统与光纤通信系统类似,都包括发射系统、传输介质和接收系统,但在具体的技术细节上,两者有很大的区别。第一,后者一般采用半导体激光器,而前者一般采用 CO_2 气体激光器(此时大气媒质的影响小);第二,后者一般是对光强度进行调制,而前者调制的是光波的频率或相位;第三,由于大气衰减和背景噪声的影响,到达探测器的光能量非常小,信噪比很低,前者采用的是相干探测法,而后者一般采用直接探测法。除了上述几点外,为了保证调制后光波的高质量发射和接收,在大气光通信系统中通常还需要有发射光学天线和接收光学天线。

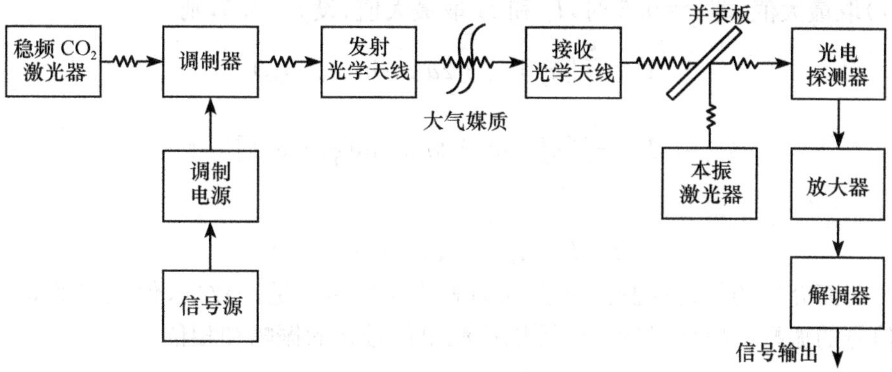

图 9-26　CO_2 激光外差通信系统的原理示意图

9.3* 探测方法的改进

前面两节介绍了直接探测和相干探测的基本探测过程、基本参数以及一些典型应用。在实际应用中，为了提高探测器上所接收到的光能量，目前已经发展了一些新技术，对上述系统进行改进。本节将简要地介绍两种改进方法：平衡探测和光前置放大探测。

9.3.1 平衡探测

在相干探测时，如果采用图 9-18 所示的光路，由于探测器上接收到的只是信号光的部分透射光和参考光的部分反射光，光能没有得到充分利用。如果在分光镜的两侧对称地放置两个光电探测器，如图 9-27 所示，则可以充分利用这两束光的能量。这种探测方法称为平衡探测法(Balanced Detection)。

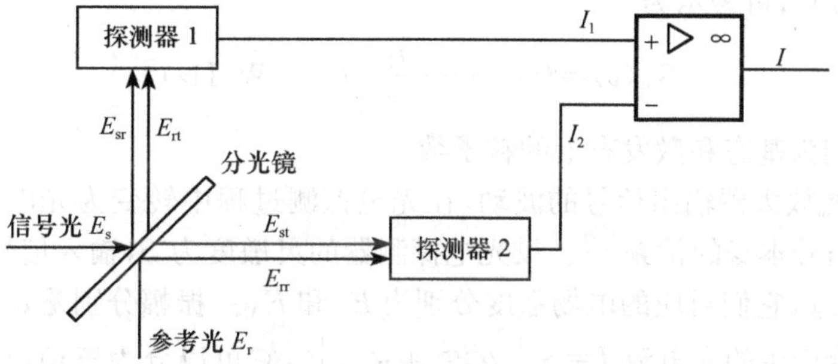

图 9-27　平衡探测原理图

图 9-27 中，信号光 E_s 和参考光 E_r 经过分光镜后都会形成反射光和透射光，分别对应为 E_{sr} 和 E_{st}、E_{rr} 和 E_{rt}。设分光镜的反射率为 r，吸收率为零，透射率为 $1-r$，参照式(9-43)，则光电探测器 1 和 2 输出的光电流为

$$I_1=\frac{S}{2}\left[ra_s^2+(1-r)a_r^2+2a_sa_r\sqrt{r(1-r)}\cos\left(\varphi_s-\varphi_r-\frac{\pi}{2}\right)\right] \tag{9-72}$$

$$I_2=\frac{S}{2}\left[(1-r)a_s^2+ra_r^2+2a_sa_r\sqrt{r(1-r)}\cos\left(\varphi_s-\varphi_r+\frac{\pi}{2}\right)\right] \tag{9-73}$$

当$\sqrt{r(1-r)}$取最大值，即 $r=0.5$ 时，I_1 和 I_2 取最大值，设 $r=0.5$，则

$$I_1=\frac{S}{4}[a_s^2+a_r^2+2a_s a_r \sin(\varphi_s-\varphi_r)] \tag{9-74}$$

$$I_2=\frac{S}{4}[a_s^2+a_r^2-2a_s a_r \sin(\varphi_s-\varphi_r)] \tag{9-75}$$

输出信号

$$I=I_1-I_2=Sa_s a_r \sin(\varphi_s-\varphi_r) \tag{9-76}$$

式(9-76)与前面介绍的零差探测法所得到的表达式(9-47)是一致的，但这里的 a_s、a_r 是未经衰减的光信号的振幅。根据式(9-76)可以探测出信号光的振幅和相位。

9.3.2　光前置放大探测[9]

光前置放大探测(Detection with Optical Pre-amplification)是指在信号光达到探测器之前，经过光放大器对光信号进行放大。它可以极大地提高直接探测系统的灵敏度，本书限于篇幅，只介绍其基本原理和结论，详细的公式推导请参阅文献[9]和文献[10]。

光放大器在结构上是一个没有反馈或反馈较小的激光器，信号光通过一个外部的(电或光)源泵浦增益介质后其能量得到增强，如图 9-28 所示。设光放大器的增益为 G，显然经过光放大器后输入到探测器的辐通量比输入到介质的提高了 G 倍。但实际应用中，即使入射到放大器上的辐通量 $\Phi_s=0$，光放大器也会输出自发辐射，称为放大自发辐射(Amplified Spontaneous Emission，ASE)。它是光前置放大探测系统中的主要噪声源。

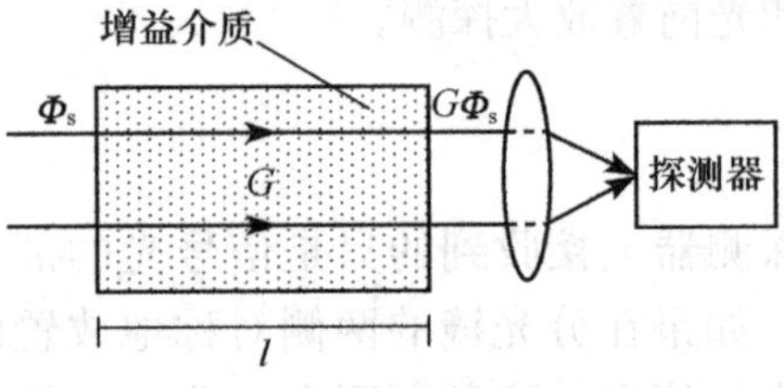

图 9-28　光前置放大探测原理图

理论分析表明，当光放大器中只有一个模式的光波(频率为 ν)时，由 ASE 引入的(光)噪声谱密度几乎是一个常数(白噪声)，可表示为

$$S_{sp}(\nu)=(G-1)\frac{n_2}{n_2-n_1}h\nu \quad (\text{W/Hz}) \tag{9-77}$$

式中，n_1 和 n_2 分别为基态和激发态上的粒子数。

ASE 影响到光放大器输出信号的波动，在光电探测过程中转变为光电流的波动，主要体现在自发辐射与信号本身的拍频[10]。设光电探测器的灵敏度为 S，输入信号和自发辐射辐通量分别为 Φ_s 和 Φ_{ASE}，它们对应的电场强度分别为 E_s 和 E_{ASE}，振幅分别是 a_s 和 a_{ASE}，则自发辐射与放大信号混合产生的光电流 $I=S\left|\sqrt{G}E_s+E_{ASE}\right|^2$，它可以分为三项：自发辐射与放大信号对应的光电流以及两者产生的拍频噪声电流 $\Delta i=S\sqrt{G}a_s|a_{ASE}|\cos\theta$(其中，$\theta$ 是快速变化的随机相位)。于是，探测器中的噪声为

$$\overline{i_n^2}=2e(S\Phi_{ASE})\Delta f+2e(SG\Phi_s)\Delta f+(S\sqrt{G}a_s|a_{ASE}|)^2 \tag{9-78}$$

式中，第一项和第二项分别是自发辐射与放大信号的光电流对应的散粒噪声，第三项是拍频噪声。当忽略第一项和第二项噪声源时，探测器中的噪声为

$$\begin{aligned}\overline{i_n^2}&=(S\sqrt{G}a_s|a_{ASE}|)^2=(S\sqrt{G}\sqrt{2\Phi_s}\sqrt{2\Phi_{ASE}})^2\\&=(S\sqrt{G}\sqrt{2\Phi_s}\sqrt{2S_{sp}\Delta f})^2=4(SG\Phi_s)(SS_{sp})\Delta f\end{aligned} \tag{9-79}$$

式中，Δf 为探测器的带宽。

于是，探测器的输出信噪比为

$$\mathrm{SNR_d}=\frac{I_s^2}{\overline{i_n^2}}=\frac{(SG\Phi_s)^2}{4(SG\Phi_s)(SS_{sp})\Delta f}=\frac{G\Phi_s}{4S_{sp}\Delta f} \tag{9-80}$$

当 $G\gg 1$ 且 $n_2\gg n_1$ 时，将式(9-77)代入式(9-80)，有

$$\mathrm{SNR_d}=\frac{G\Phi_s}{4h\nu\Delta f} \tag{9-81}$$

将式(9-81)与式(9-54)比较可知，只要满足 $G>4$，采用光前置放大的直接探测系统具有与相干探测系统相当的灵敏度。因此，光前置放大探测具有重要的实际应用意义。

需要强调的是，采用光前置放大探测时放大自发辐射是系统中的主要噪声源，探测器中的其他噪声都可以忽略。也就是说，式(9-81)所表述的探测信噪比是可以达到的。

本章小结

(1) 将已调制的光学信号变换为电学信号，通常的变换方法有直接探测和相干探测两种。直接探测指的是将信号光直接入射到光电探测器的光敏面上，光电探测器只响应入射光辐射的强度；而相干探测指的是将信号光和参考光同时入射到光电探测器的光敏面上，形成光的干涉图样，光电探测器响应两光束的干涉光场，其输出信号不仅与入射光波的强度(或振幅)有关，还与频率和相位等其他波动参数有关。

(2) 直接探测技术能检测辐通量(光强)的幅度、频率、相位等所携带的信息，对应的检测方法分别有幅度测量法、频率和相位测量法等，可用来检测随时间变化的光强信号或随空间变化的光强信号，从而实现几何量、运动参量、光学参量、电磁量、机械量(应力、应变、压强等)、成分分析(物理属性、浓度、浊度等)等光学或非光学参量的测量以及简单光学目标的几何形位定位等。

(3) 相干探测技术能准确检测到光波振幅、频率和相位所携带的信息，通常可分为两大应用领域：将相干探测在精密计量中的应用称为干涉测量，而在通信中的应用称为相干通信。干涉测量技术可用来精密测长、测距、测速、测振动、测力、测应变以及进行光谱分析等；相干通信技术对光源的相干性要求极高，受大气湍流等效应的影响，其在远距离地面测距、通信中的应用受到了限制，但在外层空间特别是卫星之间通信已达到实用阶段。

(4) 直接探测是一种结构简单而又广泛实用的光-电变换方法；而相干探测是一种结构复杂而转换效率很高的光-电变换方法，它具有探测能力强、转换增益高、信噪比高、滤波性好、稳定性和可靠性高等五大优点。

(5) 平衡探测通过增加与分光镜两侧对称的光电探测器，可提高探测器上所接收到的光能；光前置放大探测在探测器之前加置光放大器，可用直接探测方法达到相干探测的信噪比极限。

习题与思考题

9-1　各举一例说明：可以利用光学方法或电学方法提高直接探测系统的信噪比。

9-2　为什么说式(9-8)表示的信噪比是直接探测系统所能达到的最大信噪比极限？以光电子发射探测器为例，导出它在直接探测系统中只受信号光的散粒噪声限制(量子噪声限)下的信噪比表达式。

9-3　分别写出直接探测系统中仅受热噪声限制、散粒噪声限制、背景光散粒噪声限制和信号光散粒噪

声限制下的噪声等效功率表达式。

9-4* 光电探测系统的作用距离与灵敏度有什么关系？分别讨论主动和被动探测系统中怎样提高系统的作用距离？

9-5 利用标定好的读数装置来补偿辐通量的不稳定影响，使光电测量系统在输出辐通量为零的状态下读数，这种测量方法称为指零法，它是提高单通道系统测量精度最简单的方法。图 9-29 为指零法测量磁光物质的工作原理示意图。图中，S 为光电探测器，K 为放大器，M 为指示表；检偏器可转动，且转动的角度可由高精度读数装置读取。该系统可测量磁光物质在磁场作用下引起的偏振面的旋转角。

(1) 试说明它测量磁光物质偏振面旋转角的工作过程和原理。

(2) 光源出射光的不稳定性对该系统的测量精度影响较小，为什么？

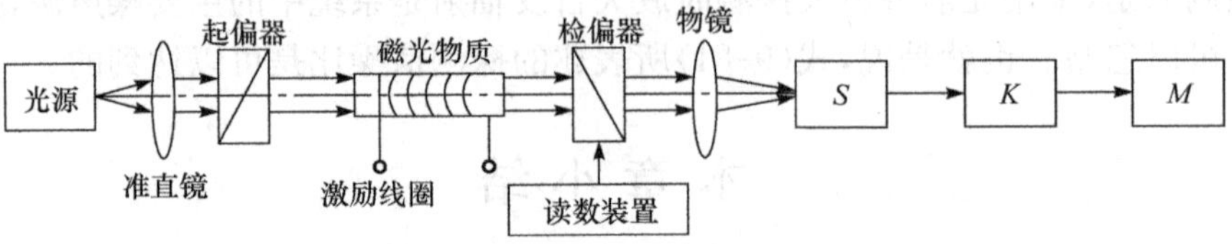

图 9-29 题 9-5 图

9-6 图 9-30 为双通道差动法测量光学材料透过率的原理示意图。图中，待测样品（光学材料）和标准样品（光楔）分别放入信号光路和参考光路，两路光检测出来后取出它们的差值作为输出，用来显示或控制。

(1) 试说明它测量光学材料透过率的工作原理。

(2) 试解释与单通道测量相比，它具有明显的优点：能消除辐通量起伏的影响、且可在一定程度上消除杂光引起的不稳定性。

(3) 对比双通道差动法与图 9-5 的双通道交替比较法，后者有什么优点？

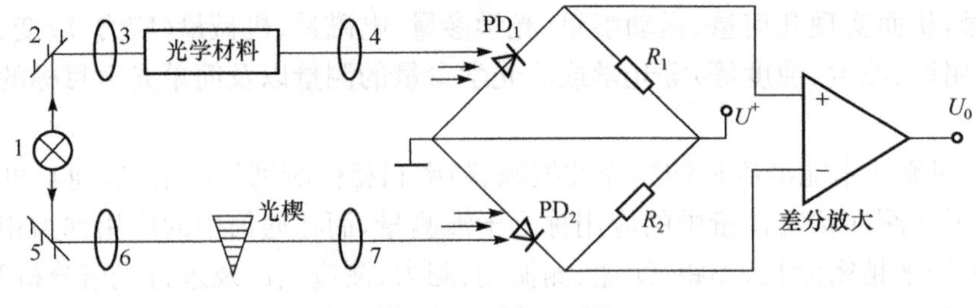

图 9-30 题 9-6 图

1-光源；2,5-反射镜；3,4,6,7-透镜

9-7* 图 9-31 是一个利用像分析器定位法来确定简单光学目标形位信息的应用系统示意图。该系统可用来测量低速转轴表面不均匀跳动的幅度。图中，振动针孔沿水平方向振动，AGC 电路为自动增益控制电路。转轴表面无跳动时，相敏检波器输出信号为零；有跳动时，输出信号为周期性的正或负脉冲信号，且跳动越大信号幅度也越大，信号周期与转轴传动周期一致。

(1) 试画出图中振动针孔调制器的工作特性。

(2) 说明该检测系统的工作原理。

9-8 图 9-32 是一个利用极值检测法来确定简单光学目标形位信息的应用系统示意图。该系统利用激光器谐振腔扫描调制来稳定激光频率。图 9-32 (a)为氦氖激光器的输出光功率 P 与谐振腔长 L_0 之间的关系。当腔长增加 $\lambda/2$ 的整数倍时，输出功率周期性地重复极大极小值。对应每一个凹陷位置，激光器具有同样的振荡频率。因此只要控制腔长的数值使之维持在凹陷的底部，即可以得到稳定的激光频率。图 9-32 (b)给出了控制谐振腔的稳频系统示意图。图中激光器由增益管 1，谐振腔固定反射镜 2 和活动反射镜 3 组成。反射镜 3 被固定在压电陶瓷 4 上，在交流电压驱动器 10 作用下，反射镜 3 沿光轴方向振动，周期性地改变腔长来实现扫描。扫描频率由参考电源 9 决定。

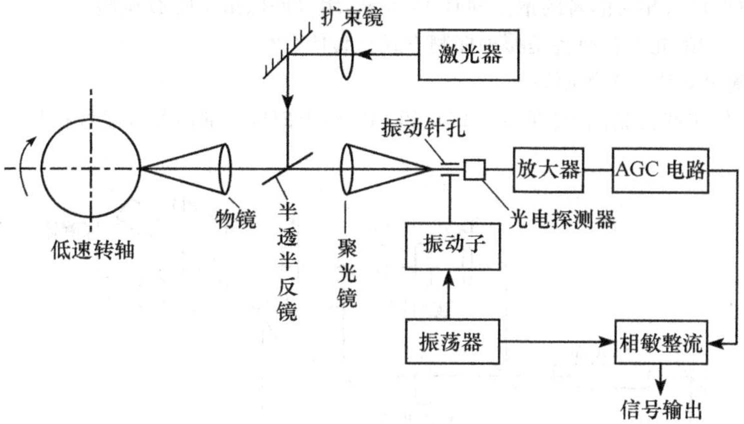

图 9-31　题 9-7 图

(1) 画出腔长 L_0 向左($\Delta x<0$)、向右($\Delta x>0$)偏离凹陷的底部和刚好在凹陷的底部($\Delta x=0$)三种情况下，光电探测器 5 得到的辐通量信号波形图。

(2) 简要说明稳定激光频率的工作原理。

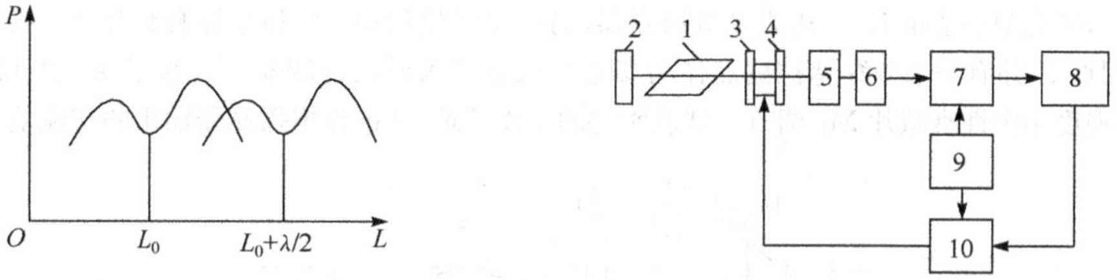

(a) 光功率与谐振腔长的关系　　(b) 控制谐振腔的稳频系统示意图

图 9-32　题 9-8 图

1-激光器增益管；2-固定反射镜；3-活动反射镜；4-压电陶瓷；5-光电探测器；6-选频放大器；7-相敏检波器；8-直流放大器；9-参考电源；10-电压驱动器

9-9　简单光学目标的位置检测方法有几何中心与亮度中心两种。几何中心检测方法有像分析法和极值检测法等；亮度中心两种检测方法有光学像分解和象限探测器等方式。查资料，分别说明后面两种方式用于位置检测系统的基本结构、原理及特点。

9-10　为使光外差探测中的中频输出不低于最大值的 50%，本征光和信号光之间的夹角应在多大范围内取值(信号光的波长为 λ_s，光混频器的光敏面直径为 d)？

9-11　相干探测和直接探测的最大信噪比极限分别为 $SNR_h=\eta\Phi_s/h\nu\Delta f$ 和 $SNR_d=\eta\Phi_s/2h\nu\Delta f$。在二者带宽相等的条件下，相干探测的信噪比仅比直接探测高 3dB。为什么说相干探测可以获得很高的输出信噪比？

9-12　一光纤温度传感器采用 He-Ne(波长为 0.6328μm)激光器为光源，石英玻璃光纤的热膨胀系数为 5×10^{-7}/℃，折射率为 1.456，折射率的温度系数为 10×10^{-6}/℃。试计算在 1m 长光纤上温度变化 1℃时干涉条纹移动的数目。

9-13　一多普勒速度计使用 CO_2 激光器，波长为 10.6μm。设目标沿照明光束方向的运动速度为 $v=0\sim15$m/s，要求测速灵敏度为 1mm/s。试计算用外差检测系统所需要的通频带宽和频率的测量灵敏度。与采用波带宽为 1nm 的光谱滤光片相比较，试计算两种情况下的带宽比。

9-14*　图 9-33 所示为一测定透明物体相位分布的相位显微镜，由马赫-曾德尔干涉仪组成。图中的 L_1 和 L_2 是显微物镜，被测物体放置在物镜焦面上。测量光的偏振方向与纸面垂直。P_1 是 $\lambda/4$ 波片，P_2 是偏振

片和 $\lambda/4$ 波片组合件，后者相对前者的偏振轴有 45°倾斜，组合件以角速度 Ω 旋转。

(1) PD_1 和 PD_2 中的光电转换各是哪种探测方式？为什么？

(2) 试说明该测量系统的工作原理。

提示：①激光器输出线偏振光；②探测器 PD_1 和 PD_2 输出信号分别作参考信号和调制信号送入相敏检波器(图中未画出)。

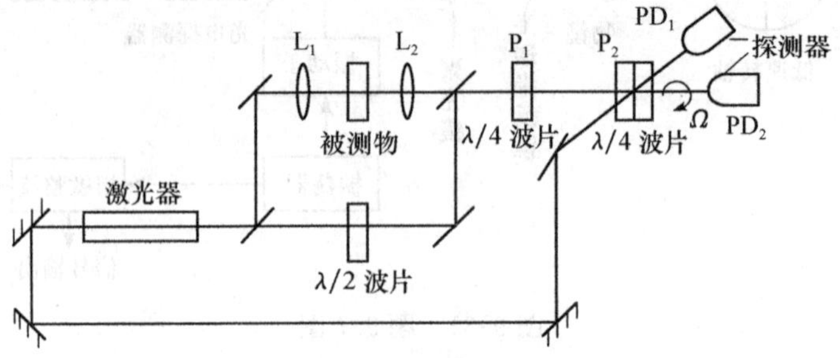

图 9-33 题 9-14 图

9-15 图 9-34 为参考光束型多普勒测速的原理图。激光器发出频率为 ν_0 的单色光经分光镜 M_1 分成两束。一束光经透镜 L_1 后会聚于被测点 P，被该点以速度 v 运动的微粒向各个方向散射，其中一部分散射光载荷多普勒频移，经光阑和透镜 L_2 后进入光电探测器；另一束经反射镜 M_2 和中性衰减片 M_3 以及透镜 L_1 后也会聚于被测点 P，并有一部分穿越被测点作为参考光束直接入射到检测器上。为了保证两束光强度值匹配，参考光的强度用中性衰减片 M_3 调节。试说明它的工作原理，并推导出探测器输出的交流信号的表达式。

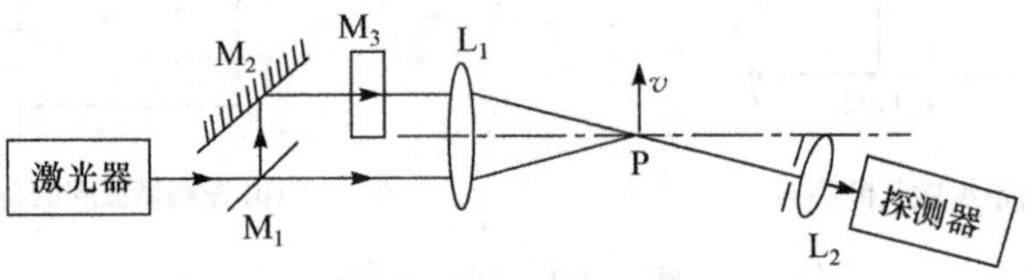

图 9-34 题 9-15 图

9-16 图 9-35 为对称互差型多普勒测速原理图，试说明它的工作原理，并推导出探测器输出的交流信号的表达式。

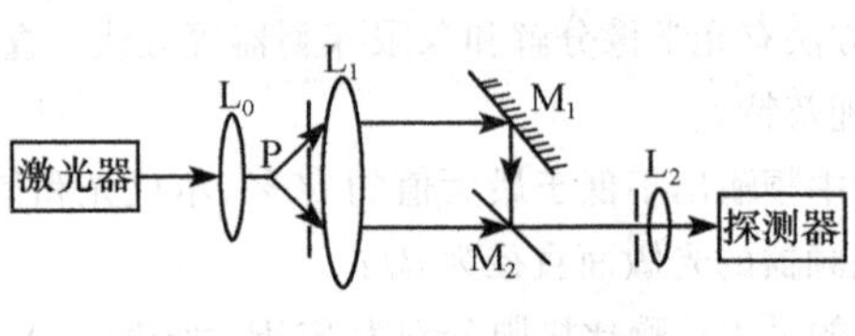

图 9-35 题 9-16 图

9-17 直接探测、相干探测和光前置放大探测这三种探测方法各有什么优缺点，它们的主要应用场合是什么？并举例说明。

参 考 文 献

[1] 卢春生．光电探测技术及应用．北京：机械工业出版社，1992

[2] 郭培源，付扬．光电检测技术与应用．北京：北京航空航天大学出版社，2011

[3] 王永仲．现代军用光学技术．北京：科学出版社，2004

[4] 雷玉堂．光电检测技术．2 版．北京：中国计量出版社，2011

[5] 周秀云．光电检测技术及应用．北京：电子工业出版社，2009

[6] 王庆有．光电技术．2 版．北京：中国计量出版社，2008
[7] 王清正，胡渝．光电探测技术．北京：电子工业出版社，1994
[8] Donati S. Photodetectors：Devices，Circuits，and Applications. New Jersey：Prentice Hall PTR，2000
[9] Kingston R H，光学和红外辐射探测．孙培懋，等译．北京：科学出版社，1984
[10] 陈才和．光纤通信．北京：电子工业出版社，2004
[11] 浦昭邦．光电测试技术．北京：电子工业出版社，2005
[12] 孙培懋，刘正飞．光电技术．北京：机械工业出版社，1992

第 10 章 光电检测电路与信号处理

第 8～9 章已分别讨论了光电系统中光学信号变换和光-电信号变换等方法，本章接着讨论电学信号变换与处理方法。信息源(目标)信号经过上述两个过程变换为电学信号后，通常由电子系统进一步处理，如放大、滤波、采样保持、模数转换和相关检测等多种处理手段，最终实现系统要求的显示、控制和测量等功能。本章重点介绍在光电系统中有特殊要求的电学信号处理方法，主要包括光电检测电路的频率特性和噪声特性、微弱光信号检测与处理的几种常用方法。

10.1 光电检测电路的带宽和频率特性

10.1.1 光电检测电路的基本结构及技术要求

光电检测电路由光电探测器、偏置电路和前置放大器组成，如图 10-1 所示。它的基本技术要求如下。

(1) 较强的光电转换能力。使给定的输入光信号在允许的非线性失真条件下有最佳的信号传输系数，得到最大的功率、电压或电流输出，即输出信号有最大的动态范围。

(2) 快速的动态响应能力。满足信号通道所要求的频率选择性或对瞬变信号的快速响应。

(3) 最佳的信号检测能力。具有可靠检测所必需的信噪比或最小可检测信号功率。

(4) 长期工作的稳定性和可靠性。

其中，偏置电路及其响应的最大动态范围的设计，已在第 2～6 章中结合器件的应用电路进行了详细的讨论。本节和 10.2 节分别讨论它的频率特性和噪声特性。

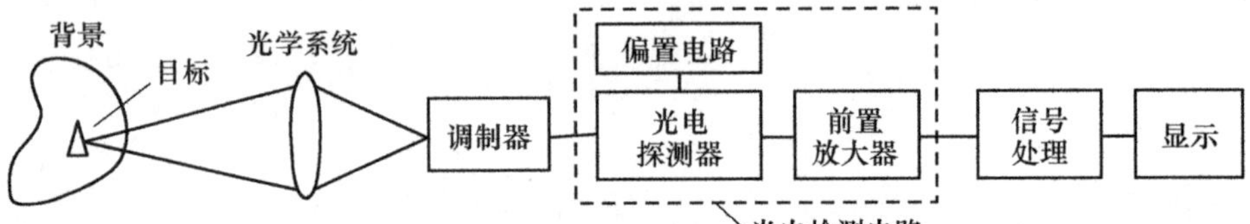

图 10-1 光电检测电路基本结构

10.1.2 光电检测电路的带宽

光电检测电路的带宽是指检测电路上限和下限截止频率所包括的频率响应范围，即

$$\Delta f = f_{HC} - f_{LC} \approx f_{HC} \tag{10-1}$$

式中，Δf 为带宽；f_{HC}和 f_{LC}分别为上限和下限截止频率。通常，$f_{HC} \gg f_{LC}$，可认为带宽近似等于上限截止频率。

光电检测电路的带宽是系统设计中的一个重要参数。系统带宽过小，会使信号的某些谐波分量的幅度和相位发生变化导致合成波形的畸变，即引起频率失真；系统带宽过大，会引入过多的噪声，导致输出信噪比变差。所以，在保证信号有效带宽的前提下，限制带宽可以有效地抑制噪声。通常，带宽的选择原则是保持信号频谱中绝大部分能量通过，削掉部分频谱能量较低的高频分量，折中考虑信噪比和信号失真。

因此，其检测电路的带宽应根据光电信号的频谱特性来确定。对于正弦调幅信号和调频信号，根据 8.2.1 小节的讨论，其检测电路的带宽分别为

$$\Delta f \geqslant B = 2F \tag{10-2}$$

和

$$\Delta f \geqslant B = 2(m_f + 1)F \tag{10-3}$$

式中，B 为光电信号的带宽；m_f 为调频系数；F 为调制信号频率。

对于脉冲波信号，它的带宽与脉冲信号的宽度有关。设脉冲信号的宽度为 t_d，它在一个周期内的数学表达式为

$$S(t) = \begin{cases} A_m, & |t| \leqslant \dfrac{t_d}{2} \\ 0, & \dfrac{t_d}{2} < |t| < \dfrac{T}{2} \end{cases} \tag{10-4}$$

式中，A_m 为脉冲幅度；T 为脉冲周期。

将上述脉冲周期函数用傅里叶级数表示为

$$S(t) = b_0 + \sum_{n=1}^{\infty} b_n \cos n 2\pi f_0 t \tag{10-5}$$

式中，$f_0 = \dfrac{1}{T}$为基频；$b_0 = \dfrac{1}{T}\int_0^T S(t)\mathrm{d}t = \dfrac{t_d A_m}{T}$ 为信号的直流分量。b_n 可以表示为

$$b_n = \frac{2t_d}{T} A_m \left(\frac{\sin n\pi f_0 t_d}{n\pi f_0 t_d} \right) \tag{10-6}$$

以 $x = n\pi f_0 t_d$ 为横坐标，可得到式(10-6)的谱线分布图，如图 10-2 所示。图中，每条谱线对应信号的一个谐波分量，谱线幅值的包络线按 sinc 函数变化。在 $x=\pi$，即 $n' = \dfrac{1}{f_0 t_d}$处，谱线幅值为零。这是谱线的第一个零点，此后随着 x 增加还有无穷多条谱线和无穷多个零点，也就是说谐波分量还有无穷多个，其中幅值为零的谐波分量也还有无穷多个。但在第一个零点之后的所有谐波分量的平均功率是很小的，可以忽略。如果取第一个零点以前的信号所占的频带宽度为信号的带宽，它是基频的 n' 倍，则信号带宽可表示为

$$B = n' f_0 = \frac{1}{t_d} \tag{10-7}$$

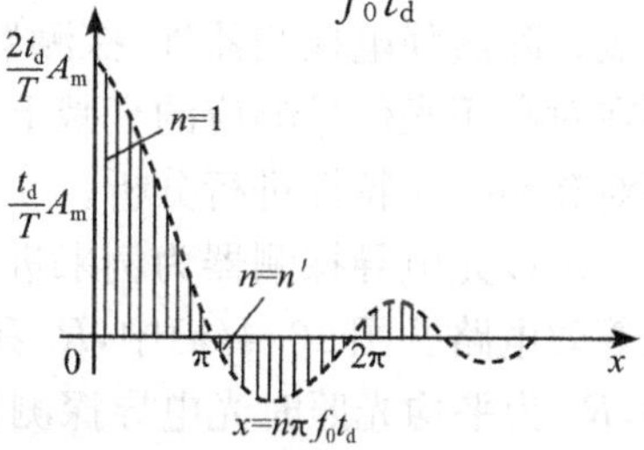

图 10-2　脉冲周期函数各谱线分量分布图

因此，可以得出结论：对于矩形脉冲信号，它的带宽 B 与脉冲宽度 t_d 成反比，主要频谱能量集中在 $0 \sim 1/t_d$ 以内；其检测电路的带宽通常可选择为

$$\Delta f \geqslant k \cdot B = k \cdot \frac{1}{t_d} \tag{10-8}$$

式中，k 取值为 0.25～4。k 值越大，检测电路带宽越宽，从而通过较多的高频分量，保持脉冲形状不失真或者失真很小。

图 10-3 分别表示了 $k=0.25$、$k=0.5$、$k=1$ 和 $k=4$ 时检测电路带宽对矩形脉冲波形和幅值的影响。从图中可以看出，矩形脉冲的脉宽 t_d 越窄，要求光电检测电路带宽就越宽，否则矩形脉冲将会被展宽，其幅度也会随之下降；在脉冲宽度 t_d 一定时，k 取值越大，检测电路带宽越宽，从而通过较多的高频分量，输出信号的幅度也增加，如 $\Delta f t_d=0.25$ 和 $\Delta f t_d=0.5$ 的曲线所示；当带宽再增加，则响应时间再减小，输出信号的峰值功率很快达到常数且与带宽无关，如 $\Delta f t_d=1$ 的曲线所示。由于光电探测器的输出噪声功率随带宽线性增加，所以有一最佳带宽，使得脉冲峰值功率和噪声功率之比为最大。对于矩形脉冲，当 $\Delta f t_d=0.5$ 时，就出现最大值，即获得最佳信噪比。

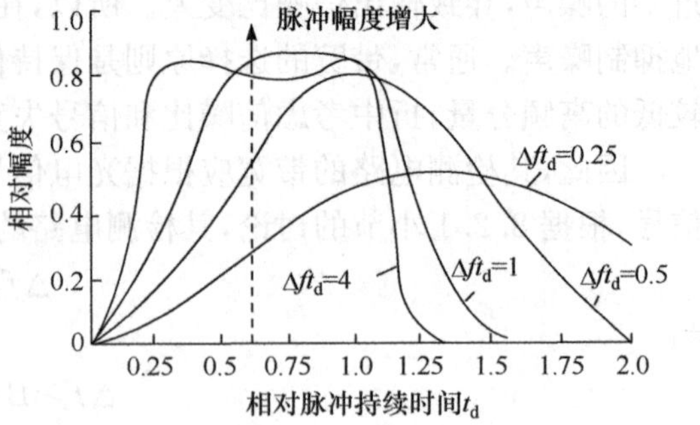

图 10-3 检测电路带宽对矩形脉冲波形和幅值的影响

研究表明，在式(10-8)中取 $k=0.25\sim0.75$，检测系统可获得最佳的信噪比；$k=1$，可以复现脉冲波形的轮廓；$k=4$，可以准确保持脉冲形状。

10.1.3 光电检测电路的频率特性分析与设计

通常，光电检测电路的频率特性由输入级电路、前置放大器和后续放大器等单元确定。按照傅里叶级数理论，任何复杂的周期信号都可以分解为若干不同谐波分量的叠加。因此，可以通过分析和计算各个单元对于不同谐波分量响应的频率特性，从而得到系统的综合频率特性。

下面先讨论输入级电路的频率特性，然后讨论前置放大器和后续放大器等单元的频率特性及综合频率特性。

1. 输入级电路的频率特性

输入级电路通常由光电探测器及它的偏置电阻和负载电阻(包括前置放大器的输入电阻)构成。除热释电探测器外，探测器受固有时间常数和电路时间常数的影响，其频率特性突出表现在对高频光信号响应的衰减上，可以利用前面第 2～6 章介绍的光电探测器交流微变等效电路对高频响应特性进行分析。

现以光电导探测器为例来进行分析。图 10-4 给出了光电导探测器交流检测电路及其微变等效电路。图 10-4(a)中，R_i 和 C_i 分别为放大器的输入负载电阻和输入电容；图 10-4(b)中，R_{p0} 为平均光照时光电导探测器的等效电阻，并忽略了耦合电容 C_c 对高频信号的影响。

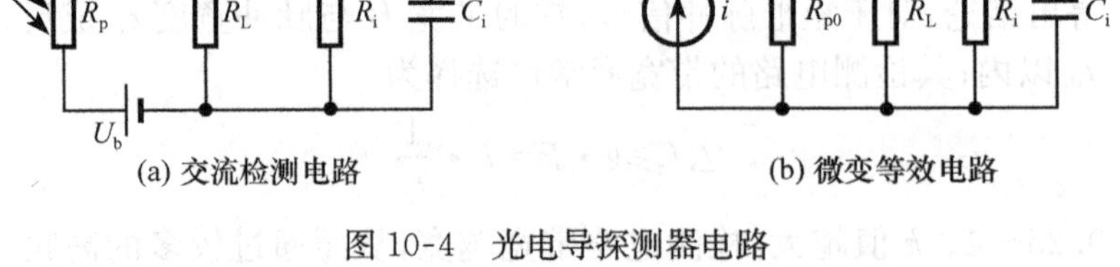

(a) 交流检测电路 (b) 微变等效电路

图 10-4 光电导探测器电路

设入射光辐射通量为 $\Phi=\Phi_m e^{j\omega t}$，其中 ω 为调制角频率；光电导探测器的(固有)响应时间

常数为 τ_c。参照式(3-10)，可得到光电导探测器输出的交变光电流为

$$i(t)=\frac{I_{p0}}{1+j\omega\tau_c}e^{j\omega t} \tag{10-9}$$

式中，I_{p0} 为零频时探测器的输出电流。

于是，光电导探测器输出的交变光电流幅值为

$$I_{pm}=\frac{I_{p0}}{\sqrt{1+\omega^2\tau_c^2}} \tag{10-10}$$

再考虑图 10-4(b)等效电路参数的影响，则输出电压的幅值为

$$U_m=\frac{I_{p0}R_L'}{\sqrt{(1+\omega^2\tau_c^2)(1+\omega^2\tau_e^2)}}=\frac{U_0}{\sqrt{(1+\omega^2\tau_c^2)(1+\omega^2\tau_e^2)}} \tag{10-11}$$

式中，$R_L'=R_{p0}/\!/R_L/\!/R_i$；$\tau_e=R_L'C_i$ 为电路时间常数；U_0 为零频时的输出电压。

式(10-11)表明，光电导探测器的高频光信号响应特性由它的固有时间常量 τ_c 和电路时间常量 τ_e 决定。这一结论具有普遍性，也适用于其他光电探测器(除热释放电探测器外，见 6.4.2 节)。实际应用中，可根据两个时间常量的数值，将式(10-11)简化，分别得到输出电压的幅值和上限截止频率。

当 $\tau_c\gg\tau_e$ 时，得到

$$U_m=\frac{U_0}{\sqrt{1+\omega^2\tau_c^2}},\quad f_{HC}=\frac{1}{2\pi\tau_c} \tag{10-12}$$

当 $\tau_c\ll\tau_e$ 时，得到

$$U_m=\frac{U_0}{\sqrt{1+\omega^2\tau_e^2}},\quad f_{HC}=\frac{1}{2\pi\tau_e} \tag{10-13}$$

例如，光电导探测器的固有时间常量(载流子寿命)较大，一般为毫秒量级；光电二极管的固有时间常量(主要是扩散时间)较小，一般为纳秒量级。分别利用式(10-12)和式(10-13)，可使其高频响应特性的分析得到简化。

*2. 光电检测电路综合频率特性的设计

快速变化的复杂信号可以看成是若干不同谐波分量的叠加，因此为避免频率失真，保证信号的全部频谱分量不产生非均匀的幅度衰减和附加的相位变化，检测电路的通频带应以足够的宽裕度覆盖住光信号的频谱分布。

下面通过一个实例具体介绍综合频率特性的设计方法。

例 10-1　用 $2DU_1$ 型光电二极管和两级相同的放大器组成光电检测电路。被测光信号的波形如图 10-5(a)所示，脉冲重复频率 $f_0=200\text{kHz}$，脉宽 $t_d=0.5\mu\text{s}$，脉冲幅度 1V，设光电二极管的结电容 $C_j=3\text{pF}$，输入电路的分布电容 $C_0=5\text{pF}$，设计该电路的阻容参数。

解　(1) 分析输入光信号的频谱，确定检测电路的总频带宽度。根据傅里叶变换函数表，对应图 10-5(a)的时序信号波形，可以得到如图 10-5(b)所示的频谱分布图。周期为 $T=1/f_0$ 的方波脉冲时序信号，其频谱是离散的，谱线的频率间隔(基频)为

$$f_0=1/T=200\text{kHz}$$

频谱包络线零值点的分布间隔为

$$F=1/t_d=2\text{MHz}$$

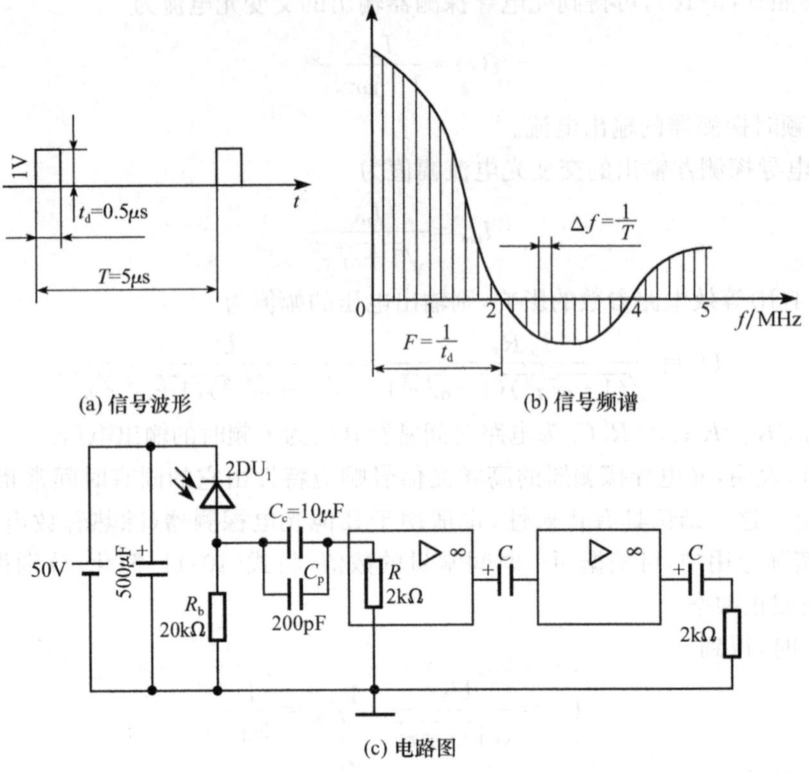

图 10-5 光电二极管检测电路

为了较好地保持脉冲形状，按照脉冲信号工作带宽的要求，选取 $\Delta f\ t_d=1.5$，即选取频谱包络线的第二峰值作为信号的高频截止频率。如图 10-5(b)所示，对应的第二波峰包含 15 个谐波成分，高频截止频率 f_{HC}取为

$$f_{HC}=200\text{kHz}\times 15=3\text{MHz}$$

取低频截止频率为 200Hz，则检测放大器的总频带宽为 $f_{HC}=3\text{MHz}$，$f_{LC}=200\text{Hz}$，带宽近似为 $\Delta f\approx 3\text{MHz}$。对比式(10-8)，此时 $\Delta f t_d=1.5$。

(2) 确定级联各级电路的频带宽度。根据设计要求，检测电路由输入电路和两级相同的放大器级联组成。设三级带宽相同，根据电子学中系统频带宽度的计算公式，相同 n 级级联放大器的高频截止频率为

$$f_{nHC}=f_{HC}\sqrt{2^{(1/n)}-1} \tag{10-14}$$

式中，f_{HC}是单级高频截止频率。

将 $f_{nHC}=3\text{MHz}$ 和 $n=3$ 代入式(10-14)，可算出单级高频截止频率 f_{HC}为

$$f_{HC}=\frac{3}{\sqrt{2^{(1/3)}-1}}\approx 6\text{MHz}$$

即单级高频截止频率为 6MHz。

类似地，单级低频截止频率和多级低频截止频率之间有以下关系

$$f_{nLC}=\frac{f_{LC}}{\sqrt{2^{(1/n)}-1}} \tag{10-15}$$

对于 $f_{nLC}=200\text{Hz}$，可计算出 $f_{LC}=102\text{Hz}$。

(3) 计算输入电路参数。带宽为 6MHz 的输入电路应采用电流放大方式，则

$$R_L=\frac{1}{2\pi f_{HC}(C_j+C_0)}=\frac{1}{2\pi\times 6\times 10^6\times 8\times 10^{-12}}\Omega\approx 3.3\text{k}\Omega$$

选为 2kΩ，此处为后级放大器的输入阻抗，为保证 $R_L \ll R_b$，取 $R_b=(10\sim 20)R_L$，即 $R_b=10R_L=20\text{k}\Omega$。

耦合电容 C 值是由低频截止频率决定的

$$f_{LC}=\frac{1}{2\pi(R_L+R_b)C}$$

将 $f_{LC}=100\text{Hz}$ 代入上式，计算 C 值为

$$C=\frac{1}{2\pi\times 22\times 10^3\times 10^2}$$

取 $C=1\mu\text{F}$，对于第一级耦合电容可适当增大 10 倍，取电容值为 $10\mu\text{F}$。

(4) 选择放大电路。选用二级通用的宽带运算放大器，放大器输入阻抗小于 2kΩ，放大器通频带要求为 6MHz，取为 10MHz。

按上述估算得到的检测电路如图 10-5(c)所示。图中，输入电路的直流电源电压 50V，低于 $2DU_1$ 型光电二极管的最大反向电压。并联的 $500\mu\text{F}$ 电容用以滤除电源的波动。为减少 C_c 电解电容寄生电感的影响，并联了 $C_p=200\text{pF}$ 的电容。

通过上述实例分析可知，检测电路频率特性的设计大致可以归纳为以下三个基本步骤。

(1) 对输入光信号进行傅里叶频谱分析，得到信号的频谱分布，从而确定带宽。对于正弦调幅信号、正弦调频信号和脉冲信号等几种典型信号，可分别按照式(10-2)、式(10-3)和式(10-8)确定带宽。

(2) 对于多级检测系统，基于其组成单元的频率特性，确定多级光电检测电路的允许通频带宽和上限截止频率。

(3) 根据级联系统的带宽计算方法，确定单级检测电路的阻容参数。

10.2　光电检测电路的低噪声设计

在光电系统中，尤其是在直接探测系统中，当信号光很弱时探测器的输出信噪比很低。因此，在设计弱光检测电路时，总是先满足噪声指标的要求，然后校核增益、带宽等技术要求。而在相干探测系统中，因为参考光信号可以很强，光电转换的输出信噪比高，噪声特性并不是设计的主要问题，光电检测电路设计的重点在于增益、带宽等技术要求。

本节着重讨论前置放大器的噪声以及探测器与前置放大电路的噪声匹配，并介绍检测电路中噪声的估算方法。

10.2.1　前置放大器的噪声

1. 放大器 E_n-I_n 噪声模型

前置放大器不仅放大输入信号，同样也放大输入噪声，而且放大器本身还要引入新的附加噪声。和光电探测器的噪声类似，放大器本身的附加噪声包含许多个噪声源，如热噪声、散粒噪声、电流噪声等。为了简化对放大器噪声的分析，提出了一个只含有 E_n 和 I_n 两个噪声参数的放大器噪声模型。

图 10-6 为放大器的 E_n-I_n 噪声模型示意图。将放大器内部的所有噪声源都折算到输入端，也就是用阻抗为零的噪声电压发生器 E_n 和输入端串联及用阻抗为无限大的噪声电流发生器 I_n 和输入端并联。而放大器本身则被假设为一个无噪声的理想放大电路。

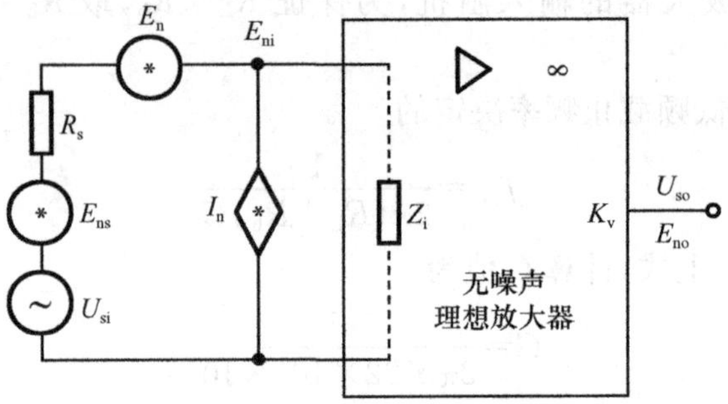

图 10-6　放大器 E_n-I_n 噪声模型

图 10-6 中，U_{si}为信号电压，R_s 为信号源内阻（为纯电阻，简称源电阻），E_{ns}为信号源内阻的热噪声电压（$E_{ns}=(4kTR_s\Delta f)^{1/2}$），$K_v$为放大器增益，$Z_i$ 为放大器输入阻抗，U_{so}和 E_{no}分别为放大器输出端的信号和噪声电压。

为了使分析和计算更进一步简化，常希望用一个等效输入噪声 E_{ni}来代替图 10-6 中的 E_{ns}、E_n、I_n 三个噪声源。根据图 10-6 中放大器的噪声模型，用简单的分流和分压原理，可以求得

$$E_{ni}^2=E_{ns}^2+E_n^2+I_n^2R_s^2 \tag{10-16}$$

式(10-16)提供了一种测量 E_n-I_n 噪声模型参数的方法，即在 $R_s=0$（即放大器输入端短路）条件下测量总输出噪声 K_vE_n，然后除以放大器增益 K_v，就得到 E_n。要测量 I_n 必须使 I_n 占优势，常采用大的（信号）源电阻（或输入端开路）条件下，测得放大器输出噪声电压，除以系统增益 K_v和 R_s，就得到 I_n。一般低噪声放大器产品手册中，可查找到 E_n 和 I_n 的数值，例如，低噪声放大器 OP27，$E_n=3.5\text{nV/Hz}^{1/2}$，$I_n=1.7\text{pA/Hz}^{1/2}$。

2. 噪声系数

为了反映放大器本身的附加噪声使系统信噪比变坏的程度，引入噪声系数 F，其定义为

$$F=\frac{\text{放大器输入信噪比}(S/N)_i}{\text{放大器输出信噪比}(S/N)_o}=\frac{S_{Pi}/N_{Pi}}{S_{Po}/N_{Po}} \tag{10-17}$$

式中，S_{Po}、S_{Pi}分别为放大器输出端和输入端的信号功率；N_{Po}、N_{Pi}分别为放大器输出端和输入端的噪声功率。由于放大器引入噪声，$(S/N)_o<(S/N)_i$，实际放大系统的噪声系数 F 总是大于 1。式(10-17)表明，对于一个理想的无噪声放大器，$F=1$；对于一个实际具有噪声的放大器，$F>1$。F 越大，放大器本身的噪声电平越高。显然，噪声系数 F 可以反映出放大器的噪声使系统信噪比变坏的程度，是衡量放大器噪声性能好坏的重要指标。

噪声系数习惯上用 dB 来表示，即

$$\text{NF}=10\lg F$$

理想的无噪声放大器 NF=0dB，实际的 NF 总是大于零的。例如，对于 $F=2$ 的放大器，其 NF=3dB。

式(10-17)定义的是单级放大器的噪声系数。实际光电检测电路中，为了保证电路增益、

频率响应、阻抗特性等指标，通常采用多级放大器来组成一个完整的放大器。设一个具有 n 级级联放大的光电检测电路，其第 1 级至第 n 级的功率增益依次为 $K_{P1}, K_{P2}, \cdots, K_{Pn}$，噪声系数依次为 $F_1, F_2, \cdots, F_n$。可以证明[1,2]，级联放大器的噪声系数为

$$F=F_1+\frac{F_2-1}{K_{P1}}+\frac{F_3-1}{K_{P1}K_{P2}}+\cdots+\frac{F_n-1}{K_{P1}K_{P2}\cdots K_{P(n-1)}} \tag{10-18}$$

由式(10-18)可知：光电检测电路各级放大器的噪声均会使总的噪声系数增加；如果第一级的功率增益 K_{P1} 很大，那么第二级及其以后各项很小而可以忽略，于是总的噪声系数 F 仅由前置(第一级)放大器的噪声系数 F_1 决定。在这种情况下，前置放大器的噪声就反映了所有各级放大器的总噪声。

例 10-2　光电倍增管和雪崩光电二极管本身有较高的内增益，所以可视为放大器的第一级，后随放大器则视为第二级，这样，式(10-18)中的 K_{P1} 就用 M^2 代替，由于 $M\gg 1$，式(10-18)在这种情况下就能很好地近似为

$$F=F_1$$

这说明，该光电检测电路的噪声系数就等于光电倍增管或雪崩光电二极管的噪声系数。因此，选用低噪声光电倍增管或雪崩光电二极管是降低检测电路输出噪声、提高系统探测能力的关键。在这种情况下，对放大器提出过高要求，不仅收益不大，而且造成浪费。

例 10-3　光电二极管没有内增益，因此不能把它视为一级放大器，K_{P1} 通常由于带宽 Δf 的要求也只能做到 10 倍量级。因此，放大器第一级的 F_1 和第二级的 $(F_2-1)/K_{P1}$ 是检测电路系统噪声系数的主要贡献者。特别是前置级，往往是保证整个噪声性能的关键。为了降低检测电路的噪声系数，前置级应选用低噪声放大器。

3. 最佳源电阻与噪声匹配

若将 $K_P=S_{Po}/S_{Pi}$ 代入式(10-17)，放大器噪声系数 F 可以改写成

$$F=\frac{N_{Po}/K_P}{N_{Pi}}=\frac{\text{放大器总的等效输入噪声功率}}{\text{输入端源电阻热噪声功率}} \tag{10-19}$$

根据式(10-16)及式(10-19)，放大器噪声系数 F 又可写成

$$\begin{aligned}F&=\frac{E_{ni}^2}{E_{ns}^2}=\frac{E_{ns}^2+E_n^2+I_n^2R_s^2}{E_{ns}^2}=1+\frac{E_n^2}{E_{ns}^2}+\frac{I_n^2R_s^2}{E_{ns}^2}\\&=1+\frac{E_n^2}{4kTR_s\Delta f}+\frac{I_n^2R_s}{4kT\Delta f}\end{aligned} \tag{10-20}$$

由式(10-20)可以看出，噪声系数 F 与源电阻 R_s 有关，选择适当的源电阻 R_s 可使噪声系数 F 最小。通常称这个适当的源电阻为最佳源电阻，并以 R_{sopt} 表示。对式(10-20)求导，即可求得最佳源电阻

$$R_{sopt}=\frac{E_n}{I_n} \tag{10-21}$$

将式(10-21)代入式(10-20)，可以得到最小噪声系数 F_{min}，即

$$F_{min}=1+\frac{E_nI_n}{2kT\Delta f} \tag{10-22}$$

并可给出噪声系数 F 与源电阻 R_s 的变化关系曲线，如图 10-7 所示。当源电阻 $R_s=R_{sopt}$ 时，噪声系数 F 达到最小值，这就是说，当信号源(探测器)的内阻等于放大器的最佳源电阻值时，

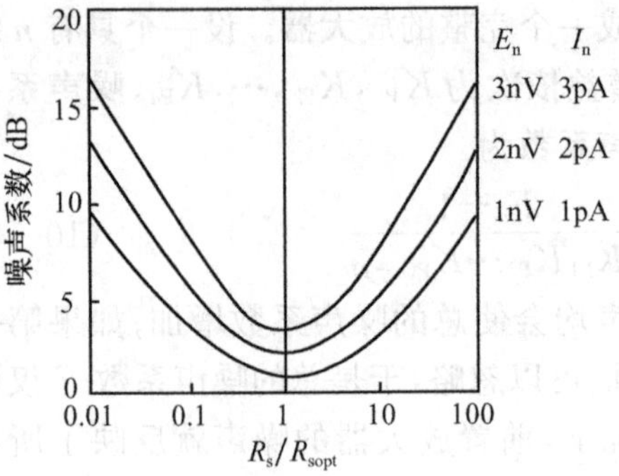

图 10-7 噪声系数与源电阻关系曲线

放大器对检测电路附加的噪声达到最小，此时，称为信号源（探测器）与放大器之间达到了噪声匹配。

应指出的是，噪声匹配和功率匹配是两个不同的概念。功率匹配是指信号源的内阻等于放大器的输入电阻（阻抗）时，信号源与放大器之间功率传输达到最大。噪声匹配指信号源的内阻等于放大器的最佳源电阻时，放大器引入的噪声达到最小。放大器的最佳源电阻 R_{sopt} 与放大器的输入电阻（阻抗）之间没有直接关系，而是由放大器的噪声机制决定的（由 E_n 和 I_n 决定）。

10.2.2 光电检测电路的噪声

通常，光电检测电路的噪声来自探测器本身的噪声、偏置电路的噪声和前置放大器的附加噪声。其中，输入级电路的噪声对检测电路噪声的影响通过适当的设计（后面将讨论设计方法），可以忽略不计。因此，可以只考虑探测器本身的噪声和前置放大器的附加噪声对检测电路的作用。

1. * 光电检测电路的 E_n-I_n 噪声模型

图 10-6 放大器的 E_n-I_n 噪声模型中，信号源内阻 R_s 为纯电阻，信号源噪声 E_{ns} 是源内阻的热噪声。在光电检测电路中，信号源为光电探测器，其信号源噪声除了源内阻的热噪声外，还应包括探测器本身的其他噪声，如光伏探测器的散粒噪声、光敏电阻的产生-复合噪声等。现以反向偏置的光电二极管作为信号源为例，同时考虑它的源内阻热噪声和散粒噪声，可以得到光电检测电路的噪声模型，如图 10-8 所示。它与图 10-6 放大器的噪声模型相比，信号源噪声多了散粒噪声源，用 I_N 表示；同时，为了方便分析问题，源内阻的热噪声源由电压噪声源改成了电流噪声源，用 I_{ns} 表示。它与源内阻的关系是 $I_{ns}=(4kT\Delta f/R_s)^{1/2}$。

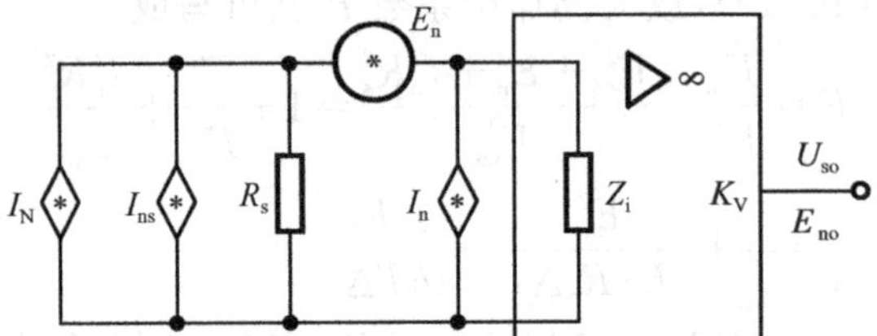

图 10-8 光电检测电路的噪声模型

因此，放大器的等效输入噪声电压式（10-16）应改写为

$$E_{ni}^2=E_n^2+(I_n^2+I_{ns}^2+I_N^2)R_s^2=E_{ns}^2+E_n^2+(I_n^2+I_N^2)R_s^2 \tag{10-23}$$

从而，式（10-20）改写为

$$F'=\frac{\text{放大器总的等效输入噪声功率}}{\text{输入端信号源总的噪声功率}}=\frac{E_{ni}^2}{E_{ns}^2+I_N^2R_s^2}=1+\frac{E_n^2+I_n^2R_s^2}{I_N^2R_s^2+4kTR_s\Delta f} \tag{10-24}$$

对式（10-23）求导，即可求得光电探测器与前置放大器的噪声匹配电阻

$$R'_{sopt}=\frac{I_N^2E_n+\sqrt{(I_N^2E_n)^2+(4kT\Delta fI_n)^2}}{4kT\Delta fI_n}\cdot R_{sopt} \tag{10-25}$$

式中，$R_{sopt}=E_n/I_n$ 为前置放大器的最佳源电阻。

根据式(10-24)和式(10-25)画出光电检测电路噪声系数与源电阻关系曲线，如图 10-9 所示。由图可见，光电检测电路中信号源总噪声增大时，放大器的噪声使系统信噪比变坏的程度相对降低；其噪声匹配电阻R'_{sopt}向增大的方向偏离最佳源电阻 R_{sopt} 值。

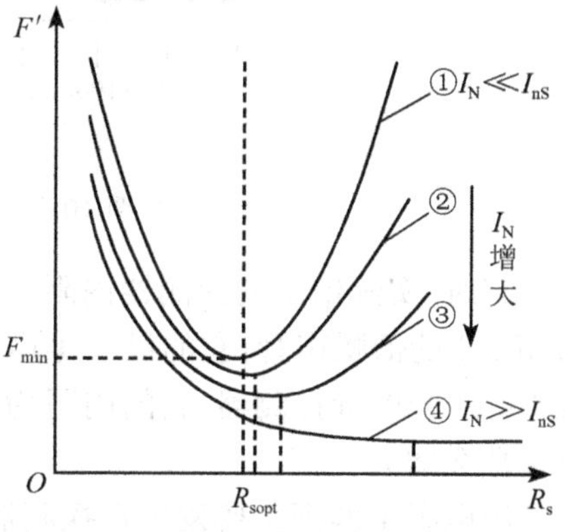

图 10-9　光电检测电路噪声系数与源电阻关系曲线

可以证明[3]，取 $R'_{sopt}\approx R_{sopt}=E_n/I_n$，选择低噪声前置放大器，可使光电探测器与前置放大器达到较好的噪声匹配，其噪声系数计算的最大误差不超过 3dB，这在工程实际中是允许的。也就是说，前面讨论的最佳源电阻与噪声匹配的概念也基本适应于光电检测电路的噪声分析。

2. 光电探测器与前置放大器的噪声匹配

根据最佳源电阻的概念，选择前置放大器，就可以实现探测器与前置放大器的噪声匹配，即使前置放大器引入的附加噪声达到最小。首先，根据使用要求，如光谱响应范围、响应频率、使用温度、最小可探测功率等，选定探测器。一旦探测器类型选定后，其内阻也就确定了。再根据最佳源电阻匹配原则，选择低噪声有源器件作为前置放大器，以得到最大的输出信噪比。

表 10-1 和图 10-10 分别列出几种典型的探测器内阻值和常用器件最佳源电阻(E_n/I_n)的分布示意图。例如，若检测电路采用热释电探测器，由表 10-1 可知，其内阻$>10^8\Omega$，查图 10-10，选用结型场效应管作为前置放大器能得到较高的输出信噪比(噪声匹配)，这是热释电探测器常和结型场效应管制成组合器件的原因之一。

表 10-1　几种典型探测器内阻值

名　　称	内阻/Ω	响应时间/s
热电偶	$1\sim10^2$	$10^{-2}\sim1$
测辐射热计	$10^5\sim10^7$	$3\times10^{-4}\sim3\times10^{-3}$
热释电探测器	$>10^8$	$3\times10^{-9}\sim3\times10^{-5}$
PIN 锗二极管	≈50	$\approx10^{-7}$
PbS(PC 常温)	$10^5\sim10^7$	$5\times10^{-5}\sim5\times10^{-4}$
PbSe(PC 常温)	$10^3\sim10^7$	$\approx2\times10^{-6}$
InSb(PV77K)	$10^3\sim10^5$	$<10^{-6}$
InSb(PC77K)	$10^3\sim10^5$	$10^{-6}\sim10^{-5}$
Ge:Cu(PC77K)	$10^3\sim10^7$	$<10^{-6}$
HgCdTe(PV77K)	$2.5\sim50$	$\approx10^{-8}$
HgCdTe(PC77K)	$25\sim50$	$10^{-8}\sim10^{-7}$
Ge:Au(P 型 77K)	$(0.1\sim10)\times10^6$	1×10^{-6}
Ge:Hg(30K)	$(0.2\sim10)\times10^4$	10^{-6}

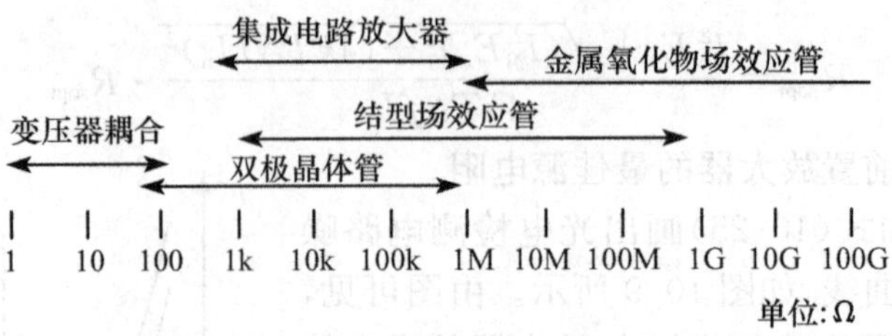

图 10-10 常用器件最佳源电阻分布示意图

有时,实际给定的探测器内阻不一定与放大器要求的最佳源电阻值一致。例如,放大器选用 3DX6 的低噪声管,它的最小噪声系数为 2.5dB,对应的最佳源电阻约为 600Ω。如果采用 HgCdTe 光电导探测器,它的内阻为 50～200Ω。显然二者相连时,噪声不匹配,即放大器的噪声系数会增大。

源电阻不匹配主要发生在探测器电阻较小的情况下,因而可采用升压变压器隔离源电阻及放大器,从而使源电阻的阻抗升高 n^2 倍(n 为变压器的变比系数)。达到源电阻匹配,噪声系数最小。也可以采用并联多个晶体管的方法,减小放大器一侧的最佳源电阻,达到噪声匹配。

3. 偏置电路和负反馈电路的噪声影响

通过噪声性能的分析可以发现,光电探测器的偏置电路和前置放大器中的负反馈电路都会使检测电路的噪声性能下降。分析指出[2],探测器的偏置电路,如光电倍增管、光电二极管、光敏电阻的偏置电阻,对检测电路的噪声贡献等效于偏置电阻与探测器的并联;串联负反馈的噪声贡献等效于负反馈合成电阻与探测器的串联,而并联负反馈的噪声贡献等效于负反馈合成电阻与探测器的并联。

设计偏置电路和负反馈电路接口电路时,为了使其附加噪声的影响最小化,首先应根据噪声匹配原则,选择前置放大器即确定噪声模型参量 E_n 和 I_n,然后遵循以下三条准则,选择阻抗元件参数。

(1) 与探测器串联的阻抗元件,应满足

$$\begin{cases} R_{cs} \ll E_n/I_n \\ X_{cs} \ll E_n/I_n \end{cases} \tag{10-26}$$

式中,R_{cs} 和 X_{cs} 分别为串联的阻性和容性阻抗。

(2) 与探测器并联的阻抗元件,应满足

$$\begin{cases} R_{cp} \gg E_n/I_n \\ X_{cp} \gg E_n/I_n \end{cases} \tag{10-27}$$

式中,R_{cp} 和 X_{cp} 分别为并联的阻性和容性阻抗。

(3) 接口电路电阻两端的直流电压应尽量减小,以减小电阻元件的 $1/f$ 噪声。

4. 检测电路的低噪声设计要点

(1) 选择低噪声放大器。由于低噪声放大器的性能不断提高,可供选用的种类也越来越多,因此在低噪声前置放大器的设计中,现在更多的是直接选用性能优良的低噪声运算放大器(如 OP-24/27/34/37/227 系列和 AD797 等),一般不再单独地进行设计。在对低噪声运算放大器进行选择的时候,根据式(10-21),不仅需要考虑运放的参数中给出的噪声电压 E_n,而且要考察一下信号源内阻 R_s 和运放的噪声电流 I_n。另外，也可利用分贝表示的放大器的噪声系数 NF 对信号源内阻 R_s 的曲线进行直观的选择[2]。

(2) 降低前置放大器的附加噪声影响。有三种技术途径：①增加放大器第一级的增益或者直接选择具有高内增益的探测器，如前述的光电倍增管、雪崩光电二极管；②应按照放大器最佳源电阻的选择原则，实现探测器与前置放大器的噪声匹配；③选择低噪声放大器。

(3) 减小偏置电路和反馈电路的噪声影响。按照式(10-26)和式(10-27)要求设计偏置电路和反馈电路，优先满足噪声指标的要求，然后校核动态范围、增益和带宽等技术要求。

(4) 选择工作频率和带宽。合理选择光信号的调制频率，例如，偏离 $1/f$ 噪声为主的区域；同时，在保证满足信号带宽的条件下，尽可能压缩带宽。

10.2.3　光电检测电路的噪声估算

光电检测电路噪声估算的目的是要确定器件和电路的固有噪声电平，计算信噪比，估算出为保证可靠检测所必需的最小输入光功率值。在进行噪声估算时，为了计算方便，工程上常常进行等效处理，即将检测电路各种器件的噪声等效为相同形式的均方值(或有效值)电流源的形式，这样便可以与其他电路器件一起以统一的方式建立起等效噪声电路。

1. 等效噪声带宽

测量系统的等效噪声带宽是噪声量度的一种表示形式，定义为最大增益矩形带宽，如图 10-11所示，可表示为

$$\Delta f_e = \frac{1}{A_P}\int_0^\infty A_P(f)D(f)\mathrm{d}f \qquad (10\text{-}28)$$

式中，Δf_e 是等效噪声带宽；$A_P(f)$是放大器或电路的相对功率增益，是频率 f 的函数；A_P 是放大器或电路功率增益的最大值；$D(f)$是等效于电路输入端的归一化噪声功率谱。

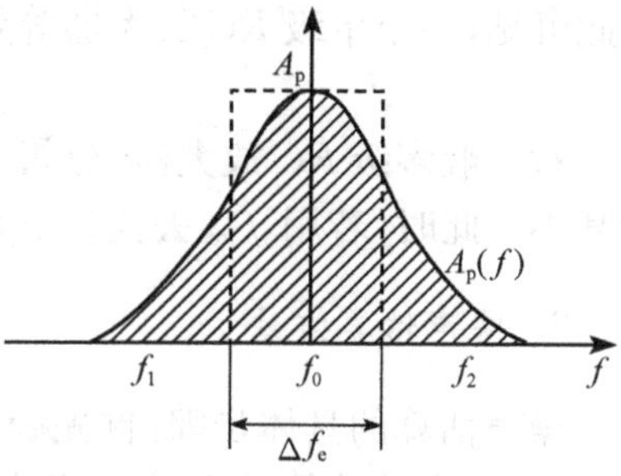

图 10-11　等效带宽物理意义

白噪声情况下，$D(f)=1$，则有

$$\Delta f_e = \frac{1}{A_P}\int_0^\infty A_P(f)\mathrm{d}f \qquad (10\text{-}29)$$

当电路的频率响应为带通型时，式(10-29)可以改写为

$$A_P\Delta f_e = \int_{f_1}^{f_2} A_P(f)\mathrm{d}f \qquad (10\text{-}30)$$

如图 10-11 所示，A_P 为中心频率上所对应的功率增益；当电路频率响应为低频型时，A_P 就是零频上的功率增益。

式(10-30)等号右边是功率增益函数 $A_P(f)$在图 10-11 中曲线下所包含的面积(阴影部分)，而等号左边 $A_P(f)$ 是以 A_P 为高、Δf_e 为宽的一块面积，如图 10-11 中虚线构成的矩形面积，该面积与 $A_P(f)$曲线下所含的面积相等，Δf_e 是等效面积的宽度，称为等效噪声带宽，它是网络通过噪声能力的一种量度。

光电探测器输入电路由光电探测器和阻容元件组合而成。在电阻和电容并联的情况下，电容 C 的频率特性使合成阻抗随频率的增加而减少，合成电阻可表示为

$$R(f)=R/[1+(2\pi fRC)^2] \tag{10-31}$$

因此，并联 RC 电路的噪声电压有效值为

$$U_{nT}^2 = 4kT\int_0^{\infty} R(f)\mathrm{d}f = 4kT\int_0^{\infty} \frac{R}{1+(2\pi fRC)^2}\mathrm{d}f \tag{10-32}$$

完成积分，得到

$$U_{nT}^2=4kTR/(4RC)=4kTR\Delta f_e \tag{10-33}$$

式中，Δf_e 为电路的等效噪声带宽，即

$$\Delta f_e=\frac{1}{4RC} \tag{10-34}$$

式(10-34)表明，并联 RC 电路对噪声的影响相当于使电阻热噪声的频谱分布由原来的零至无穷大变窄为等效噪声带宽 Δf_e，它的物理意义可以由图 10-11 看到。频带变窄后的噪声非均匀分布曲线所包围的图形面积等于以 Δf_e 为带宽、$4kTR$ 为恒定幅值的矩形区的面积。这样就给分析和计算带来了方便。

应当指出的是，系统的噪声带宽或称“等效噪声带宽”Δf_e，不同于信号带宽 Δf_s 或 f_{3dB}。Δf_e 反映系统对噪声的选择性，而放大器三分贝带宽 f_{3dB} 是指输出信号下降至最大值的 0.707 时对应的频率。由于噪声频谱与信号频谱具有完全不同的特征，所以 Δf_e 和 f_{3dB} 具有不同意义，两者间的关系与放大器类型有关。

对于并联 RC 电路，等效噪声带宽 Δf_e 如式(10-34)所示。而信号带宽为

$$\Delta f_s=f_{3dB}=\frac{1}{2\pi RC} \tag{10-35}$$

由此可见，一个单级 RC 放大器等效噪声带宽 Δf_e 比放大器三分贝带宽要宽，二者间的关系为

$$\Delta f_e=1.57f_{3dB} \tag{10-36}$$

对一般多级 RC 放大器，分析表明，随着级数 n 的增加，其等效噪声带宽与 f_{3dB} 的差别逐渐减小。此时，若用 f_{3dB} 去代替 Δf_e，虽有一定误差，但工程计算上是允许的。

2. 噪声估算方法

噪声估算的具体步骤：首先确定探测器件和前置放大器的噪声源，画出检测电路的噪声等效电路，其次计算等效电路的噪声等效带宽，最后根据噪声等效电路计算噪声输出电流（电压）、信噪比和要求的最小输入光功率值。下面以光电二极管为例介绍光电检测电路的噪声估算方法。

例 10-4 用 $2DU_1$ 型光电二极管和放大器组成光电检测电路，如图 10-12 所示。设光电二极管的灵敏度 $S=0.5\mu A/\mu W$，结电容 $C_j=5pF$；输入电路的分布电容 $C_0=3pF$；放大器的噪声模型参量 $E_n=3.5nV/Hz^{1/2}$，$I_n=1.7pA/Hz^{1/2}$，输入电阻 $R_i \gg R_b$。

① 画出噪声等效电路图。

② 计算等效噪声带宽和检测电路高频截止频率。

③ 计算光电流 $I_p=10\mu A$ 时的总噪声电流、信噪比。

④ 如果要求输出信噪比为 10∶1，则最小输入光功率值为多少？

解 ① 噪声等效电路如图 10-13 所示。

② 等效噪声带宽和检测电路高频截止频率分别为

$$\Delta f_e=\frac{1}{4R(C_0+C_j)}=\frac{1}{4\times 2\times 10^4\Omega\times 8\times 10^{-12}\mathrm{F}}=1.5625\mathrm{MHz}$$

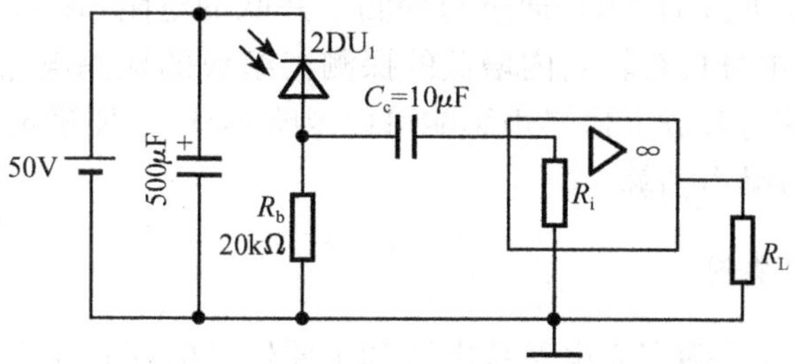

图 10-12　DU1 型光电二极管检测电路图

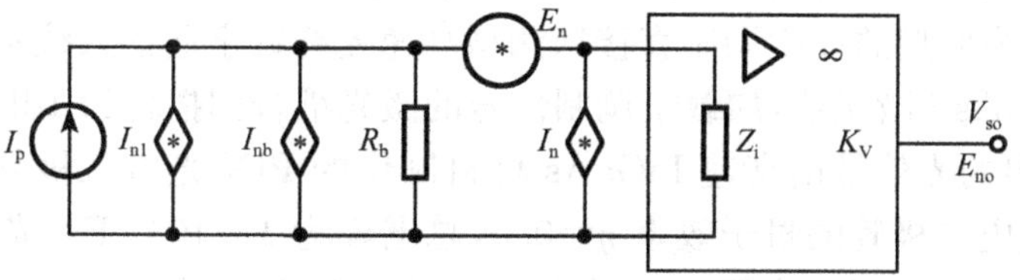

图 10-13　噪声等效电路图

$$\Delta f_{HC}=\Delta F=\frac{1}{2\pi R(C_0+C_j)}=\frac{1}{2\pi\times 2\times 10^4\Omega\times 8\times 10^{-12}\text{F}}=0.9947\text{MHz}$$

③ 当光电流 $I_p=10\mu$A 时，光电二极管散粒噪声电流为

$$I_{n1}=\sqrt{2qI_p\Delta f_e}=\sqrt{2\times 1.6\times 10^{-19}\times 10^{-5}\times 1.5625\times 10^6}\text{A}=2.2361\times 10^{-9}\text{A}$$

电阻 R_b 热噪声电流为

$$I_{nb}=\sqrt{4kT\Delta f_e/R_b}=3.2\times 10^{-9}\text{A}$$

放大器的噪声模型参量 $E_n=3.5\text{nV/Hz}^{1/2}$，流过电阻 R_b 产生的噪声电流 I_{n2}（图中未标出）为

$$I_{n2}=\frac{E_n}{R_b}=\frac{3.5\times 10^{-9}\times\sqrt{\Delta f_e}}{2\times 10^5}=\frac{3.5\times 10^{-9}\times\sqrt{1.5625\times 10^6}}{2\times 10^5}=2.1875\times 10^{-11}(\text{A})$$

放大器的噪声模型参量 $I_n=1.7\text{pA/Hz}^{1/2}$ 的噪声电流为

$$I_n=1.7\times 10^{-12}\times\sqrt{\Delta f_e}=1.7\times 10^{-12}\times\sqrt{1.5625\times 10^6}=2.125\times 10^{-9}(\text{A})$$

总噪声电流为

$$I_N=\sqrt{I_{n1}^2+I_{n2}^2+I_n^2+I_{nb}^2}=4.4885\times 10^{-9}\text{A}$$

电流信噪比为

$$\text{SNR}=\frac{I_p}{I_N}=\frac{10^{-5}}{4.4885\times 10^{-9}}=2228$$

④ 由第③步的计算可知，如果要求输出信噪比为 10∶1，则光电二极管散粒噪声电流相对于其他噪声较小，可以忽略。输出信噪比为

$$\text{SNR}=\frac{I_p}{I_N}\approx\frac{I_p}{\sqrt{I_{n2}^2+I_n^2+I_{nb}^2}}=10$$

求得

$$I_{pmin}=4.4885\times 10^{-8}\text{A}$$

因此，最小输入光功率 $P_{min}=I_{pmin}/S=4.4885\times 10^{-8}\text{A}/(0.5\mu\text{A}/\mu\text{W})=89.77\text{nW}$。

由上述讨论可知，估算检测电路噪声时，前置放大器的 E_n-I_n 噪声模型参量 I_n 的作用是直接增加电流噪声源，而 E_n 的作用是通过与探测器并联的电阻（在例 10-4 中为偏置电阻）转换为电流噪声源。对于本身具有较高内增益的探测器组成的检测电路，如光电倍增管或雪崩光电二极管检测电路，其前置放大器噪声影响可以忽略不计，只要确定探测器及与其并联的电阻的噪声源，就可以进行噪声估算。

3. 噪声估算的应用举例

噪声估算的主要目的是确定光电系统电路和主要器件的固有噪声电平，计算信噪比，为光电系统所需器件性能参数的选取、工作条件的确定提供指导。下面以采用光纤传输数字信号的高速光纤通信系统的设计为例，对噪声估算的应用进行介绍[4]。

图 10-14 所示为典型的强度调制直接探测型高速光纤数字通信系统示意图。所用光源为 $\lambda=1.33\mu m$ 的 InGaAsP 激光器，加载了调制信号的激光耦合到损耗为 1dB/km 的光纤中。在接收端，光纤中输出的光信号由高速 InGaAs 材料制作的 PIN 光电二极管进行探测。在 $\lambda=1.33\mu m$ 处，PIN 光电二极管的量子效率 $\eta=0.5$，总电容为 1×10^{-12}F。光电二极管输出的电信号由噪声系数为 6dB 的场效应管放大器放大，放大了的电信号被送入判别电路中的阈值检波器。设计基本要求：①高速码速 565Mb/s；②误码率小于 10^{-9}；③光纤路程大于 20km 路程。

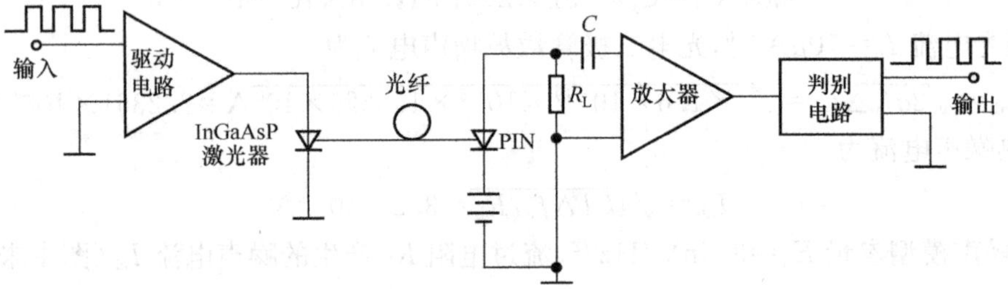

图 10-14　光纤通信系统简图

理论分析表明，误码率 P_e 与光探测器输出端的信噪比有关，二者之间的依赖关系如图 10-15所示。由图 10-15 可知，要满足 $P_e<10^{-9}$，则输入到阈值检波器的信噪比为

$$20\lg\frac{i_s}{(\overline{i_N^2})^{\frac{1}{2}}}\geqslant 21.5 \tag{10-37}$$

即

$$\frac{i_s}{(\overline{i_N^2})^{\frac{1}{2}}}\geqslant 11.89 \tag{10-38}$$

式中，均方噪声电流 $\overline{i_N^2}$ 为 PIN 光电二极管的散粒噪声、负载电阻 R_L 的热噪声及放大器的附加噪声三者之和，即

$$\overline{i_N^2}=2ei_s\Delta f+\frac{4kT\Delta f}{R_L}+(F-1)\frac{4kT\Delta f}{R_L} \tag{10-39}$$

式中，i_s 为流过 PIN 光电二极管的平均光电流；Δf 为带宽；F 为放大器的噪声系数。参照式(2-19)，信号峰值电流为

$$i_s=\frac{e\eta}{hv}\Phi_s \tag{10-40}$$

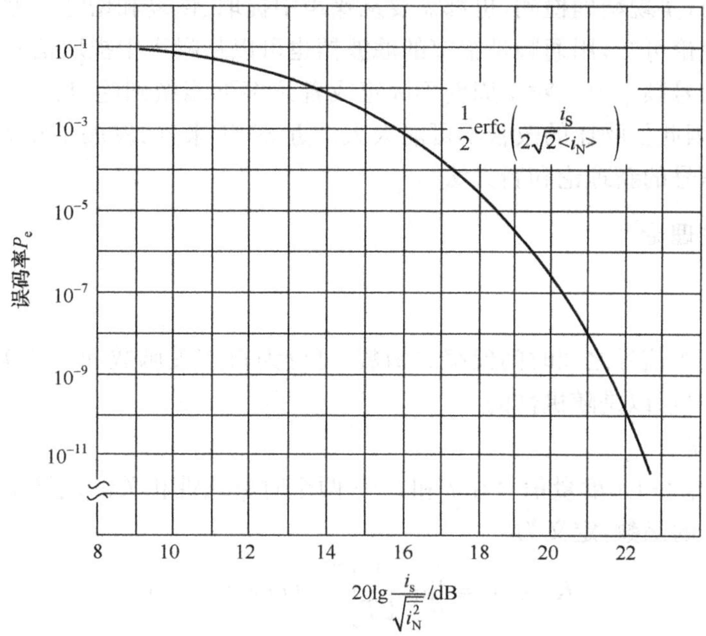

图 10-15 误码率 P_e 与探测器输出端信噪比的关系

式中，Φ_s 是入射到光电二极管上的光脉冲峰值功率。Φ_s 一般很小，式(10-39)中的信号光电流的散粒噪声相对于后两项可以忽略。于是，放大器输出端的电流信噪比

$$\frac{i_s}{(\overline{i_N^2})^{\frac{1}{2}}}=\frac{e\eta\Phi_s/h\upsilon}{\left[\frac{4kT\Delta f}{R_L}+(F-1)\frac{4kT\Delta f}{R_L}\right]^{\frac{1}{2}}} \tag{10-41}$$

现在求使得式(10-41)输出信噪比大于所需值 11.89 的信号光功率 P_s 的最小值。已知场效应管放大器的噪声系数为 6dB，求得 $F=4$。带宽 Δf 工程上取 $\Delta f=2/\pi\tau$，这里 $\tau=(1/565)\times10^6=1.77\times10^{-9}$ s，$\Delta f=3.59\times10^8$ Hz。为了保证这样的带宽，负载电阻 $R_L\leqslant 1/2\pi\Delta fC$，将 $C=1\times10^{-12}$ F 代入上式，得到 $R_L\leqslant443\Omega$，取 R_L 为 400Ω。取 $T=290$K，且 $\eta=0.5$，$\lambda=1.33\mu$m，$i_s/(\overline{i_N^2})^{\frac{1}{2}}=11.89$，则输入到光探测器的最小光功率为 $\Phi_s\approx5.3\times10^{-6}$ W。

20km 光纤总的传输损耗为 20dB，若另外还假定由耦合引起的附加损耗为 4dB，所以总损耗为 24dB，相当于光衰减 251 倍，由此可求出激光器输出功率必须大于 $\Phi=5.3\times10^{-6}\times251=1.33$mW。这是普通的长波长半导体激光器很容易达到的功率。如果光纤的损耗更大，可考虑选用探测灵敏度更高的雪崩光电二极管。此外，还须保证在 20km 路程上脉冲展宽不超过平均间隔 $\tau=1.77\times10^{-9}$ s，否则，在光纤输出端光脉冲将发生重叠。

10.3* 微弱光电信号的检测与处理[5,6]

在许多研究和应用领域中，常常遇到的情况是所探测的光电信号非常微弱，甚至比背景噪声小几个数量级，或者说信噪比远远小于 1。例如，生物超微弱发光，其光子辐射一般只有几到几千个光子/(s·cm²)[7]；恒星等天体的探测，常常伴随着强烈的背景辐射；物质吸收光谱的弱谱线，更容易被环境辐射或探测器件的内部噪声所淹没。即使对较强的光信号，为了提高

信号的抗干扰能力，实现精确检测，也都需要从噪声中提取、恢复和增强被测信号的技术措施。

由电子电路理论可知，用通频带很窄的滤波器也可以从噪声中提取信号，但滤波器的中心频率必须设定在信号频率上。对于周期不固定或者频率不能做到绝对恒定的信号，滤波器的通频带不能过窄，因此信噪比的改善不可能太大。近30年来，已发展了相关检测和光子计数等检测微弱光电信号的新理论和新方法。

10.3.1 相关检测理论[4]

1. 相关函数

相关函数是两个信号之间时间偏移的函数，可分为自相关函数和互相关函数两种。信号可以是确定性的，也可以是随机性的。

1）自相关函数

自相关函数 $R_{xx}(\tau)$ 是度量信号在 t 和 $t-\tau$ 两个时刻线性相关的统计参量，它是 t 和 $t-\tau$ 两点的时间间隔 τ 的函数，定义为

$$R_{xx}(\tau)=\lim_{T\to\infty}\frac{1}{2T}\int_{-T}^{T}x(t)x(t-\tau)\mathrm{d}t \tag{10-42}$$

理论分析表明，自相关函数具有下列性质。

(1) $R_{xx}(\tau)=R_{xx}(-\tau)$，即 $R_{xx}(\tau)$ 为 τ 的偶函数。

(2) 当 $\tau=0$ 时，$R_{xx}(\tau)$ 具有最大值，且等于信号 $x(t)$ 的均方值。

(3) 若信号 $x(t)$ 不包含周期性分量，$R_{xx}(\tau)$ 将从 $\tau=0$ 的最大值随 τ 的增大单调地下降。当 $\tau\to\infty$ 时，$R_{xx}(\tau)$ 趋近于信号 $x(t)$ 平均值的平方。如果平均值为零，则 $R_{xx}(\tau)$ 随 τ 的增大而趋于零，即表示不相关。

(4) 若信号 $x(t)$ 包含周期性分量，则自相关函数 $R_{xx}(\tau)$ 也将包含周期性分量。

2）互相关函数

互相关函数 $R_{xy}(\tau)$ 是度量两个随机信号 $x(t)$、$y(t)$ 间相关性的函数，定义为

$$R_{xy}(\tau)=\lim_{T\to\infty}\frac{1}{2T}\int_{-T}^{T}x(t)y(t-\tau)\mathrm{d}t \tag{10-43}$$

式中，τ 为时间间隔。

如果两个随机信号完全没有关系，则其互相关函数为一个常数，并等于两个随机信号平均值的乘积。若其中一个随机信号的平均值为零，则两个随机信号互相关函数 $R_{xy}(\tau)$ 将处处为零，即完全独立不相关。

2. 相关检测

相关检测就是利用信号良好的时间相关性和噪声的不相关性（或仅在短时间内部分相关），使信号进行累积而噪声不进行累积的原理，把被噪声淹没的信号提取出来。相关检测分为自相关检测和互相关检测。

1）自相关检测

图10-16为自相关检测原理方框图。$x(t)$ 代表待测信号，由信号 $S_i(t)$ 和噪声 $N_i(t)$ 组成，可表示为 $x(t)=S_i(t)+N_i(t)$。在实际测量中，只能对 $x(t)$ 作有限时间内的测量。设测量时间从0到 T，则

$$R_{xx}(\tau)=\frac{1}{T}\int_0^T x(t)x(t-\tau)\mathrm{d}t \tag{10-44}$$

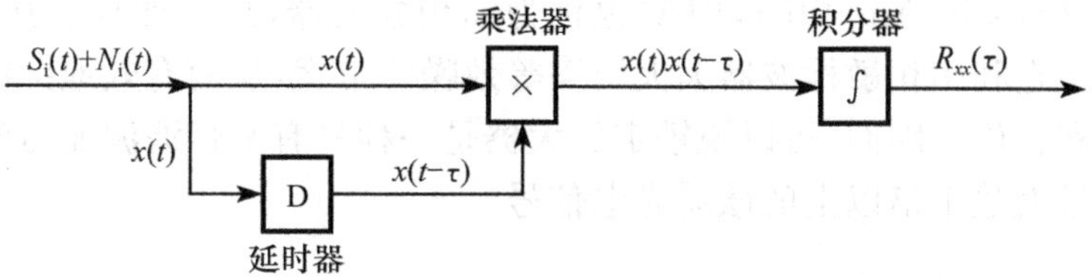

图 10-16　自相关检测的原理框图

将 $x(t)$代入式(10-44)可得

$$R_{xx}(\tau)=R_{ss}(\tau)+R_{sn}(\tau)+R_{nn}(\tau)+R_{ns}(\tau) \tag{10-45}$$

式中，$R_{ss}(\tau)$、$R_{nn}(\tau)$分别为信号和噪声的自相关函数；$R_{sn}(\tau)$、$R_{ns}(\tau)$为信号和噪声的互相关函数。由于信号和噪声互不相关，并设噪声的平均值为零，根据相关函数的性质有 $R_{sn}(\tau)=R_{ns}(\tau)=0$，则式(10-45)简化为

$$R_{xx}(\tau)=R_{ss}(\tau)+R_{nn}(\tau) \tag{10-46}$$

由于噪声在时间上的不相关性，$R_{nn}(\tau)$随时间 t 的增大很快减小至零。相反，信号是相关的，$R_{ss}(\tau)$将随时间 t 的增大而远大于 $R_{nn}(\tau)$。这样，式(10-45)可写为 $R_{xx}(\tau)=R_{ss}(\tau)$。该式表明，自相关处理保留了信号，抑制了噪声。

2）互相关检测

与自相关检测类似，互相关检测是利用一个与待测信号 $S_i(t)$同频率的信号 $y(t)$，对被噪声干扰的信号 $x(t)=S_i(t)+N_i(t)$作互相关处理，图 10-17 为互相关检测原理图。图中 $y(t)$为参考信号，经过延迟电路后变为 $y(t-\tau)$。将 $y(t-\tau)$与被噪声干扰的信号 $x(t)$同时输入乘法器进行乘法运算，经过积分器后可得到 $y(t-\tau)$与 $x(t)$的互相关函数 $R_{xy}(t)$。由于噪声与参考信号 $y(t-\tau)$是不相关的，所以，在输出端得到的互相关函数可以表示为 $R_{xy}(t)=R_{ss}(t)$。该式表明，输出信号保留了与参考信号 $y(t-\tau)$相关的信号部分，噪声被完全抑制了。

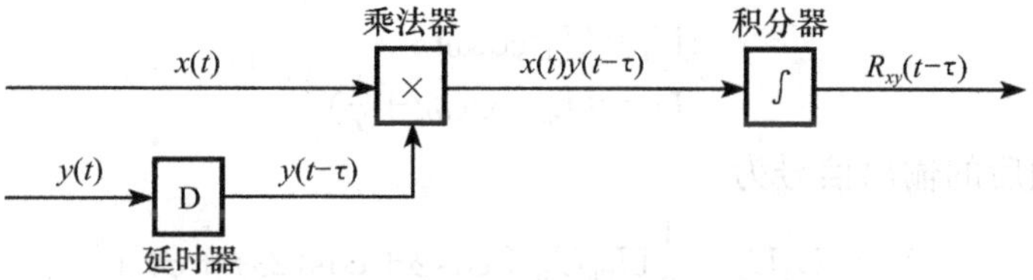

图 10-17　互相关检测原理方框图

实际上，第 9 章学习的光外差探测(相干探测)就是一种互相关检测。在光外差探测系统中，信号光场与参考光场是相关的，分析和计算入射至探测器上的信号光场与参考光场的相干接收过程，也可看成是求二者相关函数的过程。光电探测器对光频信号的响应在时间上可视为一个积分过程，其物理意义是探测器响应信号光场与参考光场的相干合成场的光强。

在光电探测系统中背景辐射多为热辐射，可表示为强度均值不为零，且相位在 0～2π 均匀分布的高斯形式。在光外差探测中，随着信号光入射的背景光或背景辐射噪声与本地激光信号的互相关函数为零，所以光外差探测具有极高的抗背景干扰能力，甚至可达到量子限的探测。但互相关检测需要与被测信号同频率的参考信号，当被测信号频率未知时，要确定参考信号频率是相当困难的，这些在一定程度上限制了互相关检测的应用范围。

10.3.2 锁定放大器

锁定放大器(Lock-in Amplifier,LIA)也称为锁相放大器,是一种基于互相关接收理论的弱信号检测设备。它利用相敏检波器大大压缩等效噪声带宽,从而有效地抑制噪声,并检测出周期信号的幅值和相位。因而,可以说锁定放大器是一种具有窄带滤波能力的放大器,它可以检测出噪声比信号大数千倍以上的微弱光电信号。

1. 锁定放大器的结构原理

锁定放大器由信号通道、参考通道和相敏检波三个主要部分组成,如图 10-18 所示。信号通道对混有噪声的初始信号进行放大,对噪声作初步的窄带滤波后输出信号 U_s;参考通道通过触发电路、倍频电路、移相电路和方波驱动电路提供一个与被测信号同频且相位可调的方波信号 U_r;相敏检波由乘法器、积分器(低通滤波器)和 DC 放大器组成,它的工作原理已在 8.4.2 小节中介绍。输入信号与参考信号在相敏检波器中混频,经过低通滤波器后得到一个与输入信号幅度成比例的直流输出分量。

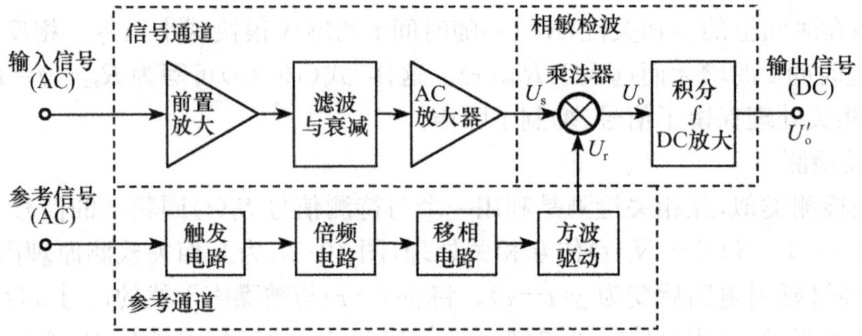

图 10-18 锁定放大器的组成框图

设乘法器的输入信号 U_s 和参考信号 U_r 分别有下列形式

$$\begin{cases} U_s = U_{sm}\cos\omega t \\ U_r = U_{rm}\cos(\omega t+\varphi) \end{cases} \tag{10-47}$$

则经过乘法器混频后的输出信号为

$$U_o = U_s U_r = \frac{1}{2}U_{sm}U_{rm}[\cos\varphi + \cos(2\omega t+\varphi)] \tag{10-48}$$

式中,φ 为输入信号 U_s 和参考信号 U_r 的相位差。

由式(10-48)可见,通过输入信号和参考信号的相关运算后,输出信号的频谱由 ω 变换到差频(零频)与和频(2ω)的频段上。这种频谱变换的意义在于可利用低通滤波器得到窄带的差频信号(或者零频信号);同时,和频信号分量 2ω 被低通滤波器滤除。于是,低通滤波器输出信号为

$$U'_o = \frac{1}{2}U_{sm}U_{rm}\cos\varphi \tag{10-49}$$

式(10-49)表明:输入信号中只有那些与参考信号同频率的分量才能得到直流的输出信号,锁定放大器的输出信号幅值取决于输入信号和参考信号的幅值,并与二者的相位差有关。因此,它可用于检测周期信号的幅值和相位。

利用参考通道的移相器，使 φ 在 0～360°内可调。当 $\varphi=0$ 时，$U_o'=(1/2)U_{sm}U_{rm}$；当 $\varphi=\pi/2$ 时，$U_o'=0$。也就是说，在输入信号中只有当被测信号本身和参考信号有同频同相关系时，才能得到最大的直流输出；对于噪声或其他干扰信号，其输出信号为拍频信号，即交流信号，被后接的低通滤波器滤除。虽然那些与参考信号同频率同相位的噪声分量也能够输出直流信号并与被测信号相叠加，但是，它们终归只占白噪声的极小部分。因此，锁相放大器能以极高的信噪比从噪声中提取出有用信号。

作为同步检测需要的参考信号，通常是由外部输入的，有时也由内设的内部振荡来产生。在探测时，常用马达带动光调制盘（或称斩波器）转动对光进行调制，获得待测光信号；由驱动调制盘的驱动电源信号直接得到参考信号，或者通过调制盘调制固定光源获得参考调制光，然后探测参考调制光得到参考信号。上述方法，很容易保证参考信号频率与待测光信号频率完全一致，实现同步检测。

2. 信噪比的改善

相敏检波器中的低通滤波器带宽可以做得很窄。采用一阶 RC 滤波器，其传递函数为

$$K=\frac{1}{\sqrt{1+\omega^2R^2C^2}} \tag{10-50}$$

对应的等效噪声带宽为

$$\Delta f_e=\int_0^\infty K^2\mathrm{d}f=\int_0^\infty\frac{\mathrm{d}f}{1+\omega^2R^2C^2}=\frac{1}{4RC} \tag{10-51}$$

例如，取 $\tau_e=RC=30\text{s}$，有 $\Delta f_e=0.008\text{Hz}$。对于这种带宽很小的噪声，似乎可以用窄带滤波器加以消除。但是带通滤波器的中心频率不稳定限制了滤波器的带宽（$\Delta f_e=f_0/2Q$，式中，Q 为品质因数，f_0 为中心频率），使可能达到的 Q 值最大限制只有 100，因此，实际上单纯依靠压缩带宽来抑制噪声是有限度的。然而，在锁定放大器中被测信号与参考信号是严格同步的，它不存在频率稳定性问题，所以可将它看成是一个高 Q 值的“跟踪滤波器”，其 Q 值可达 10^8，等效噪声带宽 Δf_e 在 10^{-3}Hz 数量级，少数可达到 $4\times10^{-4}\text{Hz}$。这足以表明，锁定放大器具有极强的抑制噪声能力。

由第 2 章的讨论可知，白噪声电压正比于噪声带宽的平方根。因此，锁定放大器的信噪改善比可表示为

$$\text{SNIR}=\frac{\text{SNR}_o}{\text{SNR}_i}=\frac{\sqrt{\Delta f_i}}{\sqrt{\Delta f_e}} \tag{10-52}$$

式中，SNR_o 和 SNR_i 分别为锁定放大器的输出和输入信噪比；Δf_e 和 Δf_i 分别为输出和输入的噪声带宽。

例如，当 $\Delta f_i=10\text{kHz}$ 和 $\tau_e=1\text{s}$ 时，有 $\Delta f_e=0.25\text{Hz}$，则信噪比的改善为 200 倍（46dB）。目前锁定放大器的可测频率可以从 0.1Hz～1MHz，电压灵敏度可达 10^{-9}V，信噪改善比可达 1000 倍以上。

3. 锁定放大器的应用

1）锁定放大器应用于积分散射仪

图 10-19 给出了一种采用锁定放大器的积分散射仪示意图[8]。它可以用来测量高反射片表面的积分散射。经光学精密加工制作而成的高反射片，是激光陀螺等高精度光学仪器的重

要元件之一，其表面的积分散射（散射光总功率）大小可反映表面的粗糙程度。通常，高反射片的反射率可高达99.99%以上，散射光极其微弱。积分散射仪常采用相关检测技术来实现极其微弱的散射光信号的测量。

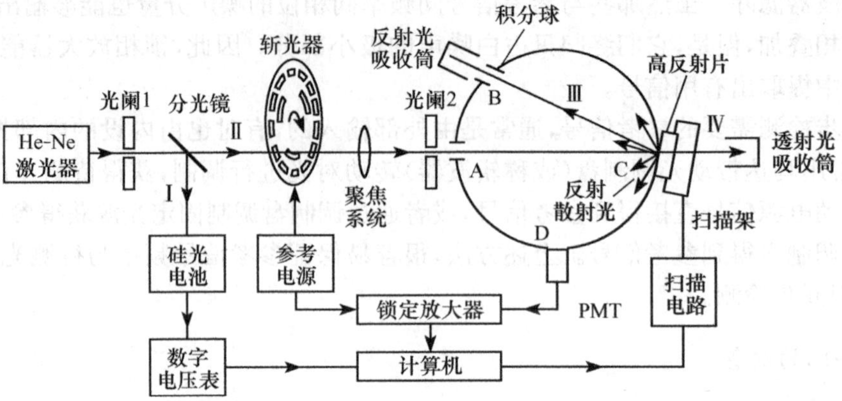

图 10-19　一种采用锁定放大器的积分散射仪

在该积分散射仪中，氦氖激光器出射的激光束被分光镜分成Ⅰ和Ⅱ两束光。其中，反射光Ⅰ作为光源参考信号直接被光电池接收，转变成电压信号后送入数字电压表，再由数字电压表传送至计算机。透射光Ⅱ被斩波器斩成方波信号，经聚焦系统聚焦后由小孔A进入积分球，通过小孔C入射至高反射片的待测面上（入射点在焦点上）。反射光Ⅲ通过小孔B射出后进入反射光吸收筒，透射光Ⅳ进入透射光吸收筒，二者对散射仪的测量不产生影响。反射散射光由涂有均匀漫反射材料的积分球内表面收集，最后由光电倍增管PMT接收。反射散射光被积分球内表面多次漫反射，使积分球内表面各处照度均匀[9]。因此，由PMT测得内表面上小面元D的照度，即可求得反射散射光功率。

参考电源输出两路频率相同的方波信号：一路方波信号控制斩波器；另一路方波信号和PMT的输出信号分别送入锁定放大器，以实现相关检测。将锁相放大器的输出信号和光源参考信号送入计算机进行比较，可消除激光器输出功率的起伏对测量结果的影响。扫描装置由计算机自动控制以实现二维扫描测量。实验表明，该积分散射仪相对测量精度为±11%，积分散射率灵敏度优于3×10^{-6}。

2）锁定放大器检测弱光信号的特点

(1) 锁定放大器适用于调幅信号的检测，使用时要求对入射光束进行斩光或光源调制。

(2) 锁定放大器是一种极窄带高增益的放大器，增益可高达10^{11}(220dB)，滤波器带宽可窄到0.0004Hz，品质因数Q值可达10^8或更大，但它不像带通放大器那样能恢复原有信号的波形。

(3) 锁定放大器是AC/DC信号变换器，其输出信号正比于输入信号的幅度和它与参考电压相位差的余弦。

(4) 可以补偿背景辐射噪声和检测电路的固有噪声，信噪比改善可达1000倍。

随着闪光灯和激光器的应用，特别是动态测量的推广，脉冲光信号在诸如荧光衰减的测量、动态反射率和高分辨光谱测量等光度测量中得到了广泛的应用。在这些场合中，被测信息常常包含在光信号的波形持续时间或者在占空比系数很低的重复窄脉冲的幅值上。对这些光脉冲的测量，下面讨论的取样积分器比锁定放大器能更好地改善信噪比。

10.3.3　取样积分器

取样积分器又称为 Boxcar 平均器，是一种基于自相关接收理论的弱信号检测设备。它利用取样和平均化技术测定深埋在噪声中的周期性信号。对于稳定的周期性电信号，若在每个周期的同一相位处多次采集波形上某点的数值，其算术平均的结果与该点处的瞬时值成正比，而随机噪声的长时间平均值将收敛为零；各个周期内取样平均信号的总体可展现待测信号的真实波形。

取样积分器通常有两种工作方式，即定点式和扫描式。定点式取样积分器测量周期信号的某一瞬态平均值；扫描式取样积分器则可以恢复和记录被测信号波形。

1. 定点式取样积分器

图 10-20 给出了定点式取样积分器的工作原理。输入信号经前级放大输入到取样开关，开关的动作由触发信号控制，它是由调制辐射光通量的调制信号形成的。触发输入经延时电路按指定时间延时，控制脉宽控制器产生确定宽度的门脉冲加在取样开关上。在开关接通时间内，输入信号通过电阻 R 向存储电容 C 上充电，得到信号积分值。由取样开关和 RC 积分电路组成的门积分器是取样积分器的核心。

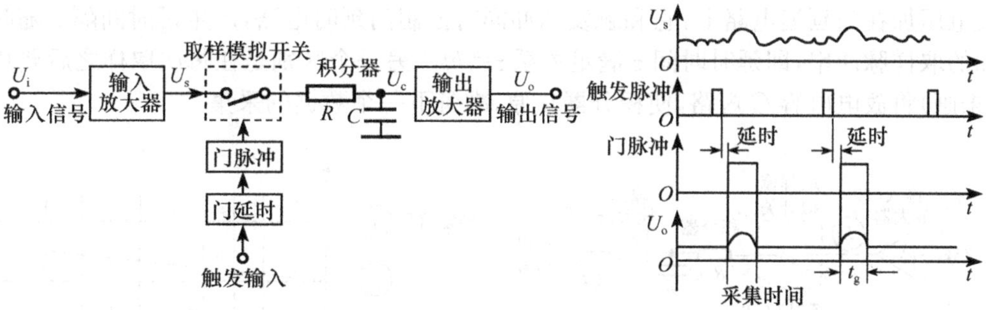

(a) 定点式取样积分器示意图　　(b) 定点式取样积分器工作波形图

图 10-20　定点式取样积分器及工作波形

设积分器的充电时间常数 τ_e=RC，则经过 N 次取样后，电容 C 上的电压值 U_c 为

$$U_c=U_s\left[1-\exp\left(-\frac{t_g}{\tau_e}N\right)\right] \tag{10-53}$$

式中，U_s 为信号电压；t_g 是开关接通的时间。

当 $t_gN\gg\tau_e$ 时，电容 C 上的电压能跟踪输入信号的波形，得到 $U_c=U_s$ 的结果。门脉冲宽度 t_g 决定输出信号的时间分辨率。t_g 越小，分辨率越高，比 t_g 更窄的信号波形将难以分辨。在这种极限情况下，t_g 和输入噪声等效带宽 Δf_{ei}之间满足以下关系

$$t_g=\frac{1}{2\Delta f_{ei}} \tag{10-54}$$

门积分器输出的等效带宽等于低通滤波器的噪声带宽，即 $\Delta f_{eo}=1/4RC$，所以对于单次取样的积分器，其信噪比改善为

$$\mathrm{SNIR}=\frac{\mathrm{SNR_o}}{\mathrm{SNR_i}}=\frac{\sqrt{\Delta f_{ei}}}{\sqrt{\Delta f_{eo}}}=\sqrt{\frac{2RC}{t_g}} \tag{10-55}$$

式中，SNR_i 为输入信噪比；SNR_o 为输出信噪比。

对于 N 次取样平均器，积分电容上的取样信号连续叠加 N 次。这时，输入信号中的被测信号本身同相地累积起来，其累积的信号为被测信号平均值的 N 倍；另一方面，根据各次噪声的不相关性，输入信号中的噪声则是均方根的平均，其累积的噪声为其平均值的 $\sqrt{N}$ 倍。若单次取样信噪比为 SNR_1，则多次取样的信噪比 SNR_N 为

$$SNR_N = \sqrt{N} SNR_1 \tag{10-56}$$

即信噪比改善随 N 增大而提高。

定点式取样积分器仅能在噪声中提取信号瞬时值，其功能与锁定放大器相同。不同的是定点可通过手控延时电路来实现。

2. 扫描式取样积分器

在上述定点测量方式中，取样脉冲在连续周期性信号的同一位置采集信号。若取样积分器门延迟的时间借助慢扫描电压缓慢而连续地改变，使取样脉冲和相应触发脉冲之间的延时依次增加，于是对每一个新的触发脉冲，取样脉冲缓慢移动，逐次扫描整个输入信号。这种情况下，积分器的输出变成信号波形的展开复制，这就是扫描式取样积分器的工作原理，图 10-21 为它的工作原理图和工作波形图。图中的取样开关部分和定点方式相同，不同的是一个慢扫描锯齿波电压加在门延迟电路上，它和触发脉冲同时控制门延时电路，产生延时间隔 τ 随时间线性增加的取样脉冲串，即延时时间 τ 满足关系 $\tau = kt$。另一个区别是在每次取样之后要用开关(图中未画)将放电电容 C 短路，使积分器复原，准备下一个数据的采集。

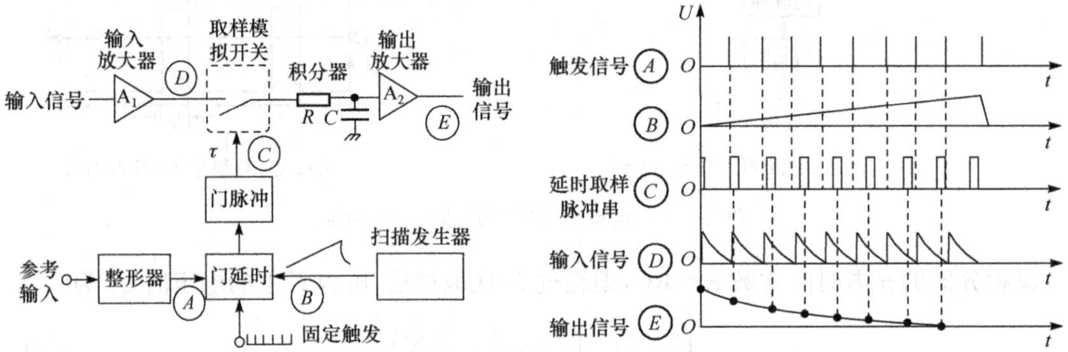

(a) 扫描式取样积分器示意图　　(b) 工作波形图

图 10-21　扫描式取样积分器及其工作波形

近年来，一种多点数字取样积分器也得到了快速的发展。其原理如图 10-22 所示，采用许多并联的存储单元代替扫描开关，将输入波形各点的瞬时值依次写入到各存储单元中去，根据需要再将这些数据依次读出，从而可以再现输入波形。多点数字取样积分器就是这样一种实时取样系统，它等效于大量单点取样积分器在不同延时的情况下并联使用。这种方法比扫描式取样积分器的测量时间要快得多。在数字式取样积分器中，RC 单元的平均化作用由数字处理代替，可以进行随机寻址存储，并且能长时间保存。这些装置在激光器光脉冲、磷光效应、荧光寿命以及光纤分布式温度等测量系统中得到了广泛的应用。

3. 取样积分器的应用

1) 取样积分器应用于激光分析计

图 10-23 给出了一种使用双通道取样积分器的激光分析计原理图。它用来测量超导螺线管中的样品透过率随磁场变化的函数。图中脉冲激光器用脉冲发生器触发，同时提供一个触发信号给取样积分器。当激光器工作时，激光光束通过单色器改善光束单色性。为了消除激光能量起伏的影响，选用双通道测量。激光束分束后一束由 B 检测器直接接收，另一束通过置于超导螺旋管中的样品由 A 检测器接收。A、B 通道信号由双通道取样积分器检测后，经比例器输出，可得到相对于激光强度的归一化样品透射率。

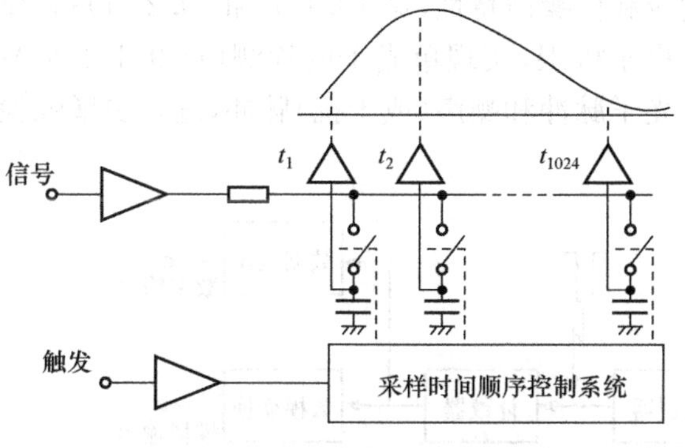

图 10-22　多点数字取样积分器原理图

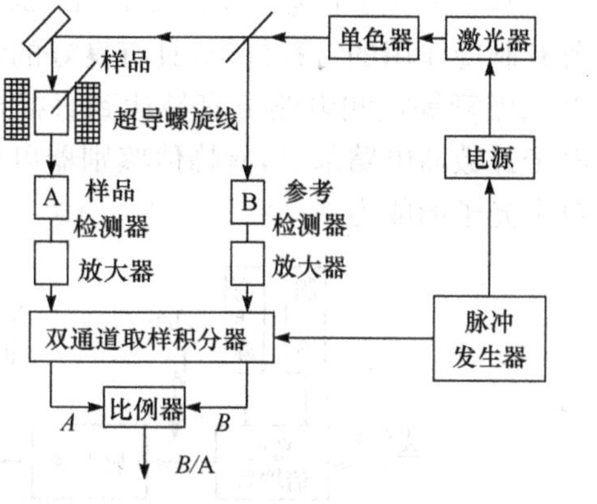

图10-23　使用双通道取样积分器的激光分析计

2) 取样积分器检测弱光信号的应用特点

(1) 适用于由脉冲光源产生的连续周期性变化的信号波形测量或单个光脉冲的幅度测量。测量时，需要与光脉冲同步的激励信号。

(2) 取样积分器在每个信号脉冲周期内只取一个输入信号值。可以对输入波形的确定位置进行重复测量，也可以通过自动扫描再现出整个波形。

(3) 在多次取样过程中，门积分器对被测信号的多次取样值进行线性叠加，而对随机噪声矢量相加，所以，对信号有恢复和提取的作用。

(4) 在测量占空比小于 50% 的窄脉冲光强度的情况下，要比锁定放大器有更好的信噪比。

(5) 用扫描方式测量信号波形时能得到 100ns 的时间分辨率。

(6) 双通道系统能提供自动背景和辐射源补偿。

以上讨论的锁定放大器和取样积分器，适应于周期性的光电信号检测，而且信号的带宽要比噪声的小得多。当测量更微弱光信号时，如荧光、磷光、拉曼散射、生物超微弱发光等，光的量子特征便开始表现出来。这时需采用高质量的光电倍增管，它具有较高的增益、较宽的通频带、低噪声和高量子效率。但是当被测的光信号微弱到一定水平时，探测器本身的背景噪声(热噪声、散粒噪声等)会给测量带来很大的困难。例如，当光功率为 10^{-17} W 时，光子通量约为每秒 100 个光子，这比光电倍增管自身的噪声还要低。这时，光电倍增管光电阴极发射出的光电子就不再是连续的，它的输出端就会产生光电子形式的离散信号脉冲，信号带宽较宽且不具有周期性重复的特征。这种情况下，锁定放大器和取样积分器就无能为力了，需要借助光子计数的方法检测入射光子数，实现极弱光强或光通量的测量。

10.3.4 光子计数器

光子计数器是一种基于直接探测量子限理论的极微弱光脉冲检测设备。它利用光电倍增管的单光子检测技术,通过电子计数器鉴别并测量单位时间内的光子数,从而检测离散的弱光脉冲信号功率。根据对外部扰动补偿方式的不同,光子计数器可分为三种类型:基本型、背景补偿型和辐射源补偿型。本小节仅对前两种光子计数器进行详细的介绍,辐射源补偿型光子计数器见习题 10-8。

1. 基本型光子计数器

基本型光子计数器原理如图 10-24 所示。其中,光电倍增管检测电路经过合理设计并装备有制冷作用的特种外罩,具有良好的动态响应和低噪声特性(见 10.1 节和 10.2 节);它比光电二极管等检测电路更容易达到直接探测的量子极限,实现单光子的检测(见 9.1.1 小节)。电子计数器电路部分,有峰值鉴别器可鉴别单光子脉冲和噪声(或干扰)脉冲,进一步增强检测单个光子的能力。

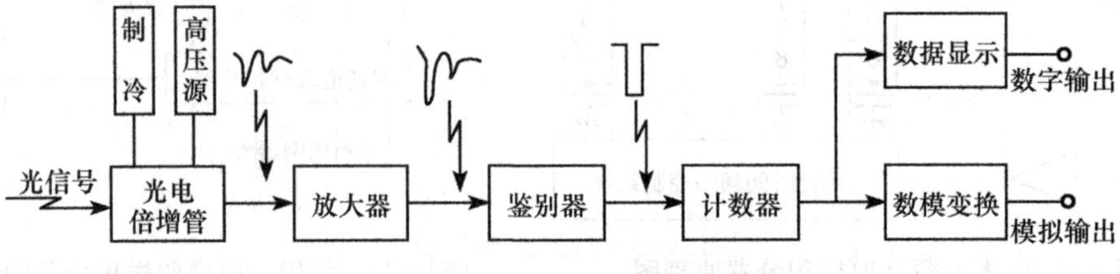

图 10-24 基本型光子计数器原理

工作时,入射到光电倍增管阴极上的光子引起输出信号脉冲,经放大器输送到一个脉冲高度鉴别器上。由放大器输出的信号除有光子脉冲之外,还包括器件噪声和多光子脉冲。后者是由时间上不能分辨的连续光子集合而成的大幅度脉冲。峰值鉴别器的作用是从中分离出单光子脉冲,再用计数器计数光子脉冲数,计算出在一定的时间间隔内的计数值,以数字和模拟信号的形式输出。数模转换用于给出正比于计数脉冲速率的连续模拟信号。

下面对脉冲峰值鉴别器的工作原理作进一步的说明。当 n_p 个光子照射到光电阴极上,如果光电阴极的量子效率为 η,那么会发射出 $\eta \cdot n_p$ 个分立的光电子。每个光电子被电子倍增器放大,到达阳极的电子数可达 $10^5 \sim 10^7$ 个。由于光电倍增管的时间离散性和输出端时间常量的影响,这些电子构成宽度为 5～15ns 的输出脉冲,它的幅值可按中间值近似计算为

$$I_p \approx \frac{Q}{\tau_0} = \frac{10^6 \times 1.6 \times 10^{-19}}{10 \times 10^{-9}} = 16(\mu A)$$

式中,τ_0 为光子的寿命。

检测电路转换电流脉冲为电压脉冲。设阳极负载电阻 $R_a = 50\Omega$,分布电容 $C = 20pF$,则 $\tau = 1ns \ll \tau_0$。因此,输出脉冲电压波形不会畸变,其峰值为

$$U_p = I_p R_a = 16 \times 10^{-6} \times 50V = 0.8mV$$

这是一个光子引起的平均脉冲峰值的期望值。

实际上,除了单光子激励产生的信号脉冲外,光电倍增管还输出热发射、倍增极电子热发射和多光子发射以及宇宙射线和荧光发射引起的噪声脉冲,如图 10-25 所示。其中,多光子脉冲幅值最大,其他脉冲的高度相对要小些。因此为了鉴别出各种不同性质的脉冲,可采用脉冲

峰值鉴别器。简单的单电平鉴别器具有一个阈值电子 U_{s1}，调整阈值位置可以除掉各种非光子脉冲量，从而只对光子信号形成计数脉冲。对于多光子大脉冲，可以采用有两个阈值电平的双电平鉴别器，它仅使落在两电平间的光子脉冲产生输出信号，而对高于第一阈值 U_{s1} 的热噪声和低于第二阈值 U_{s2} 的多光子脉冲没有反应。脉冲幅度的鉴别作用抑制了大部分的噪声脉冲，减少了光电倍增管由增益随时间和温度漂移而造成的有害影响。

光子脉冲由计数器累加计数。图 10-26 给出了简单计数器的原理示意图，它由计数器 A 和定时器 B 组成。利用手动或自动启动脉冲，使计数器 A 开始累加从鉴别器来的信号脉冲。计数器 C 同时开始计数由时钟脉冲源来的计时脉冲。计数器是一个可预置的减法计数器，事先由预置开关置入计数值 N。设时钟脉冲频率为 f_c，则计时器预置的计数时间是

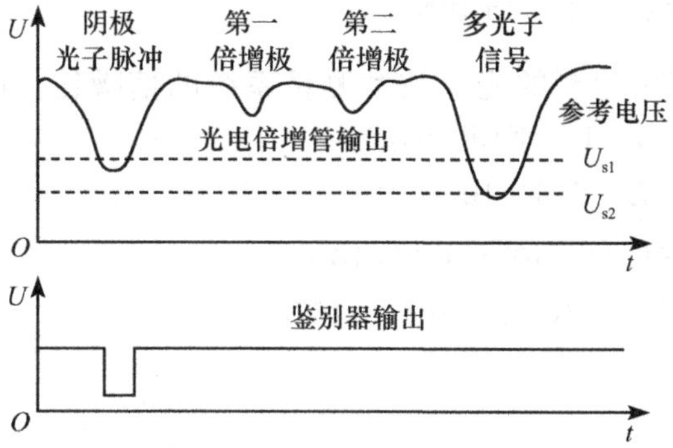

图 10-25　光子计数器工作波形

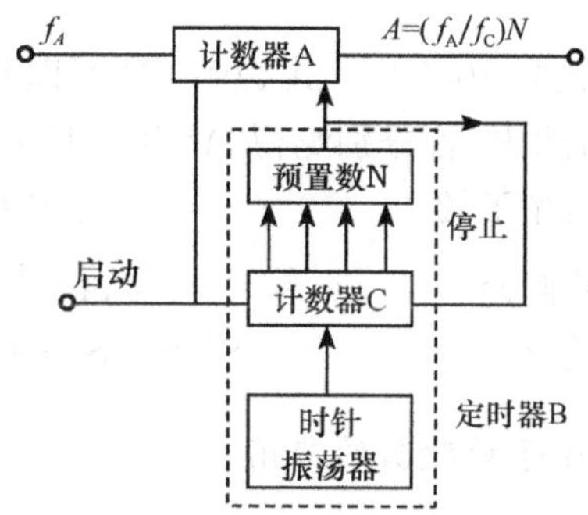

图 10-26　计数器原理示意图

$$t=N/f_c \tag{10-57}$$

于是在预置的测量时间 t 内，计数器 A 的累加计数值可计算为

$$A=f_A t=(f_A/f_c)N \tag{10-58}$$

式中，f_A 是平均光脉冲计数率。式(10-58)给出了待测光子数的测量值。

2. 背景补偿型光子计数器

当光子计数器中的光电倍增管受杂散光或温度的影响引起比较大的背景计数率时，应该把背景计数率从每次测量中扣除。为此采用了如图 10-27 所示的背景补偿型光子计数器，这是一种利用斩光器的同步计数方式。斩光器用来通断光束，分别产生交变的“信号＋背景”和“背景”的光子计数率，同时为光子计数器 A、B 提供选通信号。当斩光器叶片挡住输入光线时，放大鉴别器输出的是背景噪声 N，这些噪声脉冲在定时电路的作用下由计数器 B 收集。当斩光器叶片允许入射光通向倍增管时，鉴别器的输出包含了信号脉冲和背景噪声$(S+N)$，它们被计数器 A 收集。这样在一定的测量时间内，经多次斩光后计算电路给出了两个输出量，即

信号脉冲　$$A-B=(S+N)-N=S \tag{10-59}$$

总脉冲　$$A+B=(S+N)+N \tag{10-60}$$

对于光电倍增管，随机噪声满足泊松分布，其标准偏差为

$$\sigma=\sqrt{A+B} \tag{10-61}$$

于是信噪比即为

$$\mathrm{SNR}=\frac{信号}{标准偏差}=\frac{A-B}{\sqrt{A+B}} \tag{10-62}$$

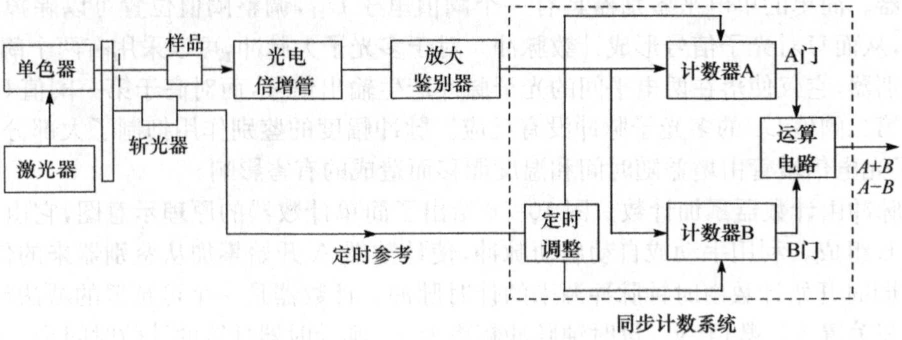

图 10-27 背景补偿型光子计数器

根据式(10-59)～式(10-62)可以计算出检测的光子数和测量系统的信噪比。例如，在 $t=10$s时间内，若分别测得 $A=10^6$ 和 $B=4.4\times10^5$，则可计算为

被测光子数 $S=A-B=5.6\times10^5$

标准偏差 $\sigma=\sqrt{A+B}=\sqrt{1.44\times10^6}=1.2\times10^3$

信噪比 $\mathrm{SNR}=S/\sigma=5.6\times10^5/(1.2\times10^3)\approx467$

3. 光子计数器的应用

1) 光子计数器用于监测大气 SO_2 浓度[10]

测量 SO_2 浓度的方法有很多，如电导法、分光光度法、电量法和光纤传感器法等，都是基于化学方法的。我国环保局推荐的 SO_2 浓度检测方法中有两种是基于化学原理的分光光度法：四氯汞盐溶液吸收-盐酸副玫瑰苯胺比色法、甲醛溶液吸收-盐酸副玫瑰苯胺比色法，前者吸收液有毒性，逐渐被后者取代。化学方法都需要试剂，采样时间长、受环境温度影响大。目前已研制的一种基于光子计数器的紫外荧光大气 SO_2 浓度分析仪器，在 0～30ppm（ppm 为 10^{-6}）的测量范围内，检出极限可达 0.5ppb（ppb 为 10^{-9}），明显优于基于化学原理的比色法检出极限 2.45ppb；同时具有可连续自动监测、重复性好和操作简单等特点。

(1) 紫外荧光监测 SO_2 的理论基础。SO_2 在近紫外区域主要有三个吸收区，分别是 340～390nm 范围内的第一吸收区、250～320nm 范围内的第二吸收区和 190～230nm 范围内的第三吸收区。实验证明，SO_2 在吸收波长为 213.8nm 的激发光后，其激发态的寿命约为 10^{-9}s 的数量级，且发出的荧光不易被氮气、氧气及其他污染物淬灭。因此，大气中 SO_2 浓度测量所需的激发激光波长最好选择在 190～230nm 这个吸收区。该区域具有强吸收、最小淬灭和最大的荧光系数。用波长为 190～230nm 的紫外光照射大气样品时，SO_2 分子吸收紫外光光子 $h\nu_1$ 被激发至激发态，即

$$SO_2+h\nu_1\rightarrow SO_2^*$$

激发态 SO_2^* 不稳定，瞬间返回基态，同时会发射出荧光光子 $h\nu_2$，其频率为 ν_2（不同于吸收频率），即

$$SO_2^*\rightarrow SO_2+h\nu_2$$

SO_2 分子在 213.8nm 附近有一个强的吸收峰，而发出的荧光谱线范围为 240～420nm，在 320nm 附近处有较大的荧光发射区。

(2) 系统构造。系统基本构造如图 10-28 所示，包括光路、电路、气路三大部分。紫外光经过滤光片 1 后，得到中心波长为 213.8nm 的激发光，进入反应室。在反应室与 PMT 接口处加有滤光片 2，只让 SO_2 的荧光信号通过，并被光电倍增管探测。为了减少温度变化导致的暗计数波动，必须配置温度控制系统，使其维持在一个特定温度。系统采用真空泵气路，并有配气系统。

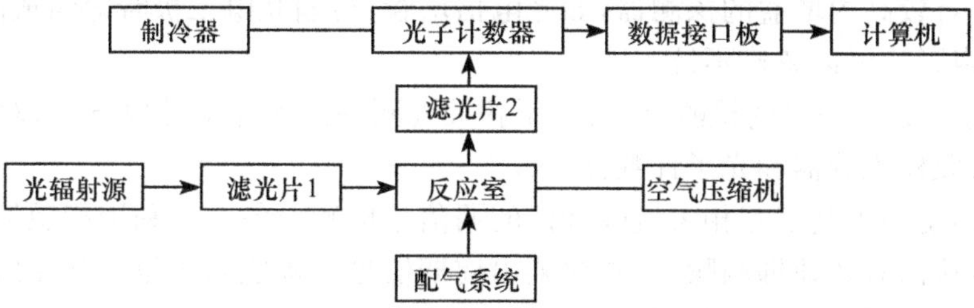

图 10-28　系统基本构造框图

(3) 光子计数器。大气中的 SO_2 浓度相对较低，产生的荧光光子数极少，是一种微弱光信号，需要用光子计数器进行探测。该光子计数器采用的是集成型 PMT，其内部集成有高压电源、脉冲放大、整形电路，光谱响应范围是 240～600nm，在 25℃附近的暗计数是 10cps。SO_2 的荧光光谱范围为 240～420nm，包含在光子计数器的光谱响应范围之内。

光电倍增管接收到 SO_2 分子产生的荧光光子，发出脉冲信号，经放大后送到门限甄别器，输出的信号脉冲经整形电路，输出 TTL 电平到计数器，得出与 SO_2 浓度相关的光子计数。

2) 光子计数器检测弱光信号的应用特点

(1) 只适合于极弱光的测量，光子通量限制在大约每秒 10^9 个(相当于 1nW 的光功率)以内，不能测量包含许多光子的短脉冲光。

(2) 光电倍增管检测电路应按照低噪声和宽动态响应范围等要求合理设计，并需装备有制冷作用的特种外罩。

(3) 不论检测连续的、斩光的或者脉冲的弱光信号都可以使用，能获得良好的信噪比。

(4) 不需 A/D 转换，即可提供数字量输出。

目前，光子计数器可以探测到每秒 10～20 个光子水平的极弱光信号，已在荧光、磷光测量、拉曼散射测量、夜视测量和生物细胞分析等微弱光测量中得到了应用。国外还研制出一种不仅可以探测单光子事件强度，还可以探测其位置的二维平面像探测器，使光子成像技术成为现实，用它可以拍摄到人体的细胞，观察细胞的轮廓和细胞核。

本 章 小 结

(1) 光电检测电路通常由光电探测器、偏置电路和前置放大器组成，依照使用条件应满足最大的输出动态范围、快速的动态响应能力和最佳的信噪比等基本技术要求。

(2) 在保证信号有效带宽的前提下，限制光电检测电路的带宽可以有效地抑制噪声。带宽 Δf 设计的基本原则：对于正弦调幅信号，检测电路带宽应大于或者等于调制信号频率的 2 倍；对于调制系数为 m_f 的调频信号，检测电路带宽应大于或者等于调制信号频率的 $2(m_f+1)$ 倍；对于宽度为 t_d 的脉冲信号，检测电路带宽 $\Delta f=0.25\sim0.75(1/t_d)$ 可获得最佳的信噪比，$\Delta f=1(1/t_d)$ 和 $\Delta f=4(1/t_d)$ 可分别实现复现脉冲波形的轮廓和准确保持脉冲形状。

(3) 光电检测电路的噪声来自探测器本身的噪声、偏置电路的噪声和前置放大器的附加噪声。偏置电路噪声对检测电路噪声的影响通过适当设计,可以忽略不计;前置放大器的噪声可归结为只含有 E_n 和 I_n 两个噪声参数的 E_n-I_n 噪声模型;当光电探测器与前置放大器达到噪声匹配时,即内阻等于放大器的最佳源电阻,放大器对检测电路附加的噪声影响最小。

估算检测电路噪声时,一般应考虑前置放大器噪声模型参量 E_n 和 I_n 与光电探测器内阻的相互作用;具有较高内增益的探测器,如光电倍增管、雪崩光电二极管等组成的检测电路,其前置放大器噪声影响可以忽略不计。

(4) 对于微弱光电信号的检测,已发展了相关检测理论和光子计数方法,对应的检测设备有锁定放大器、取样积分器和光子计数器。

锁定放大器是一种基于互相关接收理论的弱信号检测设备。它利用相敏检波器大大压缩等效噪声带宽,从而有效地抑制噪声,并检测出周期信号的幅值和相位。其输出为正比于被测信号的直流信号,它不能再现所测信号的波形。

取样积分器是一种基于自相关接收理论的弱信号检测设备。它利用取样和平均化技术测定深埋在噪声中的周期性信号,可分为定点式和扫描式两种检测方式。采用逐点扫描取样方法,可以恢复淹没于噪声中的被测信号波形,但波形将被展宽。

光子计数器是一种基于直接探测量子限理论的极微弱光脉冲检测设备。它利用光电倍增管的单光子检测技术,通过电子计数器鉴别并测量单位时间内的光子数,从而检测离散的弱光脉冲信号功率。它可观察到光子的量子特性,这是锁定放大器及取样积分器所不能完成的。

习题与思考题

10-1 什么是光电检测电路的带宽?带宽过小和过大分别会给系统带来什么影响?

10-2 为了探测宽度为 20ns,重复频率为 20kHz 的激光脉冲信号,要保证信号不失真,检测电路的带宽至少应大于多少?若要求较好的信噪比,带宽至少应小于多少?

10-3 热电偶的内阻值一般为几十欧姆,如何使它和后续的放大器达到噪声匹配?为什么?

10-4 说明光电检测电路的等效噪声带宽的物理意义。

10-5 图 10-29 所示为负载电阻输出的光电倍增管检测电路,光电倍增管的阴极积分灵敏度 $S_K=30\mu A/lm$,阳极积分灵敏度 $S_A=10A/lm$,阳极暗电流 $I_d=4nA$,交流负载电阻 $R=R_A//R_L=10^5\Omega$ 和电容$C_0=0.1\mu F$并联,阴极面积为 $80mm^2$,要求信号电流为 $I_L=10\mu A$。二次电子发射系数为 $\delta=2.5$,室温为$T=300K$。

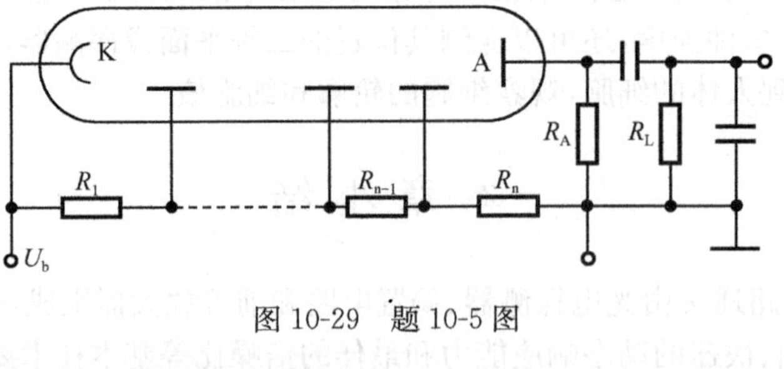

图 10-29 题 10-5 图

①画出噪声等效电路图;②计算阳极噪声电流、负载电阻上的噪声电压;③计算输出信号的电流信噪比;④计算最小可探测的光通量(噪声等效功率)和比探测率。

10-6 光电倍增管检测电路估算噪声时,为什么不考虑后接放大器的噪声模型参量 E_n 和 I_n 的影响?

10-7 图 10-23 的激光分析计中,如果要让该仪器适时画出样品透过率随磁场变化的关系曲线,你有哪些建议?

10-8 图 10-30 所示为辐射源补偿的光子计数器。该系统能补偿辐射源强度变化的影响。试说明它的工作原理(提示:用参考通道的源补偿信号 f_B 作为图 10-23 中的外部时钟信号)。

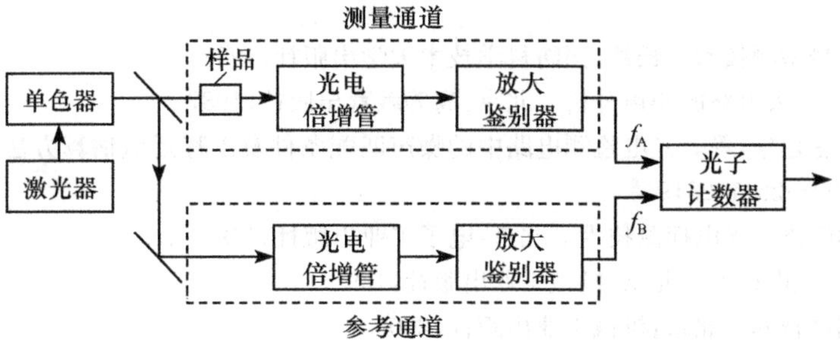

图 10-30　题 10-8 图

10-9　图 10-31 是一种双频双光束锁定放大器检测系统。该系统具有两排光孔的调制盘,在转动过程中给出两种不同频率的光通量,分别经过测量通道和参考通道后由同一光电探测器接收。

(1) 分别指出图中两个锁定放大器的输入信号和参考信号。

(2) 说明该系统的工作原理。

(3) 输入光强度的变化和光电倍增管灵敏度的波动对该系统的测量结果有无影响?为什么?

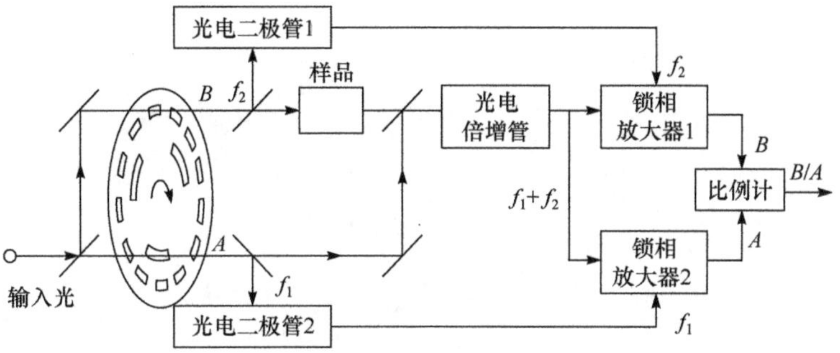

图 10-31　题 10-9 图

10-10　比较 LIA、BOXCAR 和光子计数器在测试微弱信号时各自的特点。为什么说微弱信号的检测基本要素是以时间为代价来换取高灵敏度的测量?

10-11*　简述光子成像技术的最新进展(查文献)。

10-12　图 10-32 为双相锁定放大器的原理示意图。利用其参考通道移相 90°,消除 $\cos\varphi$ 因子,可检测输入信号的幅值。简述其工作原理,并推导信号幅值和相位的表达式。

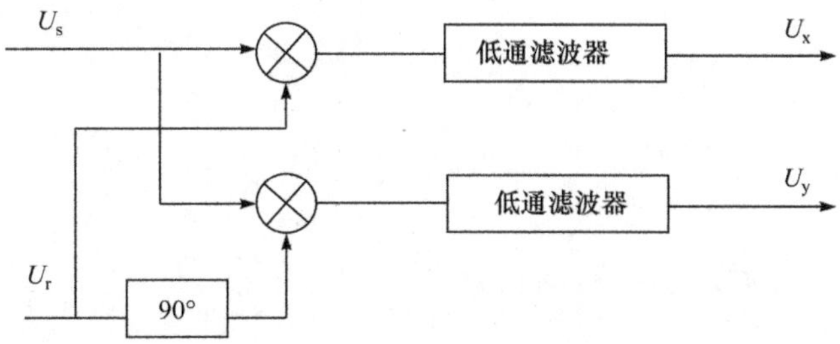

图 10-32　题 10-12 图

参考文献

[1] 张广发．微弱信号检测技术．长沙:国防科学技术大学出版社,1998

[2] 蒋焕文,冯锡生．放大电路的噪声分析．北京:高等教育出版社,1987

[3] 江文杰,蔡建乐,施建华,等．光电检测电路中的噪声匹配条件及工程近似估算方法．科学技术与工程,2007, 7(11):2509～2511,2519

[4] 王清正,胡渝,林崇杰．光电探测技术．北京:电子工业出版社,1994

[5] 孙培懋,刘正飞．光电技术．北京:机械工业出版社,1992

[6] 浦昭邦．光电测试技术．北京:机械工业出版社,2005

[7] 李淑丽,郑新亮,任兆玉．生物超微弱发光研究进展．激光杂志,2004,25(4)

[8] 刘照世．自动测量超光滑光学表面积分散射的积分散射仪．光学技术,2003,29(6):685～686,689

[9] 金伟其,胡威捷．辐射度光度与色度及其测量．北京:北京理工大学出版社,2006

[10] 张成云,何振江,杨冠玲,等．紫外荧光大气 SO_2 浓度监测系统．光电工程,2005,32(7):19～21

第四部分 典型应用

第 11 章　典型光电系统的分析与设计

前面已经介绍了光辐射探测的理论基础、光电探测器和光电信号变换与处理等内容。本章分别介绍能够实现测量检查、控制跟踪、图像测量及分析等功能的光电系统实例，从系统级的角度对前面的知识加以综合与梳理，进一步加深对这些知识的理解，提高光电技术及相关知识的应用能力，并初步掌握对光电系统进行分析和设计的基本方法。下面分析和讨论分布式光纤测温系统、光谱测量系统、斐索型移相干涉仪及其应用系统、CCD 尺寸测量系统、光电精确制导系统和图像测量技术及应用系统。

11.1　分布式光纤测温系统

实时测量空间温度场分布的方法有很多种。这里介绍一种新型的分布式光纤测温系统，又称为分布式光纤温度传感器(Distributed Optic Fiber Temperature Sensor，DOFTS)，它是利用激光在光纤中传输时的自发拉曼散射-温度效应和光学时域反射定位(Optical Time Domain Reflection，OTDR)技术来实现的温度分布式测量系统。

这种测温系统最早于 1981 年由英国南安普敦大学提出。二十多年来，国内外分布式光纤拉曼测温技术日趋成熟，先后推出了多种近/中/远程分布式光纤温度传感器产品。由中国计量学院研制的 FGC-W30 型分布式光纤温度传感器[1]，光纤长度达 31km，测温范围为 0～100℃，温度不确定度小于±2℃，温度分辨率为 0.1℃，空间分辨率为 4m，主要技术指标已达到国内领先和国际先进水平。

分布式光纤测温系统全光传输信号，抗电磁干扰能力强，可以实现远距离测量。另外，系统的空间定位精度和自动化程度高。目前，分布式光纤测温系统已经被广泛应用于电力电缆的测温报警、输油输气管道和堤坝的泄露检测、煤矿的安全报警等多个方面。

本节重点介绍分布式光纤测温系统的工作原理和基本组成。

11.1.1　拉曼分布式光纤测温系统的工作原理

在这种测温系统中，光纤既是光束传输的通道，又是信号传感的通道。当光波在光纤中传输时，由于光子与光纤纤芯介质分子之间的相互作用，会导致产生弹性碰撞(瑞利散射)和非弹性碰撞(如自发拉曼散射、布里渊散射)等现象，其中自发拉曼散射光通量与散射点处的光纤温度有关。利用这种自发拉曼散射-温度效应和光学时域反射定位技术，便可测得空间温度场的分布。

1. 光学时域反射定位技术[2]

如图 11-1 所示，激光器发出的激光脉冲注入光纤中，产生多种散射光，其中部分散射光会沿着光纤反射回来(称为后向散射)，并被光电探测器接收。工作时，激光器与探测器同步触发，并利用高速采集卡进行采样计时。设采集卡的频率为 f，则时间采样间隔 $\Delta t=1/f$。由光波在光纤中的传输定律，光电探测器在不同的 $i\cdot\Delta t(i=0,1,2,\cdots)$ 时刻接收到的后向散射光

信号来自于距离发射端的 l 处，这里

$$l=v\cdot i\cdot\Delta t/2=c\cdot i\cdot\Delta t/(2n)=ic/(2nf) \tag{11-1}$$

式中，v 为激光脉冲在光纤中的传输速率(约为 2×10^8 m/s)；c 为真空中的光速；n 为光纤纤芯的折射率。因此，只要确定出时间序列 i，即可确定散射点的位置参数 l，这就是光时域反射定位技术。由式(11-1)可知：当激光脉冲宽度很窄时，采样频率 f 决定了测温系统的空间分辨率，如要达到 2m 的空间分辨率，则需要 f 在 50MHz 以上。

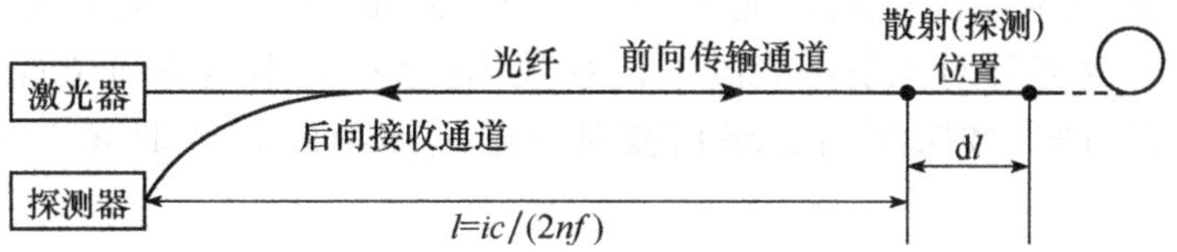

图 11-1 光学时域反射定位技术原理示意图

2. 基于自发拉曼散射-温度效应的温度传感与解调原理

在光纤内传输的多种散射光中，瑞利散射光的频率即为入射激光脉冲的频率 ν_0，而自发拉曼散射光有两种情形：一种称为斯托克斯(Stocks)光，它是由于一部分光能转换为光纤分子的热能，使散射光的波长比入射激光的波长要长，频率减小为 $\nu_s=\nu_0-\Delta\nu$(其中 $\Delta\nu$ 为拉曼频移量)；另一种称为反斯托克斯(Anti-Stocks)光，它是由于光纤分子的一部分热能转换为光能，使散射光的波长比入射激光的波长要短，频率增大为 $\nu_{as}=\nu_0+\Delta\nu$，如图 11-2 所示[3]。实验证明：斯托克斯光通量与温度基本无关，而反斯托克斯光通量对温度特别敏感。因此，当光纤受到外部温度的调制时，会使反斯托克斯光通量发生变化，利用光电技术检测反斯托克斯光通量即可对温度进行测量，这是光纤测温系统依据的基本原理。

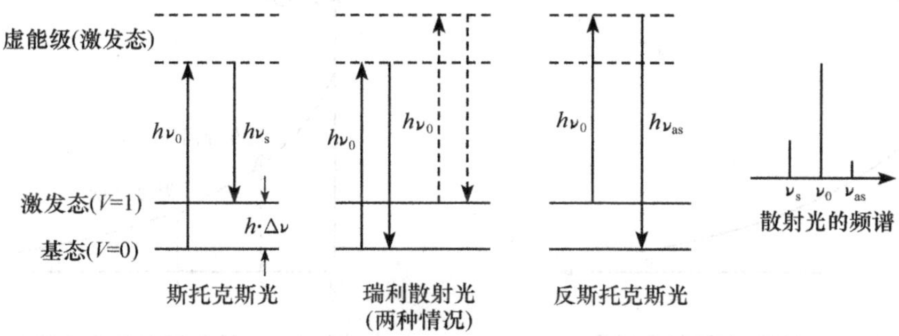

图 11-2 光波在光纤内的瑞利散射和自发拉曼散射效应示意图

光纤拉曼频移量 $\Delta\nu$ 值一般达 10^{13} Hz，与材料本身的特性和温度 T 有关。但实际中，即使光纤温度变化达几百开(K)，$\Delta\nu$ 的变化也只有 10^9 Hz 级，因此可以认为 $\Delta\nu$ 与 T 无关，这使温度的解调处理变得非常方便。例如，在测温系统中常用的 G652 型单模光纤，其 $\Delta\nu$ 约为 1.32×10^{13} Hz。

在实际的光纤测温系统中，通常以对温度敏感的反斯托克斯散射光作为信号光，而以对温度不敏感的斯托克斯散射光或瑞利散射光作为参考光，检测信号光和参考光两者光通量的比值，可解调出散射区的温度信息，同时还可以有效地消除光源的不稳定以及光纤传输过程中的耦合损耗、光纤接头损耗、光纤弯曲损耗和光纤传输损耗等影响。下面以瑞利散射光作参考光

为例，讨论测温系统的解调原理。

1) 瑞利散射光

理论研究表明[2]：探测器接收到的（来自 l 处的）瑞利散射光通量为

$$\Phi_R(l)=K_R\cdot S\cdot \nu_0^4\cdot \Phi_e\cdot \exp(-2\alpha_0\cdot l)$$

或

$$\Phi_R(i)=K_R\cdot S\cdot \nu_0^4\cdot \Phi_e\cdot \exp[-\alpha_0 ic/(nf)] \tag{11-2}$$

式中，Φ_e 为注入光纤入射端面处的光通量；K_R 为与光纤瑞利散射截面有关的系数；S 为光纤的后向散射因子；α_0 为光纤对入射激光的损耗系数（它基本上不随空间位置 l 变化，可认为是常数）。由式(11-2)可知：被探测到的瑞利散射光通量随距离 l（或时间 i）的增加而衰减，如图 11-3所示。

2) 反斯托克斯光

探测器接收到的（来自 l 处的）反斯托克斯光通量为

$$\Phi_a(T,l)=K_a\cdot S\cdot \nu_a^4\cdot \Phi_e\cdot R_a(T)\cdot \exp[-(\alpha_0+\alpha_a)\cdot l] \tag{11-3}$$

式中，T 为绝对温度（单位为 K）；K_a 为与光纤反斯托克斯散射截面有关的系数；α_a 为光纤对反斯托克斯散射光的损耗系数；$R_a(T)$ 为与光纤分子低/高能级上的布居数有关的系数，且与光纤所处位置的温度有关，它由爱因斯坦-玻色方程给出[4]

$$R_a(T)=\frac{1}{\exp[h\cdot \Delta\nu/(kT)]-1} \tag{11-4}$$

式中，h 为普朗克常量；k 为玻尔兹曼常量。由式(11-3)和式(11-4)可知：若整个光纤处于同一温度环境下，则反斯托克斯光通量 Φ_a（信号）随位置 l 的变化规律与图 11-3 类似；对于同一位置，当温度升高（或降低）时，Φ_a 则比原位置处的散射光信号要大（或小），即在 $\Phi_a(T,l)$ 曲线上温度升高处出现凸起（或温度降低处出现凹陷），分别如图 11-4 中 l_1、l_2 处的情况所示。

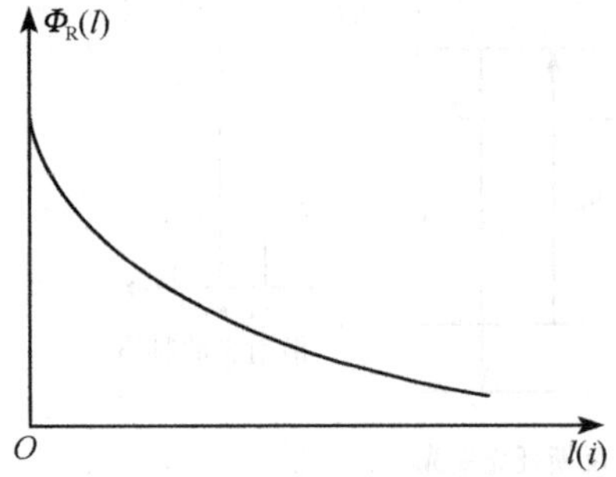

图 11-3　瑞利后向散射光通量随位置的变化关系示意图

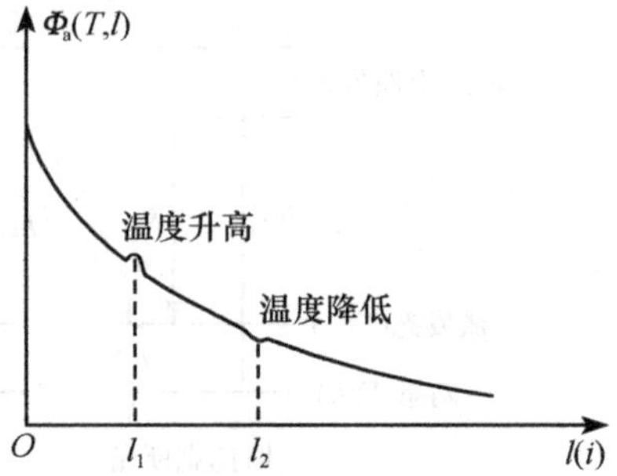

图 11-4　反斯托克斯后向散射光通量与温度、位置的关系示意图

这样，在确定出初始温度 T_0 及各位置 l_i 处的 $\Phi_a(T_0,\ l_i)$ 曲线后，再测量各位置 l_i 处的 $\Phi_a(T_i,\ l_i)$ 信号，最后利用下述的解调方法，可解得各位置 l_i 处的温度 T_i，从而实现空间温度场的分布式测量。这是利用该系统测量温度的基本过程。

3) 解调方法

基于式(11-2)～式(11-4)，分析瑞利散射光通量与反斯托克斯散射光通量之间的比值，并将其定义为 $R(T,l)$，则

$$R(T,l)=\frac{\Phi_a(T,l)}{\Phi_R(l)}=\frac{K_a}{K_R}\cdot\left(\frac{\nu_a}{\nu_0}\right)^4\cdot\frac{\exp[(\alpha_0-\alpha_a)\cdot l]}{\exp[h\cdot \Delta\nu/(kT)]-1} \tag{11-5}$$

实际测量时，首先测出在已知初始温度 T_0、不同位置 l(或不同时刻 t)处的 $R(T_0,l)$ 曲线，把它作为定标基线，它满足

$$R(T_0,l)=\frac{K_a}{K_R}\cdot\left(\frac{\nu_a}{\nu_0}\right)^4\cdot\frac{\exp[(\alpha_0-\alpha_a)\cdot l]}{\exp[h\cdot\Delta\nu/(kT_0)]-1} \tag{11-6}$$

由式(11-5)和式(11-6)，可得

$$T(l)=\frac{h\cdot\Delta\nu}{k\cdot\ln\left\{1+\frac{R(T_0,l)}{R(T,l)}\cdot\left[\exp\left(\frac{h\cdot\Delta\nu}{kT_0}\right)-1\right]\right\}} \tag{11-7}$$

式中，$R(T_0,l)$ 为测得的已知量。通过测量一系列已知温度值的散射光信号，并进行定标后[2]，然后结合实测的 $R(T,l)$，就可解得光纤各位置 l 处的温度 T。这样，测温系统就实现了对光纤所在空间待测温度场的分布式测量。

11.1.2 实用的分布式光纤测温系统

1. 系统的功能结构

如图 11-5 为 FGC-W30 型分布式光纤温度传感器的系统结构示意图[1]。该系统可以分为光学信号变换、光电信号变换、电学信号变换与处理三大功能部分。

系统的基本工作过程：由计算机系统发出同步控制脉冲，光纤激光器发出的激光脉冲经 1×2双向耦合器 A 注入传感光纤中，在光纤中产生的后向散射光依次经双向耦合器 A、B 后，进入通道 1、2，再经窄带干涉滤光器 1、2 滤波，分离出反斯托克斯散射光与瑞利散射光，实现系统的光学信号变换功能；分离出来两种散射光，分别由雪崩光电二极管 APD1、APD2 组件接收完成光电信号变换并放大；最后由计算机系统进行数据采集、解调等，完成电学信号变换与处理，其中数据采集与触发激光器发光同步进行。

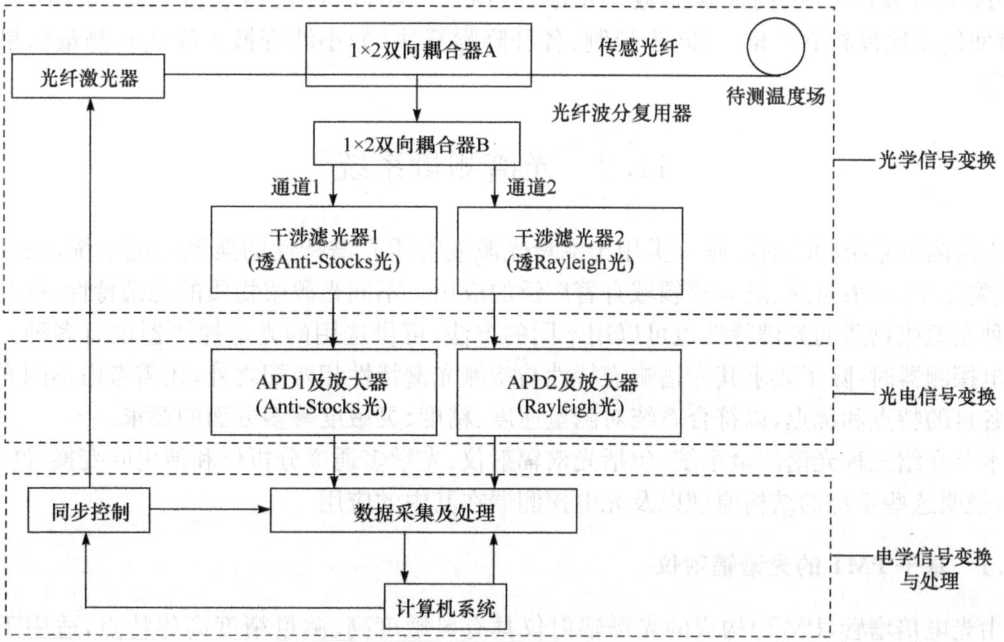

图 11-5 分布式光纤测温系统的功能结构示意图

2. 系统的主要硬件和软件

该系统包括主机、光纤传感头和信号采集处理三大部分。

1）主机

它由光源、光纤波分复用器模块以及光电接收与信号放大模块三个部分组成。为确保系统的稳定性，主机放置在智能化超级恒温箱内，温度控制为(20±0.1)℃。

光源：采用掺铒光纤脉冲激光器，激光的中心波长1547.4nm，光谱带宽0.075nm，脉冲重复频率为2kHz，脉冲宽度τ=10ns，激光输出功率0～100W可调。

光纤波分复用器(OWDM)模块：由两个1×2双向耦合器和两个光纤光学干涉滤光器等组成。1×2双向耦合器可由Y型光纤构成。两个滤光器的中心波长分别为1451nm和1547nm。

光电接收与信号放大模块：由2个雪崩光电二极管和高性能低噪声宽带放大器组成。雪崩光电二极管可采用SU200-01A-SM型InGaAs APD，其探测直径为0.2mm，带宽大于1GHz，在1000～1650nm波段内的量子效率超过70%；放大器采用TI公司生产的THS3001型运算放大器，具有高达6500V/μs的转换速率、420MHz的－3dB带宽以及良好的带内平坦度；工作频率为110MHz时，增益仅下降0.1dB；大信号应用时的建立时间只有40ns；可使用±15V电源，输出信号幅度可达±12V。

2）光纤传感头

它采用G652单模光纤(31km长)作为系统的光束传输与温度传感光纤，可根据不同应用的需要而采取接触式或非接触式的测温方式。

3）信号采集与处理部分

它由硬件和软件组成。硬件包括双通道数据采集累加卡(采样频率50MHz、带宽为100MHz)、计算机系统、高速瞬态数字示波器、BOXCAR；软件包括数据采集、累加(累加N次，可使信噪比提高$N^{1/2}$倍)与同步控制、各种降噪算法(如小波变换去噪法)、测量结果显示等程序。

11.2 光谱测量系统

光谱测量系统(光谱仪)是一类用于测量光源或物质光谱特性的典型光电系统，在颜色显示、生物化学、环境监测、航天等领域有着广泛的应用。不同光源或物质的光谱特性不同，测量同一种光源或物质的光谱特性也可以用不同的方法，可供选用的光电探测器也有多种。在选用光电探测器时，除了要求其光谱响应特性与待测光谱特性相匹配之外，还需考虑不同光电探测器各自的特点和优点，以符合系统对测量速度、精度、灵敏度等多方面的要求。

本节介绍三种光谱测量系统，包括光谱辐射仪、光学多通道分析仪和傅里叶变换(红外)光谱仪，说明这些系统的结构原理以及光电探测器在其中的应用。

11.2.1 基于PMT的光谱辐射仪

由光电倍增管(PMT)构成的光谱辐射仪具有灵敏度高、测量精度高等特点，适用于测量分子吸收光谱、荧光等强度相对稳定或慢变化的微弱光光谱。这里以某型光谱辐射仪为例，介绍该系统的原理结构以及光电倍增管在该系统中的应用。

1. 光谱辐射仪的系统结构

图 11-6 给出了这种光谱辐射仪的原理示意图。测量光源时，将反光镜 M_0 移开，由待测光源发出的光束通过光纤进入测量系统，再经单色仪内的光栅 G 分光后，出射光谱由光电倍增管接收。光电倍增管输出的光电流，经信号处理电路放大和 A/D 转换后送入计算机，完成该种光谱成分的测量。然后由计算机发出控制信号，驱动单色仪的步进电机，使单色仪对入射光束进行光谱扫描，如此下去，光电倍增管就逐一接收到待测光源所含各种波长的光谱信号。仪器通过标准光源(已知其光谱功率分布)和待测光源的比较测量，获得待测光源的光谱功率分布。

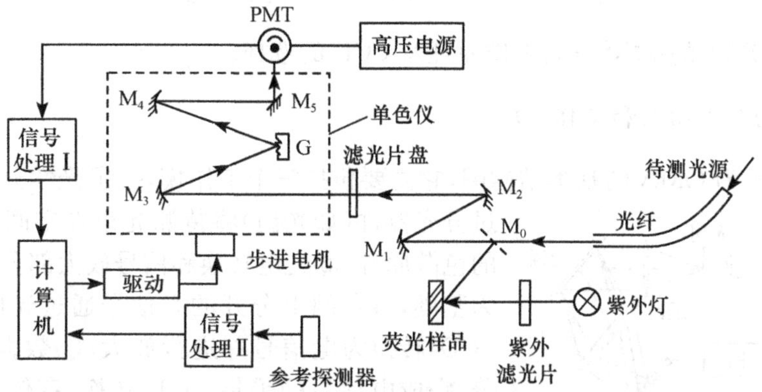

图 11-6　一种光谱辐射仪原理示意图

测量荧光样品时，将反光镜 M_0 置入光路；由紫外灯发出的激发光束经紫外滤光片后，照射到荧光样品上，由样品激发的荧光经反光镜 M_0 后进入测量系统，然后进行与上述类似的光谱测量过程。

2. 光电倍增管的应用

上述光谱辐射仪的光谱测量范围为 200～800nm，选用的光电倍增管为 R928 型。该光电倍增管采用近红外增强的多碱光电阴极、石英窗口材料、侧窗式结构，光谱响应范围为 185～900nm。当高压为 1000V 时，阳极灵敏度典型值为 2000A/lm、暗电流为 2nA。

光电检测系统的原理电路如图 11-7 所示，阳极 A 的最大输出电流 I_p 为 1μA，供电电源采用负高压、电阻分压方式。由图中所示的各分压电阻值可知：光电阴极电压、阳极电压和最末级的极间电压比其他极间电压高 1/3。实际中使用的负电压为－600～－1100V，分压电阻上的电流为 430～800μA，光电测量系统的线性度误差约为 0.2%。阳极 A 输出的光电流信号 I_p 经运算放大器 OPA 实现电流/电压转换，输出电压 U_o 的最大值为 2V，反馈电阻 $R_f=U_o/I_p=2M\Omega$，入射到光电阴极 K 上的最大光通量 $\Phi_{max}=I_p/S_\Phi=5\times10^{-10}$lm。

11.2.2　光学多通道分析仪

光学多通道分析仪(Optic Multi-channel Analyzer，OMA)是一种综合光、机、电、算等多种技术的新型光谱测量仪器，具有单次测量光谱范围宽、响应速度快、灵敏度高、数据采集处理方便等特点。与前述光谱仪不同，OMA 选用的光电探测器为 CCD 摄像器件。

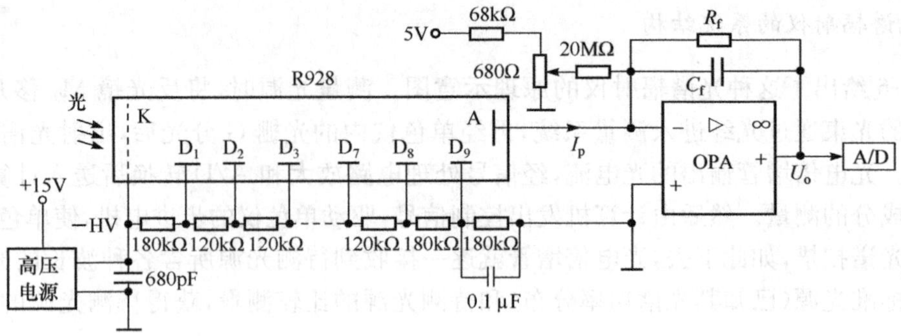

图 11-7　一种光谱辐射仪的光电检测电路

下面说明 OMA 的基本结构、工作原理及 CCD 的选择。

1. OMA 的基本结构和工作原理

图 11-8 所示为 OMA 的基本结构图，它主要包括三个工作模块：①光学分光部分，主要通过分光器件(如光栅)将待测光束在空间上分开，遵循光的色散原理；②光电转换和信号放大部分，它以光电效应为基础，将空间上分开的光信号通过光电探测器(常用 CCD)转换为电信号并进行放大；③数据采集与处理部分，完成电信号的采集、A/D 转换、存储、处理、分析、控制等功能。

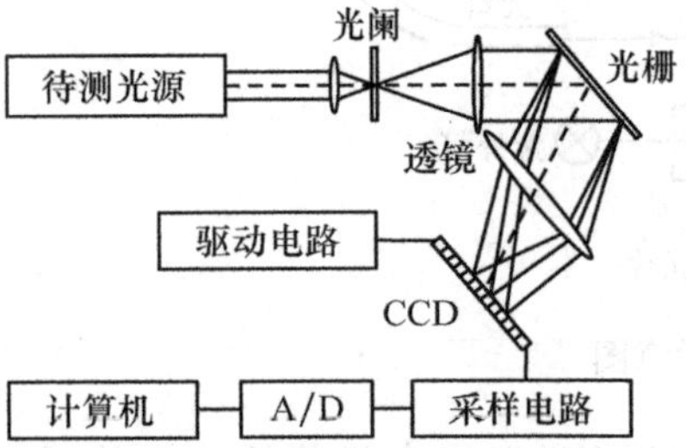

图 11-8　OMA 的基本结构图

OMA 的基本工作原理：待测光源发出的光束经聚焦、空间滤波、准直后照射到光谱仪中的光栅上，被光栅色散后在空间上分离开，再经透镜聚焦在 CCD 的光敏面上。根据光栅色散原理可知：CCD 各像元的位置分别对应着光束色散后的不同波长，一个像元对应极小一段光谱范围，称为一个通道。由采样电路对 CCD 的输出信号进行逐位采样，由所得的采样位置结果，就可求得信号所对应的波长，而信号的幅度对应着该波长下的光谱辐射能量。这样，只要对 CCD 的所有像元进行一次完整的采样(即获得一帧图像)，就可得到待测光源在一定波长范围内的光谱分布曲线。

与前述光谱仪不同，OMA 系统在测量每一小段光谱时，色散光栅不需要对入射光束进行扫描，而是由 CCD 对各像元的逐位时序扫描来完成对光谱成分的空间扫描。因此，OMA 系统具有并行处理、快捷精确的特点，特别适用于闪光灯等快变光源的瞬态光谱测量，也适用于荧光、磷光等光谱测量。

2. CCD 的选择因素

由 OMA 系统的工作原理可以推知：CCD 像元的位置对应波长，位置的测量精度决定了系统的光谱测量精度；像元尺寸影响着系统的最小可分辨波长和光谱轮廓的精细程度；几何尺寸(像元尺寸×像元数)和灵敏度影响到系统的光谱测量范围。在实际应用中，按其光谱响应特性可分别选择紫外、可见光、近红外波段的高灵敏度 CCD(通常采用拼接的方法获得从紫外到红外区域的光谱分布曲线)，对于极弱光谱还可利用像增强型 CCD。

由实际 CCD 的光谱响应特性曲线可知，同一 CCD 在其响应范围内对不同波长的响应度仍有所不同，因此需要事先对 CCD 的响应度进行标定。另外，由 CCD 的光电特性可知：只有在输入照度较低的情况下，CCD 的输出信号与输入照度才有良好的线性关系，因此在测量光谱辐射能量时也需要事先进行非线性校正。

图 11-9 所示为 Princeton 仪器公司生产的 1530-PUV 型 OMA，选用 Thomson CSF TH7895A 型前照式四相 CCD，像元尺寸 19μm，分辨率为 512×512 像素（CCD 光敏面积 9.7mm×9.7mm），响应波段 200～1100nm（此时光谱数据需多次测量、拼接），灵敏度 10e（650nm，工作温度稳定误差±0.01℃），光栅周期可选 1200 线对/mm、600 线对/mm、300 线对/mm，光谱分辨率可达 0.05nm。

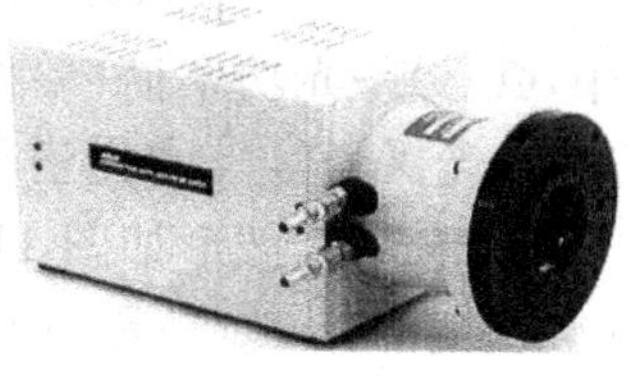

图 11-9　1530-PUV 型 OMA

11.2.3　傅里叶变换（红外）光谱仪

傅里叶变换光谱仪是 20 世纪 60 年代初开始发展的、以双光束干涉理论（相干探测方法）为基础的一种光谱测量系统。其主要光学部件是一台迈克耳孙干涉仪，同时利用了现代光电与计算机技术进行光电信号采集和处理。其基本过程：先利用干涉仪测量由同一光源分出的两束光的干涉图，再利用快速傅里叶变换技术对干涉图进行计算处理得到光源的光谱分布[3]。

1. 傅里叶变换光谱学

图 11-10 所示为一种傅里叶变换光谱仪的系统结构与工作原理图[5]。它以迈克耳孙干涉仪为基本光路；平面反射镜 M_1 和 M_2 是相互垂直放置的固定镜与动镜，M_2 可沿图示方向以一定的速度 V 移动。入射光束进入迈克耳孙干涉仪后，分束器把一半反射光射向 M_1，另一半透射光到达 M_2，它们分别经 M_1、M_2 反射后，沿原路返回至分束器，再经分束器透射、反射，原反射光与透射光发生干涉。由于 M_2 的移动，干涉仪中两光束到达探测器的时间存在差别，在 τ 时刻两光束之间的光程差为 $2x=2V\tau$（x 为动镜移动的距离）。图中共有三套系统，其中一套为红外光束干涉测量系统，还有两套辅助系统（He-Ne 激光干涉系统和白光干涉系统，分别用来确定动镜 M_2 的移动速度 V 或距离 x 以及计算机进行数据采集的起始时刻 t_0）。

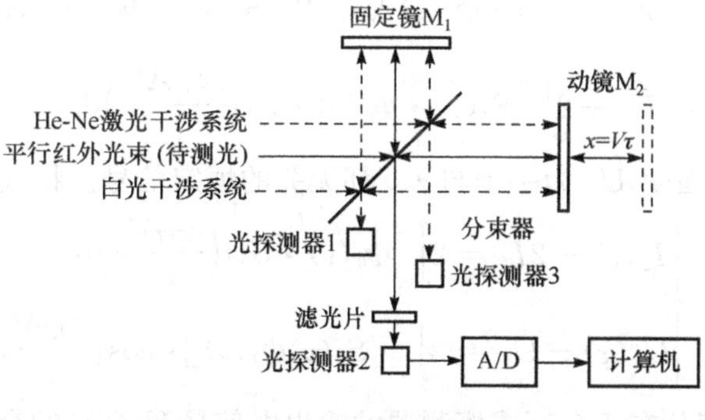

图 11-10　一种傅里叶变换（红外）光谱仪的系统结构示意图

1) 单色光的双光束干涉

对单色光（如系统中的 He-Ne 激光）入射迈克耳孙干涉仪的情况，可参照 9.2.1 小节讨论的零差探测进行分析。设参考光和信号光强度相等，参考式(9-47)，可直接写出光电探测器 1 某点 x 处接收到的光强度谱 $I_1(\tau,\nu)$ 及输出的电信号 $U_1(\tau,\nu)$[3]。

$$\begin{cases} I_1(\tau,\nu)=2\Phi_0(\nu)\cdot[1+\cos(\Delta\varphi)]=2\Phi_0(\nu)\cdot[1+\cos(2kx)] \\ \quad =2\Phi_0(\nu)\cdot\left[1+\cos\left(\dfrac{4\pi\nu V}{c}\tau\right)\right]=2\Phi_0(\nu)+\Phi_1'(\tau,\nu) \\ U_1(\tau,\nu)=S_1(\nu)\cdot I_1(\tau,\nu) \end{cases} \tag{11-8}$$

式中，$\Phi_0(\nu)$是光功率谱（单位频率间隔的光功率）；k 是入射光的角波数（$k=2\pi/\lambda=2\pi\nu/c$）；$S_1(\nu)$为光探测器 1 的光谱灵敏度。由此可见：干涉图 $I_1(\tau,\nu)$由恒定的 $2\Phi_0(\nu)$和交变的 $\Phi_1'(\tau,\nu)$组成，其波形如图 11-11(a)所示，$I_1(\tau,\nu)$在 $\tau=0$、$c/(2\nu V)$的正整数倍时刻取最大值 $4\Phi_0$。交变部分 $\Phi_1'(\tau)$是一个恒振幅的余弦调制函数，包含了光谱信息 ν，是需要重点研究的部分。单色光的功率谱如图 11-11(b)所示。

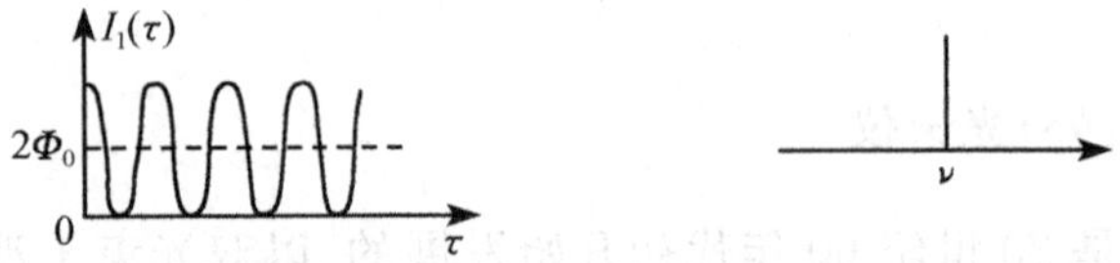

(a) 单色光的干涉图 (b) 单色光的功率谱

图 11-11 单色光的干涉图及频谱

2) 复色光的双光束干涉及傅里叶变换光谱

复色光的总干涉图由光源中所含各种频率光（$\nu\geqslant 0$）的子干涉图的强度叠加而成。因此，总干涉图包含了光源的全部光谱信息。

利用式(11-8)，可得光探测器 2 某点处接收到的总光强度 $I_2(\tau)$ 及输出的总电信号 $U_2(\tau)$ 分别为

$$\begin{cases} I_2(\tau)=\displaystyle\int_0^{\infty} I_1(\tau,\nu)\mathrm{d}\nu=2\int_0^{\infty}\Phi_0(\nu)\mathrm{d}\nu+2\int_0^{\infty}\Phi_0(\nu)\cdot\cos\left(\frac{4\pi\tau V}{c}\nu\right)\mathrm{d}\nu \\ \quad =2I_0+2\displaystyle\int_0^{\infty}\Phi_0(\nu)\cdot\cos\left(\frac{4\pi\tau V}{c}\nu\right)\mathrm{d}\nu \\ U_2(\tau)=\displaystyle\int_0^{\infty} S_2(\nu)\cdot I_2(\tau,\nu)\mathrm{d}\nu \\ \quad =2\displaystyle\int_0^{\infty} S_2(\nu)\cdot\Phi_0(\nu)\mathrm{d}\nu+2\int_0^{\infty} S_2(\nu)\cdot\Phi_0(\nu)\cdot\cos\left(\frac{4\pi\tau V}{c}\nu\right)\mathrm{d}\nu \\ \quad =U_0+2\displaystyle\int_0^{\infty} S_2(\nu)\cdot\Phi_0(\nu)\cdot\cos\left(\frac{4\pi\tau V}{c}\nu\right)\mathrm{d}\nu \end{cases} \tag{11-9}$$

式中，I_0 为光源的总强度；U_0 为一个与 τ、ν 都无关的恒定信号。将式(11-9)改写为

$$\begin{cases} I_2(\tau)-2I_0=2\displaystyle\int_0^{\infty}\Phi_0(\nu)\cdot\cos\left(\frac{4\pi\tau V}{c}\nu\right)\mathrm{d}\nu \\ U_2(\tau)-U_0=2\displaystyle\int_0^{\infty}[S_2(\nu)\Phi_0(\nu)]\cdot\cos\left(\frac{4\pi\tau V}{c}\nu\right)\mathrm{d}\nu \end{cases} \tag{11-10}$$

对测得的干涉图强度分布 $I_2(\tau)$（或探测器的输出电信号 $U_2(\tau)$）的交变项作余弦傅里叶变换，可得

$$\begin{cases} \Phi_0(\nu)=\displaystyle\int_{-\infty}^{\infty}[I_2(\tau)-2I_0]\cdot\cos\left(\frac{4\pi\nu V}{c}\tau\right)\mathrm{d}\tau \\ S_2(\nu)\Phi_0(\nu)=\displaystyle\int_{-\infty}^{\infty}[U_2(\tau)-U_0]\cdot\cos\left(\frac{4\pi\nu V}{c}\tau\right)\mathrm{d}\tau \end{cases} \tag{11-11}$$

式(11-11)表明:干涉图的强度分布交变项与光功率谱之间呈余弦傅里叶变换关系,可从干涉图中提取光源的光谱分布信息;也可利用光电探测器得到干涉图随时间变化的电信号,再从电信号中提取光源的光谱分布信息。当然,后者必须已知探测器的光谱灵敏度 $S_2(\nu)$ 或者采用平光谱探测器(例如,热电堆或者热释电探测器)。因此,这种光谱测量技术称为傅里叶变换光谱技术。

图 11-12 给出了一种利用迈克耳孙干涉仪测得的复色光的干涉图及其功率谱[3]。由式(11-9)可知:复色光干涉图是时间差 τ(或光程差 $2x$)的函数,而只有在 $\tau=0$ 处时,$I_2(\tau)$ 才有最大值,且随 τ 的增大而衰减,如图 11-12 所示。因此,利用白光这种复色光作光源,移动 M_2 镜,直接观察或者监测干涉图的变化,当输出信号最大时,即可确定此时 M_1、M_2 互为镜像(光程差 $x=0$;$\tau=0$),以此时刻作为计算机采集红外光干涉图数据和触发 M_2 移动的起始时刻,由计算机的内部时钟确定出采样时刻 τ,测得 $I_2(\tau)$ 关系曲线。

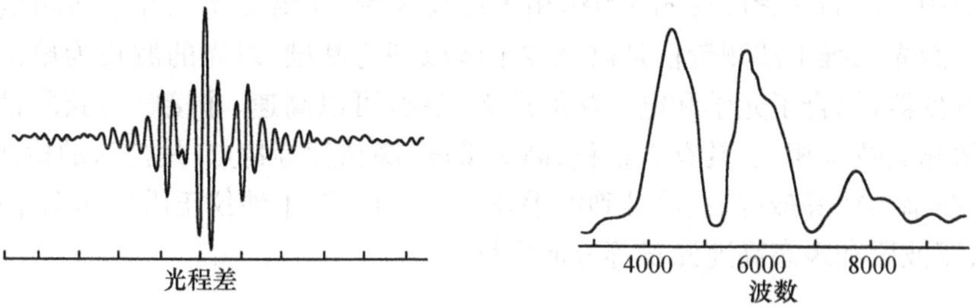

(a) 复色光的干涉图　　(b) 复色光的功率谱

图 11-12　复色光的干涉图及频谱

式(11-11)只是理想情况下的光谱计算表达式。在光谱的实际测量中,存在一些误差因素。例如,M_2 在机械运动过程中会产生误差;光程差 $x=V\tau$ 也只能在有限范围内变化(不可能达到 $-\infty\sim+\infty$ 的积分要求),且光程差太大时干涉图的可见度很小;进入光探测器的频谱与进入干涉仪的待测频谱有差别;光探测器的光谱响应特性对输出信号有影响;在实际中因为采用快速傅里叶变换逐点采样的数值求和方法代替连续积分运算,也会产生误差等。上述误差影响因素都会导致无法完全恢复出实际的光谱分布,因此,对计算结果必须进行一定的修正。有关这方面的内容可参阅文献[3]和文献[5]。

2. 傅里叶变换光谱仪的特点

与一些传统的光谱仪相比,傅里叶变换光谱仪有着明显的优点。

(1) 高通光能力和高信噪比。常规的光谱仪是利用棱镜或光栅进行分光,通过仪器的光通量受入射狭缝的宽度限制,光能量较弱;而傅里叶变换光谱仪中没有缝宽的限制,可使用扩展光源,在分辨本领相同的情况下,输出的光通量要比常规光谱仪大得多,因此仪器具有更高的灵敏度和信噪比,特别适合于研究极弱光的光谱。

(2) 具有多通道探测的优点。一般的光谱仪在某一瞬时只能记录一种光谱线;傅里叶变换光谱仪虽然只利用一个光电探测器,但每次检测到的信号都包含了全部光谱成分信息,由于不同光谱成分的干涉图调制频率不同,它们被同一光电探测器同时接收时就相当于多通道测量情况。若待测光谱中具有 n 个光谱成分,则傅里叶变换光谱仪比常规光谱仪的信噪比要高 $\sqrt{n}$ 倍。

(3) 高分辨本领。傅里叶变换光谱仪的分辨率取决于动镜 M_2 的最大可移动距离。原则上说增加两镜间的光程差即可提高仪器的分辨率，其关键在于仪器的机械移位精度和最大行程。

(4) 减少了杂散光的影响。在傅里叶变换光谱仪中，由于信号光被调制，而杂散光不被调制，所以能够有效地抑制杂散光的影响。

正是由于上述优点，傅里叶变换光谱技术初露头角就受到了高度重视，它已成为从近红外到远红外乃至毫米波段最有力的光谱分析方法，被广泛用于物质结构、天体物理、工业检测、环境监测等领域。目前，这项技术还扩展到了可见光和紫外区的新领域。

11.3　斐索型移相干涉仪及其应用

9.2 节介绍了激光干涉测量的典型应用，如单频激光测长、双频激光测长等。本节以原理结构简单但应用广泛的斐索(Fizeau)型移相干涉仪为例，介绍激光二维干涉测量系统的结构和工作原理。激光二维干涉测量仪是以光波干涉原理为基础，以光的波长为单位的一种计量测试典型光电仪器，综合了光学和电子学的最新成就，可以高速、非接触地获取被测信息。与传统光学成像测量技术相比，具有大量程、高灵敏度、高精度等特点，是公认的检测光学元件面型、光学组件曲率半径等最有效、最准确的手段之一。目前，干涉仪正沿着向高相位分辨率、高空间分辨率、宽波段和瞬态高速测量等方向发展。

11.3.1　斐索型移相干涉仪的基本光路和原理

斐索型干涉仪是由 Fizeau 在 1862 年提出并应用的。图 11-13 是斐索型移相干涉仪的原理光路示意图。激光光源输出的单频激光被聚光镜(显微物镜)会聚在位于准直物镜焦平面的圆孔光阑上。从准直物镜出射的平行激光光束，一部分到达带有楔度的标准参考镜的参考面后被反射回作为参考光束；另外一部分激光光束穿过标准参考镜至样品测试表面再反射回作为信号光束(测试光束)。参考光束和信号光束再通过准直物镜，在其焦平面上形成圆孔光阑的两个像。调整被测零件所在的工作台，使两个像重合，通过成像透镜可以观察到等厚干涉条纹。此二维干涉条纹图为参考光束和测试光束光程差的等高线图，包含了参考光束和信号光束的光程差信息，是待测样品表面对二维单频光波前的各点形成相位调制的结果。

通过二维干涉图分析，可计算出信号光束的相位空间分布，从而反映出待测样品表面的微细面形分布。由于二维干涉图中的干涉条纹光强测量精度的限制，并且某点处的空间相位是从与周围条纹分布的比较中得到的，因此它的空间分辨能力和相位测量精度受到限制，更重要的是为了判断面形的凸/凹，必须确定相位的极性符号。这需要更多的数据和复杂的判断，因而通常采用人机对话加以辅助。为了自动分析干涉图，已经发展出各种能进行动态检测的干涉测量技术。其基本原理是将参考光束的相位人为地调制成随时间变化(称为二次相位调制)，使干涉图上各点处的光学相位变换为相应点处时序电信号的相位，以进行动态相位检测。如图 11-13 所示，斐索型移相干涉仪中，计算机输出指令给 PZT 移相器，驱动干涉仪的标准参考镜产生等间隔的位移从而引入相位调制 $\Delta\varphi_r(t)$，其调制信号流程如图 11-14 所示。利用面阵图像传感器(CCD 摄像机等)对经调制而随时间作规律变化的干涉场进行采样，将面阵图像传感器接收到的视频图像信号送入计算机，通过对数字移相干涉图进行分析处理，即可得到被测波面的相位 $\varphi_s(x,y)$(波差)分布。这种数字波面移相干涉术可以获得相当高的相位分辨率和空间分辨率。

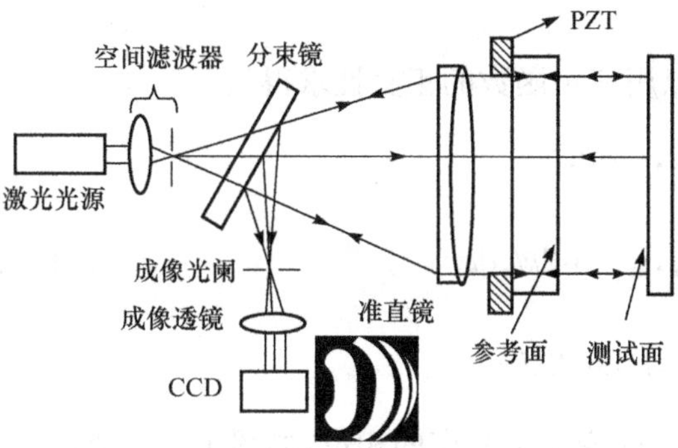

图 11-13　激光斐索型移相干涉仪原理光路图

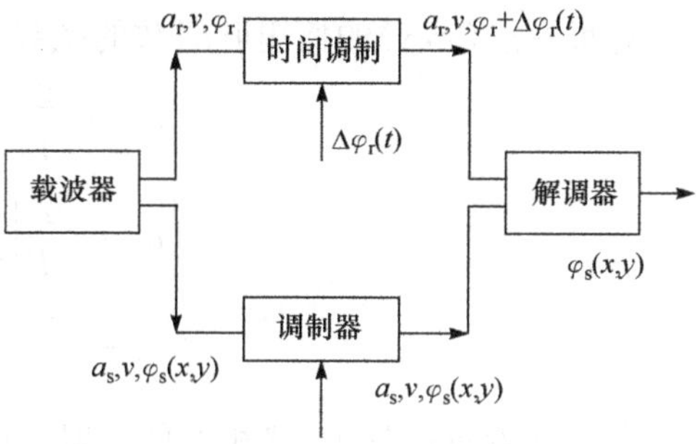

图 11-14　二次相位调制流程框图

11.3.2　激光移相干涉测试技术原理

在图 11-13 所示的斐索型移相干涉仪中，标准参考镜由压电陶瓷移相器推动产生平移(相位调制)，设其瞬时位移随时间的变化为 l_t、被检波面的面形函数为 $w(x,y)$，则在理想情况下，参考光束和信号光束分别为

$$E_r(x,y)=a_r\exp[2ik(L+l_t)] \tag{11-12}$$

$$E_s(x,y)=a_s\exp\{2ik[L+w(x,y)]\} \tag{11-13}$$

式中，a_r、a_s 为两波面振幅；L 为两干涉光路的起始光程；$k=2\pi/\lambda$ 为波数；$w(x,y)$ 为被检测表面的面型函数，两个波面在分光镜处相遇产生干涉，形成干涉场(或干涉图)，其光强分布为

$$I(x,y,l_t)=|E_r+E_s|^2=a_r^2+a_s^2+2a_ra_s\cos 2k[w(x,y)-l_t] \tag{11-14}$$

可以简化为

$$I(x,y,l_t)=I_0\{1+\gamma\cos 2k[w(x,y)-l_t]\} \tag{11-15}$$

式中，$\gamma=2a_ra_s/(a_r^2+a_s^2)$ 为干涉条纹的对比度；$I_0=a_r^2+a_s^2$ 是背景光强。式(11-14)说明干涉场中任意一点的光强都是 l_t 的余弦函数。由于 l_t 随时间变化，式(11-14)具有时间周期函数的性质，把式(11-14)展开成傅里叶级数的形式

$$I(x,y,l_t)=a_0+\sum_{n=1}^{\infty}a_n\cos 2knl_t+\sum_{n=1}^{\infty}b_n\sin 2knl_t \tag{11-16}$$

对于双光束干涉，取到傅里叶级数的一级谐波项 $n=1$。于是

$$I(x,y,l_t)=a_0+a_1\cos 2kl_t+b_1\sin 2kl_t \tag{11-17}$$

式中，a_0 为傅里叶级数的直流项；a_1、b_1 分别是傅里叶级数基波分量的系数。将式(11-14)的三角函数展开可得

$$I(x,y,l_t)=a_r^2+a_s^2+2a_ra_s\cos 2kw(x,y)\cos 2kl_t+2a_ra_s\sin 2kw(x,y)\sin 2kl_t \tag{11-18}$$

比较式(11-17)和式(11-18)可得

$$\begin{cases}a_0=a_r^2+a_s^2\\a_1=2a_ra_s\cos 2kw(x,y)\\b_1=2a_ra_s\sin 2kw(x,y)\end{cases} \tag{11-19}$$

由式(11-19)可以看出，被测表面的面形可由傅里叶系数的比值求得

$$w(x,y)=\frac{1}{2k}\arctan\frac{b_1}{a_1} \tag{11-20}$$

由于式(11-19)中存在 a_r、a_s 和 $w(x,y)$ 3 个未知量，要从方程中解出 $w(x,y)$，至少需要移相 3

次，采集 3 幅干涉图。

对每一点(x,y)的傅里叶级数的系数，还可以用三角函数的正交性求得

$$\begin{cases} a_0 = \dfrac{2}{T}\displaystyle\int_0^T I(x,y,l_t)\mathrm{d}l_t \\ a_1 = \dfrac{2}{T}\displaystyle\int_0^T I(x,y,l_t)\cos 2kl_t \mathrm{d}l_t \\ b_1 = \dfrac{2}{T}\displaystyle\int_0^T I(x,y,l_t)\sin 2kl_t \mathrm{d}l_t \end{cases} \tag{11-21}$$

在实际测量过程中，移相器件一般采用分立式改变参考光束的相位，如图 11-15 所示。令 l_t 作分立式阶梯变化，因为 l_t 每变化 $\lambda/2$，条纹亮暗变化一个周期。设一个周期内 l_t 的阶梯变化数目为 m，即 l_t 变化一个条纹周期对每个场点采样 m 次，其采样值为

$$I(x,y,l_t) = a_0 + a_1\cos 2kl_t + b_1\sin 2kl_t$$
$$l_t = \frac{\lambda}{2m}t,\qquad t = 0,1,2,\cdots,m-1 \tag{11-22}$$

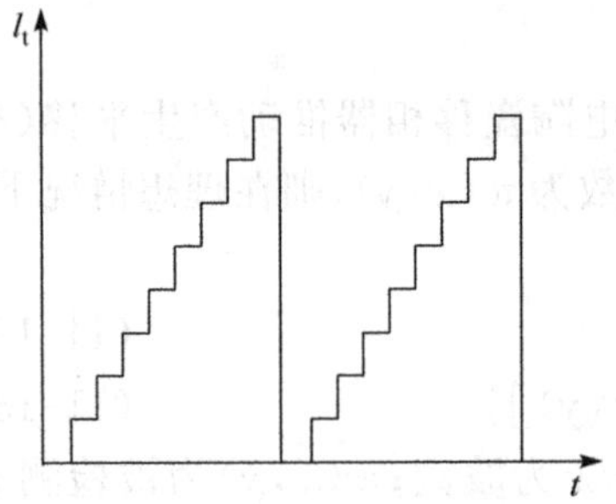

图 11-15 PZT 的等间隔位移

用和式代替积分，式(11-21)可以表示为

$$\begin{cases} a_0 = \dfrac{2}{m}\displaystyle\sum_{t=1}^{m} I(x,y,l_t) \\ a_1 = \dfrac{2}{m}\displaystyle\sum_{t=1}^{m} I(x,y,l_t)\cos 2kl_t \\ b_1 = \dfrac{2}{m}\displaystyle\sum_{t=1}^{m} I(x,y,l_t)\sin 2kl_t \end{cases} \tag{11-23}$$

式(11-22)和式(11-23)是在最小平方意义上对干涉场亮度变化周期函数的最佳拟和。因此干涉场上各个采样点的相位可由两个加权平均值之比给出，式(11-20)可表示为

$$w(x,y) = \frac{1}{2k}\arctan\frac{\dfrac{2}{m}\displaystyle\sum_{t=1}^{m} I(x,y,l_t)\sin 2kl_t}{\dfrac{2}{m}\displaystyle\sum_{t=1}^{m} I(x,y,l_t)\cos 2kl_t} \tag{11-24}$$

进一步可得相位分布

$$\varphi(x,y) = \arctan\frac{\dfrac{2}{m}\displaystyle\sum_{t=1}^{m} I(x,y,l_t)\sin 2kl_t}{\dfrac{2}{m}\displaystyle\sum_{t=1}^{m} I(x,y,l_t)\cos 2kl_t} \tag{11-25}$$

为了消除大气湍流、振动及漂移的影响，进一步降低噪声影响，提高测量精度，可进一步对 p 个周期的测量数据进行累加平均，即

$$\begin{cases} a_0 = \dfrac{2}{mp}\displaystyle\sum_{t=1}^{mp} I(x,y,l_t) \\ a_1 = \dfrac{2}{mp}\displaystyle\sum_{t=1}^{mp} I(x,y,l_t)\cos 2kl_t \\ b_1 = \dfrac{2}{mp}\displaystyle\sum_{t=1}^{mp} I(x,y,l_t)\sin 2kl_t \end{cases} \tag{11-26}$$

由式(11-20)可得

$$w(x,y)=\frac{1}{2k}\arctan\frac{\dfrac{2}{mp}\sum_{t=1}^{mp}I(x,y,l_t)\sin 2kl_t}{\dfrac{2}{mp}\sum_{t=1}^{mp}I(x,y,l_t)\cos 2kl_t} \tag{11-27}$$

因此，在被测表面上任意点(x,y)的波面$w(x,y)$可由该点上的$n\times p$个光强度采样值计算求得。算出整个孔径上各点的相位后，就可得到整个被检表面的真实相位或面形，式(11-27)称为移相干涉术的基本公式。部分求和的形式要求数据无限地积累，通过最小二乘法拟合，可使相位误差或波面误差减小到原来的$1/\sqrt{mp}$。

特殊地，取四步移相，即$m=4$，使$2kl_t=0,\frac{\pi}{2},\pi,\frac{3\pi}{2}$，则

$$w(x,y)=\frac{1}{2k}\arctan\frac{I_4(x,y)-I_2(x,y)}{I_1(x,y)-I_3(x,y)} \tag{11-28}$$

由于式(11-28)中含有减法和除法，干涉场中的固定噪声和面阵探测器的不一致性影响可以自动消除，这是移相干涉技术的一大优点。

为了提高测量的准确度，在基本原理基础上，移相方法还有五步法、六步法、七步法、多步移相法、Greivenkamp 算法及重叠四步平均法(OAF)等[6]。这些不同的算法虽然在理想情况下得到的结果都一样，但对误差的抑制能力却不尽相同。波面相位是通过反正切函数求得的，反正切函数把整个波面限定在$[-\pi,+\pi]$区间，因而造成了波面的不连续性。为了消除这种位相跳变，必须对包裹相位进行解包处理。相位解包是移相算法的一个重要部分，已见于大量的文献报道之中[7]。

激光移相干涉测试技术具有以下特点[8]。

(1) 激光移相干涉测试技术由于采用最小二乘法拟合来确定被测波面，所以可以消除随机的大气湍流、振动及漂移的影响。

(2) 激光移相干涉测试技术可以消除干涉仪调整过程中及安置被测件过程中产生的位移、倾斜及离焦误差。

(3) 激光移相干涉测试技术可以大大降低对干涉仪本身准确度的要求。相对于目视观察测量或者照相记录测量，激光移相干涉测试技术通过计算机自动计算、存储和显示相位信息，从而可以将干涉仪系统本身的波面误差存储起来，而后在检测被测波面时从后续的波面数据中自动减去。这样，就使干涉仪制造时元件所需要的加工精度可以适当放宽，当要求总的测量不确定度为 1/100 波长时，干涉仪系统本身的波面误差小于一个波长就可以。

11.3.3　斐索型移相干涉技术的典型应用

随着数字技术和图像采集技术的产生和发展，各种新型的斐索型激光干涉仪不断出现。图 11-16 所示为 Zygo 公司推出的基于斐索型移相干涉技术的数字波面干涉仪，它代表了当前波面干涉仪的最高水平，被广泛应用于科研教学和生产检测中。Zygo 系列数字波面干涉仪能完成基本的测量，提供高精度的平面面形、球面面形、曲率半径、样品表面质量、传输波前的测量和分析等，并可以消除空气湍流和极端振动的环境影响。测量设备可以水平或垂直的方式设置，并且可在需要时改变。它可以用于多种样品的测量，如玻璃或塑料光学器件——平镜、透镜、棱镜等，精密金属材料器件——硬盘、光滑表面等。

图 11-16 GPI XP/D 型数字波面干涉仪

GPI XP/D 型激光数字波面干涉仪是 Zygo 在中国甚至全世界市场占有率最高的一款激光干涉仪，它包括相位调制器、MetroPro 软件、Zygo 仪器板、PCI 总线高速图像捕捉卡、监视器、自动光强控制、孔径聚焦等几部分，其主要技术指标如表 11-1 所示。GPI XP/D 系统最大的特点之一就是功能强大的 MetroPro 软件。该软件使用互动窗口显示，可以同时在屏幕上提供仪器控制、表面图像、曲线、数据和统计结果等；可以计算被测面型的峰谷值、标准偏差、均方根误差、光学系统的点扩散函数等；还可以提供被测面型的 3 维图像、等高线图、斜率图、线状曲线图等。

表 11-1 GPI XP/D 型激光数字波面干涉仪性能参数表

技术指标	具体参数
系统测量均方根差值	λ/10000
系统测量峰谷值	λ/300
系统测量分辨率	优于 λ/1000
图像采集系统空间分辨率	640×480 像素(可升级至 1000×1000 像素)
条纹分辨率	180 条(可升级至 340 条)
数据采集时间	173ms(高分辨率)、93ms(低分辨率)

11.4 CCD 尺寸测量系统[9,10]

由 7.3.1 小节的介绍可知，CCD 摄像器件具有自扫描、高分辨率、高灵敏度、像素位置信息准确和结构紧凑等优点，利用它和光学成像系统、计算机数据采集与处理系统构成的非接触式尺寸测量仪器，其优越性是纯机械式、光学式、电磁式测量仪器所不能比拟的，因而广泛应用于工件尺寸的在线检测和高精度、高速度的检测技术领域。

本节以玻璃管尺寸测控仪为例，讨论 CCD 尺寸测量系统的设计步骤和具体实现方法。

11.4.1 CCD 玻璃管测控仪的系统设计及工作原理

1. 系统设计

CCD 玻璃管测控仪的待测对象为玻璃管，待测物理量为玻璃管的外径与壁厚值。设想用光强均匀的平行光束照射玻璃管，如图 11-17(a)所示。由于玻璃管不同部位对光束的透射率不同，玻璃管上、下边缘处的透射光强相对较弱，形成两条暗带，而中间部分的透射光强相对较强，形成亮带。由于待测量是玻璃管的尺寸信息（对应于透射光强突变的位置），所以可利用线阵 CCD 摄像器件，得到如图 11-17(b)所示的信号。其中，两条暗带（波谷）最外面的边界距离为玻璃管外径像的大小，中间亮带的宽度为玻璃管内径像的大小，暗带的宽度则是玻璃管的管壁像的大小。

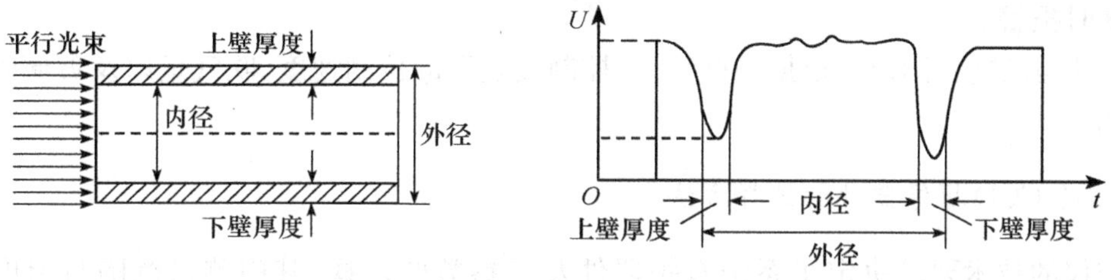

(a) 光强均匀的平行光束照射玻璃管　(b) CCD输出信号波形

图 11-17　线阵 CCD 输出信号波形及其与玻璃管尺寸的对应关系图

由上分析，玻璃管测控仪应包括照明系统、被测玻璃管、成像物镜、线阵 CCD 摄像器件和计算机测量控制系统等，如图 11-18 所示。其中的稳压稳流电源是为了使照明系统输出的光束稳定；采用二值化电路是考虑到图像信号在玻璃管边界处 CCD 有明显的电平变化，容易实现图像信号中玻璃管尺寸信息与背景噪声的分离。

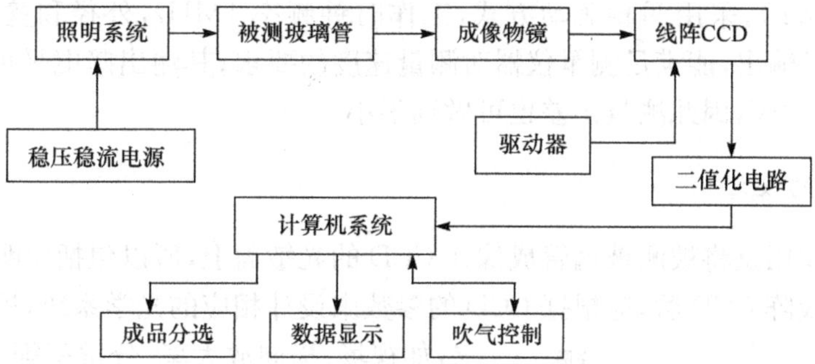

图 11-18　CCD 玻璃管尺寸测控仪原理框图

2. 工作原理

玻璃管测控仪的工作原理：由线阵 CCD 输出的视频信号经二值化电路处理后，在时钟脉冲的作用下（对应 CCD 的空间分辨率），分别得到外径和壁厚尺寸的脉冲信号。将外径、壁厚信号传输到计算机数据采集接口电路，由配套的计算机系统（含处理软件）算出玻璃管的外径和壁厚值。将计算值与设定的公差值进行比较，得到偏差量。计算值、偏差量一方面可以保存、显示和输出，另一方面可根据偏差情况对玻璃管生产设备施加相应的控制信号，调整玻璃管的拉制速度和吹气量等参数，并挑选出合格品。

11.4.2　CCD 玻璃管测控仪的参量确定

1. 仪器的技术要求

CCD 玻璃管测控仪用在玻璃管自动测控生产线上，对玻璃管的外径和壁厚等尺寸进行实时监测，并根据监测结果和工业要求对玻璃管生产过程进行自动控制。

这里,假设该测控仪的主要技术指标如下。

(1) 测量范围。被测玻璃管的外径有 Φ20mm 和 Φ28mm 两种。

(2) 测量尺寸及精度要求。外径 $\Phi(20\pm0.3)$mm、$\Phi(28\pm0.4)$mm;壁厚(1.2±0.05)mm、(2±0.07)mm。

(3) 显示内容。被测玻璃管的实测外径值、壁厚值、偏差值,并能在产品尺寸偏差超过允许的基准时报警。

(4) 过程控制。测控仪根据测试结果,控制玻璃管的拉制速度、吹气量以及玻璃管合格产品的筛选等。

2. 线阵 CCD 摄像器件的选择方法

测控仪的技术要求决定了系统有关器件及其参数的选择,其中测量范围与精度是选择 CCD 摄像器件参数的主要依据。这里,测控仪采用同一片线阵 CCD 对玻璃管的外径和壁厚同时进行测量,被测玻璃管的最大外径为(28±0.4)mm,而壁厚的测量精度要求较高,达±0.05mm。因此,系统的测量范围应大于 28.4mm,相对测量精度应高于 1.76%。根据 CCD 测量灵敏度和空间采样定理的需要,0.05mm 要大于 2 个像元的空间尺寸 Δ(以 μm 为单位),即要求 $\Delta\leqslant25$、像素数 $N\geqslant28400/\Delta$。查表 7-1,TCD1206 SUP 型双沟道线阵 CCD 可以满足这些要求,其像元尺寸 $\Delta=14\mu$m,像元中心距离 14 μm,总有效像素数 $N=2160$(总长度为 30.24mm>28.4mm),采用两相驱动方式,工作时钟频率 1MHz,外径和壁厚的图像信号在 3ms 的时间内即可输出,能满足测量仪器对测量速度的要求;其输出暗电平可控制在 1.0V 以下,而高电平可达 10V,因此测量误差也可做到很小。

3. 光学系统的设计

光学系统的作用是将被测玻璃管成像在 CCD 的光敏面上,所以包括照明系统和成像系统两部分。在选定线阵 CCD 后,应根据 CCD 的参数来设计相应的光学系统,提出具体的指标要求,如视场、横向放大率、分辨率等。对于本系统,则要求光学系统的像方视场大于 30.24mm,使线阵 CCD 的所有像元都在像方视场内;成像物镜的分辨率不得低于 1000/14＝73lp/mm。具体的光路如图 11-19所示。

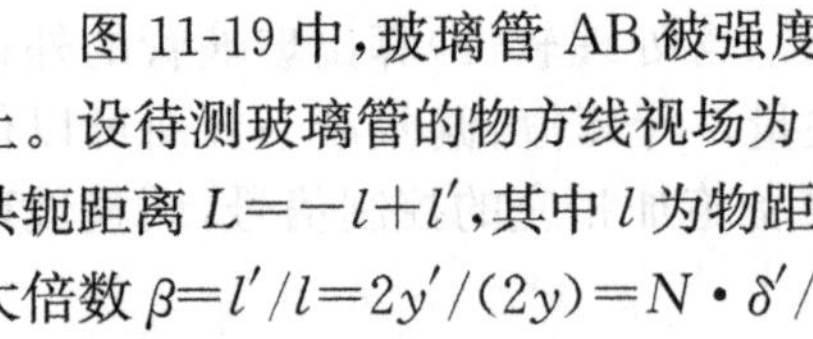

图 11-19 光学系统的光路图

1) 光学成像系统

图 11-19 中,玻璃管 AB 被强度均匀分布的平行光束照明,经物镜 L 后成像在线阵 CCD 上。设待测玻璃管的物方线视场为 $2y$,线阵 CCD 的像元宽度为 δ'、像素数为 N,物像之间的共轭距离 $L=-l+l'$,其中 l 为物距(且 $|l|\geqslant2f$)、l' 为像距、f 为物镜的焦距。成像系统的放大倍数 $\beta=l'/l=2y'/(2y)=N\cdot\delta'/(2y)$。

根据玻璃管尺寸和所选 CCD 的参数,选择光学成像系统的参数:物镜焦距 $f=130$mm、数值孔径 NA＝0.5、像方视场 $2\omega'=20°$;系统的放大率 $\beta=-0.8$。

2) 照明光源

本系统中的照明光源采用柯拉照明光源,使物面 AB 获得强度均匀的照明,即使玻璃管的位置发生变化,其上的照明情况仍然不受影响。有关柯拉照明光源的系统组成、参数等可参阅应用光学教程或文献[9]。

4. 检测电路的设计

依据信号用途的不同，对 CCD 输出视频信号的处理有两种方法：一是对 CCD 视频信号进行二值化处理后，再进行数据处理，这种方法适用于只对视频信号的时序（对应于像元的几何位置）感兴趣的场合，如位置检测、图文输入；二是对 CCD 视频信号的大小（图像灰度值）进行采样、量化编码后，再采集到计算机系统中，这种方法适用于需要测量像元光照度的场合，如光谱探测、光强分布精密测量。

对于利用线阵 CCD，从其视频信号中提取外径和壁厚信息的情况，可以采用二值化方法，然后对信号进行数据采集和处理。

1）二值化电路

所谓二值化，就是将光电信号转换成“0”或“1”数字量的过程。利用模拟比较器电路，设置一个固定阈值电平，当输入的待测模拟信号高于或者低于该固定阈值电平时，比较器分别输出高电平“1”或者低电平“0”，这样就完成了光电信号的二值化转换。在实际设计二值化电路时，为确保测量精度，提高系统的稳定性，一方面采用精密稳流电源，以保证光源的稳定性，另一方面采用浮动阈值二值化处理方法，对 CCD 像面的光强进行采样，以消除背景光不稳定性带来的影响，使系统的测量精度和稳定性得到进一步的提高。

浮动阈值二值化电路的原理框图如图 11-20 所示。图中，用两个单稳态触发器产生采样脉冲，采样脉冲所采得的是线阵 CCD 输出的玻璃管视场以外的信号（它位于玻璃管信号到来之前），反映的是照明光学系统的光强与背景光的强弱变化。将此信号采样后，经保持电路的作用，一直保持到行周期的结束。因此，采样/保持器所采得的信号随 CCD 像面上背景照度的变化而上下浮动。从中分出一部分电压，作为二值化的阈值电压，经二值化处理后，得到稳定的二值化输出信号。

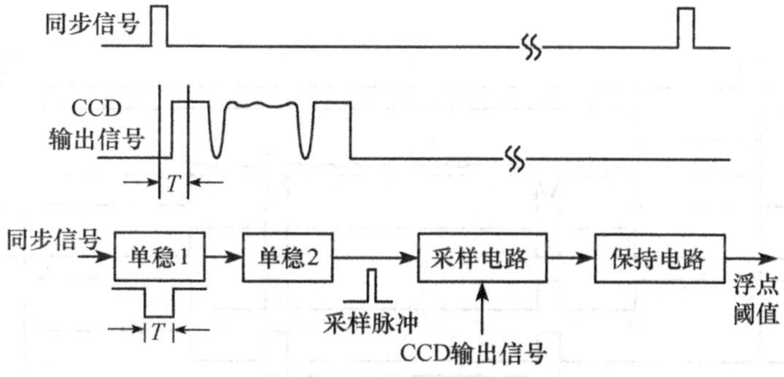

图 11-20　浮动阈值二值化电路的原理框图

2）检测电路

玻璃管外径和壁厚的检测电路原理图如图 11-21 所示，相应的工作波形如图 11-22 所示。图 11-21 下方，用 CCD 像元的同步脉冲 SP 作为计数器的输入脉冲信号，计数器由行同步脉冲 F_c 复位（因为计数器在任一时刻所得的值表征了该时刻线阵 CCD 输出信号对应像元的位置数，F_c 脉冲的上升沿为第一个有效像元到来的时刻、下降沿表示本行信号的转移结束，因此，可以用 F_c 作为行同步脉冲）。

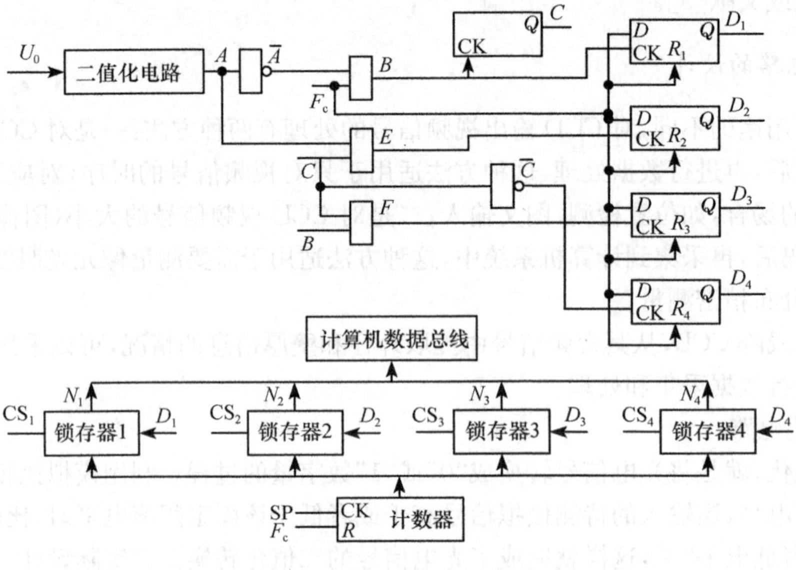

图 11-21　玻璃管外径和壁厚检测电路原理图

当线阵 CCD 输出的视频信号 U_0 被浮动阈值二值化电路处理后，其输出信号如图 11-22 所示的 A。将 A 经反相器反相后，变为 $\overline{A}$。将 $\overline{A}\cdot F_c$ 的结果记为 B，再用 B 的下降沿去触发一个触发器 Q，得到 C。对于右侧的四个触发器，它们的 D 端和清零端 $R_i(i=1,2,3,4)$ 都接于 F_c。用 B 的上升沿去触发 D_1，在其 Q 端得到 D_l 波形；用 $A\cdot C$ 后所得 E 的上升沿去触发 D_2，在其 Q 端得到 D_2 波形；用 $C\cdot B$ 后所得 F 的上升沿去触发 D_3，在其 Q 端得到 D_3 波形；用 C 的下降沿（即 C 经反相器后所得 $\overline{C}$ 的上升沿）去触发 D_4，在其 Q 端得到 D_4 波形。因此，$D_1\sim D_4$ 的上升沿分别对应于波形 B 的 4 个边沿。$D_1\sim D_4$ 分别接到边沿锁存器 $CS_1\sim CS_4$（它们的数据输入端均接在计数器的数据输出端上）的锁存端，锁存器分别锁存了 $N_1\sim N_4$ 的值。

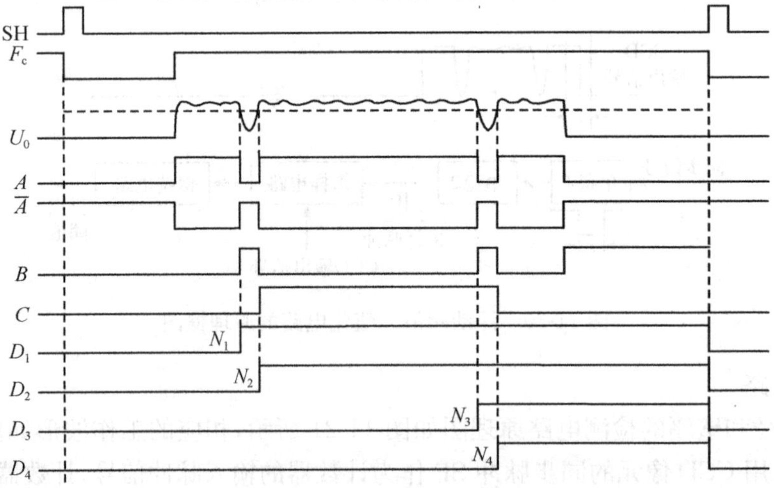

图 11-22　玻璃管外径和壁厚检测电路工作波形图

显然，玻璃管外径的值为

$$D=(N_4-N_1)\cdot\frac{\delta}{\beta} \tag{11-29}$$

式中，δ 为线阵 CCD 的像元间距；β 为光学系统的放大倍数。

而玻璃管壁厚的平均值为

$$W=\frac{1}{2}[(N_2-N_1)+(N_4-N_3)]\cdot\frac{\delta}{\beta} \tag{11-30}$$

在 F_c 处于低电平期间（对于工作时钟为 1MHz 的情况，约为 64μs），计算机将得到的 $N_1\sim N_4$ 值存于内存，而在检测电路获得新的 $N_1\sim N_4$ 值时，计算机算出外径值和壁厚值，并分别判断出所得的结果是否超出允许的误差，从而发出相应的控制指令。

5. 微机数据采集接口

将上述二值化处理电路和信号检测电路集成到具有 PC 总线接口的数据采集卡上，插入计算机总线插槽，将三态锁存器的数据输出端并联在 PC 总线的数据总线上。当 F_c 为低电平时，通过 PC 总线的地址总线发出读数命令，通过地址译码器选中锁存器 $CS_1\sim CS_4$，将 $N_1\sim N_4$ 值分别读入计算机的内存中。

这种数据采集系统结构简单、处理速度快，可对玻璃管的检测和控制进行实时处理。在 1MHz 驱动频率下，系统的检测、数据采集和计算的整个时间小于 2.5ms。

6. 系统的长线传输

本测量系统的线阵 CCD 及其驱动电路都安装在玻璃管生产线的尾端，距离计算机控制室大于 25m，因此，需要利用长线进行信号传输。为了消除长线传输带来的噪声，解决长线传输的阻抗匹配问题，提高系统的稳定性，对系统进行保护，可以采用光电耦合器进行两次隔离的方法，如图 11-23 所示。

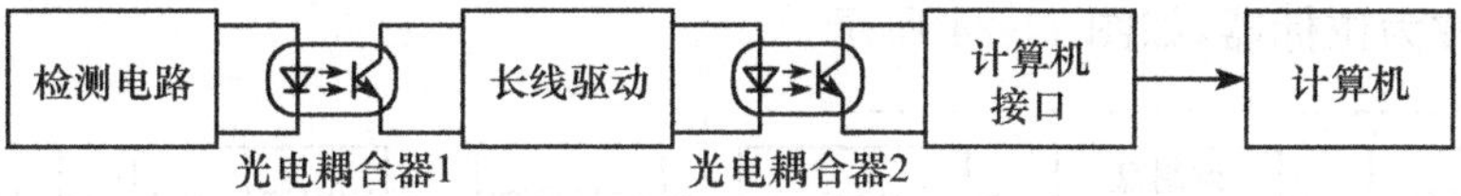

图 11-23 玻璃管尺寸测量系统中的长线传输技术

通过上述实例，可知 CCD 视频尺寸测量系统的设计过程：首先，根据测量范围和精度选择适当的 CCD（线阵或面阵）；然后，设计匹配的照明系统和光学成像系统；最后，设计 CCD 视频信号处理电路和数据采集接口以及配套的计算机处理与控制软件，实现整套系统的图像获取、传输、处理和控制全过程的自动化。

11.5* 光电精确制导系统[11-13]

制导是指导弹、火箭、飞船等运动物体，依靠其上的仪器或人的控制自动奔向特定目标的过程。光电制导是制导技术一个重要分支，它采用光学波段（红外和可见光波段）信号作为导引信号，工作波长较短，可以获得比其他制导系统更高的制导精度，因此也称为光电精确制导。本节以红外点源寻的制导和激光制导等为例，介绍光电制导系统的基本结构和工作原理。

11.5.1 红外点源寻的制导系统

点源是指对系统的张角小于系统的瞬时视场且其细节无法分辨的目标信号源。点源目标有一个共性，即比起背景来，它们都是一个张角很小的物体，如舰艇相对于海面、飞机相对于天空等。

红外点源寻的制导是一种被动寻的制导。它是利用活动目标本身的红外辐射作为导引信号，将被攻击目标当成热辐射点源进行探测，经过处理后实现对目标的跟踪和对制导武器的控制，使制导武器飞向目标的一种技术。红外点源寻的制导武器具有系统结构简单、制导设备体积小、重量轻、角分辨率高、工作可靠和效费比较高等很多优点，已被广泛地应用于空空、地空、反舰、反坦克等 80 多种导弹。如美国的 AIM 系列"响尾蛇"(Sidewinder)空空导弹，已经从 AIM-9A 发展到现在的 AIM-9M，至今仍然是极其精确的空对空导弹，被誉为美国最好的武器之一。

红外点源寻的制导武器系统和其他制导武器系统一样，主要由导引部、控制部和战斗部等组成，其中导引部常被称为导引头。下面以点源制导导弹为例，主要讨论其导引部分的结构和工作原理。

1. 红外点源导引头

红外点源导引头由红外搜索与跟踪系统组成，一般置于导弹或飞机的前部，以某种确定的规律对一定空域进行扫描，以探测活动目标或确定目标的坐标。其中搜索系统扫描导弹或飞机前方一定的空域，当搜索过程中发现辐射红外线的目标后，经红外检测、变换，并以一定的信号形式驱动，使系统由搜索状态转换成跟踪状态。

红外跟踪系统用来对活动目标发出的红外辐射进行跟踪或控制。它由光学系统、调制盘(或十字叉系统)或扫描系统、红外探测器和陀螺跟踪机构等组成，有时也将电信号处理部分以外的跟踪系统称为位标器，如图 11-24 所示。

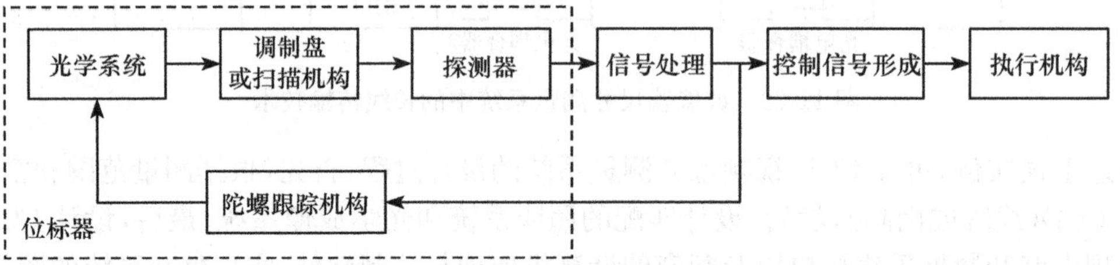

图 11-24　红外点源制导跟踪系统组成框图

当活动目标在红外系统视场内运动时，光学接收系统将来自目标的红外辐射收集并聚焦在红外探测器上。探测器输出的电信号携带着目标的角坐标信息，此信号经过处理后一方面送至陀螺跟踪机构使跟踪系统光轴盯住目标；另一方面形成控制信号给执行机构，控制全系统跟踪目标。

2. 红外探测系统

红外探测系统由光学系统、调制盘和光敏电阻等组成，如图 11-25 所示。由无穷远目标辐射来的红外辐射能量透过整流罩照射到主反射镜上，经聚焦并反射到次反射镜上，由次反射镜反射后，再经校正透镜进一步聚焦，最后成像于调制盘上，红外辐射经调制盘调制后成为调制信号，目标像点在调制盘上所处的位置与目标在空间相对光轴的位置是一一对应的，因此，通过光学系统聚焦以及调制盘调制后的信号，可以确定目标偏离光轴的大小和方位。

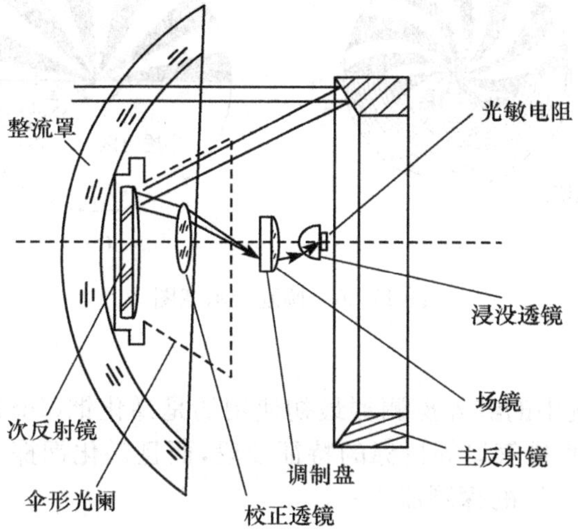

图 11-25　红外探测系统结构示意图

1) 光学系统

光学系统由整流罩、主反射镜、次反射镜、校正透镜、伞形光阑、场镜和浸没透镜等组成。其主要功能是在给定的视场角内，聚集目标红外辐射能，并进行光谱滤波和空间滤波。来自目标辐射的红外线，透过球形整流罩射到主反射镜上；经主反射镜反射到次反射镜上；通过校正透镜在调制盘上聚焦成像；像点红外线最后照射到光敏元件上。扇形光阑用来遮盖校正透镜，防止目标以外的光线直接照射到调制盘上形成干扰信号。

整流罩：是一个半球形同心透镜，作为导弹头部的外壳。它是一块负透镜，其作用为校正主反射镜的球差及作导引头的密封。整流罩在导引头工作波段内有高的透过性能，也即吸收、反射作用很小。

场镜：一般紧贴调制盘后面，可把通过调制盘的辐射能会聚到探测器光敏层上；此外，加入场镜后原来经物镜聚焦的照度不均匀的目标像斑，经焦面后发散的光线折向光轴，使光能均匀地分布在探测器的光敏层上。

浸没透镜：使探测器光敏层和超半球透镜的底面形成光学接触，会聚光束，提高光敏元件的接收立体角，减少光敏元件的面积从而降低噪声。

2) 调制盘

利用光刻技术在直径为 1mm 的玻璃片上加工出一种特殊的调制盘图案，如图 11-26(a) 所示。它的上半圆为调制区，用阿基米德螺旋线间隔成黑白相间的各 6 条区域，白色区域红外线能全部通过，黑色区域红外线不能透过。调制盘的下半圆由很多条密集等宽的等间距白色和黑色的同心半圆组成，红外线只能透过一半，称为半透明区。在下半圆中，有两个小半圆仍为黑白相间的阿基米德螺旋线间隔开来的区域，用来改善调制特性，小半圆的直径为调制盘半径的 2/3。为了便于分析，可以将调制盘简化成如图 11-26(b) 所示的“日出”式调制盘（见第 8 章）的形式。实际上，二者的原理是一样的。

调制盘被安装在光学系统的焦平面上，因此目标的红外辐射能量被聚焦成像于调制盘上，由于调制盘随同转子一同旋转，于是连续的红外辐射就被调制成断续的一组一组的光脉冲。

其幅度和相位提供目标偏离导弹光轴的大小和方位信息，并抑制由背景来的干扰信号。

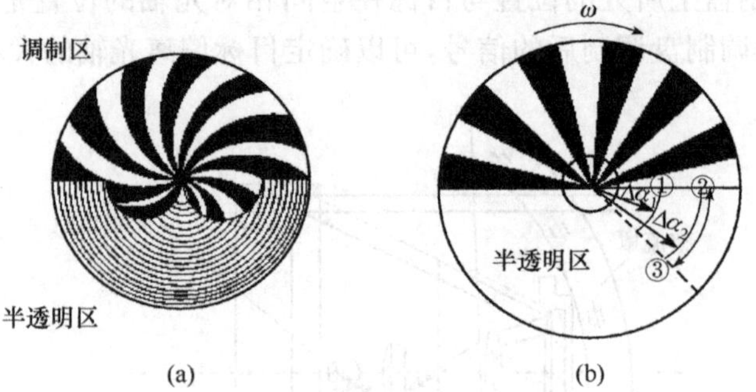

图 11-26 调制盘示意图

3）光敏电阻

点源跟踪与瞄准系统中的红外探测器最初使用的是锑化铟(InSb)探测器，工作波段 3～5μm，恰为飞机尾气和坦克排气口等目标的特征波段，而且锑化铟探测器的灵敏度高、响应速度快，仍然是目前应用最广泛的探测器之一。

3. 红外导引头作用距离估算

红外点源导引系统所接收到的目标辐射照度与它们之间的距离有关。距离越远，则系统接收到的目标光谱辐射照度越小。与系统正常工作所需最小信噪比所对应的距离，就称为红外导引系统的作用距离。它与目标辐射到探测器上的辐射功率、探测器的响应特性及背景辐射等因素有关。下面只对无背景时的作用距离进行讨论。

设红外导引系统所选工作波段为 $\lambda_1 \sim \lambda_2$。根据 9.1.2 小节的讨论和式(9-17)，可以直接写出工程计算用的作用距离方程为

$$d=\left[\frac{A_r I \tau_0 \tau_1 D^*}{(A_d \Delta f)^{1/2}(I_s/I_n)}\right]^{1/2} \tag{11-31}$$

式中，d 是目标与光电探测系统之间的距离；Δf 是系统的工作带宽；τ_0 是 $\lambda_1 \sim \lambda_2$ 区域内大气的平均透过率波长；τ_1 是 $\lambda_1 \sim \lambda_2$ 区域内光学系统的平均光谱透过率；I 是 $\lambda_1 \sim \lambda_2$ 区域内目标平均辐射强度；D^* 是 $\lambda_1 \sim \lambda_2$ 区域内平均比探测率；A_r 是光学系统有效入射孔径面积；A_d 是光电探测器的有效面积；I_s 是光电探测器的输出信号电流；I_n 是光电探测器的均方根噪声电流。

设光学系统的瞬时视场为 Ω 球面度，光学系统等效焦距为 f'，入射孔径的直径为 D_0，则上述探测面积为

$$A_d=\Omega f'^2=\Omega \frac{D_0^2}{4(\mathrm{NA})^2} \tag{11-32}$$

式中，NA 为光学系统的数值孔径。又设光学系统入射孔径面积为 A_r，则有

$$A_r=\frac{\pi D_0^2}{4} \tag{11-33}$$

联立式(11-31)～式(11-33)，则可以导出下列关系式

$$d=\left[\frac{\pi D_0(\mathrm{NA}) I \tau_0 \tau_1 D^*}{2(\Omega \Delta f)^{1/2}(I_s/I_n)}\right]^{1/2} \tag{11-34}$$

将式(11-34)有关参数重新排列后，红外导引头作用距离 d 的表达式可写成

$$d=[\tau_0 I]^{\frac{1}{2}}\cdot\left[\frac{\pi}{2}D_0(\mathrm{NA})\tau_1\right]^{\frac{1}{2}}\cdot[D^*]^{\frac{1}{2}}\cdot\left[\frac{1}{(\Omega\Delta f)^{1/2}(I_s/I_n)}\right]^{\frac{1}{2}} \tag{11-35}$$

式中，第一项反映目标辐射和大气传输特性；第二项反映光学系统特性，作用距离与入射孔径直径 D_0 的平方根成正比，这是因为数值孔径 $\mathrm{NA}=D_0/2f'$ 的理论极限为 1，当增加 D_0 时，f' 也增加，探测器面积 A_d 也增加，而探测器噪声随其面积的平方根增加，所以 d 与 D_0 平方根成正比；第三项反映探测器特性，有许多探测器的性能已经十分接近比探测率 D^* 的理论极限；第四项反映系统和信号处理的特性，例如，减小瞬时视场 θ 或带宽 Δf 对增加作用距离是 1/4 幂次关系，效果不明显，系统的信噪比 I_s/I_n 对不同系统有不同的确定值。

通常，每平方厘米只要有 $1\times10^{-9}\sim1\times10^{-6}$ W 的红外功率就足以将内置有红外导引头的导弹引向目标，导引距离可以从几百米到几十千米。

以上讨论的是红外点源寻的制导系统。这种系统中，大多数红外点源导引头的信息处理都是以调制盘调制为基础，其致命弱点是无法排除张角较小的点源红外干扰或复杂背景干扰（如地物背景干扰），也无法区分多目标。

当目标对系统的张角大于系统的瞬时视场时，目标为扩展源（面源）。此时，宜采用红外成像寻的制导系统，即探测目标和背景之间的微小温差或自身辐射率差引起的热分布图像。这种系统将目标形状大小、灰度分布、运动状况和目标速度、航迹等信息作为识别基础，其抗干扰能力强、所获取的图像具有比点源跟踪更为丰富的信息，是红外制导的发展方向。

11.5.2　激光制导系统

激光制导技术是指以激光为信息载体，把导弹、炮弹或炸弹引向目标而实施精确打击的技术。激光制导具有抗干扰能力强、分辨率高、命中率高、射程远及结构简单轻小等特点。它的主要缺点是易受云、雾、雨、雪和烟尘等影响，不能全天候使用；易暴露于敌方火力之下。

下面以技术成熟的半主动激光寻的制导方式为例，介绍其工作原理。

半主动式激光制导的特点是激光器和寻的器分开放置，寻的器在弹上，激光器放在弹外的载体（地面、飞机、舰船或卫星上）上。常见的制导炸弹、制导炮弹、制导导弹等大都采用半主动制导方式。其制导武器系统主要有目标指示器、弹上寻的器、弹上控制单元和战斗部等几部分。图 11-27 所示为系统的导引部分工作原理示意图。

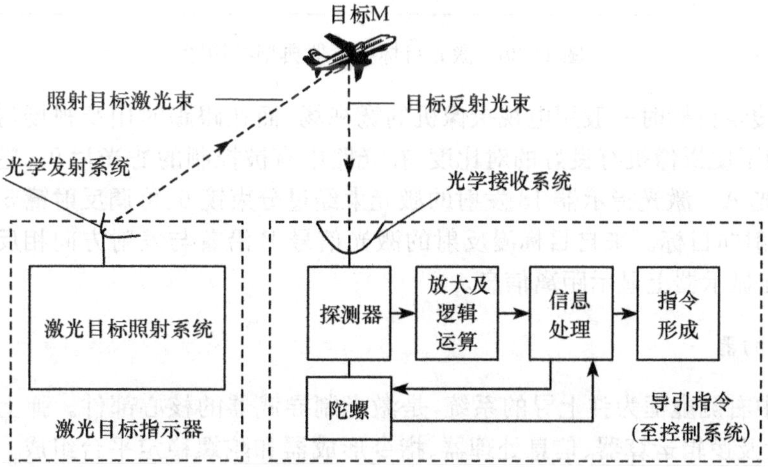

图 11-27　激光半主动寻的系统的工作原理图

激光探测器通过光学系统接收由目标反射来的微弱激光束后转换成电信号，从而发现激光束指示的目标并测量目标所处的位置。放大器把电信号进一步放大，并经过逻辑运算产生角误差信号，信息处理器依据角误差信号求出导引信息；指令形成器依据导引信息产生导引指令，控制导弹沿着正确的弹道飞向目标。

1. 激光目标指示器

激光目标指示器通常由光学瞄准镜和激光器组成。激光器的光束经光学系统发射出去，激光束的发散角不大于 1mrad。发射光学系统的光轴与激光器的轴线二者重合，只要将瞄准镜的十字线对准目标，则激光束就对准了目标。

激光制导中的激光器大多采用 1.06μm 的 YAG 脉冲激光器，它具有结构简单、体积小巧的特点。为了提高抗干扰性能，激光脉冲在激光指示器内编码、在寻的器内解码，其目的是为了在作战时不致引起混乱，在有多目标的情况下，被制导的飞弹按照各自的编码，只攻击与其对应编码的目标指示器所指示的目标。一般的激光脉宽为 ns 级，其峰值功率达兆瓦级，脉冲重复频率在 20 次/秒以下。

图 11-28 为一个典型的激光目标指示器。来自目标区的光学图像信号 C 由窗口 1 进入可控稳定反射镜 2、可调反射镜 5、分束器 6 反射后进入光学系统 7，在电视摄像机 12 上成像，操作者可根据显示器上的图像选择目标，控制陀螺 3，使反射镜 2 转动，用显示器上的跟踪窗套住目标，并使其保持在自动跟踪状态。

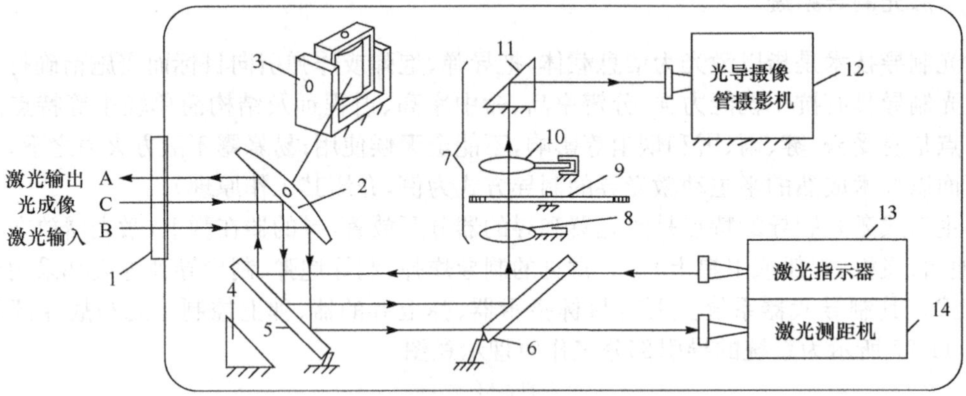

图 11-28 激光目标指示器典型结构图

操作者在搜索目标时一般用电视摄像机的宽视场，而在跟踪时用窄视场（把镜头 10 从光路中拨开）。为了使摄像机有良好的对比度，在光路中有被控制的滤光片 9。选定目标后即可向目标发射激光 A。激光指示器 13 发射的激光束经过分束镜 6、可调反射镜 5、陀螺稳定反射镜 2，经窗口 1 射向目标。来自目标漫反射的激光信号 B 沿着与发射方向相反的通道进入激光测距机 14，在显示器上显示距离信息。

2. 激光寻的器

图 11-27 中右侧虚框为弹上寻的系统，是激光制导武器的核心部件。弹上寻的系统一般由探测器、放大及逻辑运算器、信息处理器、指令形成器和陀螺稳定平台组成。激光寻的器位于弹头前端，以探测被目标反射的激光回波，了解飞弹的飞行方向和偏离目标的程度。它包括激光接收系统、光电探测器和处理电路。为便于探测目标和减少干扰，激光寻的器一般都有搜

索和跟踪两种视场：由于目标位置未知，要使进入目标区的激光寻的器能够找到目标，搜索视场必须大些，一般为十几度；一旦抓到目标，为了防干扰，跟踪视场应该小些，一般为几度。

寻的器通常使用四象限光电探测器，其任务是发现目标、确定目标在空间的位置和提供原始误差信号，即测量出目标视线与寻的器光轴的二维夹角，寻的器根据此误差角形成制导控制指令，控制导弹的飞行。四象限探测器由四个光电二极管组成，其坐标原点与光学系统的光轴重合。经光学系统会聚后，在四象限探测器上得到目标激光光斑图像。光斑像的能量中心坐标（目标的方位坐标）x、y 可由四象限光电探测器解算电路求出。将目标的方位坐标 x、y 信号送给陀螺进动系统，使光轴对准目标，并由预定的引导方法将导弹引向目标。

11.6* 图像测量技术及其应用[14-17]

图像测量系统采用计算机技术和数字图像处理技术，精确测量目标的几何形状和位移、速度、加速度等运动参数。图像测量系统具有非接触、全场测量的特点，以及高精度、高速度、高自动化程度、高可靠度等优势，因此，在航空航天、军事侦察、工程建设、安防监控、灾害监测和机器人等领域得到广泛应用。

本节重点介绍图像测量系统的组成和关键技术，最后简要介绍典型的图像测量系统。

11.6.1 模拟图像与数字图像

人们常说的图像是指能为视觉系统所感受的一种信息形式。通常，图像的主要度量特征是亮度和色彩。根据照射和反射模型，可以用二维亮度函数 $f(x, y)$ 描述亮度图像（又称为灰度图像）

$$f(x,y)=i(x,y)r(x,y) \tag{11-36}$$

式中，(x, y)是图像的空间坐标；$i(x, y)$是依赖于光源的入射光照射能量的入射函数；$r(x, y)$是反映物体表面反射特性的函数。$0<i(x, y)<\infty$，$0<r(x, y)<1$。入射函数反映了图像的外部因素或环境因素，而反射函数反映了图像中物体的内在特性，即物体对多种光的反射特性。

通常，二维亮度函数 $f(x, y)$ 描述的是连续的模拟图像，为了便于计算机处理需要将其转化为离散的数字图像。这一过程包括采样和量化。采样就是将函数 $f(x,y)$ 在空间上按一定方式离散划分为小区域(x_i, y_i)（$i=0,\cdots,M-1$；$j=0,\cdots,N-1$，M 和 N 分别是图像在 x 方向和 y 方向的像素个数），即像素。平面分割图像的方法有多种，如方形、正三角形和正六角形点阵等，最常见的是方形采样网格，如图 11-29 所示。量化是将对应各像素点上的灰度函数值 $f(x_i, y_i)$进行数字化。不同的量化精度产生的数字图像质量不一样，如真彩色位图看起来比 256 色位图更漂亮。

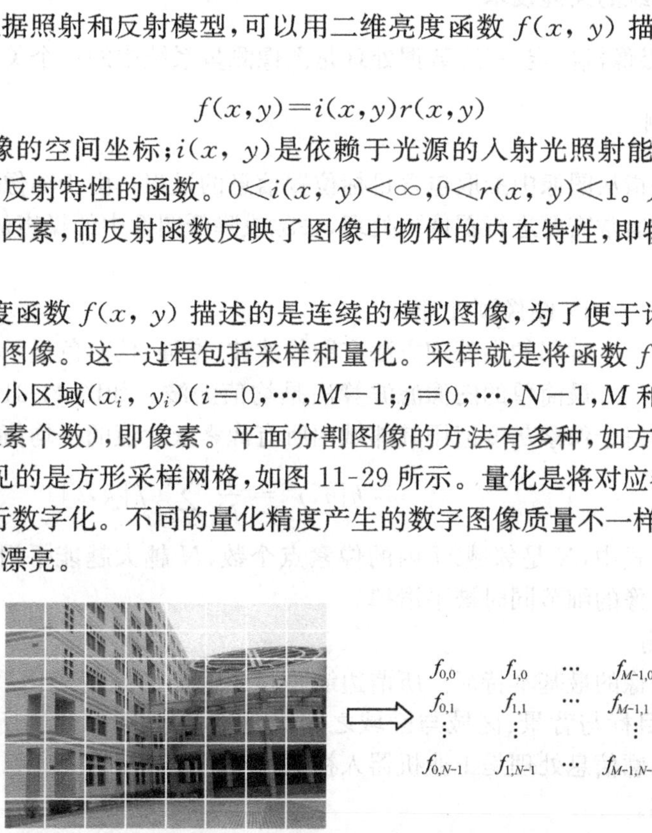

图 11-29　数字图像的矩阵表示形式

经过采样和量化后，模拟图像变成了一幅离散化后的数字图像。它是一个 $M\times N$ 的数学矩阵，其矩阵元素的排列位置对应像素点在图像上的空间位置，矩阵元素的数值对应像素点的灰度值。因此，可以对数字图像进行加、减、乘、除、微分、积分等数学运算。

11.6.2　图像测量系统的组成

图像测量系统主要由光学成像设备、图像数字化设备、图像存储设备、计算机、图像显示与输出设备等组成，如图 11-30 所示。

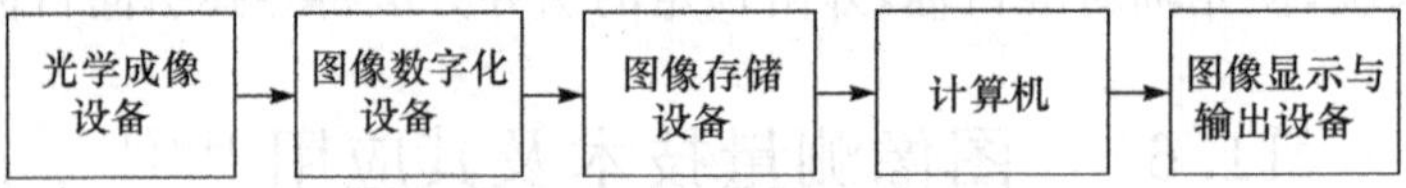

图 11-30　图像测量系统的组成

在具体系统中，可以将这些功能环节独立或联合设计成产品，以不同形式的硬件出现。例如，将光学成像设备和图像数字化设备结合就形成了数字摄像机，图像数字化设备和图像存储设备结合就形成了图像采集板。若将光学成像设备和图像数字化设备合并，存储设备和计算机合并，即模拟电信号的数字化过程在摄像机中完成，图像数字信号直接传入计算机，此时需要一块数字图像与计算机之间的接口卡，也称为数字图像卡，这种方式是数字图像采集硬件设备的发展制造趋势。

11.6.3　图像测量系统的关键技术

图像特征检测、摄像机标定、三维数据处理是图像测量系统中的三个关键技术。

1. 图像特征检测

图像特征检测是指从图像中抽取包含目标位置信息的过程。由于图像常常被噪声信号干扰，图像特征检测前，通常需要进行图像预处理，去除或降低图像中的噪声信号，以利于后续工作的完成。

240	168	201
28	216	123
2	79	250

均值滤波后中央有阴影的像素灰度为145

图 11-31　均值滤波（以 3×3 模板为例）

1）图像预处理

常用的预处理方法有图像滤波、增强、伪彩色显示、局部放大等。

最简单的图像滤波算法是均值滤波。如图 11-31 所示，均值滤波将每个像素灰度值用其邻域内所有像素灰度值的平均值来置换，即

$$h[i,j]=\frac{1}{N}\sum_{(k,l)\in M} f[k,l] \tag{11-37}$$

式中，N 是邻域 M 内的像素点个数，N 越大越能平滑掉高频噪声，但图像的细节同时被平滑掉。

2）图像边缘检测

图像的边缘是图像的最基本特征。所谓边缘是指图像局部亮度变化最显著的部分，主要存在于目标与目标、目标与背景、区域与区域之间。因此，它是图像分割所依赖的重要特征。图像的边缘检测与轮廓信息处理是工业机器人视觉、非接触二维尺寸测量、图像图形分析和军事目标识别等的基础。

图像中的边缘通常与图像灰度或图像灰度的一阶导数的不连续性有关。它主要可分为如下。

(1) 阶跃边缘,即图像的边缘两侧灰度有显著差异。

(2) 脉冲边缘,即图像灰度从一个值突然变化到另一个值,保持一个较小的行程返回原来的值。

在实际中,由于光学成像系统的低通特性,边缘被平滑,阶跃边缘变成斜坡型边缘,脉冲边缘变成屋顶型边缘。图 11-32 给出了这两种边缘及其一阶和二阶导数曲线。从图中可看出,阶跃边缘位于一阶导数极值点或二阶导数的零点。基于灰度梯度的边缘检测算法的基本原理就是计算一阶导数的极值点或二阶导数的零点。对于阶跃边缘,就是图像梯度最大的地方。对于图像 $f(x,y)$,定义梯度为

$$G[x,y]=\begin{bmatrix}G_x\\G_y\end{bmatrix}=\begin{bmatrix}\dfrac{\partial f}{\partial x}\\\dfrac{\partial f}{\partial y}\end{bmatrix} \tag{11-38}$$

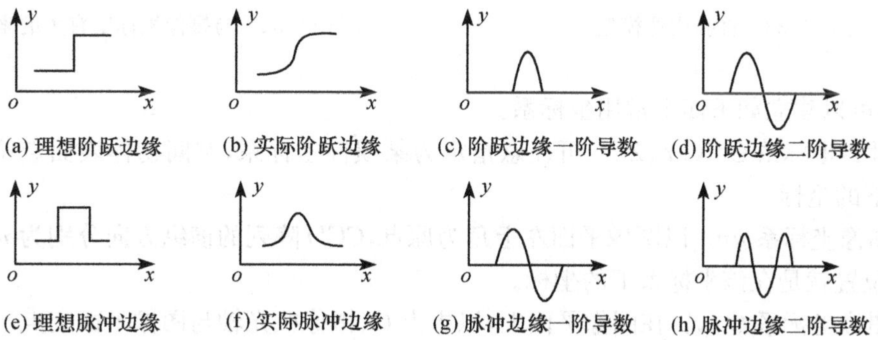

图 11-32　两种边缘及其一阶、二阶导数曲线

对于数字图像来说,梯度可以用差分的形式来表示

$$\begin{cases}G_x=f[i,j+1]-f[i,j]\\G_y=f[i+1,j]-f[i,j]\end{cases} \tag{11-39}$$

式中,$f(i,j)$为像素(i,j)点的灰度值。

2. 摄像机标定

在图像测量系统中,为了从图像中提取空间物体的几何信息,必须建立图像中像点位置和空间物体表面点位置的相互对应关系。通过实验与计算来确定这种对应关系的过程就称为摄像机标定。

1) 摄像系统成像模型

三维空间中的物体到像平面的投影关系称为成像模型。理想的投影成像模型是光学中的中心投影,也称为针孔模型。针孔模型假设物体表面的反射光都经过一个"针孔"而投影在像平面上,即满足光的直线传播的条件。针孔模型主要由光心(也称为摄影中心)、成像面和光轴组成,如图 11-33 所示。

图中,针孔模型的焦距 f_p 等于光心到像面的距离(像距 v),物距 u 等于光心到物面的距离。这一点与透镜的高斯成像公式并不一致。但是可以证明两者的成像关系是一致的,即像点是物点和光心的连线与图像平面的交点。因此,可以用针孔模型作为摄像机成像模型。这样,摄像机对空间目标成像时,空间任意一点在图像上的成像位置可用针孔模型近似表示。

2）常用坐标系及其关系

如图 11-34 所示，设 O_c 为摄像机的光心，根据针孔成像模型，则空间物体表面点 P 的图像应在 P 点和 O_c 点的延长线上。为了讨论问题的方便，将 P 的图像平面"镜像"到摄像机光轴正向，即 P 点和 O_c 点之间，且假定垂直于光轴。

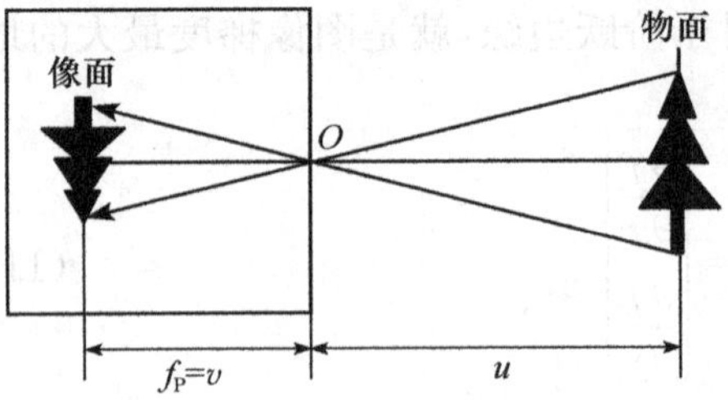

图 11-33　针孔成像模型

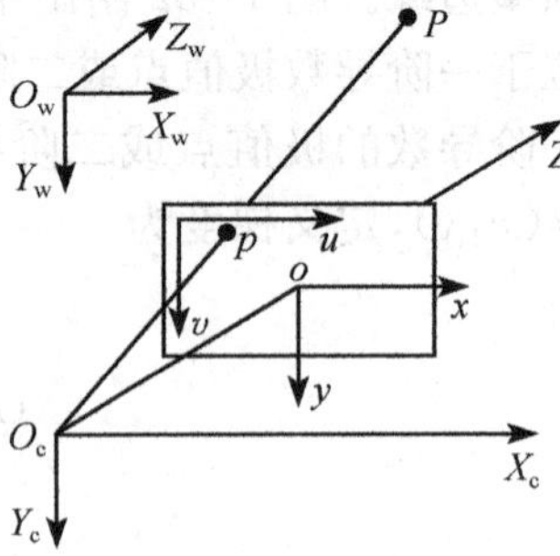

图 11-34　与摄像机标定有关的坐标系

这样，可以建立如下四个常用坐标系。

(1) 世界坐标系 $O_wX_wY_wZ_w$。可任意指定为某惯性坐标系，空间物体表面点位置就是在该坐标系下的坐标。

(2) 图像坐标系 uv。以图像平面左上角为原点，CCD 阵列的横纵方向分别为 u、v 轴。图像中像点位置就是在该坐标系下的坐标。

(3) 图像坐标系 Oxy。在图像平面上，以主点 O(摄像机光轴与图像平面交点)为原点，x、y 轴分别平行于 u、v 轴。该坐标系是摄像机标定算法中用到的中间坐标系。

(4) 摄像机坐标系 $O_cX_cY_cZ_c$。以光心 O_c 为原点，平面 $O_cX_cY_c$ 平行于图像平面。该坐标系也是摄像机标定算法中用到的中间坐标系。

上述坐标系除图像坐标系 uv 使用像素作为单位外，其他坐标系均使用物理单位，如 mm。

已知空间点 P 在世界坐标系下的坐标为(X_w, Y_w, Z_w)，如果摄像机坐标系和世界坐标系的关系用旋转矩阵 $\boldsymbol{R}$ 和平移向量 $\boldsymbol{T}$ 来描述，则可按下式求得 P 在摄像机坐标系下的坐标(X_c, Y_c, Z_c)

$$\begin{bmatrix} X_c \\ Y_c \\ Z_c \\ 1 \end{bmatrix} = \boldsymbol{R} \begin{bmatrix} X_w \\ Y_w \\ Z_w \\ 1 \end{bmatrix} + \boldsymbol{T} \quad \text{或} \quad \begin{bmatrix} X_c \\ Y_c \\ Z_c \\ 1 \end{bmatrix} = \begin{bmatrix} \boldsymbol{R} & \boldsymbol{T} \\ \boldsymbol{0}^T & 1 \end{bmatrix} \begin{bmatrix} X_w \\ Y_w \\ Z_w \\ 1 \end{bmatrix} \tag{11-40}$$

式中，$\boldsymbol{0}^T = [0\ 0\ 0]$。

考虑空间任意一点 $P(X_w, Y_w, Z_w)$在图像上的成像位置。该位置为光心 O_c 和 P 的连线与图像平面的交点，记为 $p(u, v)$。按照摄像机针孔模型的透视投影关系，有

$$\begin{cases} x = \dfrac{fX_c}{Z_c} \\ y = \dfrac{fY_c}{Z_c} \end{cases} \quad \text{或} \quad Z_c \begin{bmatrix} x \\ y \\ 1 \end{bmatrix} = \begin{bmatrix} f & 0 & 0 & 0 \\ 0 & f & 0 & 0 \\ 0 & 0 & 1 & 0 \end{bmatrix} \begin{bmatrix} X_c \\ Y_c \\ Z_c \\ 1 \end{bmatrix} \tag{11-41}$$

式中，f 为摄像机针孔模型的焦距。如果每个像素在 u、v 轴方向上的物理尺寸为 d_x、d_y，则

$$\begin{cases} u=\dfrac{x}{d_x}+u_0 \\ v=\dfrac{y}{d_y}+v_0 \end{cases} \quad 或 \quad \begin{bmatrix} u \\ v \\ 1 \end{bmatrix}=\begin{bmatrix} f_u & 0 & u_0 \\ 0 & f_v & v_0 \\ 0 & 0 & 1 \end{bmatrix}\begin{bmatrix} x \\ y \\ 1 \end{bmatrix} \tag{11-42}$$

式中，(u_0,v_0)称为图像中心坐标；$f_u=\dfrac{f}{d_x}$和$f_v=\dfrac{f}{d_y}$分别称为横向和纵向有效焦距。

将式(11-40)、式(11-41)、式(11-42)联立起来，有

$$Z_c\begin{bmatrix} u \\ v \\ 1 \end{bmatrix}=\begin{bmatrix} f_u & 0 & u_0 & 0 \\ 0 & f_v & v_0 & 0 \\ 0 & 0 & 1 & 0 \end{bmatrix}\begin{bmatrix} \boldsymbol{R} & \boldsymbol{T} \\ \boldsymbol{0}^{\mathrm{T}} & 1 \end{bmatrix}\begin{bmatrix} X_w \\ Y_w \\ Z_w \\ 1 \end{bmatrix}=M_1M_2\begin{bmatrix} X_w \\ Y_w \\ Z_w \\ 1 \end{bmatrix} \tag{11-43}$$

图像中心和横向、纵向有效焦距合称为内部参数，用 $\boldsymbol{M}_1$ 表示；内部参数只与摄像机内部结构有关。$\boldsymbol{R}$、$\boldsymbol{T}$ 合称为外部参数，用 $\boldsymbol{M}_2$ 表示。$\boldsymbol{M}=\boldsymbol{M}_1\boldsymbol{M}_2=\begin{bmatrix} m_1 & m_2 & m_3 & m_4 \\ m_5 & m_6 & m_7 & m_8 \\ m_9 & m_{10} & m_{11} & m_{12} \end{bmatrix}$为 3×4 阶矩阵，称为投影矩阵。

3）标定方法

如图 11-35 所示，摄像机标定时，通常需要在摄像机前面放置一个特制的标定控制物。利用标定控制物的一些已知点的三维坐标和它们的图像坐标，可求取摄像机模型的内部参数和外部参数，即解算出摄像机的几何模型参数。

图 11-36 给出了机载导弹图像测量系统中用到的标定控制物，由两块精密加工的金属块拼接而成，表面绘制有精密网格线。标定控制物上绘有标志点(如网格结点或其他标志)，称为标定控制点，标定控制点之间的相对位置必须事先严格获取。

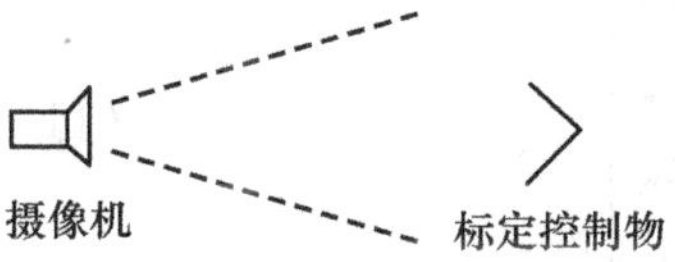

图 11-35　摄像机标定示意图

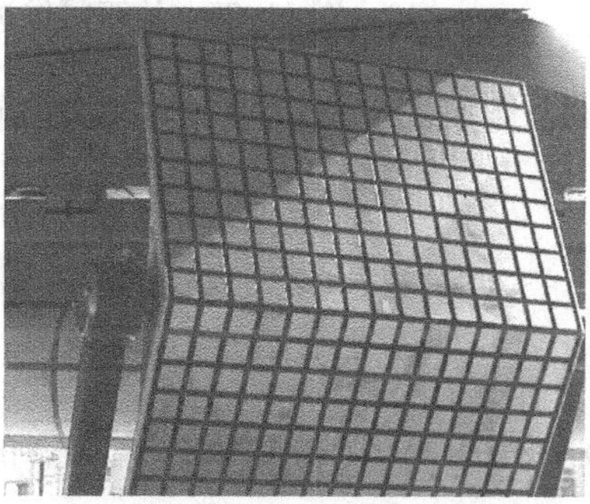

图 11-36　机载导弹图像测量系统的标定控制物

下面阐述解算过程。式(11-43)包括三个方程，整理消去 Z_c 后，得到如下两个关于 m_i 的线性方程

$$\begin{cases} m_1X_w+m_2Y_w+m_3Z_w+m_4-uX_wm_9-uY_wm_{10}-uZ_wm_{11}=um_{12} \\ m_5X_w+m_6Y_w+m_7Z_w+m_8-vX_wm_9-vY_wm_{10}-vZ_wm_{11}=vm_{12} \end{cases} \tag{11-44}$$

式(11-44)描述了标定控制物三维空间点坐标与相应的图像点坐标之间的关系。如果已知三维世界坐标和对应的图像坐标，将投影矩阵看成未知数，则共有 12 个未知数。对于每个标定点，都有式(11-44)两个方程，一般可假设 $m_{12}=1$，则共有 11 个未知数，取 6 个标定点可得 12

个方程，这是一个超定方程，利用最小二乘法可以很容易求出上述线性方程组的解，从而得到投影矩阵。若采用更多的已知点，可以使方程的个数大大超过未知数的个数，用最小二乘法求解可以降低误差造成的影响。如果有必要，还可从投影矩阵 $\boldsymbol{M}$ 分解出摄像机内外参数。

以上讨论的标定方法为线性求解方法。这种方法没有考虑光学系统的非线性畸变，仅适用于测量精度要求不高的系统标定。

3. 三维数据处理

根据透视投影模型，摄像机成像过程满足共线方程，即目标点、摄像机光心、摄像机图像的对应像点处于同一条直线上，这意味着由单个摄像机得到的图像只能确定出目标点所在的一条直线。为了确定目标点的空间位置，使用不同位置的两台摄像机对目标点成像，各自确定一条通过目标点的直线，两条直线的交点即目标点的位置，这就是三维交会法，是双摄像机测量目标点空间位置的基本原理。如果摄像机多于 3 台，则可得到最小二乘意义下更精确的解。

如图 11-37 所示，对于空间物体表面任意一点 P，如果用摄像机 C_1 和 C_2 同时观察 P，分别得到图像点 p_1 和 p_2，则可获得 P 的三维位置信息，这就是三角摄影测量的基本原理。

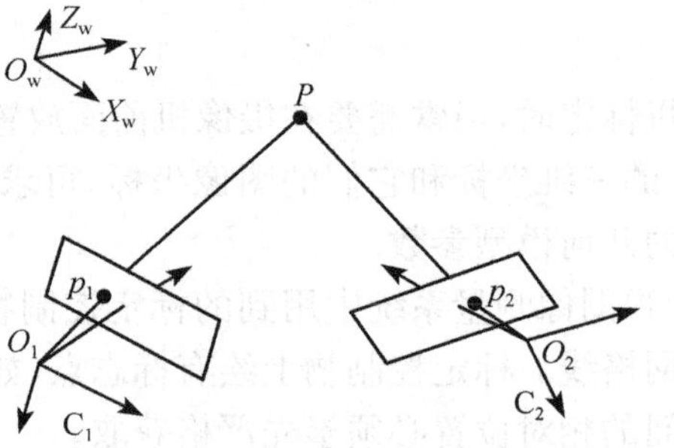

图 11-37　从双摄像机图像重建空间点三维坐标

假设第 i 个摄像机已标定，它的投影矩阵为 $\boldsymbol{M}^i$。参照式(11-44)，于是有

$$Z_{\mathrm{ci}}\begin{bmatrix}u_{\mathrm{i}}\\v_{\mathrm{i}}\\1\end{bmatrix}=\begin{bmatrix}m_1^i & m_2^i & m_3^i & m_4^i\\m_5^i & m_6^i & m_7^i & m_8^i\\m_9^i & m_{10}^i & m_{11}^i & m_{12}^i\end{bmatrix}\begin{bmatrix}X_{\mathrm{w}}\\Y_{\mathrm{w}}\\Z_{\mathrm{w}}\\1\end{bmatrix}\tag{11-45}$$

在式(11-45)中消去 Z_{ci}，可得到 $X_{\mathrm{w}}, Y_{\mathrm{w}}, Z_{\mathrm{w}}$ 的两个线性方程

$$\begin{bmatrix}u_{\mathrm{i}}m_9^i-m_1^i & u_{\mathrm{i}}m_{10}^i-m_2^i & u_{\mathrm{i}}m_{11}^i-m_3^i\\v_{\mathrm{i}}m_9^i-m_5^i & v_{\mathrm{i}}m_{10}^i-m_6^i & v_{\mathrm{i}}m_{11}^i-m_3^i\end{bmatrix}\times\begin{bmatrix}X_{\mathrm{w}}\\Y_{\mathrm{w}}\\Z_{\mathrm{w}}\end{bmatrix}=\begin{bmatrix}m_4^i-u_{\mathrm{i}}m_{12}^i\\m_8^i-v_{\mathrm{i}}m_{12}^i\end{bmatrix}\tag{11-46}$$

当两台或两台以上摄像机交会时，可以得到 $2i(i\geqslant 2)$ 个方程组成的超定方程组，因此可以用最小二乘法对方程组求解确定目标空间点的坐标。

11.6.4　典型图像测量系统举例

飞机、导弹、火箭等飞行器的运动和姿态信息是航空航天领域研究者最关心的问题之一。图 11-38(a)、(b)、(c) 和(d)分别表示待发段火箭倾倒、机载导弹、着陆飞机和“神舟”返回舱等图像测量系统的实测图像。这些图像测量系统可分别测量得到火箭倾倒姿态、机载导弹在发射阶段的运动参数、飞机在着陆瞬间的下降速度和返回舱着陆时的运动参数。

(a) 待发段的火箭 (b) 飞行中的导弹

(c) 着陆中的飞机 (d) “神舟”返回舱

图 11-38 几种典型飞行器图像测量系统的实测图像

下面简要介绍待发段火箭倾倒图像测量系统。

在载人航天工程中，待发段指火箭发射前航天员进舱至火箭起飞触点接通(含紧急关机)的时段。火箭系统针对待发段情况提出了 4 种逃逸故障模式，其中火箭倾倒故障模式下实施逃逸决策难度最大。因为从火箭点火至起飞只有 4s 左右，即使实施了紧急关机，也只有 6.26s。根据计算，在火箭箭体发生倾倒、俯仰、偏航姿态角超过 2.93°且角速率超过 1.553°/s 时，必须实施逃逸控制，在如此短的时间作出如此重大的决策，逃逸指挥员责任重大。作为遥测辅助手段，此前一直采用以图像实时显示为核心的待发段火箭倾倒监测系统。该系统显示塔架和箭船组合体的实况图像，并在显示画面上标有醒目的“黄色告警线”和“红色逃逸线”，以供逃逸指挥员作出逃逸决策。该系统有 3 个缺点：①由于“黄色告警线”和“红色逃逸线”倾角差小于 10′，在空间位移小、过程时间短、决策责任重的情况下，仅由人眼观察和判断，逃逸指挥员承受的压力极大，人的主观可靠性会出现较大的下降；②系统无法得到箭体倾倒的方向和箭体的角速度；③由于投影的原因，屏幕上显示的倾倒角并不能真实反映火箭倾倒程度。

待发段火箭倾倒图像测量系统通过实时检测箭体轮廓线等图像特征，并进行三维解算，可以实时得到箭体的三维姿态——倾倒角度、倾倒角速度和箭体顶部的倾倒线位移、倾倒线速度，从而使系统能同时提供塔架和箭船组合体的实况图像和火箭倾倒的定量参数，为逃逸指挥员提供准确、直接和完整的火箭倾倒信息。该系统已成功应用于“神舟三号”至“神舟六号”的发射任务，为航天员提供了可靠的安全保障。

习题与思考题

11-1 光学多通道分析仪与普通光谱仪有哪些差别？

11-2 光纤分布式测温系统的定位误差（或称为"空间分辨率"）与哪些因素有关？如果采样频率足够高，激光脉宽 $\tau=10\text{ns}$ 时，系统具有的空间分辨率为多少？

11-3 利用 OTDR 定位技术可以确定光缆的断点位置，试说明其基本原理。

11-4 简述红外点源寻的制导系统的基本结构和工作原理，并指出增大其作用距离的措施。

11-5 简述半主动激光制导系统的基本结构和工作原理。

11-6 图像测量系统有哪些突出的优点？

11-7 列举两个可以利用图像进行测量的例子，叙述简要的测量方案，并与传统测量手段进行对照。

11-8 一般的光学系统，对入射的平行光，都会聚到光焦面上。根据光的可逆原理，由光焦面散射的光将会沿原路返回，从而产生方向性好、能量集中的反射光，这就是"猫眼效应"原理。正是由于透镜的聚焦功能和光焦面的反射使系统产生光学准直作用，从而使回波光强是普通物体漫反射的很多倍（理论分析为 100～10000 倍）。因此可以将"猫眼"反射光与普通反射光之间设置阈值，从而实现阈值报警，用于侦察敌方的光电探测装备。试利用你学过的光电技术知识，设计一个完整的光电系统，实现上述功能。要求：侦察距离大于 1km；探测光对人眼无害；具有一定的抗干扰能力。

参考文献

[1] 张艺，张在宣，金仁洙．远程分布式光纤温度传感系统的设计和制造．光电工程，2005，32(4)：45～48

[2] 林玉兰，陈永泰．拉曼散射分布式光纤温度传感器的设计．光电子技术学信息，2002，15(2)：33～36

[3] 季家镕．高等光学教程．北京：科学出版社，2008

[4] 欧阳容百．热力学与统计物理．北京：科学出版社，2007

[5] 赵远，张宇．光电信号检测原理与技术．北京：机械工业出版社，2005

[6] 武旭华．Φ300mm 移相干涉仪的关键技术研究[博士学位论文]．南京：南京理工大学研究生院，2007

[7] 何勇．数字波面干涉仪技术及其应用研究[博士学位论文]．南京：南京理工大学，2003

[8] 范志刚，左保军，张爱红．光电测试技术．北京：电子工业出版社，2008

[9] 叶嘉雄，常大定，陈汝均．光电系统与信号处理．北京：科学出版社，1997

[10] 王庆有．图像传感器应用技术．北京：电子工业出版社，2003

[11] 陈永甫．红外辐射、红外器件与典型应用．北京：电子工业出版社，2004

[12] 钟任华．飞航导弹红外导引头．北京：中国宇航出版社，1995

[13] 李世祥．光电对抗技术．长沙：国防科技大学出版社，2000

[14] 于起峰，陆宏伟，刘肖琳．基于图像的精密测量与运动测量．北京：科学出版社，2001

附录　部分习题与思考题答案及提示

第 1 章

1-1　$4.13\times10^{-4}\sim4.13\times10^{-2}$eV。

1-2　目视亮度不再相同；衰减前后分别对应明视觉和暗视觉光谱光视效率曲线。

1-3　5.32×10^{11} cd/m^2(注意：①查表 1-1，用插值法求 632.8nm 的光谱光视效率；②辐射亮度和光亮度的转换)。

1-4　845lm。

1-5　提示：强光照时有 $\Delta n(t)=\Delta p(t)\gg n_0$，$\Delta n(t)$ 和 $\Delta p(t)$ 为强光照时产生的非平衡载流子浓度，n_0 为平衡载流子浓度。

1-8　3.14～2.68μm。

1-12　提示：背景温度按 300K 估算。

1-13　提示：①目标可视为朗伯辐射体；②利用斯蒂芬-玻尔兹曼定律和距离平方反比定律。

第 2 章

2-5　3.13×10^{-10}W。

2-6　7.96ns。

2-7　5eV。

2-8　提示：利用距离平方反比定律，改变光源与探测器之间的距离，从而改变辐照度。

第 3 章

3-1　提示：考虑几个参数的关系——光电导灵敏度与载流子寿命、载流子寿命与载流子浓度、载流子浓度与温度。

3-2　提示：考虑特例，强光和弱光。

3-4　0.0198S。

3-5　200lx。

3-6　1.84kΩ。

3-9　平均光照时的光电阻 3.125kΩ；通过 R_2 电流的有效值 0.289mA；输出电压的有效值 0.578V；上限截止频率 159.2kHz。提示：微变等效电路为恒流源与光电阻、暗电阻、R_1 和 R_2 等四个电阻并联；小信号光照条件下，光电阻取平均光照时的电阻值，可简化计算过程。

第 4 章

4-3　输出电压有效值 132.6mV；上限截止频率 424kHz。

4-4　U_i 处的信号电压 0.4mV，噪声电压 9.1 μV(包括电流散粒噪声、50Ω 电阻热噪声)，电压信噪比 43.9；U_o 处信号电压 20.4mV。

4-5　10 组并联，每组 13 个光电池串联。

4-9　输出电压最大值 7V，峰-峰值 14V，拐点电压约为 6V；偏置电压大于 20V，偏置电阻 3.125 kΩ。

4-10　工作特点：低压区的控制调整信号通过光电方式传输到高压区。

4-11　负载电阻 124.8kΩ，电压增量 0.5V。

4-14 提示:可考虑利用两元以上的阵列光电探测器件。

4-16 参考 4.1 节光伏探测器伏安特性。

第 5 章

5-1 提示:"等效"电子亲和势的正负;内建电场的方向;发射电子(由体内到表面)难易。

5-4 放大倍数 4.19×10^6,阳极电流 1.678mA。

5-6 若取 $k=0.8$,电源电压稳定度 0.1% 。

5-8 直流负载 150kΩ,电压变化量 11.25V。

5-9 ①$NEP=8.31\times10^{-14}(lm/Hz^{1/2})$;②$D^*=1.23\times10^{16}(cm\cdot Hz^{1/2}/W)$。

第 6 章

6-2 300K,$NEP(300)=1.38\times10^{-11}W$;77K,$NEP(77)=4.60\times10^{-13}W$。可见,温度越低,探测能力越强。

6-6 $10^{-18}V^2$。

6-15 提示:热探测器具有几乎"平坦"的光谱响应特性,它的光谱灵敏度可以认为是恒定值。

第 7 章

7-1 提示:三个功能部件。

7-4 提示:势阱;时钟脉冲。

7-7 提示:视频信号:一行、一帧;光敏区-暂存区,暂存区-水平读出寄存区。

第 8 章

8-4 频偏 40Hz、调频系数 0.4、调频信号的带宽 280Hz。

8-9 晶体最大长度:13cm。

8-12 本题涉及法拉第磁光效应、安培环路定律、长直电流导线在周围空间产生的磁场等知识。

8-14 本题涉及傅里叶级数和相敏检波器的选频特性等概念。低通滤波器的输出信号(a)零 ;(b)正;(c)负。

第 9 章

9-7 本题中的光电系统为典型的光电检测应用实例,主要考查像分析器的扫描调制应用、相敏检波器处理信号等知识。提示:①振动针孔调制器的工作特性,转轴表面无跳动时,到达针孔的光通量达到最大值,有跳动时光通量下降;②光通量信号经过光电探测器、放大器和 AGC 电路作为相敏检波器的调制信号,振荡器输出一路信号作为相敏检波器的参考信号;③调制信号在转轴表面有无跳动时的输出信号波形,可参考"扫描调制式像分析器"。

9-8 本题中的光电系统,利用激光谐振腔扫描调制来控制激光频率,它是光学极值控制的典型应用。提示:①压电陶瓷依照外加电压的大小和方向,可产生微小的伸长或者缩短;②电压驱动器 10 受参考电源 9 和直流放大器 8 控制;③稳定激光频率→稳定谐振腔长→稳定激光功率;④扫描工作工程可参考"扫描调制式像分析器"和题 9-6。

9-10 提示:利用正弦函数的级数展开式和式(9-60),求得 $\sin\theta=\sqrt{3}\lambda_s/(d\pi)$。

9-12 干涉条纹移动 17 个。

9-13 通频带宽至少为 2.8MHz;频率测量灵敏度 189kHz/(m/s)。

9-14 本题为相干探测和直接探测综合应用的光电系统,主要考查"光学信号变换"、"光电信号变换"(包括相干探测和直接探测)、"电学信号变换与处理"(相关检测、相敏检波等)。提示:①线偏振光经过 $\lambda/4$ 波片变为椭圆偏振光(本题中为圆偏振光);圆偏振光经过 $\lambda/2$ 波片,其旋转方向发生变化;②圆偏振光经过以角速度 Ω 旋转的偏振片和 $\lambda/4$ 波片组合件后,产生的光频率移动;③线偏振光经过以角速度 Ω 旋转的偏振片后幅度受到调制。

第 10 章

10-2 200MHz;37.5MHz 或者 25MHz。

10-5 ①等效噪声带宽 25Hz(注意:噪声的计算中要用到);3dB 带宽 15.9Hz(注意:比探测率的计算中要用到);②阳极噪声电流 2.1nA;负载电阻的热噪声电流 2pA;总的噪声电流 2.1nA;负载电阻上的噪声电压 210μV;③信噪比 4.76×10^3(或者 40.7dB);④最小可探测的光通量(噪声等效功率)2.1×10^{-11}lm;比探测率 1.69×10^{12}(cm · $Hz^{1/2}$/lm)。

10-7 提示:最后计数器输出结果正比于 f_A/f_B,与辐射源强度变化无关。

10-8 光子计数器可分为三种类型:基本型、背景补偿型和辐射源补偿型,本题涉及的是最后一种。分析时注意与前面两种对比。

第 11 章

11-2 空间分辨率 1m(光纤折射率取 1.5)。

11-8 本题考查直接探测系统的作用距离和相关检测等知识。提示:①按照主动探测系统设计;②光束能量的计算参考 9.1.2 小节。